47267

LETTRES

DE

LA MARQUISE DU DEFFAND

A

HORACE WALPOLE.

TOME III.

DE L'IMPRIMERIE DE C.-F. PATRIS,
RUE DE LA COLOMBE, N° 4, DANS LA CITÉ.

LETTRES

DE

LA MARQUISE DU DEFFAND

À

HORACE WALPOLE,

DEPUIS COMTE D'ORFORD,

Écrites dans les années 1766 à 1780; auxquelles sont jointes

DES

LETTRES DE MADAME DU DEFFAND

À VOLTAIRE,

ÉCRITES DANS LES ANNÉES 1759 À 1775.

Publiées d'après les originaux déposés à Strawberry-Hill.

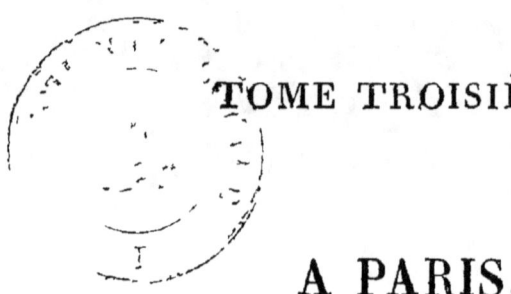

TOME TROISIÈME.

A PARIS,

Chez TREUTTEL et WURTZ, rue de Lille, n° 17;
Et à Strasbourg, même Maison de commerce.

1812.

LETTRES

DE

LA MARQUISE DU DEFFAND

à

MONSIEUR H. WALPOLE.

LETTRE CLXIX.

Lundi 20 septembre 1773.

Qu'importe d'être fermier ou auteur ? cela est égal pourvu qu'on s'amuse ; c'est de votre propre choix, sans intérêt particulier, que vous vous êtes fait fermier ; votre vanité en est satisfaite, ainsi vous n'êtes point à plaindre (1).

---

(1) M. Walpole était alors fort occupé à arranger les affaires de son neveu George, comte d'Orford, qui avait un dérangement d'esprit, et se trouvait sous surveillance. M. Walpole a donné à madame du Deffand le récit suivant de ses nouvelles occupations.

« Milord Orford ne me laissera pas le temps d'écrire. » Je quitte le métier d'auteur pour celui de bailli. Mes » songes ne me présenteront plus un château d'Otrante,

Je n'ai jamais compris que cette lettre de madame de Sevigné (2) méritât aucune attention, et surtout l'honneur de l'impression ; ce n'est point par fausse modestie, vous en avez reçu de moi plusieurs que j'aurais cru valoir mieux ; mais on est, à ce que je vois, mauvais juge de soi-même.

Je ne comprends pas que vous ne compreniez pas ce qui m'a fait mettre tant d'énergie à mes craintes sur madame de Grammont ; heureusement qu'elle se porte bien, mais si elle était morte (je le répète encore), que serait devenu Chanteloup ? la sorte d'ivresse qui soutient le grand-papa se serait dissipée, l'af-

---

» C'est triste de troquer des visions contre des comptes.
» Je m'étais fait un monde qui ne ressemblait en rien à
» celui des affaires. Hélas ! il faut apprendre des choses
» utiles. Mes tablettes ne contiennent que des comptes
» de bœufs, de moutons, de chevaux de course et de
» leur généalogie ; des réparations à faire, des fermes à
» louer, des hypothèques, des greniers à bâtir, des
» consultations à faire, des procureurs à voir. Ah! quel
» chaos ! je ne me connais plus. »

(2) Elle parle de la lettre, accompagnée d'une tabatière, qu'au nom de madame de Sévigné, elle avait envoyée à M. Walpole, et qu'il avait imprimée dans son catalogue de Strawberry-Hill.

fluence de monde aurait cessé, l'ennui aurait succédé, et ce qui paraît l'occuper beaucoup aujourd'hui, l'agriculture, les troupeaux, enfin toutes les occupations champêtres, pour lui n'auraient plus eu de charmes. Quand le cœur n'est pas satisfait, tout cesse d'être agréable. La grand'maman s'en serait bientôt aperçue, et quel chagrin, et quel ennui cela aurait-il répandu sur le reste de sa vie ! Elle jouit actuellement du partage, et se flatte peut-être de quelque préférence ; elle aurait bientôt cessé de se flatter ; j'aurais souffert de la savoir dans cette situation, et j'aurais peut-être eu le bon cœur de l'aller trouver ; me voilà à l'abri de cette tentation, et fixée dans mon tonneau pour le temps qui me reste.

Vous avez une très-fausse idée de l'éloge de Colbert (3) : l'auteur n'est point un bel-esprit,

----

(3) M. Walpole avait dit : « J'ai bien peu de curiosité
» sur l'Éloge de Colbert. En premier lieu, je n'aime pas
» de telles fadeurs apprêtées de longue main ; en second,
» je n'ai pas le goût des discours philosophiques et aca-
» démiques : des dissertations sur le commerce, par un
» homme qui n'y entend rien, m'ennuieront ; de grandes
» phrases pour décorer et rendre intelligibles des choses
» fort communes, me paraîtront pédantesques et pleines

il est l'antipode des encyclopédistes, il croit avoir des connaissances de l'administration et du commerce; il a déjà paru de lui un Mé-

---

» d'affectation. On prétendra faire la critique de Lou-
» vois, et on aura le dessein de faire la satire de
» quelque ministre vivant. On ajoutera les éloges de
» la czarine, du roi de Prusse, du roi de Suède; et
» je n'ai pas envie de lire la flatterie dans la bouche des
» prétendus philosophes : qu'on les paye, cela doit leur
» suffire. Il n'y a que Voltaire qui se fait encore lire,
» malgré tout ce qu'il a fait d'indigne. Envoyez-moi son
» Épître à Marmontel. Je vous dispense de la réponse,
» que certainement je ne lirai point. On est venu à
» bout, chez vous, de rendre la raison aussi absurde
» que l'ancien galimatias des écoles, et la morale aussi
» fatigante que les controverses sur la religion. On
» prêche dans l'opéra comique, et les romans parlent
» agriculture. On fait regretter l'ennuyeux Calprenede.
» Voltaire lui-même prêche, comme chef de secte,
» contre le bon goût, tant son enthousiasme le rend atra-
» bilaire, et des fois mauvais plaisant Il ne prise, et
» avec grande raison, que le siècle de Louis XIV; et
» malgré cela, c'est lui qui a donné cours au mauvais
» ton d'aujourd'hui. Il a tout effleuré, et ses singes ne
» font qu'effleurer tout. Ha! Montesquieu approfondis-
» sait tout, ne se fâchait point, ne rabaissait pas tous
» les grands hommes, n'ennuyait jamais. C'est là qu'a
» fini votre grand siècle; car le mauvais goût n'eut point
» de part à ses ouvrages. »

moire en réponse à l'abbé Morellet sur la compagnie des Indes, dans lequel il a combattu toutes les idées de cet abbé: c'est M. Necker. Il garde encore l'incognito, c'est-à-dire, il ne s'est point déclaré à l'académie pour l'auteur, et ne s'est point présenté pour recevoir le prix. Il ne parle point de Louvois dans son discours; il entre dans fort peu de détails sur la vie de Colbert, il ne loue, ni ne blâme le ministère présent. Enfin il a voulu, comme bon patriote, communiquer ses idées. L'académie avait donné pour sujet *l'éloge de Colbert;* il a saisi cette occasion qui lui servit de prétexte. Je suis bien loin de vouloir m'ériger en juge; je peux avoir tort, mais ce discours me plaît beaucoup. Je voudrais en retrancher quelques phrases obscures et métaphysiques, qu'il doit à la société de M. Thomas. Il est cependant bien éloigné de l'admirer, mais souvent on prend, malgré soi, et sans s'en apercevoir, les manières, et l'accent des gens avec qui l'on vit. Je le lui ai reproché, il ne s'est pas fâché comme l'archevêque de Grenade contre Gil-Blas, mais il s'est défendu ainsi que lui.

Je suis bien de votre avis, il n'y a que Voltaire qui ait véritablement un bon style; mais hélas! quel usage en fait-il aujourd'hui? il devient l'avocat de tout le monde ; il m'a envoyé quatre lettres qu'il a écrites à la noblesse de Gévaudan, en faveur d'un M. le comte de Morangiés, que je crois un fripon, et qui vient de gagner son procès contre des gens aussi fripons que lui. Oui, vous avez raison, le nombre des fripons est grand, et l'estime est un sentiment dont on a peu d'occasions de faire usage. Allez, croyez-moi, les comptes de bœufs, de moutons, de chevaux, etc., valent tout autant que les contes à dormir debout dont on nous berce.

Mardi.

Je ne vous ai point dit que le grand abbé était ici. Je causai hier avec lui sur Chanteloup : il prétend que toutes mes craintes n'étaient pas fondées, qu'on aurait été affligé, mais qu'on n'en aurait pas été moins occupé de ses brebis ; qu'on aurait pu voir moins de monde, mais qu'on s'en passerait facilement; ainsi me voilà fort rassurée. Vous vous êtes fort trompé, si vous avez cru que j'eusse d'autres motifs que l'amitié et l'intérêt que je prends à la grand'-maman. Je trouve la duchesse de Grammont aimable, mais je ne m'avise pas de l'aimer.

Voici une épigramme qu'on dit être de Voltaire (4) :

C'en est donc fait, Ignace, un moine vous condamne :
C'est le lion qui meurt du coup de pied de l'âne.

Ne la trouvez-vous pas jolie?

LETTRE CLXX.

Paris, 26 septembre 1773.

Je viens d'écrire à mes évêques d'Artois pour qu'ils sollicitent l'intendant M. d'Agay, en faveur de votre milady (1). Je parlai hier à madame de Mirepoix, elle fut fort surprise que M. de Monteynard ne lui ait pas tenu parole ; elle me demanda un nouveau mémoire,

---

(4) A l'occasion de la destruction des Jésuites par le pape Ganganelli, qui était moine lui-même.

(1) Lady Fenouillet. M. Walpole rend compte à madame du Deffand, dans sa lettre de juin 1773, de la faveur qu'il sollicitait pour sa protégée. « Un ancien ami » m'a recommandé, en mourant, une sienne maîtresse » et des enfants dont je suis une espèce de tuteur. Cette » femme se maria à un gentilhomme, et s'en sépara l'an» née après. Elle s'est établie à Calais par économie, et » pour élever ses filles au couvent. Elle se conduit très» sagement et très-honnêtement, voit la meilleure com» pagnie de la ville, en est aimée et respectée : son ban-

elle ne le lui donnera pas sitôt, parce qu'elle n'ira point à Versailles avant le départ pour Fontainebleau, qui sera le 4 d'octobre; elle est occupée de madame de Craon qui vient d'accoucher d'un garçon. Elle a certainement beaucoup d'envie de vous obliger, et d'elle-même elle a imaginé d'agir auprès de M. de Crouï qui est gouverneur de Calais, et qui pourra peut-être être plus utile que M. de Monteynard. Ce ministre dans ce moment-ci est fort occupé de ses propres affaires, et ainsi que votre milady, il craint beaucoup un déménagement. Le comte de Broglio est obligé d'en faire un auquel il ne s'attendait pas ; il était nommé pour aller recevoir la future comtesse d'Artois au Pont de Beauvoisin, il avait demandé la permission de partir un mois auparavant pour aller à Turin

---

» quier vient de mourir. Il fallait passer à Londres pour
» avoir le consentement de son mari à un nouvel arran-
» gement de ses affaires. Elle est ici. On voudrait don-
» ner son hôtel, qui est grand, beau et à bon marché,
» au nouveau commandant de la place. Elle en a écrit à
» M. de Monteynard, qui lui a fait une réponse très-
» honnête, mais sans démordre totalement. Elle croit
» que la protection pourrait la sauver. Tout ce qu'elle
» demande, c'est de garder sa maison jusqu'à la fin de
» son bail ; c'est-à-dire deux ans et demi. »

faire sa cour au roi de Sardaigne ; les Broglio sont piémontais. N'ayant point reçu de réponse de M. d'Aiguillon, il lui écrivit mercredi dernier pour lui en faire quelques reproches ; sa lettre lui a déplu, il l'a portée au roi, et jeudi matin elle fut lue en plein conseil. Le vendredi, sur le midi, il reçut la visite de M. de la Vrillière qui lui apporta une lettre de la propre main du roi (2), qui lui ôte sa commission, et l'exile dans sa terre de Ruffec qui est à cent vingt lieues d'ici, entre Poitiers et Angoulême ; il part ce soir. Cette aventure ne m'est pas agréable.

---

(2) La lettre finissait dans les termes suivants :
« M. le comte de Broglio, vous devez bien penser
» que, d'après la lecture qui m'a été faite de votre
» lettre, non seulement vous n'irez pas à Turin, ni au
» Pont de Beauvoisin, mais vous vous rendrez à Ruffec,
» où vous resterez jusqu'à ce que vous receviez de nou-
» veaux ordres de ma part, ou de mes ministres, très-au-
» torisés à cet égard. Ne répondez point à ma lettre, et
» partez pour Ruffec le plus tôt possible. » — C'est à l'occasion de cet exil de M. le comte de Broglio, avant qu'il eût commencé à exécuter la mission dont il était chargé, que le duc de Choiseul dit de lui : *Il prend le ministero par la queue.*

LETTRE CLXXI.

Paris, dimanche 3 octobre 1773.

CROYEZ-VOUS que je vous soupçonne de vanité et que je puisse penser qu'elle soit le principe de vos actions? non, en vérité, je ne le pense pas, je vous connais mieux que cela. Vous n'avez ni affectation, ni ostentation ; vous ne recherchez point la gloire, vous vous contentez de la considération que vous méritez, vous craignez souverainement le blâme, et plus que toute chose, le ridicule. Mais dites-moi, je vous prie, dans quel état est M. votre neveu. Le dérangement de sa tête n'est-il pas l'effet du dérangement de sa santé ? peut-il guérir? et s'il vit long-temps, serez-vous toujours son intendant? resterez-vous toujours chargé de diriger son bien, de la recette, de la dépense, et de tous les soins domestiques ? Vous êtes le chat de la fable, et M. votre frère le singe : il mange ou mangera les marrons que vous lui tirerez du feu (1); cela lui est fort commode.

---

(1) Sir Edouard Walpole, comme frère aîné de M. Walpole, était le plus immédiat héritier du titre et des biens du lord Orford.

La mort de M. Taaffe m'a surprise, il y a quinze ans qu'elle m'aurait fâchée ; sa demoiselle est, dit-on, assez malade (2). Madame Duplessis-Châtillon est morte ce matin, je crois que vous ne la connaissiez pas, je ne vivais pas beaucoup avec elle.

Le grand abbé s'en retourne aujourd'hui à Chanteloup, il a été trois semaines ici, ce qui m'était fort agréable ; il y a presque autant de temps que Pontdeveyle est à l'Isle-Adam, il ne parle point encore de son retour. L'exil de M. de Broglio me fâche infiniment, je vivais beaucoup avec lui. Tout le monde va partir pour Fontainebleau, et d'ici au mois de décembre je serai presque sans compagnie. Les Caraman resteront à Roissy jusqu'à la fin de

---

(2) M. Taaffe était irlandais, frère du lord Taaffe, qui avait vécu long-temps en France. Il avait été un grand admirateur de mademoiselle de Lespinasse, pendant qu'elle demeurait avec madame du Deffand ; et il existe encore, dans les papiers de cette dernière, des lettres qui lui furent écrites par M. Taaffe, exprimant à la fois les sentiments qu'il a portés à mademoiselle Lespinasse, et sa reconnaissance pour la conduite que madame du Deffand a tenue envers elle. Ces lettres prouvent que, dans cette occasion du moins, madame du Deffand montra pour elle toute l'affection, toute la prudence et tous les soins d'une mère.

novembre. Madame de Luxembourg passera ce mois-là à Chanteloup ; si je pouvais bien dormir, je me consolerais de tout ; mais passer les jours dans la solitude, et les nuits dans l'insomnie, c'est un peu trop.

J'ai eu la visite de madame de Viri, et pendant qu'elle me parlait, je lui trouvais une ressemblance ; quand elle partit, mademoiselle Sanadon me dit qu'elle, et une femme qui était auprès d'elle lui en trouvaient une : ne dites pas qui, m'écriai-je.... c'est mademoiselle Bagarotty ; c'était la même. Voilà qui est bien mal conté ; cela fut plaisant, et cela ne vous le paraîtra pas.

Je n'entends plus parler des lettres de madame de Sévigné. Je compte sur la parole que m'a donnée M. de Toulouse que j'aurai les premiers exemplaires. Les nouveaux livres ne paraissent guère qu'après la St.-Martin.

Vous trouverez dans l'Eloge de Colbert quelquefois de l'affectation dans le style, des pensées obscures et trop métaphysiques, c'est un hommage que l'auteur a cru devoir à l'académie ; ce n'est pas le genre de son esprit, il a beaucoup d'esprit, de naturel, d'idées et de sentiment. La plupart des encyclopédistes s'élèvent contre son discours, il a mille fois plus de bon sens qu'eux, beaucoup plus de justesse, et infiniment moins d'orgueil : ne manquez pas, je vous prie, de faire lire ce discours à M. Burke, je voudrais savoir ce qu'il en pensera ; je suis encore plus curieuse de savoir votre jugement.

Je vous dirai que j'aime assez le Caraccioli, il a de la candeur, de la franchise et de la noblesse ; il est divertissant, et puis il se plaît avec moi, il me tient fidèle compagnie. Le roi le traite fort bien. L'autre jour le roi lui parlait de Naples, et disait qu'il y avait beaucoup d'insectes et de volcans. Oui, sire, cela est vrai ; et en Angleterre il n'y a ni insectes, ni volcans, ni *loups*, ni *moines ;* il dit tout ce qui lui passe par la tête, et il est fort à la mode ici.

M. d'Aranda (3) n'a encore vu personne, il s'est trouvé trop petitement logé dans la maison de son prédécesseur, qui avait avec lui femme et enfants, et lui, d'Aranda, est tout seul ; il prend la maison de M. de Brunoi, rue des Petits-Champs, qu'il loue 22,000 livres.

Vous oubliez de me parler de la veuve de M. de Kingston (4), je serais curieuse du procès.

---

(3) Ambassadeur d'Espagne en France.
(4) Feu la duchesse de Kingston.

Milady Spencer est retournée chez vous; c'est positivement une dame du grand monde; elle en a toutes les dimensions.

LETTRE CLXXII.

Paris, 9 octobre 1773.

Non, non, je ne trouve point votre lettre trop longue, *et je n'aurais pas été plus contente si elle avait été plus petite;* ah! vous le savez bien. Comme vous n'êtes point comme le Craufurd (que vous peignez parfaitement), je ne vous donnerai point de louanges; mais je ne me refuserai pas de vous dire que je m'applaudis de vous avoir toujours parfaitement bien jugé. Votre lettre confirme et augmente l'opinion que j'ai eue d'abord, et que j'ai toujours continué à avoir de votre esprit et de votre caractère. Il est impossible de mieux analyser un ouvrage (1), et je suis bien tentée

---

(1) *L'Éloge de Colbert*, par M. Necker, dont M. Walpole avait dit : « Je trouve l'Éloge l'ouvrage d'un homme
» d'un très-bon esprit, et d'un homme de bien, pas fort
» éloquent. Il y a des endroits obscurs et trop pressés;
» et quoiqu'en général l'auteur se sauve du galimatias
» clinquant d'aujourd'hui, il donne quelquefois trop
» dans les phrases abstraites qui sont en usage, et qui

de vous lire à l'auteur, ce que je ne ferai pourtant pas sans votre permission.

Nous aurons, à ce que j'espère, les Lettres de Madame de Sévigné plus tôt que je ne pensais ; il faudra chercher quelques moyens pour vous les envoyer. Je compte avoir bientôt un conte de Voltaire, dont le titre est le *Taureau Blanc;* il n'est point imprimé, je le ferai copier et je vous l'enverrai ; l'idée en est assez

---

» ne se trouvent jamais dans vos bons auteurs. En gé-
» néral, le discours est trop long, et surtout la première
» partie, qu'il aurait pu rendre plus courte, sans peser
» tant sur ce qu'il veut établir. Excepté le Phaéton, les
» comparaisons sont belles et justes. La quatrième partie
» est infiniment belle, touchante, attendrissante même,
» bien pensee, et à peu de choses près, claire comme
» les bons auteurs. Somme totale, l'auteur me paraît un
» bon citoyen, homme assez profond, mais pas un génie
» assez versé dans son métier. Il ne frappe pas, mais il
» développe. Il persuade plus qu'il ne charme ; et à
» force de détails, il laisse à soupçonner qu'il ne s'est
» pas trop persuadé. Il a l'air d'excuser les fautes de
» Colbert comme s'il demandait qu'on lui en tînt compte
» comme des bienfaits. La protection des arts, des
» modes, des inutilités, tient lieu à Colbert de mérite.
» Il aurait mieux valu dire la vérité, que Colbert combattait le penchant de Louis pour la guerre, en ser-
» vant son goût pour la magnificence. Sully n'aimait que
» le bien ; il osa combattre les goûts de son maître. Il

plaisante. Je n'approuve pas votre jugement sur les vers de Voltaire (2); ils ont une facilité que n'ont point ceux de Marmontel.

Je dicte cette lettre étant à ma toilette ; je me suis levée à six heures du soir, ce qui m'arrive fréquemment, reprenant le jour le sommeil que je ne puis avoir la nuit, et il se trouve par là que n'ayant nulle affaire, je n'ai pourtant le temps de rien. Je vous dis adieu jusqu'à

» est vrai que c'est Henri IV qui gagne sur Louis XIV
» plus que Sully sur Colbert. Sully connaissait la belle
» âme, le bon esprit de Henri, et se confiait aux re-
» tours du roi sur lui-même. Colbert, plus courtisan par
» nécessité, détournait les faiblesses de Louis plus qu'il
» ne les choquait, et se contentait de faire un bien mé-
» diocre pour sauver à la patrie un mal horrible. Pour les
» bien juger, il faudrait que Sully fût le ministre de
» Louis, et Colbert de Henri. Louis eût craint et haï
» Sully : il resterait à voir si son austère vertu se fût
» pliée aux manèges adroits et bien intentionnés de Col-
» bert. Je doute que Colbert eût eu la fermeté de Sully
» vis-à-vis Henri IV.

(2) Son *Épître à Marmontel*. M. Walpole en porte le jugement ci-après : « Les vers de Voltaire sont à faire
» pitié, et ne seraient pas même passables si Marmontel
» les avait faits. Les siens sont meilleurs, mais à bâtons
» rompus, et la chute fort mauvaise. »

dimanche, que je me propose de vous écrire une plus longue lettre.

Toute réflexion faite, je ne lirai point à l'auteur de l'éloge de Colbert ce que vous m'en écrivez; tout auteur est archevêque de Grenade.

LETTRE CLXXIII.

Dimanche 25 octobre 1773.

Je me mourais de peur de n'avoir pas de vos nouvelles, et encore plus d'en avoir de mauvaises. Je ne trouve pas celles-ci trop bonnes, mais elles me calment sur de plus grandes inquiétudes; votre faiblesse et vos souffrances m'affligent beaucoup, mais je ne veux vous en rien dire. Je suis fort touchée du soin que vous voulez bien avoir de me donner de vos nouvelles, c'est un baume qui guérit toutes mes blessures.

Je voudrais pouvoir vous mander quelque chose qui vous amusât, je ne sais que le testament de M. d'Ussé qui puisse vous divertir un peu. Vous rappelez-vous de l'avoir vu chez le président ou chez madame de Rochefort? c'était un vieillard de mon âge, distrait, ennuyeux, assez fou, et qui avait de l'esprit, grand partisan de mademoiselle de l'Espinasse. Il lui laisse le Dictionnaire de Moréry, nouvelle édition ; à madame de Choiseul-Betz, son violon ; à mad. Rondet, ses chenets, pelle et pincette ; à M. le duc d'Aumont, son pupitre ; à Pontdeveyle et à d'Argental, ses livres de musique, etc. Je n'en ai pas retenu davantage.

J'attends un petit ouvrage de Voltaire, je vous l'enverrai dès que je l'aurai reçu ; c'est une épître à Horace, on dit qu'elle est fort jolie. Il y a un autre Horace qui n'en reçoit pas d'aussi bonnes, mais il doit être bien sûr de n'en jamais recevoir qui puissent le fâcher ; pour ne pas l'ennuyer, c'est une autre affaire, je n'en répondrais pas.

Mon projet est de vous envoyer toutes sortes de rapsodies par M. Craufurd ; je ne pénètre pas ce qui le retient ici si long-temps ; ce n'est certainement pas parce qu'il s'y amuse. Il s'ennuie à la mort, et prétend toujours être fort malade ; il n'y a jamais eu deux êtres plus différents que vous et lui. Je le vois tous les jours ; je me crois un prodige de raison en comparaison de lui.

Il y a bien peu de monde à Paris ; Fontainebleau en enlève la plus grande partie, il en reste encore dans les campagnes particulières, et dans celles des princes. Je ne sors point, je soupe presque tous les jours chez moi : et sans votre maudite goutte, je serais tranquille, et assez contente ; je m'en rapporte à votre amitié pour avoir de nos nouvelles, rapportez-vous-en à la mienne pour ouvrir mes lettres à tout jamais sans trouble et sans crainte.

Adieu jusqu'à mercredi.

LETTRE CLXXIV.

Paris, le 30 octobre 1773.

Il y a ici grande disette d'Anglais ; le dernier de ma connaissance part demain pour Naples, mais on m'a dit que M. St.-Paul venait aujourd'hui à Paris ; je le ferai prier de passer chez moi, je lui donnerai le *Taureau Blanc*, et il vous le fera tenir. Je serai trompée, si cet ouvrage est de votre goût. Je ne hais pas, non plus que vous, les contes des fées, mais il faut qu'ils ayent quelque suite, et non pas le décousu des rêves. On ne sait ce que celui-ci veut dire, il a la prétention de l'allégorie, et l'on n'en peut rien conclure. Tout le projet qu'on peut lui supposer, c'est de démontrer que la bible et la fable ont une parfaite conformité. Belle découverte !

L'abbé me mande qu'on a pris à Chanteloup le diable dans un piège, qu'il est de la grandeur d'un chat, il a la peau d'un tigre, la queue d'un makis, le museau d'une fouine, qu'il pue à renverser; l'abbé l'a interrogé, et comme il n'a rien répondu, il conclut qu'il est un sot, et se confirme dans l'opinion qu'il a toujours eue, que le diable n'a pas l'esprit qu'on lui suppose. Cet abbé est un trésor, il n'y a pas de sorte d'esprit qu'il n'ait; c'est le vrai bonheur de la grand'maman, lui seul supplée et remplace parfaitement les différentes compagnies, on n'en regrette aucune. Ils sont seuls actuellement, eh bien, ils ne désirent personne. Madame de Luxembourg y va mardi sans madame de Lauzun qui reste pour le mariage (1); on consentirait qu'elle l'attendît pour partir avec elle, mais l'ennui, l'ennui en ordonne autrement, elle n'aurait pas à Paris des soupers pour les sept jours de la semaine, et puis c'est du bon air de rendre des soins, quoiqu'on sache intérieurement qu'ils ne sont point désirés, et qu'on n'a point en soi le sentiment qui y entraîne.

---

(1) Le mariage du Comte d'Artois.

Le monde, chère Agnès, est une étrange chose. Il est plus instructif que tous les livres passés, présents, et à venir; personne n'en a achevé, ni n'en achèvera la lecture; la vie la plus longue en laisse encore bien des pages. Pour moi qui, malgré la vieillesse, n'en suis pour ainsi dire qu'au commencement, je n'ai pas la curiosité d'aller beaucoup plus loin.

La Bellissima partit jeudi dernier pour aller au-devant de la princesse (2). Dans le premier carrosse, elle et madame de Bourbon-Busset, ci-devant dame Boucault; dans le second, la duchesse de Quintin, ci-devant comtesse de Lorge, et madame de Creney; vingt ou vingt-cinq voitures composent la marche. Vous me dispenserez de tous les détails. La Bellissima sera, je crois, bien empêtrée dans tout ce qu'elle devra faire; mais Dieu l'assiste, je ne m'en soucie guères.

On ne résout rien à la cour, on annonce tous les jours des changements pour le lendemain, et ils n'arrivent point. On me dit hier que les diplomatiques reviendraient sept ou huit jours avant la fin du voyage. Madame de Mirepoix, et les Beauvau pourront bien en faire

---

(2) La princesse Thérèse de Savoie, comtesse d'Artois.

de même, à la bonne heure; mais j'attends tout cela avec patience, je m'accoutume à la paresse, et je mets en pratique une chanson que je fis il y a trois ou quatre mois, que je ne vous ai point envoyée, 1.° parce que je ne la trouve pas bonne, et puis parce que vous me soupçonnez toujours de desseins, ce qui me choque infiniment, parce que je les ai tous abdiqués, abjurés, et que rien n'est plus certain que je n'en formerai de ma vie. Après cette protestation, je puis vous dire ma chanson, sur l'air *des trembleurs.*

Êtes-vous sexagénaire?
Cessez de prétendre à plaire,
Crainte de l'effet contraire,
Et d'éprouver des dégoûts.
Pour adoucir la tristesse,
Compagne de la vieillesse
Livrez-vous à la paresse,
Et ne comptez que sur vous.

LETTRE CLXXV.

Mardi 2 novembre 1773.

Je viens de relire votre lettre dans l'intention d'y répondre ; c'est une entreprise, il faut marcher droit et craindre de s'égarer ; je m'en tirerai comme je pourrai.

Rien n'est si bien écrit, ni si bien démêlé que la peinture que vous me faites de votre caractère (1). Ce que vous ne croirez pas, c'est

---

(1) « Vous louez mon courage * ; ah ! je n'en ai guère.
» Je suis colère et timide ; je n'ai aucune présence d'es-
» prit : il me faut du temps pour me calmer et pour me
» donner du jugement. Je suis bien petit à mes propres
» yeux. Je fais le fier mal à propos, le souple avec plus
» mauvaise grâce encore. Tantôt c'est la vengeance qui
» me séduit, et tantôt la finesse. Mon Dieu ! quelle mi-
» sère que l'âme de l'homme ! Toutes réflexions faites,
» je rends grâce au ciel de n'avoir pas été monarque ou
» grand homme : la flatterie m'eût séduit ; je me serais
» cru très-capable ; j'aurais été despote par droiture, ou
» fripon par indignation ; j'aurais méconnu les hommes
» ou moi-même. Hélas ! c'est bien tard que je fais mon
» éducation ! Dieu merci, j'ai un maître sévère et c'est
» moi-même ».

(*) Ceci avait rapport à l'arrangement des affaires de son neveu George comte d'Orford.

que j'y aye reconnu le mien, c'est-à-dire dans ce que vous regardez comme de grands défauts, et qui le sont en effet en moi, mais qui deviennent en vous des occasions, pour ainsi dire, d'exercer et de mettre en valeur toutes les vertus que je n'ai pas, la force et le courage. Vous vous troublez, et vous ne voyez pas dans le premier moment tout ce que la réflexion vous fait apercevoir après. Ah! je suis de même, je ne sais jamais que le lendemain ce que j'aurais dû dire et faire la veille. Les fautes que je fais en conséquence me découragent; je prends des résolutions, je n'ai pas la fermeté d'en tenir aucune; je n'estime personne, et je puis me passer de ceux que je méprise; je ne cesse de désirer, de chercher des appuis, des soutiens, sachant bien que je n'en trouverai jamais; que tous les hommes ne sont que vains et personnels, que les meilleurs sont ceux qui ne sont pas envieux et méchants, et qui ne sont qu'indifférents.

Ne voilà-t-il pas que je parle de moi! c'est ce que j'avais résolu de ne point faire.

Vos idées sur l'ennui sont fort différentes des miennes. Vous vous imaginez n'en être pas susceptible, et je crois que vous l'êtes autant et plus que personne. Vous avez à la vérité plus de ressources qu'un autre pour l'éviter, des goûts, et des talents ; mais il est des moments où l'on en est pour ainsi dire abandonné et qu'on se croit dans le néant, et c'est ce qu'on n'éprouve point, quand on a des occupations forcées ; tous ceux qui en ont s'en plaignent, et quand ils n'en ont plus, ils ne peuvent s'accoutumer à s'en passer. Je me souviens d'avoir pensé dans ma grande jeunesse qu'il n'y avait d'heureux que les fous, les ivrognes et les amoureux. Quiconque est à soi-même, livré à la seule faculté de penser, doit être le plus malheureux des hommes. Mais laissons tout cela.

Mercredi 3.

Je reçois dans ce moment des lettres de Chanteloup, je devrais croire y être bien désirée, bien regrettée, et bien aimée ; mais j'ai perdu la foi, l'espérance, il ne me reste plus qu'un peu de charité ; je trouve à l'employer en supportant tout ce qui me choque.

En vous parlant de votre santé, je ne vous ai point donné un conseil que je crois très-salutaire, c'est de vous faire brosser tous les jours avec une brosse un peu rude, rien ne facilite autant la transpiration ; je me suis assujettie à cette pratique et je m'en trouve bien.

LETTRE CLXXVI.

13 novembre 1773.

ENFIN voilà les lettres de madame de Sévigné ! Ce recueil ne fera pas honneur à l'éditeur (1), il ne suit point l'ordre des dates, sa préface m'a paru plate. En parcourant tous les sujets de ces lettres, il ne dit rien de sa tendresse pour sa fille, c'est ce que j'en admire le plus, et ce qui (malgré ce que vous en dites) vous la fait nommer votre sainte. Les lettres de Corbinelli sont ennuyeuses et communes. Il est ineffable qu'on ait conservé les lettres de madame de Simiane, elles devaient être jetées derrière le feu à mesure qu'on les recevait (2);

---

(1) Toutes les lettres qui se trouvent dans le recueil dont il est question ici, ont depuis été insérées, par ordre chronologique, dans l'édition complette et soignée de la correspondance de madame de Sévigné, publiée par M. Grouvelle en 1806.

(2) M. Walpole dit à ce sujet : « J'ai achevé ma Sé-
» vigné. Vous l'avez très-bien jugée. Nonobstant, je
» trouve que mad. de Simiane ayant eu quelque chose
» à dire, l'eût bien dit. Il n'y a rien qui dépose qu'elle
» eût des entrailles. Elle ne fait que flatter un intendant
» pour se faire donner des places pour ceux de sa suite.

ce qu'il y a de bon et d'agréable dans ce recueil, ce sont les lettres à M. de Pomponne, dont les éditions étaient épuisées, et par conséquent devenues fort rares.

Il y a une petite lettre écrite du Pont Beauvoisin (3) qui fait grand bruit ; voici ce qu'elle contient.

» Sire, j'ai vu madame la comtesse d'Artois ;
» le premier jour elle m'a plu, le second
» elle m'a intéressé, ce qui fait que je la mène
» avec plaisir à V. M. »

On attendait la nomination de trois dames, pour joindre aux six déjà nommées ; il devait y en avoir deux titrées au lieu de ces trois, on en a nommé cinq non titrées. Mesdames de

---

» Corbinelli ennuie à la mort avec sa plate jalousie pré-
» tendue. » « Il y en a deux de mad. de Sévigné qui
» sentent l'ancien style, celles sur Vardes, et sur la mort
» du grand Condé ; mais ce qui me ravit, c'est un mot,
» une application la plus heureuse qui fût jamais, c'est
» où elle console M. de Moulceau de ce qu'il est devenu
» grand-père, en lui citant ce mot de la fameuse épi-
» gramme de Martial. *Pæte, non dolet.* Voilà ce qui est
» unique ! Voilà ce qui mérite la canonisation. »

(3) Du marquis de Brancas, qui, après la disgrâce du comte de Broglio, avait été nommé ambassadeur pour aller recevoir la comtesse d'Artois sur les frontières de France et de Savoie.

Ronçay, de Transe (4), de Bombel (5), de Fougeres (6), et la marquise du Barri (7), qui est mademoiselle de Fumel.

J'envoie mon paquet à M. St.-Paul, et je le prie de vous le faire tenir comme il pourra.

LETTRE CLXXVII.

Lundi 22 novembre 1773.

Vous êtes insupportable ; quand vous manquez de prétextes pour être mécontent, vous en supposez. J'ai confié, dites-vous, au Caraccioli ce que vous me dites sur cette personne qui ne vient pas me voir (1). Je n'en ai parlé ni à lui ni à qui que ce soit. Mon crime a été d'écrire son nom par la poste, et vous en aviez fait autant. On dirait en vérité, (et je com-

---

(4) Née la Suze.

(5) Née Macault.

(6) Née de Vaux, fille du maréchal de Vaux, qui a commandé en Corse.

(7) La femme du plus jeune des trois frères de la famille de du Barri, qui prit ensuite le nom de comte d'Argicourt.

(1) Mad. de Viri, alors ambassadrice de Sardaigne à Paris.

mence à le croire) que vous voulez me trouver des torts qui puissent justifier ce que vous êtes dans le dessein de faire. Ce qui m'empêche d'en être absolument persuadée, c'est que, du caractère dont vous êtes, vous ne cherchez point les ménagements, et que quand vous prenez un parti, rien ne vous arrête. Enfin, quoi qu'il en soit, et quoi qu'il en doive arriver, je n'aurai point à me reprocher d'avoir trahi vos secrets, si tant est que vous m'en ayiez jamais confié aucun. Je ne parle jamais de vous, j'y pense le moins que je peux ; enfin, hors l'indifférence où vous ne m'avez point encore amenée, je me conforme à toutes vos volontés.

Pontdeveyle, depuis sept ou huit jours, a un peu de fièvre toutes les nuits, et une toux à faire trembler; cela ne l'empêche pas d'aller à l'opéra, il assiste tous les jours à mon thé, et revient encore le soir quand je soupe chez moi, ce qui est presque tous les jours, je suis son infirmerie ; je ne m'aperçois pas que l'on me trouve exigeante, et qu'on juge que je veuille qu'on ne soit occupé que de moi, ni que j'ennuie personne par la métaphysique que j'ai en horreur, ni que toutes mes couversations ne soient que d'un seul genre (2). J'ai sans doute beaucoup de défauts, je crois les connaître, et cette connaissance me rend fort malheureuse. Il faut se corriger, me direz-vous ; mais vous me dites en même temps que l'on ne se corrige point, et en cela vous dites vrai; nous apportons en naissant nos vices et nos vertus, et conséquemment notre bonheur, ou notre malheur ; nous n'y pouvons rien changer, et c'est ce qui fait que je me console d'être aussi vieille. Je ne jouis cependant point

---

(2) M. Walpole avait dit : « Avec tout l'esprit et tous « les agréments possibles, vous ne voulez vous conten- » ter de rien. Vous voulez aller à la chasse d'un être qui » ne se trouve nulle part, et dont votre usage du monde » doit vous dire qu'il n'existe point : c'est-à-dire, une » personne qui vous fût uniquement et totalement atta- » chée, et qui n'aimât qu'un seul sujet de conversation. » Encore n'est-ce pas un tel, ou un tel ; non, c'est quel- » qu'un, n'importe qui. Il faudrait que ce quelqu'un eût » toutes les attentions d'un amant, sans amour s'entend; » toutes les qualités d'un ami, et cependant qu'il n'eût » du goût pour rien, ne devant être occupé que de vos » goûts et de vos amusements. Vous voudriez qu'il fût » un homme d'esprit pour vous entendre, et qu'il n'en » eût point en même temps, sans quoi il lui serait impos- » sible de soutenir un tel rôle. »

des avantages de la vieillesse, il faut que je me rappelle mon âge pour que je me croie plus de cinquante ans ; la vie paresseuse que par goût je mène, m'empêche de m'apercevoir de ma faiblesse ; et mon aveuglement, de voir ma difformité. Tous mes mouvements sont aussi vifs, mais il est vrai que je n'en ai point d'agréables, et qu'ils sont presque toujours produits par des dégoûts et des répugnances. Je vais éprouver s'il est vrai, comme vous le dites, qu'il n'y a de solide que l'amitié d'un chien ; j'en ai un depuis cinq ou six jours qu'on dit être le plus joli du monde, il me paraît disposé à m'aimer, mais j'attends à en être bien sûre pour l'aimer à mon tour.

La comtesse d'Artois n'est pas belle, tant s'en faut. Les fêtes ont été admirables, on n'a rien vu de plus beau que le bal paré. Madame de Lauzun a eu le prix de la bonne grâce, de la parure, et du menuet ; la vicomtesse du Barri celui de la beauté et de la belle taille, sa tante (la comtesse), a beaucoup de partisans, et la plupart des hommes la préfèrent à sa nièce. Toutes ces fêtes sont le sujet des conversations, et les rendent fort monotones.

Elles se termineront demain par le bal masqué ; il n'y aura plus que des opéras tous les huit jours, dont le dernier sera le 15 ou 16 du mois prochain. Voilà à peu près tout ce que je sais.

J'apprends dans ce moment la mort de M. Chauvelin (3), je n'en sais aucun détail, c'est une perte pour la société.

J'ai bien envie de vous envoyer les vers de Voltaire (4), il y a long-temps qu'il n'avait rien fait d'aussi bien; si je trouve une occasion je les ferai partir; s'il n'y en a pas, je pourrai bien les mettre à la poste.

Cette lettre est énorme, il n'y a plus rien à ménager, je vais y ajouter la copie de celle du roi de Prusse à son résident à Rome, on la

---

(3) Le marquis de Chauvelin fut tout à coup attaqué de convulsions dans le visage, et tomba mort pendant qu'il se tenait debout près de la table où Louis XV jouait au piquet. Il avait été ambassadeur de France à Turin, et commanda ensuite l'armée qui fut envoyée en Corse durant l'administration du duc de Choiseul, et dont le succès est connu.

(4) *La Tactique,* dont M. Walpole dit dans sa réponse : « Il y a de bien jolis vers au commencement » de la Tactique. Je n'en saurais dire autant de la conclu- » sion, ni de la matière, qui me paraît un peu lieux com- » muns. Je n'aime pas non plus le nom de *M. Guibert,* » et ces familiarités-là qui dégradent la poésie. »

donne pour vraie; pour moi, je crois qu'elle est à l'imitation de celle de Jean-Jacques, vous me direz si vous le jugez ainsi.

Copie de la lettre du roi de Prusse à l'abbé Colombiné, son agent à Rome.

« Abbé Colombiné, vous direz à qui voudra
» l'entendre, pourtant sans air d'affectation ni
» d'ostentation, et même vous chercherez l'oc-
» casion de le dire naturellement au premier
» ministre, que, touchant l'affaire des jésuites,
» ma résolution est prise de les conserver dans
» mes états tels qu'ils ont été jusqu'ici; j'ai
» garanti au traité de Breslau le *statu quo* de
» la religion catholique, et je n'ai jamais trouvé
» de meilleurs prêtres à tous égards; vous
» ajouterez que, puisque j'appartiens à la classe
» des hérétiques, le Saint-Père ne peut pas
» me dispenser de l'obligation de tenir ma pa-
» role, ni du devoir d'un honnête homme et
» d'un roi. Sur ce, je prie Dieu qu'il vous ait
» en sa sainte et digne garde.

» Signé, Frédéric ».

M. Chauvelin est mort d'une apoplexie de sang; on en a trouvé sa tête remplie, et tous les vaisseaux de son estomac dilatés et variqueux; il mangeait énormément, tout le monde le regrette, il était positivement l'homme qu'il fallait montrer pour prouver ce que nous entendons par un français aimable.

LETTRE CLXXVIII.

Dimanche 11 décembre 1773.

Je préviens le facteur; dans cette saison il n'apporte souvent les lettres que vers les quatre heures, et c'est le moment de ma toilette, de mon thé, et de l'arrivée des visites.

Pourquoi ne m'avez-vous point mandé le voyage que devaient faire ici vos neveux, milord Cholmondeley, et un autre, le duc de Glocester ? Ils n'ont vu personne, ils se sont contentés de tous les spectacles, de voir la cour sans en être vus, d'aller aux Invalides, et dans quelques campagnes aux environs de Paris. Jamais incognito n'a été mieux observé; on a parlé d'une certaine dame hollandaise; si on a eu raison, vous le savez; je n'ai pas cherché à pénétrer ce qui en est.

Notre comtesse d'Artois n'est pas jolie, mais elle est mieux que sa sœur pour le visage; elle a la gorge, les bras, et les mains jolies, son teint est beau, son nez extrêmement grand, et elle est extrêmement petite; elle ne parle point, parce qu'elle sait très-peu notre langue.

J'eus hier la visite de l'idole ; son prince est toujours dans la plus grande affliction de la mort de M. Chauvelin, c'était son meilleur ami, il avait beaucoup contribué à sa fortune, et vous savez que ceux à qui l'on a fait du bien sont ceux qu'on aime le plus. La maréchale de Luxembourg soupera le premier jour de l'an chez moi ; je lui prépare une petite étrenne fort jolie. Vous savez que la mode est le parfilage ; quand elle me rend visite, on lui apporte toujours une petite chaise de paille pour mettre ses pieds, et poser son ouvrage ; cette chaise sera couverte de réseaux d'or, je l'ai fait garnir par une marchande de modes, elle est la plus jolie du monde. Je suis dans la faveur de cette maréchale, elle est de retour de Chanteloup depuis mardi ; elle m'apporta l'autre jour une douzaine de couplets extrêmement plats sur beaucoup de saints du paradis, cela m'en fit faire un sur St. Martin. Le voici :

> Salut à M. S. Martin,
> Qui partagea son casaquin;
> En pareille aventure,
>   Hé bien!
> J'aurais, je vous le jure,
> Donné tout ou rien.

Les opéras qu'on joue à la cour n'ont point

de succès ; il paraît impossible d'amuser le public, l'ennui est une épidémie générale ; le seul palliatif que j'y trouve, c'est la paresse ; je voudrais que vous fussiez dans le cas d'y avoir recours. Je vous plains de l'usage que vous êtes forcé de faire de votre activité (1), je vous trouve aussi courageux que tous les héros romains, vous vous êtes dévoué comme les Curtius, les Régulus, etc. Heureusement votre santé n'en est point altérée, Dieu veuille que cela continue ! Je ne vous souhaite que de la santé, que tout le reste aille comme il pourra, vous avez tant d'esprit et de courage que vous surmontez tout ; j'en connais de plus misérables et que le moindre souffle renverse par terre ; je crois que le plus grand des malheurs est de naître faible, il n'y a de remède à cela que le repos et le *non chaloir ;* ce mot est gaulois, mais vous l'entendrez.

J'ai fini Cléopâtre, j'en ai sauté les deux tiers, il y a des endroits fort beaux, et l'auteur n'était pas sans génie.

J'ai commencé Cassandre, dont les trois premiers livres sont d'un ennui affreux ; je le

---

(1) Dans l'arrangement des affaires de son neveu, le lord Orford.

continuerai cependant, parce que je me souviens qu'autrefois il m'a fait plaisir (2). Je ne puis me résoudre à lire l'histoire, je n'aime pas mieux les vérités qu'elle contient (si vérité y a) que les fables des romans ; les romans et l'histoire nous peignent les hommes, et leurs portraits ne sont guère plus fidèles dans l'un que

───────────────────

(2) M. Walpole dit à ce sujet : « Vous avez achevé
» Cléopâtre ; voilà ce qui s'appelle du courage ! Je com-
» mençai il y a quelques années Cassandre ; apparem-
» ment que je ne passai pas les trois premiers livres,
» car je le trouvai l'ouvrage le plus bête, le plus plat,
» le plus assommant de tous les livres connus. L'auteur
» n'attrape point la moindre vraisemblance ; bien que
» tous les événements sont du dernier commun, pas le
» moindre petit brin d'invention, et puis point de ca-
» ractère. Toutes les aventures se répètent. Tous ces
» princes, généraux et dames, sont ennuyeux comme
» s'ils étaient aux grands couverts. Il est impossible que
» vous lisiez un tel livre par ennui, à moins que ce ne
» fût dans le sens de chasser un poison par un autre.
» Vous me permettrez de vous dire que de tels romans
» ne peignent pas des hommes ; et si les portraits histo-
» riques sont aussi peu fidèles, au moins ont-ils de la
» ressemblance. Quand, croyez-vous, existait-il des
» hommes comme ceux de la Cassandre ? Il est vrai,
» comme vous dites, qu'ils écartent toutes réflexions.
» Des images de carton, montées sur des brodequins,
» ne font pas réfléchir. »

dans l'autre. Il ne s'agit que de passer le temps, et à mon âge on ne se soucie plus d'acquérir des connaissances, si ce ne sont celles qui nous tiennent compagnie, et qui écartent toute réflexion.

Nous avons ici, depuis peu, et pour peu de jours seulement, un jeune anglais qui me paraît assez aimable, M. Fawkener (3); vous le connaissez, ou du moins vous en avez entendu parler; il part pour l'Italie à la fin de cette semaine.

Le Caraccioli est un peu refroidi pour moi, mais il se réchauffera le mois prochain. Madame de Beauvau ira à Chanteloup, et ses absences remontent beaucoup mes actions auprès de lui.

On me dit hier que le *Taureau Blanc* était imprimé; je ne comprends pas comment vous le protégez et quel mérite vous y pouvez trouver, il me semble qu'il n'y a pas le mot pour rire. Je vous quitte pour me lever; si le facteur ne vient point, on fermera cette lettre.

Le facteur arrive et m'apporte votre lettre. Je n'aime point que votre humeur devienne

―――――――――――――――――――
(3) Guillaume Fawkener, fils de feu sir Edouard Fawkener, et maintenant premier secrétaire du conseil privé.

sombre, mais je sais, par expérience, que les dispositions changent et que l'on n'est jamais bien sûr d'avoir toujours les mêmes sensations. Ce que je crois, et ce que je comprends aisément, c'est qu'on perde le goût des spectacles et des assemblées ; j'aimerais presqu'autant vêpres que l'opéra ; mais pour la société, je ne comprends pas qu'on s'en puisse passer ; il est vrai qu'un quinze-vingt en a plus besoin qu'un autre. Je suis persuadée que, tout clairvoyant que vous êtes, vous regrettez votre sourde, et que vous seriez très-affligé de perdre vos amis, c'est-à-dire, ceux avec qui vous vivez. Tout le monde se ressemble jusqu'à un certain point, et il y a des choses de première nécessité pour tous également, la société est à la tête.

LETTRE CLXXIX.

Samedi 19 décembre,
à 5 heures après midi.

De Londres, lundi 14. Voilà ce que vous m'avez écrit de mieux, de votre vie, et ce qui certainement m'a fait le plus de plaisir (1). J'es-

---

(1) M. Walpole avait été retenu long-temps à Strawberry-Hill par une dangereuse attaque de goutte.

père que vous reprendrez bientôt vos forces, que vous ne vous fatiguerez point à recevoir trop de monde, que vous vous observerez beaucoup sur votre manger, et que de deux ans d'ici je pourrai être sans inquiétude. Ce terme est court pour vous, il n'est pas de même pour moi qui ne serai peut-être plus en vie.

Soyez persuadé que je ne commettrai point votre tragédie ; si je puis la faire traduire, ce ne sera que pour moi, je verrai comment je m'y prendrai ; je chercherai quelques petits traducteurs qui feront cette besogne en présence de Wiart ; vous jugez bien qu'un ouvrier tel que je pourrai l'avoir, ne sera pas fort élégant ; quand l'ouvrage sera fait, vous en aurez une copie, et il y aura une marge assez grande pour que vous y puissiez faire des corrections. Voilà une occupation pour les deux années de santé que vous allez sûrement avoir, et pour celles que j'ai à vivre.

Oui, j'ai reçu votre grande lettre, et j'ai été fort fâchée de la fatigue qu'elle a dû vous coûter ; il y a bien des articles auxquels il faut que je réponde. Les lettres que je vous fais copier, ne sont que de madame des Ursins, il n'y a point les réponses de madame de Maintenon. Les quatre in-folio que j'ai eues de sa main, n'étaient que des lettres à sa famille, peu dignes de curiosité.

Je vous écris par une occasion qu'on me dit être très-sûre; je vous envoie le dernier ouvrage de La Harpe, dont je ne suis nullement contente. Vous trouverez aussi la lettre du prince de Condé au roi, avec des épigrammes sur le père et le fils, et des fragments d'une lettre de ce prince à un de ses amis; nous fûmes trois ou quatre à retenir le récit qu'on nous en fit, je les fis écrire sur-le-champ, et comme nous fûmes interrompus, ce ne fut que la nuit suivante que je m'en rappelai la fin; il est possible que j'y aye mis beaucoup du mien; tout ce que je puis vous dire, si ce n'est pas exactement tout ce que le prince a écrit, c'est, à ce qu'il me semble, ce qu'il aurait dû écrire; et pour que vous ne vous mépreniez pas à ce qui est de moi, je fais mettre une petite croix à l'endroit où je commence.

Je joins encore à tout ceci l'extrait d'une lettre du roi de Prusse à d'Alembert.

Je vous envoie aussi les *Systèmes et les Cabales* (2); je serai fâchée, si vous ne trouvez

---

(2) Par Voltaire. *Voyez* l'édition de ses OEuvres, publiée par Beaumarchais, tom. XIV, pag. 218.

pas les Systèmes jolis, parce qu'ils me le paraissent.

Depuis la lettre que j'ai écrite à Voltaire pour le remercier de la lecture de ses Lois de Minos, je n'ai pas entendu parler de lui, je ne l'attaquerai pas.

Je reçus hier trois volumes des lettres de madame de Pompadour, c'est madame Damer à qui j'en ai l'obligation; chargez-vous, je vous prie, de mes remercîments. Je suis fort aise de les avoir, une autre fois je vous dirai ce que j'en pense. Actuellement il m'est venu compagnie, je suis forcée de vous quitter. Adieu.

De M. le prince de Condé à un de ses amis.

« Je suis fâché d'avoir autant tardé de répondre à votre lettre obligeante, mais j'ai eu tant d'affaires que je n'ai pas pu trouver le moment de vous répondre plus tôt.

» Vous avez su la démarche que j'ai faite, et qui sera, je crois, approuvée par toutes personnes raisonnables. Je n'ai fait cette démarche qu'après une mûre délibération. A Dieu ne plaise que je désapprouve la conduite des autres princes! ils ont suivi leur opinion, et moi la mienne, cela est tout simple, puisque nous sommes restés dans la même intelligence.

» La résistance de près de deux ans a été inutile ; personne ne regrette plus l'ancien parlement que moi, et je le regretterai toujours. Je plains ces gens qui, après avoir perdu leur état, vont perdre leur fortune, c'est une espèce de barbarie.

» Le plus grand de mes ancêtres, Louis de Bourbon, disait : ce n'est point à moi à ébranler la couronne.

» Nous serions au désespoir d'exciter ou de soutenir une révolte dans la nation, nous devons également craindre d'être soutenus ou abandonnés par elle ; ce sont des inconséquences qui humilient l'esprit. Se mettre à la tête de la nation, c'est la soutenir ; et ce serait au prince de porter sa tête le premier sur l'échafaud.

*» Les exilés refusent leur liquidation, et risquent la perte de leur fortune sur la confiance qu'ils ont en notre soutien, ils croiraient manquer d'égards envers nous, s'ils cessaient de compter sur notre appui. Ils doivent connaître aujourd'hui qu'il leur a été inutile, et peut-être contraire.

» En recevant leur liquidation, ils pourraient volontairement rentrer dans leurs charges, et le parlement dans peu de temps se trouverait composé du plus grand nombre de ses anciens membres.

» Enfin nous n'avons eu d'autre intention que de contribuer au bien général. Les moyens que nous avons pris ont été inutiles, et dans la crainte qu'ils ne deviennent dangereux en donnant l'exemple d'une résistance qui pourrait paraître une révolte si elle durait davantage, je me suis déterminé à me soumettre aux volontés du roi.»

Extrait d'une lettre du roi de Prusse à M. d'Alembert, en date de Potsdam, le 8 Décembre 1772, copiée fidèlement sur l'original.

. . . . Pendant toutes les agitations diverses, on va casser entièrement l'ordre des Jésuites; et le pape, après avoir biaisé long-temps, cède enfin, à ce qu'il dit, aux importunités des fils aînés de son église. J'ai reçu un ambassadeur du général des Ignatiens, qui me presse pour me déclarer ouvertement le protecteur de cet ordre. Je lui ai répondu que lorsque Louis XV avait jugé à propos de supprimer le régiment de Fitz-James, je n'avais pas cru devoir intercéder pour ce corps, et que le pape était bien le maître de faire chez lui telle réforme qu'il jugeait à propos, sans que les hérétiques s'en mêlassent.

Lettre de M. le prince de Condé, et de M. le duc de Bourbon, au roi.

Sire,

La seule consolation que nous puissions éprouver, mon fils et moi, de notre malheur, est celle de verser dans le sein même de votre majesté toute la douleur que nous cause l'ordre rigoureux qui nous prive du bonheur de l'approcher. L'amour et la fidélité dont nos cœurs sont remplis, nous rendent tous les jours plus affreuse une situation que nos sentiments connus pour votre majesté devaient nous faire espérer que nous n'éprouverions jamais. La force et la vérité de notre attachement pour vous, nous ont déterminés à résister à l'exécution d'un projet dont le succès nous paraissait impossible. Rien ne prouve plus, Sire, l'intime persuasion où nous n'avons jamais cessé d'être, que la soumission la plus entière vous était due, que les efforts que nous avons faits pour fléchir votre persévérance dans une volonté qui nous faisait envisager les suites les plus fâcheuses.

Nous désirons d'autant plus vivement, Sire, de rentrer dans vos bonnes grâces, que nous ne nous consolerons pas que notre éloignement de la cour pût servir de prétexte au plus léger trouble dans votre royaume. Le maintien de votre autorité nous est essentiel ; l'amour de votre personne est profondément gravé dans nos cœurs.

Avec des sentiments aussi vrais, aussi purs, pouvons-nous craindre de nous égarer ? et serait-il possible qu'on eût pu nous prêter des vues aussi contraires à nos sentiments qu'à nos intérêts? Non, Sire, votre cœur nous rend plus de justice. La droiture et la pureté de nos sentiments vous sont connues, vous nous pardonnerez de chercher à les justifier. Daignez donc, Sire, nous rendre vos bontés que nous chercherons toujours à mériter; ne voyez en nous que des sujets soumis et fidèles ; le zèle le plus pur, et l'attachement le plus vrai pour votre personne nous animeront toujours. Les vœux que nous formons pour la tranquillité de l'État, et le bonheur de votre majesté lui sont de sûrs garants de notre soumission et de notre fidélité. Pénétrés de ces sentiments, Sire, nous osons espérer que votre majesté, convaincue de leur sincérité, voudra bien nous rendre auprès d'elle la place que notre naissance et plus notre cœur nous y marquent.

Nous sommes, etc.

ÉPIGRAMMES.

Jadis le Roux (3), et son pauvre beau-père (4),
D'un petit choc donné chez le Germain,
Se disputaient la gloire assez légère ;
L'honneur entre eux est encore incertain.
Enfin le Roux brilla sans concurrence ;
Si dans Versaille il trahit aujourd'hui
Sa foi, son roi, sa famille et la France,
Il agit seul, et sa honte est à lui.

―――

Condé le Roux s'est démenti ;
Eh ! comment aurait-il pu faire ?
Il fallait changer de parti,
Ou bien changer de caractère.

―――

Il est roux, le petit Bourbon,
Qui pour la cour nous abandonne :
Ma foi, sa réputation
Sent aussi bon que sa personne.

―――――――

(3) Le prince de Condé.
(4) Le prince de Soubise.

LETTRE CLXXX.

Dimanche 20 décembre 1773.

Je préviens encore aujourd'hui le facteur, il en pourra résulter une longue lettre, prenez-vous-en à l'insomnie.

Plusieurs belles dames, et une entre autres de votre connaissance, et qui est pour ainsi dire ma meilleure amie, (*madame de Cambise*) sont dans de grandes alarmes de la maladie du chevalier de Durfort (1), c'est une fluxion de poitrine très-avérée, et le soupçon d'une fièvre maligne ; il entre aujourd'hui dans le dix, il est très-mal, il n'est pas bien jeune, et il est fort délicat et usé ; s'il meurt, je ne sais pas ce que deviendra cette dame ; cette perte mettrait le comble à ses malheurs ; je suis persuadée qu'elle se retirerait dans un couvent.

Le roi a très-bien traité la famille Chauvelin, il a conservé la charge de maître de la

---

(1) Le chevalier de Durfort était de la famille de Duras. On l'avait destiné pour l'église ; mais il prit la croix de Malte, ce qui lui donnait le droit de conserver certains bénéfices, quoiqu'attaché à l'armée.

garde-robe à son fils (2) qui n'a que sept ans, il a donné à chacune de ses deux filles, qui en ont neuf ou dix, quatre mille francs de pension; la veuve quitte la maison qu'elle avait dans la rue de Bourbon, parce que le loyer est de douze mille francs, et madame de Mirepoix, qui est fort dégoûtée de celle qu'elle a dans la rue Bergère proche la Grange Batelière, est tentée de la prendre. Elle est si irrésolue, si incertaine, si changeante, que je ne fais plus aucune attention à ses projets.

Lundi.

Je reçois votre lettre du 14, qui aurait dû arriver hier. Vous aurez vu, par ma dernière, que nous avons su le séjour que vos neveux ont fait ici, et que le duc a très-bien gardé l'incognito.

M. Fawkener est très-aimable, il parle notre langue comme si c'était la sienne, il a de la politesse, il cherche à plaire sans affectation, il fait connaître qu'il est instruit sans empressement; il a réussi auprès de tous ceux qui l'ont vu, et il deviendrait à la mode s'il restait

---

(2) Le marquis de Chauvelin, ambassadeur de France en Angleterre à l'époque de la mort de Louis XVI.

ici, mais il doit partir aujourd'hui ou demain. Il passera par Genève et verra Voltaire, il parcourra toutes les villes d'Italie, et reviendra ici dans le mois d'août ou de septembre; je l'ai beaucoup vu, je l'ai presque toujours eu à souper chez moi; il joue à tout ce qu'on veut, c'est un jeune homme parfaitement aimable, sans nul travers, sans nul inconvénient; dites à M. et madame Churchill le témoignage que je vous rends de lui.

Les nouvelles d'aujourd'hui du chevalier de Durfort sont meilleures; la dame de mes amies est dans un état effroyable depuis onze jours que dure la maladie. Cette personne a un caractère bien décidé; je l'aime, non par goût, parce qu'elle n'est pas ce qu'on appelle aimable, mais parce qu'elle a des vertus, et surtout beaucoup de noblesse et de vérité.

LETTRE CLXXXI.

29 décembre 1773.

JE vous annonce à mon tour que cette lettre ne sera pas longue, les choses que j'ai à vous dire ne sont pas assez intéressantes pour que j'y sacrifie l'espérance de m'endormir, elle sera peut-être vaine; depuis bien long-temps j'ai perdu le sommeil ; mais madame de Talmont (1) a perdu la vie, elle est plus avancée que moi ; elle mourut le 20 de ce mois, en héroïne de roman.

---

(1) M. Walpole s'exprime ainsi sur cette dame dans une note manuscrite jointe au portrait qu'en avait fait madame du Deffand, un de ceux imprimés dans les deux volumes de sa correspondance, publiés il y a quelque temps à Paris :

« Quoique la princesse de Talmont ne soit point un
» personnage historique, elle a cependant figuré à la
» cour de Louis XV. Elle était née en Pologne, et se
» disait alliée à la reine Marie Leczinska, avec qui elle
» vint en France, où elle épousa un prince de la maison
» de Bouillon, qui la laissa veuve. Pour plaire à la bonne
» reine, elle joua, dans les derniers temps de sa vie,
» la dévote, de galante qu'elle était dans sa jeunesse
» pour se satisfaire elle-même. Son dernier amant avait
» été le jeune prétendant, de qui elle portait le portrait
» dans un bracelet dont le côté opposé portait celui de
» Jésus-Christ. Quelqu'un lui ayant demandé quel rap-
» port il y avait entre ces deux portraits, la comtesse
» de Rochefort (ensuite duchesse de Nivernois) ré-
» pondit, celui qui résulte de ce passage de l'Évan-
» gile : *Mon royaume n'est pas de ce monde.* Lors-
» que je me trouvai à Paris, en 1765, et que j'eus
» écrit la lettre à Rousseau, sous le nom du roi de
» Prusse, qui fit tant de bruit, la princesse de Talmont
» pria madame la duchesse douairière d'Aiguillon, de

Elle avait, la veille de sa mort, ses médecins, son confesseur, et son intendant auprès de son lit; elle dit à ses médecins : Messieurs, vous m'avez tuée, mais c'est en suivant vos

---

» qui j'étais fort connu, de me conduire chez elle, en
» ajoutant que, malgré sa haine contre les Anglais (à
» cause du prétendant), elle avait lu avec tant de plaisir
» ma lettre, qu'elle ne pouvait se passer de me voir.
» Je n'aimais pas trop à me voir promener partout
» comme une pièce curieuse (l'abbesse de Panthemont
» et une autre abbesse m'ayant déjà fait venir chez elles
» pour le même sujet, parce que Rousseau était en
» mauvaise odeur parmi les dévots); mais la duchesse
» me dit que la princesse était une parente de la reine,
» et qu'il fallait y aller. En conséquence, madame d'Ai-
» guillon vint me prendre chez madame de Rochefort
» (laquelle logeait aussi au Luxembourg), pour me
» conduire chez la princesse, qui occupait les grands
» appartements. Nous la trouvâmes dans une vaste
» salle, tendue d'ancien damas rouge, avec quelques
» vieux portraits d'anciens rois de France, et éclairée
» seulement par deux bougies. L'obscurité était si grande
» que, lorsque je m'avançai vers la princesse, qui était
» assise dans un coin reculé de la salle, sur une petite
» couchette entourée de saints polonais, j'allai broncher
» contre le chien, le chat, un tabouret, un crachoir;
» et lorsque je fus enfin parvenu auprès d'elle, elle ne
» trouva pas un mot à me dire. Enfin, après une visite
» de vingt minutes, elle me pria de lui procurer une

principes et vos règles; à son confesseur: Vous avez fait votre devoir en me causant une grande terreur; et à son intendant: Vous vous trouvez ici à la sollicitation de mes gens, qui désirent que je fasse mon testament; vous vous acquittez tous fort bien de votre rôle; mais convenez aussi que je ne joue pas mal le mien. Après cela elle se confessa, communia, ajouta un

---

» levrette blanche et une autre noire, pareilles à celles
» qu'elle avait perdues, et que je n'avais jamais vues.
» Je promis tout, et pris congé, sans plus songer à
» elle, à ses levrettes et à ma promesse. Trois mois
» après, au moment que j'allais quitter Paris, un do-
» mestique suisse qui me servait, vint m'apporter, dans
» mon cabinet de toilette, une mauvaise peinture d'un
» chien et d'un chat. Vous n'êtes sans doute pas assez
» fou, lui dis-je, pour penser que je voudrais acheter
» un aussi mauvais tableau? *Acheter, pardi! ce n'est*
» *pas à acheter, Monsieur; ça vient de la part de ma-*
» *dame la princesse de Talmont, et voici un billet*
» *avec.* J'ouvris le billet. Elle me dit, qu'apprenant que
» j'étais au moment de partir pour l'Angleterre, elle
» me rappelait ma promesse; et qu'afin que je pusse ne
» me point tromper dans les marques de sa *pauvre dé-*
» *funte Diane*, et que je fusse en état de lui en pro-
» curer exactement une autre, elle m'envoyait son por-
» trait, mais qu'il fallait que je lui renvoyasse le tableau,
» dont elle ne voudrait pas se défaire pour tout au
» monde. »

codicille à un testament qu'il y avait long-temps qui était fait. Elle fait madame Adélaïde sa légataire universelle, donne ses bijoux à toutes Mesdames, ses porcelaines et une montre à M. de Maurepas ; de petits legs à des anciennes amies avec qui elle était brouillée, et qui étaient sur son ancien testament, et qu'elle n'a point révoqué. L'énumération de tous ses legs serait ennuyeuse, et ne vous ferait rien ; on prétend qu'elle avait fait faire une robe bleue en argent pour être enterrée, et qu'elle s'était fait coiffer avec une très-belle cornette de point. L'archevêque n'a pas approuvé ce luxe, il a fait vendre habits et cornette pour en faire des aumônes. Elle a laissé cent mille francs aux enfants trouvés, à la charge de payer des rentes viagères à ses domestiques.

LETTRE CLXXXII.

1ᵉʳ janvier 1774.

JE commence cette année comme j'ai fini l'autre, en désirant que vous soyiez heureux, et avec la résolution de n'y pas apporter le moindre obstacle. Je souhaite que votre santé se fortifie, que les affaires de votre neveu s'arrangent, et que vous trouviez du plaisir à vivre,

Deux soldats, le jour de Noël, en ont trouvé à mourir (1) et se sont donné la satisfaction de se tuer de compagnie. Voilà la lettre de l'un des deux et le testament qu'ils ont signé tous deux et écrit sur la table où ils avaient bu ensemble; ils avaient auparavant porté quatorze lettres à la poste, on ne sait pas à qui. On disait hier que le plus jeune avait dissipé l'argent qui lui avait été confié pour des recrues, et que de plus il avait une maladie incurable, mais cela n'est pas prouvé. Cette mort fera plus d'impression, et elle est mille fois plus éloquente que tous les écrits de Voltaire, d'Helvétius et de tous messieurs les athées; ce sont les premiers martyrs de leurs systèmes, et il n'est pas impossible qu'elle ne fasse des prosélytes. Je ne sais pas quelle impression cette aventure vous fera, pour moi elle m'étonne, et je trouve leur courage supérieur à celui de Caton, et je n'admire plus autant que je faisais la mort d'Oton; on ne parle que de cette aventure.

Cette journée-ci produira peut-être quelques événements qui y apporteront de la diversion; c'est ce que je vous dirai demain.

---

(1) Ce suicide fit beaucoup de bruit en France, et la lettre et le testament dont il est question furent réimprimés plusieurs fois.

Dimanche 2.

Oui, la journée d'hier a produit des nouvelles. On reçut avant-hier au soir des lettres de M. de Breteuil qui apprenaient la mort de son gendre le comte de Matignon (2), c'est encore un suicide, mais involontaire. Etant à la chasse, et voulant se débarrasser de son fusil pour un moment, il essaya de le faire tenir sur une branche; le fusil partit, et le tua roide. L'embarras de l'apprendre à madame de la Vopalière sa mère a été bien grand; son mari ne savait comment s'y prendre, il fut consulter le chevalier de Durfort; à peine l'avait-il quitté, que madame de la Vaupalière arriva chez lui de la meilleure humeur du monde, se réjouissant du retour de sa santé, l'entretint du plaisir qu'elle aurait de revoir son fils; le chevalier ne savait où se fourrer, ni que lui dire; elle le

---

(2) Le comte de Matignon était fils du comte de Gacé, et épousa la fille du baron de Breteuil. Sa mère, madame de Gacé, après la mort de son époux, avait épousé M. de la Vopalière. En 1764, elle fit un voyage en Angleterre; et c'est une des dames à qui M. Walpole présenta des vers sortis de sa presse de Strawberry-Hill, à l'occasion d'une fête qu'il donna à un grand nombre d'étrangers qui se trouvaient alors en Angleterre.

quitta, je ne sais pas la suite, mais elle a dû l'apprendre hier dans la journée.

Il y a bien encore un autre événement que je pourrais vous conter, et où il est encore question de pistolet, mais personne n'a été tué ni blessé ; cela vous ennuierait à entendre, et à moi à raconter.

Il n'y eut point hier de promotion de cordon bleu. Tout ce qui regarde le ministère est toujours dans la même position ; les paris sont ouverts.

Je viens de recevoir votre lettre du 28, je ne l'attendais que lundi, parce que ces jours-ci on délivre les lettres plus tard.

J'ai une proposition à vous faire, et je vous prie de l'écouter avec amitié, et sans vous fâcher. Je vous mandai, il y a quelque temps, que j'avais un petit chien ; je l'aime beaucoup et il m'aime ; il est très-joli, promettez-moi que, s'il reste sans maîtresse, vous voudrez bien devenir son maître ; je suis sûre que vous l'aimerez. J'ai cette idée dans la tête, ne la prenez point de travers (3).

---

(3) M. Walpole accepta cette proposition, et Tonton, le chien de madame du Deffand, fut, après la mort de sa maîtresse, envoyé à Strawberry-Hill, où il mourut environ dix ans après.

J'avais hier quinze personnes à souper; c'est un souper fondé pour tous les premiers jours de l'an. La maréchale de Luxembourg et moi nous nous donnons nos étrennes; les siennes furent une tasse de l'année, et six petites terrines d'argent les plus jolies du monde. La mienne, une chaise de paille, garnie en housse de tafetas cramoisi, couverte devant-derrière, du haut en bas, d'un très-magnifique réseau d'or, arrangé, ajusté du meilleur goût du monde, et par-dessus une housse de papier blanc; elle est dans l'habitude de demander toujours en arrivant une chaise de paille pour poser son sac à ouvrage, et mettre ses pieds sur les barres. Cette chaise fut celle qu'on lui apporta, avec des couplets que je vous envoie; l'à-propos, leur donna tout le sel que vous trouvez peut-être qui leur manque.

DE M. DE PONTDEVEYLE,

Attaché au dossier de la chaise.

Air *de Joconde.*

Je m'offre à vous sans ornements;
Je ne suis pas bien mise;
Mais de ce mince ajustement
Ne soyez point surprise:
Souvent, sous de simples dehors,
La beauté se déguise;
Vous verrez, peut-être, un beau corps
En ôtant ma chemise.

DE M. LE CHEVALIER DE BOUFLERS,

Posé sur le carreau de la chaise.

Air : *Réveillez-vous, belle endormie.*

Si je vous sers, je suis heureuse ;
J'existe pour votre repos ;
Je ne serais point dangereuse,
Quand même vous m'auriez à dos.

J'ai des secrets, mais je suis franche :
Ils seront aisés à trouver ;
J'ai mis une chemise blanche
Pour engager à la lever.

Air *de Raoul de Créqui.*

De moi je suis assez contente ;
J'ai l'air de la simplicité ;
Quoique simple, je suis brillante,
Et j'y joins la solidité ;
Mais sur un point qu'on me décide,
Est-ce vous ou moi que je peins ?
Car simple, brillante et solide,
Ce sont vos traits plus que les miens.

LETTRE CLXXXIII.

Paris, samedi 26 février 1774.

C'est demain le jour de la poste, je la préviens pour n'avoir plus qu'à répondre à votre lettre, en cas que j'en reçoive, comme je l'espère.

Tous vos livres sont chez moi, excepté la petite brochure *de l'Influence de la Philosophie sur les Lettres* (1). Elle ne se trouve point à Paris, il faut la faire venir de Genève ; j'ai pris des mesures pour cela. On ne dit pas de bien de l'histoire de la maison de Bourbon, elle est d'un M. Désormeaux, médiocre auteur ; il doit y avoir une suite, je ne sais pas de combien de volumes. Tous vos livres ne sont que brochés, s'ils étaient reliés, la caisse serait beaucoup plus pesante, et les libraires ont dit qu'ils payeraient des droits. Je vous envoie le mémoire de ce qu'ils coûtent, pour que vous puissiez faire le décompte avec Couty ; je ne sais quand son maître reviendra de la campagne.

---

(1) *Quelle est l'influence de la philosophie sur les belles-lettres ?* discours inaugural, par M. Mallet, à Cassel, 1772.

Vous ne savez pas la résolution que je prends, c'est de ne plus vous écrire à l'avenir de lettres ; mais de faire des gazettes comme celles que je reçois du grand abbé, cela vous sera moins ennuyeux, et à moi plus commode ; je vous écrirai chaque jour tout ce que je saurai. Nous attendons aujourd'hui un grand événement, le jugement du procès de ce Beaumarchais dont je vous ai parlé, et dont je suis résolue à vous envoyer les mémoires ; je serai surprise s'ils ne vous amusent pas, surtout le quatrième. Cet homme a certainement beaucoup d'esprit ; M. de Monaco l'a invité ce soir à souper, pour nous faire la lecture d'une comédie de sa façon, qui a pour titre, *le Barbier de Séville*. On la devait jouer il y a huit jours ; madame la dauphine y devait venir : on reçut la veille la défense de la représenter ; elle aurait eu certainement un grand succès, quand même elle aurait été détestable. Le public s'est affolé de l'auteur. On le juge tandis que je vous écris. On prévoit que le jugement sera rigoureux, et il pourrait arriver qu'au lieu de souper ce soir avec nous, il fût condamné au bannissement, ou même au pilori, c'est ce que je vous dirai demain.

Madame la duchesse de Grammont est toujours ici, elle y restera encore trois ou quatre semaines ; l'empressement qu'on a pour elle est extrême, rien n'a meilleur air que de la voir, que de lui donner à souper ; la maréchale de Luxembourg ne la quitte pas, elle veut à toute force devenir sa favorite ; je n'ai pas la même ambition, je me contente de quelques faveurs passagères ; j'ai déjà donné un souper, j'en dois encore donner un autre ; le jour qu'on m'a indiqué est le 5 du mois prochain, mais comme c'est un des jours des grands soupers que la maréchale de Luxembourg donne deux fois la semaine, et qu'elle ne pourrait pas venir chez moi, je ne doute pas qu'elle ne fasse remettre mon souper à un autre jour, c'est ce que vous apprendrez par un article de la gazette que je vous annonce, et que je commencerai lundi prochain.

Le grand abbé me mande que la grand'maman s'est prise de la plus grande passion pour la comtesse de Coigny (2), qui de son côté

---

(2) Fille d'un financier nommé Boissy. La comtesse de Coigny mourut peu de temps après la date de cette lettre, et laissa une fille qui, en 1786, fut mariée au duc de Fleury. Si la comtesse de Coigny a ressemblé à sa fille par l'esprit, la beauté, l'expression d'une sensibilité exquise, et par les manières les plus gracieuses,

l'aime éperdument ; son mari et elle ont quitté Paris à cause du dérangement de leurs affaires ; ils s'étaient retirés dans leurs terres, mais je crois qu'ils vont se fixer à Chanteloup ; j'en suis ravie pour la grand'maman, qui a le ridicule d'aimer, et de vouloir l'être.

L'abbé viendra ici vers Pâques, et le marquis de Castellane doit arriver incessamment ; je serai bien aise de le voir.

Le Caraccioli nous quittera dans le mois d'avril ; il fera un séjour à Naples de sept ou huit mois ; il laissera ici beaucoup de regrets ; vous ne sauriez croire à quel point il est ici à la mode ; c'est le second tome de M. Hume ; on se pâme de rire à tout ce qu'il dit, presque toujours sans le comprendre, ni même l'entendre. Oh ! la mode est notre souveraine, et nous gouverne despotiquement.

Il ne paraît aucun livre nouveau, les anciens m'ennuient, et c'est là un des plus grands malheurs ; je souhaite que vous ne l'éprouviez pas, et que vous trouviez beaucoup de plaisir à la lecture de ceux que vous recevrez. Vous êtes

---

tous ceux qui ont connu la fille ne seront pas surpris de l'attachement que madame de Choiseul avait pour la mère.

bien heureusement né; il est bien fâcheux que votre santé ne soit pas aussi parfaite que votre sagesse.

Dimanche.

Comme il n'est point arrivé de lettres, je ne ferai point partir celle-ci, et je vais commencer mes gazettes.

Hier, samedi 26, M. Beaumarchais et ses consorts furent jugés; madame Goetsman et lui sont condamnés à être blâmés(3); mais comme vous n'êtes point au fait de l'affaire, il faut que vous lisiez les mémoires avant d'apprendre le jugement; vous aurez le tout ensemble. Ledit Beaumarchais ne vint point souper chez M. de Monaco; le parlement resta assemblé depuis cinq heures du matin, jusqu'à près de neuf heures du soir.

On a appris qu'une petite madame de Monglas, qu'on avait fait enlever pour l'enfermer dans un couvent à Montpellier, et qui était

---

(3) Il fut accusé d'avoir offert de l'argent à madame Goetsman, la femme de son rapporteur, dans un procès avec les héritiers Paris Duverney, à l'occasion de quelques comptes pécuniaires dont dépendait, non-seulement la fortune, mais encore la réputation et l'honneur de Beaumarchais.

conduite par trois hommes de la maréchaussée, s'était sauvée ; je ne sais si l'on court après : le prince de Nassau et un M. d'Esterhazy s'étaient battus pour elle ; son mari est secrétaire des commandements de M. le comte d'Eu ; ci-devant il était président à la chambre des comptes de Montpellier ; M. le comte d'Eu devint amoureux d'elle l'année où il tint les états à Montpellier.

Toutes réflexions faites, ma lettre étant écrite je vous l'envoie.

Samedi 26 février 1774,
à neuf heures du soir.

Madame Goetsman, blâmée, restitution des quinze louis au profit des prisonniers.

M. Goetsman, hors de cour.

Bertrand d'Airolle, admonété.

Le Jay, admonété.

Beaumarchais blâmé, ses mémoires brûlés par la main du bourreau, comme injurieux, calomnieux, etc., défense de récidiver, etc.

MM. Bidault, Ader, Malbeste, défense à eux de signer à l'avenir de pareils mémoires.

Le coupable condamné au blâme, a ordre de se présenter au parlement ; il se met à genoux, et le juge lui dit : « La cour te blâme, et

« te déclare infâme, » ce qui le rend incapable de posséder aucune charge publique (4).

LETTRE CLXXXIV.

Samedi 5 mars 1774.

Vous voilà devenu père de famille (1), je crains que ce nouvel état ne vous cause bien de l'embarras. Ne pourriez-vous pas marier votre enfant? Il faudrait lui trouver une femme qui pût le gouverner; ce serait une chose bien triste pour vous, et un terrible esclavage que d'avoir ce soin éternellement.

Comment pouvez-vous croire que ces vers

---

(4) Malgré cette sentence diffamante, Beaumarchais, de qui toute la vie a été marquée par une conduite équivoque, et par des aventures déshonorantes, dans lesquelles un homme d'une imagination vive, sans principes, né dans la classe qu'il occupait, était alors si facilement entraîné, Beaumarchais, ouvertement protégé par le prince de Conti, fut, peu de temps après ce jugement, employé par la cour pour quelques commissions secrètes, et obtint, deux ans après, au retour du parlement, la révision de son procès, et un arrêt infirmatif de la sentence ci-dessus mentionnée.

(1) Par les soins que donnait M. Walpole à son neveu Georges, lord Orford, qui avait alors recouvré sa raison, après une aliénation d'esprit de plus d'une année.

de Voltaire ayent été faits pour moi? Y aurait-il une familiarité plus ridicule de me nommer *Bergère*, et de m'appeler *ma chère?* et comment pouvez-vous penser que si cela avait été, je ne vous l'eusse pas mandé, et que je ne vous eusse pas montré toute ma colère? Non, ils n'ont point été faits pour moi, mais pour une dame de Genève ; et pour que vous n'en puissiez pas douter, et que vous en puissiez convaincre tout le monde, je vous envoie la lettre originale de Voltaire (2) ; on a mis ces vers dans le Journal Encyclopédique, et à la tête : *Vers de M. de Voltaire à madame la marquise du Deffand, âgée de quatre-vingt-deux ans.* J'ai pris des mesures pour que dans le journal suivant on mît ces propres mots : « Les vers de M. de Voltaire, que l'on a insérés dans notre dernier journal, ne sont point adressés à madame du Deffand, mais à une dame de Genève. »

Vous me renverrez la lettre de Voltaire ; je

_____

(2) *Voyez* les OEuvres de Voltaire (édition de Beaumarchais), *Correspondance générale*, tome LXII, page 287. Malgré cette lettre, les vers dont il s'agit, et qui commencent par ces mots : *Hé quoi! vous êtes étonnée*, sont imprimés dans la même édition, *tom.* XIII, *pag.* 320, comme adressés à madame du Deffand.

suis bien aise de la garder pour pouvoir convaincre ceux qui auraient la volonté de me rendre ridicule. J'ai encore eu d'autres chagrins dans ce genre; ce petit d'Albon, dont je vous ai envoyé les vers pour moi, les a fait mettre, non seulement dans le Mercure, mais dans une feuille nouvelle, intitulée : *Journal des Dames;* il y a joint le remercîment que je lui fis dans une très-plate lettre, qu'il a tronquée comme il lui a plu. Ce jeune homme a vingt-un ans; il m'appelle sa tante, quoique je lui aye représenté que je n'avais point cet honneur; que le neveu de la femme de mon frère ne m'était rien ; cela ne l'arrête pas ; il veut s'accrocher à moi, croyant que je peux contribuer à établir sa réputation de bel esprit. Je pourrai bien incessamment prendre le parti de l'éconduire.

Me voilà donc dans deux journaux ! De plus, dans l'Almanach des Muses, on m'attribue une chanson que feu M. Chauvelin avait faite, il y a quinze ou vingt ans, pour feu madame l'Infante, duchesse de Parme. Tout cela m'a donné beaucoup d'humeur, et m'a fait prendre le bel esprit plus en aversion que jamais.

Je vous ai envoyé, par le moyen de M. Saint-Paul, les mémoires de Beaumarchais, quoique milord Stormont m'eût assuré qu'ils étaient à Londres ; ils ont une vogue ici prodigieuse ; je crois que le quatrième vous fera plaisir.

Dimanche.

J'eus hier la duchesse de Grammont à souper ; nous n'étions que sept à table, elle, madame de Mirepoix, M. de Toulouse, M. de Stainville, M. de Pontdeveyle, mademoiselle Sanadon et moi ; les non soupans étaient M. et madame de Beauvau, M. de Chabot, l'évêque d'Arras et l'ambassadeur de Naples. La duchesse et l'ambassadeur ont resté jusqu'à trois heures. Elle soupera encore une fois chez moi avant son départ, qui sera le 19 ou 20. Je crois vous avoir mandé que la maréchale de Luxembourg ne la quitte point ; elles étaient avant-hier, vendredi, à l'hôtel de la Rochefoucault ; je tenais la maréchale sous le bras, qui, je ne sais si vous vous en souvenez, prend toujours la peine de me conduire à table ; elle s'obstina à faire passer la duchesse avant elle, et elle me dit : c'est un vœu que j'ai fait qu'à toutes les portes où je me trouverais avec elle, elle passerait la première ; oui ce vœu est antique et solennel ; je lui dis d'une voix basse et douce : antique, non ; vous pouvez vous rappeler qu'il y a trois ans elle avait autant de haine, qu'elle a aujourd'hui d'amour.

Tous ces petits détails de société doivent vous paraître bien froids ; il n'appartenait qu'à madame de Sévigné de les rendre intéressants ; elle était toujours vivement affectée, et moi je ne le suis plus de rien.

LETTRE CLXXXV.

Dimanche 27 mars 1774.

L'ÉTAT de M. votre neveu est bien singulier, et rien ne l'est plus, si ce n'est la résolution que vous avez prise d'en faire votre principale et unique affaire ; si vous, ou monsieur votre frère aviez des enfants, cela serait naturel, mais vous n'avez que des collatéraux dont vous ne vous souciez point, cependant il faut bien que vous ayiez raison.

Je suis fort aise que les mémoires de Beaumarchais vous ayent amusé. Vous n'avez donc pas encore lu l'arrêt, puisque vous me demandez quel traitement on a fait à madame de Goetsman (1). Nous ne parlons plus de tout

(1) M. Walpole avait dit : « J'ai reçu les Mémoires
» de Beaumarchais ; J'en suis au troisième, et cela
» m'amuse beaucoup. Cet homme est fort adroit, rai-

cela ici ; je ne vous dirai pas ce qui y succède, ce sont des riens. Je voudrais bien que vous eussiez pu entendre ce que j'entendis jeudi dernier ; un homme qui lit, ou plutôt qui joue une comédie tout seul si parfaitement bien qu'on croit entendre autant de personnages différents qu'il y en a dans la pièce ; c'est un prodige, et rien ne m'a jamais fait autant de plaisir ; on prétend que j'en aurais eu encore plus si je l'avais pu voir, mais j'en doute, l'illusion n'aurait pu être plus parfaite ; la pièce qu'il nous lut s'appelle *l'Indigent*, il y a huit personnages ; un financier jeune et fat, son valet de chambre, un vieux paysan très-malheureux, et très-honnête homme, son fils, sa fille, un notaire plein de probité, son clerc,

---

» sonne juste, a beaucoup d'esprit ; ses plaisanteries sont
» quelquefois très-bonnes, mais il s'y complait trop.
» Enfin je comprends que, moyennant l'esprit de parti
» actuel chez vous, cette affaire doit faire grande sensa-
» tion. J'oubliais de vous dire l'horreur qui m'a pris des
» procédés en justice chez vous : y a-t-il un pays au
» monde où l'on n'eût puni sevèrement cette madame
» Goetsman ? Sa déposition est d'une impudence affreuse.
» Permet-on donc chez vous qu'on mente, qu'on se
» coupe, qu'on se contredise, qu'on injurie sa partie
» d'une manière si effrénée ? Qu'est devenue cette créa-
» ture et son vilain mari ? répondez je vous prie. »

un procureur grand coquin; dans la dernière scène, ils sont tous rassemblés, excepté le valet de chambre; chaque rôle est si parfaitement joué et avec une telle chaleur et vivacité, qu'il serait impossible que les sept meilleurs acteurs pussent faire le même plaisir ; j'ai envoyé chercher cette pièce, elle est plus touchante que comique ; c'est dans le genre de La Chaussée ; on prétend que le lecteur y ajoute beaucoup du sien, et que cette pièce, telle qu'elle est, n'est pas bonne ; elle a été refusée à la comédie, et elle fait un effet prodigieux jouée par cet homme qui s'appelle M. Tessier (2). Il est de Lyon, et il y est directeur des fermes; on dit que sa figure est bien, qu'il a beaucoup de physionomie et de grâce ; il y a cinq ou six pièces qu'il joue aussi parfaitement ; je serais fort aise de les entendre, mais je ne crois pas que cela se puisse. Quand j'aurai lu *l'Indigent*, si je la trouve bonne, voulez-vous que je vous l'envoye ?

Ce n'est point parce que les vers de Voltaire sont plats, que je trouve mauvais qu'on soup-

―――――――――――――――――――――

(2) Le même dont le talent fut si long-temps admiré à Londres.

çonne qu'ils ayent été faits pour moi, c'est parce que je trouverais très-ridicule qu'on crût qu'il m'appelât *Bergère*, et *ma chère*: je n'ai point entendu parler de lui depuis le mois de décembre; je n'aime point assez à écrire pour me soucier d'entretenir cette correspondance, celle de Chanteloup me paraît plus que suffisante. Madame de Grammont y est retournée le 20 de ce mois, accablée de gloire et de fatigue; elle a été un peu malade en arrivant. Pendant quarante-huit jours qu'elle a été ici, excepté les trois soupers qu'elle a faits chez moi, elle a soupé tous les jours avec vingt-cinq, ou trente personnes. A peine était-elle éveillée, que sa chambre était remplie de princes, de grands seigneurs, de grandes dames; il n'y a point de maîtresse de roi, de premier ministre, de souverain, de potentat, qui puissent jouir d'une plus grande célébrité. Il faut lui rendre justice, elle n'en avait point la tête tournée; son air est simple, naturel, facile, vous la trouveriez fort aimable; elle m'a fort bien traitée. La maréchale de Luxembourg a été la plus empressée à lui faire la cour, elle la voyait souvent trois fois le jour, et pour le moins deux; vous pouvez vous souvenir que dans le temps de l'exil, elle était leur plus grande ennemie. L'idole a été aussi fort empressée, et elle a enfin obtenu la permis- de faire un voyage (3). Elle y ira, pendant le séjour que la maréchale y doit faire, qui sera de quatre ou cinq semaines ; elle partira environ le 15 du mois prochain. Le quartier de M. de Beauvau sera le premier, ce qui me fâche fort ; il ne passe pas un jour sans me voir, et je reçois de lui plus de marques d'amitié que de qui que ce soit.

LETTRE CLXXXVI.

Paris, dimanche 17 avril 1774.

JE vous fais mille remercîments des offres que vous me faites pour moi et mes amis ; ah ! je n'en abuserai pas, je n'ai besoin de rien, je ne voudrais pas vous importuner pour moi, et je ne me soucie pas d'obliger personne. Je suis excessivement lasse du peu de retour qu'on trouve à tout ce qu'on fait pour les autres, et je déteste le monde au point que, si je croyais pouvoir trouver deux ou trois personnes dans un couvent quelconque qui eussent le sens

---

(3) A Chantcloup.

commun, je m'y réfugierais (1); vous aurez peine à allier cette façon de penser à la vie qu'on peut vous dire que je mène. En apparence elle est agréable, mais elle est bien éloignée de me satisfaire; il n'y a personne de tous

---

(1) M. Walpole fit cette réponse : » Un couvent serait
» une recette très-singulière contre l'ennui, surtout pour
» vous qui, par malheur, ne pouvez lire. Vous avez plus
» besoin de compagnie que de solitude. Est-ce parmi
» des sottes et des folles que vous compteriez trouver
» une conversation raisonnable? Vous voyez ce qu'il y
» a de mieux, cela ne suffit pas : des religieuses, des
» dévotes, des tracassières valent-elles l'abbé Barthé-
» lemi, les Beauvau, madame de Mirepoix, que vous
» voyez souvent? La Sonadona ne vous contente point;
» une douzaine de *santa Donnas* vous amuseraient as-
» surément davantage! Ah! mon amie! l'ennui vous doit
» bien peser, quand il vous fait déraisonner de la sorte!
» Le voyage de Chanteloup, que je ne conseille pas,
» vous dissiperait au moins. Mais que peut-on vous
» dire? si votre bon esprit et votre usage du monde sont
» inutiles pour vous faire supporter les chagrins de la
» vie, est-ce en changeant de place qu'on y remédie?
» Une longue vie assure la perte des amis. Je sais qu'on
» ne console pas par des raisonnements; mais aussi,
» rend-on la vie plus insupportable en se plaignant
» d'événements qui sont communs à tous? Vous cher-
» chez des chimères, et ne faites pas usage de votre
» raison, qui au moins, quand on n'est plus jeune, peut
» servir de quelque chose. »

les gens avec lesquels je vis, sur lesquels je puisse compter, et pour lesquels je puisse avoir le moindre goût, j'en excepte Pontdeveyle et mademoiselle Sanadon; leur société est sûre, et ils ont une sorte d'amitié pour moi; mais comme mon étoile a toujours été de perdre mes amis de façon ou d'autre, Pontdeveyle est très-malade, et si dangereusement, qu'il y a fort peu d'espérance; il ne me restera plus que mademoiselle Sanadon, c'est là tout mon trésor, vous le connaissez. Je suis fort invitée d'aller à Chanteloup, mais ce serait tomber de Charybde en Scylla. Je ne perdrai pas le seul bonheur que j'ai, qui est d'être chez moi.

Vous me donnez une grande curiosité des lettres de milord Chesterfield; les jugements qu'il porte ne me donnent pas une grande idée de son discernement, cependant il y en a quelques-uns de justes. Si milord Stormont ne veut pas me prêter ce qui est en français, ne pourriez-vous pas me l'envoyer? cela me ferait plaisir. Louer madame du Pin, cela est étrange! passe encore pour madame de Blot (2); sa

---

(2) Madame de Blot était sœur du comte d'Hennery, qui mourut à Saint-Domingue, où il commandait en chef. Elle épousa M. Chavigny de Blot, qui occupait une charge chez le duc d'Orléans.

figure, son maintien en imposent; elle a beaucoup d'admirateurs : je ne la connais pas, mais je connais la plupart de ses juges. Je ne sais pas ce que c'est que madame de Caux, je n'en ai jamais entendu parler. Vous êtes très-bien instruit de ce qui regarde M. de Richelieu et madame la duchesse de Bourgogne; ce qu'en dit le milord est une fable.

Vous vous trompez sur la lecture de M. Tessier, la seconde lecture de *l'Indigent* m'a fait autant de plaisir que la première; mais je lui ai entendu lire une autre pièce qui ne m'en a fait aucun; demain je lui en entendrai lire une troisième; mais dans *l'Indigent*, soyez sûr que lui tout seul, est la meilleure troupe que nous ayions.

L'idole est plus idole que jamais, elle va à Chanteloup les premiers jours du mois prochain, ne connaissant point du tout la grand'maman; mais elle est fort dévouée à la sœur, à qui elle a fait une cour très-assidue. Cette sœur, soupant chez moi, fit de grands éloges de son esprit, et surtout sur ce qu'il était *naturel*. Je ne dis mot, mais quand je fus en particulier, je lui dis qu'elle s'était méprise, et que sûrement elle avait voulu dire *surnaturel*.

Je soupe ce soir avec la maréchale de Mirepoix; elle n'est point encore décidée pour une maison, mais je ne crois pas qu'elle en prenne dans le faubourg.

Ne sachant plus que lire, j'ai repris Corneille; Cinna m'a enlevée, et Polieucte m'a fait plaisir; nos auteurs sont des mirmidons en comparaison, et je préfère Corneille, malgré ses défauts, à nos tragiques les plus corrects (3). Nous comptâmes hier, l'abbé Barthélemi et

---

(3) M. Walpole répondit : « J'admire aussi Corneille,
» mais j'aime mieux Phèdre, Britannicus, et Athalie. Je
» vous ai dit que Mithridate et Iphigénie ne me plai-
» saient point, ni Zaïre. J'aime Mahomet, et Alzire, et
» Sémiramis. Pour vos auteurs tragiques actuels, si l'on
» doit juger sur tous ceux que j'ai lus, je les crois au-
» dessous de la plus mauvaise pièce de Corneille. Mo-
» lière me charme; j'aime infiniment aussi l'Enfant Pro-
» digue, et le Préjugé à la Mode, et l'Homme du jour.
» Mais je vous avoue que je préfère infiniment à tous,
» les bonnes parties de Shakespear. Il possédait égale-
» ment la nature et le merveilleux. Racine savait tout ce
» que l'art peut faire, Corneille ce que l'éducation et
» les mœurs d'un siècle outré peuvent faire faire aux
» hommes. Voltaire a plus de génie que d'art, mais me
» paraît moins original que Corneille, moins élégant que
» Racine. Shakespear était également grand tragique et
» grand comique. Il envisageait tout ce que les grandes
» passions sont capables de faire, ou de sentir, et toutes
» les nuances des plus petites dans la vie privée. »

moi, combien il y avait aujourd'hui d'auteurs de tragédie vivants : vous ne le croirez pas, il y en a soixante-trois, dont plus des trois quarts des pièces ont été jouées, et toutes imprimées.

Quand vous aurez lu l'épître du neveu de M. Schouwalow à Ninon, vous me manderez si vous voulez que je vous envoie la réponse de Ninon par M. Dorat. Il lut, jeudi dernier, chez moi, sa nouvelle comédie, le *Célibataire*.

Les pièces de soixante-trois auteurs ne sont que des tragédies, dont il y en a tels, qui en ont fait plusieurs ; les comédies n'y sont point comprises. Jamais, non jamais il n'y a eu tant d'esprit, et vous pouvez en conclure si peu de goût : oh! pour le coup, en voilà assez.

LETTRE CLXXXVII.

Samedi 30 avril 1774.

Votre dernière lettre est très-consolante, je vous en dois bien des remercîments, mais je dois vous demander en même temps bien des pardons de vous avoir forcé à l'écrire.

Nous sommes ici dans de grandes alarmes, le roi a la petite vérole ; cette nouvelle est peu intéréssante pour vous, mais vous devez comprendre qu'elle l'est infiniment pour bien des gens.

Dimanche matin.

J'avais quelque envie d'attendre le départ de Couty (1) pour faire partir cette lettre. J'ai relu la vôtre dans le dessein d'ajouter à la mienne, mais j'abandonne ce projet; je vous dirai seulement que je n'ai pas celui de changer de place, et que toutes mes pensées sont très-conformes aux vôtres; que je ne balancerais pas d'aller à Chanteloup, où je suis désirée, si je croyais m'y plaire; que je sais très-bien qu'à mon âge je devrais être indifférente, insensible, et même dure, et ne pas chercher dans les autres ce qui n'est qu'une vraie chimère, comme vous le dites fort bien. Je suis encore d'accord avec vous, qu'on augmente ses malheurs en s'imaginant de trouver de la consolation à s'en plaindre; vous me le faites éprouver, ainsi soyez sûr qu'à l'avenir je vous épargnerai cet ennui.

L'état du roi est toujours fort inquiétant, mais les anecdotes de notre cour ne vous

---

(1) Frère de sa femme de chambre. Il était alors à Paris, quoiqu'en service en Angleterre.

amuseraient pas autant que celles de Louis XIV.

Je ne vous réponds point sur les jugements que vous portez de nos auteurs ; je n'en juge que par sentiment, et vous par raisonnement, d'où il ne peut pas résulter une grande conformité.

Ne me faites plus de remercîments, ne me parlez plus de reconnaissance, c'est moi qui vous en dois ; quand vous me donnez une occasion de vous rendre service, c'est une marque de confiance que vous m'accordez, et c'est la seule faveur à laquelle je prétends.

LETTRE CLXXXVIII.

Dimanche 8 mai, à deux heures.

Je n'attends point l'arrivée du facteur pour vous écrire : quand je ne devrais point recevoir de vos nouvelles, je ne pense pas devoir ne vous pas mander des nôtres. Celles qui nous occupent aujourd'hui, sont, à bien des égards, généralement intéressantes. Vous avez su que la petite-vérole du roi se déclara entre onze heures et minuit, le vendredi 30. Les premiers jours il eut beaucoup d'assoupissement, tous les remèdes ont eu de bons effets, les vésicatoires surtout. Les médecins qui le traitent, sont Bordeu, Lorri, le Monnier, Lassonne; il y en a encore plusieurs autres qui le voient, ainsi que ses chirurgiens, la Martinière, et Andouillé. Le mardi au soir, 4 de la maladie, il demanda madame du Barri; il eut avec elle une courte conversation, et le lendemain elle partit à quatre heures pour Ruel, avec la maîtresse de la maison (1), la vicomtesse sa nièce, et mademoiselle du Barri sa belle-sœur; j'allai ce jour-là souper à Versailles; je rendis une visite à la maréchale (*de Mirepoix*); je me trouvai un peu mal après souper, non pour la fatigue du voyage, mais pour avoir bu, ou mangé quelque chose qui me fit mal; ce ne fut rien, je partis à minuit avec l'idole qui m'avait voiturée; elle est plus sublime que jamais. Depuis ce jour, la maladie a suivi doucement et lentement son cours. Hier samedi, qui était le 8, il a demandé et reçu les sacrements, à sept heures du matin. Ne sentant pas la force de parler lui-même, il chargea son grand aumônier qui l'avait administré, de parler pour lui, lequel dit à l'assemblée : « Messieurs, le » roi m'ordonne de vous dire (ne pouvant

---

(1) La duchesse d'Aiguillon.

» parler lui-même), qu'il se repent de ses pé-
» chés, et que, s'il a scandalisé son peuple, il
» en est bien fâché; qu'il est dans la ferme
» résolution de rentrer dans les voies de sa
» jeunesse, et d'employer tout ce qui lui reste
« de vie à défendre la religion ».

Voici le dernier bulletin.

Du 8, à huit heures du matin.

Le redoublement a commencé plus tard hier au soir, et a augmenté par degrés pendant la nuit; sa marche a été modérée, et sa majesté a bien dormi jusqu'à cinq heures et demie, auquel temps le pouls s'est fort élevé, la chaleur a augmenté, et il est survenu quelques moments de délire. Ces accidents ont diminué à la suite de quelque effort pour vomir, et des mouvements d'entrailles; la suppuration ne paraît point avoir été ralentie, les vésicatoires vont bien.

Je ne rendis, le mercredi, à la maréchale, qu'une très-courte visite; je soupai chez M. de Beauvau; je reçois de lui journellement toutes sortes de marques d'amitié et d'attention.

A trois heures et demie.

Je reçois dans ce moment votre lettre du

1er. mai ; je dirai tantôt à Pontdeveyle l'intérêt que vous prenez à lui.

Je vous remercie de nouveau de celui que vous prenez à mon amusement ; je n'ai jamais été dans la disposition de me mettre dans un couvent ; mais je sens que cette disposition conviendrait fort à mon âge et à mon état, et je suis fâchée que mon goût m'en éloigne.

Je ne comprends pas bien le parti que vous pouvez tirer de ces quatre lunes dont les habitants ont quatre paires d'yeux (2). Mon imagination n'est point assez exaltée pour s'amuser

---

(2) Ceci a rapport au passage suivant de la lettre de M. Walpole : « L'Histoire naturelle de Pline m'amuse
» beaucoup. Je n'en avais jamais lu que des morceaux,
» à cause de l'obligation de fouiller un dictionnaire. Il
» parle de tout, et au moins n'ennuie point. Le traduc-
» teur est bien commentateur. Pline m'a suggéré une
» idée bien folle, dont je veux vous faire part, faute
» d'autre matière. Vous savez, n'est-ce pas, que Jupiter
» planète a quatre satellites, ou lunes ? Eh bien, je me
» figure un berger, qui, dans une pastorale, parle de ces
» quatre lunes-là. Je vais plus loin : je me suis imaginé
» que dans ce monde-là, tout est dans une proportion
» quadruple ; par conséquent, qu'une belle femme a
» quatre paires d'yeux, et ainsi du reste. Vous voyez
» qu'un tel système fournit plus que les pigmées et les
» géants de Gulliver. »

ni s'occuper des idées extravagantes, subtiles, et sublimes; je suis toujours terre à terre, et je n'ai d'esprit que par le sentiment. J'entends par sentiment, ce que mes sens me font sentir et connaître; ma tête, mon âme, mon esprit, ne vont point par delà.

Je crois ma correspondance avec Voltaire absolument finie; je n'aime point à écrire, et moins j'ai de choses à faire, moins j'ai de pensées, et plus de paresse. On a grand tort de juger des autres par soi-même, il n'y a presque personne qui se ressemble, chacun en naissant a apporté sa façon d'être; les réflexions, l'expérience ne changent point le caractère, elles font qu'on s'afflige de n'en avoir pas reçu un plus heureux; on le combat, on croit même dans quelque occasion l'avoir vaincu, mais on est bientôt détrompé. Je ne croirai jamais, quoi que vous en puissiez dire, que les chimères, les rêveries puissent véritablement amuser. Si c'est votre façon d'être, j'avoue que je n'ai aucun rapport avec vous sur cela; le merveilleux est mon antipode, j'y préférerais le plat. Il y a un livre, qui a pour titre le *Maintenoniana*, c'est un recueil de tout ce qu'on a dit de madame de Maintenon, on n'est point fâché de se le rappeler. Cette femme avait beaucoup d'esprit, beaucoup de jugement, et de caractère, elle pouvait bien n'être pas aimable, elle avait peu, ou point de sensibilité, je m'étonne qu'elle fût sujette à l'ennui.

A huit heures du soir.

Les uns disent que cela va beaucoup mieux, et les autres beaucoup plus mal.

LETTRE CLXXXIX.

Mercredi 11 mai 1774.

Voila bien des nouvelles. Le roi mourut hier à trois heures après midi. Le roi, son successeur, ses deux frères, et leurs femmes, partirent à six heures pour Choisy ; ils occupent le grand château, et les trois Mesdames qui n'ont point quitté le feu roi, sont établies dans le petit. Tous ceux qui auront à parler au roi, s'adresseront à la reine, jusqu'à ce que l'époque soit donnée par le roi qu'on puisse lui parler à lui-même ; il est déjà décidé que pour les ministres, il les verra au bout des neuf jours. M. de Beauvau, qui est de quartier, est à Paris, il a remis son bâton à M. de Tingri, et il le reprendra quand le roi aura signifié le jour qu'il reverra ceux qui entraient dans la chambre de son grand père. Vous pouvez juger combien de conjectures, de spéculations! Pour moi, je n'en fais point; après avoir pleuré le défunt roi, je ressens tant soit peu de joie de l'espérance (qui ne peut être mal fondée) de revoir incessamment les exilés (1). J'ai encore un plaisir peut-être plus grand; M. de Beauvau, l'homme du monde le plus estimable, et le plus digne d'être aimé, immédiatement après la mort du roi, monta chez sa sœur, la maréchale (2), et l'embrassant, lui dit : Le mur qui nous séparait n'étant plus, nous serons, suivant mes désirs, unis pour jamais. La pauvre maréchale avait besoin de cette consolation.

J'aurais eu hier au soir à souper les Beauvau, si je n'avais pas été engagée chez les Necker à St.-Ouen; je les aurai ce soir. J'ai écrit ce matin à la maréchale pour lui proposer d'y venir, elle n'a point fait réponse par écrit, et a fait dire verbalement qu'elle y viendrait, je n'ai pas d'autres sûretés. C'est pour moi une

---

(1) Le duc et la duchesse de Choiseul.

(2) La maréchale de Mirepoix, qui s'était trouvée constamment dans la société de madame du Barri, et qui s'était, à ce sujet, brouillée avec son frère et sa belle-sœur, le prince de Beauvau et son épouse.

grande joie que cette réconciliation ; hier quand je l'appris, j'en eus une si grande émotion, que les larmes m'en vinrent aux yeux. Cette façon d'être est bien ridicule, c'est un grand travers à quelqu'un de mon âge, mais qu'y puis-je faire? d'ailleurs tous mes amis me la passent, et ne se scandalisent pas de ma sensibilité.

Je continuerai ma gazette. On dit que le roi sera porté demain à Saint-Denis ; je ne sais pas quelle cérémonie on fera. Je vous manderai tout cela.

On dit que la dame (3) est encore à Ruel, on ne sait où elle ira. Notre bon Schouwalow l'appelle toujours madame *Barbari*.

Adieu, jusqu'à Dimanche.

LETTRE CXC.

Dimanche 15 mai, à deux heures.

JE n'attends pas le facteur, et je reprends la suite des nouvelles. Mercredi, madame la princesse de Conti alla à Choisy, et demanda au roi le retour de son fils ; la réponse du roi, qui était alors avec la reine, fut que par respect pour la mémoire du feu roi, il ne devait point

---

(3) Madame du Barri.

changer précipitamment ce qu'il avait décidé. Sur cela madame la princesse de Conti répliqua, qu'il était d'un bon roi d'examiner les motifs qui avaient décidé son fils au parti auquel il s'était décidé, et sur ce point le roi répliqua qu'il ne manquerait pas de faire cet examen. Alors, la princesse proposa d'expliquer lesdits motifs ; et comme la reine offrit de se retirer, madame de Conti ajouta qu'elle craindrait d'être importune au roi dans le moment actuel, qu'elle ne voulait point abuser de ses bontés, et s'en alla : et moi j'ajoute qu'elle fit très-bien. Cette conversation éloigne un peu mes espérances, je crains que le retour de mes amis ne soit pas prochain.

Jeudi, le roi accorda les grandes entrées à ses douze menins, grâce très-singulière ; il n'y avait, sous le feu roi, que celles qu'on avait par ses charges.

L'évêque de Chartres (1) fut nommé grand-aumônier de la reine ; c'est le frère du duc de Fleury. L'évêque de Nanci, abbé de Sabran, premier aumônier de la reine. Lieutaud, premier médecin du roi ; Lassonne en survivance.

---

(1) Neveu du cardinal de Fleury, et oncle du duc de Fleury, qui épousa la fille du comte de Coigny.

M. de Paulmy (2), chancelier de la reine. Ordre à tous les du Barri (3) de ne se point présenter à la cour. Lettre de cachet pour enfermer le grand du Barri à Vincennes, et le con-

---

(2) Le marquis de Paulmy était fils de M. d'Argenson le ministre, et avait été lui-même, pendant quelque temps, ministre de la guerre durant le dernier règne.

(3) La famille du Barri était originaire de Toulouse, et sans aucune distinction. Dans le temps de son élévation à la cour de Louis XV, elle se composa de trois frères et de deux sœurs. Le caractère de l'aîné des frères était suffisamment désigné par le surnom de *Roué* qu'on lui avait donné, ou par celui de *grand du Barri*, sous lequel madame du Deffand en parle ici. Une fille, née dans la plus basse classe de la société, et élevée dans la plus vile débauche, connue seulement par le nom de mademoiselle l'*Ange*, que lui valut sa beauté, après avoir été la maîtresse de du Barri, devint celle de Louis XV. Lorsque par suite de l'influence qu'elle ne tarda pas d'avoir sur l'esprit faible du roi, elle dut être mariée pour être présentée publiquement à la cour, le *Roué* produisit son frère cadet, Guillaume du Barri, qui voulut bien prostituer, par cette infâme alliance, son nom et sa famille. Le troisième frère épousa, après la faveur de sa famille à la cour, une fille du comte de Fumel, et prit le nom de comte d'Argicour. Les deux sœurs ne se marièrent point. Le *Roué* produisit aussi un fils, le vicomte Alphonse du Barri, qui épousa la belle demoiselle Tournon, et fut ensuite tué à Bath, dans un duel qu'il eut avec le comte Ricc.

duire ensuite à la citadelle de Perpignan, mais il s'est évadé, et sera peut-être à Londres, plus tôt que cette lettre. Je ne me souviens plus si dans ma dernière je vous ai mandé que madame du Barri, le mercredi, avait eu ordre de se rendre au couvent du Pont aux Dames, avec défense d'y voir personne; depuis cela on lui a permis de voir ses belles-sœurs et nièces. Mais voici la plus grande nouvelle de toutes. Jeudi au soir, M. de la Vrillière (4) fut porter à M. de Maurepas (5) cette lettre du roi.

« Dans la juste douleur qui m'accable, et
» que je partage avec tout le royaume, j'ai de
» grands devoirs à remplir; je suis roi, ce
» nom renferme bien des obligations; mais je
» n'ai que vingt ans, et je n'ai pas les connais-
» sances qui me sont nécessaires; je ne puis

―――――――――――――

(4) Le duc de la Vrillière, secrétaire d'état pour le département de l'intérieur.

(5) Le comte de Maurepas avait été ministre de la marine durant le dernier règne, et avait été disgracié par les intrigues de madame de Pompadour, alors maîtresse en titre, dont il s'était, en dernier lieu, attiré l'indignation pour avoir chanté, à un souper, des couplets composés par M. de Pontdeveyle, dont il a été parlé souvent dans ces lettres.

» pas travailler avec les ministres, tous ayant
» vu le roi pendant sa maladie; la certitude
» que j'ai de votre probité, et de votre pro-
» fonde connaissance des affaires, m'engage à
» vous prier de m'aider de vos conseils ; venez
» donc le plus tôt qu'il vous sera possible. »

Le lendemain matin, vendredi, M. de Maurepas arriva à Choisy, eut une audience de cinq quarts-d'heure, fut très-bien reçu de la reine, et très-fêté de Mesdames; il revint coucher à Paris ; il est retourné ce matin à Choisy, et madame de Maurepas (6) revint vendredi de Pontchartrain. Si j'apprends quelque chose de plus, je l'ajouterai. Voilà le facteur qui arrive, il m'apporte une lettre; je l'ouvre avec quelque crainte.

J'ai eu tort d'avoir peur ; votre lettre est très-bien ; vous avez très-bien jugé, le 11 était le jour le plus critique ; il a été en effet celui de la mort.

Je doute que le Beaumarchais vous fasse autant de plaisir à voir, qu'il vous en a fait à le lire; avant ses Mémoires, il passait pour un homme de mauvaise compagnie.

---

(6) Madame de Maurepas était sœur du duc de la Vrillière.

Vous trouverez dans la Rivalité (7) des endroits fort agréables, fort intéressants et même assez beaux, mais il y a bien des inutilités ennuyeuses. Les voyages de Montaigne paraissent ; le discours préliminaire m'a plu, mais je crois que les voyages, dont je n'ai lu que cinquante pages, n'étaient pas dignes d'être donnés au public (8).

Je crois vous avoir mandé que je devais donner à souper le mercredi à mesdames de Beauvau et de Mirepoix ; cela a été fait, et ce souper pourrait faire une scène de la comédie de du Freny, *la Réconciliation Normande*, excepté cependant la fausseté : la froideur fut extrême. Le prince va demain au Port-à-l'Anglais dîner chez sa sœur ; si je me porte assez bien, je serai de la partie.

Pontdeveyle, quoique guéri, ne sort point encore, sa faiblesse est extrême.

J'ai reçu hier des nouvelles de la grand'ma-

---

(7) *Histoire de la Rivalité de la France et de l'Angleterre*, par M. Gaillard.

(8) Peu des lecteurs qui ont quelques connaissances de l'Italie, seront du sentiment de madame du Deffand sur ce récit intéressant et détaillé des mœurs et des usages du milieu du seizième siècle ; et particulièrement des intrigues et du faste de la cour de Rome, dans ces temps de la grandeur des papes.

man; je ne crois pas que, quand on leur accorderait leur rappel, elle en profitât pour revenir avant cet hiver, ce qui me contrariera beaucoup.

J'oubliais, parmi mes nouvelles, de vous dire que le contrôleur général, ainsi que tous les autres ministres, ira jeudi à Choisy, qu'il portera un mémoire de projet de retranchement pour soixante-sept millions.

On ne doute point que la Bellissima (9) ne se retire incessamment. La comtesse de Grammont qui était exilée de la cour (10) a été rappelée, elle exerce actuellement sa charge de dame du palais.

Madame de Luxembourg n'est point encore de retour de Chanteloup, je l'attends avec impatience.

Le roi doit aller à Versailles passer quatre jours, pour recevoir tous les compliments; il habitera dans son logement de dauphin. De là il ira à Compiègne, où il restera trois mois; ensuite il ira à Marly, et puis à Choisy

---

(9) Madame de Forcalquier.

(10) La mère du duc de Grammont. On a parlé dans ces lettres de son exil de la cour, à cause de quelque inattention, qu'elle s'était permise envers madame du Barri.

d'où il partira pour Fontainebleau; on dit qu'il en reviendra vers la fin de novembre.

S'il y a quelque chose de nouveau d'ici à mercredi, je vous le manderai.

LETTRE CXCI.

Paris, 29 mai 1774.

Il serait fort heureux que les lettres fussent ouvertes à la poste comme vous paraissez le croire, votre dernière me procurerait des biens infinis. Mais je ne pense pas que Louis XVI puisse jamais savoir que j'existe, et je n'ai pas l'ambition qu'il l'apprenne. On ne parle point du retour de mes amis, voilà tout ce qui m'intéresse. Je ne cherche point de protecteurs à la cour; il n'y a nulle apparence que M. de Toulouse y ait une place. Madame de Forcalquier n'a point quitté. Le mari de madame du Barri est le frère de celui qu'on appelle le grand du Barri, et il s'appelle Guillaume. Le vicomte est le fils du grand du Barri. Voilà tout ce que vous me paraissez curieux de savoir. Je souhaite que vous ayiez beaucoup de plaisir à votre campagne.

Quand vous prendrez la peine de m'écrire, ne vous gênez point à faire une lettre ostensible; elles sont inutiles pour ma fortune et mon bonheur, et elles me font médiocrement de plaisir.

On ne sait point encore le temps du sacre du roi. La reine n'est point encore couronnée; aucune dame n'est admise à cette cérémonie. J'ai un livre qui contient soixante-quatorze estampes de toutes les cérémonies du sacre de Louis XV, avec le nom, et la description des habits de tous ceux qui y représentaient, et qui y avaient des fonctions. Ce livre est extrêmement grand; je doute que milady Marie Coke (1) veuille s'en charger. Si vous avez quelqu'autre occasion, mandez-le-moi, je vous l'enverrai en avancement d'hoirie.

Le roi ni les princes ne se feront point inoculer; il est des préventions impossibles à détruire.

J'espère que vous n'aurez point la goutte.

Je vous félicite du calme dont vous jouissez. C'est un bel exemple pour qui a vingt ans plus que vous.

---

(1) La plus jeune fille du premier duc John d'Argyle, et veuve du lord Coke, fils aîné du feu comte Leicester.

LETTRE CXCII.

Paris, dimanche 5 juin 1774.

Vous me divertissez par le soin continuel que vous prenez de m'assurer que vous êtes incorrigible ; croiriez-vous encore que j'aye le dessein de vous corriger ? Oh ! non, c'est un projet tout-à-fait abandonné ; vous êtes fort bien comme vous êtes, et j'en suis fort contente.

J'ai déjà trouvé quelqu'agrément dans la réconciliation des deux belles-sœurs (1), et ce qui me fait le plus de plaisir, c'est la satisfaction qu'en reçoit le prince. Ce prince est véritablement mon ami ; ses attentions sont suivies ; ce qui me surprend, c'est qu'elles ont l'apparence du goût et de l'amitié ; je suis, et je serai toute ma vie plus sensible qu'il ne faudrait l'être ; c'est peut-être un effet d'amour-propre : mais il faut vous dire des nouvelles.

M. d'Aiguillon donna sa démission jeudi au soir ; il n'est point encore remplacé ; on a

---

(1) La princesse de Beauvau et la maréchale de Mirepoix.

donné, en attendant, à M. Bertin le portefeuille des affaires étrangères. La Bellissima a donné sa démission le même jour que M. d'Aiguillon; elle est remplacée par la duchesse de Quintin. Les trois princesses sont guéries, le roi ne les verra qu'à Compiègne. Il reçoit aujourd'hui, à la Meute, la députation du parlement, de la chambre des comptes, de la cour de monnoies, et de l'académie. Il va demain à Versailles pour faire lever le scellé du feu roi, la reine lui donnera à dîner au petit Trianon qui lui appartient. Les jours suivants il recevra tout le monde, les femmes seront en grand habit, et le 13 il partira de la Meute pour se rendre à Compiègne, où il restera jusqu'à la fin du mois d'août; j'espère que pendant ce séjour il sera question du rappel de mes amis.

LEETRE CXCIII.

Lundi 6 juin, à six heures du matin.

Quelque peu curieux que vous soyiez de nos nouvelles, j'imagine que vous aimez mieux qu'on vous mande celles du jour, que celles qui auraient une semaine d'ancienneté. Je vous dirai donc, que le roi nomma hier au soir le chevalier de Muy, secrétaire d'État de la guerre, et M. de Vergennes, ministre des affaires étrangères ; vous savez qu'il est notre ambassadeur à Stockholm, et en attendant son retour, M. Bertin a le porte-feuille. Voici les réponses du roi et de la reine au parlement :

Le Roi.

Je reçois avec plaisir les respects de mon parlement ; qu'il continue de remplir ses fonctions avec zèle et intégrité, il peut compter sur ma protection et ma bienveillance.

La Reine.

Vous travaillez pour l'autorité du roi et pour la fortune et l'intérêt de ses sujets ; vous devez compter sur mes sentiments toujours.

Je crois vous avoir mandé que M. de Beauvau a obtenu pour le prince de Poix, son gendre, la survivance de sa charge de capitaine des gardes ; il n'a que vingt et un ans. Votre comparaison des Anglais aux chats est très-juste, excepté que les chats ne se glorifient pas d'être chats ; je n'ai pas besoin de

M. de Buffon pour connaître leur caractère et savoir qu'ils ont des griffes (1), je sais la différence qu'il y a d'eux aux petits chiens, je compte pour toujours m'en tenir à ceux-ci ; j'en ai un charmant, et ce n'est point une parabole.

Dimanche 19 juin.

M. de Choiseul vint à Paris dimanche passé, et fut fort bien reçu à la cour, où il fut le lundi à dix heures du matin. Il dîna chez madame du Châtelet, soupa chez madame de Brionne, et repartit le mardi pour Chanteloup ; il n'a pas eu le temps de me voir ; son projet est de ne revenir ici qu'au mois de décembre.

Le roi et ses frères sont établis à Marly depuis vendredi. Ils furent tous inoculés hier à neuf heures du matin.

---

(1) M. Walpole avait dit : « Je ne sais si on peut faire
» d'un français tout ce qu'on veut, mais je sais très-
» bien qu'on peut arriver à changer le naturel d'un chat
» aussi facilement que celui d'un anglais. Soyez donc
» sûre que d'un chat vous ne ferez jamais un chien.
» Demandez à Buffon : il vous dira que si vous contra-
» riez un chat, il s'enfuira, que d'autres vous égratigne-
» ront, que c'est la plus mauvaise espèce, quoique
» peut-être pas la plus incorrigible. »

LETTRE CXCIV.

Dimanche 26 juin 1774.

Je vais répondre à toutes vos questions; il y en a une dans vos lettres précédentes à laquelle je n'ai pas répondu. Madame de Quintin est la fille du duc de Lorge, et femme du fils de la marquise de Durfort, l'amie de la grand'-maman. Elle s'appelait la comtesse de Lorge, et on la titra l'année passée quand elle partit avec madame de Forcalquier pour aller recevoir madame la comtesse d'Artois.

Les inoculés vont fort bien; l'éruption commença hier.

Je vous ai rendu compte du voyage de M. de Choiseul ici, je n'ai pas eu lieu d'en être contente; je le suis infiniment de la grand'maman, ainsi que du grand abbé.

M. d'Aiguillon est encore ici, il partira pour Verret quand l'effet de l'inoculation sera passé; il garde sa charge de capitaine de Chevau-Légers. Tous les ministres sont établis à Versailles, d'où ils viennent travailler avec le roi; il n'y a que M. de Maurepas qui soit logé à Marly, et cela ne *signifie* rien, il n'y a rien de *signifiant* jusqu'à ce moment-ci, chacun a sa

brigue et sa cabale; il n'y a que l'almanach de
Liége qui puisse nous dire ce qui arrivera. Avez-
vous su la prédiction qu'il y avait dans cet almanach pour le mois d'avril?

M. le prince de Conti n'a point vu le roi :
sa réconciliation tient à des affaires générales
auxquelles on travaille, et qui ne sont pas faciles à arranger; il se porte bien. L'idole et
sa belle-fille sont établies dans une maison
qu'elles ont à Auteuil; madame de Lauzun
va s'y faire inoculer, quoiqu'elle l'ait déjà
été, mais ç'a été par Gatti, et c'est compté
pour rien.

Je vous ai adressé une lettre pour M. de
Richmond (1); celle que j'ai reçue de lui est
parfaitement bien, et en vérité dans le goût de
celles de Pline qui est ma lecture du moment :
ne m'en avez-vous pas dit, il y a quelque temps,
beaucoup de bien (2)? il y a beaucoup à en

---

(1) Le feu duc de Richmond.
(2) M. Walpole dit dans sa réponse : « C'était l'histoire
» de Pline l'oncle que je vous ai dit qui m'amusait, mais
» médiocrement. Pardonnez si je n'aime pas les lettres
» du neveu; elles me paraissent plates, apprêtées, et
» ne contiennent ni anecdotes, ni nouvelles, ce qui
» m'amuse uniquement : n'excusez pas les vôtres, sur-
» tout quand elles sont longues. »

dire, j'en suis charmée, c'est dommage qu'il y en ait si peu. Nous avons une feuille périodique, qui a pour titre : Gazette de littérature ; il y a toujours une petite pièce de vers ; toutes les lettres que je vous écris y ressemblent. La petite pièce que vous aurez aujourd'hui est sur un de nos ministres qui tient bon.

(3) Ministre sans talent ainsi que sans vertu,
 Couvert d'ignominie autant qu'on le peut être,
 Retire-toi donc ! Qu'attends-tu ?
 Qu'on te jète par la fenêtre ?

LETTRE CXCV.

Paris, samedi 9 juillet 1774.

Il est bien vrai que je suis difficile ; je sais bien mieux ce que je n'aime point, que ce qui me plaît.

Voilà un trait de votre lettre qui explique tout ce qui se passe entre nous. Vous ne saisissez jamais avec moi que ce que vous appelez des fautes et des torts, et ne daignez pas remarquer l'attention que j'ai à éviter ce que je sais qui peut vous déplaire. Il est vrai que j'ai envoyé Couty savoir comment vous vous por-

---

(3) Le duc de La..........

tiez, j'avais été quinze jours sans savoir de vos nouvelles; de plus, il devait venir à Paris, j'étais bien aise qu'il pût vous voir avant. C'est une faute, je l'avoue, ce n'est pas être entièrement corrigé, mais vous conviendrez que je suis en bon train.

Je viens de recevoir une lettre de Barège, de madame de Grammont, pleine de politesse et d'amitié; elle excuse son frère, sollicite mon pardon de ce qu'il ne m'a point vue dans les vingt-quatre heures qu'il a été à Paris, enfin elle n'oublie rien de ce qui peut satisfaire ma vanité, mais tout cela m'importe fort peu : excepté les premiers mouvements d'amour-propre, on apprécie bientôt toutes ces sortes de choses à leur juste valeur.

Le petit comte de Broglio arriva jeudi dernier (1), il soupa chez moi le soir avec sa femme, sa belle-sœur, mesdames de Mirepoix et de Beauvau, les archevêques de Toulouse et d'Aix. Son retour me fait plaisir; ce n'est pas que je l'aime, mais il est gai, il a de la grâce, et m'amuse.

Je ne crois point vous avoir envoyé les vers

---

(1) De son exil à sa terre de Ruffec, dont il a été déjà parlé dans ces lettres.

de La Harpe. Ceux que je vous ai envoyés sont d'un M. de Pezay (2), et c'est ce qu'il a fait de plus joli. Ce trait,

Notre jeune Titus aime qu'on parle en prose :
Il prise plus, dit-on, un épi qu'une rose :
Tant pis pour nos bosquets, tant mieux pour nos moissons.

Ce trait, dis-je, a paru joli à tout le monde, j'ai dû être très-contente des quatre derniers vers ; mais apparemment ce qui est agréable dans une nation, ne l'est pas dans une autre.

Vous aurez appris la mort de madame de Valentinois (3) ; vous ne vous souciez guère de savoir son testament ; cependant comme elle avait plus de quarante mille écus de rente à disposer, il a excité la curiosité de tout le monde. Elle fait la duchesse de Fitzjames sa légataire universelle, et substitue le tout au marquis de Fitzjames et à ses enfants. La marquise de Fitzjames est fille de M. de Thiars, qui était son ancien et meilleur ami ; elle laisse à celui-ci un diamant de cent mille francs ; sa jolie maison de Passy à M. de Stainville ; vingt

---

(2) Dans une lettre qu'on ne publie point.

(3) La comtesse de Valentinois, née Saint-Simon, mariée au frère cadet du prince de Monaco.

mille francs à madame de Caumont ; autant à madame de Cambise, qui ne l'avait pas vue depuis six ans, mais qui, avant ce temps-là, avait été son amie. Le testament est de l'année 68. Elle laisse dix mille livres de rente viagère à Boudot, procureur ; six mille à son notaire. Les legs et les dettes montent à trois cent et tant de mille francs en argent comptant, et vingt-sept ou vingt-huit mille francs de rentes viagères.

Dimanche.

J'irai demain à Roissy pour la seconde fois depuis que les Caraman y sont ; c'est notre bon ami M. Schouwalow qui m'y mènera. Je le trouve un peu ennuyeux ; il n'a nulle inflexion dans la parole, nul mouvement dans l'âme, ce qu'il dit est une lecture sans ponctuation.

Il faut vous conter une petite histoire qui ne vous déplaira pas. Un jeune homme ayant acheté une charge de conseiller au parlement, y prit sa place un jour qu'on y devait juger une cause. L'usage, à ce qu'on dit, est que le dernier reçu opine le premier. Quand on en vint à prendre les voix, le jeune homme ne disait mot. Le premier président lui dit : Eh bien ! monsieur ; qu'opinez-vous ? *Moi, monsieur, je ne qu'opine point, c'est à ces messieurs à qu'opiner, quand ils auront qu'opiné, je qu'opinerai après eux.*

Vous ne voulez donc pas me répondre sur les estampes du sacre de Louis XV ? Le proverbe est, qui ne dit mot consent ; ainsi, si je trouve une occasion de vous les faire tenir, vous les recevrez.

J'ai donné dans un grand panneau, en pensant que c'étaient les lettres de Pline le jeune, qui vous plaisaient; j'en étais étonnée, elles ne sont pas absolument de mon goût, mais je croyais avoir tort ; j'y ai trouvé plusieurs belles pensées que j'ai même crayonnées ; enfin, je soumettais mon goût au vôtre, et dans cette idée, je leur ai donné des louanges. Je vois que vous n'en donnez point à l'édit (4) que je vous ai envoyé; pourquoi ne me pas dire naturellement que le style ne vous en plaît pas ? Pourquoi me ménager sur ces sortes de choses ? vous me rompez en visière sur tant d'autres ! croyez-moi, ne vous contraignez sur rien, votre vérité est ce qui me plaît le plus en vous, et qui vous distingue le plus de tous les autres hommes.

---

(4) *Édit du Roi, portant remise du droit de joyeux avènement, etc., etc.* C'est le premier édit de Louis XVI, daté de la Meute, mai 1774.

Il ne paraît plus rien de nouveau que des épigrammes assez drôles, mais qui ne peuvent s'envoyer.

L'ami Pontdeveyle se rétablit tout doucement; je n'ai point de meilleur ami ni de plus contrariant; le pauvre homme ne peut consentir à vieillir, il a tous les goûts de la jeunesse. Les spectacles, les grands soupers sont nécessaires à son bonheur; mais ses jambes, sa poitrine et son estomac n'y sont pas d'accord.

La cour partira entre le 29 et le 1er du mois d'août pour Compiègne, où elle séjournera jusqu'au 1er septembre.

M. de Vergennes arrivera le 20 ou le 22 de ce mois. D'ici à dimanche il y aura peut-être plusieurs nouvelles, mais je ne saurais croire qu'elles vous amusent; cependant j'en remplirai mes lettres tant que je pourrai. Je voudrais trouver ces mots dans une des vôtres: *Je suis content de vous.*

LETTRE CXCVI.

Paris, dimanche 17 juillet 1774.

Je suis bien dans la disposition de vous donner encore aujourd'hui un bon exemple. J'ai mal aux entrailles, des inquiétudes dans les jambes, et un petit chien qui me fait enrager; joignez à cela pas un nom propre à vous nommer, à moins que ce ne soit en forme de litanie.

S'il est vrai que mon exemple vous communique mes dispositions, voilà un rapport que j'ai avec vous, malgré votre prétention qu'il n'y en a point entre nous. J'aime les noms propres aussi, je ne puis lire que des faits écrits par ceux à qui ils sont arrivés, ou qui en ont été témoins; je veux encore qu'ils soient racontés sans phrases, sans recherche, sans réflexions; que l'auteur ne soit point occupé de bien dire; enfin, je veux le ton de la conversation, de la vivacité, de la chaleur, et par-dessus tout, de la facilité, de la simplicité. Où cela se trouve-t-il? dans quelques livres qu'on sait par cœur, et qu'on n'imite pas assurément dans le temps présent.

Oui, je suis bien aise du retour du petit

comte ; mais il a tant d'affaires, que je ne jouis point de lui. Il ira le mois prochain à Compiègne, et le mois d'après, il retournera à son vilain château, dont il ne reviendra qu'après Noel ; alors la grand'maman sera ici. Cette idée me cause une petite émotion, je crois que j'aurai du plaisir à la revoir. Je boude toujours son mari, contre lequel je ne suis nullement fâchée ; je ne l'aime pas assez pour cela, mais pour soutenir une certaine dignité, et malheureusement c'est à quoi je ne m'entends guère.

Je fais des connaissances nouvelles, autant que je peux ; ce n'est pas en cela que je vous imite ; mais figurez-vous que toute lecture m'ennuie, que je ne puis faire d'autre ouvrage que d'effiler, que dans la solitude je ne puis faire que des réflexions ; à quoi me serviraient-elles en me séquestrant de la société, mon principal objet étant de m'en assurer une agréable ? Les Necker, madame de Marchais, M. d'Esterhazy, sont des gens très-aimables, qui ont l'air de faire cas de moi. Je ne néglige pas pour cela mes anciennes connaissances, mais mille circonstances produisent des séparations qu'il me convient de remplacer.

Bénissez le ciel, applaudissez-vous de vous

suffire à vous-même ; votre *vous-même* vous satisfait, et le mien m'ennuie.

LETTRE CXCVII.

Paris, 25 juillet 1774.

Je suis content. Voilà trois paroles aussi belles que rares; et moi, je suis bien aise, et c'est ce qui ne m'arrive pas souvent. Je ne crois point nos lettres aussi ostensibles que vous vous l'imaginez; ce que vous m'écrivez dans cette idée est, je crois, en pure perte.

Il est certain que nos prémices sont d'heureux présages, mais il faut attendre. On vient de renvoyer M. de Boynes secrétaire d'Etat de la marine; sa place est donnée à M. Turgot, que je voyais tous les jours il y a quatorze ou quinze ans, mais avec qui la Despinasse m'a brouillée, ainsi qu'avec tous les autres encyclopédistes; il est l'ami intime de M. de Maurepas, à qui il n'est pas douteux qu'il ne doive cette place; c'est un honnête homme.

La grande nouvelle du jour est la défense que le roi a faite à M. le duc d'Orléans, et à M. le duc de Chartres de venir à la cour, pour le refus qu'ils ont fait d'assister mercredi prochain à S.-Denis pour le catafalque de Louis XV, où ils n'auraient pu se trouver sans rendre le salut au nouveau parlement, qu'ils ne veulent pas reconnaître. N'inférez pas de cette nouvelle, qu'on est décidé à le soutenir. Si je trouve quelque occasion pour vous écrire, j'en profiterai; cela n'est pas conséquent à ce que je viens de vous dire, mais il faut des réserves à de certains égards, et ne pas s'assujétir à des louanges.

Je m'informerai des livres que vous désirez; il est vrai que je vous trouve des goûts un peu baroques, mais je vous porte bien envie. Quel bonheur de trouver son amusement dans de pareilles recherches (1)!

---

(1) Les livres que M. Walpole désirait avoir, étaient: *Discours des plus mémorables faits des rois et grands seigneurs d'Angleterre*; de plus, un *Traité de la Guide, et Descriptions des principales villes et châteaux d'Angleterre*, par Jean Bernard, imprimé à Paris l'an 1579.

État de la Maison des Ducs de Bourgogne, etc., imprimé dans les *Mémoires pour servir à l'Histoire de France et de Bourgogne*, tome II. *Voyez* le premier tome de la nouvelle édition, de la Croix du Maine, page 506. « Le premier, probablement, ne se trouvera
» pas; il excite ma curiosité, par égard à nos anciens
» châteaux; le second pourrait me fournir des lumières
» par rapport à Richard III, dont la sœur était duchesse

LETTRE CXCVIII.

Dimanche 14 août, à six
heures du matin.

Vous êtes un homme extraordinaire, un grand médecin des âmes, à qui on ne peut pas dire : médecin, guéris-toi toi-même ; vous vous êtes guéri parfaitement, en vous détachant de tout; mais ne vous flattez pas de faire beaucoup de cures (1); il y a bien des malades qui trouveraient le remède pire que le mal, et

_____

» de Bourgogne, et joua un grand rôle dans ces affaires-
» là. Ne vous donnez point de peine sur ces bagatelles,
» qui ne touchent que mon amusement, dont il est très-
» permis de vous moquer. Vous savez que mes études
» sont très-baroques ; je ne les défends pas. Ne suffit-il
» pas d'être sans grands chagrins, quand on peut s'oc-
» cuper de telles fariboles ? »

(1) M. Walpole avait dit : « S'il était possible de don-
» ner sa façon de penser, je vous conseillerais de
» prendre la mienne. Il est difficile de mener une vie
» plus monotone et insipide ; cependant elle me plaît
» fort. Je fais un plaisir de négatifs. Par exemple, je
» suis charmé d'être en toute oisiveté ici, pendant que
» tout le monde trotte par la campagne, briguant les
» voix pour le nouveau parlement de l'année qui vient.
» Je suis encore très-heureux d'être déchargé des af-
» faires de mon neveu. Non, je ne trouve pas qu'on
» peut être malheureux quand on n'a rien à faire. »

qui préféreraient de conserver le bras ou la jambe où ils auraient quelquefois un rhumatisme, à se les faire couper. Vous voilà cependant en course, et dans le dessein de passer quelques jours plus agréablement que vous ne faites dans les compagnies de votre voisinage; c'est cette seconde partie de votre exemple que je prétends imiter.

En conséquence, je partirai demain pour Roissy, où je compte rester jusqu'à vendredi après souper. Je quitte Pontdeveyle avec regret; mais c'est, comme vous le voyez, pour peu de temps. Je n'aurai point à craindre les fenêtres ouvertes; je n'ai qu'à me louer des attentions qu'on veut bien avoir pour mon âge et pour mes infirmités; et si j'étais douée d'un caractère pareil au vôtre, je serais bien éloignée d'avoir rien à désirer; mais, comme vous me l'avez souvent répété, nous ne nous ressemblons point.

Vous serez de retour quand vous recevrez cette lettre; vous aurez trouvé en arrivant un des livres que vous désirez, une oraison funèbre (2), et une lettre d'un théologien (3),

―――――

(2) De Louis XV, prononcée par l'abbé de Boismont à l'académie française.

(3) *Lettre d'un Théologien à l'Auteur des Trois Siecles de la Littérature.*

dont vous me direz, je vous prie, votre avis.

Vous me mandez que depuis long-temps vous n'avez passé qu'une nuit à Londres, et que vous vous y êtes désespéré ; vous devez donc comprendre que l'on peut quelquefois se déplaire où l'on est, mais mal d'autrui n'est que songe. Jusqu'à présent j'ai supporté la solitude de Paris, depuis le voyage de Compiègne ; elle augmentera cette semaine, parce que les gens que je vois le plus souvent vont passer cette semaine à Villers Coterêt. Madame de Mirepoix et madame de Boisgelin vont demain, ainsi que moi, à Roissy ; je garderai mon carrosse, et au premier moment que je me trouverai incommodée, je reviendrai chez moi. Si je m'y plais, j'y resterai, comme je vous l'ai dit, jusqu'à vendredi. La Sanadona est toujours à Praslin ; je ne m'aperçois pas beaucoup de son absence ; elle peut la faire durer jusqu'à la fin du mois, sans que cela me fâche. Je continue la lecture de l'Esprit de la Ligue ; c'est le meilleur livre que nous ayions eu depuis long-temps. Je lirai après la vie de Marie de Médicis ; c'est l'ouvrage d'une femme ; on en dit du bien.

Nous sommes accablés de discours académiques, d'oraisons funèbres, de vers, tout cela plus mauvais l'un que l'autre.

L'évêque d'Arras est à Paris ; je lui ai dit que vous vous souveniez de lui ; il en est tout bouffi de gloire ; c'est un homme très-sage, un très-bon esprit. Nous aurons l'année prochaine l'assemblée du clergé ; l'évêque de Mirepoix en sera, ce qui me fait plaisir.

On se prépare à quelques événements pendant le Compiègne, quelque changement dans le ministère ; il n'y a pas d'apparence que je puisse y prendre quelque intérêt ; mes parents et mes amis n'y auront, je crois, nulle part. On donna hier une tragédie nouvelle (4) ; il y eut quelques vers fort applaudis, applicables au retour des anciens magistrats, et à M. de Maurepas (5) ; sa conduite est très-sage, son étoile en fait pâlir une autre (6), et sa gloire est plus solide, quoiqu'elle soit moins brillante.

---

(4) *Adélaïde de Hongrie*, par M. Dorat.

(5) Tels que ceux-ci :

« J'enchaîne la Discorde aux pieds de la Justice,
» Et rends aux tribunaux leur auguste exercice. »

(6) Celle du duc de Choiseul.

LETTRE CXCIX.

Mercredi 24 août 1774.

Vous êtes revenu le 18 de chez le Selwyn, et moi le 19, après souper, de chez les Caraman; vous avez été content, et moi aussi. Roissy est le séjour de la paix, de l'ordre et du bonheur (1). Un père et une mère, huit enfants qui vivent ensemble avec une union, une amitié parfaite ; c'est l'âge d'or. J'aurais eu beaucoup de regret de les quitter, sans la manie que j'ai de désirer toujours de m'éveiller chez moi ; je ne me déplais point dans la journée de n'y être pas, mais la nuit et la matinée je regrette ma cellule. Nous avions pour toute compagnie madame de Mirepoix, madame de Boisgelin, le bon Schouwalow, et un M. de la Salle; je ne me suis pas promenée un moment; les

---

(1) Roissy était une maison de plaisance à cinq lieues de Paris, appartenante au comte de Caraman, qui jouissait d'une grande fortune, étant un des principaux propriétaires du canal de Languedoc, dont son grand-père, M. Riquet, avait conçu et exécuté le plan. Le comte de Caraman épousa la sœur aînée du prince de Chimay.

fenêtres n'ont point été ouvertes ; on n'a joué qu'une partie de wisk pendant les cinq jours que j'y ai été. L'Idole y a couché une nuit. Il se pourrait que j'y retournasse au mois de septembre ; mais je désirerais bien d'en être empêchée.

Je soupai hier chez la maréchale de Luxembourg, en petite compagnie, c'est-à-dire avec douze personnes, deux desquelles étaient M. le duc d'Orléans et madame de Montesson ; il fut fort question des bottines (2), le prince et sa dame me traitèrent au mieux. Je donne ce soir à souper aux Fitzroy (3), et je souperai avec eux vendredi chez madame de Marchais, dont les empressements et les soins ne font qu'augmenter chaque jour.

Le pauvre Pontdeveyle dépérit à vue d'œil ; il est actuellement comme était le président les derniers mois de sa vie, mais il ne peut consentir à se conduire selon son état ; c'est une

───────────────

(2) Bottines dont M. Walpole se servait alors pour la goutte, et qu'il avait envoyées à Paris sur la demande du duc d'Orléans.

(3) Le premier lord Southampton et son épouse, qui se trouvaient alors pour la seconde fois à Paris.

belle leçon pour moi. Je vois qu'il est à charge à tout le monde, et il ne s'en aperçoit pas ; il compte aller à l'Isle-Adam le mois prochain. La Sanadona vient d'arriver, il y a un moment ; son séjour à Praslin a été de plus de trois semaines, je ne me suis pas aperçue de son absence, et je suis bien aise de son retour. N'est-ce pas comme cela qu'il faut être ?

Le baron de Breteuil va ambassadeur à Vienne ; M. d'Usson (4) à Stockholm ; celui qui succède à Naples n'est point encore nommé, on croit que ce sera le duc de la Vauguyon.

A neuf heures du soir.

M. l'abbé Terray est exilé, M. Turgot a les finances, mais cette seconde nouvelle mérite confirmation.

P. S. Ne débitez point ces nouvelles ; en finissant de les écrire, j'apprends qu'elles ne sont point certaines.

Choses nouvelles et très-certaines.

M. Terray est exilé à la Motte ; M. Turgot a les finances ; M. de Sartine, la marine ; la

---

(4) Frère du marquis de Bonnac, qui avait été ambassadeur à la Haye.

police n'est point donnée ; M. le chancelier est exilé pour trois jours à Bruyère, au bout desquels trois jours il a ordre d'aller dans une de ses terres beaucoup plus éloignée. M. de Miroménil, ci-devant premier président de Rouen, est garde des sceaux et vice-chancelier.

LETTRE CC.

Paris, dimanche 4 septembre 1774.

Je ne m'attendais pas à la lettre que je reçois dans ce moment, elle me tire de l'incertitude où j'étais, si je vous écrirais aujourd'hui, ou mercredi. Il me semblait que je devais vous faire part de mon chagrin, et puis je me demandais pourquoi cette nécessité : comme je suis contente de votre lettre, elle me décide.

J'ai appris ce matin à mon réveil la mort de mon pauvre ami : je l'avais quitté hier à huit heures du soir, je l'avais trouvé très-mal, mais je croyais qu'il durerait encore quelques jours, il y en avait quatre ou cinq qu'il ne pouvait pour ainsi dire plus parler, il avait cependant toute sa tête. Je fais une très-grande perte ; une connaissance de cinquante-cinq ans, qui était devenue une liaison intime, est irréparable. Qu'est-ce que sont celles qu'on forme à mon âge ? Mais il est inutile de se plaindre, il faut savoir supporter toutes les situations où l'on se trouve, et se dire que l'on pourrait être encore plus malheureux. J'en ai la preuve par l'espérance que vous me donnez de vous voir l'année prochaine. Vous avez raison de croire que je ne voudrais pas que vous vous exposassiez au plus petit inconvénient pour moi ; je ne me suis jamais flattée de vous voir cette année, c'est beaucoup de n'en pas perdre l'espérance pour toujours.

Je vous ai mandé dans ma dernière lettre que j'étais étonnée du silence du petit Craufurd ; j'en reçois une lettre très-obligeante, j'y répondrai incessamment ; dites-lui, si vous le voyez, que pour aujourd'hui cela ne m'est pas possible ; je ne puis parler à d'autres qu'à vous, et je ne puis parler long-temps.

Dimanche 11, à neuf heures du matin.

J'ai pris le parti de prévenir l'arrivée du facteur pour vous écrire, pour plusieurs raisons ; d'abord parce que mon instinct m'y a portée, et puis parce que peut-être m'endormirai-je et me réveillerai-je fort tard. Je vais au Port-à-l'Anglais à cinq heures ; madame de Mirepoix s'y est établie avec madame de Bouflers, pour la consoler de la perte qu'elle a faite du marquis de Bouflers (1) son fils, qui est mort à Chanteloup, d'une fièvre maligne, le 5 de ce mois : devant donc partir à cinq heures, et le facteur arrivant quelquefois fort tard, je n'aurais pas eu le temps de vous rien dire.

La mort de M. de Bouflers a causé la plus grande affliction à M. et madame de Choiseul; M. de Choiseul a la fièvre tierce, la maladie de M. de Bouflers avait commencé par là, accompagnée à la vérité d'accidents que n'a point M. de Choiseul; j'en reçois tous les jours des bulletins. On les presse de changer d'air, ce que j'espère qu'ils feront dès qu'ils seront en état de voyager : ils iront vraisemblablement à la maison de campagne de l'évêque d'Orléans, qui est à vingt-six lieues de Chanteloup. Je crains que la grand'maman ne succombe à son inquiétude et à sa douleur, malheur que je ne saurais envisager sans frémir. Ses vertus m'assurent de son amitié; c'en est une que la reconnaissance, et elle sait quelle m'en doit.

---

(1) Frère aîné du chevalier de Bouflers. Il n'était connu que par une minutieuse attention aux petits détails de la discipline militaire.

Je m'aperçois bien de la perte de Pontdeveyle, et je ne le remplacerai pas. J'envie bien votre bonheur, vous n'êtes jamais mieux que lorsque vous êtes seul avec vous-même. Si vous pouviez me communiquer cette faculté, je n'aurais jamais eu tant d'obligations à personne.

Il n'y a rien de nouveau ici, si ce n'est la joie immodérée que le public a fait paraître du renvoi du chancelier, et de l'abbé Terray: on a fait leurs effigies, on les a brûlés, roués, pendus; la police a été forcée d'arrêter les tumultes.

A trois heures.

J'ai reçu aussi une lettre de Voltaire, qui n'est point du tout agréable; mais ce qui l'est encore bien moins, c'est que depuis le moment où j'ai fini ce matin de vous écrire, jusqu'à celui-ci, je n'ai pas eu une demi-minute de sommeil; malgré cela il faut que j'aille au Port-à-l'Anglais. J'ai bien pensé à vous dans mon insomnie, et je me suis dit: M. Walpole en a souvent de pareilles, et de plus il a de grandes douleurs; cela ne m'a pas consolée, tout au contraire.

Cette lettre serait trop triste si je la finissais là : voici de petits vers assez drôles.

De Monsieur, en donnant un éventail à la reine.

Au milieu des chaleurs extrêmes,
Heureux d'amuser vos loisirs;
Je saurai près de vous amener les zéphirs,
Les amours y viendront d'eux-mêmes.

Autre, sur madame du Barri.

De deux Vénus on parle dans le monde,
De toutes deux, gouverner fut le lot;
L'une naquit de l'écume de l'onde,
L'autre naquit de l'écume du pot.

LETTRE CCI.

Mardi 20 septembre 1774.

Il y a long-temps que je n'espère plus vous revoir. Ayant laissé passer le printemps et l'été, je n'ai pas dû penser que vous choisiriez l'automne pour ici. C'est le temps où avec juste raison vous redoutez la goutte; je crains bien son retour, je l'avoue. Vous avez eu bien tort d'appréhender l'importunité de mes empressements, vous n'en avez plus à craindre, et vous m'avez amenée à être aussi raisonnable que vous pouviez le désirer. J'avoue que je suis surprise, quand je trouve dans vos lettres quelque marque de mécontentement ; vous n'en pouvez plus avoir d'autres que de la gêne que vous trouvez à écrire trop souvent. C'est un effet de votre complaisance dont je sens tout le prix, et dont je ne veux point abuser ; personne, comme vous me le dites, n'aurait une telle condescendance.

Mercredi 21.

On ne parle ici que du nouveau contrôleur-général (1), c'est un nouveau Sully, mais un Sully bien autrement éclairé, qui réparera tous les inconvénients, tous les abus que l'administration de Colbert avait produits. On ne verra plus que d'honnêtes gens employés ; tous les coquins sont déjà renvoyés, nous allons être gouvernés par des philosophes. J'ai bien du regret de n'avoir pas su ménager leur protection ; pour l'obtenir aujourd'hui, il me faudrait avoir recours à mademoiselle de Lespinasse ; me le conseillez-vous ? Toutes les circonstances présentes contribuent bien à me faire sentir la perte que j'ai faite de mon ancien ami. Je n'avais que lui qui s'intéressât véritablement à moi, qui pût me conseiller,

---

(1) M. Turgot.

qui prît part à mes peines ; il n'était ni tendre, ni affectueux ; mais il était loyal et solide. J'étais ce qu'il aimait le mieux ; je n'ai ni l'espérance, ni la pensée de le jamais remplacer; il était sans ambition, sans intrigue, et tous ceux qui m'environnent aujourd'hui y sont livrés entièrement. Que n'ai-je le bonheur de pouvoir me passer de tous ! Mais cela n'est pas en mon pouvoir ; je suis comme était feu madame la duchesse du Maine : je ne puis me passer, disait-elle, des choses dont je ne me soucie pas. Voilà comme sont les caractères faibles, et voilà celui que la nature m'a donné, et voilà comme je retombe à vous parler de moi.

A deux heures après minuit.

J'oubliais de vous dire que Mariette est mort; je me suis déjà informée (mais sans succès) où l'on pourrait trouver ses héritiers; si je l'apprends, désirez-vous que je fasse demander s'ils consentiraient à vendre ce portrait en émail, par Petitot, de madame d'Olonne? en ce cas, il faut me dire quel prix vous y voulez mettre.

J'ai eu ce soir jusqu'à onze heures les milords Stormont et Mansfield, ce dernier me plaît, et l'autre ne me déplaît pas.

Qu'est-ce que cela vous ferait d'apprendre que M. le comte de Muy (2) épouse dans huit jours madame de Blancart, chanoinesse, son ancienne amie, qui a quarante-deux ans, et lui en a soixante-quatre? Milord Stormont a écrit à M. Conway (3) pour l'engager à ne venir ici qu'après Fontainebleau, ce serait vers le 15 de novembre. Je souperai encore demain chez moi avec les deux maréchales; je n'avais aujourd'hui que celle de Luxembourg, elle a extrêmement plu à milord Mansfield, il reviendra demain, mais sans son neveu.

---

(2) Alors ministre de la guerre.

(3) Le général Conway était alors dans une tournée de curiosité militaire en Allemagne et en Prusse.

LETTRE CCII.

Mercredi 12 octobre 1774.

Vos trois dames (1) arrivèrent hier au soir, elles envoyèrent sur-le-champ chez moi. J'étais dans mon lit pour une petite fièvre qui m'a pris du dimanche au lundi, et qui subsiste encore. Si la casse fait l'effet que j'en espère, je compte donner à souper demain à vos dames, et pour compagnie elles auront la maréchale de Mirepoix, madame de Cambise et MM. de Beaune et de Bouzols.

Je serai ravie de faire connaissance avec M. de Conway ; votre amitié pour lui m'en a fait prendre la meilleure opinion.

J'ai vu milord Shelburn, il soupa chez moi lundi, je ne le vis qu'après souper, j'étais dans mon lit, et l'on n'entra chez moi qu'au sortir de table ; il m'a extrêmement fêtée, cajolée, il viendra l'année prochaine ici uniquement pour moi ; la confiance que j'ai en cette pro-

_____

(1) Feu la comtesse douairière d'Ailesbury, madame Damer, sa fille, et lady Harriet Stanhope, troisième fille du feu comte d'Harrington, qui vinrent à Paris au devant du général Conway, à son retour d'Allemagne.

messe est à peu près semblable à la pensée de revoir jamais cette fille. Je ne saurais comprendre comment vous n'avez pas vu que c'était une plaisanterie (2); je ne voudrais pas lui devoir de me sauver de l'échafaud. Je suis pressée de vous ôter de la tête une opinion aussi avilissante; je suis contente, comme je vous l'ai dit, de tous mes amis, elle est la seule personne que je pourrais regarder comme mon ennemie, si je ne dédaignais d'y penser : c'est de quoi je ne me cache point.

Je vois avec plaisir que vous n'avez aucun prélude de votre goutte, mais je crains bien qu'elle ne vous manque point.

Je vous manderai dimanche de mes nouvelles.

---

(2) La demande qu'elle avait faite, dans sa précédente lettre à M. Walpole, si elle devait avoir recours à mademoiselle de Lespinasse pour se réconcilier avec les encyclopédistes.

LETTRE CCIII.

Dimanche 16 octobre 1774,
à six heures du matin.

Je vous dirai d'abord que je suis entièrement guérie; que non seulement je n'ai plus de fièvre, mais que je ne me suis jamais mieux portée ; que les vapeurs sont à mille lieues ; que je suis gaie, contente, heureuse ; ne me demandez point pourquoi, je n'en veux point savoir la raison, et je veux (si je la pénétrais) encore moins vous la dire.

Je reçus hier votre lettre du 10 et du 11 ; je pense tout comme vous ; il serait heureux que vous eussiez un léger accès de goutte qui pût vous mettre en sûreté de n'en pas entendre parler avant deux ans ; si ce souhait n'est pas accompli, vous ne vous en croirez point à l'abri. Tous vos projets iront en fumée, et c'est bien à quoi je me prépare.

Venons à vos dames ; il n'en est point de plus aimables ; elles soupèrent hier chez moi pour la deuxième fois ; elles y souperont aujourd'hui pour la troisième ; les deux maréchales sont charmées d'elles, et si elles peuvent être dégagées des voyages qu'elles devaient faire, elles se proposent de s'occuper beaucoup d'elles, de leur donner à souper, et de leur procurer tous les amusements et agréments qui dépendront d'elles. J'ai fait lire par Wiart votre lettre à Milady Ailesbury; il a glissé sur de certains articles; elle vous écrira aujourd'hui. J'attends M. Conway avec impatience; je compte qu'il passera la soirée chez moi le jour de son arrivée; ne le pressez point de retourner à Londres. Les dames seront ravies de rester un peu de temps ici; je ne saurais vous dire combien madame Ailesbury me plaît, ne le lui laissez point ignorer.

Ce qui peut déranger les voyages des maréchales, qui devaient aller à Sainte-Assise, campagne de madame de Montesson, c'est l'état de madame la princesse de Conti; elle eut hier une seconde attaque d'apoplexie; elle est mère et belle-mère de M. le prince de Conti et de M. le duc d'Orléans; ils ne pourront pas s'éloigner d'elle.

A onze heures du matin.

Je pourrais vous raconter mille bagatelles, mais ce ne sera pas pour aujourd'hui; ma nuit n'a pas été assez bonne, et n'a point assez réparé mes forces.

Madame de la Vallière a été fort incommodée; sa santé m'inquiète; pour sa fille (1), elle se porte comme le Pont-Neuf; elle s'est faite encyclopédiste; elle est la plus intime de la muse de l'encyclopédie (2); je crois que sa mère l'ignore. Rappelez-vous l'histoire de Joconde, et vous devinerez celui qui a formé cette liaison.

M. le prince de Conti est arrivé cette nuit à quatre heures du matin; il a été chez sa mère jusqu'à neuf; on dit qu'elle est mieux. M. le duc d'Orléans n'est point encore de retour, mais il ne tardera pas. Je prévois avec plaisir que mes deux maréchales resteront ici, celle de Mirepoix toujours, et l'autre jusqu'à la fin de la semaine prochaine, qu'elle doit aller à Chanteloup, où elle passera trois semaines ou un mois. Je suis on ne peut pas plus contente de ces deux dames, et en général de tous les gens de ma connaissance, qui dans cette occasion-ci m'ont marqué beaucoup d'attention.

Voulez-vous que je vous envoie le Maintenoniana? ce sont de petites anecdotes, des fragments de lettres, rien de nouveau, mais un rabachage qui ne me déplaît pas. Est-ce que

───────────────

(1) La duchesse de Choiseul.
(2) Mademoiselle de Lespinasse.

vous n'avez point de nouveaux romans? pourquoi n'en faites-vous pas? Vous entendez très-bien à peindre des caractères, et c'est ce qui me plaît le plus. Pour des aventures, je ne m'en soucie pas.

LETTRE CCIV.

Vendredi 28 octobre 1774.

LE général (1) m'avertit qu'il a une occasion; j'en profite, et ce sera pour vous parler de lui. Oh! que votre amitié est bien placée, et que je comprends qu'il doit l'emporter sur tous! Vous m'aviez prévenue de beaucoup d'estime pour lui, mais vous ne m'en aviez pas fait un fidèle portrait. Selon l'idée que vous m'en aviez donnée, je le croyais grave, sévère, froid, imposant; c'est l'homme le plus aimable, le plus facile, le plus doux, le plus obligeant et le plus simple que je connaisse. Il n'a pas ces premiers mouvements de sensibilité qu'on trouve en vous, mais aussi n'a-t-il pas votre humeur. Ne croyez cependant pas que je vous le préfère, quoiqu'il vaille mieux que vous à beaucoup d'égards. Je lui crois autant de vé-

---

(1) Le général Conway.

rité qu'à vous ; mais plus de justice, moins de préventions, et plus d'indulgence. Il ne se méprendrait pas à ce qu'on pense pour lui, et s'il croyait qu'on eût les sentiments trop vifs, il ne s'en courroucerait pas, et n'y répondrait pas par de la haine et du mépris, cela soit dit en passant. Il vous aime autant que vous l'aimez, et ses attentions pour moi vous en doivent être une preuve. Je juge par sa conduite qu'il croit que vous m'aimez, et qu'il vous oblige dans les soins qu'il me rend. Je n'ai point encore eu de conversation particulière avec lui, c'est moi qui l'ai différée. Il doit aller dimanche à Fontainebleau, je l'ai remis à son retour ; ce qu'il y aura vu, ce qu'il aura remarqué, lui donnera plus de questions à me faire, et fournira plus de matière à notre conversation. Je ne compte pas l'entretenir de nos différents ; je n'ai pas assez peu d'amour-propre pour cela. Je ne trouve plus de plaisir à aucun épanchement ; je sais trop à quoi je dois m'en tenir, et je ne cherche plus à me faire illusion ; je sais que je dois toujours compter sur vous, et que vous me saurez gré toute votre vie de mon attachement ; que vous avez un sentiment très-vif de reconnaissance, et que vous saisirez toutes les occasions de me le prouver. Voilà ce que je juge de vos sentiments, et dont je me contente ; s'ils ne me satisfont pas entièrement, ils font cependant que vous êtes le seul ami que j'ai, le seul que j'aime, le seul que j'estime, le seul sur qui je compte. Voilà ma déclaration.

Je ne me flatte point de vous revoir l'année prochaine, et le renvoi que vous voulez que je vous fasse de vos lettres est ce qui m'en fait douter. Ne serait-il pas plus naturel, si vous deviez venir, que je vous les rendisse à vous-même ? car vous ne pensez pas que je ne puisse vivre encore un an. L'idée de ravoir vos lettres d'abord est singulière ; il n'était pas besoin de Pontdeveyle pour que vous fussiez sûr qu'elles vous fussent remises fidèlement, il y a long-temps que Wiart a ses instructions. Mais vous me faites croire, par votre méfiance, que vous avez en vue d'effacer toute trace de votre intelligence avec moi, et c'est ce qui m'a fait vous demander, dans ma dernière lettre, si vous consentiez toujours à être nommé dans mon testament ; expliquez-vous sur ce point très-nettement, pour que j'ordonne à Wiart de brûler tout ce qui sera de moi, et pour laisser à quelqu'autre de mes amis les manuscrits de recueils de différentes bagatelles : que la crainte de me fâcher ne vous arrête point.

Je ne veux plus vous parler de moi ; vous voilà au fait de ce que je pense. Parlons de vos dames.

Milady Ailesbury est certainement la meilleure des femmes, la plus douce, et la plus tendre ; je suis trompée si elle n'aime passionnément son mari, et si elle n'est pas parfaitement heureuse ; son humeur me paraît très-égale, sa politesse noble et aisée, elle a le meilleur ton du monde, exempte de toutes prétentions, elle plaira à tous les gens de goût, et ne déplaira jamais à personne ; c'est, de toutes les anglaises que j'ai vues, celle que je trouve la plus aimable sans nulle exception ; il n'y a jamais eu de couple mieux assorti qu'elle et son mari. Les jeunes personnes me paraissent tout au mieux.

Voilà tous les jugements que je porte, vous me direz si j'ai raison.

Nous attendons de grands événements ; le retour de l'ancien parlement ; un lit de justice, du changement dans le ministère. Vous n'avez que faire des conjectures, il vous suffira d'apprendre les grands événements ; il n'en peut arriver aucun qui m'intéresse personnellement, ma fortune est fixée ; je n'ai, selon toute apparence, rien à espérer, ni à craindre.

LETTRE CCV.

Paris, dimanche 6 novembre 1774.

Il se peut qu'il y ait eu dans mes dernières lettres quelques articles qui vous ayent déplu, mais il y en avait mille autres qui devaient vous être agréables, et c'est une remarque que j'ai faite il y a long-temps, que ce ne sont jamais celles-là auxquelles vous répondez. Eh bien, je vous promets que quand j'aurai des vapeurs au point d'en mourir, je mourrai sans vous en rien dire.

Ha, ha! je trouble votre gaîté, et vous craignez mes lettres comme un vrai poison! permettez-moi de n'en rien croire, et ne m'ôtez point le peu de plaisir qui me reste, celui de notre correspondance. Il est singulier que vous ne me disiez mot de M. Conway, ni de milady; il m'aurait été agréable d'apprendre que je ne leur déplaisais pas. Je pourrais conclure de votre silence que vous n'avez rien de bon à m'en apprendre, mais je juge que vous avez mieux aimé me gronder. Vous êtes véritablement original.

Nous touchons au moment des grandes nouvelles; tout s'est conduit avec un secret admirable, ce qui donne bonne opinion des succès; c'est mercredi 9, que les membres de l'ancien parlement ont ordre d'être rendus chez eux à Paris. On parle d'un lit de justice, mais on ne dit rien de ce qu'on y déclarera; en attendant on a exilé le procureur général (1) du nouveau parlement à Maubeuge, et son secrétaire est à la Bastille.

Vos miladys (2) ont été passer deux jours à Fontainebleau, elles vous en rendront compte; je les crois contentes, elles ont parfaitement réussi.

Au nom de Dieu, ne me grondez plus. Puisque vous êtes gai naturellement, ne changez point de caractère en m'écrivant, et tolérez en moi qui suis née mélancolique, les choses tristes que vous trouvez dans mes lettres; j'observerai d'en mettre le moins qu'il me sera possible. Vous êtes d'une sévérité à faire trembler. Rassurez-vous sur mes indiscrétions, et comptez que mes actions seront toujours conformes à vos désirs.

---

(1) M. de Vergés.
(2) Lady Ailesbury et sa compagnie.

LETTRE CCVI.

Paris, 4 décembre 1774.

Ah! mon Dieu, mon Dieu! j'y consens, je ne vous parlerai jamais de vous, encore moins de moi; cela établit une drôle de correspondance. Vous n'en viendrez pas plus l'année prochaine, j'en suis sûre; vous trouverez dans mes lettres quelque point ou quelque virgule mal placés, qui feront quelque équivoque, et adieu le voyage. En attendant, celui de la grand'maman s'approche, elle sera ici le 20 au plus tard, elle débarquera chez madame de Grammont; il n'y aura personne d'invité à ce souper que moi: M. de Choiseul l'a ainsi ordonné, en réparation sans doute de son procédé dans sa première course, qu'il dîna chez les du Châtelet, qui sont à ma porte, et qu'il ne me vit point; je l'ai boudé pendant plus de deux mois; je ne l'appelais plus *grand-papa*, mais j'ai tout oublié, tout pardonné, je suis en haleine pour le pardon des injures. Pendant que je parle des Choiseul, il faut vous dire la petite fête que je leur prépare pour la veille de Noel, et comme vous aimez les noms propres, voici la liste de mes convives:

M. et madame de Choiseul, madame de Grammont, mesdames de Luxembourg et de Lauzun, M. et madame de Beauvau, MM. de Gontault, de Stainville, de Guignes, l'évêque de Rodez (1), le prince de Beaufremont, les abbés Barthélemi et Belliardi (2), la Sanadona et moi. Balbatre, fameux joueur de clavecin, y fera apporter son piano-forte; il jouera, pendant le souper, des Noels, et des airs choisis dont il a composé la plupart pour Chanteloup. Ce sera une surprise, personne n'est dans la confidence, excepté madame de Luxembourg. J'ai écrit à Voltaire pour qu'il m'envoie des couplets, ou une petite pièce de vers, je vous raconterai la réussite que tout cela aura. Vos parents seront encore ici ; je ne doute pas qu'ils ne soient fort fêtés par M. et madame de Choiseul ; par la grand'maman, j'en suis sûre. Ils doivent être fort contents de tout le monde, et surtout des maréchales ; ils sont trouvés fort aimables, et le sont en effet.

J'espérais bien que vous préféreriez le dis-

───────────

(1) L'abbé de Cicé, ensuite archevêque d'Aix.

(2) L'abbé Belliardi, d'une famille originaire d'Espagne, avait été employé par le duc de Choiseul dans la négociation dont le pacte de famille fut le résultat. Il est mort à Paris depuis la révolution.

cours de Champfort à celui de La Harpe (3), c'est le jugement que j'en avais porté ; je laisse à votre cousin le soin de vous envoyer tous les discours, les imprimés qui paraissent ; vous me ferez plaisir de m'en mander votre avis : je vous trouve un bon critique. M. Dupré de St.-Maur (4) est mort, ce sera le chevalier de Châtellux qui le remplacera (5).

On joue ici deux Henri IV, l'un aux Italiens, l'autre aux Français ; je voudrais que vous les vissiez, ou plutôt entendissiez, et savoir votre jugement. Je trouve ce que vous dites de l'éloge de La Harpe parfaitement bien (6) ; on juge à la froideur, à la roideur de son style,

---

(3) Eloge de Fontenelle mis au concours.

(4) Auteur d'une traduction de Milton et d'un *Essai sur les monnaies de France.*

(5) Auteur de l'ouvrage intitulé : *De la Félicité publique.*

(6) M. Walpole dit : « J'ai lu les deux Eloges. Je pré-
» fère de beaucoup celui de Champfort à celui de La
» Harpe. Le premier est naturel ; c'est du français au-
» quel je suis accoutumé. La comparaison, page 27,
» de la langue ancienne, qui s'enrichissait par de vieux
» mots, à un antiquaire, est charmante La Harpe est
» précieux, guindé, peiné. Ils est impossible qu'un tel
» auteur ait goûté la naiveté de La Fontaine. »

qu'il n'a pas la délicatesse de goût, et de sentiment qu'il faut pour sentir la naïveté, la grâce, l'agrément, et, pour ainsi dire, le moelleux, ou plutôt la souplesse de l'esprit et du style de La Fontaine. Dites-moi donc ce qu'il faut que je lise, je vais essayer du Nouveau Testament.

Il va y avoir un voyage à Montmorency, il ne sera que de huit ou dix jours, vos parents y seront invités, et ils iront ; la maréchale se conduit à merveille avec eux, et elle les trouve fort aimables. Madame de Mirepoix les traite fort bien aussi ; enfin je me flatte qu'ils sont contents : et vous, monsieur, ne le serez-vous jamais ? Est-ce un miracle que je ne puis espérer de trouver écrit de votre main, *je suis content ?*

Je relis votre lettre, elle est ce qu'on appelle énergique ; il est singulier de s'exprimer avec tant de clarté, et, pour ainsi dire, d'une façon aussi ingénieuse dans une langue étrangère ; vous ne dites précisément que ce que vous voulez dire, et n'êtes jamais en deçà, ni par-delà ; je ne connais que Voltaire qui rende ses pensées aussi bien que vous ; il est fort difficile d'imaginer un caractère tel que le vôtre ; il est unique au monde, j'en suis sûre.

LETTRE CCVII.

Paris, 17 décembre 1774.

Je n'ai reçu qu'hier votre lettre du 8 de ce mois, et j'avais reçu la précédente qui était du 25 de l'autre mois, le 1er de celui-ci; ainsi vous voyez que, s'il n'y a pas de conformité dans nos caractères, il y en a du moins dans notre conduite. Mais il n'est pas question de toutes ces petites chicanes; vous êtes mon ami, un ami que je ne veux jamais perdre, de qui j'endurerai toutes les colères, toutes les mauvaises humeurs, et à qui jamais je ne ferai de reproches, surtout quand je saurai qu'il a la goutte. J'ai beaucoup d'inquiétude qu'elle n'augmente. Vous donnerez apparemment de vos nouvelles à votre cousin, et si vous nous écrivez alternativement, vous me tranquilliserez beaucoup. Les miladys et lui sont à Montmorency depuis jeudi, ils en reviennent aujourd'hui. Vous devez être content de leur succès, ils plaisent généralement à tout le monde; ils doivent être contents de l'empressement qu'on leur marque. Je vous trouve infiniment heureux d'avoir pour ami M. de Conway; je ne crois pas qu'il y ait un caractère plus parfait, un esprit plus raisonnable, une humeur plus douce, des manières plus aimables ; je ne comprends pas comment vous n'êtes pas plus souvent ensemble; vous devriez être toujours les uns chez les autres ; c'est votre faute si cela n'est pas ; vous avez du sauvage, et lui n'en a point; mais il a une bonne santé, la vôtre est détestable.

J'attends après-demain tous mes parents, je crois vous l'avoir déjà mandé, ainsi que tous les arrangements de soupers ; la répétition vous en serait ennuyeuse et à moi aussi. Je ne sais pas quel changement il y aura dans ma vie ; je me trouvais assez bien du train que je menais, mais je serai bien aise de revoir la grand'-maman, elle n'a point oublié qu'elle m'aime, et moi je sens que je l'aime, ou du moins je le crois. Ah ! ne me niez pas que j'aimasse Pontdeveyle, il me manque à tout moment, nous nous étions nécessaires réciproquement; son frère d'Argental vient de perdre sa femme, j'ai grand regret que le pauvre Pontdeveyle ne lui ait pas survécu, elle lui était insupportable ; elle ne le quittait point dans sa maladie, elle avait l'air d'aspirer à sa succession, c'était une femme odieuse. D'Argental n'en a pas été fort affligé ; il vient de perdre un ami dont il l'est bien davantage, M. Felino, qui avait été ministre à Parme. Il le voyait tous les jours, il reste presque tout seul ; il avait perdu précédemment M. Chauvelin et un M. Cromart qui étaient ses intimes amis. Je compte qu'il viendra souvent chez moi quand les premiers jours de son deuil seront passés ; c'est un bon homme, il a de l'esprit, de la douceur, nous avons beaucoup vécu ensemble dans notre jeunesse, mais il y avait bien quarante ans que nous ne nous voyions plus ; il nous reste cependant quelques réminiscences qui empêchent que ce soit une connaissance nouvelle.

Si vous venez l'année prochaine ici (ce que je n'ose espérer), vous verrez quelques nouveaux visages ; le besoin que j'ai de compagnie m'empêche d'être difficile. Je trouve extraordinaire que le Craufurd ne vous dise pas un mot de moi. Je vous ai dit, je crois, que nous avions ici milord Haddington, c'est l'ami de l'ambassadeur ; je n'ai point d'attrait pour lui, ni de répugnance ; il partira bientôt.

18, à trois heures.

Je me flattais d'avoir une lettre, et je ne me suis point trompée ; en voici une dont je serais parfaitement contente, si elle ne vous avait rien coûté. Mon ami, écrire aussi longuement quand on souffre, est un excès de bonté que je ne veux point que vous ayiez ; vous voulez me rassurer, je le vois bien, je reconnaîtrai cette attention en ne vous parlant pas de mon inquiétude. Si vous voulez m'obliger, vous donnerez de vos nouvelles deux fois la semaine, une à moi, l'autre à votre cousin.

J'ai pensé toute la nuit (car je n'ai pas fermé l'œil) qu'il était triste de ne pas dormir, mais que vous étiez bien plus à plaindre ; je ne comprends pas qu'on puisse supporter la douleur et le chagrin ; je suis si faible de corps et d'esprit, que je ne pourrais résister ni à l'un ni à l'autre.

Vous êtes bien aise de l'arrivée de mes parents, et moi aussi ; je ne sais cependant pas ce qui en résultera, je crains tous les changements ; vraisemblablement je verrai très-peu le grand-papa ; je vous ai écrit l'arrangement de leurs semaines, ils n'auront que deux jours pour aller chez les autres ; apparemment que la grand'maman m'en donnera un ; je me trouverais très-déplacée aux soupers de l'hôtel de Choiseul ; un quinze-vingt de mon âge est un objet d'un ridicule bien triste, au milieu de la compagnie qui y sera ; il y a deux cent dix personnes sur la liste, qu'on y doit recevoir à toute heure : ce sont ceux qui ont été à Chanteloup. Je ne me permettrai pas non plus d'aller aux soupers qu'on leur donnera, d'ici au 2 de janvier qu'ils ouvriront leur maison, à moins que je ne sois sûre qu'il y ait peu de monde, et que ce soient des gens de ma connaissance. Je vous rendrai un compte exact de ma soirée du 24. Je crois que l'abbé Barthélemi arrivera aujourd'hui, il s'est annoncé pour les précéder de vingt-quatre heures, et c'est ce qui me fera abréger cette lettre, parce qu'il débarque ordinairement chez moi; j'aurais cependant de quoi vous entretenir long-temps. J'ai fait une lecture ce matin qui m'a fait plaisir; le titre du livre est *Mémoires sur la vie de Mademoiselle de Lenclos* ; le commencement est d'une platitude extrême, il ne faut commencer qu'à la page 164; il y a des lettres d'elle et de St.-Evremond que je trouve charmantes, et qui m'ont bien confirmée dans la persuasion où je suis, que c'est une opinion bien fausse que celle de me croire bel-esprit. Oh! non, je n'en ai point. Ninon en avait beaucoup, et St.-Evremond plus que je ne croyais. Si vous n'avez pas ce livre, je vous enverrai le mien si vous le voulez, il pourrait bien n'être plus chez les libraires.

J'ai bien envie de vous envoyer aussi la dernière lettre que j'ai reçue du grand abbé, elle est d'une folie extrême.

Mais je bavarde, et j'oublie qu'il faut que je me lève. Adieu donc, de vos nouvelles, de vos nouvelles.

LETTRE CCVIII.

Vendredi matin, 25 décembre 1674.

Les nouvelles que votre cousin a reçues de vous m'ont un peu tranquillisée ; il est persuadé que votre accès sera peu considérable et fort court ; je le désire, mais je n'ose l'espérer ; j'attends les nouvelles de dimanche, et je compte que le général en recevra le mercredi d'après.

La grand'maman arriva lundi à neuf heures du soir, en très-bonne santé, point fatiguée. Je me rendis chez madame de Grammont à neuf heures et demie ; les voyageurs étaient descendus chez eux, pour faire leur toilette ; ils ne se rendirent chez elle qu'à dix heures : le premier projet avait été, qu'il n'y aurait que moi, mais nous fûmes vingt-deux ; ce serait une belle occasion de vous plaire, de vous les nommer; mais trouvez bon que je m'en dispense. Il n'y avait de femmes que mesdames de Beauvau, du Châtelet et moi; les hommes étaient les plus féaux amis. Tout se passa à merveille; je reçus beaucoup de marques d'amitié, j'en donnai infiniment; le lendemain la grand'maman me vint voir, et puis j'eus après la visite du grand-papa, à qui je chantai deux petits bêtes de couplets que je fis en l'attendant; comme j'ai toute honte bue avec vous, les voici.

Souvenez-vous qu'il ne me vit point au voyage qu'il fit au mois de mai.

AIR : *A la venue de Noel.*

Si monsieur le duc de Choiseul,
De ma porte eût passé le seuil,
Je le verrais de meilleur œil,
Je lui ferais plus grand accueil.

Comme le grand-papa Choiseul
Vient enfin de passer ce seuil
Je le regarde de bon œil,
De bon cœur je lui fais accueil.

Cette plaisanterie eut beaucoup de succès. Tous les jours ils souperont dehors jusqu'au

2 de janvier ; ce fut hier chez madame d'Enville, demain ce sera chez moi, et j'en suis ridiculement occupée ; je me moque de moi-même ; en cherchant bien la cause de cette occupation, je soupçonne que tous les soins que je prends n'ont guère d'autres motifs que de m'armer contre l'ennui ; c'est une maladie en moi qui est incurable ; tout ce que je fais, ce sont des palliatifs ; n'allez pas vous mettre en colère contre moi, ce n'est pas ma faute ; votre cousin pourra vous dire que je fais de mon mieux, et que j'ai toute l'apparence de m'amuser, et d'être contente. Je continuerai cette lettre.

Dimanche 25, à 7 heures du matin.

Ah ! je l'avais bien prévu ; les lettres arrivèrent hier ; elles m'apprennent que votre goutte est comme celle de il y a deux ans : ne craignez point que je vous parle de mes inquiétudes ; vous en pouvez juger, et vous devez comprendre aussi avec quelle impatience et avec quelle crainte j'attends les nouvelles de mercredi : l'horrible malheur d'être séparés par la mer ! mais ne parlons pas de cela. Je vous raconterais ma soirée d'hier, si je vous croyais en état de vous en amuser ; mais mon récit arriverait peut-être aussi mal à propos que la fête d'hier le fut pour moi ; je ne cessais de penser à votre état : il m'en coûta beaucoup pour faire bonne contenance. Quand vous serez quitte de vos souffrances, je vous dirai tout ce qui se passa.

Mon Dieu! que ne suis-je avec vous!

LETTRE CCIX.

Mardi 3 janvier 1775.

C'est une fatalité inévitable ; il faut qu'il y ait dans toutes vos lettres une teinture de mécontentement et de menaces : vous ne m'écrirez, dites-vous, que dans huit jours. Vous ai-je demandé que vous prissiez plus souvent cette peine ? Y a-t-il du mal à avoir pensé que, votre cousin étant ici, je pourrais avoir deux fois la semaine de vos nouvelles ? et n'était-il pas assez naturel de le désirer ? Une fois pour toutes, faites tout ce qu'il vous plaira ; je n'ai ni le droit ni la volonté de rien exiger : mon intention est de me conduire comme vous pouvez le désirer ; je me rends assez de justice pour savoir ce que je dois prétendre, et personne ne peut m'apprécier avec aussi peu d'indulgence que j'en ai pour moi.

Je donnerai à votre cousin la Vie de Ninon ;

il a souvent des occasions dont je n'ai point de connaissance. Ce petit ouvrage n'est point nouveau ; je l'avais il y a long-temps parmi mes livres : c'est par hasard que je l'ai relu ; et comme vous aimez les noms propres et les anecdotes, j'ai imaginé qu'il vous amuserait. Il y a des faits qui ne sont pas rapportés fidèlement. J'ai su par l'abbé Gédouin lui-même ses amours avec Ninon (1) ; je crois vous les avoir racontées : les circonstances en sont différentes, mais le fond est véritable. Vous pouvez vous épargner la lecture des cent soixante-quatre premières pages ; elles ne me paraissent pas du même auteur que ce qui les suit.

Je ne sais quand je verrai la grand'maman ; sa maison est ouverte d'hier : elle est dans un océan de monde où je ne veux point aller me noyer. Je m'acquitterai de vos ordres dès que je la verrai : elle apprendra avec plaisir que vous vous portez bien ; elle était inquiète, et partageait mon inquiétude, ainsi que l'abbé.

Il me semble que votre cousin et les miladys se plaisent ici, et ne pensent point à leur départ ; j'en suis fort aise.

---

(1) Lorsqu'elle avait quatre-vingts ans.

Mercredi après midi.

J'ai passé ma matinée à lire le Mercure ; je ne puis m'empêcher de vous copier les vers que j'y ai trouvés : l'auteur est anonyme ; mais on reconnaît Voltaire, et d'autant plus, qu'ils sont adressés à MM. de Genève.

> Oui, Messieurs, c'est ma fantaisie
> De me voir peint en Apollon ;
> Je conçois votre jalousie,
> Mais vous vous plaignez sans raison.
> Si mon peintre, par aventure,
> Tenté d'égayer son pinceau,
> En Silène eût mis ma figure,
> Vous auriez tous place au tableau,
> Messieurs, vous seriez ma monture.

Cette épigramme vaut mieux que les couplets qu'il m'a envoyés.

Votre cousin vous a-t-il envoyé l'épigramme sur Suard, qui a pour titre : *Les trois Exclamations ?* Savez-vous combien il connaît déjà de personnes dans Paris ? Quatre-vingt-dix. Il n'est nullement sauvage. Je voudrais bien qu'il fît connaissance avec la grand'maman ; je crains que cela n'arrive pas.

LETTRE CCX.

Samedi 28 janvier 1775.

Je viens de recevoir la caisse : ce qu'elle contenait était mal emballé ; il-y a deux compotiers de cassés, et le plateau de dessous la jatte (1).

Je fis hier un souper chez moi, avec la grand'maman et le grand abbé ; nous dîmes tout d'une voix, qu'il était bien fâcheux que vous n'y fussiez pas pour faire la partie carrée. Je lisais l'autre jour dans les lettres de Pope, qu'un ami absent était un bien dans les fonds publics, qui rapportait quelques revenus, et qu'on pouvait ravoir quand on le voulait. Cela est-il vrai ?

Je crains que votre cousin ne puisse pas vous rendre un bon compte de ce qu'il aura vu et entendu. On pourrait souvent dire qu'il écoute sans entendre, et regarde sans voir. Avec un cœur excellent, je doute qu'il s'intéresse vivement à rien. Je suis bien éloignée de penser

---

(1) Un service de dessert, dont madame du Deffand se proposait de faire un présent à un de ses amis à Paris.

qu'il soit indifférent; mais il est d'une distraction qui ôte le désir de lui rien raconter : d'ailleurs je ne l'ai presque jamais vu seul, et puis il est sans curiosité ; jamais il ne questionne ; et vous devez sentir qu'il est bien difficile de parler avec confiance quand on craint d'être écouté avec indifférence ; l'indifférence n'est point dans son cœur, mais sa distraction lui en donne l'apparence.

Savez-vous le bruit de Paris ? c'est que votre ambassadeur est amoureux de la jeune milady (2), et qu'il l'épousera. Vos parents, à qui j'ai demandé ce qui en était, m'ont dit qu'ils ne savaient point ses intentions ; mais ils disent qu'il *l'admire* beaucoup. On la trouve ici très-aimable, et tout le monde désire que cette affaire aille à bien : n'en seriez-vous pas bien aise ? Madame Damer a beaucoup de succès : on ne lui trouve pas autant de grâces qu'a la milady, mais beaucoup de gens la trouvent aussi jolie : pour moi, celle qui me plaît le plus, c'est milady Ailesbury ; elle me marque de l'amitié ; elle ressemble en beaucoup de points à son mari ; elle est, ainsi que lui, sen-

---

(2) Lady Harriet Stanhope, fille du feu comte d'Harrington, mariée depuis au lord Foley.

sible et distraite : je crois qu'ils feraient bien de prolonger leur séjour par rapport à ce que je viens de vous dire. Ce qui donne lieu au bruit qui s'est répandu, c'est une grande assiduité de la part de milord. Il leur donne à dîner aujourd'hui, et de là il ira avec eux à une comédie qu'on donne à la Raquette. Le général et sa famille iront au retour souper chez la maréchale de Luxembourg : je n'irai point; je suis engagée ailleurs.

Je n'ai soupé chez vos parents qu'une seule fois depuis qu'ils sont ici. Avant-hier ils soupèrent chez moi avec M. de Grave : il est ici à demeure, et j'en suis bien aise, parce que, si vous persistez dans vos projets, et qu'ils se réalisent, ce sera un complaisant à vos ordres.

Ah! vous avez donc aussi des plumes en Angleterre? Pousse-t-on cette mode chez vous jusqu'à l'extravagance, comme on fait ici? Il a été en délibération si on changerait l'habillement de la nation, et si l'on prendrait celui de Henri III : la crainte d'occasionner trop de dépense a fait abandonner cette idée; les bals de la cour sont magnifiques et charmants : ce sont des quadrilles de quatre, de huit, de seize, qui représentent des nations différentes, ou des personnages du temps passé; les habits sont magnifiques : ce sont les plus jolies femmes et les meilleures danseuses qui les composent : il y entre du pantomime ; on représente des scènes. On prétend qu'à l'arrivée de l'archiduc, qu'on attend le mois prochain, il y aura un bal sur le grand théâtre, et qu'on exécutera un ballet de trente-deux personnes. La reine, toute la famille royale y auront leurs rôles. J'exhorte fort vos parents de rester pour voir ce spectacle : ils hésitent à s'y déterminer ; mais ils iront du moins de lundi en huit à Versailles pour le bal : il y aura un quadrille de seize qui représentera des Scandinaves.

Dimanche.

J'attends machinalement le facteur tous les mercredis et dimanches, ne comptant pas souvent recevoir des lettres ; aujourd'hui il n'y en a pour personne, et voilà trois dimanches de suite qu'il retarde d'un jour, et que par conséquent celles qu'on reçoit le lundi, on n'y peut répondre que le jeudi d'après. Toutes ces observations vous font hausser les épaules, vous paraissent bien puériles. Quand on est occupé de grandes affaires, de tout ce qui se passe dans les quatre parties du monde, on méprise bien ceux qui s'occupent de pareilles bagatelles. Mais daignez vous souvenir que je passe mes jours dans un tonneau, il est mon gîte, et La Fontaine dit: *que faire dans un gîte, à moins que l'on n'y songe.* Et à quoi voulez-vous que je songe? à la cour, aux ministres? aux disputes? aux procès? Je ne puis point éparpiller mon intérêt, et je suis comme cet homme à qui une personne racontait toutes ses affaires. *Savez-vous, Monsieur,* lui dit-il, *que je ne m'intéresse qu'à ce qui me regarde?*

Après ce préambule, je vous dirai que madame de Mirepoix est payée; je lui portai l'autre jour six rouleaux et sept louis dans une petite bourse de cuir que je commençai de lui présenter comme une restitution dont j'étais chargée; les six rouleaux suivirent de près, et la surprirent extrêmement; elle ne se rappela point d'où ils pouvaient venir; alors je lui donnai l'extrait de votre lettre et le décompte du banquier Panchaud; elle me parla beaucoup de sa reconnaissance et me dit qu'elle vous écrirait incessamment(3); je n'en réponds pas. Cette maréchale serait plus à plaindre qu'elle

---

(3) C'était une ancienne dette due à la maréchale de Mirepoix par M. Taaffe, et que M. Walpole obtint pour elle des exécuteurs testamentaires.

n'est, si elle avait un autre caractère; mais les bagatelles l'occupent et l'amusent; de plus, elle a une grande famille, elle donne à souper tous les dimanches, et met de l'affectation à avoir beaucoup de monde : il y a communément dix-huit ou vingt personnes, presque tous neveux et nièces, cousins et cousines. Je suis passablement bien avec elle. Quand on veut bien vivre avec les différents partis, on vit en paix; mais il en résulte un peu d'indifférence; j'excepte de cette règle la grand'maman avec qui je suis unie plus tendrement que jamais.

Sa belle-sœur a été assez incommodée tous ces jours-ci; elle se porte mieux présentement. Je crois qu'elle vous plairait, elle est extrêmement animée, elle cause à merveille, on est à son aise avec elle, et pendant le temps qu'on la voit on l'aime beaucoup. Ce que je vous dis est si vrai, que la grand'maman pense de même. Voilà déjà un mois complet de leur séjour ici; leur projet est toujours de s'en retourner au mois d'avril.

LETTRE CCXI.

Vendredi 9 février, à sept heures du matin.

Je ne commettrai pas la même faute qu'au départ des Fitzroy, je vous écris par vos parents, qui partiront dans trois ou quatre heures. Cependant je n'ai rien à vous apprendre qu'ils ne puissent vous dire eux-mêmes, ils ont vu et entendu tout ce que je sais; tout est tranquille ici, on n'aperçoit aucunes intrigues formées; on affiche l'amour du bien public. Le Maurepas possède en paix le premier crédit; la seule personne (*la reine*) qui pourrait le lui disputer et l'enlever, est occupée de bals, de coiffures, de plumes, etc. Le Turgot professe la vertu, il veut faire régner la liberté, établir l'égalité, et pratiquer l'humanité. C'est le règne de la philosophie; on fait revivre en faveur des philosophes des charges qu'on avait supprimées; d'Alembert, Condorcet, l'abbé le Bossu, sont, dit-on, directeurs de la navigation de terre, c'est-à-dire des canaux, avec chacun deux mille écus d'appointement; je ne doute pas que la demoiselle de Lespinasse n'ait quelque petite *paraguante;* nous ne voyons encore que des augmentations de dépense, ce qui ne produira pas de diminution d'impôts. Mais on paye bien jusqu'à présent les pensions et les rentes, peu m'importe le reste.

Je vois le départ de vos compatriotes avec le plus grand chagrin ; je suis convaincue qu'il n'y a point de plus honnêtes gens, et je n'en connais point de plus aimables. Votre cousin est la vertu et la bonté même ; sa milady, la plus douce, la plus obligeante, la plus noble et la plus polie ; les deux jeunes dames sont charmantes. J'étais si contente de leur société, que j'aurai bien de la peine à m'en passer ; je vais me croire toute seule, car personne ne me les remplacera ; et puis, je l'avoue, je trouvais du plaisir d'être avec des gens qui vous aiment et que vous aimez. J'ai cependant eu un grand chagrin à leur occasion, je n'ai pu parvenir à leur faire faire connaissance avec la grand'maman ; elle n'a jamais voulu se relâcher du parti qu'elle, son mari et madame de Grammont ont pris, de ne recevoir aucun étranger ; j'étais pourtant parvenue à lui faire consentir, il y a trois ou quatre jours, que je lui amènerais votre cousin et milady ; je leur en fis la proposition ; ils trouvèrent qu'elle arrivait trop tard, ils ne voulurent pas en profiter : je n'ai pu les en blâmer. Je dis leur refus à la grand'maman, en lui disant que je ne les condamnais pas ; je lui fis naître des remords ; elle craignit de vous avoir manqué, elle me fit promettre que je l'excuserais le mieux qu'il me serait possible ; tout ce que je puis vous dire pour sa justification, c'est que sa déférence pour son mari est extrême ; elle serait au désespoir d'être mal avec vous, et si vous étiez ici, vous seriez certainement excepté de la règle générale ; vous seriez de nos petits soupers, et sa porte vous serait toujours ouverte.

Madame de la Vallière n'a point voulu faire connaissance avec vos parents ; je les lui avais annoncés avant leur arrivée ; elle me dit qu'elle ne voulait plus faire de connaissances nouvelles, qu'elle ne voyait que trop de monde ; vous croyez bien que je n'insistai pas ; pour le reste de mes amis, j'en ai été plus contente, tous se sont empressés pour eux. Enfin, j'espère qu'ils sont satisfaits de leur séjour.

Je désire qu'ils vous disent du bien de moi, et d'être souvent le sujet de vos conversations.

LETTRE CCXII.

Dimanche 12 février 1775.

Vous auriez long-temps de quoi allumer votre feu, surtout si vous joignez à ce que j'avais de vous (1) ce que vous avez de moi, et rien ne serait plus juste ; mais je m'en rapporte à votre prudence, je ne suivrai pas l'exemple de méfiance que vous me donnez.

Il y eut hier un courrier ; c'était le jour de l'échéance ; il ne m'apporta rien : c'est peut-être un effet du hasard, ainsi je ne vous en demande point la raison. Votre cousin et vos dames partirent vendredi à deux heures après-midi ; le milord (2) les accompagna ; ils devaient coucher à Compiègne, et je ne doute pas qu'ils n'y ayent passé la journée d'hier ; le milord reviendra à Paris, et ils iront coucher à St.-Quentin. Je leur ai prédit qu'ils ne seraient point à Londres avant samedi ou dimanche ; je les regrette beaucoup, ils sont

---

(1) D'après le désir pressant que M. Walpole avait témoigné à madame du Deffand, elle lui avait renvoyé, par le général Conway, toutes les lettres qu'elle avait reçues de lui jusqu'alors.

(2) Le lord Stormont.

d'une charmante société; j'ai à me louer de leurs attentions, et si vous y avez eu part (comme je n'en doute point), vous ne sauriez trop les en remercier. Je n'ai point réussi à faire pour eux tout ce que j'aurais désiré ; j'aurais voulu que le grand-papa et la grand'-maman eussent fait connaissance avec eux, et les eussent distingués des autres étrangers ; mais je n'en ai pas eu le pouvoir ; j'aurais cru les commettre, si j'avais plus insisté. Il n'y a rien de nouveau ici depuis leur départ, que l'arrivée de l'archiduc (3); ce fut mardi dernier; il coucha à la Meute ; le lendemain il fut à Versailles ; il vint vendredi après souper à Paris chez M. de Mercy (4) ; il y passera toutes les semaines le vendredi, le samedi et le dimanche ; hier il eut un dîner de trente-cinq personnes, les maréchaux de France y étaient invités, tous les ambassadeurs que nous avons eus à Vienne, et les grandes charges de la cour. Il y aura un semblable dîner aujourd'hui, où sont invités ceux

---

(3) L'archiduc Maximilien, frère de l'empereur Joseph II et de la reine de France. Il fut élu depuis coadjuteur de l'électeur de Cologne.

(4) Le comte de Mercy d'Argenteau, ambassadeur d'Autriche à Paris.

qui ne le furent pas hier. Demain, il y aura à la cour un ballet superbe ; je tâcherai de m'instruire des détails pour en remplir ma première lettre.

Voici une petite histoire pour celle-ci.

N'avez-vous jamais entendu parler du marquis de Villette (5)? C'est un marquis, un bel-esprit, un homme de bonne fortune, un personnage de comédie.

Il écrivit l'autre jour un billet à mademoiselle Raucourt; elle le reçut avec empressement, persuadée qu'elle y trouverait des protestations, des offres, etc. Point du tout, ce n'était que des injures atroces. Elle, sans s'émouvoir, dit au porteur d'attendre sa réponse; elle rentra dans sa chambre, prit le petit balai d'auprès de sa cheminée, le dépouilla, le réduisit

---

(5) Il était fils de M. de Launay, trésorier de l'extraordinaire des guerres, et un de ce grand nombre de comtes, marquis, etc., etc., qui, sous l'ancien gouvernement de France, après avoir gagné beaucoup d'argent par le commerce ou par la perception des taxes, avaient acheté des terres avec des titres, dont ils se décoraient dans la société, quoique de pareils titres de noblesse ne leur donnassent ni le rang ni les priviléges qui y sont attachés, qu'autant qu'ils étaient confirmés par le roi.

à un simple bâton et puis l'enveloppa d'un papier, après y avoir écrit ces vers qu'on avait faits autrefois pour mettre au bas d'une petite statue de l'amour.

> Qui que tu sois, voici ton maître ;
> Il l'est, le fut, ou le doit être.

On conte une autre histoire ; elle n'est ni vraie, ni vraisemblable ; ce n'est qu'une méchanceté. On prétend que madame de St.-Vincent (6), qui a un grand procès avec M. de Richelieu, fut chez le lieutenant criminel, qui la reçut avec les plus grands témoignages

---

(6) La présidente de Saint-Vincent, née Vence de Villeneuve, était, par naissance, une arrière petite-fille de madame de Sévigné, et se trouvait alliée à quelques-unes des premières familles de France. Elle était mariée à un président à mortier du parlement d'Aix, dont elle se sépara pour cause d'inconduite, et se retira dans un couvent de la province de Rouergue. Le duc de Richelieu l'en retira, sans le consentement de ses parents, et la conduisit à Paris. — Le honteux procès dont il est question ci-dessus, fait croire qu'il y a eu faux d'un ou peut-être même des deux côtés. Le duc de Richelieu accusait madame de Saint-Vicent d'avoir fabriqué et négocié des billets sous son nom pour le montant de deux cent quarante mille francs. Elle répondit qu'il lui avait donné ces billets, quoiqu'il sût

d'affection, la priant de ne le point considérer comme son juge, mais de le regarder comme son ami, de lui avouer la vérité, et de lui confier de qui étaient les billets qu'elle disait être de M. de Richelieu. Cette dame parut persuadée, et lui confia qu'ils n'étaient point du maréchal de Richelieu, mais d'un nommé Vignerot. Le magistrat n'eut rien de plus pressé que d'aller apprendre au maréchal cette rétractation; vous jugez le plaisir qu'il en reçut.

---

bien qu'ils étaient faux, et faits par ses ordres. Elle l'accusa aussi de la plus vile subornation de témoins, et du plus atroce abus de pouvoir arbitraire, en obtenant une lettre-de-cachet pour la faire renfermer, sans avoir été entendue, à la Bastille, où un tribunal illégal d'officiers de la police lui faisait éprouver toutes sortes de vexations.

On ne saurait se former une idée exacte, non seulement de la jurisprudence en France, et de la manière dont s'exerçait, dans ce temps, la justice criminelle, mais aussi des conséquences inévitables que cette vicieuse administration avait sur la bonne foi et l'honnêteté de toute la masse du peuple, si l'on n'a pas jeté les yeux sur le grand nombre de causes remarquables qui occupèrent les tribunaux de France pendant les quinze dernières années de leur existence sous l'ancien gouvernement, depuis celle du comte de Morangiés, en 1773, jusqu'à celle du cardinal de Rohan, en 1788.

Votre cousin a peut-être le mémoire de cette grande affaire. Si vous lisez tous ceux qu'il emporte, vous aurez de quoi vous ennuyer long-temps. Mais vous ne pouvez pas vous dispenser de lire ceux de M. de Guignes; j'aurai soin de vous en envoyer la suite.

J'oubliais de vous dire que l'archiduc soupe ce soir chez M. le duc de Choiseul avec cinquante ou soixante personnes; il soupa hier chez les du Châtelet; tous les grands personnages lui donneront des festins tour-à-tour.

Dites mille choses pour moi au général, à milady, à madame Damer, à milady Henriette et même à la petite nièce (7).

LETTRE CCXIII.

Paris, mardi 21 février 1775.

JE préviens la poste; peut-être ne m'apportera-t-elle point de lettres, et ce n'est pas une raison pour moi de ne vous pas écrire. Je vous félicite sur le plaisir que vous aurez eu de re-

---

(7) Mademoiselle Caroline Campbell, fille du feu lord Guillaume Campbell. Elle mourut en 1788.

voir vos amis (1). Savez-vous qu'ils augmentent de beaucoup ma vanité ? je suis fort glorieuse de ce que vous m'avez crue digne d'être leur associée ; ils devaient vous rendre plus difficile ; je sens tout le prix de votre indulgence ; ce ne sera que dimanche que j'apprendrai les détails de votre entrevue ; je me flatte qu'il y aura eu quelques minutes pour moi ; des questions de votre part, des récits de la leur. Vous aurez connu avec étonnement que j'ai fait quelques progrès dans la prudence. Ils vous auront dit s'ils m'ont trouvée métaphysicienne et romanesque ; vous pouvez vous applaudir d'être le seul qui ayiez fait cette découverte ; mais la crainte de vous y confirmer me gêne terriblement, je n'ose pas me permettre de vous parler de moi, et c'est pourtant, je l'avoue, la chose qui m'intéresse le plus et que je sais le mieux. J'aimerais à vous dire les remarques que je fais, les jugements que je porte, mes grands chagrins, mes petits contentements, enfin, pouvoir du moins causer avec vous comme je faisais avec mon pauvre ami Pontdeveyle. Mais vous êtes épineux, difficile, et qui pis est vous vous ennuyez de tout.

––––––––––

(1) Le général Conway et sa famille.

Si en effet vous venez ici, il faudra faire un code entre nous, où nous n'omettrons aucune des règles qu'il faudra observer dans notre correspondance. En attendant, je vais vous parler de tout ce qui se passe.

D'abord le mariage de M. de Coigny (2) avec mademoiselle de Conflans (3), il se fait aujourd'hui. Ah! voilà toutes mes nouvelles finies.

Ma lettre est interrompue par la vôtre, je ne l'attendais que demain et elle arrive aujourd'hui.

Vous vous êtes fort trompé dans vos calculs sur l'arrivée de vos parents, je leur avais prédit qu'ils ne seraient à Londres que le samedi ou le dimanche; mais par la lettre que le général m'écrivit de Calais le 22, j'ai jugé qu'ils pourraient être à Londres le vendredi 24. Je saurai dimanche si je me suis trompée.

Je vous prie de m'envoyer votre épilogue (4);

―――――――――――――――――

(2) Le marquis de Coigny, fils du duc de Coigny par son premier mariage.

(3) Fille du marquis de Conflans, et petite-fille du maréchal d'Armentières.

(4) L'Épilogue que M. Walpole avait fait pour la tragédie de *Bragance*, de M. Jephson, et qu'il avait annoncé à madame du Deffand de la manière suivante :

l'ambassadeur que j'ai vu trois fois depuis le départ de vos parents, m'a dit qu'il se chargeait de leur envoyer tout ce qui paraîtra de nouveau. Ah! je le crois fort épris ; j'en ressens le contre-coup ; il a autant d'empressement pour moi actuellement, qu'il avait de dédain auparavant ; je suis contente de l'effet, mais encore plus satisfaite de la cause ; cette jeune milady est charmante. J'aurais un grand plaisir de la revoir, il en pourra résulter d'autres bons

―――――――――――――――――――――――――

« Actuellement je ne suis occupé que d'une tragédie
» nouvelle qu'on va donner, et à laquelle je m'intéresse
» beaucoup. Le sujet est tiré de la révolution de Por-
» tugal en faveur des Bragance. Elle est supérieure-
» ment écrite, le langage beau, la poésie charmante.
» Cependant j'ai peur ; l'événement est connu et heu-
» reux, par conséquent moins intéressant. De plus,
» l'auteur me paraît peu fait aux ressorts du théâtre,
» et s'entend plus aux images de la poésie qu'aux ca-
» ractères ; ce qui fait qu'il y a des longueurs, et l'in-
» térêt n'est pas soutenu. On m'a persuadé de lui faire
» un épilogue dont je ne suis nullement content. Vous
» savez que c'est notre usage immanquable de com-
» mencer et finir une pièce par des prologues et des
» épilogues. Ordinairement ces derniers morceaux sont
» non-seulement gais, mais gaillards ; usage ridicule de
» faire rire ceux qu'on vient d'attrister, et que je n'ai
» pas voulu pratiquer ; de sorte que mes vers ne sont
» que maussades. »

effets, mais c'est de quoi il m'est interdit de parler.

Mercredi 22.

Je viens de lire le Mémoire de Tort (5), il est d'une audace qui en impose, mais il me semble qu'il ne prouve rien, quoiqu'il donne de violents soupçons. Je n'aime point toutes ces lettres brûlées. Nous verrons ce que M. de Guignes répondra. L'ambassadeur enverra tout au général (*Conway*); ce serait un double emploi de vous les envoyer. Je n'ai pu me résoudre à lire les Mémoires de M. de Richelieu, je n'ai point de curiosité pour ce qui ne m'intéresse point; j'aime assez M. de Guignes, je lui trouve de la douceur, il a l'air de la franchise, et c'est une vertu rare dans le pays que j'habite.

---

(5) Dans la cause du comte de Guignes, dont il a été parlé dans la précédente lettre.

M. Tort avait été secrétaire du comte de Guignes pendant sa mission à Londres, et l'accusait de l'avoir chargé de jouer dans les fonds publics d'Angleterre au profit et bénéfice de lui comte de Guignes. De son côté, M. de Guignes accusait Tort d'avoir distrait de l'argent et des papiers, d'avoir fait la contrebande, et communiqué indiscrètement un Mémoire concernant la marine, ainsi que d'autres de ses dépêches.

Je vois rarement la grand'maman, j'y vais tous les lundis ; la dernière fois il y avait quarante personnes ; je ne me mets point à table, on me sert ce que je veux à une petite table, et j'ai toujours la compagnie de trois ou quatre personnes, tantôt les uns, tantôt les autres ; je ne m'y amuse guère, mais ce genre d'ennui m'est plus supportable que la solitude. Cinq jours de la semaine leur maison est ouverte, il y a grande cohue et grande liberté. Dans une pièce on joue au billard, dans d'autres on va causer ou lire, ou jouer au trictrac, et dans la galerie des tables pour différents jeux, le macao, le wisk, le tresset, etc. Les vendredi et les samedi, le grand-papa et la grand'maman soupent dehors, souvent ensemble ; mais quelquefois la grand'maman soupe chez elle avec le grand abbé, et il y a quelques jours que le grand-papa fit la partie quarrée. Il y fut très-aimable, il eut le cœur sur les lèvres ; j'étais du dernier bien avec lui, il y resta jusqu'à une heure et demie ; sa sœur (6) était malade, je l'y menai et j'y restai avec lui jusqu'à près de trois heures, et je le ramenai chez lui ; cela ne ressemble-t-il pas à la grande intimité ? Eh

---

(6) La duchesse de Grammont.

bien, cela ne me prouve rien. Il n'en est pas de même de la grand'maman, elle *sait* qu'elle m'aime; vous souvenez-vous que je le lui écrivis il y a long-temps (7)? Toutes ses vertus lui tiennent lieu de sentiment, elle n'a pas un défaut, et à force de s'être corrigée, de s'être domptée, elle s'est faite ce qu'elle est en dépit de la nature dont elle ne suit plus aucun mouvement. Sa sœur est tout le contraire, l'une est respectée, l'autre est recherchée. Je trouve que la grand'maman a beaucoup plus d'esprit, et l'autre plus d'agrément; et de tout ce qu'on rencontre, on ne trouve rien à quoi on puisse s'attacher. Ah! mon Dieu, si je continuais, que je vous ennuierais!

J'espère que nous aurons quelques relations des fêtes, et que je pourrai vous les envoyer; car pour vous en faire le récit, cela m'est impossible.

Ne me laissez point oublier de votre cousin ni de milady; je la trouve charmante, et je n'oublierai jamais toutes ses bontés.

---

(7) Madame du Deffand avait dit à madame de Choiseul : « Vous *savez* que vous m'aimez, mais vous ne » le *sentez* pas. »

LETTRE CCXIV.

Lundi 27 février 1775.

Vos parents ont grand tort : je leur pardonnais leur empressement à vous aller trouver ; mais je trouve très-mauvais qu'ils ne vous ayent pas donné le temps qu'ils passent loin de vous. Quel plaisir trouvent-ils à visiter la Flandre ? ne valait-il pas mieux rester pour voir nos fêtes ? les bals de Versailles ; celui d'avant-hier chez madame de Cossé (1), où la reine est venue avec ses beaux-frères ; la fête qu'il y aura aujourd'hui, que Monsieur donne à la reine, à la grande écurie : elle doit être superbe. Je compte qu'on en imprimera la description, ce qui épargnera la peine de la raconter : tout cela méritait leur curiosité.

L'ambassadeur soupa mercredi chez moi : il me dit qu'il regrettait beaucoup de ne les avoir pas suivis jusqu'à Calais. Je ne sais pas ce qu'il pensera de leur course en Flandre. Il vint hier chez moi ; il ne me trouva pas : j'étais à la comédie de Beaumarchais, qu'on repré-

---

(1) La fille du duc de Nivernois, mariée au duc de Cossé-Brissac, gouverneur de Paris.

sentait pour la seconde fois : à la première elle fut sifflée ; pour hier, elle eut un succès extravagant ; elle fut portée aux nues ; elle fut applaudie à tout rompre, et rien ne peut être plus ridicule ; cette pièce est détestable : vos parents regrettaient beaucoup de n'avoir pu l'entendre ; ils peuvent s'en consoler. Comment va le goût en Angleterre ? Pour ici, il est entièrement perdu ; et, grâces à nos philosophes qui raisonnent sur tout, nous n'avons plus le sens commun ; et s'il n'y avait pas les ouvrages du siècle de Louis XIV, plusieurs de ceux de votre pays, et les traductions des anciens, il faudrait renoncer à la lecture. Ce Beaumarchais, dont les Mémoires sont si jolis, est déplorable dans sa pièce du Barbier de Séville.

Le grand-papa va ce soir à Versailles, à la fête de Monsieur. Il donna hier une fête chez lui à toutes les femmes et valets de chambre de ceux qui ont été à Chanteloup ; il y avait plus de quatre cents personnes : l'appartement fut éclairé comme pour les maîtres ; le repas splendide, à trois services ; des vins de toutes sortes : mes gens m'en firent le récit hier au soir. J'irai souper ce soir avec la grand'maman et sa belle-sœur : nous serons très-petite compagnie. Je dois leur donner un ou deux petits soupers avant leur départ, qui sera le 9 d'avril. Le grand-papa reviendra le premier de juin : il assistera au sacre, et restera en tout un mois à ce voyage, et ne reviendra qu'à Noel avec la grand'maman, qui restera constamment à Chanteloup jusqu'a ce temps-là.

L'archiduc part jeudi prochain. La visite qu'il a rendue ici paraît l'avoir plus fatigué qu'amusé : elle a produit de grandes tracasseries à la cour. Vous savez qu'il y était incognito : nos princes ont prétendu qu'il leur devait rendre la première visite ; la reine ne l'a pas jugé à propos, et leur a marqué son mécontentement, en ne les invitant point à aucune fête. M. le duc d'Orléans est à Sainte-Assise chez madame de Montesson, et le prince de Condé à Chantilly. Voilà ma gazette ainsi que les quatre pages finies.

LETTRE CCXV.

Mercredi, 1ᵉʳ mars 1775.

Je suis fort aise de l'arrivée de vos parents, et fort satisfaite du bien qu'ils vous ont dit de moi : comme ils vous aiment beaucoup, je juge qu'ils ont cru vous faire plaisir.

Je reçois une lettre de votre cousin (1) en même temps que la vôtre. Il ne me parle point de celle qu'il a dû trouver de moi en arrivant, qui était en réponse à celle qu'il m'avait écrite de Calais : elle était, s'il m'en souvient, de quatre pages, et à l'adresse qu'il a laissée à Wiart en partant: informez-vous, je vous supplie, s'il l'a reçue.

Il est vrai que je vous trouve un homme fort singulier. Vous avez grande raison de dire que nos caractères ne se ressemblent point ; le vôtre m'est incompréhensible : je ne puis me faire une idée des plaisirs que vous goûtez dans la solitude, et du charme que vous trouvez dans tous les objets inanimés, de la préférence que vous donnez au grand monde sur la société particulière. Je conviens que la société ne satisfait guère ; mais on a toujours l'espérance qu'elle satisfera ; et je crois vous avoir déjà dit que je regardais l'amitié comme le grand œuvre : on ne fait jamais de l'or ; mais on trouve quelques productions qui ont quelque valeur, et qui laissent quelques espérances ; vous me serviriez de preuve : je n'ai point trouvé en vous ce que j'aurais désiré ; mais j'ai trouvé

---

(1) Le général Conway.

ce qui vaut encore mieux que tout ce que je connais, et dont les protestations d'indifférence ressemblent plus à l'amitié que les protestations d'attachement de tous ceux qui m'environnent. Je ne serai point surprise du refroidissement de vos parents, auquel vous me préparez ; j'ai trouvé en vous un exemple qui ne peut me permettre de m'étonner de rien. Comment avez-vous pu douter que je n'acquiescerais pas à vos volontés ? Je suis ravie de vous avoir tranquillisé. Je sais très-bon gré à milady (2) des bons offices qu'elle m'a rendus : il n'est pas douteux que je ne désire de vous revoir ; mais la joie que j'en aurai ne sera pas sans inquiétude. Je prévois que vous vous ennuierez beaucoup ; et l'ennui est comme la gelée, qui fait mourir toutes les plantes. J'ai cru remarquer, après chaque voyage, une grande diminution, je n'oserais pas dire dans vos sentiments, mais dans l'opinion que vous aviez de moi. Cependant, je serais fausse avec vous et avec moi-même, si je disais que je ne désire pas infiniment de vous revoir.

Je n'écrirai point aujourd'hui au général :

---

(2) Lady Ailesbury, en engageant M. Walpole de faire une autre visite à Paris.

dites-lui, ainsi qu'à milady et à madame Damer, qu'ils m'ont laissé de véritables regrets. Vous m'inquiétez sur l'état de madame Damer : n'oubliez pas, en m'écrivant, de me donner de ses nouvelles.

Ne me sachez point mauvais gré de ne vous point faire le récit de nos dernières fêtes ; je m'ennuie si fort d'en entendre parler, que je ne puis me résoudre à les raconter.

LETTRE CCXVI.

Vendredi 10 mars 1775.

Votre dernière lettre est pleine de raison. Je suis persuadée de l'intérêt que vous prenez à mon bonheur : vous vous faites violence pour y contribuer ; mais vous me la faites un peu trop sentir : vos lettres vous coûtent, et votre voyage vous coûtera bien davantage. Je prévois avec beaucoup de chagrin le peu d'amusement que vous trouverez ici ; si j'avais plus de générosité, je vous prierais de vous en dispenser, mais j'avoue que je désire de vous voir encore une fois ; je veux que vous jugiez par vous-même du changement que je crois qu'il y a en moi, pour nous épargner à tout jamais l'ennui d'en parler. Où prenez-vous que je ne suis occupée que de mes parents, et que je m'afflige d'avoir peu de particulier avec eux ? ah ! je voudrais n'avoir que ce chagrin-là. J'ai fait presque toutes les semaines un souper particulier avec la grand'maman et le grand abbé, j'en ferai un ce soir, et croyez, qu'excepté une seule personne, je pourrais dire à tous mes amis : je *sais* que je vous aime, mais.....

Vous avez raison quand vous me dites que l'âge et l'expérience n'ont rien produit en moi, de bien s'entend ; car l'âge m'a défigurée, et l'expérience m'a dégoûtée du monde, sans me rendre la société moins nécessaire ; elle me l'est plus que jamais, et vous ne m'empêcherez pas de regretter mon pauvre ami Pontdeveyle ; il m'écoutait et me répondait, j'étais ce qu'il aimait le mieux ; je lui étais nécessaire, et si tout le monde m'avait abandonnée, il me serait resté fidèle ; il avait une certaine connaissance du monde qui, sans être bien profonde, suffisait dans bien des circonstances ; trop de pénétration nuit quelquefois ; il y a du danger à trop approfondir, il faut le plus souvent s'en tenir aux surfaces, et se contenter d'y conformer les siennes. Je ne sais pas si j'explique ma pensée ; quand je veux raffiner je m'exprime mal, mais vous savez aider à la lettre.

Votre ambassadeur part au plus tard mercredi pour Londres; je le crois fort épris, nous jugerons à son retour si je me trompe; s'il revient seul, tout sera dit. Il vous portera peut-être cette lettre, cela dépendra du jour de son départ. Je vous enverrai sûrement par lui le dernier Mémoire de M. de Guignes qui ne paraît pas encore. Si vous étiez curieux de la collection entière de ce procès, je vous en enverrais toutes les pièces; il y en aura pour le moins quatorze ou quinze. Je crois que ce pauvre M. de Guignes est le plus malheureux de tous les hommes. Je vous quitte et je vous reprendrai quand je pourrai.

Samedi, à trois heures après midi.

Le Mémoire de M. de Guignes ne paraît point encore; on m'avait dit, comme chose certaine, qu'on consentait à faire imprimer ses dépêches: elles prouveraient qu'il n'aurait pas pu perdre s'il avait joué, parce qu'il n'aurait pu parier pour la guerre, sachant la paix; mais on me dit hier que cette grâce ne lui était point encore accordée, et qu'on doutait qu'il l'obtînt.

Je voulais vous envoyer une nouvelle brochure de Voltaire, mais votre ambassadeur dit que l'on reçoit à Londres, par Genève, tous ses ouvrages avant qu'ils arrivent à Paris. Je ne me souviens pas de ce que vous m'avez envoyé dont vous me remerciez ; je n'ai plus de mémoire, ainsi il faut que vous me pardonniez des rabachages.

Connaissez-vous les Lettres de Bolingbroke sur l'utilité de l'Histoire ? elles ont paru en 1752. Je les avais sans avoir été tentée de les lire ; mandez-moi ce que vous en pensez. Il y a un autre petit volume de lui, qui est une lettre au chevalier Windham, qui contient tout ce qu'il a fait depuis 1710 jusqu'à 1716 ; cela me rappelle ma jeunesse ; il est question de tous gens que j'ai connus. Vous avez raison d'aimer les noms propres, ils mettent de l'intérêt. Je dois entendre mardi, chez les Necker, une tragédie qu'on dit être fort touchante ; le sujet est la disgrâce du prince Menzikoff (1) et sa mort en Sibérie ; je vous en rendrai compte. Je me méfie des éloges, j'y suis trop souvent attrapée. L'Iphigénie et l'Orphée de M. Gluck, le Barbier de Séville de M. de Beaumarchais m'avaient été extrêmement vantés ; on m'a

---

(1) Le *Menzikoff*, tragédie de La Harpe.

forcée à les voir, ils m'ont ennuyée à la mort.

Madame de Mirepoix est très-contente de votre lettre. L'argent que vous lui avez envoyé ne lui en a pas rapporté d'autre; elle l'a joué et perdu ; sa sœur Bouflers, joueuse éternelle, partira le mois prochain pour la Lorraine avec son prince (2) ; ils ne reviendront que dans l'automne.

Nous avons cette année l'assemblée du clergé, cela m'assure un peu de compagnie; je reverrai l'évêque de Mirepoix; il prétend vous aimer beaucoup, et il est très-reconnaissant et très-flatté de ce que je lui ai dit de votre part; vous ne vous souvenez peut-être pas de m'en avoir donné la commission.

Dimanche, à 5 heures du soir.

J'eus hier la visite du grand-papa; j'avais du monde chez moi, des allemands, des évêques; il fut de fort bonne conversation; il rapporta l'affaire de M. de Guignes comme aurait pu faire l'avocat général. Le roi a consenti que l'on communiquât aux juges les dépêches qui

––––––––

(2) Le prince de Beaufremont.

peuvent prouver en faveur de M. de Guignes. Son Mémoire ne paraît point encore ; il voulait attendre que le second de Tort parût, et celui-ci ne veut point le donner que M. de Guignes n'ait donné le sien. Tout le monde s'intéresse à cette affaire, les uns par amitié, et les autres par curiosité.

Le procès de M. de Richelieu fait un effet tout différent ; il est si ridicule, qu'on ne s'en occupe que pour s'en moquer. Madame de St.-Vincent l'attaque pour rapt de séduction et subornation de témoins : elle avait quarante ans quand elle prétend avoir été séduite, et lui soixante-quinze ans quand il l'a séduite ! Ses meilleurs amis ne peuvent s'empêcher d'en pleurer et d'en rire.

La grand'maman soupa chez moi avec le grand abbé ; en me mettant à table, je trouvai sur mon assiette quantité de choses ; je ne savais ce que ce pouvait être ; c'étaient six coquetiers d'argent et un d'or, les plus jolis du monde. Ce présent ne m'a point plu ; premièrement, parce que c'était un présent, et secondement, parce qu'il n'est bon à rien. Notre soirée se passa fort doucement ; la grand'maman est la vertu personnifiée. La vertu a étouffé en elle la nature ; je ne sais si elle en est plus heureuse, mais elle en est certainement moins gaie et moins naturelle.

Remarquez, je vous prie, que cette lettre vous sera rendue par l'ambassadeur, et que je ne parlerais pas si librement, si elle était confiée à la poste.

Je ne sais si c'est la vieillesse qui me donne de l'humeur et qui me rend difficile.

Mardi.

J'eus hier le tête-à-tête que je vous avais annoncé (3); il ne fut pas gai, mais il fut intéressant, et m'aurait appris, si je ne l'avais pas su, qu'il y a des situations plus fâcheuses que la mienne. J'allai ensuite rendre une visite à l'hôtel de Choiseul. Ce n'est point là encore où l'on doit trouver le bonheur. Pour moi, je crois qu'il s'est retiré à Strawberry-Hill. Croyez-vous en effet le quitter pour quelques moments? Je ne saurais me persuader que vous exécutiez le projet que vous faites. Vous avez manqué le temps où il vous aurait été agréable. Milord Stormont est persuadé que vos parents reviendront ici, qu'ils s'y sont beaucoup plu; et pour lui, loin de s'y déplaire, il se flatte d'y rester

---

(3) Avec madame de Jonsac.

fort long-temps et je ne doute pas que cela ne soit, s'il ramène sa milady (4).

Je n'appris rien hier de nouveau. Je suis honteuse de la longueur de cette lettre et de son insipidité.

LETTRE CCXVII.

Mardi 4 avril 1775.

JE courus hier un fort grand danger : entre sept et huit heures du matin le feu prit à la cheminée de mon antichambre avec une telle furie, que les flammes sortirent jusqu'au milieu de la chambre et montèrent jusqu'aux bras de la cheminée, brûlèrent les cordons des sonnettes; et si la cheminée s'était crevée, il est très-vraisemblable que non-seulement mon appartement, mais tout le corps-de-logis aurait été brûlé. Heureusement la cheminée est de brique, et le prompt secours qu'on apporta, fit que le danger dura peu, et n'a même causé aucun dommage ; les maçons qui travaillent dans la cour, furent d'un grand secours, et les pompiers qui ne tardèrent pas à arriver, mirent fin à ce terrible accident; le pauvre Wiart en

---

(4) Lady Harriet Stanhope.

a un peu souffert, il a eu un bras un peu brûlé, et une partie de sa redingote. Ce fut au moment que je m'éveillai que l'accident arriva; je me levai bien vite et descendis chez mademoiselle Sanadon. Mes gens étaient dans la plus grande terreur; et ce qui vous surprendra, c'est que je ne fus point effrayée; ce ne fut point par courage, mais par insensibilité. Je ne puis pas me rendre raison à moi-même de cette disposition; le danger me paraissait évident, je disais même qu'il fallait mettre en sûreté tout ce qu'on pourrait sauver; je pensais un peu au parti que je prendrais, et dans ce moment-là tout me paraissait égal. Rendez-moi raison de cela, si vous pouvez; pour moi je l'attribue à ce changement que je vous ai annoncé que vous trouveriez en moi, qui est bien plus l'effet de mon âge que de mes réflexions. J'avais été toute la veille dans un grand affaissement.

Les lettres de M. d'Aiguillon, dont le recueil a pour titre : *Correspondance de M. le duc d'Aiguillon, au sujet de l'affaire de M. le comte de Guignes et du sieur Tort, et autres intéressés pendant les années* 1771, 2, 3, 4 *et* 5, est la plus ennuyeuse chose du monde. J'en ai lu soixante-cinq pages, il y en a deux cent vingt-trois. Jusqu'à cette page on ne peut en rien conclure ; je vous enverrai cette brochure avec les autres pièces du procès, mais j'attendrai une occasion. Je trouve le pauvre M. de Guignes bien à plaindre.

Je suis bien de votre avis, je ne sais pas comment il se peut trouver des juges, parce qu'il me paraît impossible de s'assurer de la vérité ; on ne voit que des masques, on n'entend que des mensonges ; il est étonnant qu'on soit attaché à la vie ; je doute qu'il y ait aucun individu (si ce n'est mon petit chien) pour qui elle soit heureuse ; encore voudrait-il se marier, et l'on ne lui donne point de femme.

Je vous ai mandé que je perdrais mes parents (1) le lundi de Pâques ; cet accident est prévu, et puisque je soutiens avec tant de fermeté ceux qui ne le sont pas, je serai fâchée de celui-ci, sans en être accablée.

Il pleut ici des épigrammes sur nos nouveaux maréchaux ; on dit que le roi ne fera pas ses Pâques, parce *qu'il a fait les sept péchés capitaux ;* ce sont les sept maréchaux. Je ne crois pas en devoir faire l'attribution ou distribution (2) par la poste, et

───────────────

(1) Le duc et la duchesse de Choiseul.
(2) Voici cette distribution : Le duc d'Harcourt. *la*

vous ne les connaissez pas assez pour pouvoir la faire.

Mercredi.

J'ai presque lu entièrement la correspondance; je trouve qu'elle n'ajoute rien aux Mémoires de M. de Guignes, si ce n'est qu'il est bien évident qu'il n'était pas protégé par le ministère. Les lettres de M. de Guignes sont du même style que ses Mémoires; c'est-à-dire, parfaitement bien écrites.

Le vice-chancelier, père du chancelier (3), mourut hier matin, et le marquis de Pontchartrain est très-mal.

On croit que M. de Muy a la pierre. Je

Paresse; le duc de Noailles, *l'Avarice;* le comte de Nicolaï, *la Gourmandise;* le duc de Fitz James, *l'Envie;* le comte de Noailles, *l'Orgueil;* le comte de Muy, *la Colère;* le duc de Duras, *la Luxure.*

(3) Maupeou, qui, malgré son exil et sa disgrâce, restait revêtu du titre et de la charge de chancelier, laquelle est inaliénable en France, si ce n'est par démission volontaire, à laquelle il ne voulut jamais consentir. Depuis l'époque du retour de l'ancien parlement à Paris, que Maupeou avait détruit, M. de Miromesnil, garde des sceaux, avait présidé, comme chancelier; mais Maupeou conserva le titre jusqu'à sa mort, qui n'eut lieu qu'en 1791.

soupai hier à l'hôtel de Choiseul ; il y avait cinquante-six personnes. Je ne me mets point à table, je soupe dans une petite pièce séparée avec ceux qui ne soupent point. Je donnerai à souper, samedi, au grand-papa, à la grand'maman, à madame de Grammont, à l'archevêque de Toulouse, et à M. de Guignes.

LETTRE CCXVIII.

Samedi 8 avril 1775.

Je crains que vous ne vous portiez pas trop bien ; la lettre que je reçois a le ton faible ; je crois que vous êtes pâle, un peu triste, cela est-il vrai ? Est-ce que la vie que vous menez vous convient ? Dîner à six heures du soir est une heure bien indue. Que prenez-vous donc entre votre lever et ce repas ? Souper à minuit, c'est tout au plus cinq heures après le dîner. Vous coucher à deux heures, c'est un déréglement que cet arrangement-là. Songez donc combien le régime vous est nécessaire, et combien vous êtes faible et délicat. Au nom de Dieu, ne soyez plus malade, je n'ai plus assez de force pour soutenir l'inquiétude.

Qu'est-ce que vous entendez, quand vous me dites que j'ai plus d'esprit pour me défendre que pour attaquer ? Je ne me souviens jamais, en vous écrivant, de ce que je vous ai écrit, et cela vous est prouvé par mes rabachages. Ma mémoire s'en va grand train. Ah! c'est une belle chose que de vieillir ! quand vous en serez là, vous vous souviendrez de moi, j'en suis sûre.

Milady Henriette est bien dégoûtée, si elle ne veut point du milord; on dit qu'il a une très-belle figure, il a certainement de l'esprit, de la douceur, de la politesse; il a été très-bon mari; il faut qu'il y ait quelque raison à ce refus; vous ne vous souciez pas de le savoir, ni moi non plus.

Vous avez bien raison, en m'associant à l'aversion que vous avez pour les grandeurs; je ne trouve d'état heureux que de n'être ni grand ni petit, mais d'avoir de la fortune ; c'est-à-dire, un revenu assez considérable pour n'avoir jamais besoin de personne, pour être bien logé, bien servi, pour souper tous les jours chez soi en bonne compagnie, et mener tous les jours la même vie. Je ne me trouve bien que dans mon tonneau, et sans la maudite crainte que j'ai de m'ennuyer, je ne sortirais jamais de chez moi; mais souper seule ou tête à tête avec la Sauadon me paraît affreux. Souvent les soupers que je vais faire ailleurs ne valent guère mieux, mais la variété est bonne en toute chose, jusqu'à changer de sorte d'ennui.

Dimanche.

Mon souper s'est très-bien passé (1) : il y a eu de la gaîté, de l'accord, même assez d'amitié ; les parents et le grand abbé partirent les premiers ; la sœur et M. de Guignes restèrent une heure de plus ; la sœur me traite à merveille. Le Guignes est très-aimable, il a un courage inouï, et il en a grand besoin. Je ne sais comment se terminera son procès, son ennemi est bien dangereux. On attend le dernier Mémoire de Tort ces jours-ci ; il y répondra, et tout sera dit, et vraisemblablement il sera jugé dans le mois de mai.

Je vous demande pardon de ce que je vous mande peu de nouvelles, mais je ne sais pas conter, et puis je ne saurais me persuader que vous puissiez vous intéresser à ce qui se passe ici, c'est-à-dire aux bagatelles.

On disait hier au soir madame de Maurepas très-malade ; ce n'est pas une bagatelle que

---

(1) Le souper dont il est question à la fin de la précédente lettre.

cela, mais une chose très-importante (2). Adieu.

LETTRE CCXIX.

Dimanche 7 mai 1775.

Je ne sais si vous aurez entendu parler de nos troubles; nous avons eu la semaine passée des émeutes, l'une mardi, à Versailles, l'autre mercredi, à Paris; et quoique le pain ne fût pas plus cher que dans les semaines précédentes, le peuple s'est attroupé, a voulu qu'on lui donnât le pain à deux sous; ils ont pillé les boulangers : on a été mécontent de la police, on a trouvé qu'elle avait molli; en conséquence, on a changé les magistrats : on a donné la place de lieutenant de police qu'avait M. le Noir, à un nommé Albert, protégé par le contrôleur-général; celui-ci prend un grand crédit, et il paraît qu'il sera bientôt le plus puissant. On avait pris de si grandes précautions pour les marchés d'hier, qu'il n'y a eu aucun mouvement. — M. le maréchal de Biron a le commandement des troupes qui sont dans Paris et dans ses environs; M. de Poyanne a le com-

───────────

(2) On pensait qu'elle avait une grande influence sur son mari.

mandement sous lui. Comme il y a eû des émeutes dans plusieurs provinces, on n'est point assuré que la fermentation soit entièrement calmée. Cette aventure ne m'a pas causé la plus petite émotion; vous voyez que je ne crains ni le fer ni le feu; c'est un beau changement que l'apathie dans laquelle je suis tombée, je ne suis plus susceptible de craintes, mais je ne le suis pas davantage d'espérance; je ne sais pourquoi on a fait une vertu de celle-ci; elle peut en être une dans le pays des chimères. A l'égard de la crainte, elle est, dit-on, le commencement de la sagesse; cela peut être, je sais que l'une et l'autre sont des mouvements de l'âme fort involontaires.

Je pense comme vous sur l'éloge de Marc Aurèle (1). L'intérêt que je prends à M. de Guignes m'a soutenue contre l'ennui des quinze ou seize Mémoires qu'il a fallu lire; il sera jugé incessamment.

---

(1) Par M. Thomas. — L'éditeur regrette de ne pouvoir donner l'opinion de M. Walpole sur cet éloge, ou quelques autres extraits de ses lettres. On a vu que madame du Deffand lui avait renvoyé, par le général Conway, toutes celles qu'elle avait reçues jusqu'au mois de février 1775. Toutes ces lettres existent encore; mais celles qui sont postérieures à cette date ont été brûlées par ma-

Vous avez reçu, ou vous ne tarderez pas à recevoir un livre qui est fort bien fait, mais qui demande beaucoup d'application (2). Je n'ai point entendu parler de la duchesse de Kingston. On m'a dit que milord Holderness devait s'établir à Auteuil dans la maison de l'Idole.

Je suis très-étonnée de la répugnance de la milady pour le milord ; cela n'avait point paru ici, tout au contraire ; serait-il vrai ce que j'ai ouï dire, qu'elle a un ancien goût pour l'ancien ami (3) de notre ami ? Cela me surprendrait, car il ne m'a pas paru aimable.

---

dame du Deffand, suivant le désir de M. Walpole; de sorte qu'il ne reste de lui d'autres lettres, que celles qu'il lui a adressées pendant la dernière année de la vie de madame du Deffand, et qui furent religieusement rendues après sa mort.

(2) L'ouvrage de M. Necker, *Sur la Législation et le Commerce des grains*.

(3) Le duc actuel de Q........

LETTRE CCXX.

Mercredi 17 mai 1775.

Rien n'est si choquant que vos éternelles excuses sur l'insipidité de vos lettres; pourquoi seraient-elles insipides? les lettres d'un ami peuvent-elles l'être? c'est la contrainte, la gêne, la complaisance, qui produisent l'insipidité; d'ailleurs vous écrivez parfaitement bien, et malgré votre mauvais français, personne ne rend mieux ses pensées, et vous pensez beaucoup.

Nous n'avons plus que quinze jours à attendre le jugement du procès de M. de Guignes; dans son dernier Mémoire (que vous devriez demander à milord Stormont), il fait voir qu'il n'avait pas eu tort de vouloir que la correspondance parût.

Il m'est arrivé deux neveux (1) qui amènent leurs enfants au nombre de trois; ils seront dans une pension près de l'Enfant-Jésus; de plus, je vais avoir chez moi le petit Wiart; voilà bien de la marmaille, et je ne l'aime guère; je pourrais vous raconter les séances de

---

(1) Les fils de son frère, le comte de Vichy.

l'Académie, vous en envoyer les discours, mais qu'est-ce que tout cela vous fait?

Avez-vous lu le livre de M. Necker? dites-m'en votre avis et celui de votre public; il a fait un grand effet dans le nôtre; excepté la secte économiste, tout le monde en est content. Le second tome de la Maison de Bourbon ne paraît point encore. J'essayerai de lire ce Voyage de Sicile (2), mais je doute qu'il m'amuse. A qui donnez-vous à dîner? Je suis sûre que vous écrivez beaucoup; quel ouvrage faites-vous? quel sujet traitez-vous? Les éloges sont ici à la mode; à chaque séance publique d'Académie, d'Alembert en lit un; lundi dernier, jour de la réception du maréchal de Duras, il lut celui de Bossuet, évêque de Meaux; il y a placé celui de M. de Toulouse (3), qui fut si pathétique, qu'il tira des larmes du loué vif, et de tous ses adorateurs. La louange est aujourd'hui fort à la mode, les talents présents n'en méritent guère.

Je relis les Mémoires de Sulli, je les supporte; je lis aussi l'Ordre du St.-Esprit; les anecdotes me plaisent assez, mais elles sont si

---

(2) Le voyage de Brydone en Sicile et à Malte.
(3) L'archevêque de Toulouse, son neveu.

abondantes, que l'une fait oublier l'autre ; on a bien de la peine à passer son temps ; les morts et les vivants sont bien insipides.

LETTRE CCXXI.

Paris, samedi 20 mai 1775.

Votre poste a fait une grande diligence ; la lettre que je reçois est du 16.

Je compte donner cette lettre-ci au colonel St.-Paul ; il la mettra dans le paquet de votre ambassadeur. J'y joindrai des épigrammes, des chansons dont il faudra vous expliquer le sujet et l'occasion.

Je ne comprends pas bien comment toutes nos nouvelles peuvent vous intéresser. Celles de vos bals ne m'intéresseraient point ; et je n'ai nul regret que vous ne puissiez pas m'en parler.

Je fais aujourd'hui un tour de force, le même que je fis il y a huit jours, je vais souper à Versailles avec les deux maréchales et madame de Lauzun. Vous me trouvez bien ridicule, mais j'aime fort M. de Beauvau ; il est de quartier, et pour le voir il faut l'aller chercher ; d'ailleurs je ne crains ni les veilles ni la voiture, je ne crains au monde que l'ennui, tout ce qui peut l'écarter me convient; je n'ai point le bonheur de me suffire à moi-même; peu de lectures m'amusent, et les réflexions m'attristent infiniment. Je ne suis point un certain père de la Tour, qui n'était jamais plus heureux (disait-il) que lors qu'il jouissait de lui-même. Il s'en faut bien que je lui ressemble; il n'y a rien que je ne préfère à une pareille jouissance. Je ne suis point née gaie, le passé ne me rappelle que des chagrins et des malheurs; l'avenir ne me promet rien d'agréable, et je ne puis supporter le présent qu'en cherchant à me distraire.

J'ai lu quelques chapitres de M. Necker, j'ai trouvé que c'était un casse-tête; il a produit un grand effet; nos économistes en sont atterrés, et nos ministres, qui sont à la tête de ce parti, sont furieux contre lui; mais il n'a rien à craindre, il a donné son livre avec privilége et approbation : on pouvait le supprimer, on n'en a rien fait, on n'est point en droit de s'en plaindre. Ce M. Necker est un fort honnête homme, il a beaucoup d'esprit, mais il met trop de métaphysique dans tout ce qu'il écrit. Je ne sais s'il vous plairait, je crois qu'oui, à beaucoup d'égards; dans la société il est fort naturel et fort gai, beaucoup de franchise, il parle peu, est souvent distrait; je soupe une fois la semaine à sa campagne, qui est à St.-Ouen; sa femme a de l'esprit et du mérite; sa société ordinaire sont des gens de lettres, qui, comme vous savez, ne m'aiment point; c'est un peu malgré eux qu'elle s'est liée avec moi; elle et son mari sont fort amis de milord Stormont.

La personne avec qui je vis le plus, de tout ce que vous connaissez, c'est la maréchale de Luxembourg; si je croyais à l'amitié, je dirais qu'elle en a pour moi, il ne se passe guère de jours sans qu'elle ne me vienne voir. M. de Beauvau en use de même, ils sont l'un et l'autre ce que l'on appelle des amis, et sans l'incrédulité dans laquelle je suis tombée, je compterais sur eux.

Dimanche.

J'ai fait mon voyage, je n'en suis point fatiguée. Vous trouverez ci-joint l'arrêt (1) qui supprime le dernier mémoire de M. de Guignes.

---

(1) C'était un arrêt du conseil d'état du roi, supprimant le Mémoire de M. de Guignes, qu'on supposait inculper le duc d'Aiguillon. Le roi fut bientôt engagé, par l'influence de la reine, à révoquer cet édit, ou du moins à en annuller l'effet par une lettre à la cour du

On dit qu'il ne lui fera nul tort pour le jugement de son procès; j'en doute, ainsi que de son retour en Angleterre.

Je reçois dans le moment une lettre de Voltaire; je recevrai, dit-il, incessamment de nouveaux vers; s'ils arrivent avant le départ de cette lettre, je vous les enverrai.

Si vous n'avez pas le mémoire condamné (2), et que vous en soyiez curieux, je vous l'enverrai.

Châtelet. La disgrâce et l'exil du duc d'Aiguillon en furent la suite immédiate. Ce seigneur s'était rendu odieux à la reine, par sa liaison intime avec madame du Barri, et la protection qu'elle lui accordait. On se persuada qu'il avait été dans ses bonnes grâces long-temps avant la mort de Louis XV.

(2) Il avait pour titre : *Mémoire sur la nature, l'origine et les progrès de l'affaire pour M. le comte de Guignes, ambassadeur du roi, contre le nommé Tort, ci-devant son secrétaire.*

FABLE

Trouvée dans un vieux recueil, dont on fait l'application au moment présent (3).

Un limousin, très-grand réformateur,
D'un bon haras fait administrateur,
Imagina, pour enrichir le maître,
Qu'il ne fallait que retrancher le paître
Aux animaux confiés à son soin.
Aux étrangers il ouvre la prairie ;
Du ratelier faisant ôter le foin,
En débarrasse l'écurie.
Le lendemain, les chevaux affamés
Tiraient la langue et dressaient les oreilles.
On court à l'homme, il répond : à merveille,
Ils y seront bientôt accoutumés ;
Laissez-moi faire. On prend donc patience.
Le lendemain, langueur et défaillance,
Et l'économe, en les voyant périr,
Dit : ils allaient se faire à l'abstinence,
Mais on leur a conseillé de mourir,
Exprès pour nuire à mon expérience.

---

(3) Madame du Deffand a oublié de donner l'explication qu'elle avait promise des épigrammes suivantes. Elles furent toutes faites à l'occasion des désordres causés à Paris et à Versailles, par les ennemis des projets patriotiques du sage Turgot, relativement au commerce intérieur et à l'exportation des grains.

SUR M. LE MARÉCHAL DE BIRON,

Chargé du commandement des troupes qu'on a fait venir pour la révolte.

AIR *de Joconde.*

Biron, tes glorieux travaux,
 En dépit des cabales,
Te font passer pour un héros
 Sous les piliers des Halles ;
De rue en rue, au petit trot,
 Tu chasses la famine ;
Général, digne de Turgot,
 Tu te fais Jean Farine.

SUR M. DE MAUREPAS,

Qui fut à l'Opéra le premier jour de la révolte qui arriva à Versailles.

AIR : *Reveillez-vous, belle endormie.*

Monsieur le comte, on vous demande,
L'on dit qu'on se révoltera.
Dites au peuple qu'il attende,
Il faut que j'aille à l'Opéra.

LE COMPLOT DÉCOUVERT.

Quel séditieux, ou quel fou
Soulève ainsi toute la France;
Est-ce le chancelier Maupeou?
Est-ce l'église, est-ce finance?
Est-ce Choiseul, ou d'Aiguillon?
Est-ce encore l'abbé Terray? Non.
Je vous le dis en confidence,
Le seul auteur de ce complot,
Mes amis, c'est monsieur Turgot.

LETTRE CCXXII.

Dimanche 28 mai 1775.

Vous croyez que mon amitié pour mon chien *est forcée;* pourquoi cela? et qui est-ce qui m'y force; serait-ce pour être votre singe? Oh non, je n'imite personne; mais je ne vous parlerai plus de mon petit chien.

Madame la princesse de Conti (1) mourut hier à huit heures du matin; on en prend le deuil demain pour onze jours. Le roi part le lendemain de la Pentecôte; il ira coucher à Compiègne, où il passera deux jours; il en partira le 8; il couchera à un endroit qu'on ap-

---

(1) Fille du duc d'Orléans.

pelle Finnes, et se rendra le 9 à Rheims, où il restera jusqu'au 16; il retournera à Compiègne, et sera le 19 à Versailles. Rien n'est si beau que la couronne, il y a pour seize millions de pierreries; tout le monde l'a été voir. Il y aura une terrible cohue à Rheims, je ne regrette point de n'y point être; je n'ai point ce genre de curiosité, mon tonneau est mon Strawberry-Hill; je ne me plais autant nulle part, mais je veux qu'il y ait à côté quelques chaises remplies. On me dit hier que milord Stormont ne viendrait point au sacre; on attendait ces jours-ci le Caraccioli, je n'ai point ouï dire qu'il fût arrivé.

Interruption. Lundi matin.

Madame la princesse de Conti laisse tout son bien à partager selon les coutumes (2); on dit que M. le prince de Conti aura cent mille livres de rente; M. le duc de Chartres aura cinq cent mille francs; et madame la duchesse de Bourbon, sa sœur, en aura autant. La maison de

---

(2) C'est-à-dire, selon la coutume ordinaire de Paris, en cas de succession. Le droit coutumier en France, était au droit écrit, ce que la coutume est aux actes du parlement en Angleterre.

Paris était assurée de son vivant à M. le comte de la Marche, son petit-fils; elle ne fait aucuns présents à personne. On dit que M. de Guignes sera jugé vendredi ou samedi: depuis l'arrêt qui supprimait son dernier mémoire, le roi lui a fait écrire, par M. de Vergennes, qu'il ne prétendait pas l'empêcher d'en faire usage auprès de ses juges; M. le garde des sceaux a écrit aux juges qu'ils pouvaient y avoir égard. Je vous manderai vraisemblablement lundi, le jugement de ce procès, qui m'aurait bien ennuyée si je n'y étais pas un peu intéressée.

LETTRE CCXXIII.

Dimanche 11 juin 1775.

Oui, la reine a été au sacre, avec Madame, mesdames Clotilde et Elisabeth. C'est aujourd'hui que la cérémonie s'est faite, nous aurons une liste des morts et des mourants, car il est impossible que qui que ce soit n'ait succombé à cette fatigue. Paris est désert dans ce moment-ci, j'aurais dû prendre ce temps pour aller à Roissy. Les Caraman ont marié leur fille aînée à un M. le comte de la Fare dont ils sont extrêmement contents.

Madame de Grammont part mardi pour aller

aux eaux de Bourbonne, madame de Tessé (1) l'accompagnera, elles passeront par Cirey, chez les du Châtelet, elles y arriveront jeudi, et M. de Choiseul s'y rendra de Rheims, et après y avoir séjourné quelques jours, il en partira avec sa sœur, et passera une quinzaine de jours avec elle à Bourbonne, il retournera ensuite à Chanteloup. La grand'maman y est présentement toute seule ; l'abbé est ici, il y restera jusqu'au départ de son neveu pour Vienne où il va être secrétaire d'ambassade, il l'a été en Suède avec succès (2).

J'attends mon évêque de Mirepoix dans quinze jours, j'aurai dans ce temps-là des évêques à foison, et une partie de mes diplomatiques. Je voudrais que votre ambassadeur fût du nombre, mais M. de St.-Paul n'a pas l'air de l'attendre sitôt.

Je saurai par votre première lettre des nouvelles de notre ambassadeur (3). Que dites-

---

(1) La marquise de Tessé, fille du maréchal de Noailles.

(2) Le même M. Barthélemi qui fut ensuite plusieurs années secrétaire d'ambassade à Londres, durant la mission du comte de la Luzerne, et qui est aujourd'hui membre du Sénat conservateur.

(3) Le comte de Guignes, alors retourné en Angleterre.

vous de la conclusion de son affaire ? comment trouvez-vous la sentence (4) ? Je vous ai envoyé par lui les brochures que vous demandiez.

Envoyez-moi les vers de M. Fitzpatrick et ceux de Charles Fox.

LETTRE CCXXIV.

Paris, dimanche 25 juin 1775.

Vous me confirmez ce que disent les gazettes sur votre Amérique ; je ne suis pas politique, vous avez raison, mais je m'intéresse à milord North, je ne sais pas pourquoi ; mais je m'imagine que c'est un honnête homme, et je serais fâchée qu'il quittât le ministère. Cette fête sur l'eau doit être fort belle (1). Le pauvre milord Stormont est donc éconduit (2) ? Puis-

---

(4) Cette sentence, qui condamne Tort « à faire réparation d'honneur audit comte de Guignes, en présence » de douze personnes au choix dudit comte de Guignes, » dont sera dressé acte : ledit Tort condamné en outre » à 300 l. de dommages-intérêts envers ledit comte de » Guignes, etc. etc. », était néanmoins si amphibologique dans d'autres points, que les deux parties jugèrent également convenable d'en appeler.

(1) Fête donnée sur la Tamise.
(2) Elle pense refusé par lady Harriet Stanhope.

que cela est, renvoyez-le-nous, il sera très-bien reçu ici, et en particulier par moi. L'ambassadeur de Naples est de retour, plus troupe italienne que jamais (3). Le grand abbé est encore ici, il ne nous quittera que dans douze ou quinze jours.

L'évêque de Mirepoix est arrivé, dont je suis fort aise, il a l'air de m'aimer un peu. J'ai deux soupers dans la semaine, le mercredi et le jeudi. Le mercredi, j'ai les maréchales, les princesses, les duchesses, marquises, comtesses, les diplomatiques, les évêques, etc. N'allez pas croire que cela fasse quarante personnes, mais quelquefois il y en a quinze ou seize. Les jeudis, cela est différent, c'est le grand abbé, un certain président de Coste, l'évêque de Mirepoix, quelquefois celui d'Arras, M. Necker, et de temps en temps quelques autres : mon unique occupation est de m'assurer de la compagnie pour passer la soirée, soit en l'attirant chez moi, soit en l'allant chercher chez les autres ; il ne m'arrive presque jamais de la passer seule, mais c'est par les soins que je prends pour l'éviter.

---

(3) Elle veut dire plus bouffon dans ses manières et sa conversation que jamais.

Toutes réflexions faites, je vous l'avouerai, je trouve que je vis trop long-temps.

P. S. J'avais fini là, je me le suis reproché, et je rouvre ma lettre pour vous dire que je ne hais pas tant la vie que j'en ai l'air; il y a tels événements et circonstances qui me feraient désirer qu'elle se prolongeât encore quelque temps.

Je fais traduire les vers de Charles Fox par deux personnes. Je serai curieuse de savoir laquelle aura le mieux réussi, je ne vous les nommerai qu'après que vous m'en aurez dit votre avis.

LETTRE CCXXV.

Paris, samedi 1er juillet 1775.

Je ne suis point surprise de votre irrésolution, et je le serai infiniment si vous vous déterminez à venir ici. L'espace de quatre ans n'a pas été suffisant pour vous vieillir, mais plus que suffisant pour effacer des traces peu profondes, et dont vos singulières interprétations avaient fort avancé l'ouvrage.

Vous dites qu'il n'y a que moi qui ne vieillis

point, vous vous trompez très-fort en me tirant de la classe des décrépites, j'en ai tous les apanages ; du dégoût pour tous les amusements et un fond d'ennui contre lequel je ne trouve nulle ressource ; aucun plaisir ne me tente, je ne me plais que dans mon tonneau, mais la compagnie m'est nécessaire, surtout dans la soirée ; toute lecture m'ennuie ; l'histoire, parce que je n'ai point de curiosité ; la morale, parce qu'on n'y trouve que des idées communes ou peu naturelles ; les romans, parce que tout ce qui tient à la galanterie me paraît fade, ou que la peinture des passions m'attriste. Enfin, je vous dirai la vérité quand je vous assurerai que ce qui me fait supporter mon état, c'est la certitude qu'il ne durera pas long-temps. Je tâche par mes réflexions d'adoucir ma situation, mais les réflexions me sont contraires, parce qu'elles me font attribuer à moi-même tous les chagrins que j'éprouve, et dans les mécontentements que j'ai de tout ce qui m'environne, je suis plus mécontente de moi que de qui que ce soit. Voilà la peinture de mon âme, elle est interrompue par une visite.

Dimanche 2.

Je ne désavoue rien de ce que j'ai écrit hier; je me flatte que vous n'en serez point choqué; il est juste qu'il me soit permis de parler quelquefois de moi et de dire la vérité; je n'abuserai point de cette liberté; vous pouvez vous flatter d'avoir réussi à mon éducation, il est fâcheux que vous n'ayiez pu l'entreprendre plus tôt.

Je suis parfaitement disposée à vous rendre ma société et ma conversation très-faciles, et je n'aurai nul effort à me faire; je souhaite seulement que vous puissiez prendre quelque intérêt à mille et mille choses que je serai en état de vous raconter, et que je ne puis ni n'ai pu vous écrire. Ce n'est pas votre indifférence particulière qui seule me fait prévoir votre ennui, c'est celle que vous avez pour toutes choses. Cependant, en y réfléchissant, j'ai peine à croire que ce ne soit pas une sorte de plaisir pour vous de sentir celui que j'aurai à vous revoir; d'ailleurs vous trouverez l'évêque de Mirepoix ici, quelque temps que vous puissiez prendre pour y venir; il y restera jusqu'à la fin de novembre; et puis, ne m'avez-vous pas dit que M. de Richmond devait venir? pourquoi ne vous arrangeriez-vous pas à faire votre voyage avec lui ?

Ah ! j'allais oublier de vous envoyer la traduction que j'ai fait faire des vers de Charles Fox (1); ils n'ont pas eu un grand succès, et je trouve que vous les admirez un peu trop; marquez-moi laquelle des deux traductions vous trouvez la meilleure, je vous dirai après de qui elle est.

Par madame la C.

« Quand la plus charmante expression est
» jointe à des traits formés par le pinceau le
» plus délicat de la nature ; quand la rougeur
» naturelle de la pudeur, et des souris sans
» art expriment la douceur et le sentiment qui
» résident dans le cœur ; quand dans les ma-
» nières enchanteresses on ne trouve pas le
» moindre défaut, et que l'âme tient tout ce

---

(1) Les vers adressés à madame Crewe. L'éditeur a pensé ne pas devoir donner ces deux traductions. Celle qu'on insère ici est la plus littérale et la plus élégante. Il est presque impossible de rendre des vers anglais dans de la prose française ; cependant il faut convenir, avec madame du Deffand, que les *disjecti membra poctæ* se reconnaissent à peine ici.

» que le visage avait promis ; la philosophie,
» la raison, l'indifférence même ne doivent
» se trouver que des boucliers bien faibles
» pour nous garantir de l'amour.

» Dites-moi donc, enchanteresse mysté-
» rieuse, ô dites-moi par quel art étonnant,
» ou par quel sortilége, mon cœur se trouve
» si bien fortifié, qu'une fois dans ma vie je
» suis sage, et que, sans devenir fou, je con-
» temple les yeux d'Amourette : que mes dé-
» sirs qui, jusqu'à présent, n'ont jamais connu
» de bornes, sont ici bornés par l'amitié et ne
» demandent rien de plus. Est-ce la raison ?
» non : toute ma vie démentirait cela ; car qui
» est aussi brouillé que la raison et moi ? Est-
» ce l'ambition qui remplit chaque crevasse
» de mon cœur, et ne laisse aucune place à un
» sentiment plus doux ? Ah ! non, car tout le
» monde doit être d'accord de ceci, qu'une
» seule folie n'a jamais été suffisante pour moi.
» Mon âme est-elle trop fortement occupée
» de ses malheurs, ou relâchée par le plaisir,
» ou dégoûtée par les variétés ? car en cela
» seul le plaisir et la douleur se ressemblent,
» l'un et l'autre relâche les ressorts des nerfs
» qu'ils ont efforcés. Avoir senti chaque re-

» vers que la fortune peut donner, avoir
» goûté chaque félicité que le plus heureux
» puisse connaître, a toujours été le destin sin-
» gulier de ma vie, où l'angoisse et la joie
» ont toujours été en combat. Mais, quoique
» bien versé dans les extrêmes du plaisir et de
» la douleur, je ne suis que trop capable de
» les ressentir encore. Si donc, pour cette
» seule fois dans ma vie je suis libre, et que
» j'échappe à un piége qui pourrait prendre
» de plus sages que moi; c'est que la beauté
» seule ne charme qu'imparfaitement, car l'é-
» clat peut éblouir, mais c'est la tendresse qui
» échauffe. Comme on peut avec plaisir ad-
» mirer l'hiver, le soleil, mais non sentir sa
» force quoiqu'on loue sa splendeur; ainsi la
» beauté a de justes droits sur notre admira-
» tion, mais l'amour, l'amour seul peut en-
» flammer nos cœurs ».

LETTRE CCXXVI.

Dimanche 9 juillet 1775.

Votre lettre du 3 à laquelle je vais répondre, m'imprime un respect qui glace mes sens, cependant j'en suis contente. Vous me dites que vous êtes sûr que je ne compte sur personne autant que sur vous, j'en conclus que cela doit être, et je n'ai jamais rien désiré par de-là.

Nous avons ici des nouvelles qui ne seront pas surprenantes pour vous, mais qui le sont un peu pour nous. M. le duc de la Vrillière donne sa démission ; M. de Malesherbes lui succède dans toutes ses places. Voilà notre gouvernement rempli par les philosophes ; c'est le règne de la vertu, du désintéressement, de l'amour du bien public et de la liberté. On annonce beaucoup d'économie et d'exactitude à payer ce qui est dû. Depuis le cardinal de Fleuri, il y a eu bien des gouvernements différents ; il faut espérer que celui-ci sera un des meilleurs. Enfin, s'il est vrai que vous veniez ici, vous trouverez bien des changements ; d'abord dans St.-Joseph, je ne parle que du local, l'ancien bâtiment où j'avais un petit logement, a été abattu, et l'on a bâti à la place trois maisons complètes. Les modes ne vous surprendront pas, puisqu'elles ont déjà été portées chez vous, vous devez les avoir trouvées bien surprenantes ; je ne comprends rien au récit qu'on m'en fait. Les spectacles ne se sont pas perfectionnés, à ce que j'en entends dire ; l'extraordinaire et le baroque dominent en tout genre. Je m'embarrasse peu de tous ces changements, pourvu que vous ne changiez point pour moi, peu m'importe du reste.

Voici l'extrait du compliment que M. Gaillard, directeur de l'académie française, fit au roi, ces jours passés, à l'occasion de son sacre :

» Les deux plus funestes ennemis de la reli-
» gion (après l'impiété qui l'outrage), sont
» l'intolérance qui la ferait haïr, et la supersti-
» tion qui la ferait mépriser ;

» Un roi doit à ses peuples la justice, et
» des juges dignes de la rendre, et des minis-
» tres nommés par la voix publique ».

LETTRE CCXXVII.

Paris, samedi 5 août 1775.

Vous dispensez donc vos parents de m'écrire en leur disant qu'ils font assez pour moi en vous envoyant! Quelle présomption! quelle vanité! Quoi! vous croyez que je fais plus de cas de vous, que d'une lettre d'eux! la politesse m'oblige à vous le laisser croire : je souscrirai à tout ce que vous me prescrivez.

Je crois, Dieu me pardonne, que je m'intéresse plus à votre Amérique que vous. Vous vous imaginez ne vous soucier de rien, et c'est de quoi je doute; il faudra bien, quand vous serez ici, que vous vous souciiez de quelque chose, car je vous jure que je ne me soucierai de rien pour vous; c'est-à-dire, de vous faire faire une chose plutôt qu'une autre; vous serez totalement libre de toutes vos pensées, paroles et actions; vous ne me verrez pas un souhait, un désir qui puisse contredire vos pensées et vos volontés ; je saurai que M. Walpole est à Paris, il saura que je demeure à St.-Joseph, il sera maître d'y arriver, d'y rester, de s'en aller, tout comme il lui plaira ; et comme je passe de très-mauvaises nuits, que je me lève fort tard, il sera pour moi comme s'il était à Strawberry-Hill jusque sur les quatre heures.

Je pourrai avoir encore une de vos lettres, mais pas en réponse à celle-ci, du moins je l'espère.

Dimanche.

Je soupai hier au soir à St.-Ouen chez les Necker; j'y menai la maréchale de Luxembourg, l'évêque de Mirepoix et la Sanadona; j'y trouvai l'Idole et sa belle-fille. Tout cela soupera chez moi mercredi prochain ; j'aurai peut-être seize ou dix-sept personnes; le lendemain neuf ou dix. J'ai besoin de m'étourdir cette semaine. Je soupe ce soir chez madame de Mirepoix. Elle sera fort aise de vous revoir. Madame de Luxembourg prétend aussi vous aimer beaucoup. Les Necker et la dame de Marchais sont brouillés. Je ne sais si ces nouvelles connaissances vous plairont; le Necker a beaucoup d'esprit, il ne s'éloigne pas de vous ressembler à quelques égards. La dame Marchais vous fera manger de très-bonnes pêches ; son ami (1), qui est directeur des bâti-

---

(1) Le comte de la Billarderie d'Angivillers, directeur et ordonnateur-général des bâtiments, etc.

ments, lui fournit toutes sortes de fruits en abondance, elle m'en fait une très-grande part. Je me fais un plaisir du jugement que vous porterez de quantité de personnes que vous n'avez jamais vues; je crois que nous serons fort d'accord.

Peut-être ne vous ennuierez-vous pas autant que je le crains.

LETTRE CCXXVIII.

Jeudi, six heures.

Adieu (1), ce mot est bien triste; souvenez-vous que vous laissez ici la personne dont vous êtes le plus aimé, et dont le bonheur et le malheur consistent dans ce que vous pensez pour elle; donnez-moi de vos nouvelles le plus tôt qu'il sera possible.

Je me porte bien, j'ai un peu dormi, ma nuit n'est pas finie; je serai très-exacte au régime, et j'aurai soin de moi puisque vous vous y intéressez.

---

(1) M. Walpole était arrivé à Paris le 19 août, et quitta cette ville le 12 octobre, le jour que cette lettre fut écrite.

LETTRE CCXXIX.

Lundi 23 octobre 1775.

Quinze heures en mer, une nuit sans vous coucher, voilà ce dont j'ai été l'occasion ; des marques de votre souvenir dans tous les lieux où vous vous êtes arrêté, voilà ce que je ne puis assez reconnaître.

Enfin vous êtes arrivé en bonne santé, vous jouissez du plaisir de revoir vos amis. Ne perdez point le souvenir de ceux que vous avez quittés, ni les espérances que vous leur avez données.

Ma santé se fortifie tous les jours ; je vis du plus grand régime ; je prends tous les jours le petit bouillon en votre mémoire ; je ne suis pas absolument quitte de mes étourdissements, ni de certaines vapeurs noires ; il me semble que tout ce qui s'est passé depuis le 19 d'août soit un rêve dont le souvenir ne peut s'effacer, et qui fait regretter que ce soit un songe. Le Craufurd partira, à ce qu'il dit, dans le cours de cette semaine ; il se porte mieux.

Les Beauvau sont à Fontainebleau ; les maréchales vont au Raincy aujourd'hui. Celle de Luxembourg en reviendra samedi ; nous irons souper à St.-Ouen. J'y fus avec elle samedi dernier. C'était ma seconde sortie; j'avais soupé le mardi au Carrousel. Je soupai hier chez madame de la Reynière (1) à qui je dis que vous la trouviez la plus belle femme de France; en conséquence elle vous croit l'homme du plus grand mérite; elle est au désespoir de votre départ, et elle ne doute pas que, si vous revenez jamais ici, sa maison ne soit celle qui vous conviendra le mieux ; je l'ai bien laissée dans cette persuasion.

Point de ministre de la guerre ; on reviendra de Fontainebleau le 16. Voilà l'article qui me regarde et celui de mon pays coulé à fond. Adieu.

---

(1) Madame de la Reynière, née Jarente, nièce de l'évêque d'Orléans, était d'une famille noble de Provence. Elle épousa M. de la Reynière, l'un des fermiers-généraux, et administrateur-général des postes. Madame de la Reynière survécut à la révolution, et occupait, en 1802, le plus haut étage de son bel hôtel sur les Champs-Élysées, dont elle avait loué les principaux appartements.

LETTRE CCXXX.

Mercredi 25 octobre 1775.

Il n'y a point de courrier, ce qui me déconcerte. Je comptais apprendre aujourd'hui des détails de ce que vous auriez fait, de ce que vous auriez vu.

Le petit Craufurd doit partir, mais je préfère de vous écrire par la poste; sa tête est bien mal rangée et ne se rangera jamais; c'est dommage, car il est aimable; mais je suis bien persuadée, ainsi que vous, qu'il ne peut y avoir de liaisons solides qu'entre les gens raisonnables.

Je soupai hier chez l'Idole; le prince de Conti y vint manger sa soupe sans se mettre à table; il alla se coucher tout de suite; il me paraît bien malade.

Le duc d'Orléans se porte mieux.

La nouvelle d'hier était que M. de St.-Germain était ministre de la guerre; il est Franc-Comtois. Il avait commencé par être lieutenant de milice, était parvenu à être lieutenant général (1); des dégoûts prétendus ou

---

(1) Le comte de Saint-Germain était né en Alsace. Il

vrais l'avaient fait quitter notre service ; il était entré dans celui de Danemarck ; des banqueroutes, jointes au changement du ministère, l'en avaient fait sortir et revenir en France, où par des représentations, des sollicitations, il avait obtenu une pension de douze mille francs ; je saurai ce soir si la nouvelle est véritable.

Je reçois dans le moment une lettre de M. de Caraman, de Fontainebleau, qui m'apprend la nomination de M. de St.-Germain. Peut-être

---

avait déjà acquis une grande réputation militaire, lorsqu'à l'affaire de Corbach, en 1760, où il commandait le corps de réserve, il sauva véritablement l'armée en soutenant l'arrière-garde, et en facilitant au corps entier sa retraite sur Cassel. Il se crut cependant maltraité par le maréchal de Broglio, qui commandait en chef, et demanda sa retraite du service de France, pour entrer dans celui de Danemarck. Il quitta le service de Danemarck en 1774, et retourna en Alsace, sa patrie. Ayant converti en une somme d'argent la pension que lui faisait le roi de Danemarck, il eut le malheur de tout perdre par la faillite du banquier de Hambourg, à qui il avait confié sa fortune. Les officiers du régiment de royal Alsace, ses compatriotes, autant touchés de son sort, que convaincus de son mérite, formèrent sur-le-champ entr'eux une souscription pour lui faire une pension. Le comte de Muy, alors ministre de la vous écrirai-je demain par M. Craufurd; sinon, adieu jusqu'à dimanche.

Je me porte bien.

Jeudi, à six heures du matin.

Je ne sais rien de nouveau de M. de St.-Germain, sinon qu'il a soixante-cinq ans, qu'il est estimé des troupes ; on le dit fort dévot. On croit que M. de Malesherbes a infiniment influé dans ce choix.

Il y a aujourd'hui quinze jours que vous êtes parti, ce sont deux semaines de moins sur ma vie ; je consentirais à en retrancher bien d'autres.

Adieu, il faut faire mettre ma lettre à la poste.

---

guerre, en ayant été informé, déclara, qu'une telle souscription n'était point admissible ; mais que le roi assurait à M. de Saint-Germain une pension de 10,000 fr., et le rétablissait dans son ancien grade à son service.

C'est dans ces circonstances favorables, qu'à la mort du comte de Muy, Louis XVI appela le comte de Saint-Germain d'un obscur village d'Alsace, à la tête du ministère de la guerre. La conduite du comte de Saint-Germain, dans sa nouvelle position, les réformes qu'il fit, et la discipline qu'il chercha à introduire dans le service, ont été généralement reconnus pour être d'un officier intelligent et parfaitement instruit dans sa profession.

LETTRE CCXXXI.

Paris, dimanche 29 octobre 1775.

Enfin, voilà de vos nouvelles ; vous savez actuellement que j'ai reçu tous vos billets, et cette lettre-ci sera le cinquième volume de mon journal. Ce ne sera pas le dégoût que je trouverai à l'écrire qui en empêchera la continuation, mais la disette de faits et une sorte de crainte de vous fatiguer. Notre chose publique ne vous intéresse guère, et la mienne particulière vous déplaît, vous me l'avez dit ; mais cependant cela ne m'arrêtera pas, et je vous parlerai de moi avec confiance, quand ce sera de ma santé et de ce que je fais ; en supprimant ce que je pense, ce que je sens, et les détails domestiques, vous ne me gronderez point. J'ai reçu depuis votre départ une lettre pleine d'amitié de votre cousin (1) ; j'y ai répondu ; j'ai fort envie d'apprendre que vous les avez vus.

Je vous ai mandé la nomination de M. de St.-Germain. Si j'étais diserte comme madame de Sévigné, je vous ferais de beaux récits. Je

---

(1) Le général Conway.

vous dirais qu'il arriva jeudi au soir, qu'il débarqua à l'auberge, qu'il soupa, que M. de Maurepas l'y vint voir, que le roi remit au lendemain à le voir, qu'il l'a vu vendredi matin. C'est vous dire tout ; mais j'y joindrais les circonstances qui ne vous feraient rien, et que je n'aurais pas le talent de rendre agréables et intéressantes. Je crois que le choix de cet homme ne déplaît à personne, excepté à ceux qui étaient ses ennemis particuliers, et que tous les autres, surtout les prétendants à la place, à leur défaut l'auraient nommé ; que le maréchal de Contades aime mieux que ce soit lui que MM. de Castries, de Broglio, de Vogué, de Poyanne, du Châtelet, de Breteuil, etc. etc. ; et chacun de ceux-là pense de même pour tous les autres. Ce qui est de singulier, c'est que j'ignore encore si l'on a fait quelques changements, et si l'on n'a pas séparé l'artillerie et quelque département de province ; quand je le saurai, je vous le manderai.

Je soupai hier à St.-Ouen ; j'y menai la maréchale, parce qu'étant revenue le matin du Raincy (2), elle ne voulut pas faire faire à

(2) Magnifique château de plaisance à deux lieues de Paris, qui appartenait au duc d'Orléans.

ses chevaux un second voyage, et moi qui ai beaucoup de considération pour mes petites juments, je ne voulus pas leur faire traîner tant de monde, je pris des chevaux de remise. La compagnie que nous trouvâmes étaient les Stroganoff, M. d'Albaret, l'abbé Raynal et Marmontel, qu'on engagea après le wisk à nous faire la lecture d'une pièce de six cents vers sur l'éloquence; il y a quelques traits assez beaux, mais cependant rien n'est plus ennuyeux.

LETTRE CCXXXII.

Jeudi 2 novembre 1775.

JE ne comptais point recevoir de lettres hier; j'appris sans chagrin qu'il y avait un courrier et qu'il n'y avait rien pour moi, c'était dans l'ordre; mais le soir je fus fort fâchée, fort inquiète de toutes les nouvelles que l'on débita. On prétend que M. d'Aranda avait reçu un courrier qui venait d'Angleterre, qui lui apprenait qu'un ancien shérif dont j'ai oublié le nom, s'était approché de la personne du roi comme il rentrait au parlement, et qu'il avait dit au premier officier de ses gardes de ne pas songer à s'opposer à l'entreprise que l'on allait exécuter, qui était d'enlever le roi et de l'enfermer dans la Tour. Je vous laisse à juger si dans un pays tel que le nôtre cette nouvelle doit paraître absurde; je crois que vous me le trouverez moi-même en daignant la répéter, et en osant vous la raconter; mais quand on s'est permis une sottise, il ne coûte plus rien d'y en ajouter une autre. Je me suis donc rappelé que pendant votre séjour ici, je vous avais raconté que j'avais rêvé qu'il y avait une conjuration en Angleterre; ce rêve m'est revenu dans l'esprit. Moquez-vous de moi, et s'il y a, non pas une conjuration, mais quelque chose qui ait donné occasion à cette prétendue nouvelle, mandez-le-moi (1).

J'aurai ce soir les Grenville (2) et peut-être M. St.-Paul; c'est ce qui me fait vous écrire dans ce moment, parce qu'ils pourront peut-être me fournir une occasion de vous faire tenir cette lettre.

Notre ministre de la guerre a beaucoup de

---

(1) Il a été impossible à l'éditeur de rien découvrir qui ait pu servir à donner lieu à ce bruit étrange.

(2) M. Henri Grenville, feu du père comte Temple, son épouse, et sa fille, aujourd'hui comtesse Stanhope.

succès, cela ne vous fait pas grand'chose ni à moi non plus. Je m'étonne quelquefois de l'inutilité de ma vie, et du peu de différence qu'il y a entre moi et Tonton (3). Je crois qu'il n'y a que M. Gudin qui soit dans l'enchantement de son existence ; pour moi je suis bien éloignée d'y trouver du plaisir, je ne sais qu'en faire; cependant il n'est pas naturel, ou pour mieux dire il n'est pas raisonnable de ne pas savoir employer le temps surtout quand il en reste bien peu. Vous savez en faire usage, vous avez des goûts en abondance qui vous tiennent lieu d'occupations.

Vendredi.

Nous fûmes hier treize à souper. Les Grenville avaient reçu des lettres et nous avons aujourd'hui notre gazette qui confirme ce que je ne croyais qu'un faux bruit. J'attends dimanche avec impatience, j'espère que vous m'apprendrez ce que je dois croire et penser de tout ceci.

Samedi.

Je passai hier la soirée avec madame de Marchais. Vous aurez vos graines de lis au

---

(3) Son chien.

retour de Fontainebleau. Ne voudriez-vous point avoir son portrait, vêtue comme elle était hier, en polonaise, galonnée d'argent, toute prête à danser sur la corde ? Oh ! c'est une bonne femme, mais bien ridicule, et l'on en est amoureux, cela est ineffable ! Je la mettrais sur un écran comme on y met l'Afrique et l'Amérique, et au bas de sa figure, *esquisse du goût du règne de Louis XVI.* Elle continue à me donner les plus belles poires et les plus beaux raisins ; mais comme je n'y tâte pas, cela diminue mes scrupules du peu de goût que j'ai pour elle. Mais savez-vous ce que j'aime encore bien moins qu'elle ? c'est madame de Scudéri (4), c'est une femme odieuse ; je crois vous avoir déjà écrit qu'elle quêtait l'amitié comme une quêteuse de paroisse. Je me meurs de peur que mes lettres qui vous ont tant choqué ne ressemblent aux siennes ; si cela est, brûlez-les toutes et qu'il n'en reste aucun vestige.

---

(4) Dans une lettre qu'on ne publie point, parce qu'elle ne contient rien d'intéressant d'ailleurs ; elle dit : « Ne sachant que lire, j'ai repris les lettres de Bussy.

LETTRE CCXXXIII.

Vendredi 10 novembre 1775.

Couty (1) arriva hier à neuf heures du soir, et je reçus votre lettre du 28 en sortant de table.

Vous avez donc cru pendant quelques moments que j'avais négligé de vous écrire ? mais après, vous vous êtes bien moqué de vous-même, et vous vous êtes bien dit que vous n'aviez pas telle chose à craindre avec moi, mais bien le contraire.

Notre gazette d'aujourd'hui parle de votre cousin Général Conway; il paraît en grande intelligence avec milord Shelburn; il me semble qu'ils ne se conviennent guère; vous me ferez beaucoup de plaisir de m'informer de votre chose publique, et des choses particulières intéressantes pour vous et les vôtres. Notre ministère à nous autres est tout écloppé; le Maurepas est revenu à Paris pour un rhumatisme goutteux. Le Turgot devait y revenir pour une franche goutte ; mais on m'a dit ce matin qu'il resterait à Fontaine-

(1) Le frère de sa femme de chambre.

bleau jusqu'au départ du roi; on prétend qu'il a trois grands projets auxquels il veut travailler sans relâche.

Samedi.

Je fus hier toute la journée dans mon lit; je vis peu de monde; milady Henriette (2) qui ne parle point; les Grenville soupèrent chez moi; ce sont de bonnes gens, mais pas fort agréables; le mari est pesant, la femme causeuse. J'avais les deux maréchales, madame de Boisgelin et l'évêque de Mirepoix. Je donnai votre sucre candi dont on vous remercie, ainsi que l'évêque de son tricot.

Dimanche à deux heures.

Je ne vous questionnerai point, puisque vous me le défendez ; mais trouvez le moyen de m'apprendre ce qui vous intéresse. Vous savez que le Maurepas et le Turgot ont la goutte ; l'un est parti pour Fontainebleau, l'autre en partira ; ce qui fait dire à M. de Bièvre que nos ministres *s'en vont goutte à goutte.*

---

(2) Ladi Harriet Stanhope, alors à Paris avec son père, le comte d'Harrington.

LETTRE CCXXXIV.

Dimanche 19 novembre 1775.

Faites attention à la date de mes lettres et vous verrez que je réponds sur-le-champ aux vôtres.

Dans la lettre à laquelle vous avez répondu le 13 et que je reçois aujourd'hui, je vous avais parlé d'un rêve que je n'avais point fait, c'était pour vous faire entendre ce que je ne voulais pas vous dire plus clairement ; mais vous avez la tête remplie de trop de choses pour que les unes n'effacent pas les autres.

Vous me faites grand'peur ; mais je n'ai ouï dire à personne que nous protégerons l'Amérique ; je ne le crois pas, mais je suis bien ignorante, ainsi cela ne prouve rien. Je ne puis vous mander que des nouvelles de société ; il est bien vraisemblable qu'à Londres on ne se soucie guère de ce qui se passe à Paris. Qu'est-ce que cela vous fera de savoir que je soupai hier chez madame de Caraman qui est de retour de Roissy ? que j'aurai ce soir madame de Grammont, les Beauvau, des diplomatiques, des évêques, et une comédienne nommée madame Suin, que M. de Beauvau veut me faire entendre ? que demain je souperai chez madame de Mirepoix qui doit revenir de Ste.-Assise, que j'y mourrai peut-être de froid?

Le chevalier de Bouflers est ici; je trouve qu'il a pris de l'esprit de province; il fronde et a l'air de mépriser ce qu'il désirerait, auquel il ne parvient pas; il a plus de talent que de discernement, de tour et de finesse que de justesse; en vérité, à l'examen il y a peu d'esprits dont on soit, et dont on puisse être parfaitement content.

Les Necker vont revenir à Paris. Votre ambassadeur me recherche assez ; c'est des diplomatiques celui qui me plaît le plus. Le Caraccioli est un braillard ; et pour les Allemands, ils ne me plaisent guère.

Si j'étais avec vous, je vous conterais mille bagatelles, mais la peine de les écrire et le peu d'attention que vous y apporteriez me les font supprimer.

L'on m'avait dit que votre neveu l'altesse royale était hors d'affaire, mais j'attendais votre lettre pour le croire ; je vous en fais mon compliment et j'en suis ravie.

Je ne saurais trouver un certain plaisir à vous écrire, parce qu'il me semble que c'est un temps perdu pour vous que celui que vous donnez à me lire ; chez vous le dégoût est tout à côté des mouvements de la plus grande sensibilité. On est comme on est, on n'est pas plus maître des sentiments qu'on a, des impressions qu'on reçoit, que de tousser, d'éternuer, etc. Ainsi on a tort de rien exiger de personne, on n'en peut obtenir que des *semblants*. Tout ce que je désire, c'est de vous revoir. Adieu.

LETTRE CCXXXV.

Mardi 12 décembre, à deux heures.

Je suppose que ce que je vous ai écrit hier (1) doit vous causer quelques inquiétudes sur ma santé, et que vous ne serez point fâché d'apprendre de mes nouvelles. Je n'eus point de fièvre hier, je ne me levai qu'à huit heures du soir ; je me trouvai plus de force que les jours précédents ; je fis fermer ma porte hier toute la journée, excepté à deux ou trois personnes, vous devinez bien que c'était M. de Beauvau et madame de Luxembourg. J'en userai de même aujourd'hui ; demain je continuerai ce bulletin.

---

(1) Cette lettre ne paraît point.

A cinq heures.

Je le reprends plus tôt que je ne croyais, mais c'est la surprise de ce que je viens de recevoir qui en est cause; j'ai madame d'Olonne (2) entre les mains; vous voilà au comble de la joie; mais modérez-la, en apprenant que ses galants ne la payaient pas plus cher de son vivant que vous ne la payez après sa mort; elle vous coûte trois mille deux cents livres. Est-il possible que vous ayiez donné un pouvoir aussi illimité à votre brocanteur? C'est M. le prince de Conti, a-t-il dit, qui a si extravagamment poussé ce bijou. Ce M. Basan s'offrait de vous le faire tenir par un Anglais dont il prétend être sûr, qui partira vendredi ; mais je n'ai pas voulu contrevenir en rien à ce que vous avez prescrit. Mandez-moi à qui vous voulez que je le remette ; voulez-vous que ce soit au courrier de l'ambassadeur ?

Ah ! mon ami, je vois que tous les hommes sont fous, et que celui qu'on croit le plus sage a son coin comme les autres.

La poste, qui n'avait rien à m'apporter de

---

(2) La belle miniature de madame d'Olonne, par Petitot. Elle se trouve aujourd'hui dans la collection de Strawberry-Hill.

vous, arrive dans ce moment, ce qui est un jour plus tôt qu'à l'ordinaire. Je reçois une lettre de Craufurd toute pleine de vous, c'est-à-dire de sa jalousie contre vous ; ce badinage remplit toute sa lettre, à l'exception de la nouvelle que M. Foley a obtenu le consentement de son père pour épouser milady Henriette Stanhope.

C'est en prenant mon thé que je vous écris ; la toux m'interrompt, mon secrétaire est d'échos ; toute la maison a la grippe, je ne sais combien cela durera. C'est votre maudite ville de Londres qui nous a envoyé cette peste par ses courriers les brouillards ; tout le monde est atteint de ce mal, il n'a encore tué personne (3).

LETTRE CCXXXVI.

Mardi 26 décembre 1775.

J'AI manqué à la règle des huit jours, en voici la raison ; votre courrier manqua dimanche, c'était comme vous savez la veille de Noël ; je devais avoir le soir tout Chanteloup,

---

(3) Cette maladie avait aussi généralement régné à Londres, sous le nom d'*influenza*.

ce qui faisait un grand fracas dans mon ménage ; mes secrétaires étaient occupés, et n'ayant point reçu de lettre, je me dispensai d'en écrire. Je connais votre indulgence, d'ailleurs vous ne deviez plus être en peine de ma santé ; vous deviez savoir qu'elle était assez bonne, elle est encore meilleure aujourd'hui ; j'ai parfaitement bien dormi cette nuit, et je n'ai d'incommodité que mon baptistaire ; celle-là est sans remède, il ne peut y avoir que des palliatifs, et le plus souverain de tous, c'est.... Vous savez quel il est.

Je vous félicite du plus profond de mon cœur de l'espérance que vous avez de revoir votre ami (1), car je persisterai jusqu'à la mort dans l'erreur de croire qu'il n'y a de bonheur dans la vie, que d'aimer et d'être avec ce que l'on aime.

Ma soirée de dimanche se passa fort bien ; je donnai à madame de Luxembourg ses étrennes, c'était un immense chapelet de parfilage. Le chevalier de Bouflers m'avait fait un couplet ; c'est la traduction de l'*Ave Maria*. Le voici.

---

(1) Le général Conway, au retour de son gouvernement de Jersey.

Sur l'air : *De tous les capucins du monde.*

> Je vous salue, ô mon amie !
> De grâces vous êtes remplie !
> Le Dieu du goût est avec vous ;
> Ce lieu retentit de louange,
> Pour vous, et votre enfant (2) si doux.
> Adieu — je parle comme un ange.

Tout cela réussit fort bien. Le souper était grand et fort bon ; nous n'étions que quatorze, nous aurions dû être dix-huit ou dix-neuf, mais la grippe fut l'excuse de plusieurs. Comme vous aimez les noms propres et que vous voulez que je croye que ce que je fais et ce que je vois vous intéresse, voici la liste de ma compagnie.

M. et madame de Choiseul ; M. et madame de Beauvau ; mesdames de Luxembourg et de Grammont ; l'archevêque de Toulouse et son frère M. de Brienne ; M. de Stainville ; l'évêque de Rhodès (3) ; l'abbé Barthélemi ; le président de Cote ; mademoiselle Sanadon et

---

(2) La duchesse de Lauzun.

(3) M. Champion de Cicé, garde des sceaux de Louis XVI, archevêque de Bordeaux.

moi. Je me couchai à quatre heures, parce que mesdames de Grammont et de Beauvau restèrent jusqu'à trois heures et demie. Ne me grondez point sur le déréglement de ma conduite; il n'y a que deux choses dangereuses pour moi, les indigestions et l'ennui; les veilles ne me font point de mal; je dors si mal dans la nuit, qu'il n'importe à quelle heure je me couche; souvent je ne m'endors qu'à dix ou onze heures du matin; il y a mille ans que je vis comme cela, ce n'est plus la peine de changer.

Les Brienne viennent d'acheter l'hôtel de madame la princesse de Conti, cinq cent cinquante mille livres. J'en suis bien aise; mais cependant, comme ils passent huit mois à Brienne, je ne jouirai guère de leur voisinage. C'est assez parler de moi, venons à vous.

Vous ne m'avez point articulé que vous ayiez reçu les oignons de lis; cependant je le suppose, puisque vous avez écrit à madame de Marchais, et que vous l'appelez *Flore*; je ne l'ai point vue depuis ce temps-là, je soupçonne quelque refroidissement; il y a plusieurs jours qu'elle cesse d'être Pomone pour moi, je croyais que le jour de mon souper elle m'accablerait de fruits, et elle ne m'envoya rien.

Votre duchesse de Kingston me paraît une impudente; elle ne peut pas être punie, à ce qu'on m'a dit, autrement que par le déshonneur, et ce n'est rien pour elle.

Je confierai à M. St.-Paul votre madame d'Olonne, il vous la rendra lui-même dans le courant du mois prochain.

L'éloge de Richardson (4) dont vous êtes curieux, ne se trouve que dans les Variétés littéraires, qui sont en quatre volumes; si vous ne les avez pas, et que vous en soyiez curieux, M. St.-Paul pourra vous les porter; vous aurez le temps, avant son départ, de m'apprendre ce que vous pouvez désirer.

Mercredi.

La dame Marchais est redevenue Pomone : les poires, les pommes et les raisins sont arrivés en abondance; elle est malade depuis trois semaines et ne vient point à Paris.

On ne parle ici que des nouveaux arrangements dans le militaire; vous en serez instruit par les gazettes, et sans doute M. de Guignes reçoit les ordonnances. Les Mousque-

---

(4) Par Diderot.

taires sont détruits; les Gendarmes de la garde, et les Chevau-légers sont réduits à cinquante; on se scandalise de la préférence qu'on leur a accordée, on l'attribue à la déférence du ministre pour M. de Maurepas dont, comme vous savez, M. d'Aiguillon est le neveu (5). La reine dit à M. de St. Germain : vous avez conservé ces deux troupes, apparemment pour accompagner le roi aux lits de justice? Non, Madame, mais au *Te Deum*.

On voulait que ce ministre demandât le gouvernement de Blaye, vacant par la mort du duc de Lorges. Le roi, a-t-il dit, a trop de dédommagements à faire, pour qu'il doive penser à accorder des grâces. Enfin, que vous dirai-je, ce ministre donne très-bonne opinion de lui ? c'est dommage qu'il ait faibli sur les Chevau-légers ; nous verrons bientot quelle conduite il aura pour la Gendarmerie, les Carabiniers, les Invalides et l'Ecole militaire.

---

(5) Le duc d'Aiguillon était capitaine-lieutenant commandant des Chevau-légers.

LETTRE CCXXXVII.

Paris, mercredi 3 janvier 1776.

L'ÉVÊQUE (1) prétend qu'il vous avait donné sa commission par écrit; qu'elle consistait en trois habits de tricot, noir, violet et rouge, chacun composé de six pièces, ce qui faisait en tout dix-huit pièces ; qu'il les voulait de laine, et il pensait que le tout, suivant ceux que l'on reçoit ici, lui coûterait dix louis; qu'au lieu de cela le mémoire du marchand monte à onze cent cinquante-sept livres dix-neuf sous, ce qui fait, par rapport au prix qu'il voulait y mettre, neuf cent dix livres de plus. Au lieu de dix-huit pièces, il y en a trente-et-une, dont six pour un pantalon auquel l'évêque n'a jamais pensé, et six pour des culottes, séparés des habits. Que faire à cela ? ce serait de faire reprendre au marchand toutes ses fournitures, si cela se pouvait. Si le marchand ne le veut pas, l'évêque en passera par-là, il les payera, il serait fâché de vous causer le plus petit embarras. Il part dimanche 7 pour son diocèse, il ne reviendra certai-

---

(1) L'Evêque de Mirepoix, l'abbé de Cambon.

nement pas avant la fin du mois de décembre 1776.

Je suis on ne peut pas plus fâchée d'avoir été pour ainsi dire l'occasion des soins que vous vous êtes donnés, et de leur mauvaise réussite. Oh! j'en réitère le serment, je ne me chargerai des commissions de personne, et vous ne recevrez par moi nulle importunité ; je n'ai point à me reprocher de m'être mêlée de la commission de l'évêque, elle a été de vous à lui, sans que j'en aye eu la moindre connaissance. En voici bien long sur cet article qui m'ennuie à la mort.

Le comte de Broglio est de retour de Metz; toutes mes connaissances sont rassemblées, je vois plus de monde et j'ai plus de soupers que je ne veux. Ce n'est point une extrême dissipation qu'il me faut ; je voudrais que mes journées fussent remplies, mais par la même société et les mêmes occupations ; j'ai souvent la pensée de me mettre dans un couvent, ce serait, je l'avoue, une manière d'être enterrée vive. J'aime Pompon (2) et

---

(2) Pompon était fils de son secrétaire Wiart, âgé de quatre ans, à qui elle avait permis de vivre avec son père dans sa maison.

Tonton (3); l'ingénuité de l'un, l'excessif amour de l'autre me satisfont peut-être plus que tout ce que je trouve d'ailleurs.

J'ai lu Londres (4); je l'avais sans le savoir; il m'a assez plu; j'avais lu autrefois Burnet avec plaisir, je l'ai voulu relire, il m'a ennuyée. On se trompe bien en écrivant l'histoire de son temps ; un demi-siècle passé après les évènements les rend bien peu intéressants, il n'y a guère que les lettres, et quelques mémoires écrits par ceux dont ils contiennent l'histoire, qui puissent m'amuser. Burnet ne jouait pas un assez grand rôle dans les faits qu'il nous raconte ; ses portraits me plaisent assez, mais les Anglicans et les Presbitériens sont fastidieux; il n'a pas le défaut, je l'avoue, de faire étalage du bel-esprit, et c'est ce qui domine dans tous les livres que l'on fait actuellement, et c'est ce qui me les rend insupportables.

Savez-vous que ce M. Tessier, qui vous charme et qui m'a charmée aussi, n'est pas bien dans ce pays-ci, et qu'on a blâmé M. de

---

(3) Le chien dont il a déjà été parlé.

(4) *Londres*. C'est un tableau de cette ville, en 3 vol. in-8°., par M. Grosley, avocat de Troyes en Champagne.

Guignes de l'avoir reçu chez lui? On ne parle à présent que de M. de St.-Germain, il a l'estime publique quoiqu'il fasse le malheur de beaucoup de particuliers.

Je me refuse à vous raconter toutes les petites nouvelles de société, il me paraît impossible qu'elles puissent vous intéresser; elles me semblent si froides, à moi qui y joue un rôle, que je ne saurais croire qu'elles puissent vous amuser.

Je ne vois plus les Grenville, je les ai laissés là, je ne comprends pas ce qu'ils font à Paris, et qu'est ce qui a pu les déterminer à quitter Nancy où ils avaient de la société, pour venir dans un lieu où ils ne connaissent personne.

LETTRE CCXXXVIII.

Dimanche 25 février 1776.

Vous aurez été étonné, en recevant madame d'Olonne, que je ne l'aye pas accompagnée d'une lettre; mais j'ai des temps de stérilité; j'étais dans cet état au départ de M. St.-Paul; je crois que mes insomnies y contribuent; elles attaquent la mémoire; je m'aperçois sensiblement de l'affaiblissement de ma tête;

mais à quoi bon en parler? on s'en apercevra assez sans que j'en avertisse. Vous avez raison, j'ai tort d'annoncer des projets de retraite, ils ne peuvent rien faire à personne, c'est vouloir forcer ceux à qui je les communique, à les combattre; c'est vouloir occuper de soi. Vous êtes souverainement raisonnable, tous vos conseils sont bons, et partent d'un intérêt véritable et bien entendu; il est malheureux que l'océan nous sépare, tout autre genre de distance serait surmontable; mais à quoi servent les regrets?

Vous voilà donc quitte de la goutte! puisque vous ne pouvez pas vous en délivrer, je la trouverais mieux placée dans cette saison-ci que dans le mois de septembre ou d'octobre; ne le pensez-vous pas? Je suis persuadée que vous observez le régime convenable; je suis ravie que vous soyez à Londres; j'estime fort votre Strawberry-Hill, mais l'air n'y est-il pas fort humide, et la retraite ne vous rend-elle pas un peu sauvage?

Le temps s'avance à grands pas où toutes mes connaissances et mes amis abandonneront Paris: les Choiseul pour Chanteloup, les Beauvau le 1er avril pour leur quartier; les Broglio iront à Metz, les Caraman à Roissy;

il ne me restera que madame de la Vallière.
D'où vient suis-je sujette à l'ennui ? D'où
vient ne trouvé-je aucune lecture qui m'amuse, et un si petit nombre de gens qui me
plaisent? C'est peut-être parce que je manque
de raison et de bon sens ; mais dépend-il de
moi d'en avoir davantage ? Je vois très-clairement que c'est une sottise de se plaindre, parce que cela ne remédie à rien. Quand je pense
à la retraite, je sens bien que l'ennui m'y suivrait et deviendrait peut-être plus grand ;
mais il y aurait de moins une certaine honte
et humiliation qu'on éprouve au milieu du
monde, et que l'on n'éprouve pas quand on
est environné de gens qui ne sont pas plus
heureux que nous. Enfin on n'est point maître
de ses pensées et de ses sentiments ; on l'est
jusqu'à un certain point de sa conduite et de
ses actions ; on peut l'être de ses paroles,
mais il est fâcheux de ne pouvoir pas dire
ce qu'on pense et de n'oser ouvrir son âme
à personne ; et je conviens que cela est nécessaire, parce que, tout bien examiné, on
doit être persuadé qu'on n'a point d'amis,
vous excepté, et ce n'est point un compliment. Mais de quelle ressource pouvez-vous
m'être ? ne faudrait-il pas autant être dévote?

cela vaudrait mieux. Mais voilà encore ce qui ne dépend pas de soi.

Je suis véritablement fâchée de ne vous avoir pas écrit par M. de St.-Paul; ce qui m'en console, c'est que ce que je vous aurais mandé ne vous aurait pas beaucoup intéressé; je ne suis point comme était madame de Sévigné qui parlait de tout avec chaleur, parce qu'elle s'intéressait à tout; si j'ai quelque vivacité dans la conversation, dans les disputes, elle est passagère, et je retombe promptement dans la froideur et l'indifférence. Cette façon d'être tient aux organes, ils sont en moi très-faibles.

Nous attendons, mardi ou mercredi, M. de Guignes (1); son arrivée produira des sujets de conversation. Nous n'en manquons pas présentement; MM. de St.-Germain et Turgot en fournissent d'amples matières; il y a des subdivisions à l'infini dans chaque parti; les encyclopédistes, les économistes forment des religions avec différentes sectes. C'est ici pour le moins comme chez vous, et je suis certainement beaucoup plus neutre que vous ne

---

(1) Revenant d'Angleterre.

sauriez l'être. M. le prince de Conti ne manque aucune séance au parlement, et il se porte beaucoup mieux ; cette occupation lui était nécessaire.

Je vous mandais, dans ma dernière lettre, combien j'étais contente de madame la maréchale de Luxembourg, je n'en dirais pas autant aujourd'hui ; les jours avec elle se succèdent, mais ne se ressemblent pas ; peut-être demain cela ira-t-il bien. Je soupe ce soir tête à tête avec la maréchale de Mirepoix, c'est un petit réchauffé qui ne sera pas suivi de beaucoup de chaleur. La grand'maman est tout ce que je connais de plus parfait, son départ me sera fort sensible. Je suis fort contente de son mari ; s'ils n'allaient qu'à vingt lieues de Paris, ce serait un grand bonheur pour moi, mais soixante et tant rendent le voyage impossible.

Avez-vous lu les Anecdotes sur la vie de madame du Barri ? presque tous les faits sont vrais.

Parlez de moi à M. Conway, je parle beaucoup de lui avec milord Stormont. Je ne vois point la milady Barrymore (2). Je sais qu'elle ne

---

(2) Ladi Émilie Stanhope, fille du comte d'Harrington, et mère du comte actuel de Barrymore.

parle point encore de son départ, j'ignore avec qui elle vit.

Je voudrais bien vivre avec vous.

LETTRE CCXXXIX.

Dimanche 3 mars 1776,
à 2 heures après midi.

Je préviens l'arrivée du facteur ; s'il m'apporte une lettre j'y répondrai, et s'il ne m'en apporte pas, je ne prétends pas me dispenser de vous écrire.

M. de Guignes arriva avant-hier à minuit, il avait essuyé un passage affreux, sa voiture cassa, versa et roua un de ses gens ; il fut hier matin à Versailles ; nous verrons ce qui arrivera. Il n'a point encore de successeur. Ce temps-ci est curieux ; on peut parier presque sur tout, le pour, ou le contre. On fait des édits, on en refuse l'enregistrement ; on fait des remontrances, qu'en résultera-t-il ? retirera-t-on les édits ? y aura-t-il un lit de justice ? les paris sont ouverts.

Il y eut jeudi à l'académie la réception de l'archevêque d'Aix (1), pour remplacer l'abbé

---

(1) L'abbé Boisgelin de Cicé.

de Voisenon (2). Hier M. Collardeau (3) fut élu à la place de M. de St.-Aignan (4). Je crois que vous êtes peu curieux de toutes les belles harangues qui s'en suivront. Voici une épigramme que je leur préfère.

>   Quelqu'un, dit-on, a peint Voltaire
>   Entre la Beaumelle et Fréron ;
>   Cela ferait un vrai calvaire,
>   S'il n'y manquait un bon larron.

Ce temps-ci produit une infinité de bons mots, je me reproche de ne les pas retenir pour vous les mander, mais je perds la mémoire ; les in-

---

(2) Un abbé plus connu par son talent à composer des opéras comiques que par des sermons. Voici son épitaphe faite par Voltaire :

>   Ici gît, ou plutôt frétille,
>   Voisenon, frère de Chaulieu :
>   A la Muse vive et gentille,
>   Je ne prétends pas dire adieu ;
>   Car je m'en vais au même lieu,
>   Comme cadet de la famille.

(3) Auteur de quelques pièces de théâtre ; et de quelques beaux morceaux de poésies. Il mourut, fort regretté, peu de semaines après la date de cette lettre, et avant d'être reçu à l'Académie française.

(4) Le duc de Saint-Aignan, qui était parvenu à l'âge de quatre-vingt-douze ans.

somnies en sont cause ; de plus, depuis quatre jours j'ai un rhume de cerveau qui m'offusque la tête ; je suis comme la chanson de M. Chauvelin, *j'écoute sans entendre, je regarde sans voir.* Ah ! je ne regarde pas !

Etes-vous parfaitement guéri de votre goutte ? Je commence à craindre de n'avoir pas de vos nouvelles aujourd'hui. Vous aurez dû recevoir, mardi ou mercredi, votre madame d'Olonne ; je ne le saurai que dans huit jours. Je commence à être embarrassée quand je vous écris ; que puis-je vous mander qui vous intéresse ? rien ce me semble. Je pensais l'autre jour que j'étais un jardin dont vous étiez le jardinier ; que, voyant l'hiver arriver, vous aviez arraché toutes les fleurs que vous jugiez n'être pas de la saison, quoiqu'il y en eût encore qui n'étaient pas entièrement fanées, comme de petites violettes, de petites marguerites, etc., et que vous n'aviez laissé qu'une certaine fleur (qu'on ne connaît peut-être pas chez vous), qui n'a ni odeur ni couleur, que l'on nomme *immortelle,* parce qu'elle ne se fane jamais. Ceci est l'emblème de mon âme, dont il résulte une grande privation de pensées et d'imagination, mais où il reste une grande constance d'estime et d'attachement.

On disait ces jours passés qu'il paraissait un nouveau volume des Lettres de madame de Sévigné ; vous croyez bien que j'étais bien pressée de l'avoir ; mais c'était une nouvelle édition du neuvième tome, qui commence par des lettres du cadinal de Retz, de M. de la Rochefoucault, et où il y en a plusieurs de madame de la Fayette, quelques-unes de madame de Grignan, d'autres de madame de Sévigné, et beaucoup de madame de Coulanges dont l'esprit ne me plaît point du tout; on y découvre de la vanité, des airs, nul sentiment, enfin tous les défauts que l'on rencontre dans le grand nombre des gens avec lesquels on vit. Relisez ce volume. Madame de la Fayette avait des vapeurs ; je me trouve beaucoup de conformité avec elle. Le style de M. de la Rochefoucault me plaît. Pour celui de madame de Sévigné, il est unique et d'un agrément qui ne ressemble à rien.

Je vous envoie de nouveaux vers de Voltaire (5), ils ont ici de grands succès ; je les trouve bien, mais je n'en suis pas charmée.

Mais à propos, je le suis de votre lettre à

___

(5) Ces vers intitulés : *Le Temps présent*, sont imprimés dans ses OEuvres.

madame de la Vallière, elle est très-jolie, elle la montre à tout le monde. J'ai un tonneau établi chez elle que la grand'maman a fait venir de Chanteloup; c'est un indice que je n'y retournerai pas; mais je m'afflige de ce que leur départ s'avance à grands pas; je ne sais pas si ces gens-là m'aiment, mais ils me sont bénévoles, on ne peut guère rien espérer de mieux.

Le facteur n'arrive point, l'heure se passe, il est vraisemblable que je n'aurai rien à ajouter.
A quatre heures.

Voilà le facteur. Votre lettre n'exige pas beaucoup de réponse. J'ai tort de vous avoir annoncé que j'écrirais par M. de St.-Paul; quand je veux parler nouvelles, ma plume me tombe des mains; premièrement, parce que je ne sais pas raconter, et puis que ce que je raconterais ne m'intéresse point; et ce qui est encore bien plus certain, c'est l'assurance où je suis que ce que je pourrais vous mander ne vous intéresserait point du tout: tout ce qui s'est passé devant vos yeux pendant vos séjours ici ne vous a pas fait plus d'impression que la lanterne magique. Les choses qui pourraient peut-être vous intéresser sont celles dont je suis le moins instruite, et qui exigeraient le plus de connaissances et de vérité, et dans ce temps-ci, le faux et le vrai se débitent également, et ce que je crains le plus, c'est de dire des faussetés. Je comprends que les détails de société doivent devenir en l'absence comme étaient pour vous mes détails domestiques, c'est-à-dire, ennuyeux. Que faut-il donc faire, ne pouvant parler ni des autres ni de soi? faire des gazettes? Je n'en ai plus le talent. Ce qui me fâche, c'est que votre goutte ne soit pas entièrement dissipée. Vous avez bien tort, si vous croyez que je ne vous plains pas et que je fasse comparaison de l'insomnie aux douleurs; ah! mon Dieu non, j'en sens la différence.

LETTRE CCXL.

Lundi 4 mars 1776.

JE veux réparer le tort que j'ai eu de ne vous pas écrire par M. de St.-Paul. Il partira jeudi un certain baron suédois envoyé du roi de Suède, qui vous rendra cette lettre; je n'ai pu retenir son nom (1), mais il n'importe. Je vous

(1) Le baron de Nolken.

ai mandé l'arrivée de M. de Guignes, vendredi à minuit; le lendemain, samedi, il fut à Versailles, il a vu le roi, et lui remit une lettre; le roi rougit, ne lui fit pas mauvaise mine et ne lui parla pas, il était dans la foule des courtisans; on n'infère rien de cette première entrevue. La cour était nombreuse, il y avait les députés du parlement qui venaient demander au roi quel jour il assignerait pour répondre aux remontrances (2) qu'ils lui apportaient; le roi, avec un visage sévère, leur dit qu'il voulait la grande députation et qu'il leur assignerait le jour.

Tout le monde est persuadé qu'il y aura un lit de justice; le comte de Broglio a parié contre moi qu'il n'y en aurait point.

L'on m'apporte dans le moment les harangues de l'académie; comme elles ne vous coûteront point de port, je vous les enverrai.

L'épigramme que je vous ai envoyée, que je croyais nouvelle, est ancienne.

Je ne vous ai point dit que ce fut chez l'Idole que M. de Guignes débarqua en arrivant; elle avait un grand souper où étaient son prince

---

(2) Les remontrances du parlement de Paris, contre les prétendues réformes de M. Turgot.

(*de Conti*), M. et madame de Beauvau, M. le duc de Choiseul, madame de Grammont, madame de Luxembourg, madame de Lauzun, madame d'Usson, le marquis de Laval, l'archevêque de Toulouse et plusieurs autres ; ce dernier ne se porte point bien, sa poitrine, son ambition ne sont pas en bon état ; il est ami du Turgot, du moins en apparence, mais peut-il y avoir de l'amitié entre les ambitieux ? On ne sait ce que tout ceci deviendra : il paraît impossible que le Turgot ne succombe, il ne sait ce qu'il fait (3). Le Maurepas est la faiblesse même. Le St.-Germain, dont on avait bonne opinion, indépendamment qu'il est assez malade, ne soutient pas l'idée qu'on avait de lui ; le choix qu'il a fait de M. de Montbarrey pour être en quelque sorte son adjoint,

---

(3) Ceux qui désirent avoir une juste idée de ce grand homme d'état, sur qui madame du Deffand s'était formée de si fausses idées, peuvent consulter sa Vie, par M. de Condorcet, où l'on trouve non-seulement un récit des événements de sa courte et vertueuse existence, mais aussi un exposé de ses projets, de ses principes et de sa façon de penser, tant comme homme d'état, que comme philosophe et métaphysicien. Voyez aussi l'édition que M. Dupont de Nemours vient de publier, des OEuvres de M. Turgot.

marque peu de discernement; c'est un homme très-borné, d'une naissance très-médiocre, et sans aucun mérite distingué; nous n'avons personne qui ait le sens commun.

Mardi 5.

J'ai envoyé chercher toutes les ordonnances de M. de St.-Germain, moins pour vous, à qui elles ne feront rien, que pour M. Conway qui ne sera peut-être pas fâché de les voir.

Je n'ai rien appris de nouveau hier. J'ai lu les harangues; c'est bien abuser de la parole.

Je donne à souper ce soir à madame de Roncherolles (4) et à M. Francés, lesquels sont très-*turgotins*, c'est ainsi qu'on les appelle, car *tistes* les rendrait trop fameux, cela leur donnerait l'air d'une secte; à eux n'appartient pas tant d'honneur. Adieu jusqu'à demain.

Mercredi 6.

Il y a eu hier bien des *on dit*, qui sont sans vérité, et même sans vraisemblance. On dit qu'on propose au chancelier Maupeou, pour qu'il donne sa démission, un million, et de

---

(4) La fille de M. Amelot, ministre de l'intérieur.

faire son fils aîné duc et pair ; la place de chancelier serait pour M. de Malesherbes ; cela est absurde.

On dit qu'on veut supprimer deux places de gentilshommes de la chambre, et deux de capitaines des gardes ; autre absurdité. Le roi n'a point encore dit quel jour il signifierait sa volonté, et les paris subsistent. Je commence à croire que je pourrais bien perdre et que le parlement cédera ; ce qui est de certain, c'est que le Turgot ne cédera pas, il n'y a pas d'homme plus entreprenant, plus entêté, plus présomptueux ; son associé, Malesherbes, va comme on le pousse. On dit de nos trois ministres : le Turgot ne doute de rien, le Malesherbes doute de tout, et le Maurepas se moque de tout, et chacun pense qu'un tel gouvernement ne peut subsister. Venons aux faits vrais.

Il y a eu avant-hier un duel entre le prince de Salm (5) et un M. de l'Engeamet (6), officier dans le régiment du roi. L'affaire se conte dif-

---

(5) Le prince Frédéric de Salm.
(6) M. de l'Engeamet était le fils cadet d'une bonne famille de Bretagne.

féremment ; mais comme il y a un grand nombre de témoins, on ne tardera pas à en savoir la vérité. La querelle fut occasionnée par le jeu: l'Engeamet était le débiteur ; il était convenu de payer à un terme qui n'était point expiré ; il sut que le prince tenait de fort mauvais propos, il chercha de l'argent et s'acquitta, et rencontrant le prince dans les Tuileries, il le traita très-mal, ils sortirent pour s'aller battre sur le rempart où il y avait beaucoup de monde. M. de Salm fut suivi de deux hommes, dont l'un, dit-on, était son valet de chambre, et l'autre, un maître en fait d'armes. L'Engeamet lui demanda pourquoi ces gens-là le suivaient ; le prince, sans lui répondre, tira son épée ; on prétend que celui-ci avait un gros manchon devant lui ; l'Engeamet lui proposa de se déshabiller, l'autre, sans répondre, alla sur lui ; on prétend que la pointe de l'épée de l'Engeamet trouva de la résistance ; ce qui est de sûr, c'est que l'Engeamet tomba, et que le prince l'aurait tué par terre si l'Engeamet ne s'était saisi de son épée et ne l'eût cassée ; on prétend que le maître en fait d'armes, quand il vit l'Engeamet par terre, criait au prince: plongez votre épée. L'Engeamet se relevant fut sur le prince qui n'avait plus d'épée et le poursuivit; il était comme un enragé; le prince a eu quelques légères blessures. Une madame de Créqui, amie de la princesse de Salm, fut lui rendre visite, ne sachant rien de l'aventure de son fils; sa mère lui dit qu'il était incommodé, elle demanda à le voir, on lui fit quelques difficultés, elle insista, le prince était dans son lit; elle lui demanda pourquoi on avait fait difficulté de la laisser entrer : c'est, dit-il, qu'il y a des tableaux fort obscènes dans ma chambre; bon, dit-elle, qu'est-ce que cela fait, je suis si vieille; je sais que ce sont les impuissants qui aiment les peintures malhonnêtes, et que ce sont les poltrons qui veulent toujours se battre. Elle ne savait rien de l'aventure, ce qui a rendu ce propos plaisant.

J'ai fait copier hier des vers que j'ai trouvés jolis et que je vous envoie; c'est une invitation à dîner que fit Voltaire à Destouches après la représentation de sa pièce du Glorieux.

INVITATION DE DÎNER.

Auteur solide, ingénieux,
Qui du théâtre êtes le maître,
Vous qui fîtes le Glorieux,
Il ne tiendrait qu'à vous de l'être;

Je le serai, j'en suis tenté,
Si demain ma table s'honore
D'un convive tant souhaité;
Mais je sentirai plus encore
De plaisir que de vanité.

M. le prince de Conti se porte beaucoup mieux; il se distingua dans l'affaire du parlement, et le mouvement qu'elle donne à son sang lui a fait plus de bien que le régime et les remèdes.

Sachez-moi gré de cette lettre; plus elle est détestable, plus vous me devez de reconnaissance.

LETTRE CCXLI.

Paris, dimanche 17 mars 1776.

J'AI chez moi mes neveux (1); ils sont dans mon anti-chambre, j'ai la plus grande impatience de m'en débarrasser, et comme Wiart les mènera promener, je veux prévenir l'arrivée du facteur pour n'avoir qu'un mot à ajouter à la réponse que j'aurai à vous faire, et qu'on les emmène; j'espère recevoir de vos nouvelles; votre santé n'était pas assez raffermie pour que je sois entièrement exempte d'inquiétude.

---

(1) Les petits-fils de son frère, le comte de Vichy.

Il parut hier cinq édits et six ordonnances. Lundi nous aurons la relation du lit de justice (2); si vous en êtes curieux, mandez-le-moi; je vous enverrai tous ces fatras par la première occasion.

M. et madame Necker se préparent à un voyage en Angleterre; ils partiront la semaine de Pâques, et ils assurent qu'ils seront ici de retour à la fin de mai; si vous voulez faire venir quelque chose d'ici, mandez-le-moi.

Peut-être votre ambassadeur ira-t-il aussi faire un tour à Londres, il en a grande envie. J'ai eu la visite de milady Dunmore (3), elle m'a rappelé qu'elle m'avait vue plusieurs fois pendant le séjour que fit ici M. le duc de Richmond, je ne m'en souvenais guère. M. Collardeau a été élu à l'académie pour remplacer M. de St.-Aignan; on dit qu'il mourra avant sa réception. Fréron est mort, on a donné le privilége de sa feuille à sa veuve. Nous aurons incessamment un roman, commencé par ma-

---

(2) Qui avait été tenu pour l'enregistrement des édits portant suppression de la corvée dans la construction et l'entretien des grandes routes, et abolition des jurandes et maîtrises, ou les priviléges des six corps de la ville de Paris.

(3) La comtesse douairière de Dunmore.

dame de Tencin et fini par madame Elie de Beaumont; elle me vint voir l'autre jour, et elle m'a promis le premier exemplaire ; s'il paraît avant le départ de M. Necker, il vous le portera.

M. de Guignes, depuis son arrivée ici, n'a point quitté Versailles; il n'a pas encore pu obtenir d'audience, cela n'est pas un trop bon signe.

Nous sommes en plein jubilé, je ne m'en aperçois pas beaucoup.

Je fus jeudi dernier à la comédie chez madame de Montesson; la pièce était de sa composition, elle a pour titre *la Femme sincère*. Ce n'est pourtant pas une pièce de caractère, c'est une femme qui fait un aveu à son mari dans le genre de la princesse de Clèves. Ce spectacle n'a pas réveillé en moi le goût de cet amusement. Je ne lis plus que des romans, je viens de lire les *Malheurs de l'Amour*, par madame de Tencin, qui est bien écrit, mais qui n'inspire que de la tristesse, et un autre qu'on appelle *Ernestine*, par mademoiselle Riccoboni, qui m'a fait beaucoup de plaisir ; lisez-le, je vous en prie; si vous ne l'avez pas, je vous l'enverrai. Je n'ai pas de quoi vous entretenir jusqu'à l'arrivée du facteur, je vais l'attendre.

Le voilà arrivé; vous n'êtes point quitte de votre goutte; ces retours m'inquiètent et je n'aime point du tout qu'elle grimpe si haut.

Vous me donnez des louanges dont je suis bien indigne, vous me jugez mal sur tous les points. Je ne suis point difficile, je m'accommoderais de l'esprit de tout le monde, si tout le monde n'était pas ridicule. Je pense comme Despréaux :

<small>Chacun pris en son air est agréable en soi.</small>

Il n'y a que l'affectation, la prétention et le ridicule qui me choquent, et l'on ne trouve que cela. Je m'aperçois très-sensiblement que je perds petit à petit toutes les facultés de l'esprit; la mémoire, l'application, la facilité de l'expression, tout cela me manque au besoin. Je ne désire point d'être aimée, je sais qu'on n'aime point, et je le sais par moi-même, je n'exige point des autres qu'ils ayent pour moi les sentiments que je n'ai point pour eux; ce qui s'oppose à mon bonheur, c'est un ennui qui ressemble au ver solitaire et qui consomme tout ce qui pourrait me rendre heureuse. Cette comparaison exigerait une explication, mais je ne puis pas débrouiller cette pensée.

Il paraît des lettres sur les Chinois, à la suite

desquelles on a mis les lettres du chevalier de Boufiers avec une épître à Voltaire, et la réponse qu'on a déjà vue; j'ai relu la réponse avec plaisir. On demandait l'autre jour à quelqu'un s'il avait lu les seize volumes de l'abbé de Condillac sur l'éducation. Ah! mon Dieu non, dit-il, *je m'en tiens au dix-septième.* Vous comprenez quel il est, c'est le prince (4).

Ne dites point de mal de votre lettre à madame de la Vallière, je l'ai lue une seconde fois, et je vous assure qu'elle est très-jolie.

Si votre édition du neuvième tome de madame de Sévigné n'est pas plus ancienne que 1731, c'est la même que la mienne. Mes lettres ne méritent aucune espèce de louanges, je n'ai point de style; mais si l'on voulait absolument m'en supposer, il aurait plus de rapport à celui de madame de la Fayette qu'à celui de madame de Sévigné.

---

(4) Le duc de Parme, de qui l'abbé de Condillac avait été le précepteur.

LETTRE CCXLII.

Jeudi 21 mars 1776.

Je vous plains de l'envie qui me prend de vous écrire. Je me suis fait relire votre dernière lettre ; si ce n'est pas un chef-d'œuvre de bon français, c'en est un d'un excellent anglais. Aux louanges près que vous m'y donnez, tout le reste est très-vrai, très-approfondi, et d'un esprit très-éclairé ; mais quel profit en puis-je faire ? Avons-nous du pouvoir sur nous-mêmes ? Si cela était, tous les gens d'esprit seraient heureux. Je commence par vous, et je vous demande si vous êtes heureux ? J'ai peine à le croire. Cependant il ne faut pas toujours juger des autres par soi-même. Moi, par exemple, quand mon âme est sans sentiment, je suis sans idées, sans goût, sans pensées, je tombe dans le néant que j'appelle ennui. S'il suffisait du raisonnement et de la réflexion pour se rendre heureux, on verrait tout le contraire de ce qu'on voit ; car tous les jours, en examinant le monde, je vois que ce sont les sots qui sont les plus contents des autres et d'eux-mêmes, et qui savent le mieux se suffire. Vous vous êtes tant moqué de moi sur le cas que je faisais de l'amitié, qu'à la fin vous m'avez persuadée; mais en détruisant mes illusions, je ne sais rien mettre à la place; c'est, je crois, un bonheur de prendre pour or les feuilles de chêne. J'ai ri de la récapitulation que vous me faites de tous mes bonheurs; celui d'une longue vie, par exemple; vous saurez peut-être un jour ce qu'il en faut penser. A l'égard de la considération dont je jouis, de l'estime qu'on a pour moi, des empressements qu'on me marque, je dis comme Aman dans Esther :

> De cet amas d'honneurs la douceur passagère,
> Fait sur mon cœur à peine une atteinte légère;
> Mais Mardochée, etc.

En fait de connaissances, de liaisons et d'amis, ce n'est pas le nombre qui satisfait. Voilà ce qu'il m'a pris envie de vous dire aujourd'hui; vous voilà quitte de moi pour ce moment.

Je vais faire copier une lettre de Voltaire qu'il a envoyée à M. de Malesherbes (1), où vous

---

(1) Cette lettre était adressée à M. de Boncerf, auteur du livre intitulé : *Les Inconvénients des droits féodaux*. Elle est imprimée dans l'édition des OEuvres de Voltaire, de Beaumarchais, tome LXIII, page 200. M. Boncerf était premier commis de M. Turgot.

verrez qu'il soutient bien son caractère ; c'est à propos d'un arrêt du parlement qui a condamné au feu un livre intitulé : *Contre les Droits Féodaux* (2).

Samedi 23.

Il paraît deux volumes de votre Shakespear, on dit qu'il y en aura seize : le premier contient une épître à notre roi ; l'institution et la description du jubilé en l'honneur de Shakespear, et l'histoire de sa vie écrite très-longuement et très-ennuyeusement ; je n'ai encore rien lu de la traduction de ses pièces. La pre-

---

(2) C'est la brochure dont il a été parlé plus haut. Elle était destinée à disposer les esprits de la classe moyenne du peuple pour une partie des projets libéraux et patriotiques de M. Turgot; elle fut condamnée, d'une commune voix, par le parlement de Paris, comme « injurieuse aux lois et coutumes de la France, aux » droits sacrés et inaliénables de la couronne, et au droit » des propriétés des particuliers, comme tendant à » ébranler toute la constitution de la monarchie, en sou- » levant tous les vassaux contre leurs seigneurs et contre » le roi même, en leur présentant tous les droits féo- » daux et domaniaux comme autant d'usurpations, de » vexations et de violences, également odieuses et ridi- » cules, et en leur suggérant les prétendus moyens de » les abolir, qui sont aussi contraires au respect dû au » roi et à ses ministres, qu'à la tranquillité du royaume. »

mière est Othello, dont l'abbé Barthélemi est très-content; mais tous les jours je me confirme à ne m'en rapporter au jugement de personne, non pas que je croye avoir plus de goût; mais du moins je ne juge que d'après moi, que par l'impression que je reçois, et jamais par des règles que je ne sais point.

J'imagine que votre ambassadeur accompagnera les Necker dans leur petit voyage; j'aurai quelque regret de leur absence; je soupe avec eux deux fois la semaine, le lundi chez eux, le jeudi chez moi. Je trouve de l'esprit à votre ambassadeur, beaucoup de politesse et de noblesse; c'est de nos diplomatiques celui qui vaut le mieux sans nulle comparaison; vous vous connaissez peu l'un et l'autre; mais ce qui doit vous prévenir en sa faveur, c'est l'amitié qu'il a pour votre cousin. Je crois que le Caraccioli crèvera bientôt; il a une abondance de flegmes, de paroles, qui le suffoquent. On n'est point fâché de le connaître, de le rencontrer, de l'avoir chez soi, mais cependant il fatigue, il assomme. Il a d'abord été fort épris de madame de Beauvau, et elle de lui, mais cela est fort refroidi. L'objet de sa vénération c'est d'Alembert et mademoiselle de

Lespinasse, mais cela ne l'empêche pas d'avoir une sorte de considération pour moi.

Le départ des Choiseul avance à grands pas, ce sera le mardi de Pâques ; je les verrai jusqu'à ce jour-là le plus souvent qu'il me sera possible ; quand toutes mes connaissances seront dispersées, je me dévouerai à la solitude et au tête-à-tête de ma compagne qui, tout au plus, est tant soit peu au-dessus du rien; il m'arrive même quelquefois de la croire au-dessous.

Jouissez du bonheur de vous savoir passer de tout, contemplez votre madame d'Olonne, ou faites..... je ne sais pas quoi, car je ne saurais avoir aucune idée de vos sentiments ; depuis que je suis aveugle je n'en connais qu'un genre, et c'est la société ; quand elle est bonne, c'est tant mieux ; mais je préfère la médiocre et même la mauvaise à être réduite à moi-même.

A propos, ne croyez pas que si vous étiez Français, ou moi Anglaise, je serais plus ou moins contente de vous ; ce n'est pas la différence des nations qui nuit à notre bonne intelligence, les mœurs et les usages n'y font rien. Bon jour, à demain.

Dimanche à midi.

J'ai commencé Othello, j'en suis enchantée. L'abbé m'a chargée de vous dire qu'il trouve Shakespear supérieur à tout, et qu'il vous prie de n'écouter que Dieu et de ne faire aucune attention à l'homme ; il trouve ainsi que moi que tout ce que les traducteurs (car ils sont trois) (3) disent de leurs chefs est du dernier plat. Je ne sais si leur traduction est fidèle, mais il me semble que Shakespear n'a pu mieux dire. Il est étonnant que ces trois traducteurs n'ayent pas mieux écrit tout ce qui précède leur traduction. J'ai impatience de savoir si vous serez content ; je prévois que je le serai infiniment ; mais en vieillissant je m'aperçois que je redoute d'être remuée par des choses trop tragiques.

On dit que le procès de M. de Richelieu et de madame de St.-Vincent (4) sera jugé jeudi prochain.

M. de Guignes est toujours à Versailles sans qu'on pense à s'expliquer avec lui ; cet homme est complètement malheureux.

---

(3) Le comte de Catuelan ; M. le Tourneur et M. S......
(4) Voyez la note de la lettre CCXII.

LETTRE CCXLIII.

Dimanche 31 mars 1776.

Votre lettre du 26 arriva hier, un jour plus tôt qu'à l'ordinaire ; c'est une bonne fortune, mais c'est une bien mauvaise nouvelle que la lenteur de votre rétablissement; ne peut-on pas l'attribuer au retour du froid ? Après quelques jours assez beaux, la gelée est revenue ; depuis six ou sept jours, il a fallu rallumer le feu, s'habiller plus chaudement; les rhumes sont revenus, ce peut fort bien être ce qui retarde votre parfaite guérison. Vous irez donc incessamment sur le bord de la mer ; vous ressouvenez-vous d'un vers de Despréaux, dans son ode à Louis XIV, sur le passage du Rhin ?

Se plaint de sa grandeur qui l'attache au rivage.

N'en pourrais-je pas faire une application? mais non, toute plainte est bannie.

Votre lettre est très-bonne, elle m'a fait plaisir.

Les Necker partiront la semaine de Pâques; ils vous rendront une visite à Strawberry-Hill, et puis vous en serez quitte ; leur projet est de ne voir personne. Je ne saurais bien dire quel est l'objet de leur voyage, de leur curiosité ; ne pourrait-ce point être quelques affaires ? ils ne verront point Newmarket. Le procès de la duchesse de Kingston, vos spectacles, Garrick surtout, sont leurs principaux objets; ils le disent; j'espère bien qu'ils seront de retour à la fin de mai. Votre ambassadeur partira plus tôt qu'eux, il partira l'instant d'après le retour de M. St.-Paul ; s'il veut se charger des pastilles, d'un roman nouveau, et de quelques ordonnances pour M. Conway, vous les recevrez bientôt, sinon vous les recevrez par les Necker.

Avant-hier vendredi, les princes, les pairs, et le parlement s'assemblèrent au Palais à dix heures du matin ; ils ne se séparèrent qu'à deux heures après minuit, c'était pour l'affaire de M. de Richelieu et de madame de St.-Vincent ; ils ont arrêté qu'on nommerait de nouveaux experts pour la vérification des billets, qu'on entendrait de nouveaux témoins, et la conclusion fut à un plus amplement informé, et le jugement remis après la St. Martin qui est la rentrée du parlement ; on a relâché tous les prisonniers ; j'attendis le retour de M. de Choiseul qui, dans toute la journée, n'avait mangé que deux petits pâtés. La grand'maman, qui ce jour-là avait soupé au Palais-Royal, revint chez elle à une heure, pour lui faire préparer un morceau à manger ; j'avais soupé avec l'abbé chez la Petite Sainte (1) ; nous vînmes à l'hôtel de Choiseul ; mesdames de Grammont et de Beauvau vinrent de leur côté attendre le grand-papa ; je ne rentrai qu'à quatre heures. Cette conduite vous effraye, mais elle ne me fait point de mal.

Je fis hier une connaissance nouvelle, de madame de Genlis (2) du Palais-Royal ; c'est

---

(1) La comtesse de Choiseul, née l'Allemand-Betz.

(2) La comtesse de Genlis, née Saint-Aubin, fille d'un gentilhomme peu fortuné de la Picardie. Elle épousa le comte de Genlis, le second des trois frères, dont le nom de famille était Bruslart. Le comte de Genlis a servi dans la marine, aux Indes orientales, et fut ensuite attaché à la maison du duc de Chartres. Il fut membre des assemblées constituante et législative, et périt dans la révolution.

Madame de Genlis s'est fait un nom distingué dans le monde littéraire par un Traité sur l'éducation, et par plusieurs romans intéressants, où les caractères, les mœurs, les usages et les petites intrigues de la société de Paris, sous l'ancien gouvernement, sont peints de main de maître. L'élégance de son style et la prodigieuse fécondité de son imagination ont fait goûter généralement tout ce qui est sorti de sa plume.

elle qui a désiré de me voir, et ce sont les la Reynière qui s'en sont mêlés; elle a beaucoup de talent, est grande musicienne, a une assez belle voix, chante fort bien, et joue de la harpe divinement; je crois qu'elle sera bientôt dame d'honneur de madame la duchesse de Chartres, elle est actuellement dame de compagnie; madame de Blot (3) s'est retirée, et une petite madame de Polignac (4) qui la remplace, n'est qu'intermédiaire.

J'ai peine à croire que ces nouvelles vous intéressent.

Je viens de lire le roman de madame de Tencin (5) : si c'était son histoire véritable, on ne s'étonnerait pas qu'on l'eût écrit; mais pour un ouvrage d'imagination, ce n'était pas en vérité la peine.

M. le duc de Chartres n'ira point à Newmarket; il part pour Toulon, et madame la duchesse de Chartres avec lui.

---

(3) La sœur du comte d'Hennery.

(4) Madame de Polignac, née du Rumain.

(5) *Les Malheurs de l'Amour.* C'est un des romans qu'on a attribués depuis à son neveu, M. de Pontdeveyle.

LETTRE CCXLIV.

Lundi 8 avril 1776.

Le colonel Saint-Paul arriva avant-hier au soir ; il vint hier chez moi un moment après que j'en étais sortie pour aller chez madame de la Vallière. Il me laissa votre lettre ; je ne me la suis fait lire que ce matin. Je commence à y répondre, quoique dans l'intention d'attendre, s'il le faut, le départ de M. Necker : je m'informerai cependant s'il n'y aura pas d'occasion plus prochaine.

Si je n'en trouve point, j'aurai le temps de répondre à tout ce que contient la vôtre. Je ne veux cependant pas tarder de vous dire que, si je n'avais pour être heureuse qu'à combattre des visions, la besogne serait bien avancée : je crois être sûre de n'en avoir jamais eu ; mais aujourd'hui il ne reste pas d'apparence où l'on puisse se méprendre.

Vous vous trompez fort si vous croyez que je ne sois pas persuadée et fort touchée du mauvais état de votre santé. Dans les moments où je souffrais de ma chute, je pensais sans cesse que vos douleurs étaient cent fois plus insupportables que celles que j'éprouvais. Je comprends l'effet qu'elles produisent dans votre âme, et je prévois, sans murmurer et sans m'en plaindre, tout ce qui en doit résulter. Ne me croyez point ni folle ni injuste ; mais plaignez-moi d'avoir reçu de la nature un caractère contraire au bonheur, parce qu'il me rend dépendante de tout.

Mardi 6.

Nous n'avons de Shakespear qu'Othello, la Tempête et Jules-César. J'aime infiniment mieux Othello que les deux autres. Il y a de beaux endroits dans Jules-César, mais aussi de plus mauvais, ce me semble. Pour la Tempête, je ne suis point touchée de ce genre. Les deux premiers volumes seront le Roi Lear, Coriolan, Timon ; je ne sais plus quelle autre. Il vous sera facile d'avoir la traduction, si vous en êtes curieux ; il y a déjà du temps qu'elle est à Londres.

Vous avez eu raison en pensant du bien du Malesherbes; tout annonçait en lui de la bonhomie : les mémoires, les représentations qu'on avait eus de lui tandis qu'il était premier président de la cour des aides, ne laissaient point douter de son esprit : on le croyait sans ambition. La première faute qu'il a faite, c'est d'accepter le ministère, pour lequel il n'a nul talent; mais ce qui lui fait un tort irréparable, c'est la bassesse qu'il a eue de se charger d'une commission qui n'était point de son département, en se chargeant de parler à la reine contre M. de Guignes, pour lui faire perdre la protection qu'elle lui accorde : c'était l'affaire de M. de Vergennes, ou bien de M. de Maurepas; mais ils lui ont voulu faire attacher le grelot; il a eu la bassesse d'avoir cette complaisance pour eux : il a perdu l'estime publique, n'a point réussi auprès de la reine, et l'on ne doute pas qu'il ne se retire incessamment (1).

N'ayez nulle inquiétude sur ma conduite : si vous doutez de ma prudence, soyez convaincu de mon indifférence; je suis très-simple et très-froide spectatrice; je ne m'intéresse à

---

(1) Il avait insisté à demander sa retraite après la démission de son ami Turgot. Un jour que, dans une audience particulière du roi, il renouvelait ses instances à cet égard, le malheureux monarque, convaincu de sa propre faiblesse et de son incapacité, dit en soupirant : « Que vous êtes heureux! que ne puis-je aussi quitter ma » place! »

Le caractère pur et sans tache de Malesherbes ne saurait être entaché par le faux jour sous lequel madame du Deffand le présente ici. Voyez la note de la lettre CVIII.

personne, et mon plus grand mal est ma profonde indifférence.

Les Choiseul doivent être partis ce matin ; la grand'maman ne reviendra qu'au mois de décembre, le grand-papa reviendra pour la Pentecôte : je ne crois pas qu'il ait aucuns projets ambitieux ; il lui faudrait tout ou rien. Il serait difficile de prévoir ce qui arrivera : ceci ne paraît pas avoir pris une consistance solide ; mais qu'est-ce qu'on y substituera ? La retraite ou la mort du Maurepas pourrait donner beau jeu à mon neveu (*l'archevêque de Toulouse*) : il est toujours ami ou soi-disant ami du Turgot ; peut-être celui-ci se l'associerait-il pour se fortifier par ses lumières, dont il sentira tôt ou tard qu'il manque. Le Saint-Germain est entièrement soumis au Maurepas, qui a bien contrarié sa besogne ; tous les changements qu'il a faits, quoique considérables, l'auraient été bien davantage s'il avait eu plein pouvoir : il a une sorte de considération dans le public ; mais ce n'est pas un homme à prendre un certain ascendant, et à devenir le premier : d'ailleurs il a soixante-neuf ans, et une très-mauvaise santé. Voilà l'exposé, tant bien que mal, de toutes mes connaissances sur notre ministère ; vous pourrez comprendre par la suite ce que je voudrai vous faire entendre par la poste.

Je ne vous parlerai plus de mes vapeurs, de mes ennuis ; je vois que vous croyez que ce sont des insinuations que je vous fais. Oh! non, je ne prétends point vous en faire ; toutes illusions sont cessées ; je compte sur votre amitié, je prétends à votre estime, je la mérite à plusieurs égards, et mon plus grand désir est d'être assez raisonnable pour supporter ma situation.

Mercredi.

Le bruit continue que M. de Malesherbes se retire : on dit que M. de Sartine aura sa place, c'est-à-dire le département de la cour et les provinces ; que M. Turgot aura celui de la ville de Paris : M. Albert, qui en est lieutenant de police, placé par M. Turgot, et absolument de sa faciende, ne pourrait pas s'accorder avec M. de Sartine. On donnera la marine à M. de Clugny, intendant de Bordeaux. Voilà ce qui se dit, et dont peut-être il ne sera rien. Ce qui est certain, c'est que M. de Malesherbes a fait de grands pas de clerc.

Enfin, je vis hier M. de Saint-Paul : il m'a rendu un très-bon compte de votre état ; il ne vous trouve point changé comme vous le dites.

Je comprends qu'après avoir infiniment souffert, il suffit, pour être parfaitement heureux, de ne plus souffrir. J'ai passé par cette épreuve; j'ai eu jadis des douleurs si grandes, qu'en trois jours de temps je devenais un squelette vert de pré, comme si l'on m'avait exhumée; passant de cet état à une grande faiblesse, le repos, la tranquillité me paraissaient le vrai bonheur; je n'avais nul désir, nul besoin d'occupation; mon âme était sans activité : qu'on me rende cet état, et je serai contente; mais malheureusement mon âme ne vieillit point comme mon corps; il lui faudrait de l'occupation, et aujourd'hui rien ne m'occupe ni ne m'intéresse. Il y a une sorte de honte à l'état que j'éprouve; mais il y a bien de la sottise et de l'absurdité à vous en rendre compte, étant aussi persuadée que je le suis qu'aucune personne au monde puisse écouter sans ennui les détails des dispositions, des peines et des plaisirs d'un autre.

J'aurai, je crois, beaucoup de monde à souper ce soir, entre autres l'ambassadrice de Sardaigne et son mari (2); je devais avoir madame de Mirepoix, mais elle me traite avec beau-

---

(2) Le comte et la comtesse de Viri.

coup de froideur et de dédain, c'est de cette sorte qu'elle reconnaît l'attachement constant que je lui ai marqué. Vous avez beau dire, c'est un grand malheur de ne pouvoir estimer ni aimer personne ; je ne puis m'empêcher de me moquer de ceux qui me croyent beaucoup d'amis ; si j'en ai, le nombre est bien petit ; mais je suis encore plus fâchée de ne pouvoir plus aimer, que je ne le suis de ne pouvoir pas l'être ; mais brisons là. Je vous demande pardon de vous avoir tant parlé de moi.

Jeudi.

Les Necker ne partent que samedi, ainsi me revoilà encore ; mais n'ayez pas peur, je ne vous dirai plus rien de moi, c'est-à-dire de mes pensées ; pour de mes actions, cela est différent.

J'eus hier au soir vingt-deux personnes, je ne m'y attendais pas ; madame de Mirepoix devait aller à la campagne ainsi que madame de Boisgelin et cinq ou six hommes ; la partie manqua, on revint chez moi, j'avais prié d'autres personnes pour les remplacer, et quelques autres m'envoyèrent demander à souper, ce qui fit ce nombre, mais il n'y en eut que douze qui se mirent à table.

Les bruits publics sont toujours les mêmes. Il faut que je vous dise un trait de la grand'-maman. Le samedi saint, qu'elle soupait chez moi avec son mari, sa belle-sœur, il y avait M. de Guignes et le marquis de Laval ; vous connaissez le premier ; le second est le meilleur homme du monde, de la plus grande simplicité ; quelqu'un dit : voilà deux hommes bien différents ; oui, dit la grand'maman, l'un est agréable par les formes qu'il a, et l'autre par celles qu'il n'a pas.

J'aurai ce soir belle compagnie, mais moins nombreuse que celle d'hier ; comme vous aimez les noms propres, les voici. Madame de Grammont, M. et madame de Beauvau, mesdames de Luxembourg et de Lauzun, madame de Cambise ; le comte de Broglio, M. Necker, l'abbé Barthélemi, mademoiselle Sanadon, et peut-être M. de Guignes.

Vendredi.

Je n'eus point hier mesdames de Beauvau et de Cambise, ni M. de Guignes ; à leur place j'eus les ambassadeurs d'Espagne et de Naples, St.-Lambert, et le président de Coste (3). Madame de Beauvau soupait chez le roi.

---

(3) Président de la cour des monnaies, remarquable

Plusieurs personnes parient pour des changements dans notre ministère avant la Pentecôte ; je ne pense rien sur cela.

J'ai bien envie d'apprendre que vous êtes parfaitement rétabli. Je suis fort contente de vos analyses sur les pièces de Shakespear. Adieu. Vous voilà quitte de moi, il en est temps.

LETTRE CCXLV.

Dimanche 5 mai 1776.

PERMETTEZ-MOI de vous dire que votre critique ne vaut rien. La *tâche* est une expression cent fois plus énergique que le mot *occupation*, qui ne serait convenable que dans les choses de peu d'importance et point du tout dans celles dont Othello vient de parler, et dont il est fortement occupé. *Tâche* en général veut dire occupation, mais forcée et pénible, et cette expression convient à la situation de l'âme d'Othello (1).

---

par sa grande chevelure blanche, toujours arrangée avec beaucoup de soin. Il était fort riche, très-recherché dans les sociétés de Paris, et généralement estimé.

(1) Dans la traduction française de l'Othello de Shakespear, les mots *Othello's occupation's o'er* sont traduits par *La tâche d'Othello est finie*.

Je n'ai pas trouvé l'endroit de *pas du tout* (2), mais je ne sais point ce qu'on aurait pu y suppléer. Tout ce que je puis vous dire, c'est que cette pièce me charme, et que les choses de mauvais goût qui peuvent y être ne me refroidissent *pas du tout, pas du tout*.

La façon des Necker ne me surprend point; ils ne savaient pas pourquoi ils faisaient ce voyage, leur séjour sera court; je vous suis très-obligée de vos attentions pour eux, ce sont d'honnêtes gens; le mari a beaucoup d'esprit et de vérité; la femme est roide et froide, pleine d'amour-propre, mais honnête personne; j'ai plus de goût pour eux que pour la Pomone (3) dont l'esprit et le caractère me paraissent un fantôme, mais qui n'est point effrayant, qui n'a que les formes de bonté, de générosité, mais qui, quoique sans fausseté, n'est qu'apparence. Cette définition vous pa-

---

(2) Ni l'éditeur non plus.

(3) Madame de Marchais, née Laborde, épousa un valet de chambre du roi. Madame du Deffand lui donne les noms de *Pomone* et de *la Flore-Pomone*, à cause que, par sa liaison avec M. d'Angivillers, directeur des bâtiments, jardins, etc., du roi, elle pouvait, en tout temps, se procurer les meilleurs fruits et les plus belles fleurs, qu'elle répandait avec profusion parmi ses amis.

raîtra un galimatias, mais je ne puis avoir aucune idée d'elle qui ait quelque réalité ; nous sommes très-bien ensemble, mais elle ne vient presque point ici ; elle est par ses liaisons entraînée dans l'intrigue et la politique. Il se prépare de grands changements, on nous les annonce prochains, je vous en parlerai quand il sera temps, c'est-à-dire quand ils seront arrivés ; ils m'intéressent on ne peut pas moins, quoiqu'il soit question d'une place considérable pour un de mes parents dont vous ne m'avez jamais entendu parler.

Je soupai hier chez l'ambassadrice de Sardaigne qui me comble de caresses ; elle a de l'esprit, je la trouve aimable ; il y avait la maréchale de Mirepoix, l'Idole, les Cambise, Boisgelin, Lauzun ; la maréchale de Luxembourg ne sort point encore, quoiqu'elle soit guérie. Tous mes diplomatiques y étaient. Je vais ce soir chez madame d'Enville.

L'évêque de Mirepoix me recommande de vous parler de lui, il prétend vous aimer beaucoup. Le bon M. Dutens a traduit votre lettre à l'ambassadrice de Sardaigne pour me la faire voir, elle est très-jolie. Vous écrivez parfaitement bien ; malgré vos fautes de langage, vous rendez parfaitement vos pensées ;

et quand vous êtes de bonne humeur, vous avez beaucoup d'esprit. Je suis désolée de votre mauvaise santé, et de ce qu'elle vous persuade que vous êtes un vieillard.

Je viens de relire cette lettre, je n'en suis point contente, parce que je sens que vous ne le serez point; je n'ai pas bien rendu ma pensée sur le mot *tâche*, mais c'en serait une trop difficile pour moi, si je cherchais à me mieux expliquer.

On dit que votre dame de Kingston (4) a été deux jours à Paris. Un Anglais a dit l'avoir vue; on prétend qu'elle aura soixante-dix mille livres de rente, indépendamment de deux ou trois millions qu'elle a fait passer à Rome.

LETTRE CCXLVI.

Paris, dimanche 12 mai 1776.

JE vous avais annoncé, dans ma dernière lettre, que je pourrais vous apprendre quelques événements dans celle qui la suivrait; je ne m'attendais pas qu'ils fussent aussi considérables; ceux que je prévoyais ne sont pas encore arrivés, mais vraisemblablement le se-

---

(4) La duchesse de Kingston.

ront dans peu de jours. Celui dont il s'agit aujourd'hui est le renvoi de M. Turgot; son successeur est nommé, c'est M. de Clugny (1), qui avait été employé précédemment dans la marine sous M. de Praslin. Je ne sais aucune circonstance; mercredi vraisemblablement je pourrai en savoir; ce que je sais tres-clairement, c'est le triomphe de M. de Guignes, et j'espère que je pourrai vous envoyer la lettre que le roi lui a écrite avant-hier matin, dans laquelle il lui apprend qu'il le fait duc à brevet en récompense de ses services dont il est très-content; M. le marquis de Noailles (2) est nommé ambassadeur chez vous.

Je suis tout étonnée, toute bouleversée, je ne sais de quel côté vient le vent; vient-il de

---

(1) M. de Clugny avait été conseiller au parlement de Dijon; il fut ensuite successivement intendant à Saint-Domingue, intendant de la marine, durant le ministère du duc de Praslin, et intendant de Bordeaux; places dans lesquelles il s'est fait plus remarquer par ses débauches, que par ses talents et ses services.

(2) Le marquis de Noailles est le second fils du maréchal duc de Noailles, et frère du duc d'Ayen. Il a été résident de France à Hambourg, ensuite ambassadeur en Angleterre, où il demeura jusqu'à la remise du rescript, en février 1778, annonçant le traité conclu entre la France et le congrès des États-Unis d'Amérique.

Touraine ou de Champagne (3)? je n'en sais rien. J'apprends dans l'instant que M. Amelot (4) a la place de M. Malesherbes qui a donné sa démission, et que M. de Senac (5) est intendant de la guerre. Faites-moi le plaisir de dire, ou de faire savoir de ma part tout ce que je vous mande à M. et madame Necker.

Je vous remercie des éclaircissements que vous me donnez sur madame de Bristol (6); vous me marquez que milord Bristol boira sa honte chez nous; sera-ce à Paris ou dans quelqu'autre province?

Mais voici un événement peu considérable, mais bien singulier. Il y a un mois que madame Wiart trouva, sous le coussin d'une de mes bergères, une boîte toute neuve; le prix

_____

(3) Elle veut dire qu'elle ignore si c'est le duc de Choiseul, ou l'archevêque de Toulouse, qui doit être mis à la tête des affaires.

(4) M. Amelot était maître des requêtes, et avait été intendant de Bourgogne.

(5) M. de Senac était fils du premier médecin de Louis XV. Il était de même maître des requêtes, après avoir été intendant de Valenciennes.

(6) La duchesse de Kingston.

de sa valeur, soixante-douze livres, était dans le couvercle, il n'y a eu aucune personne de ma connaissance que je n'aye interrogée pour découvrir à qui elle appartenait ; personne ne la réclama, je ne voulais cependant pas en disposer ; enfin, il y a quatre jours qu'étant à ma toilette je me souvins tout d'un coup qu'elle devait être à vous, et que c'était la boîte que vous avez perdue ; j'y fus confirmée par Wiart qui me dit qu'il se ressouvenait de la description que vous en aviez faite ; c'est certainement une restitution qu'on a voulu faire, parce que la veille du jour qu'on l'a trouvée, on avait battu tous les coussins de mes fauteuils et qu'on ne l'avait pas trouvée ; je vous l'enverrai par la première occasion.

Qu'est devenu le voyage du duc de Richmond ? il n'est point encore arrivé ici : aurait-il commencé par aller à Aubigni ? J'ai la tête si occupée, si troublée de toutes les nouvelles du jour, et de toutes les réponses que je suis obligée de faire aux billets que je reçois, que je ne puis vous rien dire de plus. J'ajoute cependant que votre amour-propre est singulier, et certainement du bon genre ; il détruit en vous toute vanité, et ne produit qu'une grande modestie.

Je viens de recevoir une lettre de milord Stormont en réponse au compliment que je lui ai fait; il m'écrit du jour de son mariage (7), qui a été le 5.

Je suis parfaitement avec madame de Marchais; c'est la Pomone la plus fertile et la plus généreuse, la meilleure et la plus ridicule de toutes les femmes.

LETTRE CCXLVII.

Mercredi 15 mai.

Il y a aujourd'hui quatre ans que je partis pour Chanteloup; vous fûtes bien en colère, avouez que vous le seriez bien moins aujourd'hui; que n'en est-il de l'âme comme du corps, ou plutôt du corps comme de l'âme? Pourquoi votre goutte ne s'affaiblit-elle pas, ainsi que les sentiments? Je dirai comme Voltaire a dit, à l'occasion de ce que dans la nature la moitié des individus mange l'autre:

« Ainsi Dieu le voulut, et c'est pour notre bien. »

M. de St.-Paul m'offrit hier de mettre ma

---

(7) Avec mademoiselle Louise Cathcart, sœur du lord Cathcart actuel, et mère du comte de Mansfield.

lettre dans son paquet, si je voulais vous écrire, et il m'assura qu'elle ne courrait aucun risque d'être ouverte dans aucun bureau. Je puis donc vous parler en toute liberté. Ressouvenez-vous de la guerre des Sabins contre les Romains, l'histoire s'en renouvelle aujourd'hui. Il ne reste plus, à mon avis, sur le champ de bataille que deux champions, une Sabine et un Romain (1); « s'il se peut pour être Romain » n'avoir rien d humain. » Ceci est un peu énigmatique, mais je passe ma vie à deviner des énigmes, des charades, des logogriphes ; je suis bien aise de vous exercer à votre tour. J'étais assez tentée de vous envoyer la copie d'une lettre que j'ai écrite au Toulouse; j'en étais contente, mais ç'aurait été une petite vanité, et vous ne l'aimez pas : vous avez raison, je trouve qu'elle fane, pour ainsi dire, tout ce qu'elle approche. Eh bien, vanité à part, je vais vous faire transcrire la lettre que je reçois du duc de Guignes ; vous vous conformerez à sa volonté en ne donnant point de copie de celle qu'il a reçue du roi. Montrez-la à M. Necker, mais sans la lui donner.

---

(1) Elle veut dire la reine et M. de Maurepas.

Le 14 mai.

« Vous m'avez accoutumé à votre intérêt,
» madame la marquise, dans tous les événe-
» ments heureux ou malheureux de ma vie : il
» en est arrivé que ceux-ci me l'ont paru moins,
» et les autres davantage.

» Je n'ai donné aucune copie de la lettre du
» roi ; je l'ai transcrite dans quelques-unes que
» j'ai écrites dans le premier moment, à mes
» parents les plus proches, ou à mes amis les
» plus intimes, en les priant de n'en point abu-
» ser. Je vous dois trop de confiance, madame
» la marquise, pour n'en pas user de même
» et aux mêmes conditions ».

Versailles, 10 mai 1776.

Lorsque je vous ai fait dire, Monsieur, que le temps que j'avais réglé pour votre ambassade était fini, je vous ai fait marquer en même temps que je me réservais de vous accorder les grâces dont vous étiez susceptible. Je rends justice à votre conduite, et je vous accorde les honneurs du Louvre, avec la permission de porter le titre de duc. Je ne doute pas, Monsieur, que ces grâces ne servent à redoubler, s'il est possible, le zèle que je vous connais pour mon service.

Vous pouvez montrer cette lettre.

———

« Je ne me flatte pas, Madame, de vous
» faire ma cour vendredi, parce que je n'ai
» point fait mes remercîments au roi; le chan-
» gement de ministère en a différé le moment;
» ce sera vraisemblablement à la fin de cette
» semaine ».

———

En lisant à M. Necker la lettre du roi, recommandez-lui de ne dire à personne que je vous l'ai envoyée. Mandez-moi ce que vous saurez de ses projets pour son retour.

On dit que la Sabine a traité très-mal le Romain, qui lui demandait le retour de son neveu (2), en se faisant valoir d'avoir concouru

―――――――――

(2) Le duc d'Aiguillon était le neveu de M. de Maurepas. Ce fut cependant par l'intervention de la reine, que madame du Deffand désigne ici par le nom de *la Sabine*, que le duc d'Aiguillon fut, peu de temps après, rappelé de son exil. Madame du Deffand donne de cet événement les détails ci-après, dans une lettre du 20 mai, que nous ne donnons point, parce qu'elle ne contient d'ailleurs rien d'intéressant.

« La nouvelle d'hier est la permission envoyée à

aux grâces accordées à M. de Guignes. On doute que M. de Clugny accepte les finances. L'ambassadeur de Naples est hors de lui, il adore le Turgot. Il disait, l'autre jour, que dans trois mois on dirait la rage de son successeur. Je lui dis, trois mois ! cela est bien long, on n'a pas tant tardé pour M. Turgot.

Considérez ce que c'est que tout ceci. Que devient ce lit de justice, tous ces édits, tous ces beaux préambules? il faut de nécessité qu'il arrive de plus grands changements. Je ne désespère pas que mes parents vrais et

---

» M. d'Aiguillon d'aller partout où il voudra, excepté à
» la cour. Voici comme la grâce a été accordée. Madame
» de Chabrillant était allée trouver son père (le duc
» d'Aiguillon); en arrivant, elle tomba malade d'une
» fièvre putride et mourut. La reine apprenant cet évé-
» nement, fut sur-le-champ chez le roi, et le pria d'ac-
» corder à M. d'Aiguillon la liberté d'aller partout où
» il voudrait, excepté à la cour; elle lui demanda de
» réitérer la défense d'y paraître jamais sous quelque
» prétexte que ce pût être. Le roi y consentit; elle ajouta
» qu'elle souhaitait qu'il lui fût permis, en annonçant à
» M. de Maurepas le retour de son neveu et en l'appre-
» nant à tout le monde, de déclarer la défense expresse
» qui lui était faite de ne jamais paraître à la cour. Cet
» événement a surpris; il doit prouver la bonne intelli-
» gence de la reine avec le ministre. »

adoptifs ne paraissent tôt ou tard sur la scène, et que le Romain (3), avant six mois, ne retourne à sa charrue.

Nous attendons le grand-papa le 20 ou le 21; il reviendra pour la cérémonie de l'ordre (*du St.-Esprit*), on verra quelle sera sa réception. Le vrai parent (*l'archevêque de Toulouse*) est à sa campagne, ne se portant pas trop bien, prenant du lait; il fera un petit voyage ici fort court, à la fin du mois prochain ou au milieu.

Je joins à cette lettre un petit billet cacheté que vous n'ouvrirez qu'après avoir tâché de deviner de qui est le portrait que je vais vous transcrire et quel en est l'auteur.

PORTRAIT DE MAD.***,

Par une de ses amies à qui elle avait demandé son portrait.

« Non, non, Madame, je ne ferai point
» votre portrait; vous avez une manière d'être
» si noble, si fine, si piquante, si délicate,
» si séduisante; votre gentillesse et vos grâces

---

(3) M. de Maurepas.

» changent si souvent pour n'en être que plus
» aimables, que l'on ne peut saisir aucun de
» vos traits ni au physique ni au moral. »

Vous connaissez beaucoup ces deux personnes ; faites quelques efforts pour les deviner, et puis, et puis, adieu.

Le portrait est de madame de Cambise. L'auteur est madame de la Vallière. N'en êtes-vous pas étonné, et ne le trouvez-vous pas fort joli ?

LETTRE CCXLVIII.

22 mai 1776.

J'ai envie de vous écrire ; il me semble que je vous dois rendre compte de tout ce qui m'intéresse ; je ne sais pas trop pourquoi.

Mademoiselle de Lespinasse est morte cette nuit, à deux heures après minuit ; ç'aurait été pour moi autrefois un événement, aujourd'hui ce n'est rien du tout.

24 mai.

J'ai été interrompue, je reprends aujourd'hui.

Le duc de Richmond arriva hier à midi, il vint chez moi à six heures ; il m'apporta votre joli présent et une charmante petite boîte à thé de madame la duchesse de Richmond. Recevez mes remercîments, et chargez-vous auprès d'elle de ceux que je lui dois. J'ai été ravie de voir le duc. Vous avez raison, on se plaît avec lui, et c'est parce qu'il est sensible; il n'y a que ces gens-là avec qui l'on se plaît véritablement; il soupera demain chez moi, et lundi avec moi chez la duchesse du Carrousel (*de la Vallière*); sa fille (*la duchesse de Chatillon*), je crois, n'y sera pas; elle est dans une violente douleur, ainsi que le vilain bossu (*M. d'Anlezy*), (1). Il y a un nombre considérable d'affligés qui concourent d'intelligence à mettre le comble à la célébrité de cette défunte (2); il ne reste plus rien d'elle ni des siens dans mon voisinage; je n'entendrai plus parler d'eux, et bientôt en effet on n'en parlera plus.

Je reçus hier une très-aimable lettre de M. Necker, il me parle beaucoup de vous; je ne sais si vous avoueriez tout ce qu'il m'en dit; il y a un article que je ne crois pas, mais qui est fait pour plaire, n'eût-il que le son.

―――――――――――――――――

(1) Le marquis d'Anlezy, de la famille de Damas.
(2) Mademoiselle de Lespinasse.

J'attends dimanche pour continuer, votre lettre m'en fournira le moyen.

Dimanche.

Cette lettre arriva hier. Je vous passe vos préventions sur les deux renvoyés (*MM. Turgot et Malesherbes*); ce sont d'honnêtes gens, je le crois ; mais lisez la fable dixième du huitième livre de La Fontaine (3). Vos prédictions pourront arriver, mais il faudra qu'elles soient précédées d'un nouvel événement. Je ne m'intéresse pas plus que vous à la politique, mes souhaits se bornent à bien digérer, à bien dormir, et à ne point m'ennuyer.

Je suis fort aise du retour des Necker, ils débarqueront à St.-Ouen ; ils m'ont fait dire que ce serait samedi ou dimanche. Ils ne vous plaisent pas beaucoup, je le vois bien ; tous les deux ont de l'esprit, mais surtout l'homme; je conviens qu'il lui manque cependant une des qualités qui rend le plus agréable, une certaine facilité qui donne pour ainsi dire de l'esprit à ceux avec qui l'on cause ; il n'aide point à développer ce que l'on pense, et l'on

---

(3) *L'Ours et l'Amateur des jardins;* dont voici la morale :

« Rien n'est si dangereux qu'un ignorant ami,
» Mieux vaudrait un sage ennemi.

est plus bête avec lui que l'on ne l'est tout seul, ou avec d'autres (4).

Vous avez dû être surpris de l'auteur du portrait; elle en a fait un de notre Pomone qui est une vraie enseigne à bière; je n'en ai pas pris copie; c'est tous les lieux communs de louanges, qui ressemblent à tous les brimborions dont la Pomone se pare.

C'est certainement votre boîte (5) et c'est une restitution occasionnée par le jubilé, ou les pâques; ce n'a été qu'au bout de plus d'un mois que j'ai deviné qu'elle pouvait être celle que vous aviez perdue; j'avais interrogé tout ce que j'avais vu, enfin je me souviens que ce pouvait être à vous; je vous la renverrai.

M. de Richmond, la duchesse de Leinster et M. Ogilby soupèrent hier chez moi; aujourd'hui et demain, je souperai avec le duc chez madame de la Vallière; ce duc me plaît beaucoup, sa sœur me paraît aussi très-aimable. Je m'occuperai beaucoup d'eux tout le temps qu'ils seront ici.

J'eus avant-hier, vendredi, le grand-papa,

---

(4) Rien ne peut être plus juste ni mieux défini que ce que madame du Deffand dit ici de M. Necker.

(5) Voyez la lettre CCXLVI.

sa sœur, les Beauvau, la maréchale (*de Luxembourg*) et sa petite-fille (*madame de Lauzun*) et plusieurs autres ; j'aurai même compagnie jeudi prochain ; et samedi, 1ᵉʳ juin, le grand-papa partira pour Chanteloup, sa sœur (*mad. de Grammont*) pour Brienne (6); elle y restera cinq ou six jours, de là elle ira à Plombières et ne reviendra à Paris qu'à la fin du mois d'août. Il n'y a point cette année de Compiègne (7), ce qui fera que je ne serai point entièrement isolée.

Si j'étais plus en train d'écrire, je pourrais vous dire mille petits riens ; mais je n'ai ni le goût ni le talent de madame de Sévigné : elle trouverait aujourd'hui matière à huit pages.

---

(6) La terre de M. de Brienne de Loménie, frère de l'archevêque de Toulouse, près de Troyes en Champagne.

(7) C'est-à-dire, de voyage à Compiègne.

LETTRE CCXLIX.

.Paris, mercredi 5 juin 1776.

JE commence mon journal que je continuerai jusqu'au départ du duc (*de Richmond*). Je lui ai lu vos réprimandes dont il a bien ri. Je ne doute pas qu'il ne me trouve une grande douceur ; c'est une qualité qui ne m'est pas trop naturelle, mais que vous m'avez rendue nécessaire. Je vous promets de ne vous plus jamais demander raison de ce que feront vos amis ; je fais serment de ne plus vous parler de votre ambassadeur ; s'il y a encore quelque article que je doive bannir, apprenez-le moi promptement, pour que je puisse avoir, au moins une fois en ma vie, la satisfaction de vous écrire une lettre où vous n'avez rien trouvé qui vous choque ou vous déplaise.

M'est-il permis de vous dire ce que je pense de nos ministres renvoyés ? Le Malesherbes est un sot, bon homme, sans talent, mais modeste, qui n'avait accepté sa place que par faiblesse ; par lui-même il n'aurait fait ni bien ni mal ; il eût voulu le bien, mais il ne savait comment s'y prendre ; il aurait fait le mal qu'on lui aurait fait faire, faute de lumières et par sa déférence pour ses amis ; la preuve qu'il en a donnée, a été de se charger de parler à la reine contre M. de Guignes, ce qui n'aurait point été de son devoir, quand il aurait été persuadé que cet ambassadeur était coupable ; c'était l'affaire de M. de Vergennes, qui fut bien aise de ne se pas commettre, et le Turgot se servit de son ascendant sur ce pauvre homme pour lui faire faire cette sotte démarche ; il ne s'en repent pas, parce qu'il ne lui en a coûté que sa place, dont il est ravi d'être débarrassé.

Pour le Turgot, il n'en est pas de même. Il s'afflige, dit-il, non de sa disgrâce, mais de ce qu'il n'est plus en son pouvoir de rendre la France aussi heureuse qu'elle l'aurait été si ses beaux projets avaient réussi, et la vérité est qu'il aurait tout bouleversé. Sa première opération qui fut sur les blés, pensa à les faire manquer dans Paris, y causa une révolte ; depuis il a attaqué toutes les propriétés, il aurait ruiné le commerce, nommément celui de Lyon. Le fait est, que tout est renchéri depuis son administration, aucune de ses entreprises n'a eu l'apparence de devoir réussir, il avait les plus beaux systèmes du monde sans prévoir aucun moyen. Enfin, excepté les économistes et les encyclopédistes, tout le monde (1) convient que c'est un fou, et aussi extravagant et présomptueux qu'il est possible de l'être; on est trop heureux d'en être défait. Qui est-ce qui lui succédera? je l'ignore, mais on ne peut pas avoir pis qu'un homme qui n'a pas le sens commun; et mieux vaut pour le gouvernement un habile homme avec moins de probité, c'est-à-dire avec moins de bonnes intentions, qu'un homme qui, ne voyant pas plus loin que son nez, croit tout voir, tout comprendre, qui entreprend tout sans jamais prévoir comment il réussira; voilà comme est celui dont vous faites votre héros; de plus, il est d'un orgueil et d'un dédain à faire rire; si vous le connaissiez, il vous serait insupportable; je l'ai beaucoup vu autrefois, et je puis vous assurer qu'il est tel que je vous le dé-

---

(1) C'est-à-dire : « Tout ce peuple d'hommes, de tout » état, de tout rang, qui a pris la funeste habitude de » subsister aux dépens de la nation sans la servir, qui » vit d'une foule d'abus particuliers, et les regarde » comme autant de droits; tous ces hommes, effrayés, » alarmés, formaient une ligue puissante par leur nombre » et par l'éclat de leurs clameurs ». — Voyez la *Vie de M. Turgot*, par M. de Condorcet, page 134.

peins (2) ; un tel personnage est très-dangereux dans un État comme le nôtre ; il pourrait brouiller tout au point qu'on n'y trouvât que difficilement du remède. Il ne suffit pas, pour être un bon ministre, d'être désintéressé, ni de vouloir faire le bien, il faut le connaître. En voilà assez sur ce sot animal. Bien des gens croient que ce seront mes parents adoptifs et réels (*le duc de Choiseul et l'archevêque de Toulouse*) qui pourront succéder ; si cela arrive, je n'en serai ni bien aise, ni fâchée. J'ai tort ; j'en serai fâchée, si cela nous procure la guerre ; voilà le seul côté par où j'envisage notre chose publique, et c'est peut-être encore un intérêt de trop ; car, qu'est ce que je puis avoir à y perdre ou à y gagner? Vous vous moqueriez de moi, de ce que je penserais que cela me dût faire quelque chose.

Lundi 24.

Vous voyez quelle interruption! Je me trouve assez embarrassée pour reprendre le fil de l'histoire. Je suis assez disposée à croire qu'il

---

(2) On renvoie de nouveau le lecteur à la Vie de Turgot, par Condorcet, pour la complète réfutation de cet étrange et faux exposé de la conduite et du caractère de cet homme d'État.

y a bien peu de choses qui intéressent, et que vous êtes peut-être l'homme du monde le plus indifférent, du moins vous voulez qu'on le pense; cependant je vais vous rendre compte de tout ce qui s'est passé ici.

On a fait une division des troupes; vingt-deux lieutenants-généraux ont dans diverses provinces un nombre d'escadrons et de bataillons sous leur commandement, chaque lieutenant-général a sous lui deux maréchaux de camp. La province d'Alsace, par exemple, est divisée en trois commandements; Strasbourg est la première division. M. de Beauvau a la troisième, qui est à Schelestat; M. de Maillebois a été nommé pour la province de Picardie; il en avait eu précédemment le commandement, on lui en donnait les appointements, mais on lui avait interdit toute autorité dans son emploi; M. de St.-Germain et M. de Maurepas qui le protègent extrêmement, ont obtenu qu'il exercerait aujourd'hui son emploi comme tous les autres lieutenants-généraux. Les maréchaux de France qui composent dans ce moment-ci le tribunal, sont au nombre de onze; six ont fait des représentations pour que ledit Maillebois ne fût point employé, alléguant qu'il était déshonoré et devait être exclu de tout pouvoir et de tout honneur militaire (3); ces six sont, MM. de Richelieu, de Biron, de Broglio, de Fitzjames, de Brissac et de Clermont Tonnerre. Ceux qui sont pour lui, M. de Noailles, d'Harcourt, de Soubise, Nicolaï, et Duras. Le roi a ordonné qu'il voulait qu'il eût le commandement, et en conséquence il partira mercredi pour en prendre possession. Lieutenants-généraux, maréchaux de camp, aucuns ne seront à Paris le 1er juillet; ce qui sera près de soixante-dix officiers généraux de moins dans Paris. J'eus la visite, hier, de madame la marquise de Poliguac, je ne sais si vous la connaissez, c'est la sœur de madame de Monconseil (4); c'est une femme d'une vivacité singulière, et qui depuis trente ans a l'amitié la plus passionnée pour M. de Maillebois; il a bien exercé sa sensibilité, elle a été prête à mourir vingt fois de douleur de toutes ses aventures; hier elle était triomphante.

Le crédit de M. de Maurepas, non-seulement se maintient, mais il se fortifie; il en

---

(3) Voyez le récit de sa disgrâce, et des raisons qui y ont donné lieu, dans une note d'une des précédentes lettres.

(4) Née Curzay, mère de la princesse d'Hénin.

jouira toute sa vie, mais comme il est fort vieux, il y a de la marge dans l'avenir; mes parents, ou le cardinal de Bernis, sont dans la coulisse prêts à remplacer, ce sont les seuls pour le moment présent. La reine paraît fort tranquille et fort indifférente, et ce qu'elle a fait pour M. d'Aiguillon marque beaucoup d'égards pour M. de Maurepas. En voilà assez pour aujourd'hui.

Mardi 25.

Je viens de recevoir une lettre de Plombières de madame de Grammont, la plus cordiale, la plus familière, la plus confiante; elle en a dû recevoir une de moi le même jour, nos lettres se sont croisées. J'en reçois souvent de Chanteloup, remplies de la plus tendre amitié; on m'invite à y faire un second voyage; bien des raisons me détournent d'y penser, dont la moindre est la fatigue du chemin, qu'il me serait difficile de supporter; mais s'il y avait un lieu sur terre où je pusse me séparer de moi-même, c'est-à-dire me délivrer de toutes les idées tristes et vaporeuses qui offusquent ma tête, je ne balancerais pas à m'y acheminer, fût-ce au bout du monde; mais comme je me retrouverais partout, je reste dans mon tonneau; j'écarte autant que je le puis toutes les idées qui me tourmentent ; et, convaincue de l'impossibilité d'être heureuse, je tâche de ne point penser, et de me détacher de tout ; mais j'éprouve que cet état, qui ressemble si fort au néant, est le pire de tous.

Je croyais que M. de Richmond partirait dimanche, mais les affaires qui l'ont amené ici, et qui ont quelque apparence de réussite, le retiendront peut-être plus long-temps. Je fais la réflexion que ce n'était pas la peine de vous dire cela, puisque ce sera par lui que vous recevrez cette lettre et que ce sera un article de celle que je vous écrirai dimanche.

Il y eut jeudi dernier une réception à l'Académie française (5) : vous recevrez les discours

---

(5) Celle de la Harpe. Le récit suivant se trouvait dans la gazette de ce jour : « 21 juin. M. de la Harpe a » été reçu hier à l'Académie française, avec un concours » de monde prodigieux. Son discours fut fort long, fort » égoïste, fort emphatique, fort ridicule ; il a été suivi » d'une réplique de M. Marmontel, dans le même genre, » non moins bavarde, et non moins impertinente..... ... » M. d'Alembert a terminé par l'éloge de M. de Sacy, » dans lequel il a fait venir celui de l'héroïne qu'il vient » de perdre, mademoiselle de Lespinasse, qu'il n'a eu » garde de nommer, mais dont tout le monde a senti » l'allusion ».

avec les *Mannequins* (6) ; vous serez étonné du genre de l'éloquence d'aujourd'hui. Je lisais Cicéron en même temps que ces beaux ouvrages, vous pouvez juger de ce que j'en puis penser.

Madame de Luxembourg partit hier pour l'Isle-Adam avec sa petite-fille, l'Idole et sa belle-fille ; le prince est, dit-on, mourant. Le comte de Broglio partit hier pour Metz. M. de Beauvau partira lundi pour Schelestat qui est le lieu de sa division. Je vois partir tout le monde sans m'en affliger beaucoup. Je ne sais d'où vient je vous rends compte de moi et de ce qui m'environne ; vous me dites dans votre dernière lettre : *J'ai des amis parce que ce sont des personnes que j'estime, mais je ne me soucie pas de tout ce qu'ils font dans l'absence.* J'ai donc tort, oui, et très-grand tort ; mais ayez un peu d'indulgence et soyez persuadé que je ne vous parle de moi que parce que je n'en puis parler à personne, et que ce m'est un petit soulagement qui m'aide à prendre patience. Ne pensez jamais que j'aye aucun dessein qui puisse vous regarder, je

---

(6) Brochure satirique contre M. Turgot et ses projets.

vous manderais les mêmes choses, si vous étiez à Rome.

Je suis actuellement occupée des petites emplettes pour chez vous; je vois que je n'ai nul goût, et je crains votre critique.

Lundi 1er juillet.

Comme M. de Richmond partira peut-être demain matin, je compte lui remettre ce soir qu'il doit souper chez moi, et cette lettre, et celle pour M. de Conway que je mets sous votre enveloppe.

Il n'y a rien ici de nouveau : les crédits subsistent tels qu'ils étaient, celui de la reine pour les grâces de la cour, celui du Maurepas pour l'administration. Plusieurs prétendent que le St.-Germain sera chassé, je n'en crois rien. Les spéculatifs prévoient la guerre, je ne le veux pas croire. Dites à M. de Richmond tout le bien que je vous ai dit de lui, le chagrin que j'ai de son départ, et mon impatience pour son retour.

Adieu; avouez que je vous ai bien ennuyé.

Je ne vous ai point parlé de M. de Clugny, successeur du Turgot, mais c'est que je n'en entends rien dire.

LETTRE CCL.

Dimanche 9 juin 1776.

Quelles sont donc les réflexions dont je vous accable et que je préfère aux *riens* que vous regrettez tant? Il me semble que toutes mes lettres ne sont remplies que de *riens*, et que je ne vous entretiens guère de mes pensées et de mes réflexions; mais il faut que vous me grondiez toujours, et avec le ton de l'ironie et de la moquerie. Ce qui est de singulier, c'est que cela ne me déplaît pas, et que je vous en aime davantage; vous devez être fort content de l'éducation que vous avez faite de moi; si elle n'est pas parfaite, il ne s'en manque guère.

Nous savions ici toute l'histoire de la maison du prince de Galles, j'ai donné votre lettre à lire au duc de Richmond. Je comprends parfaitement votre amitié pour lui; je le trouve infiniment aimable; mais ce que je ne concevrai jamais, c'est la façon dont les Anglais s'aiment, en ne se voyant point, en ne se donnant point de leurs nouvelles; il faut qu'ils ayent quelques génies qui leur viennent communiquer leurs pensées, leurs sentiments et leur épargnent la peine de se parler et de s'écrire ; effectivement, une Française telle que moi doit leur paraître une espèce bien étrange. J'ai beaucoup de penchant pour le duc ; mais je me garde bien de l'aimer, c'est assez d'un Anglais tel que vous.

Vous jugez très-bien mes amis (1) ; la femme a de l'esprit, mais il est d'une sphère trop élevée pour que l'on puisse communiquer avec elle. Son mari, qui en a plus qu'elle, et qui est peut-être celui qui, aujourd'hui, en a le plus dans notre nation, vaut bien mieux qu'elle. Il est bien persuadé de sa supériorité, mais elle ne le rend ni suffisant ni pédant ; le défaut que je lui trouve, c'est qu'il n'est point de facile conversation : on ne se trouve point d'esprit avec lui. Il a cependant de la franchise, de la bonne humeur, de la douceur et de la bonté ; mais il est distrait et par conséquent stérile. Il dit qu'il vous aime beaucoup, et moi je lui dis que je n'en crois rien ; il se fâche, et je lui soutiens qu'il est trop distrait pour avoir pu démêler ce que vous valez. Eh bien ! je crois vous voir hausser les épaules et vous impatienter ; vous me direz : pourquoi, le croyant,

---

(1) M. et madame Necker.

m'écrire ces fadaises? Ah! Monsieur, c'est qu'elles me viennent au bout de ma plume, et qu'il me plaît de vous dire tout ce que je pense.

J'espère que votre duc réussira à son affaire; il vit hier tous ceux de qui elle dépend, il en fut fort content. Je lui conseille d'en hâter la conclusion, parce qu'on ne sait pas ce qui pourrait arriver; j'ai commencé une lettre du 5 de ce mois dont je le ferai porteur; je vous y parlerai la bouche ouverte; je ne sais pas ce que je vous dirai, mais ce sera tout ce que je saurai, tout ce que je penserai.

Je comprends, à l'énumération que vous me faites de vos occupations, que vous devez regretter le temps que vous perdez à m'écrire; vos journées sont bien remplies; je dois vous savoir beaucoup de gré des moments que vous me donnez, et d'autant plus que je sais par expérience ce qu'il en coûte pour écrire, car rien n'est si vrai que vous êtes le seul pour qui cela ne me coûte rien.

Je vous remercie d'avance de vos éventails; ma reconnaissance s'étend sur ce que vous faites pour mes amis, et je suis fort aise que vous traitiez bien madame de la Vallière; sa conduite avec moi est d'une égalité et d'une facilité charmante. Sa fille, la duchesse de Châtillon, est dans la plus grande affliction de la demoiselle Lespinasse, laquelle a fait un testament olographe des plus parfaitement ridicules. Mon neveu (2), qui est ici, a voulu le voir, il prétend qu'il était en droit de l'exiger, il faut bien que cela fût puisqu'on le lui a montré; elle lui a laissé un perroquet en le qualifiant de son neveu de Vichy (3); elle charge son exécuteur testamentaire d'Alembert du soin de faire vendre tous ses effets, d'en employer le produit à payer ses dettes; et s'il ne suffit pas, elle compte assez sur l'amitié et la générosité de son neveu Vichy, pour le prier d'ajouter le surplus. A l'égard des d'Albon, elle n'en veut point parler, dit-elle, parce que, non-seulement quoique légitime, elle n'a reçu d'eux aucun bienfait, et qu'ils lui ont volé une somme que sa mère avait mise en dépôt pour elle; elle a signé ledit testament, JULIE D'ALBON.

───────────

(2) Le fils du comte de Vichy.
(3) Voyez la Vie de madame du Deffand, placée à la tête de ces lettres. Mademoiselle de Lespinasse appelait M. de Vichy son neveu, comme étant le fils de la fille légitime de madame d'Albon, dont elle n'était que la fille naturelle.

Voilà de ces riens que je vous ai épargnés dans d'autres lettres, et que, pour punition de vos réprimandes, j'insère dans celle-ci.

LETTRE CCLI.

Mardi 18 juin 1776.

Je n'eus point de lettre samedi ni dimanche, et votre lettre du 10 ne m'a été rendue qu'hier en rentrant chez moi.

J'ai vu M. et madame Bingham (1); je les trouve aimables, la femme me paraît gaie et franche : quand nous nous connaîtrons, nous saurons si nous nous convenons. Elle m'a remis les éventails ; je vous remercie du mien que je trouve joli, et d'invention nouvelle et commode. Madame de la Vallière m'a chargée de tous ses remercîments, elle est fort sensible aux marques de votre souvenir ; c'est en vérité une très-bonne femme, et douée d'un caractère qui la rend très-sociable et très-heureuse; elle a mille attentions pour les Richmond, je crois qu'ils doivent être contents d'elle, de madame de Mirepoix et de madame de Cambise; je pourrais y ajouter madame de Luxem-

---

(1) Le feu comte et la comtesse douairière de Lucan.

bourg; mais comme depuis dix jours elle est à Ste.-Assise, chez madame de Montesson, elle n'a pas pu continuer ses attentions. J'ai cédé la semaine passée mon mercredi à madame de Mirepoix qui voulait leur donner à souper. La duchesse de Leinster nous invita pour le lundi d'après, qui était hier; mais en arrivant, nous apprîmes qu'elle était malade; je viens d'envoyer chez elle, elle a eu de la fièvre toute la nuit, et il lui est sorti une ébullition, c'est peut-être la rougeole. Le souper ne fut point à l'hôtel de Luynes où elle loge, mais à l'hôtel de Modène chez son fils milord Charles Fitzgerald. Le duc de Richmond, M. Ogilby, son fils et sa fille, en firent les honneurs; nous étions seize: les Bingham, l'ambassadrice de Sardaigne, mesdames de Mirepoix, de Cambise, de Boisgelin; MM. de Monaco, de Beaune, mademoiselle Sanadon et moi, les quatre de la maison; il en manque deux, je ne les retrouve pas. J'y arrivai morte de fatigue; j'étais sortie de bonne heure, pour aller voir la Petite Sainte (2) qui partait aujourd'hui pour Chanteloup; je fis encore deux visites, je ne pouvais plus me soutenir. Je m'affaiblis terriblement;

---

(2) Madame de Choiseul-Betz.

si ce n'était que les jambes, je prendrais patience; mais la tête, la tête! cela est bien triste. Les idées de retraite me reviennent souvent; je voudrais un état fixe, que le jour, la veille et le lendemain fussent semblables; il vaudrait mieux, dans la vieillesse, être sourde qu'aveugle, la surdité est contraire à la société; mais quand on n'y est plus propre, ce serait un petit inconvénient que d'être forcée à s'en passer, et d'avoir à la place des yeux pour pouvoir s'occuper dans la retraite. Mais à quoi servent ces réflexions? à vous ennuyer, à vous déplaire; je vous en demande pardon.

Le grand abbé part demain ou après-demain pour Chanteloup; je viens d'écrire à la grand'maman une assez plate lettre et qui m'a coûté. Je ne sais pas si tous les gens qui vieillissent sentent autant que moi la diminution de leurs forces corporelles et l'anéantissement de leurs âmes. Croyez, mon ami, que l'opinion qu'on a de moi ne subsiste plus que sur une réputation d'esprit très-mal fondée, que quelques personnes (dont vous êtes peut-être du nombre) ont imaginé de me donner; elle tombera bientôt avec justice.

Ma lecture présente est la Vie de Cicéron, par Midleton, très-bien traduite par l'abbé

Prévost; je l'entremèle des lettres de Cicéron à Atticus en suivant les époques. Je trouve que l'esprit de Cicéron doit servir de mesure pour tous les autres, son style m'enchante. Je lui pardonne sa vanité en faveur de sa sincérité, et sa faiblesse, parce que, je puis vous l'avouer, en ce seul point je trouve que je lui ressemble.

LETTRE CCLII.

Dimanche 30 juin 1776.

J'ai reçu votre thé; vous aurez dans vos mains de quoi le payer. Si vous voulez que ce soit un présent, vous êtes le maître, les remercîments vont sans dire.

A qui vous plaignez-vous de votre peu d'imagination? à quelqu'un de stupide : non-seulement j'en suis dépourvue, mais la perte de mémoire me jette dans une timidité qui fait que je n'ose hasarder de parler; les expressions, les mots, tout me manque; j'en suis humiliée, surtout devant les nouvelles connaissances à qui on a bien voulu donner bonne opinion de moi. Vous prendrez cette honte pour de la vanité, cela peut être, mais sûrement je n'ai pas celle qui cherche à en imposer et à se donner pour meilleur qu'on est. Je n'ai pas de peine à vous croire, en vous jugeant par moi, que vous êtes quelquefois dénué de pensée ; c'est mon état habituel : quand j'ai été long-temps seule ou avec des sots ou des nouvelles connaissances, je crois que je ne penserai de ma vie, et c'est cet état que je nomme ennui, et qui m'est insupportable.

Vous recevrez un volume par M. de Richmond ; il partira mercredi. Ce duc ne se porte pas trop bien, sa tête est plus remplie que la vôtre, mais je ne sais pas si toutes ses idées sont justes et bien arrangées ; je crois son cœur excellent, il est plus sensible que votre cousin, mais j'aime bien mieux ce dernier, et j'avoue que je serais charmée de le revoir. Je voudrais bien qu'il vînt avec le duc qui doit revenir au mois d'août, et ne s'en retourner que deux ou trois mois après.

Bon jour, mon ami. Je suis encore à décider si c'est un bonheur ou un malheur pour moi de vous connaître. Mandez-moi toujours toutes vos nouvelles ; elles ne me font rien, il est vrai, mais les nôtres ne vous font point davantage. Je donne à souper mercredi aux Bingham et aux Saint-Paul; jeudi aux Stormont, aux Necker et à plusieurs diplomatiques.

J'allais oublier de vous apprendre que le petit marquis de Coigni, que vous avez vu, a une forte petite vérole. Il l'a prise de sa femme qu'il a gardée dans son inoculation, il avait été inoculé par Gatti; on croit que son frère le vicomte l'aura aussi.

LETTRE CCLIII.

Dimanche 7 juillet 1776.

Vos raisonnements sont excellents, ils interdisent toute réplique. *On n'est point malheureux, quand on a le loisir de s'ennuyer.*

Vous attendez M. de Richmond pour savoir à quoi vous en tenir sur l'affaiblissement de ma tête; je vous préviens qu'il n'y a pas pris garde. Je ne doute pas qu'il ne m'ait trouvé autant de santé et de bon sens qu'il lui fallait; il n'est parti que jeudi 4, il ne passera point par Londres; il m'a dit que vous recevriez ma lettre dans cette semaine-ci.

Je soupai hier chez les Necker avec une

madame Montagu (1), la connaissez-vous ? C'est un bel-esprit, dit-on ; cela est-il vrai ? est-elle des vrais Montagu ? M. Necker m'a priée de vous faire mille compliments, il me paraît qu'il vous aime. L'ambassadrice lady Stormont est jolie, elle se tient mal, elle n'a pas bonne grâce, sa physionomie est spirituelle.

Je ne suis pas en train de vous faire une longue lettre ; vous serez assez ennuyé de celle que vous recevrez par M. de Richmond et ce sera en même temps que celle-ci.

Je ne défendrai point Cicéron, mais après César, c'est l'homme que j'aime le mieux ; sa sincérité me fait lui pardonner tous ses défauts.

Je vous crois sans vanité, mais je vous prie de me nommer avec vérité et simplicité les personnes à qui vous croyez plus d'esprit qu'à vous ; j'en excepte les beaux-esprits et les femmes, ne vous comparez qu'avec les gens du monde et de votre société. Quand vous m'aurez fait cet aveu, je vous en ferai un pareil, exceptant les beaux-esprits et les

---

(1) Feu Elisabeth Montagu, célèbre auteur de l'*Essai sur le génie et les écrits de Shakespear*.

hommes ; j'entends par beaux-esprits, les auteurs et les savants.

LETTRE CCLIV.

Samedi 20 juillet 1776,
à 4 heures après midi.

Je suis fort aise que vous soyiez content de la boîte de M. Gibbon, et je vous remercie de la peine que vous avez prise de m'écrire une longue lettre. Je trouve vos conseils excellents et j'ai le désir d'en profiter.

Je suis absolument de même avis que vous sur le jugement que vous portez des discours de l'Académie, mais non sur M. Turgot. Je trouve aussi que vous avez toute raison de condamner qu'on s'occupe trop de soi-même, et surtout d'exiger des autres qu'ils s'occupent de nous. Ceux qui ont de la bonté supportent nos plaintes, et ceux qui n'en ont pas s'en moquent. Je ne prévois pas que j'aye aucune commission dont je puisse vous importuner, ainsi vous me ferez payer par votre banquier si vous le voulez.

Mon intention est de vous rendre mes lettres moins ennuyeuses, le plus sûr expédient est de les rendre très-courtes.

Dimanche.

Je relis votre lettre et je peux sans scrupule ajouter à la mienne sans craindre de la rendre trop longue.

M. de St.-Aignan avait quatre-vingt-douze ans, il était frère de M. le duc de Beauvilliers, gouverneur du dauphin fils de Louis XIV. Son père l'avait eu d'un second mariage à l'âge de quatre-vingts ans. Il avait été ambassadeur en Espagne et à Rome ; c'était un homme très-médiocre, fort dévot; il avait épousé, il y a vingt ans, la sœur de M. Turgot qui est une grande janséniste ; il n'en avait point eu d'enfants. Conservez votre bonne opinion pour son frère, j'y consens, mais n'exigez pas que je sois persuadée que les bonnes intentions suffisent pour faire un bon ministre, quand étant dénué de lumières, il est présomptueux et entreprenant, et s'embarque à faire des établissements sans prévoir leur impossibilité, et qu'au lieu de procurer le bien qu'il désire, il n'en résulterait que du désordre, et de plus grands inconvénients que ceux qu'on chercherait à détruire.

J'ai autant d'horreur que vous pour le cardinal de Richelieu, mais je crois qu'il avait un peu plus de talent que M. Turgot pour le ministère. Jamais Henri IV n'aurait pris M. Turgot pour ministre, soyez-en sûr; il l'aurait peut-être fait gouverneur de ses pages ou intendant de quelque petite province comme il était avant (1).

Je soupai hier chez les Necker avec mesdames de Luxembourg, de Cambise et d'Houdetot. Je dis au Necker ce que vous m'écriviez d'obligeant pour lui; c'est lui qui est véritablement un bon homme! de la capacité sans présomption, de la générosité sans faste, de la prudence sans mystère; ce serait un bon choix que d'employer un tel homme, mais sa religion est un obstacle invincible. Je ne mangeai qu'un potage et un œuf à l'eau, et je n'ai pas dormi de la nuit; mais comme je n'ai pas de vapeurs, je prends patience. Je ne vous parlerai plus jamais de mes chagrins; pour m'en consoler, vous me démontrez qu'ils ne sont que l'effet de mon caractère, et que si je n'étais pas la plus vaine et la plus exigeante de toutes les créatures, je devrais être la plus contente, et que je ne me plains

---

(1) On doit regretter que madame du Deffand ait si peu justifié ici le nom d'*Aveugle-Clairvoyante*, que Voltaire lui avait donné.

que parce que je suis orgueilleuse et injuste ; j'aurais cru pouvoir me flatter d'être mieux connue de vous, et que vous ne m'auriez pas accusée d'exiger que l'on fît plus pour moi que je ne fais pour les autres. Mais n'en parlons plus ; il y a dix ans que je vous suis à charge de toutes les manières et que j'ai poussé votre patience à bout ; je vous en demande pardon, mais comme vous avez dû remarquer que toutes vos leçons ne m'ont pas été inutiles, et qu'il y a bien des articles sur lesquels je suis très-corrigée, pourquoi ne puis-je pas me corriger sur le reste ? Si vous avez le courage d'en faire l'épreuve, je vous en serai obligée.

LETTRE CCLV.

Paris, dimanche 4 août 1776.

JE voudrais être bien sûre que vous soyiez plus tranquille ; mais je connais votre sensibilité, mon ami ; cependant je crois que c'est à tort que vous vous alarmez (1) ; je juge par le détail que vous me faites que la cause du mal

---

(1) Au sujet d'une maladie du général Conway.

m'est étrangère et n'a point d'existence réelle.
Je vous prie instamment de continuer à me
donner des nouvelles. Votre amitié pour votre
cousin n'est pas le seul motif de l'intérêt que
j'y prends; j'ai tant d'estime pour lui et milady, qu'il y a bien peu de personnes que j'aime
autant qu'eux.

Vous avez l'air de me croire mécontente de
M. de Richmond, mais c'est tout au contraire; je n'ai que des sujets de me louer de
lui, et je l'ai trouvé encore plus aimable dans
son dernier voyage que dans le précédent. Je
suis très-touchée du service qu'il a essayé de
me rendre en voulant vous déterminer à venir
ici. Je ne saurais me plaindre de ce qu'il n'y a
pas réussi. J'ai peu d'espérance de vous jamais
revoir, et c'est là où je dois faire usage de ma
raison.

M. le prince de Conti mourut avant-hier
après dîner; il avait reçu la visite de l'archevêque et des exhortations de M. de la
Borde; *c'est tout ce qu'il a reçu* (2). Son

---

(2) Elle entend par là qu'il n'avait pas reçu les sacrements. Dans les nouvelles du jour, on parle ainsi de cet
événement: « Tout le monde s'accorde à convenir d'une
» conversation, à peu près telle qu'on l'a rapportée entre

fils (3) s'est très-bien conduit; les d'Orléans et les Condé ne lui ont donné aucune marque d'attention.

L'Idole est dans la plus grande douleur, elle s'est retirée à Auteuil. La maréchale de Luxembourg l'y a suivie, elle vient de me mander tout à l'heure que j'y serai reçue ; c'est une très-grande faveur, j'y irai cette après-dînée.

On m'apporte dans le moment une lettre de l'abbé Barthélemi; elle est si originale que j'en vais faire faire une copie pour vous l'envoyer (4); j'y joindrai celle d'une lettre de Voltaire (5) que je vous prie de montrer à peu de

---

» le malade et l'archevêque de Paris; elle a eu lieu le
» jour de la première visite du prélat; depuis il a été
» refusé deux fois par le suisse à la porte de la rue, sans
» être descendu de carrosse et en présence d'un peuple
» immense. Les gens du métier reprochent à M. de
» Beaumont (l'archevêque), de n'avoir pas sauvé ce scan-
» dale, en mettant un peu d'astuce, en descendant, en
» entrant dans la cour, et se tenant en quelqu'endroit,
» pour en imposer au moins aux spectateurs, et qu'on
» crût qu'il avait été admis auprès de son altesse ».

(3) Son fils unique, le comte de la Marche, qui, à la mort de son père, devint prince de Conti.

(4) Cette lettre n'a pas été trouvée.

(5) Au comte d'Argental. Voyez le tome LXIII, page

personnes, car je ne veux pas qu'on dise que c'est par moi qu'elle est devenue publique en Angleterre. Je me suis souvenue que je ne vous avais point dit quel était le Montazet dont il était question dans les discours de l'Académie, c'est de l'archevêque de Lyon.

Nous avons ici M. et madame Hamilton votre ministre de Naples (6), je ne les ai point encore vus. La dame de Montagu ne me déplaît point, sa conversation est pénible parce qu'elle parle difficilement notre langue; elle est très-polie, et elle n'a point été trop pédante avec moi; je lui ai fait voir la lettre de Voltaire, elle me dit sur *les perles et le fumier*, que *ce fumier n'avait pas servi à fertiliser sa terre*.

J'attends votre première lettre avec impatience; je suis aussi inquiète que vous, car mon inquiétude est double; ne négligez aucun détail.

Lundi 5.

J'ai vu l'Idole, elle observe très-bien le cos-

---

261 de l'édition des OEuvres de Voltaire, par Beaumarchais.

(6) Feu sir William Hamilton, et sa première femme, mademoiselle Barlow.

tume, il n'y a rien à dire; et moi, mon ami, j'observai très-bien hier celui d'une Française; on m'annonça le duc de Richmond, je sautai de mon tonneau à son cou, je l'embrassais de tout mon cœur, je me flattais qu'il vous aurait vu, qu'il me dirait comment il vous avait trouvé, qu'il me rendrait compte de l'état de votre cousin; point du tout, il n'avait vu ni l'un ni l'autre; j'en fus un peu refroidie, je vous l'avoue; je le quittai pour aller à Auteuil, mais je passai la soirée avec lui au Carrousel. La duchesse de la Vallière m'inquiète; elle a un rhume très-obstiné, elle ne dort point, elle est triste et changée, je serais très-fâchée qu'elle partît avant moi. Mon Dieu! que j'attends samedi ou dimanche avec impatience! et je ne puis pas soutenir l'inquiétude; mettez la main sur la conscience, et avouez que vous avez beau être Anglais, votre amitié est un peu française; vous n'attendriez pas patiemment des nouvelles de vos amis, si vous étiez inquiet de leur état.

LETTRE CCLVI.

Dimanche 18 août 1776.

Je suis fort aise du bon état de M. votre cousin. On m'a conté un semblable accident (1) avec toutes les mêmes circonstances, arrivé à quelqu'un il y a plus de trente ans, et qui se porte encore aujourd'hui fort bien. Je suis ravie que vous n'ayiez plus ce sujet d'inquiétude, je la partageais véritablement. Il vous reste l'Amérique, mais cela est bien différent. Vous me ferez plaisir de me mander toutes les nouvelles qu'on en recevra.

Vous m'avez dit quelquefois que vous apprendriez volontiers celles de ma société; j'ai peine à le croire, vous feriez bien, si cela est vrai, de me le répéter. Au bout d'un certain temps et dans l'éloignement, les objets s'effacent, et il est très-naturel qu'ils cessent d'intéresser. Cependant je vous dirai aujourd'hui que madame de la Vallière ne voit encore personne; j'envoie tous les matins savoir de ses nouvelles : elle a un peu dormi cette

---

(1) On croyait que ç'avait été une attaque de paralysie.

nuit, et si en effet elle n'a d'autre incommodité que l'insomnie, je n'en dois pas être fort inquiète, j'ai l'expérience qu'on se passe de sommeil.

L'abbé Barthélemi est arrivé de Chanteloup, madame de Grammont de Plombières, et madame de Luxembourg est revenue coucher à Paris, après quinze jours de séjour qu'elle a fait à Auteuil auprès de la divine comtesse. Ma société en est plus ranimée, mais ce sera pour peu de temps. Dans quinze jours les comtesses de Bouflers doivent, dit-on, aller à Arles (2) parce que M. Pomme qui traite la belle-fille et qui était venu ici pour elle, s'y en retourne. L'abbé en fera autant pour Chanteloup, et madame de Luxembourg a différents voyages à faire dans le courant du mois prochain.

Le jeune duc (3), comme vous l'appelez, ira à Aubigny aussitôt la vacance de notre parlement; je voudrais bien que son affaire réussît, mais je crains plus que je n'espère.

On vous a dit la vérité, la reine a très-bien traité milady Lucan (4); elle la rencontra au

---

(2) En Provence, près de l'embouchure du Rhône.
(3) Le feu duc de Richmond.
(4) La comtesse douairière de Lucan.

Moulin Joli, chez Vatelet; la milady y avait dîné; la reine vint s'y promener et s'informa qui elle était; elle lui fit dire de s'approcher d'elle, lui parla de son talent, voulut voir ses miniatures, et la pria de lui en donner. La milady lui en laissa le choix, la reine en prit deux qui étaient le portrait de son fils et de sa fille; elle lui dit de venir à Versailles, elle y a été, et la reine l'a très-bien traitée.

Je vois quelquefois madame Montagu; je ne la trouve pas trop pédante, mais elle fait tant d'efforts pour bien parler notre langue, que sa conversation est pénible. J'aime bien mieux milady Lucan, qui ne s'embarrasse point du mot propre, et qui se fait fort bien entendre.

J'ai vu le chevalier Hamilton et madame sa femme, ce n'est pas assez pour les connaître. Je ne vois pas d'autre Anglais.

J'allais oublier de vous raconter ce que me dit l'autre jour l'ambassadeur de Naples (5). M. de Richmond m'avait bien recommandé de ne pas vous le laisser ignorer.

Il prétend qu'il a vu M. Conway, dans le temps qu'il était ministre, se promener au Ranelagh étant extrêmement ivre, et que lui, ainsi

---

(5) Le marquis de Caraccioli.

que tous les Anglais du plus grand monde et de la meilleure compagnie, s'enivrent tous les soirs. Je lui demandai s'il vous avait vu, ou s'il avait su que vous vous fussiez enivré quelquefois ; il me dit que non, mais pour votre cousin, il en était sûr. Je crois que ce pauvre ambassadeur ne vivra pas long-temps ; il est jaune comme un coing, il a les jambes enflées, il a une toux continuelle, il crache à faire horreur. Je prétends qu'il tousse comme une caverne. C'est un étrange homme ; il n'en faudrait pas deux semblables pour la société, un seul y est tout au plus supportable.

LETTRE CCLVII.

Paris, samedi 7 septembre 1776.

J'AI oublié, dans ma dernière lettre, de vous mander que madame Geoffrin était tombée, pour la troisième fois, en apoplexie. Cette dernière fois-ci elle est restée paralytique d'un côté ; elle a presque perdu la connaissance : on croit pourtant qu'elle ne mourra point de cette attaque. Vous voyez que la mort en veut ici aux personnes de mérite singulier ; d'abord mademoiselle de Lespinasse, ensuite M. le prince de Conti, et puis madame Geoffrin, qu'on peut regarder comme morte. Ces trois personnes étaient fort célèbres chacune dans leur genre. On regrettera moins M. le prince de Conti, parce qu'il n'avait plus de maison ; les désœuvrés se rassemblaient chez les deux autres : jusqu'à tant qu'il survienne quelques personnes assez ridicules pour être dignes de leur succéder, il faudra s'en passer.

Je compte sur ce que vous direz de moi à vos parents : c'est pour me conduire à l'anglaise que je me suis fait l'effort de ne leur pas dire moi-même combien j'ai pris intérêt à cet étrange événement (1). Je ne comprends pas comment vous n'êtes point avec eux, et comment vous vous accommodez de la vie que vous menez : des estampes, des médailles, des breloques, me semblent un froid amusement ; mais il ne faut pas juger des autres par soi-même. Si en effet vous ne vous ennuyez pas, vous êtes heureux ; et il faut bien que cela soit, puisque c'est par choix que vous vivez ainsi.

L'Idole me donna à lire, avant-hier, une lettre de M. Hume, à l'occasion de la mort du prince : il lui disait adieu, comme n'ayant

---

(1) Un récent malheur de famille.

plus que quelques jours à vivre. Cette lettre m'a paru de la plus grande beauté; je lui en ai demandé une copie, et je l'aurai (2). Elle part à la fin de ce mois pour Arles; sa maison est déjà retenue et meublée. Une certaine bienséance, l'embarras d'un maintien dans cette

―――――――――――――――――――――――――

(2) Cette lettre, qui mérite l'éloge qu'en fait madame du Deffand, était ainsi conçue :

« A madame la comtesse de Bouflers.

« Edimbourg, 20 août 1776.

« Quoique je sois certainement à quelques semaines,
» et peut-être à quelques jours de ma propre mort, je
» ne puis m'empêcher, ma chère Madame, d'être frappé
» de celle du prince de Conti, perte si grande à tous
» égards. Mes réflexions ont porté à l'instant sur votre
» situation dans cet événement malheureux. Quelle dif-
» férence pour le plan entier de votre vie ! — Mandez-
» moi, je vous prie, quelques détails, mais que ce soit
» de manière à ne vous point embarrasser dans quelles
» mains votre lettre peut tomber après ma mort. Ma
» maladie est une diarrhée, ou mal d'entrailles qui me
» mine depuis deux ans, mais qui depuis six mois m'en-
» traîne à ma fin avec un progrès visible. Je vois chaque
» jour la mort s'approcher, sans inquiétude, et sans re-
» gret. Je vous dis adieu avec beaucoup d'affection et de
» respect, pour la dernière fois.

» David Hume ».

Il mourut le 25 août, cinq jours après la date de cette lettre.

espèce de veuvage, la confiance que la belle-fille a dans la science de M. Pomme, de qui elle attend sa guérison, et qui habite dans cette ville, l'ont déterminée à s'y établir pour y passer l'hiver : elle ne reviendra qu'au mois de février.

Je vous ai dit que madame de Luxembourg devait faire de petits voyages : elle partit mercredi 4; elle ne sera de retour que le 20 ou le 21.

La Sanadona va s'absenter aussi : elle part mardi pour Praslin, où elle ne restera que huit jours, malgré les efforts que tout le *praslinage* fait pour la retenir plus long-temps; mais elle veut me revenir trouver, jugeant qu'elle m'est fort nécessaire. Elle ne se trompe pas ; elle est pour moi ce qu'est un bâton pour gens de ma confrérie. Quand vous devriez me croire autant de vanité qu'à Cicéron, je vous avoue que quand je me compare aux autres femmes, j'augmente d'estime pour moi ; je me crois plus fidèle, plus sincère qu'aucune autre : mais je suis aussi faible que ce philosophe ; j'en conviens à ma honte : c'est à la nature que je m'en prends ; je suis restée telle qu'elle m'a faite : je n'ai pas à me louer d'elle ; si elle m'a donné un corps assez sain, elle y a joint un esprit fort malade. Elle vous a traité tout au contraire; je voudrais que votre âme fût moins saine, et que votre corps le fût davantage.

LETTRE CCLVIII.

Paris, dimanche 15 septembre 1776.

Le duc de Richmond est parti ce matin pour Aubigni : on n'a jamais vu personne aussi profondément triste. Il dit qu'il ne se porte pas bien ; mais il ne dit pas quel est son mal : il repassera par ici en retournant à Londres.

Vos nouvelles d'Amérique se font attendre bien long-temps : elles sont un objet de grande curiosité pour toute l'Europe ; je les attends avec patience ; ni vous ni les vôtres n'y êtes point personnellement intéressés.

Les Lucan sont fort aimables ; ils me donnèrent l'autre jour chez moi la plus jolie musique du monde, et qui ne me causa pas plus d'embarras que si ç'avait été chez un autre : je ne sortis point de mon tonneau ; je ne me levai pour personne. Le milord avait fait apporter un piano-forte dans mon antichambre ; il avait amené le maître de musique de ses filles, qui est italien, un autre italien qu'il a pris ici, qui est bon violon ; il avait sa flûte : ses deux filles (1) chantèrent tour à tour, et chacune s'accompagna. Votre ambassadrice (2) chanta et s'accompagna aussi. Il vint assez de monde ; mais je ne vis que ceux qui s'approchèrent de mon tonneau. La musique finie, tout décampa, le piano-forte, les musiciens, les enfants, une partie de la compagnie, et nous restâmes douze pour le souper, milord, milady (*Lucan*), le duc (*de Richmond*), votre ambassadeur et l'ambassadrice, madame de Mirepoix, ses deux nièces (*mesdames de Cambise et de Boisgelin*), et quelques autres.

Le lendemain, vendredi, madame de Montagu nous donna un très-bon souper dans une maison qu'elle a louée à Chaillot. La compagnie était madame de Mirepoix et ses deux nièces, un milord écossais, Eglinton (j'estropie peut-être son nom), le duc de Richmond, la maîtresse de la maison et mademoiselle Grégory (3), madame de Marchais et moi.

---

(1) La comtesse Spencer d'à présent, et mademoiselle Louise Bingham, qui mourut fort jeune, sans avoir été mariée.

(2) Alors lady Stormont, depuis créée comtesse de Mansfield, de son propre droit.

(3) Fille du feu D[r]. Grégory, d'Edimbourg, et mariée depuis à M. Allison, l'un des ministres de l'église épis-

Hier je fus à Saint-Ouen avec le vicomte de Beaune ; nous ne trouvâmes que les maîtres de la maison (4) et milord L*** : on a oublié de l'enterrer, car certainement il n'est pas en vie. On parla d'une brochure qui va paraître, dont le titre sera : *Commentaire sur la vie de Voltaire.* Il y parle, à ce qu'on dit, de toutes les personnes célèbres qu'il a connues. Madame Necker prétendait qu'il fallait que je fusse brouillée avec lui, parce que je n'y étais pas nommée. Je l'assurai, avec vérité, que j'en étais fort aise, et que je préférais d'être dans le nombre des personnes qu'il avait oubliées, qu'à côté de celles qu'il a célébrées : mesdames du Châtelet et Geoffrin y tiennent les premières places. Je serais bien fâchée d'être citée comme un bel-esprit ; je n'ai jamais rien fait qui puisse m'attirer ce ridicule.

Madame de Montagu s'est très-bien comportée à l'Académie : elle ne se laisse aller à aucun emportement (5) ; c'est une femme rai-

---

copale de cette ville. Elle était alors intime amie de la famille de madame Montagu, qu'elle accompagna dans son voyage à Paris et à Spa.

(4) M. et madame Necker.

(5) Dans une autre lettre, qu'on ne donne pas ici, parce qu'elle n'offre d'ailleurs rien d'intéressant, elle dit :

sonnable, ennuyeuse sans doute, mais bonne femme et très-polie. La Lucan et son mari sont aimables, remplis de talents ; je les vois avec plaisir. Voilà tout ce qui compose ma société anglaise, et un M. Hobart (6), qui est, dit-on, petit-fils de Cromwell : quel homme est-ce ? il me semble avoir du bon sens. Je suis, comme je vous l'ai mandé, séparée de mademoiselle Sanadon ; elle est à Praslin, et n'en reviendra que dans le cours de cette semaine : j'attends, à peu près dans le même temps, le retour de madame de Luxembourg ; je la reverrai avec grand plaisir : je crois qu'elle est, *pour le présent*, la personne dont je suis le plus aimée.

Je vais ce soir souper, avec madame de Marchais, chez la comtesse de Broglio et l'é-

---

« Il y a fort long-temps que je n'ai vu madame Mon-
» tagu; elle fut à l'Académie le jour de la Saint-Louis ;
» elle fut bien mécontente, on y lut un écrit de Voltaire
» contre Shakespear; il doit être imprimé, je vous l'en-
» verrai ».

(6) M. George Hobart, qui, à la mort de son frère aîné, en 1794, devint comte du comté de Buckingham. L'éditeur ignore d'où a pu venir l'erreur où l'on a été de croire qu'il descendait de Cromwell ; peut-être a-t-on confondu son nom avec celui de quelque autre Anglais qui se trouvait à Paris dans ce temps-là.

vêque de Noyon (7), lequel crache ses poumons, ce qui fait grand'pitié : il est doux et aimable.

Notre reine se porte bien ; elle est quitte de sa fièvre tierce, ce qui assure le voyage de Fontainebleau, qui sera le 9 octobre jusqu'au 18 novembre.

Ne cessez point de parler de moi à vos parents, je les estime de toute mon âme et je les aime de tout mon cœur.

LETTRE CCLIX.

Paris, 7 octobre 1776.

C'est par M. Eliot que je vous écris ; je lui avais déjà remis les Commentaires de Voltaire, je les lui laisse, quoique je voye, par votre lettre du 29, que vous les avez déjà lus. Je suis de votre avis sur tout ce que vous dites sur la fureur de la célébrité ; la vanité, qui la fait rechercher, n'empêche pas que les ouvrages soient bons, mais diminue bien de l'estime pour l'auteur.

Monsieur donna hier une très-belle fête au

---

(7) L'évêque de Noyon était le frère du comte et du maréchal de Broglio.

roi et à la reine dans son château de Brunoy (1); je n'en ai point les détails, je les apprendrai aujourd'hui; je sais seulement qu'il n'y avait que la famille royale, dont Mesdames les tantes n'étaient point; les seules dames de semaine ont suivi, et les officiers du roi et de la reine. M. le duc de Chartres n'a point été invité, ce qui surprend beaucoup. Il n'y a eu que MM. de Guignes, d'Esterhazi (2), le comte et le chevalier de Coigny qui ayent été admis.

On parle beaucoup de changement dans notre

---

(1) Brunoy, à cinq lieues de Paris, château qui appartenait autrefois à M. Paris de Montmartel, banquier de la cour sous le règne de Louis XV. Après avoir acquis de grands biens, il désira de faire un mariage distingué, et s'allia à l'illustre maison de Bethune, en épousant une sœur du marquis de Bethune, colonel-général de la cavalerie. Il en eut un fils appelé le marquis de Brunoy, et connu seulement par son goût pour les processions. Étant mort sans enfants, la terre de Brunoy fut vendue à M. le comte de Provence.

(2) Le chevalier d'Esterhazi était d'une branche de l'illustre famille hongroise d'Esterhazi, établie en France. Son père avait un régiment d'hussards au service de France, et avait épousé une dame française de la petite ville de Viga en Languedoc. Le fils dont on parle ici, eut ensuite le régiment d'hussards, reçut le cordon bleu, et fut en grande faveur à la cour de France.

ministère; les clameurs contre M. de Saint-Germain sont à toute outrance; le contrôleur général (3) est fort malade, et sa considération est des plus minces. Le Maurépas paraît ne savoir ce qu'il fait. On ne sait ce que tout ceci deviendra, nous n'avons pas un seul homme qui ait le sens commun; je m'applaudis bien, je vous assure, de ne m'intéresser à qui que ce soit, pas même à la chose publique. Pourvu que je passe le temps sans un excessif ennui, je m'en contente, mon indifférence pour tout est extrême.

Je suis du dernier bien avec les Lucan; ils m'ont amené deux fois leur petite famille, m'ont donné de jolies musiques; ils furent vendredi à une course de chevaux où était la reine; elle fit monter la milady et sa petite famille dans son pavillon, elle les combla de politesse, ils vous conteront tout cela.

Ce petit Eliot (4) est tout-à-fait aimable; il a beaucoup d'esprit, il sent encore un peu l'école, mais c'est qu'il est modeste, et qu'il est la contre-partie de Charles Fox; la sorte de timidité qu'il a encore, sied bien à son âge, sur-

---

(3) M. de Clugny.
(4) Le lord Minto actuel.

tout quand elle n'empêche pas qu'on ne démêle le bon sens et l'esprit.

Vous ne me parlez point de MM. de Chimay (5) et de Fitzjames ; c'est par votre cousin que j'ai appris que le premier avait été chez vous, et qu'on a pensé qu'il y avait eu quelque affaire entre eux. Nous avons ici tous les jours des nouvelles de votre Amérique, tantôt par Nantes, tantôt par Boulogne ; elles se détruisent trois jours après qu'elles ont couru.

Il me paraît que l'idée de la guerre s'accrédite beaucoup ; si elle a lieu, comme je commence à le croire, elle sera un obstacle invincible aux visites réciproques, elle me fera faire l'application d'un passage d'un opéra de Quinault :

> Peut-être souffrirais-je moins
> Si je pouvais haïr une rivale.

Vous avez eu tort de penser que ce que le grand abbé m'avait mandé était une énigme sans mot ; il s'est expliqué ; ce n'était point d'Argental qu'il entendait parler, mais d'un homme

---

(5) Le prince de Chimay. Il avait épousé une sœur du duc de Fitzjames, dont il est parlé ici.

que je ne vois point, l'abbé Arnauld (6), qui est un des beaux-esprits du temps, dans le goût des Jean-Jacques, des Thomas, etc.

Je reconnais et j'avoue que je précipite trop mes jugements : on ne connaît le caractère des gens que bien à la longue ; j'ai encore la duperie des jeunes gens ; les premiers jugements que je porte sont toujours favorables, et par la suite j'en viens au rabais ; je trouve partout fausseté et légèreté, et souvent tous les deux. Il y a un bien petit nombre de gens que j'estime véritablement, et peut-être ne suis-je pas du nombre ; on ne peut s'unir intimement avec personne, et si, comme dit Voltaire de l'amitié,

Sans toi tout homme est seul,

il faut prendre le parti d'une solitude entière. Encore, si les morts valaient mieux que les vivants, ce serait une ressource ; mais il n'y a pas même de livres qui contentent.

---

(6) L'abbé François Arnauld, abbé de Grand-Champ, lecteur et bibliothécaire de Monsieur. Il a écrit différents ouvrages périodiques fort estimés. Voyez, à son sujet, le *Dictionnaire historique*, tome I, page 422.

LETTRE CCLX.

Dimanche 27 octobre 1776.

Vous m'aviez mandé que vous aviez eu une bouffée de goutte aux genoux, j'en étais inquiète. Votre lettre d'aujourd'hui (quoiqu'étique) me fait beaucoup de plaisir, parce qu'elle me rassure.

Vous recevrez demain ou après-demain, par M. de Richmond, une lettre de moi qui n'aura guère plus d'embonpoint que la vôtre. Quand on ne doit rien dire de soi, ni de la personne à qui on écrit, et qu'on prend fort peu de part à tout le reste, on a peu de choses à dire. Je vous dirai pourtant aujourd'hui que je suis contente de la place qu'on vient de donner à M. Necker (1); on a lieu d'espérer qu'il s'en acquittera bien. Le public, dans ces premiers instants, paraît approuver ce choix ; nos

---

(1) M. Necker fut d'abord nommé conseiller des finances et directeur-général du trésor royal, conjointement avec M. Taboureau, qui eut le titre de contrôleur-général ; mais il se démit bientôt d'une place qu'il n'avait acceptée que par les instances du comte de Maurepas, et dont il lui parut mal imaginé de séparer les fonctions.

papiers se sont relevés, mais malgré cela, je m'attends que dans quelques jours on dira beaucoup de mal de lui, et je ne mettrais pas à fond perdu sur la durée de sa faveur. Il y a même dans ce moment quelque sujet d'inquiétude ; la goutte a repris à M. de Maurepas, elle s'est d'abord placée sur une épaule, on l'a fait descendre aux pieds ; s'y tiendra-t-elle ? c'est de quoi on ne peut s'assurer. C'est une vilaine chose que cette goutte, et s'il arrivait malheur à ce ministre, le nouveau directeur du trésor royal pourrait être bientôt déplacé. Je soupai hier chez sa femme, elle a une très-bonne contenance et nullement la tête tournée. Je ne sais ce que la Flore-Pomone (*madame de Marchais*) pense de ceci, elle est depuis mardi à Fontainebleau ; je n'ai point entendu parler d'elle. Tout ce que je gagne à ce nouvel établissement, c'est que ma pension sera payée plus promptement, mais d'ailleurs je perdrai de l'amusement, les soupers seront plus rares, au moins pendant quelque temps.

Madame de Luxembourg reviendra demain de Ste.-Assise où elle a fait un séjour de près de trois semaines ; elle restera à Paris cinq ou six jours, et puis y retournera pour autant de temps qu'elle y a été. Sa passion dominante est le jeu, elle fait vingt-cinq ou trente *robbers* par jour. L'autre maréchale (*de Mirepoix*) est dans un grand désœuvrement; elle dissimule son ennui autant qu'elle peut, elle trouverait de la honte à l'avouer.

J'ai reçu de Lyon une lettre de l'Idole, je suis du dernier bien avec elle; je remarque qu'il est facile d'être parfaitement bien avec tous ceux dont on ne se soucie pas.

LETTRE CCLXI.

Paris, 5 novembre 1776.

JE ne sais pourquoi vous recevez mes lettres plus tard. Ne serait-ce pas quelque examen des bureaux?

Les bruits de guerre sont bien fâcheux, mais je n'en suis point extrèmement troublée, cela aurait été pour moi un bien plus grand événement il y a quelques années; mais je puis dire aujourd'hui :

Grâce au ciel, mes malheurs ont passé mon attente.

C'est un vers d'un de nos opéras.

Je me réjouis médiocrement du choix de M. Necker; je n'imagine pas que son règne soit de longue durée. J'ai beaucoup d'opinion de sa capacité; mais les brigues, les intrigues, s'en démêlera-t-il ? ne s'opposeront-elles pas à ses projets ? Le bien que je puis attendre de lui, c'est que ma pension sera payée un mois ou six semaines plus tôt qu'elle ne l'était par les autres. Je lui dirai ce que vous m'écrivez sur lui. Depuis sa nouvelle place, je ne l'ai vu qu'une fois pendant un quart d'heure ; il est presque toujours à Fontainebleau ; il aura travaillé avec le roi aujourd'hui pour la seconde fois chez M. de Maurepas, qui a la goutte depuis dix-sept ou dix-huit jours. Il ne paraît encore aucune nouvelle opération, et je ne vois pas que l'on imagine aucun de ses projets ; tout ce que l'on dit sur cela sont des choses bien vagues.

On a représenté à Fontainebleau, jeudi dernier, une tragédie de Champfort, *Mustapha et Zéangir;* elle a eu un très-grand succès. Le roi lui donna le lendemain une pension de cinquante louis, et M. le prince de Condé une place de secrétaire de ses commandements, de même valeur ; quand elle sera imprimée, je vous l'enverrai. Il y a eu à Fontainebleau beaucoup d'autres nouveautés qui n'ont eu aucun succès.

LETTRE CCLXII.

9 décembre 1776.

Il y a quelques changements aux jours où je vous écris ; vos lettres ne me sont pas toujours rendues le dimanche, je les attends pour y répondre, et cela me mène au mercredi ; je le préviens aujourd'hui, parce que je me trouve seule et que je ne peux faire un meilleur emploi de mon temps que de causer avec vous ; tant pis pour vous, vous vous passeriez bien de remplir les lacunes de ma journée ; mais n'êtes-vous pas mon ami ? et quel agrément peut-on trouver dans un ami, si l'on n'y a pas une parfaite confiance, et s'il faut être toujours dans la crainte de l'ennuyer ?

Je suis sûre que vous êtes persuadé que je m'amuse beaucoup, et que le retour de Chanteloup me cause des plaisirs ineffables. Il y a beaucoup à en rabattre. *Je suis contente*, comme disait à madame de Montespan la carmélite la Vallière, *mais je ne suis pas bien-aise.*

Mes parents (*les Choiseul*) souperont jeudi chez moi pour la troisième et dernière fois ; ils ouvrent leur maison dimanche prochain, et c'est où j'irai fort rarement; ils se tiennent dans leur galerie; je ne sais si vous la connaissez, elle est infiniment grande, il faut soixante-dix ou soixante-douze bougies pour l'éclairer; la cheminée est au milieu, il y a toujours un feu énorme et des poêles aux deux bouts; eh bien, malgré cela on y gèle, ou l'on y brûle si l'on se tient auprès de la cheminée ou des poêles; toutes les autres places dans les intervalles sont des glacières; on trouve un monde infini, toutes les belles et jeunes dames et les grands et petits seigneurs; une grande table au milieu, où l'on joue toutes sortes de jeux, et cela s'appelle une macédoine; des tables de wisk, de piquet, de comète; trois ou quatre trictracs qui cassent la tête. Peut-être vos assemblées ressemblent-elles à cela; en ce cas, je crois que vous vous y trouvez rarement : il n'y a que d'être seule que je trouve pis que cette cohue. Cette maison est ouverte depuis le dimanche jusqu'au jeudi inclusivement; le vendredi et le samedi, je suis dévouée à la grand'maman. Je lui fis hier vos compliments, et l'assurai de votre sincère attachement : elle me répéta qu'elle vous aimait beaucoup, et qu'elle était bien fâchée que vous prissiez si mal votre temps pour vos voyages ici, et d'être privée du plaisir de vous voir. Je lui dis qu'à l'avenir elle n'aurait à envier personne. L'abbé prétend vous aimer beaucoup; et sur ce que je lui ai dit de votre part, il pourra prétendre que vous l'aimez beaucoup aussi; et de toutes ces prétentions il en résulte fort peu de propriétés.

Mercredi.

J'étais hier en train de bavarder; je suis aujourd'hui sèche et stérile. Je soupai hier chez M. Necker; je lui dis un mot de M. T***, il ne fut pas reçu favorablement. Il a volé la caisse de la recette, et de plus M. Boutin, qui s'était rendu sa caution; en un mot c'est un fripon; j'en suis fâchée, car il a un talent agréable.

Voilà le retour de Montmorenci qui s'approche; je serai bien aise de revoir la maréchale (*de Luxembourg*). Tous vos amis et amies sont-ils absents? et M. Conway, que fait-il? Ne pourrais-je pas, par son moyen, avoir les Mémoires de M. Hume? J'ai un très-bon traducteur tout prêt. Je sais que ces Mémoires sont peu de chose; mais ceux de madame de Staal ne sont pas fort importants, et ne laissent pas de faire grand plaisir: enfin je les désire; et si M. Conway veut me les faire avoir, il me fera grand plaisir. Combien

M. Conway a-t-il été dans le ministère ? J'ai eu sur cela une dispute.

Le Fox (1) a l'air de se plaire ici. Je vis hier un M. Greville (2), cousin de l'ambassadrice, neveu du chevalier Hamilton : il vous connaît ; il a été à Strawberry-Hill : il m'aurait reconnue sur mon portrait.

Je penche à croire que nous n'aurons point la guerre ; on parle d'une réforme dans la cavalerie : nos guerriers en murmurent, et s'en prennent un peu à M. Necker.

J'ai reçu d'Arles une lettre de l'Idole, qui y est établie. Elle est très-bien écrite et très-touchante : je m'en laissais attendrir ; mais je me suis rappelé sa conduite avec feu la Demoiselle (3), et mon cœur s'est fermé. Oh! vous avez raison ; il faut être de pierre et de glace, et surtout n'estimer assez personne pour y prendre confiance. Tout cela se peut faire sans haine et sans misantropie. Il me semble que si je revenais à trente ou quarante ans, je me conduirais bien différemment que je n'ai fait.

---

(1) M. Charles-Jacques Fox.

(2) M. Charles Greville, frère du comte actuel de Warwick.

(3) Mademoiselle de Lespinasse.

Mais peut-être me trompé-je : on ne vaut pas mieux que les autres ; les occasions, les circonstances emportent, et la réflexion ne vient qu'après : tout ce qui est devait être ; je trouve seulement qu'on fait un plat usage de la vie. Voilà ce qui s'appelle bien des lieux communs ; je vous en demande pardon.

Si vous voyez madame Cholmondeley, dites-lui que je vous demande de ses nouvelles.

Voici une petite chanson à la mode, que tout le monde chante :

> Nos dames doivent leurs attraits.
> A tous leurs grands plumets,
> A tous leurs grands plumets ;
> Et nos seigneurs tous leurs succès.
> A leurs petits jacquets,
> A leurs petits jacquets.

LETTRE CCLXIII.

18 décembre 1776.

Pour répondre aux questions de votre dernière lettre, il faut que je répète ce que je vous ai dit dans mes lettres précédentes. Tout Chanteloup est ici ; les Caraman sont aussi de retour, ainsi que madame de Jonsac, enfin tout le monde. Je ne puis pas me plaindre de la solitude, et si je m'y ennuie, je peux savoir à qui m'en prendre; j'aime mieux, je l'avoue, que ce soit aux autres qu'à moi seule. L'abandon, et tout ce qui en a l'air, m'est insupportable. Jouissez du bonheur de vous suffire à vous-même; je voudrais que la nature m'eût aussi bien traitée, et m'eût donné un caractère semblable au vôtre. Je ne sais pas bien encore comment je trouve le Fox; il a sans doute beaucoup d'esprit, et surtout beaucoup de talents. Je ne sais si sa tête est bien rangée, et si toutes ses idées sont bien justes : il me semble qu'il est toujours dans une sorte d'ivresse; et je crains qu'il ne soit bien malheureux quand cette façon d'être cessera, et qu'il sentira qu'il est le seul auteur de tous ses malheurs. Il serait alors bien à plaindre s'il avait une tête française ; mais je ne connais point les têtes anglaises : elles sont si différentes des nôtres, que si j'en voulais juger, ce serait comme si je voulais juger des couleurs (1).

Je ne sais que penser de la guerre : si elle arrive, ce sera par des malentendus ; je suis persuadée que ni vous ni moi ne la voulons.

___

(1) Elle prouve certainement ici la vérité de ce qu'elle dit elle-même de son défaut de jugement.

C'est encore un problème pourquoi M. Franklin (2) vient ici ; et ce qui est de plus singulier, c'en est un aussi de savoir s'il est à Paris ; depuis trois ou quatre jours, on dit le matin qu'il est arrivé, et le soir qu'il ne l'est pas.

Un certain M. de Pezay a épousé depuis peu de jours une très-belle mademoiselle de Murat, qui n'a pas un sou, presque point de parents : il n'en est point amoureux ; on ignore quel est son motif. Je vous envoie des vers qui sont une inscription qu'il a faite pour sa maison de campagne, avec la parodie qu'on en a faite, et que l'on a mise chez vous dans votre journal. Ce M. de Pezay est celui qui a fait des vers pour moi, assez jolis, et que vous avez dû voir. On l'accable de ridicules ; on lui envie la protection qu'on prétend que le ministre (*M. de Maurepas*) lui a accordée ; on ne cesse de l'accabler d'épigrammes : on fait

---

(2) Dans une lettre du 22, qui ne contient d'ailleurs rien d'intéressant, elle dit : « Le Franklin arriva hier à
» deux heures après midi ; il avait couché la veille à Ver-
» sailles. Il a deux petits-fils avec lui, un de sept ans, et
» un autre de dix-sept, et un petit-neveu, un M. Penet,
» son ami, et un gouverneur des enfants ; il loge dans la
» rue de l'Université, dans la même auberge que mi-
» lady C........»

même des suppositions : on lui fait demander au ministre quel titre il prendra, de comte, de marquis, de baron. Le ministre répond : cela m'embarrasse ; si c'est comte, on dira *conte pour rire* ; si c'est marquis, on ajoutera, *saute marquis* (trait de la comédie du *Joueur de Regnard*); si c'est baron, on se souviendra du *baron de la Crasse*. Voilà de nos plaisanteries ; mais malheur à qui en est l'objet ; ce ne sont pas des blessures légères (3).

---

(3) Le nom de famille de M. de Pezay était Masson. Son père avait été commis du contrôleur-général. Le jeune homme en question chercha d'abord à se distinguer dans le monde par son talent pour la poésie ; ensuite il essaya de se pousser dans la politique, en prenant un rang qui ne lui appartenait pas. Voulant, après s'être marié, se faire présenter à la cour, il imagina de se créer lui-même une généalogie, par laquelle il prétendait prouver qu'il descendait de la maison des Massoni en Italie. Mais comme il n'était véritablement ni poète, ni homme de qualité, il s'attira l'épigramme suivante :

> Ce jeune homme a beaucoup acquis,
> Beaucoup acquis, je vous assure ;
> En deux ans, malgré la nature,
> Il s'est fait poète et marquis.

L'espèce de faveur dont il jouit auprès du premier ministre, M. de Maurepas, jointe à sa propre vanité, lui attira l'envie et l'enveloppa dans plusieurs tracasseries,

Vous vous plaignez de vos lectures, je n'en suis point étonnée; je suis à la fin du dernier livre de Cassandre, il m'a fallu une excessive patience; vous avez raison, tous les personnages se ressemblent, les dialogues, les monologues sont abominables, mais les intrigues sont quelquefois ingénieuses et donnent de la curiosité; mais enfin je suis bien aise d'en être quitte. Je ne sais plus que lire.

---

qui, à ce qu'on prétend, furent la cause de sa mort, peu de temps après le mariage dont il est parlé dans cette lettre.

On assure que pour parvenir à se faire connaître du roi et de son ministre, au commencement du règne de Louis XVI, il écrivit plusieurs lettres anonymes à ce prince, dans l'une desquelles il s'exprima de la manière suivante :

« Si votre majesté daigne honorer de quelque atten-
» tion les avis que j'ai pris la liberté de lui offrir, et
» veut connaître qui je suis, elle n'aura qu'à tirer son
» mouchoir et se moucher dans la seconde pièce, sur
» son passage pour aller à la messe, dimanche prochain.
» D'après ce signe, j'irai me présenter à M. de Maure-
» pas, qui me fera les questions qu'il voudra, ou que
» V. M. lui ordonnera de me faire ».

Dimanche étant venu, le roi, en allant à la messe, donna le signal convenu, et M. de Pezay se présenta, en conséquence, chez M. de Maurepas, qui lui accorda bientôt le degré de faveur dont il est question.

Madame de Luxembourg est d'hier de retour de Montmorenci ; je soupai hier avec elle chez les Necker : il y avait assez de monde, et comme vous aimez les noms propres, il faut vous les nommer. D'abord elle maréchale, et puis mesdames de Lauzun, de Cambise, moi, le maître et la maîtresse de la maison, les ambassadeurs d'Espagne (*Grimaldi*), de Naples (*Caraccioli*) et de Suède (*Creutz*), madame d'Houdetot, M. de St.-Lambert, M. Fox, le vicomte de Beaune, Marmontel ; si j'oublie quelqu'un, pardonnez-le-moi.

M. Selwyn est-il tout-à-fait fou, ou bien est-il ensorcelé ? Oh ! les Anglais, les Anglais sont bien étranges, on ne doit jamais prétendre à les connaître ; ils ne ressemblent en rien à tout ce qu'on a vu ; chaque individu est un original, il n'y en a pas deux du même modèle. Nous sommes positivement tout le contraire ; chez nous, tous ceux du même état se ressemblent ; qui voit un courtisan, les voit tous ; un magistrat, tous les gens de robe, ainsi que tous les autres ; tout est faux air chez nous, prétentions, jusque même aux maladies ; tout le monde aujourd'hui a des maux de nerfs ; tout le monde admire les lettres du roi de Prusse à d'Alembert : on ne cesse de vanter sa sensibilité; je suis peut-être la seule à n'en être point touchée, à m'en moquer et à trouver qu'il n'est qu'un rhéteur, et même un fat dans ses prétentions de bel-esprit et d'homme sensible.

Je dirai à M. de Presle (4) de vous envoyer les catalogues des cabinets. Il paraît un petit ouvrage qui a pour titre *Mânes de Louis XV* (5); je le lis actuellement, je pourrai vous l'envoyer en faveur de tous les noms propres dont il est plein.

N'êtes-vous pas content de cette lettre? n'est-elle pas selon votre goût? n'est-elle pas pleine de choses indifférentes? y est-il question de vous et de moi? sachez dire au moins quelquefois que vous êtes content.

J'ai oublié dans la liste du souper des Necker, la Sanadona; j'en suis bien aise, parce

---

(4) M. de Presle était lui-même amateur, et possédait, avant la révolution, un très-beau cabinet de tableaux. Les catalogues qu'il devait envoyer à M. Walpole étaient ceux des cabinets de MM. Bosset de Randon, de Gagny, et du prince de Conti.

(5) « *Aux Mânes de Louis XV, et des grands hommes* » *qui ont vécu sous son règne*, ou *Essai sur les progrès des arts et de l'esprit sous le règne de Louis XV*. L'auteur de cet ouvrage se nommait M. Gudin.

que cela me donne occasion de vous dire que j'en suis fort contente ; je le serais davantage, si elle ne me louait pas tant; mais comme c'est presque toujours tout de travers, ses louanges me font l'effet d'un blâme ; elle veut flatter ma vanité qu'apparemment elle croit excessive.

Vous avez bien à peu près la même idée.

INSCRIPTION

Pour la maison de campagne de M. de Pezay.

Guerrier, poète, amant, jardinier, tour à tour,
C'est ici que je rêve, ou médite ou soupire ;
J'y fais mes projets pour la cour,
J'y fais des chansons pour l'amour;
J'y touche le compas, la serpette et la lyre ;
Oublié de la cour, seul ici j'en rirai,
Et si l'amour me trompe, ici je pleurerai.

PARODIE.

Politique, rimeur, guerrier, fat, tour à tour,
C'est ici qu'au public de moi je donne à rire;
J'y fais des placets pour la cour,
J'y chante à faire enfuir l'amour ;
J'y touche la serpette et n'ai point d'autre lyre,
Ignoré de la cour, ici je rimerai;
Et pour faire un cocu, là je me marierai.

LETTRE CCLXIV.

31 décembre 1776, à six heures du matin.

Le jeune Eliot (1) arriva hier ici, après avoir quitté son père à Avignon, qui allait continuer sa route jusqu'à Marseille, où il compte rester. Ce petit Eliot part dans quatre ou cinq heures pour Londres ; il m'a offert de vous porter de mes nouvelles, je ne puis refuser cette occasion. Peut-être ma lettre arrivera-t-elle mal à propos ; si vous souffrez, si vous êtes accablé, ne me lisez point, attendez que vous soyez calme et sans douleurs, et d'assez bonne humeur, pour que je ne vous sois point importune.

Si vous voyez ce petit Eliot, il vous dira le monde qu'il trouva hier dans ma chambre ; et voici comme nous étions rangés ; moi dans mon tonneau ; M. Franklin à côté avec un bonnet de fourrure sur sa tête, et des lunettes sur son nez, et puis tout de suite, madame de Luxembourg, M. Silas Deane, député de vos colo-

---

(1) Le lord Minto actuel.

nies (2), le vicomte de Beaune, M. le Roi, le chevalier de Boutteville, M. le duc de Choiseul, l'abbé Barthélemi, M. de Guignes qui fermait le cercle ; le petit Eliot apportait des nouvelles d'Amérique du 4 et 6 de novembre, qu'il affirma être véritables et que personne ne voulut croire, parce qu'elles sont très-défavorables pour les insurgents, auxquels toute la compagnie est fort dévouée, excepté M. de Guignes et moi qui sommes pour la cour. M. Eliot ne débita ces nouvelles qu'après que MM. Franklin et Deane, et M. le Roi qui me les avait amenés, furent sortis. Si le Fox, et Fitzpatrick étaient arrivés, ma chambre aurait pu représenter la salle de Westminster, où comme vous voyez le parti royaliste n'aurait pas été le plus fort. D'autres personnes qui survinrent après le départ de la plupart de ceux que je viens de vous nommer, se mirent à politiquer ; et moi, qui entendis neuf heures sonner, et qui avais un rendez-vous chez madame de Mirepoix avec qui il s'agissait d'explication, d'éclaircissement, de réconciliation,

---

(2) M. Silas Deane. Il avait été le prédécesseur de M. Franklin à Paris.

je passai dans mon cabinet laissant toute la compagnie auprès du feu ; je descendis, je montai dans mon carrosse avec la Sanadona, j'arrivai chez la maréchale; le début fut l'embrassement le plus tendre, qui fut suivi des justifications, des protestations les plus tendres, enfin d'un parfait accommodement ; nous n'avions que la Sanadona en tiers ; nous nous séparâmes à deux heures, plus intimes amies que jamais ; je vins me coucher ; j'ai dormi environ une heure et demie, j'ai attendu avec impatience que six heures fussent sonnées pour pouvoir éveiller mon secrétaire ; j'ai dicté, il a écrit, tout est dit.

Je vous envoie les réglements qu'a faits M. Necker, c'est la première chose qui ait paru de lui : il me semble que cela est généralement approuvé ; reste à savoir s'ils pourront s'exécuter, et s'il sera soutenu, comme il serait à souhaiter, par ses supérieurs. Ah ! si j'étais avec vous, nous aurions bien des matières de conversations ; j'en aurais bien à vous dire sur le Fox et Fitzpatrick. Je vous écrirai quelque jour ce que je pense d'eux, mais pour ce moment-ci, il faut que je fasse fermer mon paquet pour qu'on le remette à M. Eliot, et puis que je tâche de dormir.

Adieu, mon ami.

LETTRE CCLXV.

Paris, lundi 13 janvier 1777.

Je ne comprends plus rien au dérangement de la poste. Voilà encore un ordinaire qui manque, je ne sais si nos lettres éprouvent les mêmes retardements. Dans cette incertitude, je me détermine à vous écrire par M. Fox; il doit partir demain, il me promet de ne point perdre ma lettre, et de vous la rendre à son arrivée. Dieu le veuille! je n'ai pas grande foi à son exactitude.

Si vous êtes en état de voir M. Fox, interrogez-le; je crois cependant que vous n'en tirerez pas grande satisfaction; je l'ai beaucoup vu, mais nous nous sommes toujours contrariés; nos façons de penser sont très-différentes. Il a beaucoup d'esprit, j'en conviens; mais c'est un genre d'esprit dénué de toute espèce de bon sens. Je n'en ai pas assez dans ce moment-ci pour le définir. Quand vous vous porterez bien, quand j'aurai reçu de vos nouvelles, je pourrai causer avec vous; mais avant ce temps-là je n'ai rien à dire.

Le Fitzpatrick ne partira que dans trois ou quatre jours, peut-être vous écrirai-je encore par lui ; mais mes lettres vous fatiguent peut-être. C'est une situation assez fâcheuse que celle que j'éprouve.

J'ai le livre de M. Gibbon (1), je ne l'ai point encore commencé. Je vous envoie l'édit de notre loterie ; j'ai pris quatre billets : elle a été remplie sur-le-champ. On prétend que les billets gagnent cent francs.

Mardi 14.

Je ne l'espérais pas, et voilà que je reçois votre lettre du 5 ; elle est de votre écriture et trop longue. Je suis bien touchée de votre complaisance, et des égards que vous avez de diminuer mes inquiétudes ; mais je ne saurais être parfaitement tranquille tant que ce maudit accès de goutte ne sera pas entièrement passé. Le Fox compte vous voir. Dites-lui que je vous ai écrit beaucoup de bien de lui. En effet j'en pense à de certains égards ; il n'a pas un mauvais cœur, mais il n'a nulle espèce de principes, et il regarde en pitié tous ceux qui en ont ; je ne comprends pas quels sont ses projets pour l'avenir, il ne s'embarrasse pas du lendemain. La plus extrême pauvreté, l'im-

---

(1) La première partie de la Décadence et de la Chute de l'Empire romain.

possibilité de payer ses dettes, tout cela ne lui fait rien.

Le Fitzpatrick paraîtrait plus raisonnable, mais le Fox assure qu'il est encore plus indifférent que lui sur ces deux articles ; cette étrange sécurité les élève, à ce qu'ils croient, au-dessus de tous les hommes. Ces deux personnages doivent être bien dangereux pour toute la jeunesse. Ils ont beaucoup joué ici, surtout le Fitzpatrick ; il a beaucoup perdu. Où prennent-ils de l'argent ? c'est ce que je ne comprends pas ; je ne saurais m'intéresser à eux, ce sont des têtes absolument dérangées, et sans espérance de retour ; je n'aurais jamais cru, si je ne l'avais connu par moi-même, qu'il pût y avoir des têtes comme les leurs. J'ai bien quelque inquiétude de confier cette lettre au Fox ; s'il avait la curiosité de l'ouvrir, il deviendrait mon ennemi ; mais je ne puis me persuader qu'il soit capable de cette infidélité.

Je voudrais vous envoyer quelque chose qui pût vous amuser ; mais nous n'avons rien qui en soit digne ; une comédie du Dorat que je n'ai point encore lue, ne peut être que très-plate ; elle a pour titre : *le Malheureux imaginaire*. Nos journaux sont très-ennuyeux. Il y a des Lettres de mademoiselle Riccoboni, qui sont une espèce de petit roman (2) ; il n'y a pas de risque à vous les envoyer ; si elles vous déplaisent, vous les laisserez là. Je serais bien aise d'être avec vous, mon ami ; je vous ennuierais peut-être plus que tout le reste, j'en aurais la crainte, mais vous ne m'ennuieriez pas, et je vous assure, avec vérité, que je vous préférerais à tout ce que je fais, quoiqu'on s'imagine que je m'amuse beaucoup.

LETTRE CCLXVI.

*Mercredi 22 janvier 1777,
à 5 heures après midi.*

La poste a manqué dimanche, ainsi les dernières nouvelles que j'ai de vous sont du 7 ; vous ne trouveriez pas bon que je vous disse que cela me fâche et m'inquiète ; j'attends le facteur ; s'il n'arrive point, ou qu'il n'y ait rien pour moi, je ferai partir ce billet et je n'aurai pas le courage d'y rien ajouter.

A cinq heures.

Le facteur arrive et m'apporte une lettre

---

(2) *Lettres de milord Rivers.*

dont la longueur m'a d'abord fait plaisir, et puis après je m'en fâche ; je ne prétends point que vous vous fatiguiez, et vous n'avez pu écrire aussi long-temps sans que cela soit. Je ne le serai pas beaucoup à vous donner des nouvelles de l'empereur : on a appris, vendredi, par un courrier que reçut son ambassadeur, que les neiges rendaient son voyage impossible. Vous croirez bien qu'on ne se paye pas de cette raison, et que les spéculatifs ne perdent pas cette occasion d'imaginer, de conjecturer, de prévoir, etc.; plusieurs croient que nous ne désirions point sa visite et que nous avons trouvé le moyen de l'éluder, vous en jugerez ce qu'il vous plaira. Pour moi à qui cela ne fait rien du tout, je ne prends pas la peine d'y penser.

Je n'ai pas reçu d'autres visites de M. Franklin.

Vous me conseillez de ne point attirer tous vos Anglais chez moi, ils se conseillent de leur côté de n'y point venir ; je suis passée de mode pour eux ; les Clermont, les Dorset, les Littleton, tout cela n'est point venu chez moi : je ne vois d'étrangers que ceux que vous avez vus, Naples, Danemarck, Suède, Prusse, Genève, Russie, c'en est assez, mais je ne dirai pas trop, parce qu'ils ont des attentions qui me sont agréables.

L'évêque de Mirepoix vient d'arriver dans le moment, j'en suis bien aise, c'est encore une apparence d'ami.

J'ai reçu une lettre, en même temps que la vôtre, de milady Lucan; elle m'envoie, dit-elle, un présent par un Anglais qui partait pour Paris; c'est, dit-elle, une petite crêmière et deux boîtes de confitures; elle ne nomme point celui qu'elle en a chargé.

Je suis curieuse de savoir si le Fox vous rendra visite, et savoir ce qu'il vous dira : je lui aurai paru une plate moraliste, et lui, il m'a paru un sublime extravagant. Vos Anglais ont laissé bien de l'argent ici, ils ont animé la fureur du jeu; on commence à ne plus parler que par mille louis; quatre ou cinq cents louis sont des bagatelles qu'on ne daigne pas citer; j'avoue que cela me fait horreur, et réellement je ne saurais estimer les fous de cette espèce; il me paraît impossible qu'ils puissent être parfaitement honnêtes gens. C'est bien dommage de Charles Fox; il joint à beaucoup d'esprit, de la bonté, de la vérité, mais cela n'empêche pas qu'il ne soit détestable, sans principes, je n'ajoute pas sans probité, mais je me fierais plus à lui s'il n'avait pas cette maudite passion.

J'ai commencé M. Gibbon. Le peu que j'ai lu, m'a plu; mais je ne lis que faute de pouvoir dormir: ainsi, toute application me fatigue et éloigne le sommeil; cela fait que je préfère des comédies et des Peau-d'âne. Je ne suis plus abonnée pour la Bibliothèque des Romans; les auteurs mettent un faste dans cette érudition qui me paraît très-ridicule, et qui par elle-même est assez fastidieuse. De tous les journaux, c'est le journal anglais qui me plaît le plus; je ne sais qui en est le rédacteur. M. le Monier, dans ce moment, m'apprend que c'est M. Suard.

Si je reçois une lettre de vous dimanche, je vous écrirai lundi.

Adieu, mon ami; conservez-vous, vous êtes le seul bien qui me reste.

LETTRE CCLXVII.

Mercredi 12 février 1777.

Vous aurez vu, par mon dernier billet, que je ne pouvais pas vous écrire, parce que je m'étais levée fort tard, ce qui m'arrive quand j'ai passé la nuit sans dormir; et puis l'arrivée de madame de Luxembourg, qui fut suivie d'autres visites. Je comptais réparer ces contre-temps le lendemain matin; mais je ne m'éveillai que tard, et il n'y avait pas assez de temps jusqu'à la levée des lettres pour en pouvoir faire une longue.

Je vous ai menacé que la première que vous recevriez, le serait infiniment; je ne sais pas si je vous tiendrai parole. Je viens de me faire relire votre lettre, et j'y peux répondre en peu de mots : je n'attire point chez moi ni anglais ni anglaises; je n'ai jamais prié M. Craufurd de m'amener aucune famille; je ne sais qui m'amena les Fanshawe (1); ce fut milord Harcourt qui m'amena les Millar (2). Je suis

---

(1) M. et madame Fanshawe, de Shiplake dans le comté de Berk.

(2) Feu sir John et lady Millar, de Batheason.

bien convaincue que je connais les plus aimables de votre nation, et qu'aucun autre ne leur ressemble. Vos jeunes gens ont beaucoup d'esprit; le Fitzpatrick est silencieux, mais je crois qu'il a plus de bon sens que le Fox, et que sans ce dernier il serait raisonnable.

Je serai charmée de revoir votre duc (*de Richmond*); je n'ai nulle peine à consentir qu'*il en conte à d'autres*. On n'efface jamais les impressions que vous avez une fois prises; cependant il arrive de grands changements dans les dispositions de l'âme, qui en produisent dans la conduite. Vos leçons, vos réprimandes ont eu plus d'effet que vous n'en espériez; vous m'avez désabusée de bien des chimères, vous avez été parfaitement secondé par la décrépitude; je ne cherche plus l'amitié, je vous jure, je serais injuste d'y prétendre; il ne faut pas vouloir recevoir plus qu'on ne donne, et quand quelque manque d'attentions me blesse, j'examine si c'est mon amour-propre ou mon cœur qui est blessé, et je découvre presque toujours que ce n'est que le premier. Je ne vous parle de moi que parce que vous m'y avez forcée, j'ai voulu rectifier vos idées.

Beaucoup de belles dames s'affligent outrément de la mort de M. d'Hennery (3) ; on croit que sa maladie a été causée par le tonnerre, qui tomba, je ne sais plus dans quel mois, entre un nommé M. Traversé et lui ; le premier mourut quelques jours après. M. d'Hennery a toujours langui depuis ; enfin il est mort ; sa place fut donnée hier à M. d'Argout, qui commandait, je crois, à la Martinique.

La mort de M. le maréchal de Conflans, qui était vice-amiral, en a fait nommer deux autres, M. d'Estaing (4) et M. Listenois (5).

Depuis la loterie de vingt-quatre millions, on fait un emprunt de dix sur l'ordre du Saint-Esprit, à cinq pour cent, ou à sept sur deux têtes en rente viagère.

Le cardinal de la Roche-Aymon ne meurt point ; c'est un objet de grande curiosité que la distribution que l'on fera de ses places et

---

(3) Le comte d'Hennery, commandant en chef à St.-Domingue où il mourut.

(4) M. le comte d'Estaing, qui a commandé avec tant d'honneur l'escadre française dans l'Inde.

(5) Le frère du prince de Beaufremont. Il commandait une division sous le maréchal de Conflans, en 1747, dans l'action avec l'amiral Hawke, où, ayant pris le signal d'attaque pour un signal de retraite, il alla à pleines voiles gagner la rade de l'île d'Aix.

de ses bénéfices ; d'abord la feuille (*des béné-fices*), la grande aumônerie, les abbayes de St.-Germain et de Fécamp ; il y a bien des prétendants pour tout cela ; on croit que la feuille sera pour l'évêque d'Autun, abbé de Marbœuf (6); l'abbé de Bourbon aura peut-être l'abbaye de St.-Germain, mais qui pourra être mise aux économats en attendant qu'il ait un certain âge (7). La place de grand aumônier pourra être pour le prince Louis (8) ou l'archevêque de Rouen (9), ou celui de Bourges (10).

---

(6) Il fut depuis archevêque de Lyon, et chargé de la *feuille des bénéfices* après la mort du cardinal de la Roche-Aymon.

(7) L'abbé de Bourbon était fils naturel de Louis XV et de mademoiselle de Romans. Il mourut de la petite vérole à l'âge de vingt ans, fort regretté, comme un jeune homme qui promettait beaucoup.

(8) Le prince Louis de Rohan, le principal héros de l'histoire du collier de diamants, en 1786. Après la mort du cardinal de la Roche-Aymon, il fut fait grand-aumônier, et mourut à son archevêché de Strasbourg en 1802.

(9) Depuis cardinal de la Rochefoucault.

(10) L'abbé Phelippeaux. Il était proche parent de M. de Maurepas.

Je baragouine à vous raconter un petit fait de société, parce que je crois qu'il ne vous amusera guère ; mais cependant comme il y a beaucoup de noms propres, je vais le hasarder.

Madame de Luxembourg, soupant avec M. de Choiseul chez M. de Laborde (11), se plaignit de ce qu'il n'y avait plus de gaîté dans les soupers, qu'on n'y buvait plus de vin de Champagne, qu'on y périssait d'ennui, que les femmes, loin d'apporter de la gaîté, y répandaient du sérieux, et y mettaient de la gêne et de la contrainte. M. de Choiseul proposa de donner un souper où il n'y aurait que des hommes et madame de Luxembourg; la maréchale approuva le projet, mais elle exigea que ce fût elle qui donnât le souper. On y consentit, le jour fut pris et fixé au premier vendredi de février; il s'est exécuté. La bonne chère, la gaîté, tout a été parfait, et tel qu'on le désirait; il n'y avait que madame de Luxembourg de femme et huit convives dont voici les noms : MM. de Choiseul, de Gontault (12),

___

(11) Le banquier de ce nom.

(12) Frère du maréchal duc de Biron, et père du duc de Biron.

de Guignes (13), marquis de Laval (14), Bezenval (15), d'Estrehan (16), de Meun (17), et Donezan (18). En se mettant à table, madame de Luxembourg reçut un billet apporté

---

(13) Le comte de Guignes, qui avait été ambassadeur en Angleterre.

(14) Fils du duc de Laval-Montmorenci.

(15) Le baron de Bezenval était Suisse, du canton de Soleure. Il était officier supérieur dans les gardes suisses, riche, fort goûté dans la société, et en grande faveur à la cour. Il est mort en 1803, et a laissé deux volumes de Mémoires, publiés depuis, et qui, quoique l'ouvrage d'un esprit frivole, et, sous quelques rapports, d'une tête mal organisée, contiennent néanmoins plusieurs détails curieux sur la société de Paris, recueillis pendant une longue vie, passée dans ce qu'on appelle la *meilleure compagnie*.

(16) M. d'Estrehan était un vieillard qui avait passé sa vie dans la meilleure compagnie, qu'il était fait pour orner. Ses amis intimes l'appelaient, en général, *le père*, nom sous lequel on lui a adressé un des couplets qui suivent.

(17) Le comte de Meun Sar-la-Bous, officier général dans les gardes du corps, de la société intime du duc de Choiseul. Il avait épousé la fille de M. Helvétius.

(18) M. Donezan, frère du marquis de Bonnac, qui avait été ministre de France à La Haye. Il était recherché pour sa gaîté et ses autres qualités sociales.

par un décrotteur, qui était une forte satire contre elle et son souper. Aux fruits on apporta à chaque convive un couplet ; j'en dois avoir une copie, vous la recevrez peut-être en même temps que cette lettre. Adieu, je suis lasse à mourir, et je retiens Wiart ; je ne doute pas qu'il ne soit fort fâché de n'être pas auprès de Pompon (19) qui a la fièvre.

Couplet que reçut madame de Luxembourg en se mettant à table, dont elle fit semblant d'être en colère ; plusieurs de la compagnie crurent qu'il était sérieux et ne furent détrompés qu'à la fin du souper, qu'on apporta un paquet dans lequel il y avait un couplet pour chaque personne.

Air des Trembleurs.

Comment, Sibylle proscrite,
Depuis cent ans décrépite,
A tant de gens de mérite
Tu veux donner un repas !
Déjà chacun d'eux s'ennuie,
Et toute la compagnie
Trouvera, je le parie,
Tes propos, tes vins plats, plats.

---

(19) Nom qu'elle avait donné à l'enfant de Wiart, qui demeurait avec son père dans sa maison.

A M. LE DUC DE CHOISEUL.

Air *de Joconde.*

Un laboureur, bon citoyen,
Entre nous, se remarque;
Il conduit également bien
La charrue et la barque;
Prompt à jouir de tout plaisir,
Vert galant, bon convive;
Le laboureur doit réussir
Dans tout ce qu'il cultive.

M. DE GUIGNES.

Même air.

Personne, avec notre flûteur,
Pour la grâce ne lutte;
Son ton est encor plus flatteur,
Que les tons de sa flûte;
Partout, de plus d'une façon,
Ce beau flûteur sait plaire;
Voilà, si j'étais Vaucanson,
Comme j'en voudrais faire.

M. DE BEZENVAL.

Même air.

Notre Suisse devient grison,
Sans être moins aimable;
Pour l'amour il n'est pas moins bon;
Il est meilleur à table :

S'il voit un bon morceau, bientôt
Il en prend aile ou cuisse;
Ce n'est pas un sot, il s'en faut
De l'épaisseur d'un Suisse.

LE MARQUIS DE LAVAL.

AIR : *Tirelarigot.*

D'où vient un enfant de trente ans,
Est-il de la partie?
C'est que Laval est du vieux temps
L'image rajeunie :
C'est le même cœur,
La même vigueur,
Chacun de nous l'admire;
Mangeant comme un loup,
Buvant plus d'un coup,
Aimant en vrai Satyre.

M. LE DUC DE GONTAULT.

AIR : *M. le Prévôt des Marchands.*

Le frère du duc de Biron
Est un méchant petit Néron;
Tous ses gens disent qu'il les roue;
Et l'on saura, par mes couplets,
Que sa belle-fille a la joue
Toujours rouge de ses soufflets.

M. DESTREHAN.

Même air.

Voyez le père, comme il rit !
Comme il boit ! comme il se nourrit !
Comme il fait tout ce qu'il veut faire !
Rendons hommage aux cheveux blancs,
Et convenons qu'auprès du père,
Nous ne sommes que des enfants.

SUR M. DE MEUN.

AIR : *Ah ! ma voisine, es-tu fâchée ?*

N'êtes-vous point cet Alexandre
Du mont Ida,
Qui pour Vénus, en juge tendre,
Se décida ?
En pareil cas vous étiez l'homme
Fait pour juger,
Et l'on aurait avec la pomme
Pris le berger.

SUR M. DONEZAN,

Qui avait parfaitement joué le rôle du Barbier de Séville.

AIR *de Joconde.*

En tous temps on se servira
Du Barbier de Séville ;
Jamais l'âge ne le rendra
Moins leste et moins habile ;

En fait de grâces, de talens,
De gaîté, de finesse,
Il ferait, à quatre-vingts ans,
La barbe à la jeunesse.

Vous ne connaissez qu'une partie de ceux pour qui sont ces couplets, ainsi ils ne vous amuseront guère; je vous en enverrai d'autres la première fois.

LETTRE CCLXVIII.

Dimanche 9 mars 1777.

Ah! mon Dieu, mon Dieu, il faut que mon goût pour vous soit à toute épreuve, pour en conserver après les aveux que vous me faites! aimer Crébillon, et nommément *l'Ecumoire!* Les *Lettres de la Marquise*, etc. ne sont qu'abominables; mais je sais bien pourquoi vous les aimez, parce qu'elles s'accordent à l'opinion qu'en général vous avez des femmes. Pour *Marianne* et le *Paysan parvenu*, je les aime aussi, non que le style en soit bon; mais il est original, et Marivaux, dans une seconde ou troisième classe, y est distingué.

A l'égard de Jean-Jacques, c'est un sophiste, un esprit faux et forcé; son esprit est un instrument discord, il en joue avec beaucoup d'exécution, mais il déchire les oreilles de ceux qui en ont. Buffon est d'une monotonie insupportable (1) ; il sait bien ce qu'il sait, mais il ne s'occupe que des bêtes ; il faut l'être un peu soi-même pour se dévouer à une telle occupation. Vous me trouvez tranchante, mais c'est un tourment pour moi que de parler sans dire ce que je pense. Je vous approuve sur Marmontel et vos autres jugements.

Je n'aime pas mieux à écrire que vous ; il n'y a que vous au monde à qui j'écrive des lettres aussi longues. Les histoires que je ne vous conte point ne vous amuseraient guère, je les retiens mal, et je ne cherche point des louanges en vous disant que je ne sais pas conter. Rayez-moi sur tous les points dans la peinture que Crébillon fait des femmes ; c'est un faquin qui n'a jamais vécu qu'avec des espèces.

Voici des vers ; ils exigent une petite histoire. M. Schouwaloff a donné cette année pour étrenne à madame de Luxembourg, une boîte avec une miniature qui représentait une Cha-

---

(1) Peu de personnes, sans doute, seront du sentiment de madame du Deffand sur le style de ces deux illustres écrivains.

rité, non la romaine, mais une femme environnée d'enfants ; ce qui fait allusion à son extrême charité. Elle lui a donné ces jours-ci une sorte de table, ce qu'on appelle *souvenir*. Sur l'un des côtés de la couverture est son chiffre en émail, une S. et un C., de l'autre côté sont écrits en émail les vers que voici :

> Le souvenir est doux à l'homme heureux et sage
> Qui sut jouir de tout et n'abusa de rien,
> Et qui de la faveur fit un si bon usage
> Que même ses rivaux n'en ont dit que du bien.

Vos nouvelles d'Amérique confirment celles qui s'étaient répandues.

Votre ambassadrice accoucha vendredi à sept heures du matin, le plus heureusement du monde, d'un garçon.

LETTRE CCLXIX.

Dimanche 23 mars 1777.

Je t'ai comblé d'ennui, je t'en veux accabler.

J'ENTENDS parler de mes lettres : il n'y a point d'occasions dont je n'aye fait usage pour vous écrire ; mais comme il me paraît que je ne vous fatigue pas, je continuerai. C'est une citation de Corneille par où commence celle-ci ; j'ai substitué le mot *ennui* à celui de *biens* (1). Quoique vous m'écriviez souvent, je pourrais vous reprocher votre paresse. Vous me dites que vous êtes presque toujours seul à votre campagne ; ne pourriez-vous pas me traduire quelquefois les choses que vous croyez qui me feraient un extrême plaisir? Si, dans ce qui paraît de milord Chesterfield, il y a plusieurs lettres dans notre langue à madame de Monconseil, pourquoi ne me les pas envoyer ? Je demanderai à milord Stormont le volume que vous m'indiquez ; rien ne me plaît autant que des lettres. On dit qu'il y en a beaucoup dans les Mémoires de Noailles : je n'ai pas encore fini le premier volume ; j'ai impatience d'apprendre si vous avez reçu les six que le chevalier Eliot vous porte (2).

Je vous remercie du thé que je recevrai par M. de Poix (3) ; il arrivera fort à propos, je suis à la fin de ma dernière boîte.

---

(1) Je t'ai comblé de biens, je t'en veux accabler.

(2) Le maréchal duc de Noailles, auteur des Mémoires dont il est parlé ici, mourut à Paris en 1766, âgé de quatre-vingt-huit ans. Ses Mémoires, écrits par lui-même, en forme de journal, furent publiés cette année (1777), par l'abbé Millot, en six volumes.

(3) Le prince de Poix, fils aîné du maréchal de Mouchy.

Aimez donc toujours Crébillon, puisque c'est votre folie : je n'ai point ses lettres, dont vous êtes si charmé ; je les ai lues autrefois, et je me souviens qu'elles m'ont fort déplu. Pour son Tanzaï, son Sopha, ses Égarements de l'esprit et du cœur, ses Lettres athéniennes, tout cela m'a paru mauvais. Il a voulu contrefaire Marivaux pour le critiquer ; et puis il a cherché à imiter Hamilton, et il est bien au-dessous de tous les deux. Marivaux avait du génie, petit et un peu borné ; pour Hamilton, son style est charmant, et Crébillon lui ressemble comme l'âne au petit chien.

Madame Martel s'appelait mademoiselle Coulon ; c'était une petite demoiselle du Dauphiné, dont, à son arrivée, la beauté fit grand bruit : elle était précieuse, affectée, galante, eut beaucoup d'aventures ; elle n'était pas du ton de la bonne compagnie. M. de Cursay, père de madame de Monconseil, était gentilhomme, frère de madame de Pleneuf, laquelle était mère de madame de Prie. Je ne me souviens pas aujourd'hui quel était le nom de madame de Cursay : elle était certainement peu de chose ; elle avait de la beauté, beaucoup d'impudence et d'intrigue ; elle avait été entretenue par un nommé Auguerre, qu'elle ruina, qui se retira à Saint-Germain, et devint amoureux de la Demare, comédienne, qui le fit subsister, et qu'il épousa. Je prétendais qu'on avait dans sa cuiller le portrait de madame de Cursay et de madame de Monconseil ; de la première, en se regardant dans le large, et de la seconde, en la prenant de l'autre sens.

Je ne connais point du tout le marquis de Noailles, et presque point M. de Poix. Je dirai au maréchal le bien que vous me mandez de son fils, et à madame de Poix ce que vous me dites de son mari ; à M. de Schouwaloff, l'usage que vous ferez des vers de Marmontel ; car ils sont de cet auteur, dont, ainsi que moi, vous ne faites pas grand cas.

Venons à votre Amérique. C'est une grande nouvelle que l'élection d'un protecteur (4) : il faut que Charles Fox devienne son premier ministre. Tout accommodement devient-il donc impossible avec la métropole ? Je ne sais d'où vient j'en serais fâchée, puisque cela ne vous fera rien par rapport à nous.

On disait, ces jours-ci, que Voltaire était tombé en apoplexie ; cela n'est pas vrai : il

---

(4) Le vraiment grand Washington.

s'est trouvé mal pour avoir souffert du froid, mais il se porte bien présentement. Nous n'avons plus de correspondance : je n'avais rien à lui dire, ni lui à moi ; c'était une fatigue que je me suis épargnée.

LETTRE CCLXX.

Lundi 31 mars 1777.

Notre courrier n'est arrivé qu'après le départ du vôtre ; ainsi je ne reçois qu'aujourd'hui lundi votre lettre du 23, que j'aurais dû recevoir hier 30. Il n'y a pas grand mal ; mais ce qui me fâche et m'inquiète, c'est que vous n'ayiez pas encore ma lettre et les Mémoires de Noailles. Cependant nous faisons le calcul, Wiart et moi, qu'il n'y a rien d'extraordinaire ; M. Eliot n'étant parti que le 18, il n'est pas étonnant que vous ne les ayiez pas reçus le 23. Mais, sans connaître cette famille, il vous est facile de savoir leur demeure, et d'envoyer demander la lettre et les livres dont je les ai chargés.

Je crois que vous serez content de cette lecture, j'entends celle des Mémoires, et qu'elle vous fera aimer Louis XIV. J'ai commencé ce matin le quatrième volume ; le troisième m'a fait grand plaisir : c'est un spectacle dont on voit toute la mécanique des machines et des décorations ; on est dans les coulisses.

Je suis bien de votre avis sur les livres d'histoire ; il n'y a que les lettres et les mémoires que je puisse lire sans ennui. J'ai commencé M. Gibbon, dont nous n'avons encore que le premier volume ; mais je l'ai laissé là ; tout excellent qu'il peut être, il m'ennuie. Je trouve la comparaison de la succession des empereurs aux douze mois de l'année, fort bonne et très-plaisante. Je crois que vous vous portez fort bien ; vous avez de la gaîté, conservez-la ; si vous pouviez m'en envoyer, ainsi que du thé, vous me feriez plaisir. Je fais le projet de quelques changements dans ma vie ; je veux m'arranger à souper tous les jours chez moi, c'est-à-dire à n'en plus chercher ailleurs ; je crois que je pourrai en soutenir la dépense : je courrai souvent le risque du tête à tête avec la Sanadona ; cela ne sera pas divertissant, mais je m'y accoutumerai. Votre jugement sur les petits vers me paraît fort bon ; je trouve que c'est Jean qui danse mieux que Pierre, et Pierre mieux que Jean. Il y a une épître du prince de Ligne à Voltaire : je l'ai fait copier pour vous ; mais il me semble qu'elle ne vaut pas la peine de vous être envoyée ; il n'y a qu'un trait qui me plaît : il dit que l'aigle régnait anciennement à Rome, et qu'actuellement c'est une oie.

Le grand-papa, la grand'maman sont partis cette nuit; je n'en ai pas grand regret. Le grand abbé est resté, ainsi que madame de Grammont : leur départ ne sera qu'à la fin de mai ou au commencement de juin ; quand ils partiront, je leur dirai bon voyage; rien ne me plaît assez aujourd'hui pour y avoir regret. Il n'est pas besoin de vous dire les exceptions. De tous les départs présents, celui qui est le plus singulier et le plus étonnant, c'est celui de M. de La Fayette (1), que vous avez pu

---

(1) Le marquis de la Fayette était chef d'une famille noble, originaire de la province d'Auvergne. Il épousa une fille du duc d'Ayen, fils aîné du maréchal duc de Noailles. Jeune, riche, et jouissant à Paris de tous les plaisirs de la vie, sa conduite, en abandonnant tous ces avantages, pour aller acquérir des connaissances militaires et de la célébrité en Amérique, et sans en avoir demandé à la cour la permission, qu'il n'aurait sans doute pas obtenue, fit, dans le temps, une grande sensation en France, et excita un enthousiasme général.

Au commencement de la révolution française, il fut placé, d'après le vœu unanime de ses concitoyens, à la tête de la garde nationale, nouvellement créée, et tous

voir le jour que vous avez dîné chez notre ambassadeur. Il n'a pas vingt ans : il est parti ces jours-ci pour l'Amérique ; il emmène avec lui huit ou dix de ses amis ; il n'avait confié son projet qu'au vicomte de Noailles (2), sous le plus grand secret ; il a acheté un vaisseau, l'a équipé, et s'est embarqué à Bordeaux. Sitôt que ses parents en ont eu la nouvelle, ils ont fait courir après lui pour l'arrêter et le ramener ; mais on est arrivé trop tard, il y avait trois heures qu'il était embarqué. Il a, dit-on, fait son traité avec un nommé Hill, qui demeure avec Franklin : il aura le titre ou grade de général-major, sûreté de pouvoir revenir en France en cas que nous ayons la guerre avec qui que ce soit, ou que quelque affaire domestique exige son retour. C'est une folie sans doute, mais qui ne le déshonore point, et qui, au contraire, marque du courage et du désir de la gloire : on le loue plus qu'on ne le blâme ; mais sa femme, qu'il laisse grosse de

---

les partis s'accordèrent à faire l'éloge de la discipline militaire et du bon ordre qu'il introduisit et maintint parmi ce corps nombreux et non exercé, jusqu'à son départ pour l'armée.

(2) Son beau-frère.

quatre mois, son beau-père, sa belle-mère et toute sa famille en sont fort affligés.

Tous les récits que l'on fait ici de votre Amérique se contredisent; j'attends le résultat pour me déterminer à croire.

Votre ambassadeur n'a point les livres de milord Chesterfield : vous devriez bien me les envoyer par M. de Richmond, et me marquer ce qui vaut la peine d'être traduit; j'ai des traducteurs dont je peux disposer.

Mercredi 2 avril.

Il ne s'est passé rien de nouveau hier ni avant-hier.

Je viens de relire votre lettre, vous la finissez par me dire que je ne suis pas tenue à y répondre. Vraiment je le crois bien, cela me serait impossible; elle est d'une solidité et profondeur de raisonnement dont ma tête n'a jamais été capable dans la force de l'âge, et pour aujourd'hui toute application m'est impossible. Vous avez en vérité beaucoup d'esprit et de goût; cependant ce dernier s'égare quelquefois, témoin le jugement que vous portez des Lettres de Crébillon; j'ai voulu les relire croyant que je m'étais trompée; oh! non, je persiste à les trouver insupportables;

c'est un petit esprit que cette marquise, qui se donne des airs, qui fait la jolie femme, qui n'a ni sentiment ni passion; et de toutes nos prétendues spirituelles qui n'ont pas le sens commun, j'aimerais cent fois mieux être comparée aux héroïnes de Scudéri qu'aux bégueules de Crébillon.

Cette lettre n'arrivera pas assez à temps pour que vous puissiez m'envoyer, par M. de Richmond, les livres de Chesterfield.

Je serai bien étonnée si les mémoires de Noailles ne vous font pas plaisir; ils m'en font un extrême, ils me rappellent tous les faits dont j'ai entendu parler dans ma jeunesse, qui sont très-conformes à ce qu'on disait alors ; je n'en suis qu'au quatrième volume. Cette lecture a un inconvénient pour moi; mon invalide (3) commence à me lire entre six et sept heures; elle m'empêche de me rendormir. J'ai bien de l'impatience d'apprendre ce que vous en penserez.

Je suis bien fâchée d'être aussi bête; je voudrais avoir la capacité de vous répondre, mais

---

(3) Madame du Deffand avait un vieux soldat de l'hôtel des Invalides de Paris, qui venait tous les matins lui faire la lecture, avant que ses domestiques fussent levés.

c'est au-dessus de mes forces ; je sens et je comprends encore, mais je ne puis plus m'exprimer. Ah! il n'est que trop vrai que je suis extrêmement baissée : on peut me dire que je ne suis pas tombée de bien haut ; peut-être ne s'aperçoit-on pas de ma chute, mais je la sens ; je ne m'en afflige point, je suis peut-être encore assez bonne pour tout ce qui m'environne, mais je ne le serais pas pour vous.

LETTRE CCLXXI.

Dimanche 13 avril 1777.

WIART est dans son lit, avec un rhumatisme dans les reins et une grosse migraine. Il est trois heures, je reçois votre lettre du 8, je ne suis point encore levée, je ne vous répondrai que très-succinctement.

J'aime à la folie les deux, trois et quatrième volumes des mémoires de Noailles, mais le premier et surtout le cinquième et la moitié du sixième, qui est où j'en suis, m'ont fort ennuyée. Mais c'est que je hais les récits de guerre à la mort ; ce ne sont que de vieilles gazettes. Ce maréchal qui donnait tant de beaux conseils était un fou. Il me prend envie de vous dire une chanson de feu madame la duchesse du Maine, sur lui et sur Law (1). La voici:

> Votre Law est un filou,
> Disait au régent, Noailles;
> Et l'autre, par représailles,
> Votre duc n'est qu'un fou.
> C'est ainsi qu'à toute outrance,
> Ils se font la guerre entr'eux;
> Mais le malheur de la France,
> C'est qu'ils disent vrai tous deux.

Je n'affiche point la retraite; je hais le grand monde parce que j'y suis déplacée, mais je crains encore plus la solitude. J'aime la société, elle m'est nécessaire, et je me crois toujours à la veille d'en manquer. J'ai perdu mes anciens amis, je n'ai même presque plus d'anciennes connaissances; je ne forme pas de vraies liaisons. Quand je dis que je veux prendre le parti de souper toujours chez moi, c'est que je crois que j'y serai forcée. Il y a quelques maisons ouvertes où je peux aller quand je veux; comme l'hôtel de Choiseul pendant trois ou quatre mois; chez madame de Luxembourg depuis le mois de janvier jusqu'à Pâques,

---

(1) L'auteur du fameux système du Mississipi.

et chez les la Reynière toujours. Je vais quelquefois chez ces derniers, mais très-rarement, et chez les autres jamais. Je ne suis point priée ailleurs, et si je ne donnais pas à souper, je ne verrais personne. Enfin n'ayez pas peur, je ne prétends point à être philosophe: je ne connais que deux maux dans le monde, les douleurs pour le corps, et l'ennui pour l'âme. Je n'ai de passion d'aucune sorte; presque plus de goût pour rien, nuls talents, nulle curiosité, presqu'aucune lecture ne me plaît ni ne m'intéresse. Je ne puis jouer ni travailler; que faut-il donc que je fasse? tâcher de me dissiper, entendre des riens, en dire, et penser que tout cela ne durera plus guère. Personne ne m'aime, je ne m'en plains pas, je suis trop juste pour cela.

Je serai fort aise de voir M. de Richmond, du moins je le crois.

LETTRE CCLXXII.

Mercrédi 16 avril,
à six heures du matin.

Depuis ma dernière lettre, Wiart garde le lit. Je viens de me faire relire la vôtre du 8. Je me reproche d'y avoir répondu d'une manière si succincte, et de ne vous avoir point satisfait sur ce que vous me demandiez. Un peu d'humeur, dont je m'interdis de faire connaître la cause; le changement de secrétaire, tout cela m'a coupé la parole, et m'a fait écrire une courte et sotte petite lettre, en réponse à une des plus agréables, des plus sensées, qu'il y ait jamais eu.

Je ne suis pas d'accord de tous les jugements que vous portez. Le feu maréchal (*de Noailles*) était un fou, même au sens le plus littéral. Il y a des extravagances de lui, qui en auraient conduit d'autres aux Petites-Maisons. Le cinquième et le sixième volumes, où j'en suis, m'ont infiniment ennuyée; vous avez toute raison sur les écrits que Louis XIV lui confia en mourant, ils changent beaucoup la disposition où on était pour lui sur sa correspondance avec le roi et la reine d'Espagne.

Cette petite reine était charmante. Je fais peu de cas de madame des Ursins. Je ne vois en elle qu'une femme du grand monde, qui n'aimait que la représentation et le mouvement, ne se plaisait que sur le théâtre, n'était ni bonne ni méchante, ni fausse ni vraie, et dont toute la conduite était un rôle qu'elle jouait assez bien. Pour madame de Maintenon, je trouve que le portrait qu'en fait l'auteur est extrêmement juste. Elle n'était point aimable, parce qu'elle était triste et indifférente ; sa dévotion avait nui à son esprit et gâté son discernement ; elle s'était laissé conduire par les circonstances. Elle n'était point hypocrite, sa dévotion était petite et minutieuse. Elle avait le malheur d'être sujette à l'ennui ; mais à tout prendre c'était une femme qui avait naturellement l'esprit très-philosophique, et très-éloigné, à ce qu'il me semble, de fausseté et de manége.

Mais n'avez-vous pas été bien fâché de ce que l'intérêt de ces mémoires est coupé tout net, à la mort de la reine d'Espagne ? qu'il n'est plus question de rien ; pas un mot des disgrâces de madame des Ursins, du cardinal Albéroni, de l'arrivée de la Farnèse, de son gouvernement, etc., etc. ? Que dites-vous des lettres de M. le duc de Bourgogne? de celles du feu roi, et d'une de M. le dauphin, qui répond parfaitement à l'idée que j'avais de son esprit? Si je causais avec vous, j'aurais bien d'autres remarques à faire, mais en voilà assez et peut-être trop pour une lettre.

J'en reçus une hier de votre cousin (*M. Conway*), remplie de bontés et d'amitiés; s'il était vrai qu'il m'aime, il saurait bien quelles preuves m'en donner (1). Le duc de Richmond s'annonce pour le 20. L'empereur (2) arrive aujourd'hui ou demain. On murmure certains bruits qui me font plaisir, de conventions, de désarmement; mais ce n'est peut-être que du bruit.

Adieu. Je vais dormir.

A cinq heures après midi.

Je reçois dans le moment une lettre de Versailles, de M. Beauvau. Voici ce qu'il me mande :

« La nouvelle d'un arrangement pacifique » avec l'Angleterre se confirme tous les jours. »

---

(1) Elle veut dire en engageant M. Walpole à faire un autre voyage en France.

(2) L'empereur d'Allemagne, Joseph II.

LETTRE CCLXXIII.

Paris, dimanche 20 avril 1777.

J'ai achevé ce matin les Mémoires de Noailles. J'avais interrompu cette lecture à la moitié du sixième volume, pour lire des *pauvretés* (c'est le nom que méritent toutes nos nouveautés). Je ne suis point mécontente de la fin de ce sixième tome, tout au contraire. Je ne vous blâme pas de la grande opinion que vous avez conçue du maréchal ; il n'est pas le seul qui gagne à être raconté, et qui perde beaucoup à être pratiqué. Je crois que Fénélon n'était point hypocrite, qu'il a été de bonne foi martyr de ses systèmes, lesquels cependant il n'avait point soutenus contre l'autorité du pape : c'était ce qu'on appelle aujourd'hui un esprit *exalté*. Ce mot est devenu à la mode pour exprimer l'enthousiasme. Je crois que si Fénélon n'avait pas pris le parti de la dévotion, il aurait été très-romanesque. Je n'aime point son genre. Je connais peu Bossuet ; je crois qu'il n'était pas fou, mais qu'il était dur, vain, ambitieux, bien plus que dévot. De son temps on n'était point esprit fort : il n'y a que

M. de la Rochefoucault qu'on puisse soupçonner de l'avoir été.

Vous ne voulez donc rien traduire pour moi ? à la bonne heure, je ne vous en parlerai plus.

On a rattrapé M. de la Fayette à Saint-Sébastien : on ne l'a point ramené à Paris ; on l'a conduit ou envoyé à Toulon, attendre le duc d'Ayen, son beau-père, qui va, avec M. et madame de Tessé (1), faire le voyage d'Italie.

L'empereur arriva avant-hier entre cinq et six heures du soir; il descendit chez son ambassadeur (2), qui était au lit pour une espèce de coup de sang causé par des hémorroïdes, ce qui le mettra hors d'état de suivre son maître : il logera chez lui. Il fut hier matin à Versailles ; il visita tous les princes et tous les ministres : il est d'une familiarité dont on est charmé. Son intention était de loger chez le baigneur ; on l'a fait consentir de coucher au

───────────

(1) Madame de Tessé était fille du maréchal de Noailles, sœur du duc d'Ayen, et par conséquent tante de madame de la Fayette.

(2) Le comte de Merci d'Argenteau.

château : le maréchal de Duras (3) lui a prêté son appartement. On dit qu'il ne recevra personne chez lui, mais qu'il ira visiter tout le monde sous le nom de comte de Falkenstein. Je vous dirai tout ce que j'en apprendrai, parce que vous aimez les détails.

La réconciliation de la maréchale (*de Luxembourg*) et de la duchesse (*de la Vallière*) s'est bornée aux repas de noce (4), dont on ne pouvait pas se dispenser de la prier, à cause du degré de parenté. Je ferai vos compliments à madame de la Vallière. Je croyais vous avoir mandé qu'on ne soupait plus chez elle; sa porte est toujours fermée à dix heures. Pour madame de Châtillon, je ne lui dirai rien; je ne la vois point depuis la grande liaison qu'elle avait avec la Lespinasse.

Je serai fort aise de faire connaissance avec M. Gibbon; mais je serai pour lui une piètre compagnie : les Necker sont bien mieux son fait. Vous ne voulez pas croire que je baisse

---

(3) Un des premiers gentilshommes de la chambre du roi. Il y en avait quatre, qui servaient par quartier.

(4) Le mariage de sa petite-fille, mademoiselle de Châtillon, avec le fils unique du duc d'Uzès, lequel reçut, à cette occasion, le titre de duc de Crussol.

beaucoup ; cela est pourtant bien vrai : mon âge n'en est pas la seule cause.

Je revois depuis peu plus souvent madame de Jonsac ; je passerai la soirée aujourd'hui avec elle : j'ai du goût pour elle, j'aimerais à vivre avec elle ; mais nos liaisons et nos allures sont très-différentes. Depuis que j'ai perdu mes amis, il est devenu presque impossible que j'en fasse d'autres ; il faut que je me contente d'avoir des connaissances que je n'entretiens et ne conserve que par les deux soupers que je donne dans la semaine : je me résous à passer les soirées des autres jours tête à tête avec la Sanadona ; ce qui n'est, je vous assure, pas divertissant. Je ne fais point de projet de retraite. J'ai trouvé l'autre jour un trait dans une comédie qui m'a plu. Un homme, fatigué du monde, triste, mécontent, dit qu'il veut se retirer dans sa campagne pour y trouver la tranquillité et la paix. *Il faut l'y porter*, lui répond-on, *si vous voulez l'y trouver*. Rien n'est si pénible à supporter que le vide de l'âme ; ainsi je conclus que la retraite (qui ne peut que l'augmenter) est, de tous les états, celui qui me conviendrait le moins : je ne compte faire aucun changement à la vie que je mène ; il n'y en a pas de plus oisive, de plus dénuée de tout genre d'occupations et d'intérêts.

Si vous voyez votre cousin (*M. Conway*), dites-lui que sa lettre m'a fait un plaisir extrême, et que j'y répondrai incessamment.

LETTRE CCLXXIV.

Dimanche 11 mai 1777.

Vous aurez vu le baron de Castille (1) quand vous recevrez cette lettre. Il me semble que je n'ai rien à vous mander qui puisse vous intéresser. Vous ne vous souciez guère du procès de M. de Richelieu (2) : on dit qu'il l'a gagné. Comme je n'entends pas les affaires, je croirais, en lisant son arrêt, que lui et sa partie

---

(1) Dans une lettre du 6 mai, qu'on ne publie point, elle dit : « Voilà le baron de Castille que je vous présente, » vous l'avez vu en dernier lieu sous ce nom chez ma- » dame de la Vallière, et plus anciennement sous celui » d'Argenvillier. Il va voir M. et madame de Masseran ; » vous en serez quitte avec lui pour quelques politesses, » et vous me ferez plaisir de lui dire que je vous le re- » commande, et que vous savez que je l'aime beaucoup. » En voilà assez, n'en parlons plus. »

(2) Avec la présidente de Saint-Vincent.

l'ont tous deux perdu. Quand il sera imprimé, je vous l'enverrai si vous voulez.

L'empereur continue à se faire admirer : il fut hier à l'académie des Sciences ; on l'y attendait depuis douze ou quinze jours ; tout était préparé pour faire devant lui des expériences de chimie ; il y resta une demi-heure, on ne lui fit aucun compliment, il ne voulut aucune place de distinction : il y a toute apparence qu'il n'ira à aucune autre académie. Il n'y a point de jour qu'il n'emploie à visiter tous les établissements, les manufactures, etc. Il couche chez son ambassadeur, M. de Mercy : il se lève à huit heures, fait tous ses tours jusqu'à deux heures qu'il rentre à l'hôtel de Treville, où loge toute sa suite ; il y dîne avec MM. Colloredo, Cobentzel, Belgiocoso, ne reçoit qui que ce soit, puis il sort avec eux ou sans eux, va quelquefois aux spectacles, voir des maisons autour de Paris ; il observe tout, ne critique rien : je crois qu'il est surpris de l'extrême magnificence de notre cour, mais qu'il n'en est point jaloux. Les beaux-esprits doivent être bien étonnés du peu d'empressement qu'il a pour eux ; aussi ne paraît-il ni vers ni prose à sa louange. On lui donne mardi une fête à Trianon, et jeudi à Choisy. Il verra dimanche prochain la cérémonie de l'ordre du Saint-Esprit. On croit qu'il partira le lendemain.

Venons à M. Richmond. Je crains que sa santé ne soit pas bonne; il est d'une singulière tristesse : il soupera chez moi ce soir avec madame de Cambise. Vous en a-t-il parlé? Il fut l'autre jour à Sèvres pour la commission que vous lui avez donnée : il m'a dit vous en avoir écrit.

Si M. Gibbon est parti dimanche dernier, il doit être arrivé, et en ce cas je souperai demain avec lui chez les Necker. J'ai grand besoin de troupes auxiliaires, car tous mes compatriotes se dispersent.

LETTRE CCLXXV.

Dimanche 18 mai 1777.

Vous êtes bien malheureux par vos parents; je me plaignais de n'en point avoir, j'avais tort.

Qu'est-ce que c'est que cette milady Walpole à qui la vieille duchesse de Devonshire laisse cinq mille pièces (1)? Je n'en ai jamais entendu parler.

---

(1) Lady Dorothée Cavendish sa fille, femme du second

Je suis fort contente de M. Gibbon ; depuis huit jours qu'il est arrivé, je l'ai vu presque tous les jours : il a la conversation facile, parle très-bien français ; j'espère qu'il me sera de grande ressource : le grand-papa a beaucoup de curiosité de le voir ; il a lu ce qu'on a traduit de son histoire ; il en est charmé ; il doit venir demain chez moi : j'ai pris mes mesures pour qu'il y trouve M. Gibbon.

On ne parle ici que de l'empereur. Le hasard me l'a fait voir : je soupai lundi passé chez les Necker ; j'y arrivai à neuf heures et demie, l'empereur y était depuis sept heures un quart ; il avait été avec M. Necker environ deux heures, après lequel temps il passa chez madame Necker, qui avait chez elle MM. Gibbon, l'abbé de Boismont (2), Marmontel, le roi de l'Académie des Sciences, notre ami Schouwaloff. Quand j'entrai dans la chambre, il vint au devant de moi, et dit à M. Necker : présentez-moi. Je fis une profonde révérence ; on me conduisit à mon fauteuil : l'empereur

---

lord Walpole de Woolterton, et mère du comte actuel d'Orford.

(2) Homme de lettres, de qui l'éloquence de la chaire déplaisait par l'affectation du style.

voulant me parler et ne sachant que me dire, et me voyant un sac à nœuds, me dit : Vous faites des nœuds ? — Je ne puis faire autre chose. — Cela n'empêche pas de penser. — Non, et surtout aujourd'hui que vous donnez tant à penser. — Il resta jusqu'à dix heures un quart ; il sait très-bien notre langue, il parle facilement et bien ; il est d'une simplicité charmante ; il est surpris qu'on s'en étonne ; il dit que l'état naturel n'est pas d'être roi, mais d'être homme. Il n'y a rien qu'il ne veuille voir et connaître ; il aura tout vu et connu, excepté la société pour laquelle le temps lui manque, ayant partagé celui qu'il doit passer ici en deux emplois, de curieux et de courtisan ; il avait été le jeudi précédent à l'académie des Sciences, je crois vous en avoir rendu compte. Il fut avant-hier, vendredi, à l'académie des Belles-Lettres, et hier à l'académie Française ; il n'a point voulu faire de jaloux. On ignore le jour de son départ ; je crois que ce sera bientôt. Ses succès ici ont été fort grands ; mais comme il n'a distingué personne, ceux qui prétendent à l'être commencent à foiblir sur ses louanges. Il a voulu voir M. Turgot, et dans cette intention il a été chez madame la duchesse d'Enville, et ensuite chez madame Blondel (3), sous le prétexte que M. Blondel avait été ministre plénipotentiaire à Vienne, et qu'il a été chez tous ceux qui y ont été. Il a beaucoup causé avec M. Turgot qu'il savait devoir trouver chez ces deux dames. Vraisemblablement la raison qu'il avait pour vouloir le voir, c'est que ses systèmes d'administration sont suivis à Florence.

Dans sa conversation avec M. Necker, il avait avec lui les personnes de sa suite, MM. de Mercy, de Colloredo, de Cobentzel, de Belgiocoso. Il n'a reçu dans les trois académies aucun compliment, il a resté dans chacune une demi-heure. Depuis l'opéra qu'on lui a donné à Versailles, la reine lui a donné des comédies à Trianon et à Choisy; mais un hasard heureux, qu'il faut que je vous raconte, c'est que l'autre jour, étant allé à la comédie française où l'on jouait OEdipe et où il arriva

---

(3) Madame Blondel était la sœur de M. Francés, qui avait été secrétaire d'ambassade de France en Angleterre, à l'époque de la paix de Paris. Madame Blondel était fort admirée et estimée pour les bonnes qualités de son esprit et de son cœur.

au second acte; au quatrième, dans la scène de Jocaste et d'OEdipe, Jocaste dit, en parlant de Laïus :

> Ce roi plus grand que sa fortune,
> Dédaignait comme vous une pompe importune :
> On ne voyait jamais marcher devant son char
> D'un bataillon nombreux le fastueux rempart;
> Au milieu des sujets soumis à sa puissance,
> Comme il était sans crainte, il marchait sans défense;
> Par l'amour de son peuple il se croyait gardé.

Le parterre, les loges, tout battit des mains. En voilà, je crois, assez sur l'empereur.

Parlons de M. de Richmond. Je le vois souvent, il ne se porte point bien, il est extrêmement occupé; je lui donnerai à lire votre lettre. En voilà, je pense, assez pour aujourd'hui; j'ai fait un effort pour vous, que je ne ferais assurément pour personne.

LETTRE CCLXXVI.

Mardi 27 mai 1777.

Je commence cette lettre dans l'intention de ne la finir que dimanche. Mes insomnies sont insupportables; mes meilleures nuits sont de deux ou trois heures de sommeil, et comme j'en passe treize ou quatorze dans le lit, ce temps est cruellement long pour qui ne peut ni lire ni écrire ; j'épuise mon invalide ; je prends toutes les sortes de lectures en aversion, je me creuse la tête à réfléchir, je m'examine, je m'épluche, et je suis, avec plus de raison que vous, très-peu contente de moi, et j'ai plus de peine en vérité à me supporter que je n'en ai à supporter les autres ; ma situation ne me met pas dans le cas de faire de belles actions, où il puisse entrer de la vanité ; mon amour-propre a d'autres objets ; vous le qualifieriez de jalousie et je crois que vous auriez tort. Il est vrai que je suis blessée des manques d'égards, des préférences qui me semblent injustes. Ce n'est pas que je m'estime, ni que je fasse aucun cas de moi ; mais j'en fais encore moins de tous les sots que je rencontre ; mais tout cela ne serait rien, si je n'avais pas en moi un fond d'ennui que rien ne peut vaincre, et qui me met au-dessous du rien.

Je suis très-persuadée que vous n'avez nuls reproches à vous faire sur les motifs de votre conduite, tant avec votre neveu qu'avec tout autre. Dites-moi, je vous prie, laquelle de toutes les passions vous paraît la moins dangereuse, c'est-à-dire la moins contraire aux vertus ? Est-ce l'amour, l'ambition, ou l'avarice ?

Ne les supposez pas dans un degré excessif. Quand vous m'aurez dit votre opinion, je vous dirai la mienne.

Je ne vous ai point répondu sur M. Gibbon, j'ai tort; je lui crois beaucoup d'esprit, sa conversation est facile, et *forte de choses*, comme disait Fontenelle; il me plaît beaucoup, d'autant plus qu'il ne m'embarrasse pas. Je me flatte qu'il est content de moi, c'est-à-dire qu'il me sait gré de la satisfaction que je lui marque de causer avec lui; je ne m'embarrasse nullement de ce qu'il pense de mon esprit, il me suffit qu'il ne me trouve pas le ridicule d'y prétendre.

En voilà assez pour aujourd'hui; demain je vous parlerai de l'empereur.

Mercredi 28.

Je vous promis hier de vous parler de l'empereur, je vous tiendrai parole; mais il faut auparavant que je vous parle de mon petit chien. Je l'aime à la folie, il a pour moi une tendresse qui lui a acquis mon cœur et fait que je lui pardonne tous ses défauts, quoiqu'ils soient très-grands; il aboie, il mord, il a innombrablement d'ennemis; la liste de ses morsures et des manchettes déchirées est très-longue; mais c'est qu'il ne veut pas qu'on m'approche; je le bats, mais il ne se corrige point; il a quelques amis, un certain chevalier de Beauteville (1), les ambassadeurs de Naples et d'Espagne, madame de Luxembourg, voilà à peu près tout, et voilà aussi tout ce que je vous en dirai. Venons à l'empereur. Il a été partout, il a voulu voir *le passé*, *le présent* et *l'avenir* : on ne pénètre point l'époque qu'il préfère. On croit qu'il partira vendredi ou samedi ; il visitera nos provinces, il veut voir les bords de la Loire, ce qui le conduira très-près de Chanteloup; il a promis d'y rendre visite. Son séjour ici a été le double de ce qu'il avait projeté. On s'est peut-être trop accoutumé à le voir; les impressions qu'il a faites se sont usées; la simplicité plaît, mais à la longue paraît peu piquante (2). Je crois que ses voyages lui seront fort utiles ; il écrit tous les soirs tout ce qu'il a vu, entendu et retenu ;

___

(1) Frère du marquis de Beauteville, et de l'évêque d'Alais. Il avait été long-temps ambassadeur de France près les Cantons suisses.

(2) Il n'y a qu'une tête française qui ait pu produire une pareille idée. La simplicité ne plaît qu'aux esprits supérieurs, qui, une fois frappés de ses charmes et de ses effets, ne peuvent rien goûter où elle ne se trouve point.

sa tête sera remplie de beaucoup de connaissances, il en peut résulter des idées. Enfin il y a toute apparence qu'il sera un très-bon souverain, et qu'il ressemblera plus à votre Henri VII, à notre Charles V, qu'à Frédéric II. Ce pronostic est fort hasardé.

Connaissez-vous les Eléments de l'histoire d'Angleterre, par l'abbé Millot (3)? j'aime beaucoup sa manière d'écrire. Savez-vous ce que je lis présentement? la Bible. Si vous l'avez oubliée, relisez-la.

Jeudi 29.

Je vous plains de l'ennui de cette lettre; je serais tentée de la jeter au feu : c'est n'avoir songé qu'à tuer le temps. Allons, je veux me persuader que je suis avec vous, je vous conterai un petit fait de l'empereur qui m'a fort amusée; le voici.

Dans un de ses voyages, je ne sais dans quel temps, ni dans quel lieu, il rencontra, sur le grand chemin, une chaise de poste versée, et celui à qui elle appartenait fort embarrassé; il s'arrêta, et lui offrit une place dans sa voiture; l'homme l'accepta. Ne se connaissant ni l'un

---

(3) C'est le même écrivain à qui nous devons les *Mémoires du maréchal de Noailles*.

ni l'autre, l'empereur l'interrogea, lui demanda d'où il venait, où il allait; il se trouva qu'ils faisaient la même route. L'homme à la chaise lui dit qu'il lui donnait à deviner ce qu'il avait mangé à son dîner. — Une fricassée de poulets, dit l'empereur?—Non.—Un gigot?—Non.— Une omelette?—Non.—Enfin l'Empereur rencontra juste; vous l'avez dit, en lui tapant sur la cuisse. Nous ne nous connaissons point, dit l'empereur; je veux vous donner à deviner à mon tour. Qui suis-je?—Peut-être un militaire. —Cela peut être, mais on est encore autre chose.—Vous êtes trop jeune pour être officier-général, vous êtes colonel?—Non.—Major?—Non. — Commandant?—Non.—Seriez-vous gouverneur?—Non.— Qui êtes-vous? êtes-vous donc l'empereur?—Vous l'avez dit, en lui tapant sur la cuisse. Ce pauvre homme resta confondu, s'humilia, voulut descendre. Non, non, lui dit l'empereur, je savais qui j'étais quand je vous ai pris, j'ignorais qui vous étiez; il n'y a rien de changé, continuons notre route.

On nous dit hier que la Geoffrin lui avait écrit qu'elle mourrait de douleur, si elle ne le voyait pas; il a eu la complaisance d'y aller; il part, dit-on, après demain.

LETTRE CCLXXVII.

Paris, dimanche 8 juillet 1777.

Je me suis bien repentie de vous avoir parlé de fièvre (1), elle n'a eu nulle suite. Je me conduis très-bien présentement, j'observe un grand régime, il m'est devenu très-nécessaire; M. de Richmond vous dira que je me porte bien. Il est réellement le meilleur homme du monde, je me flatte d'être fort bien avec lui. Je ne sais si son affaire réussira (2), il s'en flatte. Moi je crains qu'on ne l'amuse.

Je m'accommode de plus en plus de M. Gibbon; c'est véritablement un homme d'esprit; tous les tons lui sont faciles; il est aussi Français ici que MM. de Choiseul, de Beauvau, etc. Je me flatte qu'il est content de moi; nous soupons presque tous les jours ensemble, le plus souvent chez moi : ce soir ce sera chez madame de Mirepoix. Je voudrais qu'il vous

---

(1) Dans une lettre qu'on ne publie point.

(2) De faire enregistrer son duché-pairie d'Aubigni par le parlement de Paris, et par les autres cours souveraines de justice, ainsi que l'étaient tous les autres duchés-pairies.

écrivît et qu'il vous dît naturellement comme il me juge et que vous me le fissiez savoir.

J'ai appris que j'avais eu plus de succès auprès de l'empereur que je n'avais pensé; il dit à madame du Châtelet, étant à Choisy, qu'il ne se souvenait plus du nom d'une femme qu'il avait vue chez M. Necker, qu'il avait trouvée de bonne conversation, et qui avait beaucoup de vivacité; c'est madame de Luxembourg qui me l'a écrit, à qui madame du Châtelet l'a dit; elles sont toutes les deux à Chanteloup. M. le comte d'Artois a dû y arriver hier, il y séjourne aujourd'hui, il sera demain à Versailles. Il y aurait beaucoup de récits à faire de tous les amusements que mes parents lui préparent; ils auront trente-cinq ou quarante personnes tant de la suite du prince que de leur compagnie; je serais bien fâchée d'être là. Tous les jours j'augmente de paresse et c'est dans l'ordre.

Je crois que ma lettre qui a précédé celle-ci, et qui a été l'ouvrage de sept jours, vous aura bien ennuyé; je me laisse aller toujours à la disposition présente, je ne pense pas assez à l'effet qu'elle produira; c'est la conduite que j'ai toujours tenue avec vous, et qui m'a si souvent et si extrêmement mal réussi; je ne sais pas assez me contraindre et jamais me contrefaire, cela ne vous a pas empêché de m'accuser d'affectation ; ce que je n'ai jamais eu avec vous ainsi qu'avec tout autre.

LETTRE CCLXXVIII.

Paris, dimanche 22 juillet 1777.

La poste ne m'apporte rien aujourd'hui ; vous ne voulez pas que j'en sois fâchée, je ne le suis pas ; mais je ne puis m'empêcher de craindre que cette maudite goutte ne soit la cause de cette irrégularité.

M. de Richmond eut de vos nouvelles mardi dernier ; il m'a même lu de sa lettre l'article qui me regardait ; il est plein d'intérêt et de compassion : je connais la bonté de votre cœur, ainsi il ne m'a point surprise, mais il m'a fait prendre la résolution de ne me plus jamais plaindre. Je sais par expérience que la compassion est un sentiment qui attriste l'âme, et qu'on doit éviter de le faire éprouver à ses amis ; nous avons des comédies pour lesquelles j'ai beaucoup de répugnance, où l'on représente des personnages qui sont dans l'humiliation, dans l'abandon, des pères déguenillés ; on est touché de leurs malheurs, on en est affligé, mais cependant sans en être attendri; on n'aime point à les voir, on souhaite qu'ils disparaissent.

M. de Presle me doit donner pour vous deux catalogues *in*-12 fort épais ; j'y joindrai ce que j'aurai de feuilles de la Bibliothèque des Romans ; le duc m'a dit qu'il vous les ferait tenir. Les attentions qu'il a pour moi ne me laissent pas douter du désir qu'il a de vous plaire : je vais vous rapporter les soins qu'il me rend, ils ne m'en sont que plus agréables.

Madame de Luxembourg est revenue mercredi de Chanteloup. J'ai reçu aujourd'hui une grande lettre de madame de Grammont, très-familière, pleine de narration, enfin telle que vous les aimez.

L'empereur n'a point été à Chanteloup, quoiqu'il ait été à Tours, de Tours coucher à Poitiers, abandonnant le projet de remonter la Loire, et en conséquence le projet d'aller à Chanteloup. L'Idole et sa belle-fille en arrivent aujourd'hui. Je ne prévois pas en tirer grand parti ; je trouve tous les jours, de plus en plus, que la fable de La Fontaine, de l'Alouette et ses petits, est de bien bon sens. J'exécute ce que j'avais projeté ; je soupe presque tous les jours chez moi, hors deux, dont l'un est chez les Necker, l'autre chez la comtesse de Choiseul, qu'on appelle la Petite Sainte. M. Gibbon me convient parfaitement ; je voudrais bien qu'il restât toujours ici ; je le vois presque tous les jours ; sa conversation est très-facile, on est à son aise avec lui ; mais je n'ai pas encore lu son ouvrage, c'est-à-dire, la première partie ; les deux autres ne sont point encore traduites.

En voilà assez pour une lettre qui n'est pas une réponse.

LETTRE CCLXXIX.

Mercredi 9 juillet 1777.

Le départ de M. de Richmond devient incertain ; je vous avais écrit une grande lettre, comptant qu'il vous la porterait, je viens de la jeter au feu. Que vous dirai-je dans celle-ci ? que M. Necker est directeur-général des finances ; vous le savez, sans doute ; qu'il a refusé les appointements et tous les droits attachés à la place de contrôleur-général, dont il ne lui manque que le titre, en ayant toutes les fonctions et l'autorité. Il loge, à Paris, ainsi que dans toutes les maisons royales, dans l'hôtel du contrôleur-général ; et s'il était catholique, il aurait le titre de contrôleur.

Trouvez bon que je vous envoie les édits, et que je m'épargne la peine de vous transcrire ce qu'ils contiennent : je comptais que ce serait M. de Richmond qui vous les porterait, ainsi que les catalogues et la *Bibliothèque des Romans*.

Je deviens très-paresseuse, c'est-à-dire, très-stérile ; et si notre correspondance, comme vous me le faites entendre, vous devient pénible, je consens que vous la rendiez moins fréquente ; il ne faut point qu'elle devienne une gêne.

Nous avons ici milord Dalrymple qui arrive d'Italie ; je ne me souviens plus dans quelle ville il a vu le duc et la duchesse de Glocester ; il a trouvé le duc dans un état pitoyable pour sa santé, et la duchesse, la plus belle femme qu'il eût jamais vue. Si vous lui écrivez, comme je n'en doute pas, remerciez-la de l'honneur qu'elle m'a fait en chargeant le milord de me faire ses compliments ; vous trouverez bon que je croie vous les devoir.

Il y a trois conseillers d'état nommés pour un comité de finances, qui sont MM. de Beaumont et Fourqueux, ci-devant intendant des finances, et M. de Villeneuve. Leur emploi sera pour ce qu'on appelle le contentieux : je ne sais pas trop bien en quoi il consiste (1). Comme M. Necker ne peut pas prêter de serment, il ne peut pas non plus faire de signatures; on dit que ce sera M. de Beaumont qui signera.

LETTRE CCLXXX.

13 juillet 1777.

La situation de madame votre nièce (1) est affreuse; je n'y puis penser sans frémir.

Ne me laissez rien ignorer de tout ce qui vous intéresse; ce serait pour moi un vrai bonheur, si c'était pour vous une consolation de me confier vos peines. La tendre et sincère amitié devrait produire cet effet; mais c'est de quoi il ne faut point parler; tout, jusqu'au nom, vous en déplaît.

---

(1) D'àrranger quelques points touchant la perception des taxes, sur lesquels les fermiers-généraux n'étaient pas d'accord avec les personnes soumises à leur pouvoir. M. Fourqueux fut depuis nommé contrôleur-général, après la disgrâce de M. de Calonne, en 1787.

(1) Feu la duchesse de Glocester. Dans ce temps le duc était abandonné de ses médecins, en Italie; et l'on s'attendait journellment, en Angleterre, à recevoir la nouvelle de sa mort.

Je voudrais, de tout mon cœur, rendre mes lettres amusantes ; mais, malgré ma bonne volonté, l'instinct m'arrête : je sens que rien de ce que je pourrais vous dire ne peut vous intéresser. Quelle part peut-on prendre à des objets qu'on a vus comme la lanterne magique, qu'on ne doit jamais revoir? cependant, pour vous obéir, je vous dirai que M. Necker commence fort bien son ministère ; ses premières opérations plaisent au public, et sont approuvées par les honnêtes gens; il ne veut point mettre d'impôts, et comme il est important et nécessaire d'égaler la recette à la dépense, cela ne se peut faire qu'en réformant les abus; ceux de la dépense de la cour sont impossibles, ou du moins ne se peuvent faire que petit à petit; il faut cependant un prompt remède. Les abus de la perception sont immenses, et s'il parvient à les réformer, il fera un grand chef-d'œuvre. Il s'y prend bien, mais il faut que le Maurepas le soutienne, et voilà ce qui est bien scabreux. L'entreprise est toujours très-louable et lui fait beaucoup d'honneur. S'il n'est pas soutenu, il n'attendra pas son congé ; il se retirera sans être dans le cas de changer rien à son état, puisqu'il n'a pas augmenté sa dépense, et qu'il ne reçoit aucun appointement, ni aucune grâce honorifique; il a, jusqu'à présent, rétabli le crédit que ses prédécesseurs avaient entièrement détruit.

Je cherche si je sais quelque autre chose à vous mander, je ne trouve rien; mais peut-être avant le départ de M. de Richmond arrivera-t-il quelque événement, que je pourrai ajouter à cette lettre.

Je fus hier souper à Auteuil chez l'Idole, j'y menai M. Gibbon; je suis toujours très-contente de son esprit, mais il est pour les beaux-esprits comme était Achille pour les couteaux, quand il était chez je ne sais quel roi; il est allé aujourd'hui au Moulin-Joli (2) avec M. Thomas. Je lui rends justice, on sent moins avec lui qu'avec tout autre qu'il est un auteur.

Lundi.

On murmure de la guerre, on parle d'un comité qu'on dit avoir été tenu avant-hier, de MM. de Saint-Germain, Monbarrey, Sartine, Vergennes et votre ambassadeur. Je le vis hier; je le trouvai plus triste et plus taciturne qu'à

---

(2) Moulin-Joli était une maison de campagne à peu de distance de Paris, occupée par M. Watelet, homme de lettres.

l'ordinaire, l'air occupé ; nous aurons la guerre, je le crois ; notre correspondance alors ne pourra pas être fort exacte. Voilà comme tout prend fin, et qu'on peut dire des liaisons ce que Voltaire a dit de l'âme : *c'est un feu qu'il faut nourrir, et qui s'éteint s'il ne s'augmente.*

M. de Valentinois, fils de M. de Monaco, épouse demain mademoiselle d'Aumont, fille de la duchesse de Mazarin ; M. de Monaco ne voulait pas que sa femme signât le contrat (3), et M. d'Aumont (4) ne voulait pas le mariage sans sa signature : cela était encore en débat hier l'après-dînée. Je ne sais si ce différent est terminé, mais il n'était pas, dit-on, impossible qu'il n'en résultât une rupture.

Je suis fort aise que madame Beauclerc (5)

---

(3) Le prince de Monaco avait été séparé judiciairement de la princesse sa femme, par un acte du parlement, en 1771.

(4) Le fils aîné du duc d'Aumont avait pris le nom de duc de Mazarin, avant son mariage avec la fille du duc de Duras, qui, par sa mère, était l'héritière du cardinal de Mazarin. Une fille unique fut le fruit de ce mariage ; c'est la dame en question, laquelle, malgré la difficulté dont il s'agit, épousa le duc de Valentinois, fils aîné du prince Monaco.

(5) Feu lady D. Beauclerc.

soit de retour des eaux, et qu'elle soit à Strawberry-Hill. Tout le monde s'accorde à dire qu'il n'y a point de femme aussi aimable et qui ait autant d'esprit et de talents. Elle doit vous être d'une grande ressource : c'est un singulier bonheur que de rencontrer quelqu'un qui plaise et qui convienne; il arrive rarement, et pour l'ordinaire ne dure guère.

LETTRE CCLXXXI.

Paris, dimanche 27 juillet 1777.

JE reçois votre lettre du 21, et en même temps deux autres, l'une de M. de Beauvau qui est à Plombières, l'autre de la grand'maman qui revenait de Richelieu (qu'ils avaient eu la curiosité d'aller voir) (1). Toutes les deux sont longues, remplies d'expressions de la plus tendre amitié. La vôtre a un ton sévère; eh bien, je n'en crois pas moins être plus aimée de vous que de qui que ce soit, et

---

(1) Le château de Richelieu, dans la ci-devant province de Touraine, sur la frontière de celle de Poitou. Il avait appartenu long-temps à la famille de Duplessis, de laquelle descendait le cardinal de Richelieu, et ensuite de celle de Vignerodis, dont descendait le duc de Richelieu.

c'est ce qui s'appelle la foi, mais qui ne me fera pas tenter de transporter les montagnes.

J'ai une extrême joie des nouvelles que vous me donnez des altesses royales (2); je serais charmée qu'elles passassent par Paris, certainement je m'y ferais présenter.

J'espère que nous n'aurons point la guerre; l'arrivée de la marquise de Noailles (3) à Londres n'est-elle pas une raison pour le croire?

Vous êtes un drôle d'homme! Quand vous haïssez d'entendre parler de quelque chose, vous vous persuadez qu'on vous en parle toujours. Je vous ai écrit deux ou trois fois sur cette passion du duc (*de Richmond*), et comme elle vous choque, vous vous persuadez que je n'ai cessé de vous en parler; mais moi à qui elle ne fait rien, je suis très-assurée de ne vous en avoir pas entretenu. Il faut à cette occasion que je vous dise une gentillesse de cette vicomtesse (*de Cambise*). Elle a appris l'anglais, elle le sait fort bien; elle a tra-

―――――

(2) Feu le duc et la duchesse de Glocester.

(3) La marquise de Noailles, née Dromenil. Son mari, le fils cadet du duc de Noailles, était alors ambassadeur de France en Angleterre.

duit plusieurs portraits de milord Chesterfield, et elle a écrit au chevalier de Boufflers qui est à son régiment, de m'en faire un envoi au nom de feu milord. Le voici:

> J'obtins autrefois quelque gloire
> Dans les portraits que j'entrepris,
> Et mes flatteurs me faisaient croire
> Que j'avais remporté le prix.
> Aujourd'hui, sans oser me plaindre,
> Au second rang je suis placé,
> Et je sais que dans l'art de peindre,
> Une aveugle m'a surpassé.

Cela n'est-il pas joli? Je n'ai encore vu de la traduction que le portrait de Georges Ier. J'aurai celui de monsieur votre père et tous les autres.

Je vais être pendant quinze jours ou trois semaines dans une grande solitude; la maréchale de Luxembourg part mercredi 30, pour Villers-Coterets, d'où elle reviendra le 13. Mesdames de Boufflers partent le même jour pour une de leurs terres en Normandie, dont elles reviendront le 9. Tous les hommes sont éparpillés, il me restera la vicomtesse qui fera peut-être aussi quelques escapades à Roissy ou à Villers-Coterets. Ce qui sera sédentaire ce sera M. Gibbon et les Necker; je ne vois ces derniers qu'une fois la semaine, qui est le jeudi. Tout mon amusement consiste en mes correspondances; j'aime beaucoup à recevoir des lettres, mais je n'ai pas le même plaisir à y répondre. Sans oser me comparer à madame de Sévigné à nul égard, une très-grande différence d'elle à moi, c'est qu'elle se plaisait à écrire et qu'elle était vivement affectée de tout ce qu'elle voyait, et qu'elle mettait par conséquent beaucoup de chaleur à ce qu'elle racontait.

Moi, je suis médiocrement affectée, je n'ai point de mémoire, peu de facilité à m'exprimer, souvent des vapeurs qui m'ôtent la faculté de penser, et puis quand c'est à vous que j'écris, la crainte m'offusque, jamais mes lettres ne vous contentent; il faut que j'évite tout ce qui serait susceptible de certaines interprétations, que je me rappelle les choses dont je vous ai déjà parlé, pour ne pas tomber dans des répétitions; enfin, enfin, je ne suis point à mon aise avec vous, je vous crains. Je sais bien que c'est un sentiment qui en accompagne toujours d'autres, mais vous m'en donnez la dose un peu trop forte.

Voudriez-vous que je vous parlasse de nos

opérations de finance? j'espère que non, je m'en tirerais fort mal; qu'il vous suffise de savoir que tout ceci prend un air raisonnable et solide, qu'on démêle que c'est un homme de bon sens et d'esprit qui gouverne (4); il est fort à désirer qu'il n'arrive point de changement. On disait hier, comme une chose certaine, que la feuille des bénéfices serait donnée aujourd'hui à M. de Marbeuf, évêque d'Autun. Le cardinal de la Roche-Aymon ne veut point mourir, on se lasse d'attendre.

Je dirai à madame Necker ce que vous m'ordonnez.

Je soupe ce soir chez madame de la Vallière; si le baron de Castile est arrivé, sans doute que je l'y trouverai, il me dira de vos nouvelles.

M. de Richelieu a appris avec étonnement que tout Chanteloup avait été à Richelieu; avec indignation que le concierge avait fait tirer le canon pour eux; il a dit que s'il l'avait su, il aurait envoyé des boulets (5).

---

(4) M. Necker.

(5) Le maréchal duc de Richelieu avait toujours été, par politique, l'ennemi du duc de Choiseul.

LETTRE CCLXXXII.

Dimanche, 10 août 1777.

Je crois qu'il y a bien peu de gens qui reçoivent de l'agrément de leur famille. Les malheurs de la vôtre vous font souffrir, mais vous pouvez les aimer, parce que la plupart sont aimables; et moi je n'ai pas un parent avec qui je voulusse faire connaissance, s'ils ne m'étaient rien.

J'aimerais bien à jaser avec vous ; je crois que nous serions souvent d'accord dans les jugements que nous portons; je vois que vous croyez la guerre, je ne sais qu'en penser ; je conviens que l'arrivée de la maréchale de Noailles ne prouve rien, ce peut n'être qu'un semblant; mais je suis persuadée que nous ne la désirons pas : nous ne songeons dans le moment présent qu'à remédier au dérangement de nos finances, et la guerre serait un grand obstacle à ce dessein. Tout événement me devient indifférent. Depuis quinze jours ou trois semaines ma santé n'est point bonne ; je n'ai aucun mal particulier, mais je suis comme une vieille montre qui se détraque, et qu'il faut conduire au doigt et à l'œil pour la mettre à l'heure présente. J'ai encore des moments où je suis en vie, mais ils sont rares; je vois sans grands chagrins mon dépérissement; la faiblesse n'est point un état qui m'effraye, le détachement qui en est une suite naturelle ne me déplaît pas; et tout ce qui éteint le désir et l'activité, produit nécessairement la tranquillité et l'indifférence, et c'est là ce qui peut rendre la vieillesse supportable.

J'aurais été bien étonnée que vous n'eussiez pas été content des vers du chevalier de Bouflers, ils sont extrêmement jolis. J'ai lu deux portraits que madame de Cambis a traduits, ceux de Georges Ier et de monsieur votre père; je n'en ai point été contente; mais je vous dis à l'oreille que je ne le suis point de l'ouvrage de M. Gibbon, il est déclamatoire, oratoire; c'est le ton de nos beaux-esprits, il n'y a que des ornements, de la parure, du clinquant et point de fond; je n'en suis qu'à la moitié du premier volume, qui est le tiers de l'in-quarto, à la mort de Pertinax. Je quitte cette lecture sans peine, et il me faut un petit effort pour la reprendre. Je trouve l'auteur assez aimable, mais il a, si je ne me trompe, une grande ambition de célébrité; il brigue à force ouverte la faveur de tous nos beaux-esprits, et il me paraît qu'il se trompe souvent aux jugements qu'il en porte ; dans la conversation il veut briller et prendre le ton qu'il croit le nôtre, et il y réussit assez bien ; il est doux et poli et je le crois bon homme ; je serais fort aise d'avoir plusieurs connaissances comme lui, car à tout prendre il est supérieur à presque tous les gens avec qui je vis.

Je soupai hier chez la marquise de Mirepoix avec madame de Boisgelin, madame de Marchais, mademoiselle Sanadon et une comédienne nommée madame Suin. La tante, la nièce (1) et madame Suin récitèrent le Tartuffe parfaitement bien : cela ne m'empêcha pas de dormir pendant un acte ; j'y eus du regret ; mais j'étais si faible que je ne pus m'en empêcher.

Je devrais aller ce soir à Auteuil (2) ; j'y suis engagée ; mais je crois que je n'en ferai rien, et que je resterai avec la Sanadona : je m'accommoderais bien plus d'elle, si elle voulait bien s'en tenir à ce qu'elle est ; mais, toute médiocre que je suis, je lui donne une émulation

---

(1) Madame de Mirepoix et madame de Boisgelin.
(2) Où la comtesse de Bouflers et sa belle-fille, la comtesse Amélie, avaient alors une maison.

de me ressembler qui me la rend quelquefois insupportable : elle fait des définitions ; elle porte des jugements qu'elle croit conformes à ce que je pense, et qui n'ont pas le sens commun. Cependant, de toutes les personnes qui m'environnent, c'est celle qui m'est peut-être la plus chère et qu'il me serait le plus fâcheux de perdre.

Adieu. C'est assez bavarder.

Vous savez sans doute la mort de M. de Trudaine. Le président de Coste a les ponts et chaussées (3).

Je n'irai point à Auteuil ; je viens de m'excuser. Je viens de relire votre lettre, pour juger si elle ne me fournirait rien à dire de plus. Non, si ce n'est que personne n'écrit aussi bien que vous, n'a plus d'idées, et ne les fait mieux entendre, malgré vos fautes de langage.

---

(3) M. de Trudaine avait été directeur général des ponts et chaussées.

LETTRE CCLXXXIII.

Samedi 23 août 1777.

Je ne comprends rien à la poste, ou pour mieux dire aux vents. D'où vient ai-je reçu votre lettre aujourd'hui? Le temps n'est point changé, et le procédé ordinaire est de ne recevoir les lettres que le dimanche ; mais je ne m'en plains pas, puisqu'en vérité il n'y a plus que par la poste que je puis recevoir quelque plaisir. Je suis d'une humeur enragée ; tout me choque, tout me blesse, tout m'ennuie : il faut que je me fasse des efforts incroyables pour ne pas brusquer tout le monde. Je ne sais si cela tient à ma santé, et je crains que cette disposition ne soit une maladie.

Dimanche.

Je ne pus pas continuer hier, et c'est tant mieux pour vous. J'ai bien dormi cette nuit ; mon humeur en est radoucie : ce n'est pas que je fasse des réflexions qui soient plus gaies ; mais elles me rendent plus courageuse, elles me font prendre la résolution de souffrir sans me plaindre. En effet, à quoi bon les plaintes? à fatiguer ceux qui les écoutent. Je vous quittai donc hier pour aller à la comédie avec mes=

dames de Luxembourg, de Lauzun et M. Gibbon. C'était la seconde fois que je voyais cette pièce ; elle me fit moins de plaisir qu'à la première : la loge était plus mauvaise ; j'entendis moins, et j'entends fort peu actuellement. Je ne suis pas encore sourde ; mais, selon toute apparence, je ne tarderai pas à le devenir. Le sujet de cette pièce, c'est le roman de madame Sancerre par madame Riccoboni. Après la comédie, nous fûmes, M. Gibbon et moi, rendre visite à M. et madame de Meynières (1), qui demeurent à Chaillot ; de là nous continuâmes notre route, et nous fûmes souper à Auteuil. Il n'y avait que les Idoles, madame de Vierville et les ambassadeurs de Naples et de Suède : la jeune Idole chanta et s'accompagna de sa harpe. Les diplomatiques s'extasièrent, le Gibbon joua l'extase, et moi je m'en tins à l'exagération : c'est le parti que je suis forcée de prendre en cette occasion ; car pour du plaisir, je n'en suis plus susceptible.

Je reçus avant-hier, par la petite poste, un

---

(1) Le président et la présidente de Meynières. C'est madame de Meynières qui, sous son premier nom de madame de Belot, a traduit l'*Histoire d'Angleterre*, de Hume.

Eloge du chancelier de l'Hôpital : c'est le sujet du prix de cette année ; mais celui-ci n'a pas été fait pour y concourir. L'auteur aura, je crois, soin de se bien cacher. Il a été envoyé à plusieurs personnes ; je ne soupçonne point quel en peut être l'auteur (2). Je l'ai prêté à M. Gibbon ; je vous l'enverrai par la première occasion : vous m'en direz naturellement votre avis.

La comédie dont je vous ai parlé a pour titre *l'Amant bourru*.

Madame la duchesse de Chartres accoucha hier de deux filles.

Je souscris à vos éloges sur la Décadence de l'Empire : je n'en ai lu que la moitié ; il ne m'amuse ni ne m'intéresse : toutes les histoires universelles et les recherches des causes m'ennuient ; j'ai épuisé tous les romans, les contes, les théâtres ; il n'y a plus que les lettres, les vies particulières et les mémoires écrits par ceux qui font leur propre histoire, qui m'amusent et m'inspirent quelque curiosité.

La morale, la métaphysique me causent un

---

(2) Cet *Éloge du chancelier de l'Hôpital* est du comte de Guibert, qui s'était déjà fait connaître par sa *Tactique*, et par sa tragédie du *Connétable de Bourbon*.

ennui mortel. Que vous dirai-je? J'ai trop vécu.

Mais parlons de ce qui vous regarde. D'où vient vous êtes-vous fait de si vieilles amies? Il ne vous reste plus que milady Blandford (3) et moi ; et pour moi, vous vous en apercevrez les jours de poste.

L'ambassadeur de Naples nous dit hier qu'il avait des nouvelles sûres que le général Burgoigne avait pris la ville qu'il assiégeait, et dont je ne me souviens pas du nom.

L'ambassadeur de Sardaigne et sa femme (4) ne sont plus ici ; cette dernière en est au désespoir : il y avait long-temps que je n'en entendais plus parler ; je ne m'apercevrai point de son absence : celle des Beauvau est terminée ; ils arrivent aujourd'hui. J'ai reçu mille marques d'attention et d'amitié du mari : si je n'étais pas confirmée dans l'incrédulité, je pourrais croire qu'il m'aime ; mais loin de moi une telle pensée ; il est temps de ne plus tomber dans des méprises.

---

(3) Marie-Catherine de Jonghe, veuve du marquis de Blandford, fils unique de Henriette, duchesse de Marlborough. Elle avait alors quatre-vingt-trois ans.

(4) Le comte et la comtesse de Viry.

Madame de Luxembourg part mercredi pour aller à Cressy chez sa belle-fille la princesse de Montmorenci, et de là aux haras chez madame de Briges (5). Tous ses voyages ont pour objet de fuir l'ennui ; il n'y a que les sentiments ou les occupations forcées qui, tant qu'ils durent, en mettent à l'abri.

On vient de supprimer les administrateurs des postes ; il y en avait dix avec des appointements de cent mille francs, on les met en régie ; il n'y aura plus que six commis à vingt-quatre mille francs chacun ; mais je joindrai l'édit à cette lettre, si je puis l'avoir. Si M. Necker peut se maintenir, c'est-à-dire, si on le soutient, il y a toute apparence qu'il fera de bonne besogne.

LETTRE CCLXXXIV.

Dimanche 21 septembre 1777.

Je ne me repens pas d'avoir toujours aimé votre roi, son dernier procédé (1) doit vous faire oublier ce qui l'a précédé ; j'attends avec

---

(5) M. de Briges était écuyer du roi, et chef des haras royaux d'Argentan, en Normandie.

(1) Sa réconciliation avec son frère, le feu duc de Glo-

impatience l'arrivée du duc à Londres, et le récit que vous m'en ferez. La duchesse est très-intéressante; il n'y a point de bonheur que je ne lui souhaite; il y en a un dont elle jouit, et dont elle jouira encore davantage dans quelques semaines, et c'est celui dont je fais le plus de cas, devinez-le s'il est possible.

Vous êtes si occupé, et de choses si importantes, qu'elles m'imposent silence sur toutes les bagatelles que je pourrais vous mander. Vous m'avez dit souvent, quand je me plaignais de l'ennui, qu'il était le malheur des gens heureux; vous oubliez dans ce moment que j'étais vieille et aveugle, cela ne m'empêche pas de convenir que vous avez raison; mais en même temps, il n'en est pas moins vrai que l'ennui est le plus grand des maux, j'en excepte la goutte, la pierre, et toutes espèces de douleurs; la pauvreté, les ennemis, les dégoûts, ne sont des malheurs que parce qu'ils entraînent nécessairement l'ennui; il y a des caractères qui n'en sont pas susceptibles, et ceux qui le tiennent de la nature ont reçu d'elle

---

cester, avec qui il avait été brouillé depuis la déclaration de son mariage avec la comtesse douairière de Waldegrave.

le plus grand des biens, et qui peut lui seul tenir lieu de tout autre; j'espère que vous êtes de ce nombre, et je vous en félicite.

L'aventure des Viry (2) est singulière; leur ennemi, M. d'Aigueblanche, est disgracié en même temps qu'eux. Qu'est-ce que cela veut dire? il m'importe peu de le savoir.

M. Gibbon a ici le plus grand succès, on se l'arrache; il se conduit fort bien, et sans avoir, je crois, autant d'esprit que feu M. Hume, il ne tombe pas dans les mêmes ridicules. Je ne sais pas si tous les jugements qu'il porte sont bien justes, mais il se comporte avec tout le monde d'une manière qui ne donne point de prise aux ridicules; ce qui est fort difficile à éviter dans les sociétés qu'il fréquente.

Les Eloges de l'Hôpital vous sont arrivés bien mal à propos; ce n'est pas que je trouve

---

(2) Le comte de Viry fut rappelé de son ambassade à Paris, et en retournant à Turin, arrêté à Suze, par ordre du roi de Sardaigne, avec injonction de ne point quitter cette ville, et de se présenter deux fois par jour au gouverneur. Madame de Viry avait la liberté d'aller où bon lui semblait. Son mari fut ensuite exilé à sa terre en Savoie. Le sujet de son exil n'a jamais été bien connu.

qu'ils méritassent une grande attention ; le couronné est détestable, l'autre est bon par-ci par-là ; tout le monde le croit de Guibert, l'auteur de la tragédie du Connétable.

Il paraît un livre qui, je crois, m'amusera. Il a pour titre, *Mémoires Secrets pour servir à l'histoire de la république des lettres en France depuis 1462 jusqu'à nos jours, ou Journal d'un observateur, contenant les analyses des pièces de théâtre qui ont paru durant cet intervalle; les relations des assemblées littéraires, les notices des livres nouveaux, clandestins, prohibés; les pièces fugitives, rares ou manuscrites, en prose et en vers; les vaudevilles sur la cour; les anecdotes et bons mots; les éloges des savants, des artistes, des hommes de lettres morts, etc., etc., par feu M. de Bachaumont; imprimé à Londres chez John Adamson*, 1777.

Si en effet il est imprimé à Londres, vous me feriez un extrême plaisir de me l'envoyer; il est en huit volumes in-12, on me l'a prêté; mais c'est un livre à avoir à soi; je ne l'ai commencé qu'hier, j'en ai lu un demi-volume, ce n'est que l'histoire des théâtres en 1762, cela est écrit jour par jour; plus il avancera, plus il deviendra intéressant, on ne pourra point l'avoir ici qu'avec de grandes difficultés (3).

Je fus hier à la répétition de l'opéra d'Armide, par le chevalier Gluck ; il ne m'a pas fait le même plaisir que celui de Lulli ; cela tient sans doute à mes vieux organes.

M. de Choiseul, qui est arrivé à Paris le 6 de ce mois, ira mardi prochain à la première représentation et retournera mercredi à Chanteloup. Je viens de recevoir une lettre de la grand'maman en même temps que la vôtre; elle croit que je ne vous parle jamais d'elle, elle m'en fait des reproches, elle veut que je vous dise qu'elle vous aime, et qu'elle prend beaucoup d'intérêt par rapport à vous, au duc de Glocester. Toute sa lettre est charmante, je ne crois pas qu'elle sente tout ce qu'elle dit, mais les paroles douces sont toujours agréables, n'eussent-elles que le son.

Je crois que je ferai bien de fermer cette

---

(3) Ce livre n'a jamais été imprimé à Londres, mais à Paris, où l'on continua de le publier annuellement jusqu'après l'assemblée des notables, en 1787. Il forme trente-six volumes in-12. Il a été fort utile à l'éditeur de ces lettres, pour la recherche d'anecdotes, de dates, etc.

lettre ; quand on a une grande occupation dans la tête, tout ce qui en distrait, importune.

Je ne puis me refuser de vous exhorter à ne point prendre trop de confiance sur le meilleur état du duc ; l'exemple du pauvre petit évêque de Noyon (4) apprend qu'il ne faut pas trop se rassurer ; il mourut avant-hier au bout de quinze ans de maladie, après avoir fait tous les remèdes de la médecine.

LETTRE CCLXXXV.

Jeudi 25 septembre 1777,
à 8 heures du matin.

Je vous ai prié de chercher et de m'envoyer un livre dont je n'ai plus que faire, je l'ai trouvé ici (1) ; je me hâte de vous le dire ; je vous conseille de le lire, il vous amusera.

C'est aujourd'hui le jour de ma naissance, je n'aurais jamais cru voir l'année 1777 : j'y suis parvenue, quel usage ai-je fait de tant

---

(4) L'abbé de Broglio, frère du maréchal et du comte du même nom.

(1) Les *Mémoires secrets*, etc., etc., dont il est parlé dans la précédente lettre.

d'années ? cela est pitoyable. Qu'ai-je acquis ? qu'ai-je conservé ? J'avais un vieil ami (2) à qui j'étais nécessaire, c'est le seul lien sur lequel l'on puisse compter ; je l'ai perdu, sans nul espoir de le remplacer, et jamais personne ne peut avoir autant que moi besoin d'appui et de conseil. J'emploie mes insomnies à réfléchir, à chercher ce que je dois faire ; je suis par mon caractère, indécise, inquiète, mais qu'est-ce que cela vous fait ?

La nouvelle d'hier, qu'on dit être sûre, c'est que M. de St.-Germain se retire. Lui donne-t-on son congé, ou sa retraite est-elle volontaire ? Dimanche je pourrai vous le dire. En attendant, bon jour, bonne nuit ; bon jour pour vous, bonne nuit pour moi. Je n'ai point encore dormi.

LETTRE CCLXXXVI.

Dimanche 26 octobre 1777.

Vous pouvez être sûr que j'aurai pour madame Macaulay (1) toutes les attentions possibles ; vous sentez bien qu'il me sera fort aisé

---

(2) M. de Pontdeveyle.

(1) Madame Catherine Macaulay, auteur d'une His-

de faire connaître ce que je pense pour vous. Comme les temps changent! autrefois vous me demandiez le contraire.

Non, en vérité, l'ennui que je connais, et dont je vous ai tant parlé, n'est pas celui du petit Craufurd; il ne sait ce qu'il veut ni ce qu'il lui faut, et moi je sais ce que je désire et ce qu'il me faudrait; M. Gibbon et lui partent demain, je les regrette l'un et l'autre, mais par des sentiments différents; j'aime le Craufurd, du moins je l'ai aimé, et quoiqu'il m'impatiente, et que sa déraison me fatigue, je suis bien aise quand je suis avec lui. Pour le Gibbon, c'est un homme très-raisonnable, qui a beaucoup de conversation, infiniment de savoir, vous y ajouteriez, peut-être, infiniment d'esprit, et peut-être auriez-vous raison; je ne suis pas décidée sur cet article; il fait trop de cas de nos agréments, trop de désir de les acquérir, j'ai toujours eu sur le bout de la langue de lui dire : ne vous tourmentez pas, vous méritez l'honneur d'être Français. En mon particulier, j'ai eu toutes sortes de sujets

---

toire d'Angleterre estimée, et de quelques autres ouvrages politiques. M. Walpole lui avait donné une lettre pour madame du Deffand.

d'être contente de lui, et il est très-vrai que son départ me fâche beaucoup; dites-lui bien, quand vous le verrez, que je n'ai cessé de vous parler de lui.

Le Craufurd vous dira que je ne l'aime plus, cela n'est pas vrai, mais je suis devenue comme vous, je ne peux plus aimer.... (je pourrais en demeurer là, mais j'ajoute) que des gens raisonnables. Il s'est ennuyé ici à la mort, et si l'amitié l'a conduit ici, elle s'en est apparemment retournée l'attendre à Londres, car elle l'avait abandonné à son arrivée. Il vous dira que j'ai un neveu (2) duquel je compte tirer quelque parti, et sur lequel je fonde quelques ressources; ce n'est point un homme amusant ni agréable, mais il est doux, il a assez de bon sens; il dit qu'il m'aime, je le veux croire, et je compte qu'il passera cinq ou six mois tous les ans avec moi.

---

(2) Le marquis d'Aulan, le fils de sa sœur qui s'était retirée à Avignon, où elle est morte.

LETTRE CCLXXXVII.

Mercredi 19 novembre 1777.

J'AUGURE bien mal de l'humeur silencieuse de MM. Howe (1); il y aura vraisemblablement bien plutôt des changements dans votre gouvernement que dans le nôtre; nos ministres et administrateurs ne sont en aucun danger, et c'est apparemment pour en bien persuader le public, que M. de Maurepas soupa dimanche avec tous les ministres, secrétaires d'état, diplomatiques, tous les amis et amies de madame de Maurepas, chez M. Necker; il y eut une musique, des proverbes, tous les plaisirs réunis. Je ne conçois pas ce qui a donné lieu aux bruits qui ont couru. Le Necker me paraît plus ferme que jamais. Mon avis est qu'on ne peut employer un homme plus capable, plus ferme, plus éclairé, plus désintéressé. Ce ne sont point mes liaisons avec lui qui me font porter ce jugement, je n'en attends rien, je le vois une fois la semaine, il n'a nulle pré-

―――――――――――――――――

(1) Le feu comte et son frère, le vicomte actuel Howe, qui commandait en chef l'armée et la flotte anglaise pendant la guerre de la mère-patrie avec les colonies d'Amérique.

férence pour moi, il sait que je l'estime, et comme je ne lui demande rien, il me voit de bon œil et voilà tout.

Je ne vous mande point de mes nouvelles; en êtes-vous étonné? Ne m'avez-vous pas interdit de vous parler de moi? Tous les événements de ma vie se passent dans ma tête : elle seule produit ma joie ou ma tristesse; tout ce qui m'est externe à peine est-il passé, que je ne m'en souviens plus. Mais si vous voulez que je vous en entretienne, je vous dirai que tout le monde, à peu près, est de retour; les maréchales, les Beauvau, les Boufflers, etc., etc. Je soupe presque tous les soirs chez moi. Ces jours-ci j'ai été incommodée d'une extinction de voix; elle dure encore, ce qui me rend l'exercice de dicter un peu pénible. Je hais le monde, et je vois avec plaisir la vérité du proverbe, qu'*à brebis tondue, Dieu mesure le vent*. La solitude me fait moins de peur, et je parviendrai, j'espère, à végéter.

J'ai écrit au Gibbon et au Craufurd, et à madame de Montagu. Pour vous mettre au fait de ce qui m'a obligé d'écrire à cette dernière, je vous envoie les copies de sa lettre et de ma réponse. Je suis fort aise d'avoir en perspective une des vôtres pour dimanche.

Adieu, mon ami; ce nom vous est dû, du moins je m'en flatte.

Madame de Montagu à madame la marquise du Deffand.

« Hill-street, 10 mai 1777.

« Madame,

» Un souvenir bien tendre des bontés dont vous m'avez honorée à Paris, m'a souvent excitée à vous assurer de ma reconnaissance ; mais toutes les fois que j'ai eu occasion de parler de vous à des amis qui ont le bonheur de vous connaître, je trouve que, même dans notre langue maternelle, les expressions nous manquent, et que nous ne savons rendre justice au sujet ni aux sentiments qu'il inspire. Tout l'esprit de M. Walpole, toute l'éloquence de M. Burke n'y suffisent pas ; que ferais-je donc ? Il ne me reste qu'une ressource ; c'est de vous adresser, comme à une divinité, et vous offrir simplement de l'encens ; c'est le culte le plus pur et le moins téméraire. Je vous prie, Madame, de me permettre de vous offrir deux cassolettes, où j'ai mis des aromatiques. Les ignorants et les barbares se servent de signes et de symboles au défaut de paroles ; l'encens que je vous présente puisse-t-il vous faire entendre tout le respect, l'attachement et la reconnaissance avec lesquels j'ai l'honneur d'être,

» Madame,

» Votre très-humble et très-obéissante servante,

» E. Montagu. »

Réponse de madame du Deffand à madame Montagu.

16 novembre 1777.

« Pourrez-vous croire, Madame, que la charmante lettre que vous avez pris la peine de m'écrire, datée du 10 mai, ne m'a été rendue qu'hier 15 novembre ? elle m'a été apportée par M. Boutin, qui s'excusa de ce long retardement par des voyages continuels qu'il a faits depuis son retour d'Angleterre. Je lus votre lettre en sa présence ; il fut témoin de mon plaisir et de ma reconnaissance. Rien ne m'a plus surprise que l'annonce d'un présent. Vous en voulez faire un langage ; mais quelque charmant qu'il puisse être, on préférera toujours de vous entendre et de vous lire, à tous les hiéroglyphes les plus ingénieux et les plus admirables. Ce n'est pas seulement par ouï-dire, Madame, que je vous parle de votre éloquence ; votre lettre suffirait pour me la faire connaître, indépendamment de tout ce que j'en avais ouï-dire. Je viens de lire vos trois dialogues, que madame de Meynières a traduits, et qu'elle m'a envoyés. J'ai lu aussi votre apologie de Shakespear. Je ne doute pas que Voltaire ne reste sans réplique. Je vous dirais tout ce que j'en pense, si mon approbation et mes louanges étaient dignes de vous ; mais, Madame, vous avez dû démêler bien promptement que je n'ai ni talent ni savoir, mais je ne renonce pas à prétendre à avoir quelque goût ; je suis trop touchée de votre mérite, pour avoir cette fausse modestie.

» Quand j'aurai reçu ces cassolettes, qui seront pour moi un monument très-glorieux, vous voudrez bien que j'aye l'honneur de vous renouveler mes remercîments : elles courent le monde ; elles sont à présent à Ostende ; il faut qu'elles arrivent à Rouen, et que de là elles remontent la rivière jusqu'à Paris : il se passera peut-être plus d'un mois avant qu'elles y arrivent ; je les attends avec l'impatience qu'on doit nécessairement avoir pour jouir des marques de bonté d'une personne aussi illustre que vous.

» Daignez recevoir, Madame, les assurances de tous les sentiments avec lesquels je vous suis très-respectueusement attachée. J'ai l'honneur d'être, etc. »

LETTRE CCLXXXVIII.

Paris, dimanche 14 décembre 1777.

Quelle différence il y a d'une personne qui pense, à une qui ne dit que ce qu'on pensa !

Vous êtes original en tout ; et, sans nul compliment, je puis vous dire que votre esprit me plaît beaucoup. Vous me débrouillez toutes mes pensées ; car je crois toujours avoir pensé tout ce que vous me dites de moi. En vérité, ne vous en fâchez pas, mais il m'est impossible de m'empêcher de vous dire que je donnerais toutes choses au monde pour vous voir encore une fois : n'ayez pas peur, je ne vous en parlerai pas davantage.

Je voudrais vous rendre mes lettres amusantes, les remplir de faits, d'anecdotes ; mais je suis si peu affectée de tout ce qui se passe, que les récits que je vous ferais vous ennuieraient à la mort : une madame de Sévigné trouverait bien de quoi vous amuser; mais moi, mon ami, je flétris tout; je n'ai de ressource, pour m'assurer de votre amitié, que votre constance naturelle.

Vos affaires d'Amérique vont bien mal : je ne saurais croire qu'il en résulte aucun bien pour les particuliers de votre nation; mais j'entends si peu la politique, que je ne pourrais en parler sans ridicule.

Madame de Grammont arrive aujourd'hui; les Choiseul, samedi prochain. Madame de Luxembourg, qui est à Montmorenci, n'en reviendra que le 24, veille de Noël. On soupera chez moi; j'aurai vingt personnes : je voudrais en être quitte.

Votre Charles Fox n'est pas un homme; il a l'audace de Cromwel.

J'avais chargé le Craufurd d'un brimborion pour milady Lucan : j'imagine qu'il ne le lui aura pas donné; il l'aura peut-être perdu, ou il l'aura donné à un autre.

LETTRE CCLXXXIX.

Mardi 6 janvier 1778.

Je vous croyais chez les Ossory (1); vous m'aviez annoncé ce voyage et vous aviez ajouté que vous seriez quinze jours sans me donner de vos nouvelles ; en conséquence, j'avais formé différents desseins : d'abord, de vous écrire en manière de journal, et puis de ne vous point écrire du tout jusqu'à ce que j'eusse appris votre retour à Londres ; mais voilà que vos projets sont changés.

Je ne puis me résoudre à vous entretenir de moi et de ce qui m'environne, je crains toujours des hors de propos, quand vous êtes de bonne humeur, mes doléances vous la feraient perdre ; et quand vous êtes triste, tout ce que je vous dirais vous paraîtrait puérilités et misère ; cependant il faut vous raconter ce qui m'a amusée ces jours-ci.

Vous vous souvenez bien que madame de

―――――――――

(1) A la terre du comte d'Ossory à Ampt-Hill, dans le comté de Bedford.

Luxembourg et moi nous nous donnons des étrennes, que rien ne lui est plus agréable que le parfilage. Il m'est venu dans la tête d'habiller Pompon, le fils de Wiart, en capucin, et de faire tout son attirail de fil d'or, calotte, barbe, cordon, discipline, chapelet, sandales, et besace bien remplie. J'avais assemblé grande compagnie ; Wiart vint me dire qu'il y avait un moine qui demandait à me parler, je refusai de le voir ; la maréchale, curieuse de savoir quelle affaire il pouvait avoir à moi, voulut qu'il entrât ; c'était Pompon, le plus joli petit capucin : il chanta des couplets de différents auteurs, et plus plats les uns que les autres, que par conséquent je ne vous envoie pas. Le lendemain matin, j'envoyai le petit capucin faire des visites chez mesdames de Caraman, de la Vallière, de Grammont, de Choiseul ; il eut le plus grand succès, vous l'auriez trouvé charmant, j'en suis sûre. Deux jours après cette facétie, la maréchale m'apporta mes étrennes, elle mit sur mes genoux les six derniers in-quarto de Voltaire sur lesquels il y avait un petit sac dans lequel il y avait une très-jolie boîte d'or et le portrait de Tonton ; ainsi elle me donnait Voltaire et mon chien, et voici le couplet qui y était joint :

>Vous les trouvez tous deux charmants,
>Nous les trouvons tous deux mordants ;
> Voilà la ressemblance :
>L'un ne mord que ses ennemis,
>Et l'autre mord tous vos amis,
> Voilà la différence.

Ce couplet est du chevalier de Boufflers.

On ne parlait ici qu'Amérique, on y joint aujourd'hui la Bavière (2). Que résultera-t-il de tout cela? Aucune raison particulière ne m'engage à m'y intéresser ; et pour les raisons générales, je m'en dispense : je laisse à d'autres à anticiper sur l'avenir.

---

(2) Avant la mort de l'électeur Maximilien de Bavière, sans lignée, en décembre 1777, l'empereur Joseph II avait manifesté son intention de former, comme roi de Bohême, des prétentions sur la succession de Bavière, sous la condition d'indemniser les autres branches de la famille palatine, par la cession de quelque partie de l'Autriche. Mais en 1778, il se forma en Allemagne une coalition, à la tête de laquelle se trouvait le roi de Prusse Frédéric II, pour s'opposer aux prétentions de Joseph II.

Mercredi 7.

Rien n'est plus singulier que j'aye oublié hier, en vous écrivant, la seule nouvelle qui vous pouvait être un peu intéressante, la retraite de madame de Mirepoix dans un couvent. Elle a renvoyé une partie de ses domestiques, elle loue sa maison; elle s'est retirée non pas à St.-Antoine, mais à l'Assomption, auprès de sa sœur Montrevel qui y est établie depuis deux ans. Ce qui l'a déterminée à prendre ce parti, c'est pour pouvoir payer ses dettes, qui ne se montent (dit-elle) qu'à soixante et dix mille francs. Elle a cent mille livres de rente. On peut s'attendre, selon toute apparence, à quelques nouveaux changements.

FIN DU TROISIÈME VOLUME.

www.ingramcontent.com/pod-product-compliance
Lightning Source LLC
Chambersburg PA
CBHW060514230426
43665CB00013B/1516

l'histoire d'un village, sans paraître nous attaquer à des intérêts graves, à certains droits acquis, ayant pour eux la puissance, la force et même la considération; mais aujourd'hui tout ce passé est couché dans la tombe. Notre siècle est de droit son juge, et si le juge n'est pas toujours équitable, c'est moins faute d'impartialité que faute de lumières. La seule réclamation qu'il ait à redouter est celle de la science, venant lui dire : Vous vous êtes trompé. Or, cette réclamation, loin de la regarder comme hostile et malveillante, nous l'accueillerons toujours, pour notre part, docilement, comme un conseil et comme le redressement d'une erreur, si malgré tous nos efforts la vérité nous a fui.

Quant aux personnes qui, sans entrer dans la question du mérite intrinsèque et de la valeur plus ou moins réelle d'un livre, vont s'enquérant tout d'abord du mobile personnel de l'auteur, il nous est facile de satisfaire leur curiosité.

Cet ouvrage, leur dirons-nous, est le fruit de l'amour du pays combiné avec le goût des recherches historiques, autant du moins que nos études spéciales nous permettent de nous y livrer. Oui, l'amour du pays, tel est le sentiment naïf dans lequel l'auteur a puisé son mobile, dans lequel au besoin il puiserait sa récompense. Et pour en finir avec Brissot, voilà justement ce dont il ne tient pas assez compte, quand il redoute un leurre pour celui qui entreprend d'écrire l'histoire de son pays. Il n'a pas vu, le savant homme, qu'il ne saurait y avoir de déception là où il n'y a pas d'ambition, et que l'ambition n'a que faire en une entreprise où la naïveté commande et préside essentiellement.

C'est donc sous l'empire d'un tel sentiment que nous avons entrepris ce voyage à travers les ruines du passé ; que nous avons cherché à connaître la destinée des villages en Beauce : car il est un point de vue peu étudié, mal connu, exceptionnel il est vrai, et depuis longtemps effacé, sous lequel cette histoire se révèle à nous comme par échappées..... c'est, qui le croirait? la noblesse du paysan, la seigneurie du laboureur..... Eh bien! quoi d'étonnant? n'a-t-on pas vu dans un temps beaucoup plus rapproché de nous, un roi d'Espagne accorder des lettres de noblesse à quiconque cultiverait la terre, alors que tous les vœux tous les efforts, toutes les cupidités se tournaient avec fureur vers les métaux du Nouveau-Monde ? Le moyen-âge aussi s'honora de quelques privilèges accordés à l'agriculture. La trève de Dieu, par exemple, ne se bornait pas pour le laboureur à quelques jours consacrés par la religion, elle était perpétuelle. Malheureux temps, sans doute, que celui où le premier des arts ne pouvait s'exercer paisiblement qu'à l'ombre des priviléges; mais toujours est-il que pour un sol comme celui de la Beauce, entièrement consacré au labourage, les franchises de l'agriculture sont un fait assurément digne d'être mis en relief. Ces franchises, ces exemptions, ces **libertés**, tombées par ***grâce espéciale*** de ***Lettres royaux***, étaient chose précaire.

Exposées à mille dangers, elles devaient s'effacer au contact de la féodalité. Angerville eut aussi ses franchises royales; mais elles ne tardèrent pas à être absorbées. Village royal, il fut protégé, tant que la royauté naissante eut besoin, pour se défendre contre les seigneurs turbulents de l'époque, de la main robuste du paysan. Mais, plus tard, quand la royauté eut subjugué les villes, elle abandonna le village à sa spontanéité, et il ne tarda pas dès lors, impuissant à l'action et à la résistance, à être envahi par le seigneur ou le moine voisin. C'est ainsi que beaucoup de villages ont perdu les traces de leur origine. Aussi est-il difficile aujourd'hui de faire revivre un passé, sur lequel le temps a accumulé ses ombres les plus épaisses. Le passé des villages ressemble le plus souvent à ces morts de rang obscur, qui gisent pêle-mêle, sans inscription, sans date, sans pierre tumulaire. Pour en trouver quelques vestiges, il faudrait fouiller jusqu'à leurs ossements. Cependant, ce sont nos aïeux qui dorment là ; nous avons hérité du fruit de leurs travaux, ne l'oublions pas. Aimer sa famille, c'est aimer son pays ; aimer son pays, c'est aimer l'humanité. L'amour du sol natal n'est pas pour nous une chimère sentimentale, une abstraction philosophique ; c'est une puissante réalité. Tout se tient, se lie et s'enchaîne dans l'ordre moral, comme dans l'ordre scientifique. Le paysan, le laboureur, le village, en un mot, est le premier anneau de la chaîne historique. C'est l'embryon de la société, c'est l'aliment de la ville, c'est le soldat obscur de la grande armée.

L'étude d'un village est un travail nécessaire pour l'histoire générale, car il n'y a pas de synthèse possible sans analyse sérieuse, et l'histoire de France ne sera complète qu'autant que chaque ville aura son histoire particulière.

Nous nous étions d'abord proposé de faire simplement la monographie d'Angerville. Mais comme l'étude d'un village conduit forcément à celle d'un village voisin, nous avons entrepris de généraliser notre sujet, et de faire l'histoire des villages de toute cette partie de la Beauce, comprise entre Étampes et Orléans. Nous procéderons, dans cet exposé, comme on le fait en histoire naturelle, c'est-à-dire par famille, genre et espèce. Voici les trois grandes famille auxquelles nous rattacherons l'histoire de ces villages :

1° Village royal ;

2° Village seigneurial ;

3° Village monacal.

Mais, hâtons-nous de le dire, avec l'importance de notre sujet s'accroît aussi le sentiment de notre faiblesse. Plus le champ devient large, plus nous avons à craindre de mal fournir la carrière, plus aussi, nous le sentons, notre jeunesse a besoin d'indulgence, et plus enfin nous devons témoigner notre reconnaissance aux personnes qui nous ont facilité ce travail. Nous remercions messieurs F. Bertrand, secrétaire de la mairie d'Angerville, pour l'empressement bienveillant avec lequel il a mis à notre disposition les archives de la commune, M. Cintrat, instituteur, pour ses enquêtes actives auprès des anciens du pays, M. Léon de Laborde, directeur des archives de l'Empire, M. de Longpérier, membre de l'Institut, M. Bourquelot, professeur à l'école des Chartes, et M. Nettement, pour les encouragements qu'ils ont bien voulu nous donner.

E. MENAULT.

ESSAIS HISTORIQUES

SUR LES

VILLAGES DE BEAUCE.

CHAPITRE PREMIER.

SITUATION D'ANGERVILLE.

Prolégomènes historiques. — État de la Beauce. — Le seigneur du Puiset.

Située sur la limite de trois départements : Seine-et-Oise, Eure-et-Loir et Loiret, à 0° 30' 6" de longitude O, et à 48° 14' 5" de latitude N, Angerville occupe, entre Étampes et Orléans, le centre d'un plateau élevé et qui formait la plus grande partie de ce qu'on nommait autrefois la Haute-Beausse. C'est à cette partie surtout que peuvent s'appliquer ces vers latins, attribués à Fortunat,

> *Belsia triste solum cui desunt bis tria tantum,*
> *Colles, prata, nemus, fontes, arbusta, racemus.*

et dont voici la traduction du bon Andrieux :

> Le triste pays que la Beaüsse,
> Car il ne baisse ni ne hausse ;
> Et de six choses d'un grand prix,
> Collines, fontaines, ombrages,
> Vendanges, bois et pâturages,
> En Beauce il n'en manque que six.

En effet, lorsqu'au temps où les moissons jaunissent les regards s'étendent sur les plaines dorées de la Beauce, le philosophe et le penseur peuvent admirer cette fécondité puissante qui faisait dire au sieur Botteraye, dans son poëme *Aurelia :*

> His vicina orta est Elusinæ Belsia regnum
> Et segetes gleba nec ditior altera tellus.

Mais l'artiste trouve quelque chose de froid, de monotone, dans cette richesse si nue, si pauvre pour lui, si dépourvue de grâces, d'ornements, de bois, de ruisseaux, de verdure et de fleurs. La nature ressemble là à une belle femme toute vêtue d'or : c'est riche, mais voilà tout. Si les Druides revenaient en ce monde, ils ne reconnaîtraient plus leur terre chérie. La main de l'homme l'a dépouillée de sa verte couronne d'épaisses forêts. Avec elles ont disparu les sources limpides, les fraîches fontaines et les ombrages qui les dérobent à la soif de la canicule. Cérès, la sévère et laborieuse déesse, a mis en fuite les nonchalantes et folles naïades. Mais, comme si elles eussent voulu laisser après elles un souvenir, un regret peut-être, elles ont, en fuyant, laissé couler de leurs urnes penchées, la Chalouette aux coteaux délicieux, et qui va se jeter dans la Juine un peu au-dessus d'Étampes.

Dans les années de sécheresse, nos ancêtres se rendaient à cette source, et revenaient toujours, disait-on, rafraîchis, reposés, baignés, trempés d'eau.

Autour d'Angerville, gravitent et se groupent une foule de petits hameaux qui forment son territoire, et dont l'aspect serait riant n'était la monotonie du paysage. C'est Rétréville, au nord, à une demi-lieue ; plus près encore, au nord-ouest, Dommerville ; aux sud et sud-ouest, Guestréville et Ouestréville ; au sud-est, Villeneuve-le-Bœuf. Enfin, à une lieue et demie environ, apparaît, à l'est, Méréville, chef-lieu de canton, joli bouquet de verdure qui flotte sur cet océan d'épis.

Une croix de Saint-André, barrée par le milieu, peut donner une idée des routes qui y aboutissent ou s'y croisent : d'abord c'est celle de Paris à Orléans, qui va du nord-est au sud-ouest ;

puis celle de Dourdan, dont celle de Pithiviers formerait une sorte de prolongement du nord-ouest au sud-est.

Enfin, la ligne du milieu, courant de l'ouest à l'est, toucherait d'un côté à Chartres, de l'autre à Méréville. Monnerville est le premier village important qu'on rencontre en allant d'Angerville à Étampes, et Toury le premier en allant à Orléans. Un peu à l'ouest de la route de Paris, s'élève le château d'Arbouville, et un peu plus loin est Rouvray. Enfin, près de Toury, toujours à l'ouest, sont Janville et le château du Puiset. Ces détails sont d'autant plus nécessaires, qu'il sera souvent question de ces différentes localités dans cette étude sur Angerville, et que leur histoire est en bien des points mêlée à la nôtre.

Toute cette partie de la Beauce était comprise dans le territoire des Carnutes, lors de la conquête des Gaules par César, et dans la XIIe Lyonnaise après la division établie par les Romains dans ce pays. On a trouvé à Angerville, dans des fouilles, quelques pièces romaines, entre autres une de César. Mais rien n'indique le séjour de ce peuple sur son sol, et elle n'était pas traversée par la voie romaine conduisant à Paris, et dont voici, d'après Walkenaere, un tracé depuis Nevers :

Nivernum,	Nevers.
Condate,	Cosne.
Belca,	Beauche.
Salioclita,	Saclas.
Lutetia,	Paris.

D'après la carte de Guillaume Delisle, Angerville se trouvait compris dans l'angle formé par le chemin de César et le vieux chemin des Romains.

Le premier conduisait d'Orléans à Chartres, en passant près des Aides, de la Montjoie, la Provenchère, Loigni, Ourvilliers, les Petites-Bordes, Voves, Corancez, Berchère et le Coudray.

Le vieux chemin des Romains partait aussi d'Orléans et

conduisait à Paris, en traversant Fleury, Bouzy, Achères, Bazoches-les-Garlandes, Aquebouille, Autruye, Saclas, Étampes, Étréchy, Châtres, Paris.

Ces deux chemins romains étaient en outre coupés par une autre voie romaine connue sous le nom de Saint-Mathurin, qui va de Chartres à Sens, et passe au sud-ouest d'Angerville à la distance d'un kilomètre environ, non loin d'une petite vallée appelée Bassonville, après avoir traversé le territoire de Sampuy, distant d'un kilomètre de Mérouville, où l'on a découvert dernièrement un poste romain, avec une grande quantité de monnaies et d'antiquités romaines de toute espèce. (1)

Au temps des Mérovingiens, notre Beauce, aujourd'hui si peu ombragée, était encore couverte de forêts, témoin celle de Rouvray, dont il est souvent parlé dans les chartes de nos premiers rois. Les monastères, déjà nombreux, étaient capables de fournir à son territoire encore mal cultivé des bras laborieux et patients, des esprits calmes et intelligents. Aussi, voyons-nous Dagobert et ses successeurs abandonner aux religieux de Saint-Denys autant de terrain qu'ils en voulurent. Mais à l'époque de l'invasion des Normands, la Beauce eut à souffrir de cruels ravages. Rollon, leur chef, après avoir assiégé et pris Chartres, se dirigea vers Étampes. « Nul roi, nul baron, disent les chroniqueurs, ne s'opposa à leurs fureurs. » Et cependant Robert Wace, dans son histoire de Rollon rimée, indique ainsi les guerriers que le roi avait convoqués pour la défense commune :

> Et à Meante à li venir,
> Cels de Troigne et cels de Bleis,
> Cels d'Orléans è Vastinais,
> Cels del Perche et del Chartrain,
> Cels del Bocage è cels del Plain,

(1) Voir mon mémoire dans les *archives de la Société archéologique* d'Eure-et-Loir, année 1857, et dans le *Bulletin de la Société des Antiquaires*.

De Boorges et de Berry,
D'Estampes et de Montlhéry. (1)

L'anarchie féodale ne fut pas moins funeste aux possessions de Saint-Denis dans la Beauce que les ravages des Normands eux-mêmes ; mais ils trouvèrent dans les premiers Capétiens des protecteurs aussi fermes que constants. Robert, fils de Hugues Capet, confirma la donation de Dagobert, dont voici le texte. (2)

De son côté, le roi Robert ayant remarqué « que tous les « rois de France qui ont donné et fait du bien à l'abbaye de « Saint-Denys, à l'honneur d'icelui sainct, ont prospéré et « reçu de grandes faveurs et assistances du ciel ; pour cette « cause, il déclare qu'à l'exemple du roi Huï Capet, son père, « et de la reine Adélaïde, sa mère, il désire remettre icelle « abbaye en son ancienne splendeur et dévotion, etc.... *Sicut « antiqui reges ei dederunt et nos hactenùs tenuimus*, etc...» Il n'oublie pas la forêt de Rouvray : *ac Rubrydum sylvam cum legibus quæ ex eâ fiunt*. (3)

Mais la piété de Robert n'eut pas suffi pour soustraire nos contrées au brigandage des petits seigneurs qui les désolaient, si l'énergie de Louis-le-Gros, fort bien conseillé par Suger, abbé de Saint-Denys, ne lui fût venue en aide. « On rirait fort « aujourd'hui, dit un historien moderne, d'un prince qui s'en « irait à la tête de la gendarmerie faire la police des grandes

---

(1) Roman de Rou, p. 72-73.

(2) *Oportet dùm in caducâ vitâ constitimus, de transituris rebus pro mercede æterna, loca sanctorum sublevare ad alimoniam et sustentationem servorum Dei. Hactenus de caducis rebus mercemur æterna. Igitur nos hoc considerantes donamus, villas juris nostri. Id est Thauriacum, Tyberionem, et Rubrydum in pago aurelianensi sitas, sed et Monarvillam et Vasconisvillam in pago stampense fratribus fratribus Monachis deservientibus ad basilicam Domini Dyonisii pecularis patroni nostri*, etc.

(3) Dom Félibien. — Suger, *Vie de Louis-le-Gros*. Charte de Robert. (Cart. Blanc. Arch. imp^les.

« routes. Ce fut pourtant le début de la haute fortune de nos
« rois. »

En effet, à l'époque dont nous parlons, il y avait en quelque
sorte deux personnes dans le roi : il y avait le roi et le seigneur. On l'appelait le seigneur roi ; et s'il avait beaucoup de
peine à faire reconnaître en lui la personne du roi, il n'en
avait guère moins à faire respecter en lui le seigneur dans son
propre domaine, qui se bornait encore à l'Ile-de-France et à
l'Orléanais. Tous les petits seigneurs, refusant obstinément
d'entrer dans la hiérarchie féodale qui était au moins un commencement d'ordre politique, se considéraient comme indépendants et souverains. C'est contre ces ennemis *intimes* que
se déploya, dans le cercle étroit de quelques lieues, l'infati-
gable activité de Louis-le-Batailleur.

Celui de tous qui se faisait le plus redouter par ses exactions, celui du moins dont le souvenir se rattache plus particulièrement à la Beauce, était Hugues du Puiset. « On eût
préféré, dit Suger (1), avoir affaire à un Scythe ou à un turc
qu'à ce baron. » Et si jamais la Beauce eut à souffrir, c'est
bien certainement à cette époque où, serrée entre les forts de
Montlhéry et du Puiset, elle était continuellement exposée à
la bizarre et sauvage tyrannie de ces seigneurs. Le baron du
Puiset faisait main basse sur tout. Type de brigand tragi-
comique, il se reposait du meurtre dans le larcin ; malheur à
qui lui résistait ! malheur plus sûr encore à qui ne lui résistait
pas ! L'honneur de vaincre et d'enchaîner *le monstre*, ce Cacus
du moyen-âge, était réservé à un enfant de la Beauce.

Suger, né à Toury l'an 1081, avait été élevé à Saint-Denys
avec Louis-le-Gros. Nommé à la prévôté de Toury, avant
d'être élu abbé de Saint-Denys, il n'eut pas de peine à déterminer le roi à venir traquer dans son fort, comme une bête
féroce dans son antre, le seigneur du Puiset.

« Déjà mangonneaux, balistes, dondaines, truyes, béliers,

---

(1) Suger, *Vie de Louis-le-Gros*.

boutoüers, tortues, taudis, beffroys (1), toutes les pièces de guerre sont en présence de la redoutable forteresse, large d'environ trente mètres, située sur une éminence, surmontée d'un donjon de bois, fortifiée d'un rempart, défendue par une palissade, un large fossé, un parapet, un second fossé, un mur flanqué de tourelles et de redoutes de distance en distance, et des murs larges de deux mètres. » (2)

Deux attaques régulières se font : l'une commandée par Thibault, comte de Blois, suivi de tous les Chartrains ; la seconde par Louis, à la suite duquel s'était fait un concours innombrable de personnes de tout âge, de tout sexe et de tout rang, hommes, femmes, enfants, moines, prêtres, venus de tous les côtés de la Beauce pour aider à la prise de ce vautour qui ravageait le pays.

Le combat s'engage. C'est une lutte terrible, un acharnement égal de part et d'autre. Ce n'est en l'air qu'une grêle de pierres, de flèches, de javelots qui tombent sur les salades ; les rondaches, les pavois des assiégeants les rompent, les brisent et sèment la mort au hasard.

Après huit heures d'une lutte acharnée, pendant laquelle assiégeants et assiégés eurent tour à tour le dessus, le roi et le comte de Blois se retirent pour se concerter. Pendant ce temps, Suger payait aussi de sa personne. Craignant l'impuissance des premiers efforts, il était allé dans les campagnes environnantes ramasser nombre de vieilles portes, d'ais, de pièces de bois, pour faire des mantelets et des taillevas. De plus, il avait à sa suite des chariots pleins d'épine, de paille, d'huile, de graisse, de sang de bœuf, en un mot de toutes les matières inflammables. Il arrive. Après avoir fait ranger tous ces combustibles au pied de la muraille, il commande qu'on y mette le feu. Bientôt un nuage d'épaisse et infecte fumée monte vers les assiégés. Leur vue en est obscurcie, les assaillants échap-

---

(1) *Histoire des Ministres d'État.* Suger, pag. 800.
(2) Marc Victor, *Hist. du Puiset.*

pent à leurs coups. Ils gagnent du terrain, leur trouée s'avance et le succès ne paraît plus douteux, quand une pluie épouvantable et le changement du vent viennent encore déconcerter tous leurs efforts. Les compagnons de Hugues voient dans cette pluie un secours du ciel ; leur courage se relève, leur ardeur se ranime, et ils recommencent la lutte avec une vigueur nouvelle. Les assiégeants, battus, repoussés de toutes parts, désespèrent du succès, quand un certain curé de campagne (1), le chauve curé de Guilleville, arrive avec tous ses paroissiens, attaquer aussi le tant redouté seigneur du Puiset, qui souvent assiégeant sa basse-cour lui avait enlevé maintes poules, maints canards, et n'avait pas même respecté son vin.

Ce brave curé qui, selon l'expression d'Auteuil, n'avait pas passé tout son temps à faire des prônes (2), sent son courage grandir au souvenir des maux qu'il a souffert, et, plein d'une sainte colère, se lance vers la tour du côté de Neuvy, par où elle n'avait pas encore été attaquée.

Seul, couvert d'un méchant ais, il gagne, en grimpant, le pied de la palissade, la rompt à force de bras, s'ouvre un passage, et crie à ses paroissiens de le suivre. Les assiégés l'ont entendu, aussitôt ils se portent de ce côté. Mais les gens de Guilleville défendent courageusement leur curé. Alors, le roi et le comte de Blois, un peu honteux de voir un curé de Beauce leur apprendre à enlever une forteresse, se rejettent dans la trouée et rivalisent d'ardeur. La victoire couronne enfin leurs efforts. Le seigneur du Puiset est fait prisonnier et renvoyé à Château-Landon, d'où, étant sorti quelque temps après, non sans avoir payé rançon, il s'empressa de recommencer sur le même terrain une lutte qui ne se termina tout à fait qu'en 1117.

(1) *Cum communitates patriæ parrochiarum adessent, id cujusdam calvi presbyteri suscitavit fortitudinis robustum spiritum, cui contrà opinionem humanam datum est possibile quod annati comiti et suis contingebat impossibile.* Dom Bouquet, t. XII, p. 34.

(2) Auteuil, p. 24.

A la suite de ces petites guerres, le château du Puiset, fondation de la reine Constance (1), bisaïeule de Louis-le-Gros, fut détruit, et plus tard Louis VI, en récompense des services rendus par Suger, permit aux abbés de Saint-Denis d'établir un marché tous les vendredis dans leur village et châtellenie de Toury, avec l'autorisation de percevoir tous les droits et profits qu'ils pourraient en retirer. En outre, il voulut et ordonna qu'une garnison demeurât dans le château de Toury, et fit aussi fortifier Janville.

(1) *Addebat etiam* (la comtesse Adèle, mère de Thibault de Blois) *in properando quâ causâ, quâ origine, in medio terræ sanctorum constructum ad tuitionem ejus a venerabili regina Constanciâ, castrum non ab antiquo fuerat, quomodo etiam post totum sibi, nihil regi reliquum præter injurias fecerat.* — *Vie de Louis-le Gros*, Suger. — Dom Bouquet, tome XII, p. 32.

CHAPITRE II.

Origine d'Angerville. — Etymologie de son nom.

Il ne suffisait pas d'avoir ramené à l'ordre et à l'obéissance quelques seigneurs turbulents et pillards, de longues années d'anarchie et de désordre avaient presque anéanti l'agriculture. Si, pour les habitants de la campagne, la terre est une maîtresse, comme le dit poétiquement M. Michelet, au temps dont nous parlons, loin de l'aimer, loin de la posséder librement et de jouir de ses faveurs, ils ne voyaient en elle que l'adultère complice de leurs oppresseurs. Forcés de recourir eux-mêmes à la violence dont ils souffraient, ils la laissaient tomber en *chestiveté :* les chemins devenaient impraticables ; les églises, les manoirs tombaient en ruine, et un voile d'épaisse barbarie s'étendait sur tout le domaine.

C'est en de telles circonstances que l'habile Suger entreprit de faire luire pour la première fois, aux yeux des pauvres serfs des campagnes, le tout puissant attrait de la liberté et de la sûreté, ces deux plus grands biens de la vie sociale, en les réunissant en corps de communautés sur tous les points les plus négligés du territoire. Alors on vit se former ces *villæ novæ*, ces nouveaux bourgs, ces villeneuves du xiie siècle, qui, asiles ouverts au cultivateur laborieux, aux serfs vagabonds, à l'ouvrier ambulant, au marchand colporteur, furent pour les campagnes, comme les communes pour les villes, l'origine d'un nouvel ordre social, une sorte de renaissance.

Dès l'année 1119, deux ans seulement après la destruction du château du Puiset, nous rencontrons un remarquable monument de cette révolution morale et administrative, opérée sous l'influence de la royauté.

« Moi, Louis, par la grâce de Dieu roi des Français. Nous faisons savoir à tous les fidèles présents et à venir que les hommes d'une certaine de nos terres, appelée *Angere Regis*, située au-dessus d'un bouillon et abandonnée jusqu'à n'être bientôt plus qu'une solitude, que ces hommes sont venus auprès de notre Majesté, nous demander que nous la déclarions libre, elle et tous ceux qui voudraient s'y établir en qualité d'hôtes ; qu'ils relèvent de notre justice seulement ou de la justice de notre délégué ; que nos préposés et nos maires n'exigent d'eux ni taille, ni impôts, ni subsides de cette espèce ; en un mot qu'ils se gardent de rien prendre dans leurs foyers, qu'ils n'aient sur eux aucun droit de justice, et qu'ils ne puissent les mener en expédition ou leur imposer le service militaire que pour la cause commune et dans le cas où tous les sujets reçoivent ordre de marcher et marchent. Ils paieront huit ou dix deniers pour les arpents sur lesquels ils auront élevé leurs maisons. S'ils voulaient planter et plantaient quelque partie des terres environnantes, ils paieront en cens par arpent six deniers, à la fête de Sainte-Marie de la Chandeleur. S'ils voulaient cultiver du froment ou ensemencer ces mêmes terres, ils donneraient la dîme ou le champart, etc. (1) »

Cette charte fut relatée et confirmée dans une autre de Charles VI, à la date de 1391.

Qu'était-ce donc que cet *Angere regis,* dont il est question dans la charte de 1119?

---

(1) *Ordonnances des rois de France,* t. VIII, pages 443 444, texte corrigé. Voir le texte latin aux pièces justificatives.

« Je n'ai pu découvrir, dit Secousse, le nom moderne de ce
« lieu. Il est certain qu'il était situé dans l'Orléanais, puisque
« Charles VI adressa au bailly d'Orléans des lettres par les-
« quelles il confirma celles de Louis-le-Gros. Il y avait de
« l'eau auprès de ce lieu, « *et quæ super ebullitione est,* »
« disent les lettres de ce prince.

« *Angere regis* pourrait être Angerville, qui est dans l'Or-
« léanais, sur le chemin d'Orléans à Paris, et qui, suivant la
« carte de la généralité d'Orléans par Jaillot, où ce lieu est
« mal nommé Angerville-la-Rivière, est située sur une petite
« rivière qui se jette au-dessus d'Étampes dans la Juine.....
« Cette petite rivière se nomme le Louet. »

« Je vais proposer, ajoute Secousse, une autre conjecture,
« que je ne puis cependant appuyer sur aucun commencement
« de preuve. Il y a peu de personnes qui n'aient entendu
« parler de la petite rivière du Loiret qui, après un cours de
« deux lieues, se jette dans la Loire assez près d'Orléans.
« Cette rivière a deux sources, l'une desquelles se nomme en-
« core aujourd'hui le *Bouillon;* c'est ce que nous apprend
« l'abbé Fontenu, dans un mémoire curieux sur cette rivière.
« Ducange dit qu'*Ebullium, Ebullitio* signifie *Bouillon*. On
« pourrait donc supposer qu'*Angere regis* était situé près de
« cette source. Il est vrai que dans les cartes on ne retrouve
« pas le nom d'*Angere regis;* mais divers événements ont pu
« faire changer le nom de ce lieu. Les savants d'Orléans, qui
« sont à portée de consulter les anciennes chartes de ce pays,
« pourraient examiner si cette source du Loiret se nommait
« anciennement *Ebullitio,* et s'il y avait aux environs un lieu
« qui portât le nom d'*Angere regis* (1). »

Nous l'avouons, de ces deux conjectures de Secousse, la
seconde nous avait d'abord paru la meilleure, tant la difficulté
que soulève cette vague désignation de lieu, *quæ super Ebullitione est,* nous semblait grande. D'ailleurs, cette question

(1) *Ordonnances des rois de France.*

relative à l'origine d'Angerville ne devait fixer notre attention qu'autant qu'il nous serait permis de nous appuyer sur l'autorité de François Lemaire, auteur d'une histoire de la ville et duché d'Orléans, dans laquelle on lit ce passage :

« Thoury, en Beauce, est une chastellenie qui a pris son
« nom d'une tour, forteresse et chasteau qui y était d'ancien-
« neté. C'est un bourg et village qui appartient au révérend
« abbé, religieux et couvent de Saint-Denys, par don fait par
« le roi Robert l'an 997, avec les villages de Thivernon, Rou-
« vray, Angerville, Monerville et autres ; lequel don a été
« confirmé par le roi Louis-le-Gros en 1118, qui a octroyé
« aux habitants plusieurs priviléges et droits (1), etc. » De ce passage il résulterait qu'Angerville existait au moins du temps du roi Robert. Nous avons partagé l'opinion de Lemaire, jusqu'au moment où des documents incontestables sont venus nous avertir que cette opinion était erronée. L'auteur des *Antiquités d'Orléans* n'était pas directement intéressé à rechercher les origines d'Angerville. Son jugement s'est déterminé d'après l'état des choses de son temps ; et trouvant Angerville sous la dépendance des abbés de Saint-Denis, il a pensé qu'Angerville avait été, comme Toury, Thyvernon, Rouvray, donné par le roi Robert au couvent de Saint-Denis. Mais ni la charte de Dagobert, ni celle de Robert, ni même celle de Louis-le-Gros, qui confirment les précédentes (2), ne parlent d'Angerville. Chose étonnante dans l'hypothèse de François Lemaire ; car en admettant qu'Angerville n'eût eu, dans le principe, qu'une importance trop secondaire pour exiger une mention nominale et précise, cette localité aurait pu s'accroître et grandir dans le long espace de temps qui sépare Dagobert de Louis-le-Gros ; les religieux de Saint-Denis n'eussent pas manqué de demander que le nom d'Angerville fût écrit, comme celui de Monnerville et de tant d'autres lieux, sinon

(1) *Antiquités de la ville et duché d'Orléans.*
(2) Voir les pièces justificatives.

dans la charte primitive, au moins dans celles qui vinrent plus tard la confirmer et même y ajouter. Ces religieux ne nous ont pas laissé ignorer tout ce que Toury, Rouvray et Monnerville ont eu à souffrir du voisinage des seigneurs du Puiset ou de Méréville. Ils entrent même sur ce point dans les plus minutieux détails. Leur administration était très-régulière, leurs livres parfaitement tenus, leurs possessions soigneusement enregistrées, ainsi que les revenus qui en provenaient. Comment donc n'auraient-ils pas parlé d'Angerville, si Angerville eût alors existé? Comment les chroniques de cet âge, où les luttes de Louis-le-Gros contre les seigneurs de son domaine tiennent une si grande place, ne diraient-elles pas un mot d'Angerville, ou par quel miracle enfin Angerville eût-il échappé seul aux ravages des seigneurs du Puiset ou à l'oppression des seigneurs de Méréville (1)?

Il reste donc au moins très-vraisemblable qu'Angerville n'existait pas alors. Mais cette opinion devient presque une certitude, si l'on pense que ce même Angerville, que Lemaire nous représente si négligemment comme ayant été donné au couvent de Saint-Denis, comme Toury, Rouvray et Monnerville, ne passa effectivement sous la dépendance des religieux de Saint-Denis que progressivement, et qu'enfin, comme on le verra dans la suite, plusieurs documents remarquables d'un temps où tout commençait à se débrouiller et à s'éclaircir, du temps de la rédaction des coutumes, démontrent d'une manière péremptoire qu'Angerville avait, avant de tomber sous cette dépendance, joui de priviléges semblables à ceux que Louis-le-Gros et plus tard Louis-le-Jeune accordèrent à ces nombreuses villes-neuves qui se fondèrent sous leurs règnes, au XIIe siècle.

Ce n'est environ qu'un siècle après, sous le règne de Saint-Louis, que nous trouvons des traces incontestables de son exis-

---

(1) *Succedit et alia propè illiam Dyonisii beati villa quæ dicitur Monarvilla, villa omnium facta miserrima quæ sub jugo castri Merevillæ conculcata non minùs quàm Sarracenorum depressione mendicabat.* — Dom Félibien, *Histoire de l'Abbaye de Saint-Denis.*

tence. Ainsi, d'après un pouillé tiré d'un manuscrit de la Bibliothèque impériale, côté cartulaire, 43, et d'un manuscrit connu sous le nom de *Livre Blanc,* rédigé vers 1250, Angerville dépend, pour le service du culte, du doyenné de Rochefort, et compte à peine cent dix communiants. Ce chiffre n'indique encore, comme on le voit, qu'une faible et naissante bourgade. Secousse, en disant que cet *Angere regis* de Louis-le-Gros pourrait bien être Angerville, fait une supposition parfaitement admissible quant au temps et quant à l'origine. Il est vrai que l'impossibilité d'indiquer positivement la situation d'*Angere regis,* lui suggère une autre conjecture toute différente ; mais cette difficulté que soulève une vague désignation de lieu, est-elle aussi grande qu'on pourrait d'abord le penser ? c'est ce qu'il faut examiner.

On a vu que Secousse a fait, depuis bientôt cent cinquante ans, un appel aux savants et antiquaires d'Orléans, sur la question de savoir s'il n'existait pas autrefois, à la source du Loiret, un lieu nommé *Angere regis*. Eh bien ! cet appel n'a pas été entendu, ni un tel lieu découvert. Nous sommes donc obligés, toute partialité mise de côté, de revenir sur notre Angerville. Le géographe Jaillot, en se trompant sur le nom d'Angerville, n'a pas cependant confondu sa position avec celle d'Augerville-la-Rivière, qui est située sur l'Essone ; mais il a placé notre Angerville près d'un petit ruisseau qu'on nomme aujourd'hui le Chalouet ou la Chalouette, qui en est distant d'environ deux lieues, et dont il est question dans *Scholastici Fredegarii chronicum* (livre IV), au sujet de la bataille livrée entre Clotaire et Théodoric en 612. *Stampas per fluvium Loa.* Eh bien, la rivière du Louet est remarquable par ses eaux qui sont dans les mêmes conditions thermales que celles du Loiret ; elles ne gèlent jamais.

Plus près d'Angerville encore, ne voit-on pas la petite rivière de la Muëtte présenter un phénomène remarquable d'intermittence, ainsi que les mêmes singularités thermales que la Chalouette.

La tradition rapporte aussi que dans la petite vallée de Bassonville existait autrefois une source qui depuis a disparu.

De plus, les archives d'Orléans nous apprennent (1) qu'un seigneur d'Ormeville, en 1693, demeurait à la Fontaine-en-Beauce; près d'Angerville-la-Gaste. Il y a eu aussi longtemps à Angerville un hôtel de la Fontaine. Enfin, il existe encore à un kilomètre du pays un *lieu dit* la Fontaine. Tous ces rapprochements, malgré l'aridité actuelle, ne semblent-ils pas affirmer qu'il y a eu de l'eau dans le voisinage d'Angerville, d'autant mieux que le territoire d'*Angere regis* n'est pas limité, qu'à certains endroits il pouvait se trouver près d'une source, et que les colons ont pu s'établir plus ou moins près de cette source. Ne peut-on pas supposer aussi avec quelque raison qu'il y a eu un courant dans la vallée de Villeneuve. Que de sources, que de fontaines ont disparu partout, mais surtout en Beauce où les conditions hydrographiques ont dû singulièrement changer par suite du déboisement qu'elle a subi! De plus, dans certaines parties de la Beauce, le sablon se trouve mêlé à l'argile en proportions telles que le sol y possède une remarquable propriété d'absorption des eaux. Ces eaux, que l'on croirait taries et qui ne sont que bues, rencontrent plus à fond des couches d'argiles pur, y forment des nappes souterraines, des courants intérieurs, pour reparaître sur d'autres points.

Un tel phénomène n'est rare en Beauce que parce que les eaux elles-mêmes y sont rares. Mais il possède un caractère de généralité qui s'étend au petit nombre de sources, étangs, ruisseaux ou autres minces cours d'eau que l'on y rencontre.

La Conie, petit affluent du Loir, en offre un exemple si remarquable, que les disparitions et réapparitions successives de ses eaux avaient donné naissance à mille superstitions populaires, décrites par Raoul de Botterays.

La petite rivière d'Yerre, autre affluent du Loir, arrivée au-

---

(1) *Documents* de M. Vincent, membre de la Société archéologique de l'Orléanais.

dessus de la Mauginière, se perd dans un gouffre au point de laisser deux lieues absolument sans eaux pendant quatre mois de l'année. C'est pourquoi on l'a nommée la rivière sèche. Elle reparaît ensuite et se jette dans le Loir entre Saint-Hilaire et Montigny.

La Voise, petit affluent de l'Eure, sort de l'étang de Saint-Léger, lequel, dit Souchet, est quelquefois sec d'eau : « Ans où les particuliers engraissent leurs héritages de son limon, et puis autres ans où l'eau y revient semblable à celle de la Gosnie, où par un secret admirable de la nature on retrouve du poisson. »

On lit dans Chevard : « L'étang de Bois-Ballu, près Dampierre, reçoit la majeure partie de ses eaux par un gouffre qui est ouvert dans une de ses extrémités. Dans certains temps de l'année, ce gouffre vomit du poisson très-gros, comme carpes, brochets, et quelques jours après on n'en voit plus. Il est vraisemblable que cette ouverture communique à quelque réservoir souterrain qui rejette l'eau que les cavités intérieures ne peuvent contenir. »

On a conjecturé aussi avec assez de fondement que la petite rivière de Boussard, qui se perd et disparaît entièrement à un quart de lieu au-dessous du fourneau de ce nom, communique avec la fontaine ou la source qui forme l'étang de la Forge de Dampierre. Ce qui est plus étonnant dans la nature de ce phénomène, c'est que la source est parfois intermittente. Il y a à peu près trente ans qu'elle avait pris une autre direction. Elle a cessé de donner de l'eau pendant trois années entières, de sorte que l'étang resta à sec.

Ainsi, tous ces phénomènes n'ont rien de régulier ni de périodique. Ils se montrent à intervalles inégaux ; ils peuvent même cesser tout à fait de paraître, et par exemple, celui dont parle Aimoin *(francorum gesta)*, n'a pas été observé deux fois que nous sachions. S'il faut en croire ce chroniqueur, on vit, l'année de la mort de Frédégonde, les eaux d'une espèce d'étang situé dans le Dunois (sans doute l'étang de Verde) entrer en ébullition et vomir sur le rivage quantité de poissons tout cuits. (1)

Du reste, *Ebullitio* n'est qu'une expression métaphorique qui peut s'appliquer à toutes les sources présentant, à des degrés plus ou moins remarquables, le phénomène de celle du Loiret. Et si l'on nous objecte qu'Angerville, sans être fort éloignée de Chalou, n'est cependant pas, ainsi que l'a cru le géographe Jaillot, située sur la Chalouette, voici notre réponse :

Angere regis, dont il est question dans les lettres de Louis-le-Gros, n'est pas une ville, un bourg, un village déjà existant et dont on puisse parfaitement assigner les limites ; c'est un certain territoire, *cujusdam terræ nostræ*, et Angerville n'ayant occupé qu'un point donné sur ce territoire, pouvait très-bien être séparée de la Chalouette par une certaine distance. On ne saurait non plus appliquer la charte *d'Angere regis* à Augerville-la-Rivière, puisque d'après plusieurs chartes tirées des archives (2), il est démontré qu'en 1240 un nommé Nicolas d'Atovillar vend aux frères Chevaliers du Temple ses prés situés au-dessus de Grez, lesquels il tenait en fief de Louis d'Augerville, *Ludovicus Augeri villa*, ce qui fait conclure qu'avant 1240 Augerville était une seigneurie, et que de plus elle ne s'appelait pas *Angere regis*, mais *Augeri villa*. Du reste, mille autres raisons et toute l'histoire d'Angerville prouvent qu'il est impossible de confondre ces deux pays. Mais que pouvaient signifier ces mots, ces noms d'*Angere regis* appliqués à un certain territoire ? Peut-être l'analyse étymologique viendra-t-elle répandre une nouvelle lumière sur la question qui nous occupe.

Angere, Angara, Angaria, Angarium, Angariarii sont des mots de basse latinité qui, selon Ducange, désignent des

---

(1) *In lacu quoque Dunensi, in quem Ærula flumen influit aqua fervens adeò ebullivit, ut multitudinem piscium decoctam ad litus projiceret.* — Aim. Lib. III, p. 142.

(2) Voir aux *Pièces justificatives.*

corvées en général, et des services de poste, de transport, de relais en particulier. *Angere regis,* Relais du roi, voilà la traduction la plus naturelle de ces deux mots. Ces services de poste, qui prenaient rang parmi les autres services féodaux longtemps avant d'être organisés en système public par Louis XI, étaient bien importants à une époque où le roi lui-même ne faisait pas sans une extrême difficulté le voyage de Paris à Orléans.

Louis VI pouvait se rappeler encore que plusieurs fois Philippe Ier, son père, avait dû y renoncer, et que la tour de Montlhéry, par exemple, s'était dressée devant lui comme un obstacle infranchissable. Il y a toute apparence que Louis VI, Louis VII et avec eux le prudent ministre Suger, donnèrent tous leurs soins à la création d'une route praticable et à l'organisation des services de poste et de relai pour les besoins des rois et de leurs messagers. C'est, en effet, seulement au XIIe siècle, suivant M. Jollois, le savant ingénieur des Ponts-et-Chaussées, que la voie romaine fut complètement abandonnée entre Étampes et Orléans. Le territoire dont Angerville occupe une partie devint donc, par sa position et sa distance d'Étampes, un point de station, une étape, un relai. Il prit de là sans doute sa dénomination d'*Angere regis,* et notre Angerville qui représente historiquement ce dernier a toujours eu aussi la même destination. Ce territoire, le texte de la charte citée le représente comme vacant, et fait appel à ceux qui voudront le peupler, le cultiver, l'habiter *(ut homines qui in eâ hospitare et remanere vellent);* il va plus loin, il nous le dépeint comme un désert *(ut penè in solitudinem devenisset),* et le souvenir de ce désert vit encore dans l'épithète qui s'ajoute au nom d'Angerville : Angerville-la-Gaste, de *gasta,* terre en friche, inculte, déserte.

Un officier supérieur en retraite, le commandant Constantin, autrefois employé aux travaux de la carte de France dans nos contrées et qui, depuis son séjour à Toury, porte un grand intérêt aux questions historiques de la Beauce, nous a proposé pour Angerville une origine teuto-franque qu'il explique ainsi :

Anger, une place ou une pièce de terre couverte d'herbe qui sert de pacage ou à quelqu'autre usage.

Weiler, hameau. (1)

Dans la charte de Louis VI, dit M. Constantin, on trouve l'épithète *terra nostra* appliqué à *Angere. Terra* n'a jamais été pris pour synonymie de lieu habité ; on disait la terre, ou les terres du baron, du comte, du roi, pour dire la propriété foncière bâtie ou non ; s'agissait-il de son habitation particulière, elle était toujours désignée dans les chartes ou diplômes par les mots *domus, œdes, palatium ;* si elle était fortifiée, on y ajoutait *turris, castellum, arx.* Lorsque le roi faisait des concessions, on énumérait les lieux habités. Le roi Robert donne à l'abbaye de Saint-Denis en France les villas (métairies) de son domaine *(Tauriacum, Rubrydum, Tilliacum),* en les désignant nominativement. Dans la charte de Louis-le-Gros, on n'emploie que le mot *terra.*

La tenure féodale exigeait la détermination exacte de la nature de la propriété, en raison des divers services dûs. Or, ici le nom d'*Angere* seul indique une propriété qui n'avait pas d'habitation et qui, sans doute, était cultivée par les hommes du roi, *(li oms)* établis à Monnerville et autres lieux circonvoisins ; l'incrément *Regis* indique que ce lieu était affecté au service public, qui se confondait à cette époque avec celui du roi. (2)

Dans les guerres du Puiset, on dut choisir sur la route un lieu d'étape pour l'armée. Étampes, qui en était un très-certainement, se trouvait trop rapproché de Monnerville, trop loin de Toury, pour que l'on pût avoir l'idée de pousser

---

(1) Schwann, D^{re}.

(2) On s'explique dès lors très bien comment *Angere Regis,* Angerville n'était pas, au temps de Louis le-Gros, un lieu habité, comme Toury, Rouvray, Tillais.

jusque-là d'une traite. L'armée alors était un ramassis confus de cavaliers très-peu disciplinés et de piétons enlevés momentanément à leurs travaux. Chacun était libre de piller pour vivre, car l'on ne connaissait pas encore le système administratif, et Suger lui-même, appelé à donner son avis, indiqua-t-il (peut-être), pour point de réunion ou de repos (halte ou bivouac), ce grand pacage où la cavalerie, force principale de ces rassemblements, pourrait se raffraîchir. De ce point à Toury où l'armée devait être réunie, il n'y avait que peu de distance, et l'on exposait d'autant moins au pillage les fermes situées sur le passage des troupes. Ce point, ce pacage, réclamé par les hauts barons d'alentour, en devenant étape royale, ajoutait ainsi aux droits du roi par une sorte de prise de possession qu'il pouvait, plus tard, revendiquer comme une indemnité de frais des guerres entreprises pour protéger ceux-là même qui lui en disputaient la jouissance. On sait que ce procédé, qui prévalut postérieurement, ne commençait encore qu'à se faire jour à l'ombre du titre de suzerain dont les rois s'étaient affublés, sans que les hauts et puissants seigneurs, leurs égaux en rang et en plus d'un lieu leurs supérieurs en puissance, eussent cru devoir s'y opposer. Retrouvant sous ce titre que le *Kôning* de leurs ancêtres (magistrat chef suprême) et l'*Heri-zog* ou chef d'armée, dont le pouvoir s'annulait à la paix, ils ne voyaient que le présent sans s'inquiéter de l'avenir. Le mot tudesque *Anger* se prononçait et se prononce encore *Anguere,* en faisant à peine sentir les deux *e,* lettre adoucissante qui se glisse dans nombre de mots allemands pour relier les consonnes en rendant la prononciation moins dure. Le g (gue) allemand, dont le sens tient à la fois de la prononciation gutturale âpre et de la prononciation nasale, était impossible à produire par des bouches accoutumées à la douceur des syllabes latines. Nous n'avons aucun moyen de l'exprimer et de l'écrire en français non plus qu'en latin ; aussi le scribe *(tabellarius)* du roi a-t-il tranché la question en introduisant un *e* mi-muet final tout en laissant subsister l'*è* mi-ouvert : de là *Angère* qui, dans la prononciation latine, prenait le son de l'*é* pour le premier *e*, et la prononciation romane du g au lieu de l'aspiration gutturo-nasale d'origine allemande.

Puisque *Terra* était un lieu dit et rien de plus, il est hors de doute que la terminaison s'est ajoutée lorsque des constructions faites par ordre du roi sont venues donner du relief à ce coin de terre. Mais ces constructions n'ont dû s'élever que vers la fin du règne de Louis IV, au plus tôt. A cette époque la langue latine n'était plus employée que dans les écrits, c'était la langue scientifique ; la langue franque ou plutôt allemande avait disparu avec la race des *Karlings*, et l'antipathie prononcée de la race gallo-romaine, pour tout ce qui rappelait la conquête, avait amené une modification dans les noms de lieux en leur donnant une terminaison romane. Ces changements avaient été d'autant plus facilement admis par les hauts barons d'origine allemande romaine, que les formes du nouvel idiome se rapprochaient plus des deux langues qui lui avaient donné naissance. Ainsi une ferme, en latin *villa,* avait vu à la suite de l'occupation se transformer ce mot en *weiler* dans le langage parlé, tout en conservant son nom romain dans le langage écrit. La formation romane laissait, en ne changeant que la finale, subsister le radical tel qu'il fût ; le mot *villa* dut prévaloir et prévalut.

On sait que les formes tudesques s'étaient conservées sous l'habillement roman dont on avait revêtu les mots d'origine germanique. En effet, sur les bords du Rhin, la coutume est encore d'ajouter au nom du lieu dit la terminaison qui indique pour ainsi dire son origine et les motifs de sa construction :

HEIM......... au logis, à la maison, s'applique à chaumine, chaumière, chalet, maisonnette, étable.

HAUS......... maison d'habitation isolée, *domus*.

WEILER....... hameau, plusieurs maisons réunies, *viculus*.

Dorf........	village, *vicus*.
Burgh.......	château fort avec habitation particulière autour, *arx*.
Stadt........	ville, gros endroit clos et fermé, *oppidum, oppidulum, civitas, urbs*.

Ainsi :

Strassburgh...	le château fort de la grande route, *Strasbourg*.
Muhlhausen...	les maisons du moulin, *Mulhouse*.
Ochsenweiler.	l'enclos des bœufs, *Oisonville*.
Anger weiler.	hameau sur une terre couverte d'herbe qui sert de pacage, *Angerville*.

L'étymologie tudesque proposée par M. Constantin pour Angerville et Oisonville, nous paraît tout à fait inadmissible. Nous n'avons pas à examiner quelle valeur cette étymologie pourrait avoir dans les pays français voisins du Rhin ; mais nous sommes convaincus qu'en Beauce, comme en Normandie, en Picardie, etc., les terminaisons en *ville* des noms de lieux, viennent, non du germanique *Weiler,* mais du latin *villa*.

Donc, l'étymologie d'Angerville est bien *Angere villa*. Donc, Angerville, par sa destination comme relais, par sa situation près d'une fontaine, par sa proximité de la Chalouette, représente parfaitement l'*Angere* de la charte de Louis VI, lequel *Angere* est une terre déserte que non-seulement les hommes, mais que la végétation semble aussi avoir abandonnée ; et Angerville, peuplée, florissante, s'appelle encore Angerville-la-Gâte.

CHAPITRE III.

Influence de Suger sur l'agriculture en Beauce. — Création des villes neuves. — Angerville, ville neuve royale.

Louis VI a octroyé les lettres d'*Angere regis*. Nous avons démontré que ces lettres s'appliquaient à notre Angerville. Il nous reste maintenant à savoir comment le roi fut amené à créer ces villes neuves, ces communautés rurales. Quelle fut leur destinée? Que devinrent leurs priviléges? La monographie d'Angerville aura cet intérêt spécial de nous présenter l'histoire d'une de ces villes neuves royales, fondation du xiie siècle, qui jouèrent un rôle si important dans la vie sociale des gens de la campagne, comme dans l'organisation du pouvoir royal, et dont l'étude a été jusqu'à ce jour complètement négligée. Eh bien! disons-le de suite, c'est au prévost de Toury, plus tard ministre du roi, que la campagne, que le village doit ses priviléges et la priorité qu'il eut alors sur la ville. Qu'on ne s'étonne donc pas de nous voir élever d'en bas nos regards jusqu'à ce personnage des hautes régions historiques. Examinons si l'on a bien compris tout ce qu'il y a eu de politique dans l'administration du ministre, si l'on a bien saisi son rôle dans la rénovation de l'agriculture, de la propriété et de la famille.

Dans ces derniers temps, un professeur du collége Stanislas a publié une histoire du ministère et de la régence de Suger

Nous pensions trouver, dans ce travail, une étude approfondie de la révolution opérée sous l'influence de l'abbé de Saint-Denis ; mais M. Combes nous paraît bien plus occupé à critiquer ses devanciers en histoire, qu'à nous donner une évolution complète du ministère ou de la régence de Suger. On ne voit pas, dans son tableau, qu'il y a deux hommes dans Suger, l'abbé et le ministre. De même qu'il y avait deux personnes dans Louis-le-Gros, le roi et le seigneur. L'abbé de Saint-Denis est supérieur au ministre par sa richesse, par son influence morale. C'est l'élève intelligent de l'abbaye, c'est le prévost de Toury, qui a formé le ministre. Comment donc apprécier le ministre ou le régent si nous ne connaissons ni l'abbé, ni le prévost ? Une étude très-consciencieuse et très-intelligemment faite sur Suger, est la thèse de M. le professeur Huguenin ; tout le côté administratif, au point de vue de l'agriculture, offre un puissant intérêt, et comme les réformes ont été surtout opérées dans notre contrée, nous chercherons à développer cette étude ; nous nous attacherons essentiellement à faire voir l'heureuse influence de ces réformes et à démontrer que c'est à elles que l'on doit la création de ces villes neuves de Beauce, qui, asiles ouverts aux serfs fugitifs, aux colons laborieux, furent le berceau de l'agriculture, de la centralisation monarchique et de l'administration judiciaire. D'abord simple religieux de Saint-Denis, où il devint ami de Louis-le-Gros, Suger est mêlé de bonne heure aux discussions de droit que sa connaissance des chartes lui permet d'aborder. Il est ensuite appelé par l'abbé Adam à la prévôté de Berneval, sur les côtes de Normandie, et il puise chez le peuple Normand, essentiellement calculateur et agricole, les premières leçons d'administration, ou mieux, d'ordre et d'agriculture. A son retour de Berneval, il est nommé prévost de Toury, le plus considérable des domaines de Saint-Denis (1). C'est de là que sa bonne ad-

---

(1) *Tauriacus, famosa B. Dionisii villa caput quidem aliarum.* — Lib. de Reb., p. 336.

ministration va rayonner sur la Beauce. A cette époque, les germes d'association que contenait le régime féodal étaient presque entièrement étouffés par l'esprit d'indépendance et d'envahissement des seigneurs. Aussi, ne rencontrait-on dans toute la France, aucun ordre général, aucune régularité, aucune harmonie dans la vie du corps social, un malaise général se faisait sentir sur tous les points du territoire, ce malaise était le prélude d'une révolution qui ne devait pas tarder à s'opérer dans tous les degrés de la société. Il fallait une nature ardente, un esprit sérieux et intelligent comme celui de Suger, pour entreprendre de lutter contre ce courant de l'esprit féodal, pour chercher à mettre un peu d'ordre dans ce cahos, pour opérer une transformation qui froissait l'indépendance et l'orgueil des seigneurs féodaux en cherchant à les soumettre à une autorité supérieure; mais il était soutenu dans cette lutte par un vif sentiment religieux qui le poussait vers l'amélioration des classes inférieures, et aussi par un puissant intérêt, car en améliorant le sort des gens de la campagne, en augmentant leurs ressources, il faisait sa fortune et celle de l'abbaye, et en donnant appui à la royauté contre les seigneurs féodaux il s'élevait également au-dessus d'eux. Cette association sincère de l'Eglise et de la royauté est un des faits remarquables du xiie siècle. C'est grâce à elle que nous avons vu Hugues-le-Beau, seigneur du Puiset, être vaincu, et que la sécurité fut ramenée sur les terres environnantes. Toury, par sa proximité, avait depuis longtemps subi le sort des propriétés rurales et se trouvait, par suite de dépradations plus près que jamais d'une ruine complète. (1)

Bientôt la paix est rendue à Toury, mais cela ne suffit pas encore. Il faut y ramener l'ordre et le travail. Les secrets de Suger pour produire ce résultat difficile ne manqueront pas de paraître tout simples et tout naturels; cependant ils seront

---

(1) *Usquè miserabiliter premebatur ut cùm illuc... prepositus, satis adhuc juvenis; accessissem jam colonis pene destituta langueret,* etc. (Lib. de Reb., p. 336).

nouveaux pour cette époque. Le premier de tous, et le plus nouveau peut-être, consistera à savoir faire à propos un sacrifice.

Le prévost donne aux colons des instruments de travail, il répare les habitations, rend les chemins plus sûrs et plus commodes (1). Mais comme il est impossible de rétablir un ordre quelque peu durable si l'on ne reconstitue en même temps le corps administratif qui doit régir le domaine, et qu'à cette époque, la hiérarchie administrative avait été partout détruite, que la plus extrême confusion régnait entre les divers pouvoirs, que les maires, dont les fonctions consistaient à lever les tailles et à rendre la justice en l'absence des prévots, s'étaient vu dépouiller par les avoués de cette dernière prérogative, qu'ils n'étaient plus depuis longtemps que les premiers d'entre les serfs, dont ils partageaient les charges humiliantes (2).

Suger reconnut donc la nécessité absolue de rétablir à Toury une administration un peu régulière. Une charte précieuse produite par M. Huguenin et qui fut rédigée à cette époque pour le gouvernement de Toury, nous montre en quelque sorte le prévost à l'œuvre dans l'accomplissement de sa nouvelle tâche.

Suivant les dispositions de cet acte, le maire redevient, dans toute la force du terme un véritable magistrat; il rendra, comme autrefois, la justice en l'absence du prévost qui lui délègue ses pouvoirs et lui assure des honoraires proportionnés à ses services. (3)

---

(1) *Terræ... tam nostræ quam aliæ, pristinam adeptæ libertatem, quæ bello aruerant, pace refloruerunt, sterilitate reposita fœcunditatem cultæ reddiderunt.* — Lib. de Reb., p. 337.

(2) *Major B. Dionisii quicumque sit... liber et immunis ab omni Hugonis advocatione et potestate, sive servitio in perpetuum permanebit.* — Cart. de Saint-Denis, t. II, p. 220.

(3) *Si præpositus extrà Belsam fuerit et justitiam interim fieri necesse fuerit, Major in curte nostra quæ ibidem est, servientium nostrorum consilio sibi adjuncto, justitiam faciet. Servientem vel ministrum unum;*

Mais il faut que le maire présente pour le ministère qu'il doit remplir, des garanties de probité et d'intelligence ; il faut de plus qu'il soit soumis et dévoué à l'autorité supérieure dont il est le représentant. Le maire sera donc élu par l'abbé ou le prévost, et ceux-ci auront le droit de le révoquer s'il manque à ses devoirs ou s'il refuse l'obéissance. (1)

Le doyen, officier subordonné au maire qui le choisit lui-même, les échevins, ses assesseurs dans les jugements, sont assujettis de même à leurs devoirs respectifs aussi bien qu'à une subordination rigoureuse, seule garantie d'ordre public. (2)

Le prodigieux accroissement de Toury, transformé en petite ville dans le court espace de dix ans, nous atteste à la fois et les talents du prévost et la puissance des moyens qu'il a su mettre en pratique (3). Aussi nous remarquons qu'il obtint pour Toury une charte par laquelle Louis-le-Gros (1118)

« 1° Permet à l'abbaye de Saint-Denis, d'y établir un marché tous les vendredis de chaque semaine, et de percevoir tous les droits et profits qui en proviendront ;

« 2° Ote et supprime toutes mauvaises coutumes et méchantes exactions qui avaient été introduites sur les terres de l'abbaye en Beauce par les comtes du Puiset ;

« 3° Veut et ordonne que les garnisons et forteresses du château de Toury demeurent pour s'en servir au besoin contre les ennemis du royaume ; »

Grâce à cette charte et aux soins donnés à l'agriculture, en peu de temps la terre de Toury rapporta à Suger trois fois plus qu'à ses prédécesseurs.

---

nostro vel præpositi nostri consilio et voluntate eligat, qui sibi coadjutor existat, qui tamen nobis fidelitatem jurabit.—Cart. de St-Denis, t. II, p. 320.

(1) *Sane per præpositum S. Dionysii, ad voluntatem ejus, in prædicta villa major ponetur.* — Cart. de St-Denis, t. II, p. 120.

(2) *Præpositus... scabinos constituet et si opus fuerit amovebit.* — Cart. de St-Denis, t. II p. 229.

(3) *De municipio (Toury) autem quod in eadem villa ad utilitatem nostram et regni nostri defensionem constituimus* — Cart. de St-Denis, t. II, p. 20.

A cette époque Monnerville était tombée dans la plus profonde misère. « Ecrasée sous le joug du seigneur de Méréville de
« même que sous l'oppression des Sarrazins, elle était réduite à
« mendier son pain. Ce seigneur de Méréville, suivant sa fan-
« taisie, allait, avec qui bon lui semblait, prendre auberge à
« Monerville, et là dévorait à pleine bouche tout le bien du
« paysan. Puis, quand venait la moisson, il avait pour cou-
« tume d'enlever la taille et les récoltes. Deux ou trois fois
« l'an, il ramassait ses bois avec les charrettes de la ville. Les
« porcs, les agneaux, les oies, les poules, tout ce qu'il pouvait
« emporter en molestant, rien n'échappait à son habituelle ra-
« pacité. Une tyrannie d'aussi longue durée avait déjà presque
« fait de Monerville une solitude, lorsque Suger résolut de ré-
« sister vigoureusement à ses vexations, et d'en affranchir l'hé-
« ritage de Saint-Denis. Il mit en cause le seigneur de Méré-
« ville; celui-ci défendit ses coutumes comme un droit qu'il
« tenait de son père, de son grand-père et de son aïeul. Cepen-
« dant, avec la grâce de Dieu, le conseil des hommes et de nos
« amis, il arriva que Hue, le maître du château, de l'aveu de sa
« femme et de ses enfants, de l'assentiment du roi Louis dont il
« se déclara le tenancier, reconnut son injustice, fit abandon et
« remise, abjura à tout jamais, par serment de sa propre main,
« toutes ses mauvaises coutumes, devant le bienheureux Saint-
« Denis, ainsi que le rapporte du reste plus amplement la charte
« de notre seigneur roi Louis. « Nous cependant, afin de rete-
« nir cet homme dans notre Eglise, nous lui avons permis de
« percevoir dans notre cure, par les mains du moine ou de no-
« tre servant, deux boisseaux d'Etampes en grains, l'un de fro-
« ment, l'autre d'avoine. Le susdit village, une fois délivré de
« ce fléau, lui qui auparavant nous valait à peine dix ou quinze
« louis, nous rendit dès lors par les mains de nos représentants,
« cent boisseaux d'Etampes en grains tous les ans, ce qui équivaut
« à cent livres le plus souvent, selon le prix de la moisson. » (1)

(1) Voir le texte aux pièces justificatives.

Après toutes ces réformes, qui amenèrent de si heureux résultats pour la richesse de l'abbaye, pour le bien-être physique et moral des paysans, ainsi que pour l'agriculture, Suger devenait, à la mort de l'abbé Adam, le seul homme capable d'administrer l'immense domaine de Saint-Denis, dont il fut nommé immédiatement abbé. La nouvelle charge était facile à remplir. Etablir sur les terres de l'abbaye les mêmes réformes que sur celles de Toury, telle fut l'idée simple et naturelle qui dut venir spontanément à l'idée de Suger. En effet, il ordonna d'abord un recensement général et universel du temporel de l'abbaye ; et, comparant le revenu avec la valeur et la quantité des terres ou des domaines, il sut de suite quelles améliorations on pouvait apporter, quels sacrifices on pouvait faire, et quels bénéfices on pouvait espérer ; car pour opérer une révolution quelconque, il est toujours nécessaire d'avoir des ressources pécuniaires qui permettent, en détruisant les abus, de ne point déposséder complétement ceux qui les ont fait naître ou qui en profitent, et d'arriver sans secousses, sans violences aux transformations sociales.

Par ces mesures, l'avoué n'interviendra plus dans les jugements sans la réquisition de l'abbé, qui reste seul investi de la haute juridiction sur le temporel de son Eglise. Il la délègue à ses prévosts, à ses maires et à ses échevins ; et dès le moment où l'échevinage prévaut ainsi contre l'avouerie féodale, la justice est rendue avec plus de précaution et d'équité (1). Partout la terre est cultivée, améliorée ; la taille est proportionnée au revenu. La part du propriétaire, celle de l'avoué, du maire, des échevins, sont déterminées suivant une mesure que personne ne peut dépasser (2). Les cultivateurs connaissent leurs droits ; ils savent ce qu'ils pourront recueillir de leur travail ; leur courage est relevé par l'espoir de la propriété qui de jour

---

(1) *De clamoribus audiendis et justitiis faciendis, nostra vel præpositi nostri seu officialis nostri semper erit libera potestas.* — Charte pour le gouvernement de Toury, Cart. t. II, p. 24.

(2) Cart. St-Denis, t. II, p. 20 et 159.

en jour s'affranchit davantage. De plus, les familles qui ont le courage de venir habiter les refuges de malfaiteurs, sont exemptées de toute taille (1), et ces exemptions appellent de tous côtés les colons qui veulent posséder et vivre en famille. Ainsi se réorganise la société. L'ordre, le bien-être, la moralité se rétablissent sur toutes ces terres. (2)

Après avoir restauré tout le domaine de l'abbaye, toujours persuadé qu'on reçoit d'autant plus qu'on sait donner davantage, Suger, voyant encore de grands espaces de terre abandonnés, qui ne rapportaient rien, conçut le dessein de faire des concessions de terrain, de fonder des villes neuves. C'est ce qu'il fit d'abord à Vaucresson, où il construisit un certain nombre de maisons, publiant ensuite un décret qui assurait l'exemption de toute taille, de tout droit coutumier à ceux qui viendraient y habiter. Sur cet appel, soixante familles vinrent dans l'année même s'établir à Vaucresson, et les voleurs s'en éloignèrent (3). Cette terre fut encore une source de richesses pour l'abbaye de Saint-Denis.

C'est en suivant ainsi pas à pas Suger dans tout le développement de son génie administratif, qu'on arrive à bien comprendre quelle fut toute la puissance du ministre ; car le ministre fut grand parce que l'abbé avait été administrateur intelligent, qu'il avait eu au plus haut degré l'art de répartir dans une sage mesure les ressources acquises, de faire des économies et d'établir d'utiles réserves pour l'avenir, en conservant de ses revenus une large part pour l'agriculture, une autre pour éteindre les dettes, racheter les droits aliénés ou les obligations ruineuses ; une dernière réserve enfin était pour le trésor de l'abbaye. C'est par de semblables moyens qu'il put un jour reconstruire magnifiquement son église, subvenir aux besoins d'une foule de personnes qui recouraient à lui de tous

(1) Lib. de Reb., p. 334.
(2) Huguenin, *Thèse sur Suger, 1855*.
(3) Lib. de Reb., p. 334.

les points du royaume (1), fournir à l'Etat lui-même des sommes considérables, suppléer en partie aux dépenses de la seconde croisade, et préparer à ses frais une autre expédition pour la Terre-Sainte.

Louis VI ne pouvait rester étranger à des réformes qui avaient tant augmenté les revenus de l'abbaye de Saint-Denis. Il comprit que les mêmes améliorations pouvaient s'obtenir dans le domaine royal, non-seulement pour la richesse, mais encore pour la centralisation. Il crut donc devoir aussi, par l'attrait d'une protection constante, d'un affranchissement immédiat, par la création de la propriété au profit du travailleur affranchi, moyennant un cens léger pour son habitation, la dîme ou le champart dans le produit de la terre par l'exemption des tailles et du service militaire (ost et chevauché), etc., attirer la population des champs sur les points les plus négligés du territoire, sur ceux qui réclamaient le plus impérieusement la main et le travail de l'homme.

Là, le colon encouragé par l'aisance, se sentirait plus attaché au domaine, et au lieu d'une simple agrégation de serfs misérables, se formerait une famille, un petit peuple dans lequel se développerait le sentiment de dignité humaine, où les rapports de l'inférieur avec le maître seraient plus doux, plus naturels, et où l'autorité royale se ferait pacifiquement reconnaître par l'intermédiaire de prévosts, de maires, dont les fonctions étaient analogues à celles rétablies par Suger.

En un mot, Louis VI allait créer la ville neuve royale, cette source de richesse, cette arme puissante contre la féodalité laïque, le haut baronnage, l'ennemi commun de l'Eglise et de la royauté. Sauver la royauté par les paysans, et les paysans par la royauté, tel était le problème à résoudre ; en le résolvant les églises se sauvaient elles-mêmes. Et c'est en cela que l'abbé de Saint-Denis est supérieur au ministre. L'abbaye de Saint-Denis était aussi riche que la royauté était pauvre, et le do-

(1) Huguenin. *Thèse sur Suger*, 1855.

maine du seigneur roi aussi restreint qu'immenses les possessions du couvent. Mettre au service du roi l'influence morale et matérielle de Saint-Denis sur les campagnes, faire tourner ensuite au profit de ces dernières l'accroissement de la puissance royale, voilà le mérite de son administration : apprendre aux paysans à combattre pour la royauté, à la faire respecter, à la restaurer, à la sauver, et leur présenter ensuite le roi comme leur bienfaiteur, leur sauveur et leur père, voilà le triomphe de sa politique.

De son côté le roi mit au service des églises les hommes de ces communautés rurales.

Un seul fait, entre mille, prouve combien la fermeté de Louis VI servit mieux les églises et le paysan que la piété et la bonté du roi Robert, l'un de ses prédécesseurs. Sous ce dernier, Fresnay-l'Evêque, village qui n'était encore qu'une métairie appartenant à l'évêque de Chartres, fut, à plusieurs reprises, pillée et brûlée par le vicomte de Châteaudun. L'évêque se plaignit au roi qui ne sut venger ni les injures de l'Eglise, ni les maux du paysan. Sous Louis-le-Gros, au contraire, Fresnay-l'Evêque obtint une remarquable charte de priviléges. Le roi était arrivé à estimer tellement les Beaucerons, que dans la guerre contre l'empereur Henri V, il voulut combattre dans leurs rangs. « Avec eux, s'écria-t-il, je combattrai avec autant de sécurité que de courage. Après nos saints patrons, je n'ai point de plus braves soutiens ; ce sont mes compatriotes. Avec eux j'ai vécu familièrement, si je dois vivre, ils m'aideront à vaincre. Si je meurs ils ne laisseront point mon corps à la merci des ennemis. » (1)

Aussi les priviléges les plus importants étaient-ils ceux qui allaient être accordés en Beauce pour les villages de nouvelle fondation, pour ces communautés rurales que le roi prenait sous sa protection immédiate. Et quel endroit du domaine royal attirerait d'abord l'attention du roi ? Quel terrain pouvait

---

(1) Suger. *Vie de Louis-le-Gros.*

mieux servir à la spéculation, à la fondation d'une ville neuve qu'un certain territoire situé au milieu des propriétés de Saint-Denis, sur les limites du domaine d'un puissant seigneur féodal, que le territoire d'Angerville, par exemple, qui était comme naguère celui de Monnerville, de Rouvray, gâté et réduit en solitude ? Là, les colons subiraient l'influence de ceux de Saint-Denis; ils s'irriteraient contre la brutalité, l'arrogance, des seigneurs de Méréville, et apprendraient essentiellement à reconnaître le roi comme leur seul maître et leur protecteur. Quelle distance enfin pouvait être mieux choisie pour l'établissement d'un relai que celle qui séparait la distance d'Etampes au Puiset par moitié ? Aussi Louis-le-Gros, dès l'année 1119, un an seulement après l'établissement des foires et marchés de Toury, fonda à Angerville une des premières villes neuves royales. Après Angerville, ce fut Beaune-la-Rolande qui eut les faveurs du roi, et enfin Lorris, dont la charte ou coutume fut enviée et empruntée non-seulement par les villages, mais aussi par beaucoup de villes. L'affranchissement de Lorris, contrairement à l'opinion de M. Combes, doit être, selon toute vraisemblance d'après la remarque judicieuse de M. Huguenin, placée après celui d'Angerville et de Beaune-la-Rolande. En effet, dans la charte de Beaune, l'abbé de Saint-Denis obtint l'abolition de certaines exactions exercées par les officiers royaux et connues sous le nom de procurations. Or, on trouve dans la coutume accordée à Lorris que le roi n'aura plus de droit de procuration sur les habitants de cette ville. « *Nec à nobis habebunt procurationem,* » et dès-lors ce serait après 1122 qu'il faudrait placer cet événement resté sans date précise. Ainsi Angerville aurait été la première des villes neuves royales, parmi lesquelles on remarque encore Villeneuve-le-Roi, près Auxerre (1163), Villeneuve, près d'Etampes (1169), Villeneuve près de Compiègne (1177) (1), etc.

Mais, à ces petites localités qui ont reçu et gardé le nom de

(1) *Ordonnances des Rois de France,* t. VIII, p. 57, 684, 697.

Villeneuve, si l'on ajoute cette myriade de bourgs et villages de la Beauce dont les noms se terminent en ville, et qui nous rappellent ainsi leur origine de métairies, on comprendra combien a dû être considérable le nombre de colonies agricoles. Une remarque qui n'a peut-être pas encore été faite, c'est que tous les villages de Beauce dont le nom ne se termine pas en ville, indiquent une origine reculée. Ces priviléges accordés à tant de villages de la Beauce sont un fait bien remarquable; car, à cette époque, le village s'impose pour ainsi dire à la ville. C'est lui qui est à la tête du mouvement réformateur. On conçoit du reste que le roi ne pouvait d'abord faire reconnaître son autorité aux villes, qui aimaient souvent mieux s'affranchir spontanément et ne relever que d'elles-mêmes. Cependant, le temps viendra où les cités orgueilleuses se rendront au roi. C'est ainsi qu'Etampes demandera un prévost royal et changera une charte de liberté communale devenue trop anarchique contre une charte plus sûre de ville royale. Telle fut donc l'importance de ces communautés rurales qui furent si favorables au développement de l'unité nationale, aux progrès de l'agriculture.

Mais indépendamment de la création des villes neuves, on trouve encore dans d'autres actes des règnes de Louis VI et même de Louis VII, le reflet marqué ou plutôt la reproduction évidente des principes appliqués par Suger au gouvernement temporel de son Eglise. Ainsi, une charte délivrée aux habitants d'un lieu nommé les Muraux (Murallia), dans le territoire de Notre-Dame-des-Champs de Paris, contient exactement les franchises et les priviléges que nous avons vu Suger accorder en quelques circonstances aux vassaux de Saint-Denis. (1)

(1) *Ego Ludovicus... Notum facimus universis quod pater meus, bonæ memoriæ rex Ludovicus VI juxta ecclesiam. B. Mariæ de Campis in loco qui dicitur Murallia, posuit hospites quos liberos et quietos ab omni equitatu et exercitu, a tallia et ab omni exactione, et in civitate Parisiis ab omni consuetudine emunes constituit (Ordonnances des rois de France,* tome IV, page 303.

Il en est de même des conditions accordées par une ordonnance de 1123 aux familles qui viendront habiter le Marché-Neuf, établi près de la ville d'Etampes (1). Ce document nous montre Louis VI attentif à protéger aussi la liberté du commerce et la sûreté des voyages. (2)

En trouvant dans Angerville les germes d'une ville neuve, nous étions, par sa position, naturellement portés à croire qu'elle appartenait à Saint-Denis. Malheureusement, dans la longue énumération que Dom Félibien fait des possessions de l'abbaye, Angerville n'est pas citée. Il est évident que si elle avait été fondée par eux, si elle leur eût appartenu, il en eût été question. Mais comme le plus grand silence règne à cet égard, nous sommes donc forcés de conclure que son territoire, bien qu'entouré des possessions de Saint-Denis, bien que située entre Toury et Monnerville, appartenait au roi.

Au surplus le nom de Villeneuve écrit pour ainsi dire à ses portes et qui désigne encore aujourd'hui un petit village voisin, prouve qu'Angerville, dans le principe, a participé aux priviléges des villes neuves. Dans un temps où régnait cet axiome : nulle terre sans seigneur, nul seigneur sans terre. Elle n'eut ni seigneur proprement dit, ni avoué ou vidame comme les terres d'obédience. Elle eut des maires, et la charte d'*Angere regis* dit de même : « *Amodo majoritatem habeat valdericus et hæres ejus.* » Ces traces de mairie, nous les retrouvons plus loin.

Les maires d'alors n'étaient pas, comme jadis, d'humbles tenanciers soumis à des redevances onéreuses ainsi qu'à des services pénibles de tous les jours. C'étaient de véritables représentants du pouvoir.

(1) *Omnibus illis qui in foro novo nostro (stampensi) hospitati vel hospitandi sunt hanc consuetudinem... in decem annos concedimus. Ab omni ablatione, tallia, expeditione et equitatu quieti et soluti penitus erunt (Ord. des rois de France,* tome XI, page 183.

(2) *Omnes qui... annonam, vel vinum, vel res quaslibet adducent, quieti cum omnibus rebus suis in veniendo, in morando et in redeundo ita permaneant quod... a nullo homine capiantur aut disturbentur (ibid).*

Les religieux de Saint-Denis furent d'ailleurs les instigateurs très-intéressés de ces nouvelles mesures de la royauté à l'égard des campagnes. Quoique l'occupation du territoire d'Angerville fût pour eux de la dernière importance, comme devant rattacher leurs possessions de Toury, de Rouvray à celles de Monnerville et de Guillerval, ils étaient trop occupés de restaurer, de relever leurs possessions si souvent mises en péril, de les soustraire à l'oppression des seigneurs environnants, aux envahissements des châtelains de Méréville, pour songer à fonder sur ce point de nouveaux bourgs, à cultiver de nouveaux terrains. Le château de Méréville était trop voisin d'Angerville pour que les soins que réclamait ce dernier territoire ne fussent pas abandonnés à l'initiative royale : de là les lettres d'*Angere regis*. Plus tard, quand la petite colonie serait fondée, quand le territoire serait en voie de culture, il serait temps alors d'effacer le génitif *regis* et d'y substituer la terminaison commune de *villa*, de faire en un mot d'*Angere regis Angere villa*, Angerville.

Quand la royauté eut affermi son pouvoir, qu'elle eut subjugué les villes, elle négligea le village, et les priviléges dont il avait joui furent abandonnés ou se fusionnèrent dans les coutumes. On vit même les maires s'établir comme de petits seigneurs dans les terres de leur office, qu'ils s'étaient en grande partie appropriées, et dont ils rendaient la propriété héréditaire dans leur famille, créant ainsi de petites seigneuries qui devenaient rivales de l'abbaye. Aussi les voit-on avoir des contestations violentes avec l'abbé et les moines, et lutter d'autorité avec eux. Et c'est sans doute pour un sujet semblable que nous voyons le 5 février 1322, Jean, maire d'Angerville, appelé devant le tribunal des frères hospitaliers de Saint-Jean de Jérusalem. (1)

(1) *Præposito parisiensi :*
Cum Johannes major de Angervillâ Gastâ a quodam judicato per te, seu predecessorem tuum, contra ipsum et pro procuratore nostro ac priore et fratribus hospitalis sancti Johannis hierosolimitani lato, ad parla-

La maltôte de Philippe-le-Bel, paralysa aussi le bienfait des priviléges accordés sous les règnes précédents. Les exigences toujours croissantes du fisc effrayèrent les cultivateurs ; les guerres civiles des Armagnacs et des Bourguignons, les désastres de la guerre de cent ans les forcèrent de chercher un refuge dans l'Eglise. Monseigneur Saint-Denis leur parut plus sûr et moins coûteux que le seigneur roi : et celui-ci, toujours pressé par des besoins pécuniaires, ne manqua jamais d'accorder aux religieux de Saint-Denis les lettres d'amortissement nécessaires. Et voilà comment les priviléges primitivement accordés à Angerville furent sinon complétement effacés, du moins à peu près annihilés, oubliés, perdus. Selon toute apparence, les moines de Saint-Denis en possédaient seuls la clef, résolus de la faire revivre en cas d'usurpation de la part de quelque seigneur, ou de la tenir dans l'ombre tant qu'ils jouiraient eux-mêmes paisiblement.

La dernière trace de ces priviléges qui soit restée à Angerville, et qu'on trouvait encore à la fin du dernier siècle, consistait en une sauvegarde royale, située sur l'emplacement actuel de la brasserie. C'était un lieu de refuge, une espèce d'asile où le malfaiteur lui-même devenait pour un moment inviolable, en se disant homme du roi : souvenir remarquable d'un temps où les villes neuves se peuplaient, au nom du roi de serfs fugitifs.

Il serait bien difficile d'indiquer le moment précis où les

---

mentum nostrum, tanquam a falso et pravo appellaverit, et licet ad diem præpositure parisiensis parlementi presentis contra dictas personas per procuratorem se presentaverit, quia tamen pluries vocatus in curia nostra non fuit inventus, ipsa curia nostra precepit dictum judicatum contra ipsum latum execucioni mandari.

Mandamus et committimus tibi quatenus dictum judicatum prout in ipso contineri videbis execucioni debite demandes, emendamque sexaginta librarum parisiensium, pro nobis racione appellavimus predicte exigas à majore predicto. Quinta die februarii M CCC XXII. (*Accords*, registre 1ᵉʳ, f° 157, v°).

Nous devons cette note précieuse aux bienveillantes recherches d'un paléographe distingué des Archives impériales, M. Duclos.

religieux de Saint-Denis commencent à posséder des terres autour d'Angerville. La fondation d'une maladrerie fut peut-être l'occasion à la faveur de laquelle ils commencèrent à s'y établir. Mais nous sommes réduits à cet égard à une pure supposition, faute de titres. On sait que les croisés avaient rapporté la lèpre des contrées de l'Orient, et que, dès le temps de Saint-Louis, il y avait en France deux mille maisons de lépreux. Pour écarter la contagion des villes, on fonda des léproseries dans les campagnes. Les religieux de Saint-Denis en avaient établi dans tous leurs villages. Toury en eut une qui fut plus tard réunie à son hôpital par une ordonnance de Louis XIV (1). Angerville dut peut-être la sienne au roi. L'établissement de cette maladrerie, dont il ne reste plus aucune trace, nous est démontré par l'existence d'un fief qui y était situé.

On sait que les lépreux étaient conduits à la maladrerie en procession, et avec des cérémonies dont les anciens rituels ont conservé le détail. Un prêtre allait chercher le lépreux dans le lieu qu'il habitait, et le conduisait à l'église étendu sur une civière, et couvert d'un drap noir comme un mort. Il chantait le *Libera* en faisant la levée du corps. A l'église, on célébrait la messe indiquée par le rituel pour ces cérémonies. Après la messe, on portait le lépreux, toujours couvert d'un drap noir, à la porte de l'église; le prêtre l'aspergeait d'eau bénite, et on le conduisait processionnellement hors de la ville, en continuant de chanter le *Libera*. Lorsque le cortége était arrivé à l'hôpital situé hors de la ville, le prêtre adressait les défenses suivantes au lépreux qui se tenait debout devant lui : Je te défends d'entrer dans les églises, aux marchés, aux moulins, fours, et autres lieux dans lesquels il y a affluence de peuple. Je te défends de laver tes mains et les choses nécessaires pour

---

(1) *Ordonnances des Rois de France.* Archives impériales. — De même, en 1697, la maladrerie de la Madeleine de Janville et du Puiset fut réunie à l'Hôtel-Dieu de Janville. Peut-être la maladrerie d'Angerville a-t-elle été aussi réunie à son hôpital.

ton usage dans les fontaines et ruisseaux, et, si tu veux boire, tu dois puiser l'eau avec un vase convenable. Je te défends d'aller en autre habit que celui dont usent les lépreux, etc.

Le plus ancien titre des abbés et couvent de Saint-Denis à Angerville, remonte à la fin du xiii° siècle. En 1295, le bailly d'Orléans les maintint par sentence dans la justice, sur certains lieux situés à Angerville-la-Gaste, à l'encontre de messire Jean de Linières, seigneur de Méréville, et ordonna au prévost de Janville d'en faire ressaisir lesdits abbés. (1)

Ce n'est qu'en 1303, sous le règne de Philippe-le-Bel, que les religieux de Saint-Denis, dans un acte passé devant le prévost de Janville, entre eux et Gilles de Poinville, y jetèrent les fondements de cette puissance qui les en fit plus tard seigneurs pour la plus grande partie. De cet acte (2) il résulte :

1° Que les religieux essaient de faire revivre d'anciens droits de leur église sur le territoire d'Angerville, droits qu'ils rachètent de Gilles de Poinville qui se reconnaît leur feudataire ;

2° Que ces religieux, quoique déjà possesseurs de terrains autour d'Angerville, n'avaient point encore de maison dans le bourg ;

3° Qu'il existait un droit de champart indivis entre plusieurs titulaires et qu'on le prélevait comme pour un seul, indivision qui prouve l'origine une et simple de champart, indiquée par les lettres relatives à *Angere regis (Si verò eas terras ad messem colere vellent, décimam vel campi partem indè darent) ;*

4° Que, les moines de Saint-Denis devenus par acquisition propriétaires du quart de ce champart indivis, et pour faire cesser toute indivision, moyennant le droit de prélever à part celui de leurs propres terres, et comme cette concession ne leur fournit pas encore l'équivalent de leur droit ou quart du

---

(1) Tome II de l'*Inventaire de Saint-Denis*. Archives de l'Empire.
(2) Voir aux pièces justificatives.

champart indivis, ils auront la dîme sur toutes les autres terres.

Vingt-trois ans plus tard, en 1326, Gilles de Poinville fait un nouvel aveu à l'abbé de Saint-Denis pour un fief consistant en un hébergement avec dépendances, pour le fief de la mairie, pour un autre hébergement dit du Champ-de-l'Oë (Chant-du-Coq), et quelques biens situés à Beaudreville et à Cotignonville. (1)

A n'en pas douter, Angerville, à l'époque de Philippe-le-Bel, n'était pas une commune, ni même un village bien formé, c'était un hameau constitué par quelques chaumières groupées autour d'une modeste chapelle, et qui ne jouait aucun rôle politique. Ainsi, quand le roi en querelle avec le pape pour une malheureuse question d'argent, comprenant la nécessité de s'appuyer sur le sentiment national, convoqua les états généraux, on n'y voit point de député d'Angerville. Cependant Pussay et Méréville, ainsi que le témoigne un acte de 1308 (2), se trouvaient dans des conditions plus avantageuses. Sans doute que ces villages étaient alors plus importants qu'Angerville. Mais, si Angerville n'a pas comme ses voisines l'honneur de figurer dans les rangs du Tiers-État, honneur qui, suivant Pasquier, a toujours coûté cher, puisqu'au dire de cet auteur : « Jamais on n'assemble les trois États en France sans accroître les finances de nos rois à la diminution de celles du peuple, » Angerville n'offre-t-elle rien d'intéressant ? Bien au contraire. N'est-il pas curieux de rencontrer, dans une bourgade du XIIe siècle, l'action simultanée de Saint-Denis et de la royauté, comme elle exista dans les plus hautes régions de l'administration. Mais sur cet étroit terrain, Saint-Denis et roi, Suger et Louis VI, abbaye et royauté, se confondent si bien, que lorsque l'enfant aura grandi et voudra distinguer son véritable père, il y sera fort embarrassé. Tel est le nœud gordien de l'histoire d'Angerville. Moins fier qu'Alexandre, nous ne prétendons pas le trancher ; nous nous efforcerons modestement de le dénouer.

(1) *Inventaire de Saint-Denis*, tome 3, page 222.
(2) *Trésor des Chartes*, 38-41. Arch. de l'Empire.

CHAPITRE IV.

Confirmation de la charte d'origine d'Angerville. — Guerres civiles. — Farines de la Beauce. — Guerre anglaise. — Bataille des Harengs.

Les priviléges de notre village royal étaient trop marqués du cachet des circonstances dans lesquelles ils prirent naissance et du temps où ils furent accordés, pour n'être pas en grande partie éphémères. Il y en avait pourtant de solides et de durables. Sa mairie héréditaire devait sans doute par succession ou par mariage y engendrer de petites seigneuries féodales. Le défaut de circonscription territoriale, le voisinage des feudataires de la fameuse abbaye et du château de Méréville, ne pouvaient manquer de nuire à ses franchises ; mais du moins nul de ses seigneurs ne pouvait y introduire de mauvaises coutumes. Nul ne pouvait s'y arroger la justice qui n'appartenait qu'au roi et, seule, la justice faisait le véritable seigneur. Nul enfin n'avait le droit de l'entraîner à sa suite, dans ces guerres privées qui furent l'un des fléaux du moyen-âge, et ses habitants ne se levaient qu'en masse, ne marchaient qu'en communauté et pour cause générale *(nisi per communitatem ire omnes juberentur)*. Si donc la royauté fût toujours restée pour eux tutélaire comme celle des Capétiens, de tels priviléges eussent par eux-mêmes assuré l'avenir d'Angerville. Mais, à partir de la dynastie des Valois, commence pour les campagnes une ère de douleurs où, aux mutations continuelles des monnaies, aux exigences du fisc, aux malheurs de la royauté, se mêlent les horreurs de cette longue guerre de cent ans, que la France soutint contre l'Angleterre.

Le temps des lettres de Louis-le-Gros était passé, à quoi pouvaient servir les exemptions d'ost et de chevauchée? Les priviléges n'étaient plus que vains mots et lettres mortes, si l'on ne trouvait des protecteurs capables de les faire valoir, intéressés à les conserver. Cette double condition se trouvant réalisée dans la personne des abbés et couvent de Saint-Denis, faut-il s'étonner qu'Angerville ait couru d'elle-même au-devant de cette protection? Il y resta néanmoins toujours un noyau d'habitants, une partie des terres qui ne dépendaient que du roi, comme nous le verrons plus loin, et certains seigneurs de son territoire restèrent vassaux immédiats de la couronne ; mais la plus grande partie des nobles et habitants d'Angerville se rangèrent peu à peu sous la bannière de Saint-Denis.

Dès l'an 1357, le 20 juillet, nous trouvons un aveu rendu à l'abbé de Saint-Denis, par Jean Dupont et damoiselle Gilette Dupont, sa sœur, pour un fief sis à Angerville-la-Gaste, appelé les Murs, consistant en un hébergement, cours, vergers et dix muids de terre en plusieurs pièces au dit aveu ;

« *Item.* Sont mouvans du dit fief plusieurs fiefs tenus du dit avouant et en arrière-fief du dit abbé, savoir : un fief, tenu par Sévin de Bierville, consistant en un hébergement appelé Chant-à-l'Oë, situé au bout d'Angerville, et cinq muids de terre en plusieurs pièces ;

« *Item.* Un autre fief par Jean Chartier, consistant en un muid de terre au terroir de Beaudreville, et deux fiefs mouvants dudit Chartier, consistant en douze mines de terre et droit de champarts au terroir de Gommerville ;

« *Item.* Girard Mignon tient desdits avouants un fief consistant en un hébergement sis audit Angerville, maisons, cours, vergers et terres labourables, en plusieurs pièces énoncées audit aveu ;

« *Item.* Un autre fief tenu par la femme de Guyot-Touchart, consistant en une maison et terres, sises au dit Angerville, déclarées aux aveux ;

« *Item*. Un autre fief que tient Jean de l'Avantage, consistant en un hébergement et terres, déclarés au dit aveu ;

« *Item*. Un autre fief tenu par Périn-Bourdeau, consistant en plusieurs pièces de terre, contenues audit aveu ;

« *Item*. Un autre fief, possédé par Philippe, de La Selle, contenant quatre mines et demie de terre sises à la Terre-Noire ;

« *Item*. Thomas le Maistre tient un fief consistant en quatre mines de terre sises à la Pierre-du-Bois ;

« *Item*. Girard du Tartre tient un autre fief consistant en neuf mines de terre sises à la Maladrerie ;

« *Item*. Thomas le Maistre tient en fief trois mines de terre, sises à la Terre-Noire ;

« *Item*. Les héritiers Macé-Fougemaille tiennent en fief une maison à Angerville ;

« *Item*. M. Estienne Chenu, curé dudit Angerville, tient en fief douze livres de rente aux terroirs de Gommerville et de Beaudreville, tant en terres labourables qu'en censives ;

« *Item*. Toutes les dîmes de terres appartenant audit hébergement des Murs ;

« *Item*. Les champarts et les dîmes prises et levées sur les habitants qui sont sous la justice dudit sieur abbé, à la réserve de ce qu'il est tenu de Jean de Fraville, escuier ;

« *Item*. La justice moyenne ou basse appartenant au dit hébergement, terres et champarts en dépendant, lesquels champarts sont payables, sous peine de soixante sols parisis d'amende, sous le sceau du dit mouvans, le vingtième juillet 1357. (1)

« En 1374, nouvel aveu rendu à l'abbé de Saint-Denis, par damoiselle Gilette Dupont, dame de Vau-Richard, du fief des

---

(1) Au gros reg. de fiefs, pag. 959. — *Inv^{re} de Saint-Denis*, tome III, pag. 619.

Murs, sis à Angerville-la-Gaste, et arrière-fiefs en dépendant, presque conforme à celui rendu par icelle et Jean Dupont, son frère, du 20 juillet 1357, cy-dessus;

« Celui-ci est passé sous le scel de la prévosté de Méréville, le vendredy après la fête de la Magdelaine. (1)

« En 1377, nouvel aveu rendu à l'abbé de Saint-Denis, par Guillaume Prunellé (2), d'un fief consistant en dix livres de cens sis à Angerville-la-Gaste (3).

« En 1400, nouvel aveu rendu à l'abbé de Saint-Denis, par Perette du Magnat, veuve de M. Reilhac, du fief des Murs, d'Angerville-la-Gaste, conforme aux aveux cy devant, du 20 juillet 1357, du vendredy après la feste de la Magdelaine 1374, le priseur sous le scel de la dite avouante, le 30 octobre. »

Dans tous ces aveux successifs on peut observer la progression, toujours croissante à certain égard, de la puissance des abbés. Il leur importait à coup sûr d'assurer la tranquillité, la sécurité de leurs vassaux et fermiers. Ils étaient presqu'aussi intéressés que les habitants d'Angerville au maintien de quelques-uns de leurs priviléges. Mais, parmi ces priviléges, il en était un qui ne pouvait se concilier avec leur prétention à la seigneurie d'Angerville : c'était la justice royale. Ils n'avaient pas encore osé s'emparer de la haute justice ; mais déjà, comme le prouvent les aveux cités, ils exerçaient la moyenne et basse sur tous les habitants de leurs terres.

Tel était l'état des choses, lorsque l'an de grâce mil trois cent quatre-vingt-onze et le quatrième jour de novembre, le roi Charles VI, se trouvant à Orléans, confirma les lettres accordées par Louis-le-Gros à Angerville, comme on peut le voir au tome VII des *Ordonnances des rois de France*, page 434. Dans ces nouvelles lettres, Angerville garde son vieux nom, son primitif d'*Angerc regis*, et cela, par une raison bien

---

(1) En original au 2ᵉ registre des fiefs, p. 245. — *Invre de Saint-Denis*, tom. IV, p. 60.
(2) On trouve aussi Prunelay,
(3) Gros registre des fiefs, page 953. — *Inv. de Saint-Denis*, p. 802.

simple, c'est que la confirmation de Charles VI, fut écrite en latin, comme les lettres des priviléges qu'elle confirme. (1)

Maintenant, si l'on nous demande dans quelles circonstances et pour quel motif ces priviléges avaient eu besoin d'être confirmés, le voici : Charles VI avait donné à son frère Louis le duché d'Orléans, à titre d'apanage. Angerville se trouvant située dans l'Orléanais, ses habitants, ou plutôt les religieux de Saint-Denis, craignirent que les priviléges locaux ne fussent pas suffisamment respectés sous cette nouvelle direction, et que leur seigneurie n'en reçût quelque atteinte. Ils demandèrent donc et obtinrent, comme on vient de le voir, la confirmation des lettres de Louis-le-Gros. On peut s'assurer, en ouvrant le tome VII des *Ordonnances des rois de France*, que Charles VI confirma, dans la même circonstance et pour le même motif, un grand nombre de lettres de priviléges, accordées par le même roi à divers autres lieux situés, comme Angerville, dans l'Orléanais. Nous n'en citerons, comme exemple, que la ville de Toury en Beauce, et celle de Beaune en Gâtinais. Les abbés de Saint-Denis dont elles dépendaient s'empressèrent, à la suite de cette mutation survenue dans le domaine royal, de demander que le siége des appels de leur justice de Toury fût transporté à Montargis, et celui de leur justice de Beaune à Cépoy.

Les lettres suivantes de Charles VI répondirent à leur demande : « Charles, etc., savoir faisons à tous présents et à venir que, ouï la supplication de nos bien-amez les religieux, abbé et couvent de Saint-Denys en France, et leur prévost de Beaune en Gastinois et de Thoury en Beauce, membre de notre dite église, contenant que, à cause de leur fondacion, eulx, tant en chiefs comme en membres, sont en la garde, ressort et souveraineté de nous et nos officiers sans moyen et sont privilégiés, eulx, leur justice et subjetz à ressortir du siége royal, être et pouvoir demourer soubz la couronne de France

---

(1) Voir aux Pièces justificatives.

sans moyen et non ailleurs sans ce qu'ils en pussent être mis hors, en ce que aucun ne les puisse contraindre de ressortir, ne respondre ailleurs que par devant nous et nos officiers, pour ce que nous avons nouvellement baillé et transporté le dit duché d'Orléans à notre très chier et amé frère le duc d'Orléans. Ils nous ont requis que nous leur veuillons pourveoir de ressort, nous, inclinant à leur supplication, considérant les choses dessus dites aulx dits suppliants, avons octroyé et octroïons par ces présentes de grâce espéciale que dores en avant en ce qui touchera et regardera leurs terres et subjetz des dits lieux de Beaune en Gastinois et de Thory en Beausse, ils ressortissent pardevant notre bailly de Montargis et de Cépoy, etc. Donné à Paris au moys de janvier l'an de grâce mil CCC quatre vingt douze. » (1)

C'est-à-dire deux mois après les lettres confirmatives des priviléges d'Angerville. L'identité du motif qui fit confirmer les lettres d'Angerville et les priviléges de Saint-Denis à Toury et à Beaune, n'est-elle pas clairement établie par ce rapprochement des dates? Remarquons cependant que dans cette circonstance, les religieux de Saint-Denis ne font pas pour Angerville, comme pour Toury, Beaune, etc., une demande directe.

Les habitants d'Angerville, en cette occasion comme en certaines autres semblables que nous signalerons postérieurement, sont mis en avant. Donc Angerville était, à l'égard du couvent de Saint-Denis, dans une situation différente de celle de Toury, Beaune, etc.; donc on ne pouvait encore méconnaître qu'elle appartenait au roi; donc elle jouissait ou avait joui de priviléges émanés du roi. Quelques années plus tard, Charles VI est atteint de démence. Le duc d'Orléans et celui de Bourgogne se disputent le pouvoir. Cette rivalité, poussée jusqu'à la haine, amène l'assassinat du duc d'Orléans par les gens du duc de Bourgogne. L'audace d'un tel crime, l'impu-

(1) *Ordonnances des rois de France*, tome VII, page 539.

nité du coupable, et surtout la grande puissance de la maison de Bourgogne, liguent contre Jean-sans-Peur les autres princes et grands vassaux. Un rendez-vous est pris à Gien; l'on y signe un traité d'alliance contre le Bourguignon (1410). Le comte d'Armagnac, beau-père du fils aîné du duc assassiné, donne son nom à la ligue des Armagnacs et la guerre civile est allumée. Si la guerre civile est partout plus funeste que la guerre contre l'étranger, cela est particulièrement vrai en ce qui concerne la Beauce. En effet, dans les guerres avec l'étranger, la capitale est rarement menacée, rarement mise en péril; mais dans les guerres civiles, l'un des deux partis qui sont aux prises, tenant Paris qui est la tête de la France, se le voit presque toujours disputé par l'autre. La Beauce était, surtout à cette époque, le véritable grenier de Paris. En s'emparant des principaux points de son territoire, en détruisant ses moissons, en incendiant ses blés, en saccageant ses villes, on interceptait, on arrêtait les approvisionnements, on coupait les vivres à Paris, et la famine, avec toutes ses horreurs, frappait aux portes de la capitale aux abois. L'histoire nous apprend qu'une semblable manœuvre signala presque toutes les guerres civiles en France. Ainsi, le duc de Berry, l'un des chefs des Armagnacs, étant comte d'Etampes, il devint nécessaire d'en faire le siége. Nous ne nous écartons donc pas de notre sujet en montrant combien il importait, surtout au moyen-âge, que la Beauce ne sortît pas du domaine royal, ou ne tombât du moins qu'en des mains pacifiques et amies comme celles des abbés de Saint-Denis.

Le roi Charles VI n'était pas encore descendu dans les caveaux de l'illustre abbaye, que déjà la Beauce appartenait presque tout entière aux Anglais, forts de nos discordes civiles. Avant le siége d'Orléans, où commence la série de leurs défaites et le rétablissement des affaires de Charles VII, les dernières places dont ils s'emparèrent sont : ce même château du Puiset, détruit par Louis-le-Gros et reconstruit sous ses successeurs, les forteresses de Toury et Janville. C'est de là que le comte de Salisbury alla mettre le siége devant Orléans, et c'est pendant ce mémorable siége qu'eut lieu le combat de Rouvray, plus connu sous le nom de bataille des Harengs. Rouvray est si près d'Angerville que cette dernière peut aussi revendiquer cette bataille comme un souvenir local, d'autant mieux que dans la matinée du 12 février le convoi de vivres était passé à Angerville (1). Cette raison nous fait presque un devoir de la retracer, et pour cela nous empruntons l'un des récits contemporains qui en furent faits :

« Le vendredy 11 février 1429, se partirent d'Orléans messire Guillaume d'Alebret, messire Guillaume Estuart, frère du connestable d'Escosse, le mareschal de Sainte-Sévère, le seigneur de Graville, le seigneur de Sainctes-Trailles Poton, son frère, la Hire, seigneur de Verduzan, et plusieurs aultres chevaliers et escuiers accompaignez de quinze cens combatans, et tendans eulx trouver et assembler avecques le comte de Clermont pour aler au devant des vivres et les assaillir. Et celluy meisme jour se partit pareillement celluy conte de Clermont, et feit tant qu'il vint à tout sa compaignie en Beausse à un village nommé Rouvroy-de-Saint-Denis, qui est à deux lieues d'Yenville. Et quand ilz furent tous assemblez, ilz se trouvèrent de trois à quatre mile combatans, et ne s'en partirent jusques à lendemain environ trois heures après midy.

« Celluy jour du lendemain, qui fut le samedy, douziesme jour de février, veille des Brandons, messire Iehan Fascot, le bailli d'Évreux pour les Anglois, messire Simon Morhier, prévost de Paris, et plusieurs autres chevaliers et escuiers du païs d'Angleterre et de France, accompaignez de quinze cens combatans, tant Angloys, Picards, Normans que autres gens de divers païs, amenoient environ trois cens que charriotz et charrettes chargez de vivres et de plusieurs habillemens de guerre, comme canons, arcs, trousses, traicts, et aultres choses, les menans aux autres Angloys tenans le siége d'Orléans. Mais

(1) J. Quicherat, *Histoire du Siége d'Orléans*. p. 17-18,

quand ilz sceurent par leurs espies la contenance des Françoys et congnurent que leur intention estoit de les assaillir, ilz s'encloyrent et feirent ung parc de leur charroy et de faulx aguz en manière de barrière, lessant une seule longue et estroicte yssue ou entrée, car le derrière de leur parc ainsi clos de charroy estoit large, et le devant long et estroict : ouquel celle yssue ou entrée estoit tellement, que par là convenoit entrer qui les vouloit assaillir. Et ce faict se mirent en belle ordonnance de bataille, actendans là vivre ou mourir : combien que d'eschapper n'avoient guères d'espérance, considérans leur petit nombre contre la multitude des Françoys ; qui tous assemblez d'ung commun accord, conclurent que nul ne descendroit des chevaulx, sinon les archers et gens de traict, qui en leur venue faisoient devoir de tirer.

« Après laquelle conclusion, se mirent devant la Hire, Poton, Saulton, Canède et plusieurs autres venans d'Orléans, qui estoient environ quinze cens combatans, qui furent advertiz que les Angloys amenans les vivres venoient à la file, non ordonnez et sans avoir nulle suspeccion d'estre surprins : parquoy ilz furent tous d'une mesme opinion qui les assauldroient ainsi qu'ilz venoient despourveuëment. Mais le conte de Clermont manda plusieurs fois et par divers messages à la Hire et autres ainsi dispos d'assaillir leurs adversaires, et qu'ilz trouveroient en eulx tant grand avantage, qu'ilz ne leur feissent aucun assault jusques à sa venue, et qu'il leur amèneroit de trois à quatre mil combatans moult désirans d'assembler aux Angloys. Pour l'honneur et amour duquel ilz délaissèrent leur entreprise à leur très-grant déplaisance, et sur tous de la Hire, qui démonstroit l'apparence de leur dommaige, en tant que on donnoit espace aux Angloys de eulx mectre et serrer ensemble. Et avecques ce d'eulx fortifier de paulx et de charriots. Et à la vérité la Hire et ceulx de sa compaignie partiz d'Orléans estoient arrestez en ung champ, au front et tant près des Angloys que très-légièrement les auoient veuz, comme est dit, venir à la file, et eulx fortifier ; dolens à merueilles de ce qu'ilz ne les osoient assaillir, pour la deffence et continuelz messaiges d'icelluy conte de Clermont, qui toujours s'approuchoit au plus qu'il povoit.

« D'autre part, porta aussi moult impaciamment celle attente le connestable d'Escosse, lequel estoit pareillement venu là près, à tout environ quatre cens combatans, où avoit de bien et vaillans hommes. Et tellement que ainsi que entre deux et trois heures après midy approuchièrent les archers et gens de traict françois de leurs adversaires, dont aucuns estoient ià sailliz de leur parc, qu'ilz contreignirent reculer très-hastivement, et eulx rebouter dedans, par force de traictz dont ilz les chargèrent tant espessement qu'ilz en tuèrent plusieurs, et ceulx qui peurent reschapper, s'en rentrèrent dedans leur fortification avecques les autres. Pourquoy et lors quand le connestable d'Escosse veit qu'ilz se tenoient ainsy serrez et rangez sans monstrer semblant d'issir, il fut par trop grant' chaleur tant désirant de les vouloir assaillir, qu'il despeça à toute force l'ordonnance qui avoit esté faicte de tous, que nul ne descendist. Car il se mist à priez sans actendre les aultres, et à son exemple et pour luy ayder, descendirent aussi le bastard d'Orléans, le seigneur d'Orval, messire Guillaume Estuart, messire Iehan de Mailhac, seigneur de Chasteaubrun et viconte de Bridiers, messire Iehan de Lesgot, le seigneur de Verduzan, messire Loys de Rochechouart, seigneur de Montpipeau, et plusieurs autres chevaliers et escuiers avecques environ quatre cens combatans, sans les gens de traict, qui ia s'estoient mis à pied, et auoient reboutez les Angloys et faict moult vaillamment; mais peu leur valut : car quant les Angloys virent que la grant'bataille, qui estoit assez loing, venoit laschement, et ne se joignoit avec le connestable et les autres de piet, ilz saillirent hastivement de leur parc, et frappèrent dedans les Françoys estans à piet, et les mirent en désarroy et en fuite, non pas toutesfois sans grant'tuerie, car il y mourut de trois à quatre cens combatans françois.

Et oultre ce, les Angloys non saoulez de la tuerie qu'ilz avoient faicte en la place devant leur parc, s'espandirent hastivement par les champs chassans ceulx de piet, tellement qu'on veoit bien douze de leurs étendars loing l'un de l'aultre par divers lieux à moins d'ung traict d'arballeste de la principalle place où avoit esté la desconfiture. Parquoy la Hire, Poton et plusieurs autres vaillans hommes, qui moult enviz s'en alloient ainsi honteusement et s'estoient tirez ensemble près du lieu de la destrousse, rassemblèrent environ soixante ou quatre-vinz combatans qui les suyvoient çà et là, et frappèrent sur les Angloys ainsi espars, tellement qu'ilz en tuèrent plusieurs. Et certes se tous les aultres Françoys feussent ainsy retournez qu'ilz feirent, l'honneur et le proufit du jour leur fust demouré; combien que paravant avoient esté là mors et tuez plusieurs grans seigneurs chevaliers, escuiers, nobles et vaillans cappitaines et chiefs de guerre. Et entre lesquelz y furent tuez messire Guillaume d'Alebret, seigneur d'Orval, messire Iehan Estuart, connestable d'Escosse, messire Guillaume Estuart, son frère, le seigneur de Verduzan, le seigneur de Chasteaubrun, messire Loys de Rochechouart et messire Iehan Chabot avecques plusieurs aultres, qui tous estoient de grant noblesse et très-renommée vaillance. Les corps desquels seigneurs furent deppuis apportez à Orléans et mis en sépulture dedans la grant église dicte Saincte-Croix, là où se feist pour eulx beau service divin. De celle bataille eschappa entre autres le bastard d'Orléans, ostant ce que dès le commencement avoit esté blecé d'un traict au pied : parquoy deux de ses archers le tirèrent à très-grant' peine hors de la presse, le montèrent à cheval et ainsy le sauvèrent. Le conte de Clermont, qui ce iour auoit esté faict chevalier, ne toute la grosse bataille, ne firent oncques semblant de secourir les compaignons, tant parce qu'ilz estoient descendus à pied contre la conclusion de tous comme aussy parce qu'ilz les voiaient presque tous tuez devant eulx. Mais si tost qu'ilz apperceurent que les Angloys en estoient maistres, ilz se mirent en chemin vers Orléans, en quoi ne firent pas honnestement, mais honteusement. Et ilz eurent assez d'espace eux en aller. Car les Angloys ne les chassèrent pas, obstant ce que la part estoient à pied et qu'ilz plus scauoient les Françoys estre le plus grant nombre qu'ilz n'estoient. Combien que tout l'honneur et le proufit de la victoire en demoura aux Angloys, dont estoit chef pour lors messire Iehan Foscot, avecque lequel estoit aussy messire Thomas Rameston, qui pareillement auoit grand charge de gens d'armes. » (1)

Pendant qu'à cinq kilomètres de notre village, la France éprouvait une défaite sur ce triste champ de bataille, qui depuis a conservé le nom de *Camp ennemi*, la fille d'un autre village faisait lever le siége d'Orléans. La Beauce était aussi promptement recouvrée que perdue. Le mot de Jeanne d'Arc à Patay, petite ville de Beauce illustrée par une de ses victoires, peint très-bien la rapidité de nos succès. Talbot avait été forcé de fuir à Janville. « Si partirent hastivement « le duc d'Alençon, la Pucelle, le comte de Vendosme et « autres seigneurs qui s'avancèrent en bataille ordonnez et « poursuivirent si asprement les Anglois qu'ils les atteignirent « près Patay, au lieu dit des Coynées (2). Alors le duc d'Alen- « çon dit à la Pucelle : « Jeanne, voilà les Anglois en bataille, « combattrons-nous? » Et elle demanda audit duc : « Avez- « vous vos esperons? » Lors le duc luy dist : « Comment dà, « nous en faudra il retirer ou fuir? « Et elle dist : « Nenny, « en nom Dieu, allez sur eulx, car ils s'enfuiront et n'arreste- « ront point, et seront déconfits, sans guères de pertes de vos « gens; et pour ce, faut-il vos esperons pour les suivre. » — « En cette bataille qui arriva le dix-huitième jour de juin « 1429, Talbot fut faict prisonnier. »

(1) *Journal du Siége*. — Consulter encore Chron. de Monstrelet, *Journal d'un Bourgeois de Paris*; Manuscrits de Bréquigny, *Collection des Mémoires de Petitot*, etc. — *Procès de Condamnation et de Réhabilitation de Jeanne d'Arc*, pages 119-120, par J. Quicherat.

(2) Le miss. de Godefroy porte au lieu des Coynées ; « Quicherat a restitué d'après le miss. de l'Institut au lieu dict des Coynces. » Coynces est en effet un hameau à 2 kilom. environ de Patay. Luc. Merlet, *Bulletin Archéologique d'Eure-et-Loir*, n° 17, page 155.

En résumé si l'on ne connaissait le peu de spontanéité des campagnes, nos aïeux, placés ainsi entre le roi et l'abbaye de Saint-Denis, nous paraîtraient avoir admirablement profité des avantages que cette position ambiguë et perplexe pouvait présenter. Etait-on menacé d'un surcroît d'impôts ; les exigences du fisc devenaient-elles exhorbitantes ; la guerre civile déployait-elle son drapeau sanglant ? l'on se retranchait derrière le couvent de Saint Denis. Au contraire, un changement quelconque dans le gouvernement du domaine royal, mettait-il en péril les priviléges locaux ? l'on se réclamait du roi et l'on obtenait la confirmation des lettres de Louis-le-Gros. Mais, il y avait des désastres auxquels on ne pouvait échapper. Par sa position entre deux villes importantes, Orléans et Etampes, la pauvre Angerville dut bien souvent justifier son épithète. Que de fois en effet elle a été gâtée ! que de fois ses champs ont été abandonnés, désertés ! « Heureux, a dit Fénélon, heureux les peuples dont l'histoire n'est pas intéressante ! »

L'intérêt que présente notre village dans ces guerres est un intérêt de pitié. En vain il voudrait se défendre et lutter, sa faiblesse est trop grande ; il lui faut sans cesse ouvrir ses portes aux armées sur le passage desquelles il se trouve presque toujours ; il lui faut les nourrir, les héberger, et à chaque instant elle se voit maltraitée, dépossédée du fruit de ses travaux.

CHAPITRE V.

Anne de Bretagne à Angerville. — Établissement de foires et marchés. — Protestantisme. — Pollution et réconciliation de l'Église.

C'est à peine si, dans le cours d'un ou deux siècles, un événement remarquable vient interrompre la vie calme et monotone des petites villes ; leur histoire est moins un récit suivi qu'une dissertation continuelle. Si nos recherches n'amènent à la lumière que quelques faits incohérents, contradictoires, inconciliables ; ces faits laissent entre eux une lacune que nulle dissertation, nul raisonnement ne saurait combler. Mais, si les faits découverts, si les titres rapportés présentent un caractère commun, un ensemble régulier, un accord logique ; s'ils convergent tous vers une seule et même induction, alors on peut reconnaître entre eux comme les anneaux épars d'une chaîne brisée, et si la chaîne ne peut être rétablie en son entier, il est du moins possible de juger de ce qu'elle fut par les fragments qui nous en restent.

Vers l'an 1480, Louis XI confirma les priviléges des abbés et religieux de Saint-Denis, et ordonna que les appellations des sentences et jugements rendus, par les officiers des justices et terres des abbés de Saint-Denis, dans la prévosté et vicomté de Paris, dans celle de Guillerval et de Toury, fussent désormais portées au parlement de Paris. Cette déclaration fut donnée à Lamothe de Gry dans le mois d'août 1480 (1), et, deux ans plus tard, Charles VIII confirmait les mêmes priviléges. (2)

Angerville, pour la part qu'y possédaient les abbés de Saint-Denis, dut suivre le sort de Toury et de Guillerval ; mais il n'en est pas fait mention. Les religieux de Saint-Denis n'apparaissent point encore comme seigneurs du pays, ils sont seulement propriétaires et se contentent de s'y agrandir peu à peu, d'une manière latente et par voies indirectes. Une preuve convaincante qu'Angerville relevait du roi, c'est que bientôt nous allons voir ses habitants s'adresser directement à Charles VIII pour obtenir des foires et un marché. (3)

Notre pauvre village avait en effet grand besoin de se rattacher à la puissance royale pour se relever de tous ses désastres. Notre pays, ravagé par les guerres anglaises, eut à subir non plus l'ennemi, mais les soldats eux-mêmes qui l'avaient combattu. En effet, Charles VII, victorieux et craintif encore, au lieu de renvoyer ses troupes dans leurs foyers, garda quinze cents hommes d'armes et trois mille archers, qui furent logés et nourris sur la campagne. Le peuple, pour se libérer de ce fardeau, consentit à ce qu'on levât une taille nouvelle en argent pour le paiement de ces gens d'armes, « sans considérer qu'une fois établie, elle ne dépendrait plus de lui, ni pour la durée ni pour l'augmentation » (4). En effet, la milice perpétuelle entraîna la taille perpétuelle, et, sous Louis XI, cette taille s'élève déjà à 4,800,000 fr. Enfin, après un hiver long et rigoureux qui fit périr un grand nombre d'arbres, un printemps et un été pluvieux qui mirent obstacle à la rentrée des récoltes, il ne restait rien au paysan après les prélèvements du roi, des seigneurs et de l'Église, et plus de cent mille hommes

---

(1) 2ᵉ vol. des *Ord. de Louis XI,* côté F, fol. 257.
(2) *Ord. de Charles VIII,* côté H, fol. 73.
(3) *Inv. g. des ch. r,* tom. 4, reg. 54.
(4) Mézerai, VI. 361.

étaient morts de misère (1), quand les États généraux qui s'ouvrirent à Tours (15 janvier 1484) vinrent mettre à nu les plaies du peuple, qui furent dévoilées avec énergie par le cahier des doléances du commerce :

« La plus grande cause de la grande misère du peuple, dit-il, ce sont les vexations intolérables et les rapines obstinées des gens de guerre. C'est une chose criante que les gens de guerre, stipendiés pour défendre le peuple, soient précisément ceux qui le pillent et l'outragent. Quand un pauvre laboureur a toute la journée labouré à grande peine et sueur de son corps, et qu'il a cueilli le fruit de son labeur dont il s'attendait à vivre, on vient lui enlever la meilleure partie pour la donner à tel qui le battra peut-être avant la fin du mois, qui l'obligera de coucher par terre, et qui viendra déloger les chevaux occupés du labourage pour loger les siens ; et quand le pauvre homme a payé avec bien de la peine sa quote part de la taille à laquelle il est imposé, pour stipendier les gens d'armes, et qu'il espère se conforter avec ce qui lui est demeuré, espérant que ce sera pour vivre le reste de l'année et pour ensemencer sa terre, vient une volée de gens d'armes qui mangera et gâtera ce peu de bien que le pauvre homme avait réservé pour vivre.

« Mais tout cela ne suffit pas, il contraint le paysan à grands coups de bâton à aller chercher en ville du pain blanc, du poisson, des épiceries et toutes choses excessives (2) ; et à la vérité, s'il n'était Dieu qui conseille les pauvres et leur donne patience, ils cherroient en désespoir, etc. »

Tel était le triste état de la campagne et surtout de la Beauce, tant de fois ravagée par cette soldatesque barbare, effrénée, instrument grossier qui achevait de détruire la féodalité en ruine en même temps qu'elle aidait à consolider la royauté, profitant de la faiblesse de l'une et de l'appui de l'autre pour

(1) Bouchet, *Annales d'Aquitaine*, 286. — E. Bonnemère, *Histoire des Paysans*.

(2) Voyez pour les *Ordonnances de la Soldatesque*, ord. XX, 420. — Bonnemère, t. I, 455.

opprimer à son tour : tant il est vrai que l'abus est inhérent à notre misérable nature, que nous nous laissons toujours entraîner vers la pente de l'abus. Charles VIII, qui à son avénement avait réduit le budget à 1,200,000 livres, qui, par amour pour son peuple, voulait, dit Commines, vivre de son domaine seulement, comprit qu'il fallait mettre un frein aux exactions de ces gens de guerre, trop portés à mésuser de la position qu'on leur avait faite ; il lança des ordonnances contre leurs pillages, mais ces ordonnances, émises par un roi faible, allaient se briser contre la force brutale de ces soldats, peu intéressés à les exécuter et profitant trop souvent encore de la faiblesse d'un prince qui cherchait, dans toutes les limites de son énergie, à faire le bien, et auquel nous devons notre première charte de marché, nouvelle preuve du bien-être que les campagnes ont commencé à ressentir sous ce roi dont le successeur fut surnommé à juste titre le *Père du peuple*.

ÉTABLISSEMENT DE FOIRES ET MARCHÉS.
1489.

« Charles, etc., savoir faisons à tous présens et advenirs, nous avoir recue l'humble supplication de noz bien amez les manans et habitans du bourg et villaege d'Angerville la gaste contenant que au dit lieu d'Angerville qui est assis en beau païs bon et fertil à l'environ du quel y a plusieurs bons bourgs et villaeges soulloit anciennement avoir ung bon gros bourg lequel pour les guerres et divisions qui ont esté en nostre royaume a esté destruict. Mais touteffoiz pour la résidence qui y ont depuis faite plusieurs marchands et autres allans et venans par le païs il est de présent en assez bonne valeur et souvente foiz y passent et repassent conversent et fréquentent grant nombre de marchands et autres gens marchandaument par le dit païs. Et a ceste cause et aussi pour le bien et augmentation du dit lieu, utilité et prouffit de tout le païs d'environ serait bien séant et convenable qu'il y eust deux foires l'an et ung marché chacune septemaine. En nous requérant humblement nostre grâce et libéralité leur estre impartiz sur ce. Pour ce est-il que nous ce que dit est considéré désirans l'augmentation des lieux de nostre royaume qui au moyen de dites guerres ont ainsi esté destruiz et gastez et mesmement du dit lieu d'Angerville la gaste. Pour ces causes et autres considérations à ce nous mouvans avons à perpetuité fait crée ordonné et établis et par la teneur de ces presentes de grâce espécial pleine puissante et autorité royale; faisons, créons, ordonnons et establissons les dites deux foires l'an, c'est à sçavoir la première des dites foires le pénultième jour du mois d'avril et l'autre le dernier jour du dit mois d'avril et le dit marché au jour de jeudy toutes les septemaines de chacun an, et voulant que dores enavant l'on y puisse vendre, achepter et eschanger toutes denrées et marchandises licites et honnetes. Et que tous marchans y puissent venir et demourer marchandaument et qu'ilz jouissent de telz et semblables franchises, libertez et droiz que es autres foires et marchez du dit païs d'environ pourveu touteffoiz que à quatre lieues à la ronde du dit lieu d'Angerville la gaste n'y ait aux dicts jours aucunes foires ne aucun marché aux quels les dites foires et marchez puissent préjudicier ou nuire sy donnons en mandement par ces mesmes présentes à nos amez et feaux gens de nos comptes et à tous noz autres justiciers et officiers ou à leurs lieuxtenans présens et a venir es à chascun d'eulx si comme à ceux appartiendra que de noz présens, grâce, création, ordonnance, establissement et vouloir, ilz fassent, seuffrent et laissent les dits manans et habitans et leurs successeurs joir et user plainement et paisiblement sans leur faire meetre ou donner ne souffrir estre fait, mis ou donné aucun destourbier ou empeschement au contraire et fassent lesdites foires et marchés créer et publier es lieux et ainsy qu'ilz verront au caz appartenir en établissant au dit lieu telz places estaux, loges et autres choses nécessaires pour le fait des dictes foires car ainsi nous plait et estre fait nonobstant quelz conquets ordonnances à ce contraires et afin et sauf, etc.

« Données à Alençon au mois d'octobre l'an de grâce mil CCCC quatre vingt neuf et de notre règne le septième, signé par le roy, messires les ducs de Bourbon et d'Alençon, les comtes de Montpensier et de Vendosme, les seigneurs de l'Ile et de Grimault, président des comptes ; messire Charles de Poutoz, maistre des requestes ordinaires et autres, présens. Rohier, visa. » (1)

On voit clairement, par les lettres patentes de l'établissement des foires et marchés d'Angerville, que ses habitants relevaient directement du roi et ne reconnaissaient aucun seigneur. Les abbés de Saint-Denis ne prenaient pas encore ce titre. Ils n'étaient maîtres que d'une faible partie de notre pays. Le loyer de leurs droits s'élevait à 40 livres tournois, ainsi qu'il résulte d'un acte de 1511, par lequel frère Simon, religieux, courtiller et maître des charités de Saint-Denis, loue, pour 40 livres tournois, à Pierre Hardy, d'Angerville, les cens, rentes, dîmes, champarts, lods, saisines, amendes, terres labourables d'Angerville-la-Gaste, par acte passé devant François Menneau, tabellion à Saint-Denis.

Les seigneurs de Méréville n'étaient guère mieux partagés, et ils n'eussent pas manqué, l'un ou l'autre, s'ils eussent été seigneurs d'Angerville, de profiter de l'occasion de l'établissement de foires et marchés pour adresser eux-mêmes leur supplication au roi, sans laisser cette initiative aux manants et habitants du lieu. Ainsi nous voyons, cette même année 1511, Bertrand de Reilhac, seigneur de Méréville, adresser son humble supplication au roi pour obtenir l'établissement de foires et marché audit lieu de Méréville. Louis XII avait aussi confirmé les priviléges des abbés prieurs et religieux de Saint-Denis (2), qui, grâce à la faveur de leur seigneurie féodale, fondent dans notre village leur seigneurie de justicier, et pendant que la plupart des habitants d'Angerville

(1) *Ord. de Charles VIII.* — Arch. Imp.
(2) *Ord. de Louis XII.* côté F, f° 126.

suivent encore la justice d'Étampes, d'autres reconnaissent déjà une autre justice. Mais, chose curieuse ! située entre Orléans et Étampes et plus rapprochée de cette dernière, Angerville, toujours dirigée par la main des religieux, fera, pour échapper à la justice d'Étampes, lorsqu'Étampes sera érigée en duché, les mêmes efforts qu'elle a faits pour échapper à la justice d'Orléans, lorsque cette ville fut donnée en apanage par Charles VI. Depuis ce temps, Orléans a fait retour à la couronne dans la personne de Louis, duc d'Orléans, qui est devenu Louis XII, et ce même Louis XII a fait don du comté d'Étampes à sa femme, Anne de Bretagne; mais cette dernière étant reine de France, Étampes ne semblait pas encore être sorti des mains royales. Plus tard nous verrons quelle attitude prendra notre bourg d'Angerville à l'égard d'Étampes.

En attendant, nous ne pouvons nous empêcher de signaler comme un événement historique le passage d'Anne de Bretagne par ce même bourg, dans l'une des premières années du XVIe siècle. La gracieuse princesse, à peine âgée de vingt-cinq ans, était déjà veuve d'un roi de France, et de secondes noces l'appelaient, dans le même pays, au lit d'un autre roi. Étampes l'attendait avec impatience. Rien n'avait été épargné pour lui faire une brillante réception. Louis XII avait voulu lui-même précéder son épouse, pour tout préparer sur son passage, mais la jeune reine, par un sentiment d'exquise délicatesse, conciliant le souvenir récent encore de Charles VIII avec ses nouveaux devoirs, s'arrêta quelque temps à Angerville, et fit dire à son royal époux qu'elle désirait remettre à un autre temps son entrée publique à Étampes. Voici comment dom Basile Fleureau, le vieil historien d'Étampes, rapporte le fait :

« Les habitans d'Estampes ayant été avertis que leur nou« velle comtesse viendroit en leur ville avec le roy, ils don« nèrent premièrement ordre que l'on apportât incessament de « la campagne dans la ville des vivres, afinque la cour pût « être abondamment pourvue de choses nécessaires. La cour « étoit partagée pour la commodité de ceux qui la suivoient.

« Le roy arriva le premier, et d'abord qu'il eut reçu les obéis-
« sances et compliments ordinaires des habitans, il commanda
« aux eschevins d'envoier scavoir de la reine si elle voulait
« faire son entrée publique. Les eschevins dépêchèrent un
« exprès vers Sa Majesté, qui étoit à Angerville, pour scavoir
« sa volonté qui fut de la différer à un autre temps (1). »

Quelques années plus tard, Angerville et Étampes, revirent passer Anne de Bretagne. Mais, cette fois, combien elle était changée ! Combien son cortége différait du premier ! Quelle tristesse ! quel deuil et que de larmes là où naguère avaient éclaté les chants de joie et les splendeurs d'une pompe royale et nuptiale ! Cependant, c'était bien encore Anne de Bretagne, mais Anne de Bretagne, aurait dit Bossuet, telle que la mort l'avait faite !

La reine venait de rendre le dernier soupir, à Blois, le 9 janvier 1513, et sa dépouille mortelle partit seulement de Blois le samedi quatrième jour de février, pour aller chercher une tombe à Saint-Denis. Elle était précédée des commissaires, des gentilshommes, des écuyers, etc.

« Puys venoit le charriot où estoit le corps, lequel estoit mené de six chevaulx ronsins, fort beaulx, houssés et enharnachés de velours noir à pareille croix blanche et dessus le dict charriot une grant couverte de velours noir et une croix de satin blanc, et sur deux des chevaulx du dict charriot, pour iceulx conduyre, y avoit deux chartiers, vetuz de velours, ayant chapperons.

« Après et devant celluy charriot marchèrent tous les héraulx et poursuivans de France et des seigneurs du sang, fors Montjoie et Bretaigne qui estoient près du corps, et au devant d'eulx les officiers d'armes de la dicte dame, comme Hennebont et Vennes qui portoient le ceptre et main de justice et le dict Bretaigne la couronne.

« Et quant venoit au soir ou à arriver le logis, le corps estoit

---

(1) Dom Fleureau, *Hist. d'Estampes,* pag. 210.

mis à repos à la plus noble église et venoient les paroissiens d'iceulx lieux, les prebtres, à toute la croix, au devant du corps. Aussi estoient toujours près les cordelliers, Carmes ou Jacopins, qui suyvirent le corps depuis Bloys jusqu'à Sainct-Denys. Pareillement à toutes arrivées de villes et bourgades ce trouvoient les archers et Soysses en bel ordre, qui veilloient le corps toute la nuyt, et à chascun lieu, fût au soir et au matin, l'on disoit les vespres, vigilles, et au matin la grant messe à diacre et soubz diacre, et messes données à tous venants et tousjours le dit prélat en pontificat. »

Après avoir passé à Saint-Dié, à Saint-Laurent, à Cléry, à Orléans, à Artenay, « le jeudi qui fut le lendemain (de son « passage à Janville), fut conduicte la noble roye à Engerville « et à la porte de l'esglise y avoit en escript ce qui ensuyt :

« Pleure avec nous, village d'Angerville,
« Le royal corps qui les gens repaisoit
« En le voyant, priant Dieu qu'en paix soit
« Et que l'âme ne soit pour danger ville. » (1)

(1) *Récit des Funérailles d'Anne de Bretagne*, publié par L. Merlet et Max. de Gombert. — Chez Aug. Aubry, lib., r. Dauphine, 6, Paris.

CHAPITRE VI.

Protestantisme.

La bonté de Charles VIII, la constante sollicitude de Louis XII pour le bonheur des classes inférieures, qu'il assurait par des ordonnances énergiques, en vertu desquelles les gens d'armes ne pouvaient prendre leurs quartiers que dans les villes murées où les bourgeois armés pour la défense commune pouvaient repousser leurs violences, par lesquelles il leur était interdit sous les peines les plus rigoureuses de s'écarter dans les villages voisins, soit pendant leurs garnisons, soit pendant leurs étapes, par le soin qu'il avait de mettre à leur tête des capitaines sévères, hommes honorables, responsables des désordres de leurs soldats et qui durent dénoncer les coupables aux magistrats (1), puis la réduction du nombre des procureurs « qui rongeaient la substance du pauvre peuple, » la défense faite aux juges « d'exiger dépens ni autre chose des parties hors les épices, » la diminution des impôts, la justice rétablie, les moissons fécondées, les campagnes repeuplées, tout semblait assurer aux laboureurs une existence paisible. Ils croyaient pouvoir jouir désormais du fruit de leurs travaux, Angerville surtout, qui avait tant souffert, était

---

(1) E. Bonnemère.

pleine d'espérances. Charles VIII, pour réparer ses désastres, lui avait donné un marché ; Louis XII, ce bon pasteur qui voulait engraisser son troupeau, avait séjourné dans ses murs. Elle avait reçu joyeuse la jeune reine, de même aussi, pleine de deuil, elle avait vu passer ses cendres. En un mot, Angerville avait senti son cœur battre, elle était heureuse de se rattacher à une royauté protectrice ; de plus, elle voyait son commerce prendre de l'extension. En effet, la route de Paris à Orléans, depuis l'établissement des postes, était plus fréquentée, et, comme Angerville non-seulement était un relai de poste, mais aussi un gîte pour tous les messagers venant d'Orléans, ainsi que pour beaucoup de marchands, le nombre de ses auberges augmentait, la consommation était plus répétée, une plus grande somme de mouvement lui donnait une plus grande quantité d'existence, et, quoique son premier marché n'ait pas réussi, grâce sans doute à la jalouse concurrence de Méréville, le jour viendra où elle vaincra cet obstacle, où son marché sera plus important que celui de sa rivale.

Bientôt, sous François Ier, on vit s'ajouter, aux misères de la famine, de la peste et de la gabelle, celles causées par de nouvelles levées de francs archers. « Chaque paroisse dut fournir un homme, l'équiper et l'entretenir ; et à peine enrôlés et réunis, ces fils ingrats, ces paysans d'hier, ces renégats de la terre, bandits dès qu'ils devenaient soldats, se mirent à piller le pays, nourrissant leurs chevaux et juments par les les champs et prés où ils les trouvaient, pour porter eux et les hardes qu'ils roboient par le pays, nourrissant leurs chevaux et juments de pur froment qu'ils prenaient chez les povres gens, et leur faisant boyre du vin.

« Ils effondraient un tonneau pour boire une gorgée, et si quelque paysan hasardait d'humbles observations sur ces ineptes gaspillages, ils le forçaient à faire chauffer lui-même son vin dans une chaudière et à venir leur laver les pieds avec cette précieuse boisson. » (Bourdigué.)

De plus, les guerres du Milanais, la rivalité de François Ier et de Charles-Quint, ajoutaient aux calamités. La France se ruina pour racheter son roi de la captivité, et Angerville ne dut pas être remplie d'enthousiasme en voyant passer, à son retour d'Espagne, ce monarque qui avait ruiné la campagne, qui lui avait fait perdre ce qu'elle avait gagné de bien-être sous son prédécesseur. Cependant, dans les dernières années de son règne, il parut jeter un regard bienveillant sur notre Beauce et vouloir réparer les dommages causés dans ce pays.

Ainsi nous le voyons, en 1538, établir trois foires et un marché par semaine à Chilleuse, pour Jean de Bretagne, duc d'Estampes, seigneur de ce lieu, ainsi que pour les habitants (1). Mais tout porte à croire que cette concession fut un témoignage de l'amour du roi pour Anne de Pisseleu, femme de Jean de Brosse ou de Bretagne. Cependant, en 1545, il donna permission, à Philippe de Sarrebuche et à Louis et Jacob de Silly frères, seigneurs de la Rocheguion et d'Auneau, de fermer et de fortifier ledit lieu d'Auneau (2). La même année, la même permission fut accordée aux habitants du bourg de Sainville (3). Il créait également, sur la demande du cardinal de Bourbon, abbé de Saint-Denis, un marché par semaine à Rouvray ; de plus, il permettait au même cardinal d'entourer ce bourg de murailles, dont les vestiges nous ont été montrés par M. Gougi, curé de cette paroisse (4). Enfin, en mai 1466, il donne des lettres patentes par lesquelles il autorise Claude de Languedoue, écuyer, seigneur de Pussay en Beausse, et les habitants de ce lieu à se fortifier. (5)

Au milieu de ces quelques concessions locales, François Ier n'en introduisait pas moins l'usage d'ordonner les impôts « de pleine puissance et autorité royale, sans alléguer autre cause

---

(1) *Invent. gén. des Ch.,* t. IV, reg. 253.
(2) *Invent. gén. des Ch.,* t. IV, reg. 257.
(3) Copie de l'acte d'autorisation communiquée par Me Fougeu, ancien notaire à Sainville.
(4) *Inv. gén. des Ch. r.,* t. IV, reg. 257.
(5) *Trés. des Ch. r.,* Col. VII, 184.

ni raison que celle de tel est notre bon plaisir » (1). De même lorsque les troupes étaient en route, le conseil du roi envoyait l'ordre aux magistrats locaux de lever sur les villages où elles passaient, les grains, vins, fourrages et autres fournitures à leur usage, avec cette formule : « Les dites munitions seront remboursées quand l'occasion se présentera » (2). La royauté pesait sur les campagnes et, d'un autre côté, concentrant dans ses mains le pouvoir ecclésiastique par le traité de concordat de 1515, elle restreignit bientôt les juridictions ecclésiastiques, organisa un système de police, imposa silence aux parlements. Mais cette action puissante en faveur de l'absolutisme devait nécessairement amener une vive réaction. En effet, les paysans d'Allemagne, soulevés par le fameux Thomas Munzer, donnèrent le signal de la révolte. Les idées de liberté et de réforme religieuse ne tardèrent pas à pénétrer en France, où elles furent soutenues par Érasme Gerber, puis par Calvin. Déjà les ahaniers Lorains avaient ainsi formulé la charte de réforme de Tomas Munzer :

Article 1ᵉʳˢ. L'évangile doit être prêché selon la vérité, et non selon l'intérêt des seigneurs et des prêtres.

Art. 2. Nous ne paierons plus de dîmes, ni grandes ni petites.

Art. 3. L'intérêt sur les terres sera réduit à cinq pour cent.

Art. 4. Toutes eaux doivent être libres.

Art. 5. Les forêts reviendront à la commune.

Art. 6. Le gibier sera libre.

Art. 7. Il n'y aura plus de serfs.

Art. 8 Nous élirons nous-mêmes nos autorités. Nous prendrons pour souverain qui bon nous semblera.

Art. 9. Nous serons jugés par nos pairs.

Art. 10. Nos baillis seront élus et déposés par nous.

Art. 11. Nous ne paierons plus le cas de décès.

(1) Sully, *Œcon. royales,* Col. VII, 1725 ; VIII, 455.
(2) Bailly, *Histoire financière de la France*, I, 239-241.

Art. 12. Toutes les terres communales que nos seigneurs se sont appropriées rentreront à la commune.

D'après ces principes, il est facile de juger quels progrès la réforme avait faits dans le nord de la France. Au centre elle avait également ses adeptes, et ce n'est pas sans étonnement que nous avons lu ce passage dans le prieur de Mondonville (1545) : *Die aprili* XXIX *Ecclesia Sanctorum Petri et Eutropi de Angervilla gasta labe et fraude demonum polluta, reconciliata fuit una cum cimiteriis* (1). « L'Église des saints Pierre et Eutrope d'Angerville-la-Gâte, ayant été polluée par la malice des démons, fut réconciliée en même temps que son cimetière. »

Que s'y était-il donc passé ? quelque crime ou quelque acte impur y avait-il été commis ? le sang humain y avait-il été répandu ? avait-elle donné la sépulture à quelque hérétique excommunié ou infidèle ? Tels sont, en effet, si notre mémoire n'est pas en défaut, les principaux cas de pollution des églises suivant les canons. Ou bien encore y voyait-on, comme on prétendit voir un siècle plus tard en l'église de Loudun, lors du procès de l'infortuné curé Urbain Grandier, des religieuses ensorcelées marcher à la voûte les pieds en haut, la tête en bas ? Le prieur de Mondonville ne le dit pas ; mais un autre passage à la date de 1550 et qui se rapporte évidemment à la réconciliation de l'église d'Angerville, fait naître une conjecture que non-seulement le texte du manuscrit du prieur de Mondonville, mais encore certaines circonstances ultérieures viennent changer en une certitude presque complète. C'est qu'il s'agissait tout simplement d'une contestation entre Jean de Villiers, curé d'Angerville, et Réné de Séronville, seigneur d'Ouestreville, laquelle aurait amené des scènes scandaleuses dans l'Église. (2)

Il paraît que la cérémonie de réparation d'une église pro-

---

(1) *Mémoire* de Laisné, prieur de Mondonville, p. 158, 8°.
(2) Voir aux Pièces justificatives.

fanée doit être faite par un évêque, quand l'église a été consacrée par un évêque. Dans l'ancienne division des diocèses par archidiaconées, l'archidiacre représentant l'évêque, ce fut l'archidiacre de Chartres qui *réconcilia* l'église d'Angerville. En pareil cas, après que les vases sacrés ont été mis à l'écart, l'autel dépouillé, l'officiant, revêtu des ornements prescrits, entouré d'acolytes et précédé de céroféraires ou porteurs de flambeaux et d'un exorciste porteur d'eau bénite avec l'aspersoir d'hyssope, se rend à la porte principale de l'église, *reverendus pater accessit ad ecclesiam... et in ingressu receptus fuit cum cruce, aquâ benedictâ et textuis evangeliorum;* là, dehors, il adresse au peuple la parole pour lui expliquer le but de la cérémonie, et lui donne sa bénédiction, *oratione dictâ solemnem super populum benedictionem fecit*.

Il n'est point de notre sujet d'entrer dans le détail de ces sortes de cérémonies, mais on voit clairement que le texte s'y rapporte. On voit ensuite qu'après la cérémonie l'archidiacre arrête que René de Séronville sera cité à comparaître devant lui, à Chartres, pour répondre aux griefs élevés contre sa personne pour des motifs de foi, dans la cause de la foi *(in causâ fidei responsurus)*.

C'était donc la foi du seigneur d'Ouestreville qui était suspecte. Le calvinisme commençait alors à s'introduire en France. René de Séronville aurait-il été des premiers initiés aux doctrines de l'Allemagne ou de la Suisse protestante? la chose est certaine. Ces petits seigneurs d'Ouestreville, qui fit évidemment partie dans l'origine du territoire d'Angerville, étaient, à ce qu'il paraît, restés toujours vassaux immédiats de la couronne. Nous trouvons en effet, dans un vieux cartulaire sur le droit de commune d'Estampes, le nom de Guyot, seigneur d'Oytreville, dans le dénombrement des seigneurs qui tenaient immédiatement du roi des fiefs ou arrière-fiefs. René de Séronville pouvait bien être l'un de ces nobles qui supportaient impatiemment le joug de la monarchie absolue et de la puissance ecclésiastique et qui voyaient, dans le républicanisme politique et religieux de Calvin, une arme à opposer à ce double despotisme.

Nous devons à M. Roullier, de Chartres, une note recueillie dans les registres de Favières, qui nous donne une preuve convaincante qu'il y eut des seigneurs protestants à Ouestreville :

« 18 avril 1623, M. et Mme Delacour, seigneur d'Ouitre-
« ville, près Angerville, sont parrain de Marguerite Malherbe
« et de Jacques Malherbe, de Favières, batisés par Belon,
« ministre. »

L'exemple partant toujours d'en haut, il est bien probable qu'une grande partie des habitants d'Ouestreville embrassèrent la religion réformée. Il existe encore aujourd'hui un chemin dit des Huguenots. Ce chemin, selon la tradition, était celui que prenaient les protestants d'Ouestreville pour se rendre au prêche à Chalou. En effet, ce chemin qui part d'Ouestreville, passe derrière le château de Dommerville et se dirige vers le lieu désigné.

Ainsi, le territoire d'Angerville a compté des seigneurs et des gens du peuple professant la foi protestante dès l'introduction du calvinisme en France.

On peut juger par là combien d'éléments divers s'agitaient, se mêlaient dans l'étroit espace d'un pauvre bourg de la Beauce. Là, tout est opposition, variété, morcellement, contraste ; c'est un pays d'éclectisme.

CHAPITRE VII.

Angerville à la coutume d'Étampes.

En sa qualité de ville neuve, de village royal, Angerville avait obtenu une charte de priviléges royaux qui durent, pendant un certain temps lui servir de coutume ; mais à mesure que s'accrut la puissance royale, le droit écrit et le droit coutumier tendirent à se confondre. Les coutumes locales se fusionnèrent et prirent, sous l'influence de la royauté, un caractère d'unité qui portait les dernières atteintes aux autorités seigneuriales. Village du roi, Angerville n'a pas eu à subir ces coutumes imposées par la violence des seigneurs directs, acceptées par la faiblesse, variables à l'infini suivant la force, le caprice, les besoins ou la méchanceté des maîtres qui tous, à l'envi les uns des autres, se plaisaient à donner aux peuples des lois d'autant plus différentes, qu'ils étaient plus voisins, afin de les retenir forcément chez eux, en les déroutant dès qu'ils se fussent trouvés hors du territoire qui les avait vus naître (1). Comme la Beauce, Angerville, suivant le mouvement de centralisation, a passé sous l'empire de la coutume de Lorris.

Les trente-six ou trente-sept articles des lettres de Louis-le-

---

(1) Bouhier, *Cout. de Bourgogne*, I, 190.

Gros et de Philippe-Auguste, instituant à Lorris des priviléges semblables à ceux d'Angerville ainsi qu'à beaucoup d'autres lieux, ne formèrent pas ce qu'on appelle la coutume de Lorris, ils n'en furent que le germe et l'embryon. Ces priviléges ou exemptions engendrèrent, entre les seigneurs et les vassaux, entre les terres et les personnes, des rapports tels qu'il en résulta un système presqu'entier de coutumes distinctes dont la rédaction eut lieu pour la première fois, sous Philippe de Valois, en 1330, à Lorris même, et plus tard, en 1448, sous le règne de Charles VII, à Montargis. Tous les lieux qui avaient obtenu des lettres semblables à celles de Lorris et où par conséquent les mêmes rapports avaient fait naître les mêmes usages, se rattachèrent à cette rédaction qui leur devint commune avec Lorris. C'était comme un miroir où chacune de ces localités voyait son image se réfléchir.

La coutume de Lorris, de locale qu'elle était d'abord, devint donc ainsi générale. Elle s'étendit à tout l'Orléanais, et il en fut d'elle comme d'un grand fleuve qui se forme de mille petits ruisseaux. Il ne fut plus question dès-lors de chartes particulières ni de priviléges locaux. On ne parla plus que de la coutume de Lorris, qui les comprenait et les résumait tous à elle seule.

Ce n'est pas tout, Louis XII ayant, en 1509, ordonné une rédaction particulière de la coutume d'Orléans, les habitants de Montargis refusèrent d'y comparaître. Montargis obtint même en 1530, de François Ier, des lettres patentes pour une nouvelle rédaction des coutumes de Lorris, où furent appelés tous ceux de Beauce, Sologne, Gâtinais et autres lieux ; et si nous consultons les *Coutumes de Lorris, Montargis, etc.*, par Lhôte et Lepage (1758), nous voyons, à la page 375, que les manants et habitants d'Angerville - la - Gâte comparurent le 11 septembre 1531 à la réformation de cette coutume. Depuis ce temps, la coutume de Lorris fut partagée en deux branches, Lorris-Orléans et Lorris-Montargis, de telle sorte qu'ici encore le village s'imposait aux villes et plaçait son nom au-dessus des leurs. Eh bien ! cette priorité du village, comme nous l'avons déjà dit, est l'un des caractères distinctifs de la physionomie de la Beauce. La ville n'est que l'entrepôt du village. Plus de village, plus de marché ; plus de marché, plus de ville. Et voyez comme tout se lie et s'enchaîne dans l'histoire. De cette situation qu'avaient faite aux campagnes de la Beauce d'anciens priviléges, moins dûs à la politique des rois ou à la religion des églises qu'à la nature même de l'agriculture qui, ne se prêtant pas à la fiction féodale « tant vaut la terre, tant vaut l'homme, » restituait les termes dans leur ordre véritable « tant vaut l'homme, tant vaut la terre ; » de cette situation, disons-nous, découlèrent et ses biens et ses maux.

Elle échappe de bonne heure aux violences féodales, à l'oppression des seigneurs ; mais la main-morte des églises y retient les terres et les fortunes dans une complète immobilité. Les fureurs de la Jacquerie ne l'embrasent point, mais elle reste ouverte et livrée sans défense aux compagnies franches, aux routiers, aux malandrins, aux écorcheurs, aux rêtres, à toutes ces bandes pillardes de gens d'armes et d'aventuriers qui, détachés des armées, allaient ravageant les campagnes. Elle est appelée le grenier de Paris ; mais dans les guerres civiles, on voit constamment les chefs des différents partis se la disputer, moins peut-être pour affamer la capitale que pour ravitailler leurs troupes presque toujours rassemblées à l'aventure et sans provisions.

Chaque village y eut ses franchises, ses exemptions, ses libertés ; mais la Beauce ne connut que bien tard les avantages de la centralisation judiciaire et administrative. Ses mairies héréditaires y avaient partout engendré une foule de petites justices seigneuriales aussi tracassières qu'impuissantes, ainsi que le témoigne le jurisconsulte Loyseau, qui, longtemps bailli de Châteaudun, connaissait bien la Beauce. Souvent un malheureux bourg s'y voyait tiraillé, déchiré, mis en pièces par plusieurs justices rivales : tel fut le sort d'Angerville.

De plus, les variations de la ville d'Étampes, d'abord n'appartenant qu'au roi, puis érigée en comté et faisant à diverses reprises retour à la couronne, érigée ensuite en duché sous François Ier, et rentrant encore dans le domaine royal, nous semblent avoir singulièrement influé sur les destinées d'Angerville et contribué à la placer presqu'entièrement sous la main des abbés de Saint-Denis. Aux tiraillements de deux ou trois justices rivales vint s'ajouter, lors de la rédaction des coutumes d'Étampes sous Henri II, la difficulté de savoir à laquelle des deux coutumes d'Orléans ou d'Étampes elle obéissait. On connaît la manière dont on procédait à ces sortes de rédactions.

En vertu des lettres patentes du roi, les trois états de la province dont il s'agissait de rédiger la coutume, savoir : le clergé, la noblesse et le tiers-état, étaient rassemblés par députés. De cette première assemblée sortait un ordre donné aux juges royaux, greffiers, maires et échevins des villes, d'envoyer les mémoires des coutumes, des usages et des styles qu'ils auraient vu pratiquer de tout temps. Ces mémoires étaient confiés aux mains d'une commission chargée de les mettre en ordre et d'en faire un seul cahier qui, lu ensuite devant toute l'assemblée, était discuté, corrigé ou maintenu, selon que besoin était, et finalement renvoyé à l'enregistrement du parlement quelquefois, des commissaires tirés de ce corps étaient commis pour convoquer et présider l'assemblée des États. C'est ainsi que Henri II, quand il fut question de procéder à la rédaction de la coutume d'Étampes, y envoya, en qualité de commissaires, le président de Thou, père de l'historien de ce nom, et deux conseillers au parlement, comme en fait foi le procès-verbal de la coutume :

« L'an 1556, le vingtième de septembre, nous, Christophe de Thou, président, Barthélemy Faye et Jacques Viole, conseillers du roi en sa cour de parlement, sommes arrivés en sa ville d'Estampes, pour procéder à la rédaction des coutumes des baillage et prévosté du dit Estampes, suivant les lettres patentes du dit seigneur, à nous adressées, desquelles patentes, ensemble de nos lettres de commissaires décernées sur icelles, la teneur suit, etc. » (1)

Parmi les personnages les plus remarquables qui comparurent en personne ou par procureurs à l'assemblée des États à Étampes, nous citerons :

« Pour l'Église,

« Le révérendissime cardinal de Bourbon, archevêque de Sens, représenté par Me Guillaume Boissonnet, chanoine, archidiacre d'Estampes, en l'église de Sens, et Me Simon Charbonnier, doyen de la chrétienté du dit Estampes.

« Et encore le dit archevêque, comme abbé de Saint-Denys en France, et les religieux de la dite abbaye, seigneurs chastelains de Guillerval, Monarville, et Angerville en partie, représentés par Me Nicolas Camus, procureur au baillage d'Orléans, leur procureur.

« Aussi les curés qui s'en suivent, à scavoir : celui de Méréville, représenté par Vassor ; celui de Monarville, par le dit Vassor ; de Dommarville, par Guillot ; de Pussay, par Lesné ; de Angerville, par Thibault, etc.

« Pour l'état de la noblesse,

« Le duc d'Estampes ; messire François Olivier, chevalier, chancelier de France, noble homme ; maistre Michel L'hospital, conseiller du roi, seigneur de Vignay ; François de Rheillac, vicomte de Méréville, noble homme ; Marc de la Rue, seigneur des murs d'Angerville-la-Gaste ; Jacques d'Arbouville, seigneur de Saint-Val ; Loys d'Arbouville, seigneur de Guestreville, lieutenant des bandes coronales de France ; Jean Languedoue, écuyer, seigneur de Pussay ; Jean Sabrevoys, pour la seigneurie de Villeneuve-le-Bœuf ; René de Prunellé, écuyer, seigneur de la Porte et de Gaudreville, tous représentés par procureurs ; Jean de la Rue, écuyer, seigneur de Bissay et du grand hostel de Beaudreville, en personne, assisté de Chardon et Garnier. René de Séronville, seigneur

(1) *Coutumes générales*, t. III.

d'Ouestreville, aussi appelé à l'assemblée d'Estampes, n'y comparut pas et laissa donner défaut contre lui.

« Pour le tiers-état,

« Les manants et habitants des ville de Méréville et bourg de Saint-Père, représentés par Vassor ; de Dommarville, par Guillot ; d'Andonville, par Guillot ; de Monarville, par Vassor ; de Congerville, par Thibault ; de Gaudreville, par Gambrelle ; de Moulineufs, par Chardon ; d'Autruye, par Jacques Caille ; et aussi les manants et habitants de la paroisse de Saint-Sulpice, par Gervais Regnault et Loys Menault, proviseurs présents, assistés du dit Vassor, leur procureur. »

Il y eut parmi les gens du tiers-état, comme parmi les gens d'église et les nobles, des non-comparants contre lesquels il fut donné défaut, comme on le voit ci-après :

« Ont aussi été appelés les gens d'église, nobles et gens du tiers-état qui en suivent : Contre (lesquels le procureur du roi ce requérant) avons donné défaut, à sçavoir contre les curés d'Oisonville, de Gommarville, de Thionville, de Moulineufs, de Lestueing, de Chastenay, etc.

« Et aussi contre les gens du tiers-état, habitants des villes et des villages qui en suivent ; c'est à sçavoir : d'Angerville, de Lestueing, de Pussay, de Gommarville, etc. »

A quoi faut-il attribuer cette non-comparution d'Angerville à la rédaction de la coutume d'Étampes? N'appartenait-elle pas à la juridiction d'Étampes, comme relevant du roi? ou bien ressemblait-elle (pardon de la comparaison) à ce chien de Jean de Nivelle dont notre bon La Fontaine nous a si bien dépeint l'instinctive défiance? Quand Orléans fut donné en apanage, nous l'avons vu se réclamer du roi, et maintenant qu'Étampes est érigé en duché, elle se récuse : « Moi d'Étampes, vous vous moquez, Messeigneurs ; je suis d'Orléans. »

En réalité, les habitants craignaient pour leurs priviléges et leurs usages locaux. De leur côté, les religieux de Saint-Denis ne négligeaient rien, n'omettaient rien de ce qu'ils croyaient susceptibles d'y établir et universaliser leur justice et seigneurie. Peut-être virent-ils, dans cette rédaction de la coutume d'Étampes, une occasion de soustraire Angerville à la juridiction royale, ils protestèrent. Enfin, il est certain qu'appelée à la rédaction de la coutume d'Orléans, cinquante ans avant celle d'Étampes, Angerville y avait été bien et dûment représentée. En fallait-il davantage pour être en droit de dire à l'assemblée d'Étampes : « Nous ne sommes point des vôtres et vous auriez tort de donner défaut contre nous..... » C'est là en effet ce qui fut fait, comme on le voit au procès-verbal : (1)

« Pour le substitut du procureur général du roy au baillage d'Orléans, a été remonstré par maistre Alain Chenu, advocat du dit seigneur, et Nicolas Monsire, procureur au siége présidial d'Orléans, comme substitut du dit substitut, que les officiers d'Estampes ont fait convoquer et appeler par devant nous (commissaires) les habitants et manants des chastellenies et paroisses de Guillerval, Angerville, Monarville, appartenant aux abbés de Saint-Denys en France.

« Combien que les chastellenies et paroisses susdites notoirement ressortissent pour appel au baillage d'Estampes, elles sont régies et gouvernées par les coutumes du dit baillage d'Orléans.

« A cette cause, l'an 1509, que furent réduites, accordées et attestées les dites coutumes d'Orléans, les manans et habitans des dites chastellenies comparurent par procureurs avec les officiers d'icelle. Comme de ce on dit apparoir par le procès-verbal fait sur la rédaction des dites coutumes, lequel ils ont à cette fin lu publiquement et mis par-dessus nous, requesrants qu'aucun défaut ne fut baillé contre eux, comme n'estans sujets des dites coutumes d'Estampes, demandans au surplus congé de l'assignation qui leur a été donnée par devant nous. — Semblables remonstrances, requestes et conclusions ont été faites et prinses par Nicolas Camus, soi-disant procureur du révérendissime cardinal de Bourbon, comme abbé de

(1) *Coutumier général*, tom. III.

Saint-Denys, et ce, pour le regard des dites chastellenies de Guillerval, Angerville, Monarville, justiciers et sujets d'icelle..... »

Mais tout cela ne faisait pas le compte du procureur du roi d'Étampes, qui, en sa qualité d'officier du roi, protesta contre tout ce qui serait fait au détriment du roi et de son duché d'Étampes, mena assez rudement l'abbé de Saint-Denis et l'accusa, sans ménagement et sans détour, d'usurper à Angerville une juridiction qui ne lui appartenait pas. Cette sortie de l'officier du roi, nous l'avouons, nous satisfait d'autant plus qu'elle prouve clairement et met parfaitement en évidence ce que nous nous sommes efforcé d'établir au commencement de cet ouvrage, à savoir : qu'Angerville jouissait de priviléges royaux et ne dépendait que du roi dans l'origine.

« Et par le substitut du procureur général du roy au dit Estampes, a été dit et maintenu que pour la chastellenie de Guillerval et Monarville, membre d'icelle, la juridiction ordinaire appartenait au dit abbé de Saint-Denys, mais ressortit et a toujours ressorti par appel devant le dit baillage d'Estampes. Et quant à Angerville, le dit abbé (sous ombre de juridiction foncière) a *usurpé* juridiction ordinaire sur quelques parties des habitants d'Angerville, combien que tous les habitants soient de la juridiction ordinaire du dit Estampes.

« Ont même été les lettres patentes du roy (1), par iceux habitans d'Angerville, obtenues pour la clôture d'icelle ville, entérinées au dit baillage d'Estampes : et aussi ont été et sont tous les habitants des dits lieux de Guillerval, Monarville et Angerville, justiciés pour les cas royaux par le dit bailly d'Estampes, comme estans du ressort d'icelui baillage. »

En présence de ces prétentions rivales et de ces dires opposés, les commissaires embarrassés renvoient la cause au parlement. Quel fut l'arrêt qui intervint? nous l'avons vainement cherché. L'affaire fut-elle négligée, arrêtée, suspendue ou

---

(1) Nous avons vainement cherché ces lettres.

traînée en longueur? il n'y aurait rien d'extraordinaire ; mais on serait tenté de douter du succès des démarches et poursuite de l'officier du roi, en voyant Angerville appelée de nouveau à la révision des coutumes d'Orléans le 11 avril 1583, s'y faire encore représenter avec une obstination digne de la plus juste cause, si de son côté le procureur général du roi d'Étampes, non moins opiniâtre, ne l'avait poursuivie sur ce nouveau terrain et n'y avait relancé de plus belle les abbés de Saint-Denis. Mais bon gré, mal gré, Angerville fut, de guerre lasse, obligée de se soumettre à la coutume d'Étampes.

En résumé, qui avait tort, qui avait raison ? Si l'historien est obligé de porter un jugement, voici le nôtre : Angerville avait été appelée et s'était faite représenter à la première rédaction de la coutume d'Orléans, ses habitants étaient donc en droit de repousser le défaut donné contre eux à la rédaction de la coutume d'Étampes. De plus, la coutume d'Étampes n'est, selon Dumoulin, qu'une copie légèrement modifiée de celle de Paris. Angerville avait dû suivre la coutume d'Orléans et non celle de Paris ; mais, d'un autre côté, il n'est pas moins vrai que, comme ville appartenant au roi, Angerville était du ressort du baillage d'Étampes. Il eût fallu, pour être juste, qu'on jugeât ses habitants à Étampes d'après la coutume d'Orléans, ce qui ne laissait pas de présenter quelques difficultés. Sous la question de coutume se cachait une autre question, celle de la juridiction. Le procureur du roi et l'abbé de Saint-Denis avaient donc l'un et l'autre tort et raison, le premier en voulant arracher les habitants d'Angerville à leur coutume, pour mieux les rattacher à leur véritable juridiction ; le second en cherchant à les soustraire à cette même juridiction, sous prétexte de les conserver à leur ancienne coutume.

CHAPITRE VIII.

Fortifications d'Angerville. — Guerres de religion. — Jean Desmontiers. — Charles IX, Henri III à Angerville.

On a vu précédemment qu'Angerville avait obtenu de Henri II des lettres patentes par lesquelles elle était autorisée à s'entourer de murailles. Rien ne prouve mieux l'importance que cette petite ville avait acquise vers le milieu du XVIe siècle. Rien ne démontre mieux que sur une surface féodale, morcelée, fragmentaire, il y régnait une sorte d'unité primitive et fondamentale. Jusques-là, confiante fille de la Beauce, elle avait ouvert ses portes à tout venant, ami ou ennemi ; mais, avertie par l'expérience, éclairée par les dangers qu'elle a courus, elle a voulu y regarder de près. On dirait qu'un secret pressentiment des orages qui allaient éclater sur la France est venu lui suggérer ce dessein et lui conseiller de telles précautions. Ce n'est pas que le nombre de ses habitants, l'épaisseur ou la hauteur de ses murs pussent lui donner la force de soutenir un siége ; mais elle sera du moins à l'abri des coups de mains de ces compagnies franches, de ces rêtres, de ces bandes pillardes qui, se détachant des armées, s'en allaient ravageant les cités et les campagnes. Ville de passage, percée de routes du nord au sud, de l'ouest à l'est, Angerville était plus qu'aucune autre exposée à de pareils brigandages. Aussi vit-on promptement s'élever autour d'elle des murs de quatre mètres de hauteur sur quatre-vingt-cinq centimètres d'épaisseur, flanqués de vingt tourelles avec créneaux et meurtrières, ayant en avant de larges fossés pour en défendre l'accès.

Nous ne voulons pas nous étendre longuement sur la description de ces fortifications, si l'on peut appeler ainsi les murs d'enceinte dont Angerville s'entoura. Qu'on nous permette seulement de donner quelques détails qui intéressent spécialement la localité.

Deux portes fermaient le bourg d'Angerville.

L'une, dite porte d'Orléans, était située près de la maison de M. Delafoy, Grande-Rue, n° 119.

L'autre, dite de Paris, était près de la maison de M. Fouet, Grande-Rue, n° 255. On remarque encore à cet endroit un débris du pilier qui servait d'entrée.

De ces murailles, de ces fossés, de ces tourelles, il ne reste rien, si ce n'est à l'est, du côté de la petite promenade appelée le Jeu-de-Paume, quelques pans de murs et deux tourelles démantelées.

Les fossés ont été presque partout comblés, excepté en un endroit où l'eau habituée de séjourner a formé une belle mare qui a remplacé celle qui existait jadis dans le centre du pays, sur l'emplacement actuel du marché.

Plusieurs villages de Beauce obtinrent à cette époque des priviléges locaux. En effet, ce même Henri II confirmait, en 1548, les priviléges des habitant de Saint-Mesme, près de Dourdan. (1)

L'année suivante, il créait une foire à Saint-Escobille, pour Gabriel de la Vallée, seigneur de ce lieu.

Depuis le milieu du xvɪe siècle, Angerville avait donc pris un accroissement notable. On était alors à la veille de ces violentes crises, de ces affreux déchirements connus sous le nom de guerres de religion, et qui signalèrent la fin de ce siècle.

Quoique la Beauce ait été l'un des principaux théâtres de ces guerres, quoique son territoire et ses villes aient été maintes

(1) *Inv. gén. des ch. roy.* tom. IV, r. 259.

fois traversés, foulés, saccagés par les armées des deux partis, notre petite ville y a joué un rôle trop secondaire et trop passif pour que nous soyons forcés d'arrêter longtemps nos regards sur ces tristes pages de notre histoire ; qu'il nous suffise de préciser les époques, d'indiquer les circonstances où Angerville nous semble avoir plus particulièrement couru du danger. Étampes lui servait de paratonnerre. C'est elle qui attirait la foudre et supportait les éclats. C'est elle que convoitaient tour à tour les partis. C'est d'Étampes, enfin, que l'un et l'autre voulaient s'emparer comme de la clef de la Beauce. Mais un tel voisinage avait bien aussi ses périls.

En 1562, pendant que François de Guise est occupé au siége de Rouen, tombé au pouvoir des protestants, Louis de Condé, leur plus habile chef d'alors, sort d'Orléans dont il était maître, traverse Angerville qui se voit forcée de recevoir dans ses murs ces hordes rapaces de rêtres Allemands et Suisses dont il est soutenu, et court s'emparer d'Étampes et de Corbeil. Cependant Rouen est repris, Coligny est battu à Dreux, Étampes et Corbeil sont promptement évacuées, et François de Guise, chassant devant lui rêtres et protestants, traverse à son tour nos murs pour aller mettre le siége devant Orléans.

En 1563, nouvelle tentative de Condé sur Étampes. Il en est chassé après la victoire des catholiques à Saint-Denis ; mais il se rejette sur Chartres. Assaillant ou repoussé, agresseur ou mis en fuite, il trouve toujours Angerville sur son passage, qui, le 27 avril de cette même année, vit également son jeune roi séjourner quelque temps chez elle.

Au milieu de tous ces troubles, on voyait des créations de notaires royaux dans plusieurs villages de la Beauce :

En 1566, la châtellenie d'Auneau obtient la création d'un office de notaire royal ;

En 1567, Courville et Francourville obtiennent le même privilége. (1)

---

(1) *Inv. gén. des ch. r.,* t. IV, reg. 264.

En 1587, Henri de Navarre venait de gagner la bataille de Coutras. Il n'attendait, pour marcher sur Paris, que l'arrivée de nouveaux rêtres que lui renvoyaient les protestants d'Allemagne, arrêtés en chemin par Henri de Guise sur les bords de la Loire qu'ils avaient longée.

Les rêtres se répandent dans la Beauce et, n'osant s'attaquer aux villes puissantes, ils se dédommagent sur les petites villes et sur les campagnes. Ils sont enfin détruits à Auneau, village à quelques lieues d'Angerville qui, délivrée des trop justes craintes que lui avaient causées ces bandes étrangères, et dominée par l'influence du cardinal de Lorraine, abbé de Saint-Denis, prince de la maison des Guises, entrera pour ainsi dire naturellement dans la Ligue. Ses habitants jureront cet édit qui, d'abord solennellement juré dans la grande église de Rouen, fut ensuite envoyé aux baillages, et arriva dans celui d'Étampes le 19 août 1588. Mais d'abord signalons un des monuments les plus curieux de cette époque, un discours plein de verve à propos de la *Desconfiture des Reistres*, et dans lequel on peut voir jusqu'à quel point le parti catholique poussait son exaltation contre les protestants. Ce discours nous révèle encore la présence d'un roi à Angerville. En effet, Henri-III, craignant les succès de la Ligue et surtout la popularité que la victoire d'Auneau allait faire rejaillir sur le duc de Guise, arriva au plus vite à Angerville, où il se trouva le lendemain même de la victoire d'Auneau. Dès-lors commencèrent les propositions de paix : Henri III offrit aux Allemands sûreté pour retourner dans leur pays, et aux protestants français liberté de sortir du royaume.

Le Discours sur la route et admirable desconfiture des reistres, advenue par la vertu et prouesse de monseigneur le duc de Guyse, sous l'authorité du roy, à Angerville, le vendredi xxvij de novembre 1587, avec le nombre des morts et blessés et prisonniers :

Encore que nous soyons en possession sur tous les autres

peuples de la terre de ce beau et excellent tiltre de très-chrestien peuple françois, si est ce que nous sommes si prompts à nous deffier de la grâce et miséricorde de nostre Dieu, que lorsque les affaires ne nous viennent à poinct nommé, et selon que nous les avons pourpensées, nous nous laissons très-laschement couler en une désasseurance de la bonté divine. Il ne faut point preuve de mon dire que les occurrences du présent. Noz déportemens portent témoignage contre nous-mêmes. La saison nous a été très-âpre, la disette grande, la famine vniuerselle. Nous nous laissons presque emporter au long et au loing. Mais lorsque le désespoir est prest de nous gaigner, la largesse céleste nous retient. La main de Dieu ouure ses bénédictions et thrésors d'abondance. Il nous remplit de tant de biens, que nous trouvons grandement empêchés à les resserrer. Pour cela nostre légèreté ne peult estre asseurée avec solidité sur la puissance céleste. Nous faisons de mesme que ceux, lesquels eschappez d'une très-périlleuse tourmente, lorsqu'ils se trouuent à bord ne se ressouviennent du danger auquel ils ont esté. Auons-nous des biens à planté, il nous semble que nous ne sommes plus ceux lesquels estions battus de la famine de la souffretté et nécessité.

Et pour ce afin de nous resuciller, Dieu a permis que l'aquilon a chassé en nostre France une formillière de hannetons, délibérez non pas de brotter seulement le tendron de nos arbres, mais de s'emparer de l'Estat, nous bannir de nostre propre terre, nous en chasser.

Ce coup de foüet a fait gemir les plus aduisez sous la juste prudence de nostre Dieu, recognoissans que sa maiesté estoit grandement indignée contre le peuple françois, en ce qu'à peine avait-il le pied tiré hors de Scylla, qu'il choquait Charybde. La famine n'estoit presque appaisée, que la guerre venoit moissonner le rapport de l'année, et qui pis est menaçoit l'Estat françois de submerssion et nostre saincte Église catholique et apostolique et romaine d'esbranlement.

Tant de soupirs, tant de regrets, tant de gémissements,

enfin ils ont tasché à semondre la clémence divine à prendre
pitié et commisération des désolations de nostre France, et des
restes de son Église sacrée, par vœux, par pénitences, par
autres œuvres dévotieuses. Les autres ont pensé qu'il fallait
opposer la force à la force, et monstrer à ceste racaille estrange
ce qu'elle estoit la vertu des François. Ils y ont porté ce qui
s'est peu, la générosité, la magnanimité, l'adresse, leurs
moyens, y ont exposé leurs propres vies. Les autres faillis de
cœur et tournant le dos à la masle dignité du nom françois et
de la magnanimité chrestienne, ont voulu que l'on traictât
avec l'Estranger.

Aucuns d'eux-mêmes ont esté tellement pippés que se def-
fiant d'eux-mêmes et de l'assistance céleste, ils se sont rangez
avec eux : et de vrais et naturels François qu'il estoient, ils
se sont laschement bandez contre la propre France. — Qu'ils
prennent tel masque qu'ils vouldront, ils ne se sçauroient
sauver que l'on ne les répute pour estre tombez en deffiance
de la bonté de Dieu.

Voire, mais, ne taxons point. Bien que peu d'entre nous se
trouveront, qui par l'apparence humaine me fit iugement que
se rendre du costé des reistres, c'estoit fuyre le party le plus
fort. Une armée estrangère de trente à quarante mil hommes,
despouillée de toute humanité, ne respirant que le ravagement
de cest Estat, secondée des intelligences que le party huguenot
et de noz chrestien à simple semelle avoit pratique en France,
estoit bien pour affoiblir les forces de la France et veut forcer
l'ennemy de nostre France.

Ne faisons point des vaillans et des trop affeurez. Nous nous
trompons nous-mesmes, si nous voulons coucher pour avoir
esté sans peur. Ceste grande et formidable force nous effrayoit
seulement dès qu'elle estoit de là le Rhin. Elle le passe, elle
donne iusques au cœur de la France. On fait mine de luy faire
teste. Elle gagne pays. Desià se promettoient la conqueste de
ce très-florissant royaume françois. Desià ces bandes se parta-
geoient entre eux nos despouilles, dissipoient cest Estat fran-

çois et bâtissoient leurs tudesques colonies : et pour combler la France d'infélicité lui vouloient ravir ce beau tiltre de très-chrestienté, pour y planter la cygue d'athéïsme, d'huguenotisme, d'impiété et hérésie.

Hé ! pauvre peuple françois, où estois-tu ? Tu ne perdois point seulement la franchise françoise, mais aussi la foy chrestienne.

Tu allais souffrir la tyrannie de l'estranger. Lorsque tu es aux abbois de perdre cœur et que l'Allemand bransle son estendard au milieu de tes terres, voicy le Dieu du ciel qui te veult apprendre qu'il ne t'a iamais perdu de veue, qu'il t'a regardé, qu'il a eu pitié de toy. Il nous a mis à l'espérance, non point pour nous perdre, ains pour ce que noz péchez ont attiré sur nous sa iuste indignation. Le reistre nous a la pistole sur le gosier, il ravage nostre France, elle est tellement bigarrée, que de tant de milliers de François qui l'habitent, à peine s'est trouvée une poignée de François qui ait voulu combattre ceste volée de voleurs estrangers.

Le roy a eu des forces ; quelque partie de sa noblesse l'a assisté. Mais cela était-ce pour opposer à ces tudesques ? Ce grand et valeureux prince, monseigneur le duc de Guyse avoit quelques troupes, mais qui n'esgaloient de beaucoup près en nombre celle des estrangers. Toutefois comme iamais la vertu ne se fait bien paroistre, que lorsqu'il y a apparence qu'elle ne peult subsister : aussi non moins prudent que martial prince, voyant un tel monceau d'estrangers, délibère à quelque prix que ce fut, restaurer la réputation et vertu françoises et d'exterminer les espouvantaux d'âmes tièdes et non françoises : leur passer sur le ventre, en engraisser et fumer les champs françois et qu'ils publioient que c'estoit à luy qu'ils en vouloient, leur faire ressentir que sa générosité estoit trop héroïque que pour souffrir le choc de ces âmes vénales. Alors avoir veu quels ont esté ses exploits, en la défaicte qu'il fit à Villemory, près Montargis : comme il fit perdre la vie aux ennemis qu'ils estoient au nombre de quinze à seize cens, lesquels demeurerent morts sur la place, sans compter les blessés et les prisonniers, et bien quatre cens chariots qu'ils pillèrent et feirent brusler une grande partie, outre seize cens chevaux de butin.

La deffaicte d'Auneau est singulièrement remarquable pour y avoir esté faicte une exécution merveilleuse de ces misérables reistres, sept de leurs cornettes deffaictes, trois cens de leurs chariots bruslez, deux mil cinq cens d'entre eux morts, sans compter les blessés et les prisonniers, qui estoient en nombre de trois cens hommes et soixante, qui gaignerent le hault par l'une des portes du village d'Aulneau, et emportèrent deux cornettes avec eux. Oultre ce, ils ont deux mil chevaux de butin, sans ceux qui furent bruslez, exploicts que je célèbre volontiers, comme je me réjouis de ce qu'il plaict à Dieu de bénir les sainctes et vertueuses entreprinses de ce magnanime prince, non point pour nous faire chanter (comme l'on dict) le triomphe avant la victoire.

Cette descharge n'escrioit pas beaucoup l'armée ennemie. Il sembloit qu'ils se roidissent davantage contre leur desconvenue.

Cependant monseigneur de Guyse se retire à Dourdan, et envoye à Estempes prier et louer Dieu par les églises de la grâce qu'il lui avoit faict d'avoir eu un si grand heur à la desconfiture de ces reistres. Ce qui fut faict mardy au matin par une grande messe chantée avec le *Te Deum laudamus*. A peine fut paracheué l'action de grâce, que nouvelles vindrent que les reistres esperdus au possible de l'eschec que mondit seigneur venoit de leur livrèr, s'acheminoient droict à Angerville pour prendre délibération de ce qu'ils devoient faire. Et là faisoient estat d'y séjourner le mercredy vingt-cinquième de novembre, lendemain de la deffaicte d'Aulneau. Mais ils entendirent que mondit seigneur de Guyse avoit volonté de les aller combattre, mesmes esventèrent qu'il estoit parti d'Estempes avec ses forces. Ce qui leur donna un extrême allarme, s'attendans bien de n'avoir meilleur marché que leurs compagnons d'Aulneau.

Si jamais vous avez veu des personnes complices d'un vol,

et qui voyans ceulx qui leur ont assisté au vol monté sur l'eschelle du gibet prest à estre jetté du hault en bas, et que d'eux on s'informe de ceux qui ont assisté au vol, qui leur ont tenu escorte, vous pourrez vous représenter ces reistres. Ils avoient veu quel tramement mondit seigneur de Guyse avait faict à leurs compagnons, tant à Villemory qu'à Aulneau : qu'il n'en laissoit eschapper pas un, qu'il ne luy fist rendre gorge, et poser le butin qu'il avoit faict en France ; ils trembloient en eux-mêmes, et estoient aussi peu asseurés qu'est le pauvre criminel, lequel ayant receu la condamnation de mort, a en queue l'exécuteur de la haulte justice, qui le tient attaché du licol par le col. Que font-ils ? de se sauver ils ne peuvent, ils sont prévostables non domiciliez, et pourtant prévoyent bien qu'ils ne peuvent eschapper l'exécution de la justice. Les uns sont comme les criminels, lesquels se voyant prévenus de crimes, et qu'ils ne peuvent décliner ni reculer en arrière, moins pallier la vérité, ont recours à la miséricorde de la justice. Les autres, comme ils se sentent horriblement misérables pour leurs forfaicts, désespérans que la justice puisse aucunement leur faire grâce et miséricorde, brisent et rompent les prisons.

De même, peuple françois, il en est pris aux ennemis de la France. Les Suisses recognoissans qu'ils avoient offensé grièvement contre la maiesté du roy, ont tasché de le rappaiser, ils n'ont cessé à le poursuyvre de leur vouloir donner un pardon et passe-port, à ce qu'ils eussent moyen d'eux retourner en leur pays, protestans de ne porter jamais les armes en France contre sadicte maiesté ny contre l'Église catholique apostolique et romaine. Bénéfice duquel, jacoit qu'ils s'en soient rendus indignes par leur grande forfaiture, si croi-je qu'ils jouyront, ayant affaire à un prince, lequel instruit par le sauveur de tous les humains, ne désire point la mort du pécheur, mais qu'il se convertisse et qu'il vive. Ils ont requis mercy à ce grand et invincible Henry, lequel se répute à une victoire très-signalée, quittant à ces misérables l'offense laquelle il avoit moyen de vanger.

Et quant aux reistres et aultres François bigarrés, qui ont conjuré avec l'estranger contre la France, ils s'en sont enfuis ; ils n'ont osé comparoir devant le soleil de justice, devant la maiesté du roy très-chrestien, leur propre conscience leur donnant affre. Ils ne se sont osé asseurer : ils ont frémy de peur. Eux-mêmes se sont mis en vau de route pour aulter la justice du prévost : ils ont levé le siége, ils ont brisé les prisons. Ils ont bruslé leurs chariots et bagaiges, enterré leur artillerie, pour montré qu'ils avoient du courage et de la force par les talons.

Mais, je vous prie, considérons un peu à part nous, peuple françois, qui nous a mis la victoire en main ? qui a humilié ces Suisses ? qui a estouppé et bridé ces pistoliers ? Ce ne sont point les forces françoises, l'estranger nous surmontoit. Ce n'est point le bras humain, le prince du monde avoit desployé sa puissance contre l'Estat très-chrestien, espérant de donner soudainement le coup de ruine à l'épouse de Jésus-Christ. C'est donc Dieu qui a rendu nos ennemis esperdus. Nos forces ont esté les bouteilles de Gédéon. En un mot, peuple françois, si tes ennemis ont vidé la France, si la France jouit de sa franchise, n'impute point ce bien à la prudence humaine, elle n'y voyoit goutte : moins à nos forces, elles estoient trop faibles : ains à la toute puissante grâce de Dieu, lequel a voulu encores pour ce coup te garantir des pattes du loup et de la griffe du lyon. N'espère qu'en luy : ne t'appuie sur ce qui est de l'extérieur. Dieu fait ses miracles et œuvres prodigieuses lorsque toutes choses sont réduites au désespoir. De ma part je présage, mes vœux tendent là : que Dieu veult retirer son courroux de nostre France, moyennant que par recognoissance de nos fautes et repentance de nos péchez, nous nous rendions capables de sa digne faveur.

Desià, peuple chrestien françois parisien, je vois que tu te veux estranger du nombre des ingrats et mescognoissans, attendu que sitôt que cette heureuse nouvelle de la route de nos ennemis nous a esté annoncée, il n'y a eu celui d'entre nous qui ne se soit bandé pour en remercier humblement la maiesté divine : et pour plus particulièrement témoigner l'obligation que tous unanimement nous avons recogneue avoir receue par ceste signalée desconfiture, nous nous sommes tous assemblés pour présanter à la divine maiesté l'hymne *Te Deum laudamus,* messieurs de la cour et autres corps de la ville, y assistans avec une grande et solennelle cérémonie.

Dieu par sa saincte grâce veuille que ce soit avec fruict et utilité, et face prospérer à toujours les heureux et sages desseins de notre roy, l'assiste de bons conseils, chrestien et prudent à ce que ce royaume françois puisse fleurir à son honneur et gloire et à l'édification de sa saincte Église.

Courage donc, peuple françois, tu vois le Dieu des armées de ton costé qui empoigne la querelle, qui tracasse les ennemis, qui donne du courage et de la force aux vrais chrestiens françois pour chasser l'estranger, que l'heur est inopinément de ton costé, que tu jouis de la victoire, que nos ennemis ont receu la perte, le dommage et le joug ; que le champ de la bataille nous est demeuré. Il te fault en louer et bénir la maiesté divine, et la supplier que toujours il luy plaise de continuer sa favorable alliance, tendre les mains à sa bonté.

L'ordre, nombre de gens de guerre et artillerie qui estoient au camp des reistres :

Monsieur de Bouillon, lieutenant du roy de Navarre.
Le conte de la Marche meine l'avant-garde.
Le baron Daune, mareschal des reistres.
Le sieur de Guytry, grand mareschal du camp de l'armée.
Les sieurs de Cormont, de Mont-Chauvière, de Maltroy et de Sainct-Martin, mareschaux de camp.
Le sieur de Couvrelles, maistre de l'artillerie.

Reistres.

L'armée est composée de xxix cornettes de reistres :
Ledit sieur de Bouillon en a six.
Dommartin de Lorraine est son lieutenant.

Bouchi, dix cornettes.
Le baron Daune, cinq cornettes.
Christophe Fouverne, quatre cornettes.
Clothe, quatre cornettes.

Suysses.

Dix-sept enseignes du régiment de Berne.
Dix-sept du régiment de Zurich.
Treize du régiment de Basle.
Six des Grisons.
Le sieur de Clereuet colonel desdits Suisses.

Lansquenets.

Cinq mille lansquenets soubs la charge du colonel Scheligue.

Six cens lances françoises soubs la cornette blanche du sieur de Bouillon.

Une cornette que porte le sieur Arson d'environ trois cens lances marchans soubs icelles : les sieurs de Beauvais, Saint-Léger, de Chevrolles, de Beaujeu et aultres.

Autres cornettes du sieur de la Marche, soubs icelles marche le baron de Lang, le sieur de Villernoul, et de Netancourt son lieutenant.

Une cornette du sieur Maintray, une aultre du sieur de Guitry, Traguy-Marmault son lieutenant; le sieur de Montluet une cornette, le sieur de Volusseau son lieutenant.

Le sieur Lyerancourt, une cornette; Launay son lieutenant.
Les sieurs de Russy, Laplace et Valenciennes, une cornette.
Le sieur Darancourt, de Lorraine, une cornette. Le sieur de Hencourt, de Picardie, une cornette.

Gens de pied.

Le sieur de Mouy, un régiment de gens de pied de deux mil hommes. Villeneuve de Cormot, mil harquebousiers.

Harquebousiers a cheval.

Les gardes du sieur de Bouillon, cinquante.

Le sieur Destivault.
Le fils du sieur de Beaulieu.
Le capitaine le Sage.
Le capitaine Béthune, qui estoit dedans Monsegur.
Le capitaine Maurin, de Metz.

Il y a dix-sept pièces d'artillerie, seize amenées d'Allemagne, entre lesquelles il y a quatre couleuvrines, plus trois pièces prises à Salboury.

Plus il y a le sieur Chastillon avec ses troupes. (1)

Devenu de plus en plus redoutable, le vainqueur d'Auneau est assassiné à Blois (1589), sous les yeux et par les ordres du roi. Henri III, assailli de toutes parts, en butte aux fureurs de la Ligue, menacé d'excommunication, flétri, chassé du trône, court se jeter dans les bras du roi de Navarre. Secondé de ce dernier, il marcha sur Paris à travers les plaines de la Beauce, entraînant à sa suite une armée de quarante mille hommes. Cette âme, pleine de puériles faiblesses et de haines atroces, vindicative autant qu'impuissante, ne sortait de l'abattement que pour entrer en fureur. A Jargeau, à Pithiviers, le sang des Ligueurs coula et signala son passage. Enfin, les deux rois arrivèrent devant Étampes, dont la garnison déjà considérable venait, au bruit de leur approche, d'être renforcée par le duc de Mayenne d'un secours de deux cents cavaliers, amenés par un gentilhomme de Beauce, voisin d'Angerville, par Languedoüe, seigneur de Pussay, à qui le sieur d'Isy céda le commandement de la place, honneur qui lui coûta bien cher (2), car, une fois maître d'Étampes, le roi fit mettre à mort nonseulement les habitants qui avaient fait quelque résistance, mais encore ses propres officiers pour l'avoir conseillée. Angerville, qui n'était entrée dans la Ligue que contrainte et forcée, sans enthousiasme aussi pour Étampes, resta prudemment

(1) Bibliothèque impériale, *Catalogue* 84*b*34 389.
(2) Maxime de Montrond, *Hist. d'Étampes*, t. II, p. 98.

dans ses murs et ne vit point toutes les scènes de désordre qui se passèrent dans Étampes livrée au pillage. Après cette victoire dont il usa sans aucune clémence, Henri III tomba à son tour assassiné à Saint-Cloud, par Jacques Clément, moine Jacobin.

Étampes aurait pu, comme les fanatiques de la Ligue, applaudir à cet événement, si elle avait dû en tirer quelque espoir de salut; mais la mort du roi ne fut au contraire pour elle qu'une nouvelle série de calamités. Le duc de Mayenne, chef de la Ligue et encouragé par sa sœur, l'impétueuse Montpensier, qui le poussait à ramasser la couronne, comprit l'avantage qu'il y aurait à posséder Étampes. Cette malheureuse ville, encore une fois assiégée, capitula en 1589.

Quelques mois après, c'était Henri IV qui, après une autre tentative sur Paris, s'emparait d'Étampes, 4 novembre de la même année. Maître de cette ville, il montra autant de clémence que Henri III y avait déployé de cruauté; et après une halte de neuf jours, continuant sa route vers Orléans, il traversa notre village, suivi d'une armée peu nombreuse, avec laquelle il eut bientôt conquis Vendôme, Tours, Le Mans, ainsi que Soissons, Laval, Rennes, une partie de la Normandie, et fut vainqueur à Arques et à Ivry.

On sait que la guerre civile ne se termina, après de nombreuses péripéties, après un siège où Paris eut à souffrir toutes les horreurs de la famine, que par les victoires, l'abjuration et le couronnement de Henri IV. Mais avant ce moment, Angerville put voir encore son chef-lieu actuel d'arrondissement, de nouveau assiégé et pris par Henri IV, solliciter du vainqueur, comme un bienfait, la permission de détruire son château-fort et ses vieilles tours qui lui avaient attiré tous ces maux. La permission fut accordée, la riche Étampes perdit ses fortifications; la modeste Angerville conserva ses murs, jusqu'à ce que sa taille en grandissant eût fait éclater sa ceinture de pierre et que le temps en eût emporté les lambeaux. Ce fut vers cette époque, en 1596, qu'un arrêt du conseil royal ordonna que les habitants de la paroisse de Gommerville en Beauce seraient tenus en surséance pendant six mois du paiement qu'ils devaient, pendant lequel temps il devait être pourvu sur le contenu de la requête desdits habitants. (1)

Fort bien conseillés par leur faiblesse, nos aïeux, en ces malheureux temps, durent souvent mettre en pratique cette maxime de prudence politique, formulée ainsi par La Fontaine :

> Le sage dit, suivant les gens :
> Vive le roi ! vive la Ligue !

Au surplus, la Beauce, en général, n'est pas une terre de fanatisme. Pour l'y trouver, il faudrait remonter au temps des Druides et de leurs épaisses forêts. Les travaux de l'agriculture, les soins journaliers donnés à la terre y mettent sans cesse l'homme en présence de la nature et de la réalité. Cette nature qui ne lui présente jamais que son côté calme, uni, périodique, régulier, cette réalité froide avec laquelle il faut compter sans cesse, impriment au jugement du Beauceron cette sorte de rectitude qui n'exclut pas la finesse, mais qui s'oppose aux écarts de l'imagination. Le protestantisme y rencontra peu d'adeptes, et les fureurs de la Ligue, dont le foyer était ailleurs, vinrent jusqu'à elle, la remuèrent, mais sans l'enflammer. Nous voyons même, au milieu de toutes ces guerres, « Engerville en
« Beausse figurer entre soixante-dix paroisses du Gastinois,
« qui assistèrent, en juin 1578, à plusieurs processions solem-
« nelles faites en grande dévotion, la plupart avec force relli-
« quières des saincts et sainctes du paradis, et où estoient la
« plupart des gens d'église revêtus de fort belles et riches
« chappes. Les dites processions, qui avaient pour but d'obte-
« nir la pluie et la rosée du ciel, à cause de la grande séche-
« resse et stérilité, se réunirent à Beaune-la-Rolande, d'où,
« après messes, elles partirent en fort bon ordre, et les gens
« d'église chantèrent et allèrent à la fontaine de monseigneur

(1) *Arch. Imp.*, sec. adm. E 1re.

« Saint-Pipo, qui est loing de la dicte ville de une lieue, près
« la ville de Barville (1). »

Quant aux abbés de Saint-Denis, leur seigneurie et justice
à Angerville semblent avoir été fortement ébranlées par les secousses imprimées alors en sens contraire à notre petite ville.
Ces puissants abbés vont enfin trouver un rival, un antagoniste
digne d'eux ; mais, pour comprendre comment cela se fit, il
est nécessaire d'entrer dans quelques détails. Il y avait dans
le sein d'Angerville comme deux forces rivales et opposées :
l'une, sortie de ses privilèges et fruit de son origine de Villeneuve, tendait à l'unité administrative ; l'autre, toute féodale,
tendait à la diversité et au morcellement. Il y a, certes, bien
loin de l'aspect uniforme et simple que présente une petite
ville de nos jours, pivotant régulièrement autour d'un axe
administratif, à la variété, à l'éparpillement qu'elle présentait
anciennement, lorsque, partagée entre plusieurs seigneurs,
elle se composait d'un plus ou moins grand nombre de fiefs,
juxta-posés plutôt que liés entre eux, et nous ne croirions pas
avoir donné de l'ancienne Angerville une idée suffisante, si
nous ne la présentions sous son aspect féodal et fragmentaire.
Angerville se composait donc de plusieurs fiefs, dont le plus
considérable était sans contredit celui des Murs. Après celui-ci
venaient ceux de Lestourville, de Brijolet à l'est, d'Ouestreville et de Guestreville à l'ouest, de Sainte-Croix au sud, et
de Rétreville au nord. Nous avons déjà parlé d'un seigneur
d'Ouestreville. Les vicomtes de Méréville prétendaient à la
seigneurie de Lestourville, de Brijolet et de Rétreville. A
mesure qu'Angerville s'agrandissait et que les terrains qui
l'environnaient se couvraient de maisons, la difficulté de savoir
de qui relevaient les nouvelles habitations devenait plus grande.
Angerville, dans ces conditions, devait nécessairement aboutir
à un procès, où serait débattue la question d'une seigneurie et
justice universelle.

(1) Extrait du procès-verbal certifiant la procession de Beaune à la
fontaine de Barville, du 4 juin 1578.

Il est facile de comprendre comment les religieux de Saint-Denis avaient fini par se placer au-dessus de quelques petits seigneurs. Mais les vicomtes de Méréville ne courbèrent pas docilement la tête, et dès la fin du xvie siècle, l'un d'entre eux osa leur disputer la seigneurie d'Angerville, prétendant la tenir du roi. Les circonstances lui étaient extrêmement favorables. Un prince de la maison de Lorraine était alors abbé de Saint-Denis : pour la première fois peut-être dans l'histoire, l'antique abbaye, entraînée, dominée par les intérêts particuliers d'un grand seigneur, s'était mise en opposition avec la royauté légitime. Henri IV l'avait emportée ; mais il avait fait une trop longue expérience de l'animosité des Guises, pour ne pas la redouter encore sous la mître abbatiale.

De son côté, Jean Desmontiers, successeur de Hugues Bardulfe, de Guy, d'Hugues de Simon, de Guyot, de Guillaume de Linières et de la famille des Reilhac, alors vicomte de Méréville, était un puissant seigneur. Il n'appartenait à la noblesse du pays que par sa mère. Ses ancêtres paternels étaient originaires de Savoie. Urban Desmontiers vint en France en 1210, sous Philippe-Auguste. Il prit part aux guerres de ce roi contre Jean-sans-Terre et Richard-Cœur-de-Lion ; il se signala de plus dans la guerre des Albigeois ; enfin, il épousa une riche héritière du Poitou.

En 1564, l'un de ses descendants, Eusèbe Desmontiers, ayant épousé Françoise de Reilhac, fille de François de Reilhac que nous avons vu figurer à la rédaction de la coutume d'Étampes, devint vicomte de Méréville. C'est de ce mariage que naquit Jean Desmontiers. Ce riche seigneur avait des possessions dans un grand nombre de provinces de France et même à l'étranger. Ses armoiries étaient : « *Écartelé à 1 et 4 d'azur, à deux lions d'or passans l'un sur l'autre; au 2 et 3 d'argent, à trois fasces de gueules.* »

Tel est le rival que devaient rencontrer les abbés de Saint-

---

(1) On trouve encore : *Linais* ou *Ligneris*.

Denis, tel est le personnage avec qui commence ce long procès de cent ans, qui semble avoir été chose inévitable dans les destinées d'Angerville. Mais comme ni le roi auquel elle appartenait, ni Saint-Denis qui l'occupait presque en entier, ni Jean Desmontiers qui la convoitait, ne devaient finalement en rester seigneurs, et qu'enfin Angerville, par une bizarrerie remarquable du sort, devait passer sous la loi d'une maison dont la première pierre n'était pas encore posée, nous n'entrerons pas de suite dans les détails de ce procès, et nous attendrons que des pièces et documents essentiels nous permettent d'y apporter toute la clarté désirable.

CHAPITRE IX.

Erreurs historiques. — La Fontaine, Passerat, Voiture à Angerville. — Abjuration du protestantisme.

Oter la vérité de l'histoire, a dit Polybe, c'est arracher les yeux d'un beau visage. En effet, l'histoire sans la vérité est une sorte de monstruosité. C'est un aveugle, dans un chemin inconnu, qui se heurte, tombe et se blesse. Aussi, rien de difficile comme la mission de l'historien. Non-seulement il doit être en garde contre tout ce qui l'a précédé, contre tout ce qui l'entoure, mais il doit être encore en garde contre ses passions et l'imperfection de ses instruments d'investigation. Que de recherches à faire, que de contradictions à signaler, que d'erreurs à combattre ! Le moindre fait, entre plusieurs, va nous en donner la preuve la plus convaincante.

Il s'agit tout simplement d'une erreur à propos d'Augerville-la-Rivière et d'Angerville-la-Gâte. Ce fait tient à l'histoire de Condé, qui, de nouveau, brouillé avec Mazarin, n'assista pas à la proclamation de la majorité de Louis XIV et se laissa aller à commettre une faute que Voltaire juge avec une juste sévérité.

« Le prince de Condé se résolut enfin, dit Voltaire, à une guerre qu'il eût dû commencer du temps de la Fronde, s'il avait voulu être le maître de l'État, ou qu'il n'aurait jamais dû faire, s'il avait été citoyen. Il part de Paris, va soulever la Guyenne, le Poitou, l'Anjou et va mendier contre la France le secours des Espagnols dont il avait été le fléau le plus terrible.

« Rien ne marque mieux la manie de ce temps et le dérèglement qui déterminait alors toutes les démarches que ce qui arriva alors à ce prince. La reine lui envoya un courrier de Paris avec des propositions qui devaient l'engager au retour de la paix. Le courrier se trompa, et au lieu d'aller à Angerville où était le prince, il alla à Augerville. La lettre vint trop tard. Condé dit que s'il l'avait reçue plus tôt, il aurait accepté les propositions de paix ; mais que, puisqu'il était déjà assez loin de Paris, ce n'était pas la peine d'y retourner. Ainsi, la méprise d'un courrier, le pur caprice de ce prince replongèrent la France dans la guerre civile. »

Ainsi, d'après l'opinion de Voltaire, Condé se serait arrêté à Angerville. Nous avions ajouté foi à son texte d'autant mieux que nous lisons dans l'*Histoire générale des temps modernes*, de Ragon, tom. III, p. 439 :

« Condé alla soulever la Guyenne, le Poitou et l'Anjou, et mendier contre la France le secours des Espagnols dont il avait été la terreur (phrase presque textuellement copiée dans Voltaire). A peine instruite de son départ, la reine lui dépêcha un courrier avec des propositions qui devaient l'engager au retour et à la paix. Le courrier se trompa, et au lieu d'aller à Angerville en Beauce où était le prince, il se rendit à Augerville en Gâtinais : la dépêche arriva trop tard. »

Il n'y avait plus de doute possible : c'était à Angerville en Beauce, à Angerville-la-Gâte, sur la route de Paris à Orléans, que le grand Condé s'était arrêté. »

Anquetil lui-même confirme le séjour de Condé dans notre pays.

« Il avait (Condé) quitté Chantilly et gagnait la Guyenne dont il comptait faire le théâtre de ses exploits ou le lieu de son repos. Il s'arrête en chemin dans une simple maison de campagne, où il attendait à l'heure dite un courrier qui devait apporter les résolutions conciliatoires du conseil. Pendant qu'il était dans l'état de perplexité qu'éprouve tout homme à la veille d'un événement qui doit décider de son sort pour toujours, on vient l'avertir qu'on voit approcher un corps de cavalerie destiné sans doute à l'investir, et le courrier annoncé, qu'une erreur de nom conduit à Augerville en Gâtinais au lieu d'Angerville en Beauce, n'arrive pas; alors les amis..... »

Les historiens modernes ne doutent nullement de la présence de Condé à Angerville-la-Gâte. Voltaire dit simplement à Angerville. Ragon précise davantage et dit à Angerville en Beauce. Enfin, Anquetil ajoute à Angerville en Beauce, dans une simple maison de campagne, où il voit arriver, au lieu de courrier qu'il attendait, un corps de cavalerie qu'il n'attendait pas.

Nous avons longtemps cherché cette maison de campagne annoncée par Anquetil; nous avons interrogé tous les souvenirs historiques du pays; et ne trouvant aucune trace de ce passage, nous nous sommes adressé aux historiens du temps, et il nous a été facile de voir que nos trois auteurs avaient tous commis une erreur.

En effet, voici ce que nous lisons dans les mémoires de Guy Joly :

« Cette déclaration d'innocence, prononcée en faveur de Condé, n'empêcha pourtant pas M. le prince de continuer son voyage; à quoi ne contribua pas peu l'équivoque d'un courrier que lui envoya le maréchal de Grammont pour l'avertir de ne pas s'éloigner davantage, et il lui expliquait par une lettre qu'il y avait encore espoir d'accommodement. M. le prince était allé à Augerville, maison de plaisance du président Pérault. Le courrier, confondant Augerville avec Angerville, prit le chemin de ce dernier lieu. Le détour fut cause que M. le prince, après l'avoir lue, dit à ceux qui étaient auprès de lui que si elle était arrivée un peu plus tôt elle l'aurait arrêté; mais que puisqu'il avait le cul sur la selle, il n'en descendrait pas pour des espérances incertaines. »

Madame de Motteville raconte ainsi le fait :

« Châteauneuf étant rétabli dans le ministère, et le marquis de la Vieuville dans la surintendance des finances, qu'il avait eue autrefois, le premier président eut les sceaux. Aussi, après ces grands changements, la reine envoya le maréchal d'Aumont avec des troupes pour attaquer celles du prince de Condé, qui se retirèrent à Stenay et dans ses autres places. Il était encore indécis sur ce qu'il avait à faire, ayant assez d'envie de s'accommoder. Il alla à Angerville, maison du président Pérault, où il attendit un jour tout entier la réponse du duc d'Orléans, sur un accommodement que ce prince avait proposé. Mais celui qui le devait aller trouver ayant, par quelque accident, manqué d'arriver au jour qu'il avait marqué, M. le prince en partit le lendemain pour aller à Bourges. »

Le cardinal de Retz, historien de l'époque, s'exprime en ces termes :

« M. le prince qui, après le voyage de Brie, était revenu à Chantilly, y apprit que la reine avait déclaré la nomination de nouveaux ministres le jour de la majorité qui fut le 7. Ce qui acheva de le résoudre à s'éloigner davantage de la cour fut l'avis qu'il eut dans ce même moment, par Chavigny, que Monsieur ne s'était pu empêcher de dire en riant, à propos de cet établissement : Celui-ci durera plus que celui du Jeudi-Saint. Il ne laissa pas de supposer, dans la lettre qu'il écrivit à Monsieur pour se plaindre de ce même établissement et pour lui rendre compte des raisons qui l'obligeaient à quitter la cour ; il ne laissa pas, dis-je, de supposer, et sagement, que Monsieur partageait l'offense avec lui.

« Monsieur qui, dans le fond, était ravi de lui voir prendre le parti de l'éloignement, ne le fut guère moins de pouvoir ou plutôt de vouloir se persuader à soi-même que M. le prince était content de lui et par conséquent du concert dont il avait été avec la reine, touchant la nomination des ministres.

« Il crut que, par cette raison, il pouvait fort bien demeurer avec lui à tout événement, et le faible qu'il avait toujours à tenir des deux côtés l'emporta même plus vite et plus loin en cette occasion qu'il n'avait accoutumé ; car il eut tant de précipitation à faire paraître de l'amitié à M. le prince, au moment de son départ, qu'il ne garda plus aucune mesure avec la reine et qu'il ne prit même pas le soin de lui expliquer le sommaire des fausses avances qu'il fit pour le rappeler. Il lui dépêcha un gentilhomme pour le prier de l'attendre à Angerville. Il donna en même temps ordre à ce gentilhomme de n'arriver à Angerville que quand il saurait que M. le prince en serait parti. Comme il se défiait de la reine, il ne lui voulait pas faire la confidence de cette méchante finesse, qu'il ne faisait que pour persuader à M. le prince qu'il ne tenait pas à lui qu'il ne demeurât à la cour. La reine, qui sut l'envoi du gentilhomme et qui n'en sut pas le secret, crut qu'il n'avait pas tenu à Monsieur de retenir M. le prince. Elle en prit ombrage, elle n'en parla pas. Je lui dis ingénûment ce que j'en croyais, qui était le vrai, quoique Monsieur ne m'en eût fait sur cela qu'un galimatias fort obscur et fort embarrassé..... M. le prince, n'ayant demeuré qu'un jour ou deux à Angerville, prit le chemin de Bourges qui était proprement celui de Bordeaux. »

Enfin, voici ce que nous lisons dans la *Vie du prince de Condé,* par P***, ouvrage de Pierre Coste, protestant, imprimé en Hollande, et qui parut pour la première fois en 1693 :

« Le prince de Condé s'en alla de Brie à Chantilly, où il apprit qu'on prenait déjà des mesures contre lui. C'est pourquoi, voyant qu'il n'y pouvait rester sans courir un danger manifeste, il fit savoir au duc d'Orléans qu'il allait se retirer en lieu de sûreté, et manda au prince de Conti et aux ducs de Nemours et de la Rochefoucault de se rendre le lendemain à Essonne pour prendre ensemble le chemin de Montrond. Le duc de la Rochefoucault, avant que de sortir de Paris, avait proposé au duc de Bouillon et au vicomte de Turenne des conditions avantageuses au nom du prince de Condé.

« On fut surpris de part et d'autre de voir les choses au point où elles étaient. Le départ du prince étonna la reine, quoiqu'elle y fût préparée et qu'elle le regardât comme un acheminement au retour du cardinal Mazarin. Le prince lui-même, qui le jugeait nécessaire à sa sûreté, commença d'en craindre les suites et demeura un jour entier à Angerville, chez le président Pérault, pour y attendre ce que le duc d'Orléans aurait à lui proposer. Ce duc, qui jusqu'alors s'était ménagé entre les deux partis et n'avait rien oublié pour empêcher une rupture ouverte, songea d'abord à se servir de cette conjecture pour calmer le transport du prince et le porter à un accommodement avec la cour. Après avoir disposé la reine à donner quelque satisfaction au prince, il lui envoya un courrier pour lui offrir de la part de cette princesse des conditions d'accomodement très-raisonnables, et dont il promettait d'être lui-même le garant.

« Mais un accident imprévu rompit toutes les mesures du duc d'Orléans : celui qui avait été envoyé de sa part vers le prince de Condé, au lieu de l'aller trouver à Augerville en Gâtinais, où il était alors, l'alla chercher à Angerville en Beauce, et peut-être que cette méprise fut la cause de tous les malheurs qui arrivèrent par la suite, car Croissy, que le duc d'Orléans dépêcha aussitôt après vers le prince, ne le put joindre qu'à Bourges où ce prince avait été si bien reçu du peuple et de la noblesse que, croyant voir bientôt tout le royaume suivre cet exemple, il rejeta les offres de la reine et résolut de ne plus balancer à faire la guerre. »

On nous pardonnera ces longueurs à propos du passage de Condé. Mais nous avons cru, pour la philosophie de l'histoire, qu'il était intéressant de faire voir combien il est difficile d'arriver à la vérité, même dans les faits les plus simples, et combien aussi l'historien doit s'entourer de circonspection dans ses recherches et dans ses écrits. On se contente trop souvent de copier ses devanciers, et voilà comment des erreurs se perpétuent de génération en génération. Cependant, comme il n'y a pas d'effet sans cause, nous allons chercher d'abord à démontrer la cause de l'erreur qui nous occupe, et nous rétablirons autant que possible la vérité.

Augerville-la-Rivière, village du Gâtinais, canton de Puiseaux, arrondissement de Pithiviers, s'est appelé pendant longtemps Angerville ; et voilà pourquoi il y a eu souvent confusion avec Angerville-la-Gâte, petite ville du département de Seine-et-Oise, située sur la route de Paris à Orléans.

Il n'y a peut-être dans le texte de Voltaire qu'une faute de typographie. Mais on ne peut invoquer cette excuse pour Ragon et encore moins pour Anquetil, car le premier est précis. Le prince était à Angerville en Beauce ; le courrier alla à Augerville en Gâtinais. Le second l'est encore plus en ajoutant : dans une petite maison de campagne.

Il est facile de contredire ces deux auteurs. Le prince de Condé, parti d'abord pour Chantilly, se rendit ensuite à Essonne ; et, continuant sa route, il arriva à Augerville-la-Rivière, c'était naturel. S'il avait dû passer par Angerville-la-Gâte, il aurait été rejoindre la route de Paris à Orléans.

Mais il avait beaucoup plus d'intérêt à aller à Augerville-la-Rivière. Le président Pérault habitait alors le château de ce pays, et on montre encore aujourd'hui dans ce domaine, propriété de M. l'avocat Berryer, la chambre de Condé. Le fait nous est donc bien acquis : c'est chez le président Pérault que Condé séjourna. Du reste, tous les mémoires du temps l'attestent. Or, le président Pérault a habité le château d'Augerville ; c'est un fait certain qu'il n'a pas habité Angerville-la-Gâte. Donc, que les auteurs ou les typographes aient écrit Angerville, nous ne devons pas moins conclure que c'est bien à Augerville-la-Rivière que Condé s'est arrêté, et bien à Angerville-la-Gâte que le courrier est arrivé. Car, de deux choses l'une : ou l'erreur a été préméditée, ou elle ne l'a pas été. Si elle l'a été, son passage dans ce lieu était forcé. Si elle ne l'a pas été, le chemin le plus court était celui de Paris à Orléans. Angerville-la-Gâte étant lieu de relai et d'étapes, le courrier a dû nécessairement croire que Condé avait pris le chemin le plus direct.

De plus, si les auteurs sont en contradiction pour le séjour de Condé, ils ne le sont pas moins pour le message.

Ainsi, d'après Voltaire et Ragon son fidèle copiste, le courrier fut simplement envoyé par la reine.

Anquetil au contraire semble douter des bonnes intentions de la reine ; elle lui envoie non pas des propositions de paix, mais un corps de cavalerie pour s'emparer du prince.

Suivant Guy Joly, c'est le maréchal de Grammont qui envoie le courrier pour lui-faire espérer qu'il y a encore lieu de s'accommoder.

D'après Mme de Motteville, c'est le duc d'Orléans qui avait proposé l'accommodement ; c'est lui qui devait envoyer le courrier à Condé, tandis que la reine dirigeait contre celui-ci des troupes à la tête desquelles était le maréchal d'Aumont.

Le cardinal de Retz, qui nous paraît le plus digne de foi, nous fait voir que la reine fut complètement étrangère à ce message et que ce fut le duc d'Orléans qui le machina et qui mit obstacle à l'accommodement.

Pierre Coste nous montre, au contraire, le duc d'Orléans disposant la reine à s'accommoder avec le prince, auquel il envoya un courrier pour lui offrir, de la part de cette princesse, des propositions d'accommodement très-raisonnables, dont il promettait d'être lui-même le garant.

Nous aurions pu citer encore au tribunal de la vérité bien d'autres historiens ; mais ceux que nous avons appelés suffisent pour nous montrer qu'ici-bas tout n'est que contradiction ; que nos édifices humains ne sont souvent que des tours de Babel où il y a confusion de langage.

Un des historiens les plus remarquables de notre époque, Henri Martin, a tranché facilement la difficulté, ne s'occupant de savoir ni si le courrier avait été à Augerville ou Angerville, ni si Condé s'était arrêté dans l'un ou dans l'autre de ces pays, et pour ne pas descendre à ces détails qui sans doute sont au-dessous de lui, s'exprime ainsi :

« Condé poursuivant sa route (qu'il n'indique pas) fut joint à Bourges par un envoyé de la reine et de Gaston ou autrement dit Monsieur.

8

« L'envoyé de la reine et de Monsieur proposa au prince de demeurer en repos dans son gouvernement de Guyenne jusqu'à la réunion des États généraux, ajournée de fait. Condé eut un moment d'hésitation. Les souvenirs d'un temps meilleur et d'une gloire plus pure l'obsédaient. Il ne s'enfonçait qu'à regret dans la révolte et dans la trahison. Sa sœur et ses funestes amis l'emportèrent. Il refusa les offres d'Anne d'Autriche.

« Vous le voulez ? s'écria-t-il. Souvenez-vous que je tire l'épée malgré moi, mais que je serai le dernier à la remettre dans le fourreau (1). »

Nous ne suivrons pas Condé dans ces trop malheureuses guerres du Midi qui, déplacées un moment de notre terrain, n'y revinrent malheureusement que trop tôt.

La fille aînée de Gaston, mademoiselle de Montpensier, la grande Mademoiselle, comme l'appellent les mémoires du temps, Mademoiselle, personne de peu de jugement, mais aussi hardie d'esprit et de cœur que son père était timide, avait saisi avec transport l'occasion de rivaliser d'exploits chevaleresques avec madame de Longueville et la princesse de Condé. Elle visait à épouser le roi, bien qu'elle eût onze ans de plus que lui. Elle venait, au nom de son père, armer contre Mazarin Orléans, la cité qui était le chef-lieu de l'apanage de Gaston (2). Mais quelque temps après le combat de Blénau, apprenant que le roi était à Saint-Germain-en-Laye, elle résolut de se rendre à Paris.

« Je partis (dit-elle) le 2 mai 1652 d'Orléans et j'allai à
« Étampes. Je trouvai à Ingerville l'escorte que l'on m'avait
« envoyée, et comme il faisoit très-beau temps, je montai à
« cheval avec mesdames les comtesses de Fiesque et de Fron-
« tenac, lesquelles m'avaient toujours accompagnée, et à cause
« de cela, Monsieur leur avoit écrit, après mon entrée à Or-
« léans, des compliments sur leur bravoure d'avoir monté à

---

(1) *Mém. de Mme de Motteville.*
(2) H. Martin.

« l'échelle en me suivant, et au dessus de la lettre il avait mis
« à Mesdames les comtesses maréchales de camp dans l'armée
« de ma fille contre le Mazarin.....

« Chavagnac, maréchal de camp, qui commandait mon
« escorte, leur dit : « Il est juste que l'on vous reçoive, étant
« ce que vous êtes. » En même temps il fit faire halte à un
« escadron d'Allemans qui marchait devant moi, et il dit au
« colonel, qui se nommait le comte de Quinski, de saluer la
« comtesse de Frontenac qui était la maréchale de camp. Ils
« mirent tous l'épée à la main et saluèrent à l'allemande, et il
« fit tirer tout un escadron pour lui faire honneur, entrant aussi
« bien dans cette plaisanterie que s'il eût été François. » (1)

En des temps meilleurs, les gens d'Angerville auraient pu
rire de cette plaisanterie. Mais les habitants de la campagne,
dont toute l'ambition est de travailler et de profiter de leurs
travaux, n'étaient pas bien gais en voyant leurs terres ravagées.
L'armée des princes était à Étampes, et l'armée royale, commandée par le vicomte de Turenne, la harcelait de son mieux.
Les siéges, les combats, les retraites répandaient la désolation
dans les campagnes : tout était ravagé par des guerriers qui
ne songeaient qu'au succès du parti qu'ils avaient embrassé et
ne voyaient qu'avec dédain les malheurs affreux qu'ils cau-
saient. Le pillage, les meurtres, les incendies, sur un rayon
de trente lieues au midi de Paris, de quinze à vingt sur les
autres aspects de cette ville, avaient fait déserter toutes les
habitations champêtres. On voyait une infinité de malheureuses
familles abandonner leurs foyers et venir avec leurs bestiaux,
leurs vivres échappés à la voracité des soldats, chercher un
asile à Paris. Arrivées aux portes de cette ville, elles y trouvaient
un obstacle : les commis de barrière exigeaient un droit d'entrée. Il y eut à ce sujet des émeutes aux portes Saint-Honoré
et Saint-Antoine, et le 26 avril 1652 le Parlement ordonna
que les commis ne percevraient aucun droit sur les bestiaux et

(1) *Mémoires de la duchesse de Montpensier*, tom. II, p. 47-48.

denrées amenés dans Paris pour la consommation de ceux qui s'y réfugiaient. (1)

Le Parlement s'émeut de nouveau et dépêcha à la cour des députés pour faire des remontrances sur les désordres des gens de guerre et obtenir leur éloignement à dix lieues de Paris. Sans doute, cela n'était qu'écarter le mal loin des regards de ceux qui pouvaient y apporter quelque remède, en le répandant dans un rayon plus étendu, et c'était encore la campagne qui devait supporter les maux que Paris écartait. Mais comme le roi répondait invariablement qu'il ferait retirer ses troupes dès que Condé aurait emmené les siennes et que Condé faisait exactement la même réponse, la situation restait la même et on laissait le procureur du roi s'évertuer à dépeindre les campagnes ruinées pour plusieurs années : les gens de guerre tant français qu'étrangers ne se contentant pas des vivres, mais encore pillant les meubles et ustensiles, prenant les bestiaux, dégradant et démolissant les maisons pour en avoir les matériaux, dans la facilité qu'ils rencontraient du débit de tous leurs pillages. (2)

« La misère du peuple était épouvantable, dit Laporte, et dans tous les lieux où la cour passait, les pauvres paysans s'y jetaient, pensant y être en sûreté, parce que l'armée désolait la campagne. Ils y amenaient leurs bestiaux qui mouraient de faim aussitôt, n'osant sortir pour les mener paître ; quand les bestiaux étaient morts, ils mouraient eux-mêmes incontinent après, car ils n'avaient plus rien que les charités de la cour, qui étaient très-médiocres, chacun se considérant le premier, etc. »

Si tel était l'état général des campagnes, que devait être celui de notre pauvre Angerville ? ces guerres de la Fronde avaient pour ainsi dire anéanti les réformes agricoles de Sully. Son marché n'avait pu fructifier au milieu de tant de désastres.

(1) Dulaure, *Histoire de Paris*, 382.
(2) Registre du Parlement 30 avril, 7 mai, 7 juin, 11 octobre 1652.— *Mém. de Retz*, II, 130-164, etc. — E. Bonnemère, II, 54, 55, 56.

Elle ne pouvait guère recourir à l'armée royale, car elle était, malgré elle, rattachée à la Fronde par le prince de Conti, frère de Condé, abbé de Saint-Denis et seigneur des Murs d'Angerville : Conti, également mécontent, s'était allié aux frondeurs. Aussi notre village, situé sur la route d'Étampes et servant d'étape avant d'arriver à cette ville, place forte des armées de Condé, paraissait un lieu de sûreté pour ses troupes. On s'arrêtait à Angerville, et le relai du roi était devenu celui de ses ennemis, qui se répandaient dans les pays environnants pour piller et rançonner les paysans. Que pouvaient faire nos pères en présence de telles armées ? ouvrir leurs portes, héberger, nourrir à discrétion ces hommes avides. Et comme il leur était impossible de se défendre, ils cherchaient à cacher leur argent, leur butin. Aussi que de fois ce malheureux terrain, source de fécondité en temps de paix, fut-il dans toutes les guerres fouillé profondément pour conserver le peu de richesses qu'il avait produites, il est peu de maisons dans le centre d'Angerville, c'est-à-dire dans la partie la plus ancienne, où l'on ne trouve de ces vastes souterrains, qui servirent plus à notre pays que ses fortifications.

La guerre de la Fronde était une guerre d'ambition, de partis, et dans l'indécision de la victoire chacun cherchait d'abord à s'enrichir. C'est ainsi que Chavagnac, dans un trajet d'environ trente lieues, commit tant de violences sur les chemins qu'il y gagna environ 34,000 livres. (1)

Le prince de Conti n'oubliait pas non plus ses intérêts. Ainsi nous trouvons dans l'*Inventaire de Saint-Denis* que :

« L'an 1644, un nouvel aveu (2) fut rendu à M. le prince de Conti, abbé de Saint-Denys, par damoiselle Geneviève d'Isy, veuve de Henry de Reviers, héritier de Gabriel de Reviers qui avait en possession le fief des Murs d'Angerville, mouvant du château de Thoury. Par cet aveu, damoiselle Ge-

---

(1) Chavagnac, *Mémoires*, 159.
(2) *Inv. de Saint-Denis*, tom. X, p. 41.

neviève rendait au prince de Conti foy, hommage, quart, denier, cens, marc d'argent, cheval de service et autres devoirs et profits qu'il avait sur Angerville, suivant la coutume du baillage d'Étampes. » (1)

Nous ne reproduisons pas ici cet aveu ni celui que Louis de Reviers, seigneur de Mauny et des Murs d'Angerville-la-Gâte, héritier de Geneviève d'Isy, fit le 19 juillet 1657 (2) par devant Michel Porthaut, notaire royal à Toury, et qu'il renouvela d'abord le 22 novembre (3) à monseigneur le cardinal Mazarin, abbé de Saint-Denis, et ensuite à monseigneur le cardinal de Retz, autre abbé de Saint-Denis, le 27 novembre 1663 (4). Ces derniers aveux, passés devant Cantien Jubart, notaire royal juré aux lieux et paroisses d'Angerville-la-Gâte, Dommerville, Jodainville, Villeneuve-le-Bœuf, Ouestreville et Retreville, sont conformes à celui de 1599.

Ainsi donc Conti, Mazarin, Paul de Gondy, tels sont les derniers abbés de Saint-Denis. Comme on le verra, tous les abbés qui s'étaient succédés depuis François Ier, à l'exception des deux derniers, appartenaient soit à la maison de Lorraine, soit à la maison de Bourbon.

La participation de ces abbés aux affaires politiques et aux troubles de ces temps ayant plusieurs fois compromis les intérêts matériels de l'abbaye, les religieux demandèrent le partage des biens entre eux et leur abbé, en d'autres termes, la

(1) On appelait encore le cheval de service, roncin de service. Quand le seigneur réclamait le roncin, il devait être amené dans les soixante jours, avec frein et selle, ferré des quatre pieds. Si le seigneur le refusait comme trop faible, le vassal pouvait lui dire : « Sire faites-le essayer, comme vous le devez. » Le seigneur faisait monter le roncin par le plus fort de ses écuyers, portant en croupe une armure ou haubert et une batte de fer, et l'envoyait à douze lieues. Si le roncin faisait la course et revenait le lendemain, le seigneur était obligé de le recevoir ; dans le cas contraire il pouvait le refuser.

(2) *Inv. de Saint-Denis*, t. X, p. 448.
(3) *Inv. de Saint-Denis*, tom. X, p. 568.
(4) *Inv. de Saint-Denis*, tom. X, p. 148.

séparation de la manse abbatiale et de la manse conventuelle. « Comme l'abbaye, dit dom Félibien, tombait alors entre les mains d'abbés du premier rang, sujets aux disgrâces de la cour, les religieux se trouvaient souvent exposés à manquer de leurs pensions ordinaires, en même temps que l'on dépouillait leur abbé de son revenu. »

On sait qu'il arrive assez ordinairement dans les liquidations de société que le plus adroit ou le plus clairvoyant des associés jette, dans le lot de ses co-partageants, la partie douteuse ou menacée de l'actif, les droits incertains ou litigieux.

Nous ne savons comment cela se fit, mais Angerville tomba dans le lot de l'abbé. Dès ce moment, il n'est plus question à son égard des religieux, mais seulement de l'abbé de Saint-Denis. Les religieux avaient laissé à ce dernier le soin de s'y débattre contre la juridiction royale ou les prétentions du château de Méréville qui, à cette époque, rendit un aveu au roi à cause de sa possession d'Angerville, et s'en fit rendre un lui-même par Marc de la Rue, seigneurs des Murs d'Angerville, à cause des dîmes et champarts d'Angerville en la vicomté de Méréville (1). On sait du reste que l'aveu ou adveu (*advotio*, dévouement pour quelqu'un) était une déclaration par laquelle une personne stipulant quelquefois pour elle seule, mais le plus souvent pour ses héritiers, se reconnaissait dans la dépendance et se mettait sous la protection du roi, d'un seigneur ou d'une communauté.

Il y avait dans ce sens des aveux de servage, de vasselage et de bourgeoisie. Les aveux de vasselage portaient le nom spécial de foi et hommage.

Dans toutes les mutations de fiefs, après la prestation de la foi et de l'hommage, le vassal était obligé de fournir une déclaration de tous les biens qui étaient contenus dans le fief ou qui en dépendaient. Cette déclaration, appelée *l'aveu*, une fois acceptée, elle faisait foi et servait à prouver la propriété des

(1) Voir les Pièces justificatives.

choses diverses dont un fief était composé. Mais, comme dans le principe elle était faite sommairement, elle devenait l'objet d'une foule de fraudes. L'usage s'introduisit de la spécifier en entrant dans tous les détails. De là, le dénombrement s'ajouta à l'aveu. Mais l'aveu ou le dénombrement, renouvelé à chaque mutation de seigneur ou de vassal, nous semble avoir été souvent un moyen de couvrir d'une protection puissante des titres douteux, incertains et sans valeur. De là tant de contestations et de procès. C'est précisément ce qui est arrivé au sujet d'Angerville, entre les seigneurs de Méréville et l'abbé de Saint-Denis, et plus tard les dames de Saint-Cyr, qui, dès le principe, s'étaient disputé la possession d'Angerville, possession qu'il était du reste difficile de bien établir. En effet, il y avait à cette époque dans Angerville différentes seigneuries, telles que celles des Murs-Neufs, de Brijolet, de Lestourville, de Sainte-Croix, d'Ouestreville. Nous verrons plus loin à qui appartinrent chacune de ces seigneuries. Pour le moment, il nous suffit de savoir qu'il n'y a que deux seigneurs qui aient conservé des prétentions sur Angerville : c'est Méréville et Saint-Denis.

De l'aveu dont nous venons de parler, il résulte que Marc de la Rue rend à monseigneur de Reilhac foi et hommage pour la seigneurie des Morets et pour les dîmes et champarts de la terre et seigneurie des Murs d'Angerville-la-Gâte, tenue en plein fief par les seigneurs de Méréville.

Quelque temps après cet aveu, en 1595, le 9 de septembre, nous voyons une damoiselle Renée de la Rue, veuve de Gabriel de Reviers, escuyer, donner devant Charles Bertrand, notaire royal à Toury, sa procuration pour porter, à M. l'abbé de Saint-Denis, foi et hommage et offrir les droits et devoirs selon la coutume, pour cette même terre et seigneurie des Murs d'Angerville, avec ses dépendances de la chastellenie de Toury. (1)

(1) *Inventaire de Saint-Denis*, tom. VIII, pag. 114

On peut voir déjà combien ces aveux avaient souvent peu de valeur.

Comment expliquer que damoiselle de la Rue fasse acte de foi et hommage à l'abbé de Saint-Denis pour la seigneurie des Murs-Neufs, tandis que nous venons de voir que Marc de la Rue a fait le même aveu, pour la même seigneurie, au rival de Saint-Denis, au seigneur de Méréville.

On pressent déjà, dans cette possession mal définie, dans ces titres douteux de seigneurs d'Angerville, résultat de l'envahissement, de l'usurpation, qu'un conflit, que de vives discussions devront s'élever au sujet d'une propriété, d'un titre qui devient chaque jour plus important.

Avant d'assister à cette lutte, voyons un peu d'où venait ce Gabriel de Reviers, dont les descendants ont pris le titre de seigneur d'Angerville.

La maison de Reviers, ancienne et illustre famille de Normandie, tire son nom de la paroisse et seigneurie de Reviers (en latin *redeverum, redeveriacum*), aujourd'hui village du Calvados, arrondissement de Caen, canton de Creuilly (1). L'origine de cette famille remonte à Beaudoin de Brionne ou de Maule, allié au duc de Normandie, qui passa avec Guillaume-le-Conquérant en Angleterre et y reçut, entre autres biens, le comté de Devou et la seigneurie de l'île de Wight. Ses comtes de Devou, descendants de Beaudoin, possédèrent aussi de grands biens et la seigneurie de Reviers en Normandie où ils firent des fondations importantes, parmi lesquelles il est à propos de citer celle de l'abbaye de Montbourg, où Richard fut enterré en 1107, et après lui plusieurs de ses descendants. (2)

Des comtes de Devou, seigneurs de l'île de Wight, qui s'éteignirent en Angleterre vers la fin du XIIIe siècle, étaient sortis

(1) Expilly, tom. II.
(2) Dumoulin, *Histoire de Normandie*, liv. VIII, p. 273, liv. IX, p. 294. — Guizot, tom. IV, pag. 76. — Mathieu Paris, tom. I, pag. 310. — *Mémoires de la Société des Antiquaires de Normandie* 1824-1825.

la famille de Vernon et plusieurs branches du nom de Reviers, qui se perpétuèrent en Normandie jusqu'au xix° siècle et d'où sont sortis plusieurs chevaliers qui prirent part aux faits glorieux des Normands aux batailles de Bouvines, d'Azincourt, à la défense du mont Saint-Michel contre les Anglais en 1423, etc. (1)

Il existe encore, aux archives des départements de la Manche, du Calvados, et dans les cartulaires des abbayes de Normandie, beaucoup de chartes des Reviers. Quelques chartes rapportées dans le cartulaire de Saint-Père de Chartres, font connaître que la famille de Reviers possédait aussi des biens de ce côté dès le xii° siècle.

Dépouillé de ses biens en Normandie, pour avoir refusé d'y reconnaître la domination des Anglais, Jean de Reviers vint servir sous la bannière du comte de Champagne. Il fut qualifié seigneur de Souzy au bailliage d'Étampes, et de Mauny, fief qu'il posséda près Meaux en Brie. Ses descendants continuèrent à porter les mêmes surnoms, et son petit-fils, Jean III de Reviers de Mauny, gentilhomme de la chambre du roi François Ier, ajouta la seigneurie de Villeconin, près Dourdan, à celles de Souzy et de Mauny qu'il possédait déjà.

Ses arrières petits-fils, Louis et Abdénago frères, épousèrent les deux sœurs, Jeanne et Jacqueline d'Allonville, et devinrent les tiges de deux rameaux distincts : Reviers de Souzy et Reviers de Mauny.

Abdénago de Reviers posséda Mauny et continua à en porter le nom. Il posséda en outre et habita le fief de Chandre, paroisse de Sours, au pays chartrain.

Son fils, Henri de Reviers de Mauny, fut seigneur de Chandre et d'Huis, paroisse de Crotte, près Pithiviers.

Un autre descendant, Gabriel de Reviers, se maria avec damoiselle Renée de la Rue, héritière de Marc de la Rue, baron de Tour en Champagne et seigneur des Murs d'Anger-

(1) Loroque, 49 et 83.

ville. Voilà comment la famille des Reviers devint seigneur d'Angerville.

Son fils ou son neveu, Louis de Reviers, fut aussi qualifié du titre de seigneur des Murs d'Angerville, Prez-Saint-Martin et Moret.

Ce n'était pas assez pour Angerville d'être un sujet de querelle entre ses principaux seigneurs, si seigneurs ils étaient, Angerville devait encore être attaquée par les poètes, *genus irritabile vatum*.

Non content du *Belsia triste solum*, Rabelais prétend que les gentilshommes, dans notre pays, déjeunent de vent « par baisler. » La Fontaine, dans son voyage de Paris en Limousin, voulant railler sur l'origine de la Beauce, écrit à madame de La Fontaine que depuis que la Beauce est plate, ses habitants sont devenus bossus. Et il dit :

> La Beauce avait jadis des monts en abondance,
>   Comme le reste de la France.
>   De quoi la ville d'Orléans,
> Pleine de gens heureux, délicats, fainéants,
>   Qui voulaient marcher à leur aise,
>   Se plaignit et fit la mauvaise,
>   Et messieurs les Orléanois
>   Dirent au sort, tout d'une voix,
>   Une fois, deux fois et trois fois,
>   Qu'il eut à leur ôter la peine
> De monter, de descendre et remonter encor :
>   « Quoi ! toujours mont et jamais plaine !
>   Faites-nous avoir triple haleine,
>   Jambes de fer, naturel fort,
>   Ou nous donnez une campagne
>   Qui n'ait plus ni mont ni montagne. »
>   — Oh ! oh ! leur repartit le sort,
> Vous faites les mutins, et, dans toutes les Gaules,
> Je ne vois que vous seuls qui des monts vous plaigniez !
>   Puisqu'ils vous nuisent à vos pieds,
>   Vous les aurez sur vos épaules. »
>   Lors la Beauce de s'aplanir,
>   De s'égaler, de devenir
>   Un terroir uni comme glace,

> Et bossus de naître en place,
> Et monts de déloger des champs.
> Tout ne put tenir sur les gens :
> Si bien que la troupe céleste,
> Ne sachant que faire du reste,
> S'en allait les placer dans le terroir voisin,
> Lorsque Jupiter dit : « Épargnons la Touraine
> Et le Blaisois, car ce domaine
> Doit être un jour à mon cousin :
> Mettons-les dans le Limousin.

Le vieux Raoul Boutherays, beauceron pur sang, célèbre, il est vrai, son pays en vers latins ; mais s'il fait un bel éloge des lièvres de la Beauce, c'est en homme qui les vit plus souvent courir en rase campagne que fumer à la broche. Ce qu'il vente en eux, ce n'est pas la saveur de leur chair, comme on pourrait le croire : c'est la vélocité de leurs jarrets.

Les lièvres de Beauce, dit-il,

> .... *Quos Belsia gignit*
> *Præcipuè antistant et poplitè et alitè planta,*

l'emportent sur tous les autres par la rapidité de leur train de derrière.

> C'est là ce qui fait que leurs rables
> Se montrent si peu sur nos tables.
> La vitesse de leurs jarrets
> Fait un grand tort à nos civets.

Mais Angerville, Angerville, toute pleine dès le XVIe siècle d'auberges, de marmites, ne trouvera-t-elle pas grâce aux yeux de nos vieux poètes gaulois, race sensuelle et gloutonne, au nez fin, aux dents longues, à l'appétit toujours ouvert et se préoccupant avant tout de la cuisine ?

Voici justement venir Passerat ; il en sort et n'a pas l'air très-content. Mais peut-être est-ce la monotonie du paysage qui lui déplaît ? Voyons, que rumine-t-il entre ses dents ? Écoutons !

> Qui, de ses propres mains, a étranglé son père,
> Qui a meurtri sa mère et a tué sa sœur,
> Qui, comme les Titans, aux astres a fait peur,

Et qui a fait manger ses neveux à son frère ;
Qui, son plus grand ami, au temps de sa misère,
A vendu pour argent ou livré par faveur,
Qui, cruel, a fiché sa dague dans le cœur
De son hoste ancien, sans ouïr sa prière,
Qui a rompu l'humaine et la divine loi,
Qui a trahi sa foi, son pays et son roi
Et allumé les feux d'une guerre civile !...
Quiconque est celui-là, s'il veut que ses péchés
Ne lui soient à la fin devant Dieu reprochés :
Qu'il disne à Arthenay et soupe à *Angerville !*

Peste ! comme il y va. Ainsi, selon lui, de son temps, il fallait avoir assassiné père et mère pour manger à Angerville. Mais, ô progrès ! ô doctrine de la perfectibilité humaine et culinaire ! viens à notre aide et venge-nous tout à la fois de l'affreux hôtellier qui empoisonne ses hôtes et du poète hâbleur qui fait le gourmet et n'a peut-être ni sou ni maille. — Mais, non, progrès, ne te dérange pas. Les aubergistes ressembleront toujours au *perfidus caupo* d'Horace, et les poètes seront toujours des menteurs. Contenons notre indignation et reconnaissons, toute hyperbole mise à part, qu'il peut y avoir du vrai dans la plainte de Passerat. Certes, les auberges ne manquaient pas à Angerville, au contraire, elles y pullulaient à tel point qu'elle aurait pu changer son nom et s'appeler Auberge-Ville, sans commettre la moindre imposture. La population ne dépassait pas alors le chiffre de mille ou douze cents habitants. En prenant, en moyenne, un feu par quatre personnes, le bourg ne comptait guère plus d'une centaine de feux. Eh bien ! sur ces cent feux, quarante-cinq brûlaient pour messieurs les voyageurs. à pied et à cheval. Raisonnons maintenant : quarante-cinq tables au dépourvu n'en valent pas une bien servie, et l'auteur de la satire *Ménippée,* malgré son sonnet contre Angerville, doit rester de nos amis. Mais si, d'un côté, la concurrence entre quarante-cinq auberges devait nuire à l'approvisionnement particulier de chacune d'elles, d'un autre côté, cette même multitude d'hôtelleries témoigne hautement de la facilité de s'approvisionner dans le pays, surtout à une époque de trouble et d'anarchie. La conclusion reste donc tout entière en l'honneur de la Beauce, et cela doit nous suffire.

Mais, laissons les auberges, et parlons des relais, des chevaux qui piaffent, des postillons qui jurent, et de ces cavaliers au chapeau à larges bords, surmonté d'un panache, aux bottes en entonnoir, aux éperons dorés. Parlons aussi de nombreux courriers qui les précèdent, demandant des chevaux, pressant les postillons et criant : Place ! place ! arrière, valetaille ! Plus tard, nous parlerons des chaises de poste, des berlines, des diligences ; mais, pour le moment, on ne voyage qu'à cheval. Ah ! quelle histoire que celle d'un village ! S'il pouvait redire tous les drames et toutes les comédies qu'il a vu courir la poste ! Parlons des relais, vous dis-je, là est la gloire d'Angerville. Que de choses dans cinq minutes de relai et un simple couplet de Voiture !

> Au beau milieu d'Angerville,
> Monsieur notre chancelier,
> En me parlant d'un soulier,
> Me fit devenir débile,
> Me souvenant de celui
> Qui m'a causé tant d'ennui.

Eh bien ! que dira-t-on ? C'est léger comme une bulle de savon ; mais, qu'on y prenne garde, les questions les plus diverses vont en sortir, pressées, rapides et bruyantes comme les fusées d'une pièce d'artifice : Quel est ce chancelier ? où va-t-il ? que fait-il en la compagnie de Voiture ? en quelle année cet étrange voyage ? pour qui ces vers ? à quelle Cendrillon le soulier ? et une foule d'autres points d'interrogation se dressent devant vous.

Il faudrait avoir pénétré bien avant dans les secrets féminins de l'hôtel de Rambouillet, pour bien commenter cette chanson sur l'air du *Branle de Metz,* composée pour l'amusement exclusif de ses charmantes hôtesses. C'était le fait d'une Julie ou d'une Angélique d'Angenne de deviner de quel soulier M. le chancelier parlait alors, et de quel autre soulier le seul souvenir faisait pâmer Voiture « au beau milieu d'Angerville. » Pour nous, faibles mortels, qu'avons-nous à y voir? Et puis, Voiture le sait-il bien lui-même, et n'a-t-il pas dit autre part, sur le même air :

> Mon pauvre cœur prisonnier
> Va de soulier en soulier.

Mais la difficulté n'est pas toute dans le soulier, et la personne de M. le chancelier en garde sa bonne part. Au premier abord, on croirait qu'il s'agit ici du chancelier, garde-des-sceaux, Séguier : c'est possible, mais c'est peu vraisemblable. Et de quel autre personnage, cependant, pourrait-il être question? Pierre Séguier n'était-il pas le chancelier d'alors? Oui, sans doute ; mais on peut dire à cela qu'outre le grand chancelier d'État, chaque membre de la famille royale avait le sien, et le comte de Chavigny, ministre des affaires étrangères, était aussi chancelier de Gaston, duc d'Orléans, et Voiture lui-même était attaché à la maison du duc en qualité d'introducteur des ambassadeurs. Voiture pouvait donc très-bien dire, en parlant du comte de Chavigny : « Monsieur notre chancelier. »

Il est bon de remarquer aussi qu'il n'exista jamais que de froides et rares relations entre le chancelier Séguier et le poëte de l'hôtel de Rambouillet. Dans tout le recueil des lettres de Voiture, on n'en trouve pas une qui lui soit adressée ; il n'est même, je crois, fait mention de lui dans aucune, chose bien étonnante de la part de quelqu'un qui aurait fait côte à côte avec M. le chancelier le voyage de Paris à Orléans. Nous voyons, au contraire, entre Voiture et le comte de Chavigny, régner une constante intimité. Un grand nombre des lettres de Voiture s'adresse au comte de Chavigny. Voiture fut même envoyé par lui en plusieurs missions diplomatiques dont il se tira avec honneur et succès.

Laissons-le donc poursuivre tranquillement son voyage, et

qu'on nous permette de présenter M. le baron de Fœneste. M. le baron, sandis ! est un cadet de Gascogne, assez bon diable au fond, mais qui s'est fourré dans la tête qu'en tout, l'essentiel est de paraître, et qu'apparence sans réalité vaut encore mieux que réalité sans apparence. D'Aubigné, qui l'a tenu sur les fonds baptismaux, s'est avisé, en véritable érudit du XVIe siècle, d'aller lui chercher un nom dans le dictionnaire grec : *Phainesthai*. M. le baron de *Phainesthai* raconte ses aventures au bonhomme *Einai*. (Je vous plains si vous avez oublié votre grec.) Le bonhomme *Einai* est en tout l'opposé de M. le baron. Avant d'arriver à Paris, ce dernier passe une nuit à Angerville. Vous allez voir comment M. le baron fit, le lendemain, connaissance avec le fouet d'un postillon de la Beauce. Je le laisse parler :

« Come à chien maigre bont les mousches, nous troubasmes les poustes tellement rompues par monsur de la Barenne (la Varenne était contrôleur général des postes sous Henri IV) par monsur de la Barenne, qui courait lui-même en personne, que le comte fut contraint de me laisser à Angerbille avec quauque argent pour l'attraper le lendemain. Le postillon de Guillerbal et moi eusmes querelle pour ce que je le nommois couquin comme c'est la feiçon, il me répliqua couquin bous-même. Je m'approche pour lui donner une platassade, mon espeio s'estoit prise dans les descoupures ; come lou taquin bit que je ne la poubois arracher, il me boulut donner de son fouet : toute la courroie s'entortilla autour de mon cou. Me voilà par terre, si estonnay de la cheute, que mon bilen estoit hors de bue, et lou pis est que mon chebal l'aboit suibi, etc. »

Malgré les boutades des poètes, Angerville fixait l'attention des historiens. Ainsi, André Duchesne, dans son livre sur les antiquités de la France, après avoir parlé de la Beauce, ajoute : « Son étendue est riche de plusieurs villes et villages qui ne sont pas autrement de grand nom et que l'on ne trouve pas souvent en lisant nos histoires, bien que je ne veuille laisser

tomber sous ma plume Toury, Angerville, Mérinville, etc. (1) »
Puis, dom Basile Fleureau, l'historien d'Étampes, ajoute
qu'Angerville est un gros bourg et paroisse reconnaissant plusieurs
seigneurs. L'abbé de Saint-Denis en est seigneur de la
plus grande partie, et il y a justice haute, moyenne et basse
en titre de prévôté. Le roi est seigneur d'une autre partie
(souvenir de l'*Angere regis*), laquelle répond devant le prévôt
d'Étampes. Et le reste, avec le hameau de Villeneuve-le-Bœuf,
appartient au seigneur de Méréville. L'historien d'Étampes
n'oublie pas de rappeler, dans son ouvrage, que les abbés de
Saint-Denis ont usurpé à Angerville la juridiction du roi :
nouvelle preuve qu'Angerville appartenait bien au roi, qu'elle
était bien l'ancien *Angere regis*. De plus, il ajoute que Guillerval
reconnaît des appels de la prévôté d'Angerville.

Il est peu de villages, comme on le voit, qui aient été plus
divisés qu'Angerville. Mais le temps approche où toutes ces
religions différentes vont s'éteindre. Déjà les seigneurs protestants
d'Ouestreville nous semblent, depuis la réconciliation de
notre Église, beaucoup moins turbulents. Du reste, le protestantisme
était aussi moins persécuté. L'édit de Nantes (20 avril
1598), en reconnaissant les droits à l'exercice de ce culte, mit
fin à ces guerres de religion qui désolaient les campagnes.

Le calme était donc rétabli, et les seigneurs, hauts justiciers,
avaient dans leurs châteaux le libre exercice de leur religion ;
ils pouvaient admettre trente personnes à leur prêche. Mais
bientôt leurs synodes furent de véritables assemblées politiques :
ils formèrent un état dans l'état. Appuyés par des alliances
étrangères, ils établirent en France des cercles à l'imitation de
l'Allemagne, troublèrent les premières années du règne de
Louis XIII, et, jusqu'à l'époque de Richelieu, menacèrent
l'unité de la France. Richelieu, le grand édificateur du pouvoir
royal, s'empara de la Rochelle, leur centre, et leur imposa
l'édit d'Alais ou l'édit de grâce.

(1) Duchesne, chap. XII, pag. 308.

Du reste, l'édit de Nantes fut confirmé, et la liberté de conscience respectée. Tant que vécut Colbert on n'osa les attaquer ; mais, après sa mort, le roi, persuadé que le protestantisme était une cause de désordre, dans l'intérêt de l'unité monarchique, dans l'espérance de se faire pardonner bien des fautes, Louis XIV prépara une nouvelle persécution dans laquelle les cruautés, les actes impolitiques furent poussés aux dernières limites. Chaque seigneur protestant se voyait troublé et à la veille d'être dépossédé. Plusieurs furent forcés d'acheter leur tranquillité par l'abjuration de leur croyance. Le protestantisme d'Ouestreville, autrefois si vivace, n'avait plus guère de racines. Il allait s'éteindre dans la personne de Suzanne de Villeneuve, qui abjura cette religion ainsi que le prouve l'acte suivant, extrait des archives d'Angerville :

« Aujourd'hui dimanche, huitième de mars de l'année mil six cents soixante et seize, dans l'église de Saint-Pierre d'Angerville la gaste, diocèse de Chartres, damoiselle Suzanne de Villeneuve, agée de quarante huit ans ou environ, demeurant à Ouestreville, de cette paroisse, fille de defunt Lazare de Villeneuve, escuyer, seigneur de la commune d'Ouestreville, et de damoiselle Marie de Sarouville, ses pères et mères, après avoir recognu la décadence de la religion reformée ou on l'a élevé et la verité de la foy de l'Église catholique, apostolique et romaine, a, sans contrainte et volontairement, abjuré l'Église de Calvin, et, publiquement et solénnelement, a, dans la forme portée par le rituel du diocèse de Chartres, fait profession de la foy et religion catholique, apostolique et romaine, et promis d'y vivre et mourir moyennant la grace de Dieu, et ce entre les mains et en presence de nous, Alexandre Contet, prêtre honoraire de l'archidiaconé, de droit doyen rural de Rochefort et curé de cette paroisse de Saint-Pierre d'Angerville la gaste, venant pour recevoir le serment d'ajuration des hérétiques, de profession de foy par monseigneur l'illustrissime et reverendissime prestre, doyen du diocèse, mesire Ferdinand Desnoniers, evesque de Chartres, par sa commission en date du 28 février delivrée, dûment scellée et signée : *Ferdidandus episcopus carnotensis*, et plus bas, *de mandato illustrissimi ac reverendissimi Domini nostri episcopi carnotensis*. En présence de messire Claude Chambon d'Arbouville, prestre, chanoine de l'église cathédrale de Chartres, qui a fait une allocution pendant la dite cérémonie à la dite Suzanne de Villeneuve ; de maistre Jacques Édouard, prestre, curé de Saint-Père de Mérinville ; de maistre Guillaume Gousseau, prestre, curé de Domarville ; de maistre Jean Triquet, curé de Boisseau ; de maistre Simon Herbolin, prestre, vicaire de cette paroisse ; de frère Antoine Grivel, religieux observantin de Saint-François ; de maistre Lubin Blanchet, diacre de ce diocèse ; de messire François-Théodore de Chambon, seigneur de Gondreville, capitaine au régiment royal des vaisseaux ; de dame Marie-Élisabeth de Cambis, epouse du dit sieur de Gondreville et nièce de la dite damoiselle de Villeneuve ; de Louis de Tarragon, chevallier, seigneur d'Omonville ; de messire Charles de Chambon, chevallier, seigneur de Tigny ; d'Alexandre-Adrien de Chambon, chevallier de l'ordre de Saint-Jean de Jérusalem ; de dame Hélène de Compars ; de messire François de Languedoue, chevallier, seigneur de Pussay ; de Charles de Languedoue, seigneur de Domarville ; d'Alexandre Lemaistre, chevallier, seigneur de Barminville ; de Charles de Barville, chevallier, seigneur de Boissy ; de damoiselle Louise de Chambon ; de damoiselle de Chambon ; de damoiselle Charlotte de Languedoue ; de Simon Hillou, hostellier ; de Charles Langlois, laboureur ; d'Eutrope Baillou, boucher, gagiste de la paroisse de la dite église ; de Jacques Daillard, serviteur et bedeau de la dite église ; et plusieurs paroissiens. »

Il était temps de se convertir, car, quelques années après, l'édit de Nantes était révoqué ; Louvois ordonnait ces dragonnades dont les campagnes eurent tant à souffrir.

Il résulta de mesures barbares et inhabiles, qu'environ cinq cent mille habitants, qui vivaient paisiblement et enrichissaient le royaume de leur travail, portèrent ce bénéfice en pays étranger. Il fallut dès lors songer à combler le vide produit dans le budget. Altération de monnaies, création d'offices civils et militaires inutiles, de greffiers conservateurs des registres de baptêmes, mariages et sépultures, arrachant à l'homme son argent depuis sa naissance jusqu'à sa mort, abus des fermiers généraux qui allaient toujours croissant, défense de saisir les bestiaux et les instruments aratoires tombée en désuétude, mauvaise récolte de 1692, taxe sur les grains, droit de contrôle sur les actes notariés, avec obligation de les enregistrer dans la quinzaine, défense faite aux cultivateurs de faire des baux de plus de neuf années, établissement de la capitation : tout était mis en œuvre pour combattre la misère du royaume ; on épuisait les campagnes. « Labourage et pasturages, ces deux mamelles de l'État étaient taries. »

Cette situation devenait alarmante. Enfin, le duc de Bourgogne cédant aux instigations de Fénélon, homme vraiment évangélique, demanda (1698), aux intendants des provinces, des rapports rédigés sur l'état du royaume, et voici, d'après Boulainvilliers ce qui fut rapporté sur notre pays.

L'auteur remarque en général que le nombre du peuple est fort diminué dans toute l'étendue du gouvernement. Il dit que l'élection d'Étampes l'est presque de moitié. « Cela est dû à l'établissement des canaux de Briare et d'Orléans, qui ont diminué le commerce des charrois ; aux logements excessifs des gens de guerre à leurs fréquents passages, auxquels Angerville était nécessairement soumis ; à la mortalité plus grande. » En effet, en 1690, Angerville comptait quatre-vingt-quatorze décès, chiffre doublé de la moyenne. Il ajoute : « La retraite des Huguenots, les levées des troupes, les milices forcées et enfin les impositions extraordinaires, sont la véritable cause de la misère et de la diminution des populations. »

Ainsi tombait, se trouvait dégradée l'œuvre magnifique de Colbert, dont le génie avait si bien relevé le commerce, et Louis XIV allait encore s'endetter pour créer la maison de Saint-Cyr.

CHAPITRE X.

Fiefs d'Angerville. — Droits des Dames de Saint-Cyr et de M. Delpech.

Depuis François Ier, ce n'était plus l'élection qui faisait les abbés de Saint-Denis. Ces abbés n'étaient plus que commandataires ; mais ce titre n'avait pas cessé d'être recherché par les plus grands seigneurs et même par des princes. Mazarin s'en était revêtu lui-même : Louis XIV le supprima. Les apparences furent d'ailleurs royalement sauvées. Une bulle d'Innocent XII, du 29 janvier 1693, autorisa cette suppression. Saint-Cyr fut fondé, et les dames de cette pieuse maison d'éducation, destinée aux filles des chevaliers de Saint-Louis, héritèrent en partie de la manse abbatiale dont le monarque se croyait certainement bien en droit de disposer à son gré. Enfin, Mme de Maintenon couvrit cette mesure du voile délicat de la piété et de la dévotion ; elle écrivit ces mots à l'une de ses protégées de Saint-Cyr :

« Ce qui prouve bien que notre maison est l'œuvre de Dieu, « c'est qu'il a conduit le roi à cette fondation, le roi qui ne « peut souffrir les nouveaux établissements ! et dans quel « temps ? après une longue guerre qui avait épuisé ses finan-« ces. »

Angerville allait donc dépendre en grande partie de la maison de Saint-Louis, et cette petite ville, longtemps restée stationnaire pendant les troubles, entrait néanmoins à ce moment même dans une phase d'agrandissement et de prospérité. Les anciennes routes réparées, de nouvelles construites ; les communications de Paris et de la province plus actives et plus nombreuses; la foule des provinciaux et des étrangers attirée à Paris ou à Versailles par les merveilles du siècle de Louis XIV, et enfin une sorte d'attraction civilisatrice s'exerçant du centre à tous les points de la circonférence. Toutes ces causes réunies contribuèrent à l'accroissement et à la richesse de notre petite ville, qui était trop bien située pour ne pas prendre sa part du mouvement général.

Nous avons déjà dit que, par suite des diverses seigneuries entre lesquelles son territoire était divisé, elle devait tôt ou tard être l'objet d'un procès. Dès les temps les plus reculés, les abbés de Saint-Denis et les propriétaires de la terre de Méréville avaient eu des contestations au sujet de la justice prétendue sur quelques maisons du bourg d'Angerville. Le différend avait été jugé, en faveur des abbés de Saint-Denis, par deux sentences dont il n'y a point eu d'appel. La première, du mardi d'après Noël 1295, contre M. de Linières, seigneur de Méréville, rendu par le prévost d'Orléans ; et la seconde, par le prévost d'Yenville, le vendredi d'après la Notre-Dame 1301. Néanmoins, les mêmes contestations reparurent au commencement du xviie siècle. Le seigneur de Méréville était alors Desmontiers. Plusieurs sentences et arrêts du Parlement, datées des 28 août 1600, 18 décembre 1604, 8 juin 1624 et 25 janvier 1631, intervinrent, mais ne purent mettre fin à un procès, qui a donné lieu à des recherches intéressantes sur les différents fiefs et seigneuries qui existaient alors dans notre village. Nous croyons ici nécessaire, pour l'intelligence des discussions et des procès que ces différentes propriétés suscitèrent, de fournir quelques explications sur ces mots fiefs, seigneuries ; d'indiquer l'origine, la formation de ces fiefs dans un village royal ; de faire voir comment ce village, créé par un principe essentiellement contraire au principe féodal et unique possession du roi, est devenu ensuite la proie de différents seigneurs. Pour cela, il est indispensable d'entrer dans quelques détails sur cette grande forme de gouvernement, qui confondait la propriété avec la souveraineté.

En France, la féodalité n'est pas immédiatement sortie de la conquête, elle pouvait en être le résultat. L'état du monde romain au ve siècle et les mœurs germaines concouraient également à la produire. D'un côté la force qui donne, de l'autre la faiblesse qui demande : voilà les deux sources primitives rationnelles de la féodalité. Mais elle eut à lutter, comme on l'a si bien dit, contre les souvenirs de l'Empire romain et contre les essais de centralisation des Mérovingiens et de Charlemagne.

A la mort du grand Karl, l'usurpation des grands officiers détermina la révolution féodale et n'en fut cependant pas le vrai caractère. Elle démembra l'Empire, et après lui chacune des monarchies qui en était sortie. Mais, dans ce morcellement, rien ne révèle encore la féodalité. Allons plus loin. Le pouvoir, si faible dans la main des successeurs de Charlemagne, devint-il plus fort dans celles des ducs et des comtes ? Non.

Au-dessous du duc ou du comte usurpateur se dresse l'usurpateur vicomte. Au-dessous ou à côté de lui, tout seigneur laïque ou ecclésiastique voulut se rendre indépendant ; tout propriétaire voulut être seigneur, tout tenancier propriétaire, et ainsi de suite, sans qu'il soit possible de déterminer la limite précise où s'arrêta le mouvement révolutionnaire, ni de le caractériser autrement que par cette terrible antithèse : Du gouvernement se résolvant en propriété et de la propriété s'érigeant en gouvernement.

Ces deux tendances contraires semblaient devoir se neutraliser et se paralyser l'une l'autre. Il n'en fut rien. Dans la marche de l'humanité, deux tendances contraires et de même force ne s'annulent pas, elles se combinent, produisent un fait nouveau.

Pour concevoir comment cette combinaison s'opéra, il faut se rappeler que, dès les premiers temps qui suivirent la conquête de la Gaule, il s'établit deux genres de propriétés bien distincts : l'alleu et le bénéfice.

L'alleu, propriété indépendante, patrimoniale, héréditaire, et qui semble avoir pris son origine dans le partage de la conquête ;

Le bénéfice, propriété concédée, semblable d'abord à la simple possession, révocable quoique tendant de sa nature à l'hérédité, mais ne pouvant être aliénée ni transmise sans le consentement du donateur : on sait qu'elle avait pris son origine dans les mœurs des Germains.

Ce fut pourtant cette propriété tronquée qui l'emporta tout d'abord sur sa rivale, et, trop faible dans son indépendance, l'alleu alla se fondre peu à peu dans le bénéfice, propriété conditionnelle, mais protégée, dépendante, mais comblée des faveurs du chef.

Telle est la première période non de la féodalité, mais de la gestation féodale, c'est-à-dire de cette force naturelle des choses qui devait l'engendrer.

La seconde fut marquée par une violente réaction en faveur de l'alleu, quand le lien qui rattachait les bénéfices entre eux et tous ensemble au pouvoir central fut brisé, et que les grands fonctionnaires de l'Empire se furent rendus indépendants et propriétaires dans leurs gouvernements. Et sur quoi donc, en effet, allait porter l'exercice de ces gouvernements, si chaque propriété devenait à son tour souveraine, et sur quelle sécurité cette propriété souveraine pouvait-elle compter à son tour, s'il ne s'établissait un ordre, une combinaison hiérarchique qui, sans lui enlever son autonomie, la sauvât de sa propre faiblesse et donnât en même temps l'existence à un gouvernement régulier.

Entre l'allod, renaissant de ses cendres, et le féod ainsi attaqué ; entre l'indépendance barbare, relevant de nouveau sa tête menaçante, et le faible lien social ainsi rompu, lois, propriété, gouvernement, tout semblait devoir s'abîmer dans un épouvantable chaos. Le fief naquit, et tout fut sauvé.

Le fief, propriété féodale, nous semble avoir revêtu quelques-uns des caractères de l'alleu et gardé les principaux caractères du bénéfice.

Comme l'alleu, il fut patrimonial, héréditaire et se gouvernant par lui-même.

Comme le bénéfice, il releva d'une propriété supérieure, lui dut foi et hommage, fut tenu envers elle au service militaire et judiciaire, et fut de même sujet à révocation, à confiscation, s'il ne remplissait pas les charges imposées. Ainsi, le fief fut le résultat de la combinaison de l'allod et du féod, de l'alleu et du bénéfice : et peut-être eût-on mieux exprimé cette combinaison en disant : *Féodalodité*.

Dans un pareil système, l'homme n'entrait en rapport avec l'homme que par l'entremise de la terre. La condition des terres entre elles détermina donc celle des hommes entre eux. Or, quelle fut cette condition des terres, puisque la souveraineté et la propriété sont ici mêlées et confondues? Il y eut d'abord la terre souveraine, l'unité; puis la terre vassale, fraction de l'unité, et la terre vassale devenait à son tour souveraine de la terre sous-vassale, fraction de fraction.

Il y eut de même un suzerain, un seigneur intermédiaire et des vassaux, ou plus simplement des vassaux et des vavassaux. Mais, à aucun degré de la hiérarchie, la propriété ne constituait un droit absolu, elle se rapproche toujours, par quelque côté, de la simple possession. En effet, au sommet de l'échelle, c'est-à-dire au point où la propriété féodale touche à l'alleu, elle est encore enchaînée. L'alleu lui-même ne pouvait être aliéné, sans le consentement de tous ceux qui étaient intéressés à sa conservation.

Nous savons donc maintenant ce qu'on doit entendre par fief : c'est une terre concédée par un seigneur dominant à un vassal. Il y avait à Angerville plusieurs fiefs, conséquemment plusieurs seigneurs ; et comme les seigneurs ne cultivaient pas eux-mêmes leur terre, ils avaient un intermédiaire, une sorte de fermier qui, moyennant un cens, la dîme, le champart, cultivait, récoltait et se reconnaissait le vassal de son propriétaire, de son seigneur. Plus on possédait de terre, plus on pouvait avoir de vassaux. Quand, dans un village, on avait la plus grande partie des habitants comme vassaux, on prenait le titre de seigneur de ce village, et, comme le besoin de posséder est insatiable, non content de droits sur la terre, on cherchait à usurper la justice sur les personnes. Si, dans ce même village, se rencontraient plusieurs prétendants, plusieurs suzerains rivaux, il survenait toujours des contestations au sujet de droits à percevoir ou de titres de seigneurs à prendre. C'est précisément ce qui est arrivé pour Angerville. Dans le principe, notre village appartenait au roi ; mais les abbés de Saint-Denis, mais les seigneurs de Méréville convoitaient ce territoire, ce hameau situé au milieu de leur domaine.

Le roi, de son côté, tenait à le conserver alors qu'il lui fallait, de distance en distance, certains postes, certains villages habités par des hommes dévoués, des vassaux qui, au premier signal, se levaient en masse pour faire rentrer dans le devoir, dans l'obéissance les seigneurs laïques, inquiets des progrès de la centralisation qui menaçait de les soumettre au pouvoir royal, de leur enlever tous leurs droits et priviléges. Il semblait que la centralisation était l'ennemi le plus redoutable de ces seigneurs, vils instruments de la féodalité, dont les vassaux étaient taillables, corvéables à merci et miséricorde. Leur tyrannie dans nos campagnes était d'autant plus odieuse que, vivant au milieu de leurs serfs, ils pouvaient à chaque instant, suivant leur gré, exercer leur puissance absolue. Aussi, rien n'échappait à leurs passions. Tout était esclave de leurs vices. Dans un tel état de choses, la justice, la morale, la dignité humaine étaient singulièrement froissées. Partout, au lieu du *fœdus*, du lien, il y avait décentralisation dans l'administration de la justice ; il y avait sacrifice de la vie sociale à la vie individuelle, indifférence de la vie politique et esprit d'hérédité, de conservation dans la famille du seigneur.

Nulle part se rencontrait cette égalité morale, qui fait le plus beau titre de gloire de nos sociétés modernes. Telle était, en général, la situation des campagnes sous l'empire des seigneurs laïques. Mais, dans notre Beauce, au xiie siècle, la féodalité a marché sur deux lignes parallèles : l'une, celle que nous venons suivie par les seigneurs laïques, l'autre par les seigneurs ecclésiastiques. C'était, en quelque sorte, l'élément germain et l'élément romain se continuant à travers les âges sans se rencontrer. En effet, de ces deux féodalités, l'une est militaire, l'autre religieuse : celle-ci est l'ennemie des rois, celle-là leur plus ferme appui. Quel est le cri de guerre au moyen-âge? Montjoie et Saint-Denis. Ce cri, le roi l'a-t-il poussé, Saint-Denis déploie l'oriflamme ; le roi meurt, Saint-Denis lui ouvre ses caveaux. Ces deux puissances étaient tellement unies, que le génie ombrageux de la révolution ne les séparait pas, quand il voyait encore, en ces temps de trouble, la royauté vivante dans la poussière sépulcrale de l'abbaye.

Or, les abbés de Saint-Denis étaient les seigneurs religieux les plus puissants de notre contrée ; ils étaient aussi les plus riches, les plus instruits ; ils pouvaient aussi faire plus de sacrifices pour leurs vassaux. Il y avait chez eux plus de protection, plus d'humanité envers les hommes, plus de respect pour leur terre. Ils dûrent nécessairement augmenter plus facilement leurs propriétés, leur puissance, en se conciliant l'esprit des populations agricoles qui, chaque année, avaient considérablement à se plaindre des dommages causés par le droit de chasse dont les seigneurs de Méréville usaient et abusaient. Cette influence morale des abbés de Saint-Denis, unie à l'autorité royale, ne tarda pas à ébranler fortement le pouvoir féodal, et quantité de serfs affluèrent sous l'oriflamme de Saint-Denis ou sous la bannière du roi.

Angerville, enfant du roi, indépendante dès son origine, n'eut pas à souffrir la tyrannie des seigneurs laïques. Elle était, sous ce rapport, dans des conditions excellentes pour se développer paisiblement à l'ombre des priviléges royaux.

Il y avait dans cette bourgade un germe de municipalité, un sens communal beaucoup plus développé qu'à Toury, village monacal, qu'à Méréville, village seigneurial. Ses habitants, relevant immédiatement du roi, n'eurent, dans le principe, rien à débattre avec les seigneurs féodaux ; ils furent soumis à des coutumes beaucoup plus douces, dont ils avaient la garantie dans leur charte de priviléges. Ils constituait les premiers échelons de la hiérarchie royale. En eux était tout le germe de la nationalité.

Les villages de notre Beauce furent, en effet, avec l'Église, le plus ferme appui de la royauté. Soutenue de leur dévoûment, elle sut se relever de l'état de dégradation dans lequel elle était tombée sous les faibles successeurs de Charlemagne, et triompher de la féodalité. Mais, par un retour singulier, après avoir aidé à renverser les seigneurs féodaux, notre bourg royal en devint lui-même vassal quand, la terre n'étant plus souveraine, le village perdit toute l'influence qu'il avait eue au moyen-âge et ne devint plus nécessaire à la royauté qui avait subjugué les villes. Ses priviléges se fusionnèrent alors dans les coutumes, et au lieu de relever immédiatement de la justice du roi, ils relevèrent de la coutume d'Orléans ou d'Étampes, ou bien même il tomba sous celle des seigneurs voisins qui l'avaient envahi, et, chose plus singulière encore, ce village royal eut, à partir de cette époque, comme nous l'avons vu, beaucoup plus à souffrir de l'établissement de la royauté que de la féodalité. Cependant ce système a eu sa raison d'être ; car pour nous l'évolution d'un ensemble d'hommes est semblable à l'évolution d'un seul. Les sociétés ont leurs âges, et la féodalité nous semble avoir été l'enfance de la société française. Il n'y avait alors aucun équilibre entre la raison et le sentiment. C'était une époque de transition. Tuer le despotisme et l'esclavage, telle était sa mission ; mais, placée entre l'ancien droit romain et l'indépendance barbare, destinée à remplacer l'une et l'autre, le travail, de sa croissance fut pénible ; elle fut anarchique et faible, et n'atteignit pas tout son développement. Nous n'avons ni à la mépriser ni à la regretter, elle a été ce qu'elle devait être. Cette foi vive, ce violent esprit d'indépendance a été nécessaire à la force, à la maturité de la société. C'est le même phénomène qui se présente chez l'homme. Pendant sa jeunesse, la constitution n'existe pas encore ; il n'y a pas d'équilibre dans le mouvement de composition et de décomposition. Il n'est vraiment adulte, vraiment fort qu'après avoir atteint cette harmonie, c'est-à-dire quand la raison et le sentiment, quand les sens qui sont peuple écoutent le cerveau qui est chef, et réciproquement.

<small>+ s'harmonisent</small>

Néanmoins, ce système féodal avait poussé de telles racines qu'il subsistait encore au temps de Louis XIV. On retrouvait ses institutions dans l'administration de la justice, de la guerre et des finances. Les fiefs existaient, et chaque seigneur avait ses droits de justice sur ses vassaux, ainsi que le champart, le minage sur les terres. Il y avait encore des baillis, des sénéchaux devant lesquels on portait l'appel de ces justices seigneuriales. Angerville va nous permettre de juger tout ce qu'il y avait de défectueux dans l'administration de la justice, même à cette époque. Depuis plusieurs années déjà, les dames de Saint-Cyr, successeurs des abbés de Saint-Denis dans leur seigneurie d'Angerville, résistaient à M. Delpech, conseiller au Parlement et successeur des seigneurs de Méréville qui contestaient leurs droits. Poussées à bout, elles firent rédiger un mémoire sur l'état de leurs droits, ainsi que de ceux de M. Delpech, à Angerville, dont voici la teneur :

« Les domaines et droits de mesdames de Saint-Cyr dans la Beauce, à cause de la manse abbatiale de l'abbaye de Saint-Denis, sont des plus anciennes possessions de l'abbaye. La charte de Robert, roy de France, du 8 des Calendres de janvier, indiction II, la première année de son règne, revenant au 25 de janvier de l'an de J.-C. 998, en est une preuve indubitable. Ce prince confirma par cette charte les religieux, en la possession et jouissance des biens qui leur appartenaient dans la Beauce, et entre autres de *(Waconisualis)* Guillerval et de ses colonies et dépendances, lesquelles n'y estant pas exprimées nommément, se trouvent limitées à la paroisse entière de Monerville et à une partie de celle d'Angerville, par le procès-verbal de rédaction de la coustume d'Estampes du mois de septembre 1556, auquel le reverendissime cardinal de Bourbon, abbé de Saint-Denis, et les religieux de ladite abbaye assistèrent, par M. Nicola Camus, procureur au bailliage d'Orléans, leur procureur à cause de leur chastelnie de Guillerval, Monerville et Angerville en partie. Pour connoistre cette partie de la paroisse d'Angerville qui dépend de la chastelnie de Guillerval, il est nécessaire de distinguer la dite paroisse en deux parties : l'une intérieure, l'autre extérieure. Cette dernière partie comprend les hameaux et territoirs de Villeneuve-le-Bœuf, Guestreville, Ouestreville et la Selle, sur lesquelles mesdames n'ayant aucun droit de seigneurie ny de justice. Il n'en sera pas parlé davantage. La partie intérieure comprend le bourg et territoire proprement dit d'Angerville, qui contiennent ensemble onze cents arpens ou cent dix muids de terre, joignant vers l'orient au territoire de Montrau de la paroisse de Merainville, et de toutes autres parts à ceux cy dessus. C'est sur ce bourg et son territoire que s'estend la chastelnie et conséquemment la haute justice d'icelle. Le bourg contient environ vingt-cinq arpens clos de murs et de fossés mal entretenus. Il est traversé par le chemin d'Orléans à Paris qui fait sa principale rue. Son église, ancienne, petite, mal construite, est desservie par un curé à la présentation de l'official ou du doyen de Chartres. Ledit bourg et son territoire sont partagés en cinq seigneuries, çavoir : de Saint-Denis, de Sainte-Croix-d'Estampes, de Brijolet, d'Ouestreville et de Merainville.

SEIGNEURIE DE MESDAMES DE SAINT-CYR, A CAUSE DE LA MANSE ABBATIALE DE SAINT-DENIS.

« Elle consiste en ses anciens droits et en ceux réunis à son domaine. Les droits réunis consistent en censives, champarts, courtage des vins et minage des grains ; les anciens consistent en plusieurs vassaux aux droits honorifiques de l'Église et au droit de haute justice sur le bourg et territoire d'Angerville.

Censives, champarts, courtage et minage.

« Noble homme, Gilles Poinville, et noble dame madame Ysabel, sa femme, possédoient anciennement un fief à Angerville, mouvant en plein fief de l'abbaye de Saint-Denis, qu'ils vendirent au proffit de l'office des charités de la dite abbaye, par contrat passé pardevant Thibaut Grasle, prévost d'Yenville, le dimanche d'après la Saint-Estienne de l'année 1303. Et messire Jean du Chasteau, chevalier, sire de Nangis en Brie, ayant aussi vendu, au proffit des dites charités, un autre fief scitué en la ville et au terroir d'Angerville, mouvant en plain fief du dit Gilles Poinville et en arrière fief de l'abbaye, le dit Poinville et sa dite femme louèrent, attefièrent et confirmèrent bonnement la dite vente par le dit contrat de l'année 1303. Ces domaines et droits, acquis au proffit des charités, et depuis unis à la manse abbatiale en eschange d'autres droits qui appartenoient à l'hostellerie de la dite abbaye, consistoient :

« *Premièrement.*—En une maison, grange, place ou espace contenant un arpent, qui servoit à mettre les champarts et les dixmes.

« *Deuxièmement.* — En terres labourables dont la quantité n'est point marquée.

« *Troisièmement.* — En censives.

« *Quatrièmement.* — Au droit de dixme sur les terres des religieux et sur toutes celles que l'on tenoit d'eux en cens et en autres manières.

« *Cinquièmement*. — Au droit de champart de toutes les terres que les dits religieux tenoient en leur propre domaine, et sur toutes les terres qui estoient tenues d'eux à cens ou autrement.

« *Sixièmement*. — En corvées, forages, hosties et autres droits.

« *Mesdames ne possèdent aujourd'huy* de ces droits et domaines qu'une censive portant *lods et rentes* de vingt deniers pour livre, sur quelques maisons et sur environ dix-huit muids ou cent quatre-vingts arpents de terre, en plusieurs *champtiers* et réages, nommés les terres de Saint-Denis, à raison de quinze deniers pour setier ou de quinze sols pour muid ; droit de champart des grains que produisent les mesmes terres, à raison de la douzième gerbe rendue à la grange champarteresse du fermier ; droit de courtage, à raison d'un sol pour poinçon de vin vendu en gros sur la place d'Angerville ; et celuy de minage, à raison de six deniers pour mine des grains vendus sur la dite place. Lesquels droits sont affermés, avec le *notariat* et le greffe de la dite chastelnie à Angerville, cinq cens livres par an. Ces droits, si anciens et réduits à si peu de chose, souffrent néanmoins des contradictions, car :

« *Premièrement*. — Ne se trouvant point de papier terrier ni conséquemment de reconnoissance de la censive et du champart, le fermier a tous les ans de nouveaux procès contre les redevables des dits droits qui les luy refusent et qui achèveroient de les anéantir si l'on ne leur faisoit reconnoistre incessament.

« *Deuxièmement*. — M. Delpech prétend que la perception des droits de courtage et de minage peut préjudicier à ceux de la seigneurie. Il a fait deffendre au sieur Dessaux, fermier, de les louer ; l'on ne voit rien en cela de nouveau que de la part de M. Delpech.

« Il paroist, au contraire, de la part de mesdames que, par contract passé par devant Jacques Courtois, notaire gardenottes pour monseigneur l'abbé de Saint-Denis, à Angerville, le 20 octobre 1633, M. Pierre Savouré, receveur de la terre et seigneurie d'Angerville pour mondit seigneur, a fait bail pour neuf années, avec promesse de garantie, à Michel Bourdeau, tailleur d'habits à Angerville, des dits droits de minage et de courtage et mesme du droit d'aulnage et de plassage apartenant au dit seigneur abbé, au dit bourg d'Angerville, pour en jouir comme il en avoit déjà jouy, moyennant la somme de deux cens livres par chacun an ; lue par sentence du bailly de Guillerval du 13 may 1648. Martin Menault fut condamné à payer le droit de minage à Lucas Rabourdin, fermier de la dite seigneurie, et que le dit Rabourdin ayant contestation pour raison du mesme droit, le dit bailly de Guillerval fist une enqueste le 9 aoust 1651, dans laquelle M. Jean Percherau, alors âgé de soixante-treize ans, déposa qu'il l'avoit levé sans trouble aux années 1608 et 1609 ; et Pierre Fanuet, âgé de cinquante-quatre ans, dist l'avoir aussy levé sans trouble pendant six années commencées environ vingt-huit ans avant l'enqueste, c'est-à-dire avant l'année 1623. Ces preuves estant suffisantes pour conserver mesdames en la possession et jouissance de ses droits de courtage et de minage, l'on ne pense pas que M. Delpech en puisse empescher la perception.

FIEF DES MURS-NEUFS D'ANGERVILLE.

Vassaux.

« Le fief des Murs-Neufs d'Angerville consiste :

« *Premièrement*. — En une grande maison et colombier à part, tenant à l'église et au cimetière.

« *Deuxièmement*. — En treize muids de terre labourable, au lieu de dix qu'il contenoit anciennement.

« *Troisièmement*. — Au droit de champart, à raison de la douziesme gerbe rendue à la grange champarteresse.

« *Quatrièmement*. — Au droit de dixme des grains que produisent les terres des dits domaines et champarts, qui ne se lèvent néantmoins plus de temps immémorial.

« *Cinquièmement*. — En une censive sur quelques maisons et terres du dit bourg et territoire.

« *Sixièmement*. — En plusieurs vassaux qui en tiennent en plain fief et en arrière-fief, des dites dames de Saint-Cyr, dix maisons et dix muids de terre.

« *Septièmement*. — Au droit de moyenne et basse justice sur toutes les dites terres qui contiennent ensemble plus de sept cens arpens.

« Il apartient à mesdemoiselles de Gervilliers, filles mineures des deffuncts sieur et dame de Gervilliers, sçavoir : moitié de la succession de la dame leur mère, qui estoit fille et héritière de messire Louis de Reviers, escuier, seigneur de Mauny ; et l'autre moitié, de la succession du sieur de Gervilliers, leur frère aisné, tué au siége de Barcelone depuis le décéds de la dite dame leur mère. Elles le tiennent en plain fief, foy et hommage, des dames de Saint-Cyr, ainsy qu'il paroist par les aveux et dénombremens de Jean Dupont, escuier, damoiselle Gilette Dupont, sa sœur, Pérette de Magnac, veuve de Clément de Reilhac, avocat du roy au Parlement, Marc de la Rue, baron de Thour en Champagne, damoiselle Gabrielle de Reviers, fille majeure de Gabriel de Reviers et de damoiselle Renée de la Rue, et le dit messire Louis de Reviers, escuier, seigneur de Mauny, en ont rendu aveux à l'abbaye de Saint-Denis, le 20 juillet 1357, vendredy d'après la Magdelaine 1374, 30 octobre 1400, 20 juin 1547, 22 décembre 1599 et 26 octobre 1659.

« A l'exception d'une partie des dixmes ou des champarts qui relevoit anciennement de Jean de Fraville, escuier, et depuis du seigneur de Mérainville, le premier des aveux excepte indéfiniment ce qui en estoit deub du dit de Fraville, ceux des années 1374 et 1400 limittant cette exception au quart de la dixme, mais ceux des années 1547, 1599 et 1659 n'en font aucune exception.

« M. Delpech prétend néantmoins que les trois quarts du dit droit de champart relèvent de luy en plain fief, à cause de sa seigneurie de Mérainville, et l'autre quart des dites dames, sur le fondement d'un aveu que messire Jean Desmontiers a donné au roy le 24 octobre 1639, de la dite seigneurie de Mérainville, dans lesquels il les a employés, conformément à un aveu qu'il dit luy en avoir esté donné par damoiselle Gabrielle de Reviers, dame des Murs. Mais cet aveu ne peut rien changer à la disposition des anciens, par plusieurs raisons et particulièrement par la prudence que la dite damoiselle a eu de les emploïer, pour mieux connoistre et discerner les dites mouvances et ne les point confondre; d'où il suit que l'on pourrait prendre droit par ceux des années 1547 et 1599, ainsy que de celuy de l'année 1659 : est conforme et conclure qu'il n'y a nulle exception à faire puisqu'ils n'en font aucune. Mais, parce que l'on peut présumer que ces trois aveux sont deffectueux en cet endroit aussi bien que celuy de l'année 1639, il est nécessaire de remonter plus haut et de convenir, conformément aux aveux des années 1374 et 1400, que le quart de la dixme qui apartient au dit fief des Murs, relève de Mérainville. Or, cette dixme ne se lève plus, ainsy qu'il a esté dit cy dessus, et le champart se lève annuellement. Si donc l'on substitué le champart au lieu de la dixme, l'on tirera une nouvelle conclusion que tout le fief relève de mesdames, à l'exception du quart du champart qui relève de Mérainville. Ce qui ne diffère que d'un douzième de ce que M. Delpech peut prétendre au dit droit de champart, suivant l'aveu que Pierre de Reilhac, escuier, seigneur de Mérainville et du dit fief des Murs, a donné à haut et puissant prince Jean de Foix, comte d'Estampes (1), le 27 juin 1482, de la dite seigneurie de Mérainville, dans lequel il emploia cette portion du dit droit qui est à lui, en ces termes : « *Item,* la tierce partie par « indivis des champarts d'Angerville, qui me sont dubs à cause « de mon chastel et seigneurie des Murs, assis au dit lieu « d'Angerville.

(1) Original au Trésor d'Estampes.

FIEF DE LESTOURVILLE.

« Ce fief, anciennement nommé le fief de la Porte, ensuite le fief des Mariettes, à présent le fief de Lestourville, pour avoir apartenu à des personnes qui ont porté ces noms, a apartenu ensuite en partie à messire de Poilou. Après lesquels, le tout a été réuni et possédé par M. de Hallot, *idem* seigneur de Lestourville. Il apartient présentement à M. Hardy des Ajoux, procureur au Chastelet de Paris, rue Quincampoix. Il consiste en 32 livres parisis valans 40 livres tournois de mêmes cens, à prendre sur plusieurs maisons du bourg d'Angerville et sur les quarante-huit muids de terre et champart des Murs, à raison de 15 deniers pour setier. Il relève indivisement de mesdames de Saint-Cyr et de M. de Mérainville, sçavoir : un tiers de mesdames de Saint-Cyr, suivant l'aveu que Guillaume de Prunelay a donné à l'abbaye de Saint-Denis le 11 février 1377, et qu'il est plus particulièrement expliqué aux aveux des années 1547, 1599 et 1699 ; et les deux autres tiers du seigneur de Mérainville, ainsy qu'il paroist par ces trois derniers aveux et par celuy que Pierre de Reilhac a donné au comte d'Estampes en l'année 1482, dont voicy les termes : « *Item,* Hugues Pru- « nelay, escuier, seigneur de la Porte, tient de moy les deux « parts par indivis du gros cens d'Angerville. »

« M. Delpech prétend néantmoins que le tout soit en sa mouvance. Aussy, sur le principe de cet aveu que le seigneur de Mérainville a donné au roy en l'année 1639, quoy qu'en l'expliquant au pied de la lettre, il soit conforme à ceux dont l'on vient de parler, car il ne contient que 22 livres parisis des dites censives, qui ainsy ne font peu plus des deux tiers des 32 livres parisis portées aux aveux anciens, notamment en ceux des années 1547 et 1599 auxquels ceux des années 1482 et 1659 sont conformes. Et quand il seroit vray qu'il contiendroit quelque disposition contraire, M. Delpech ne pourroit en tirer avantage, puisque ces anciens aveux y sont employés pour une plus particulière distinction des dites mouvances.

C'est cette petite mouvance mal entendue qui a donné lieu à la prétention que MM. de Mérainville ont eu au droit de justice sur les maisons et terres sujettes à cette censive ; laquelle prétention n'a encore eu aucun effet, parce qu'elles sont sous la haute justice de mesdames, ainsy qu'il sera dit plus particulièrement dans la suite. »

Dans un autre mémoire, fait postérieurement, nous voyons qu'il fut fait de la censive de Lestourville un cueilloir en forme de papier terrier, en l'année 1522, où il paraît qu'elle se levait sur la quantité de trente-trois maisons et quelques autres héritages du bourg (non clos) d'Angerville, et sur trois cent soixante-cinq arpents neuf boisseaux de terre, égaux à trente-huit muids onze boisseaux, chargés ensemble de 29 livres 12 sols tournois, savoir : les maisons et héritages du bourg, de 38 sols 8 deniers ; et les terres, de 27 livres 13 sols 4 deniers. Il en a été fait un autre papier terrier, par Pierre Savouré, notaire royal à Angerville, pour messire Sébastien Hardy, en l'année 1622, par le dépouillement duquel il s'est trouvé qu'elle se levait sur quatre-vingt-trois maisons et autres héritages du bourg, et sur trois cent quatre-vingt-neuf arpents huit boisseaux de terre, égaux à quarante muids sept septiers un quart, et que le tout était chargé de 32 livres 9 sols 2 deniers tournois, savoir : les maisons, de 40 sols 1 denier ; et les terres, de 30 livres 9 sols 1 denier.

Le nombre des maisons est bien plus grand dans ce dernier terrier qu'au premier, et celui du dernier est encore augmenté. Cela ne procède que des divisions et subdivisions qui en ont été faites depuis, comme il a paru par les applications que l'on a faites desdites charges aux portions de ces maisons qui dominent les portes.

La quantité des terres est aussi augmentée de vingt-quatre arpents depuis le premier jusqu'au dernier terrier, et de neuf arpents depuis ce dernier jusqu'à présent. On croit que l'augmentation de vingt-quatre arpents dudit terrier est réelle, parce que les pièces doivent être employées dans l'un et l'autre pour ce qu'elles contiennent, et cela ne peut procéder que de l'une de ces deux causes ou des deux ensemble, savoir : que cette quantité de vingt-quatre arpents avait été omise au premier terrier, ou qu'elle a été prise sur les champarts négligés de l'abbaye de Saint-Denis pour être employées au terrier. Quoi qu'il en soit, cette longue possession ne permet pas que l'on en fasse une autre recherche ; et à l'égard de cette quantité de neuf arpents, dont les plans excèdent le contenu, au terrier de l'année 1622, l'on estime qu'elle procède de ce que l'on appelle bonne mesure, qui va ordinairement dans la Beauce à trois perches pour arpent.

Droit de justice.

« Le bourg et territoire d'Angerville, faisant partie de la chastelnie de Guillerval, il suit nécessairement qu'ils sont sous sa haute justice. Et pour cette raison, les seigneurs du fief des Murs ont reconnu, par leurs aveux des années 1357, 1374, 1400, 1547, 1599 et 1659, que les terres chargées du droit de champart qui en depend sont sous la justice de Saint-Denis, qui ne peut estre moindre que la haute, puisqu'il avoient droit de moyenne et de basse justice sur toutes terres dependantes du dit fief, ainsy qu'il paroist par les mesmes aveux. Ce droit a néantmoins receu des contestations en différens temps, sçavoir : au xiiie siècle, de la part de Guillaume et Jean de Ligneris, seigneurs de Mérainville ; au xvie siècle, de la part du substitut de M. le procureur général du roy au baillage d'Estampes, lors de la rédaction de la coutume du dit baillage, en l'année 1556, sur laquelle les parties furent renvoiées en la cour du Parlement au lendemain des Roys de l'année suivante ; et au commencement de celuy ci, de la part de messire Jean Desmontiers, escuier, aussy seigneur de Mérainville. La première de ces contestations fut jugée par deux sentences : l'une provisoire, de M. le bailly d'Orléans, du mardy d'après la Nativité de Nostre Seigneur, l'an 1295 ; l'autre deffinitive, du prévost d'Yenville, du vendredy d'après la feste de Nostre Dame en mars, l'an 1301 (1), par lesquelles le dit seigneur abbé et les religieux furent maintenus et gardés au dit droit de haute justice. L'on ne peut douter que le Parlement les y a aussi maintenus et gardés sur la contestation du substitut de M. le procureur général au baillage d'Estampes, car ils ont toujours esté apelés aux assises du dit baillage, comme mesdames le sont à présent, à cause de leur haute justice de Guillerval, Monerville et Angerville, qui a esté exercée jusqu'à présent en leur nom, sans trouble de la part du dit substitut de M. le procureur général du roy. La troisième contestation y a enfin donné des atteintes, après un procès de trente-deux ans, dont voicy le commencement : Messire Jean Desmontiers ayant pris pour trouble au droit de justice qu'il prétendoit avoir à Angerville, un adjournement fait à François et Jean Bourdeau, meusnier au dit lieu d'Angerville, pour procéder en la justice de Saint-Denis, messire Louis de Lorraine, abbé de la dite abbaye, en avoua ses officiers. Ce qui donna lieu à un procès aux requestes du palais, où il intervint sentence le 28 avril 1600, par laquelle le dit sieur de Mérainville fut maintenu et gardé en possession et saisine d'avoir droit de justice, tabellionnage ou notariat, péage et traverses, à Angerville et nottament sur la maison où pendoit pour enseigne : *le Regnard*, et sur celle des dits François et Jean Bourdeau, jadis nommée : *le Logis de la Selle*, et autres mentionnées au procès de laquelle le dit sieur abbé, ayant interjetté appel, arrest du Parlement, intervint le 18 décembre 1604, qui mit l'appelation et sentence au néant; émendant, maintint et garde, le dit Desmontiers, en possession et saisine de ses droits de tabellionage et de justice, aux lieux et maisons mentionnés au procès ; et avant que de procéder sur le péage et traverses, ordonna que les parties contesteroient plus amplement. Cet arrest fust suivi d'un second, du 8 juin 1624, qui, en adjoutant au premier,

---

(1) Ne se trouve plus ; est énoncée dans la *Sentence des requestes du Palais* du 28 avril 1600.

a maintenu et gardé le dit Desmontiers, à cause de la chastelnie de Mérainville, en possession et saisine des droits de justice au dit Angerville, spéciallement des lieux et maisons où estoient pour enseigne : *l'Image, Saint-Jacques, le Regnard, la Scelle, le Plat d'estain, l'Escu, le Lyon* et *les Rois*. Ces arrest n'eurent pas d'abord leur exécution. Il paroist, au contraire qu'ils furent suivis de nouvelles contestations, sur lesquelles il en intervint un troisième le 21 janvier 1631 (1) par lequel il fut ordonné qu'avant que de procéder au jugement des apellations et instances y mentionnées, descente seroit faite au bourg d'Angerville, par le commissaire raporteurs du dit arrest, par devant lequel les parties conviendroient de six anciens, pour montrer et enseigner les tenans et aboutissans des maisons seizes à Angerville, prétendues par le dit sieur de Mérainville estre de sa justice et seigneurie à cause de ces fiefs relevant de sa chastelnie de Mérainville ; et à cette fin, que exhibition leur seroit faite des aveux et autres titres concernant la dite prétendue justice et seigneurie. En conséquence duquel arrest, M. Claude le Clerc de Courcelles, conseiller en la cour, et les procureurs des parties s'estant rendus au bourg d'Angerville le 16 septembre au dit an 1631, le dit sieur de Courcelles dressa un long procès-verbal contenant, en cinquante-quatre articles, le dénombrement des maisons, jardins et autres héritages (2) que Veluot, procureur de M. de Mérainville, dist estre en la censive des fiefs de Brijolet, de Lestourville, des Murs et d'Ouestreville, et sous la haute justice et seigneurie de Mérainville, que les officiers d'icelle exerçoient en une place du dit Angerville au *veu et sceu* de Saint-Denis. Sur quoy Florentin Nau, procureur de M. l'abbé de Saint-Denis, dist que l'arrest interlocutoire du 21 janvier 1631 ayant jugé que la justice universelle dans l'estendue d'Angerville appartenoit au dit sieur

---

(1) Ne se trouve point au *Dépôt du Parlement ;* M. Delpech prétendait en avoir une copie.

(2) Existe dans l'*Inventaire de Saint-Cyr*.

abbé, il ne suffisoit pas de monstrer ny de donner les tenans et aboutissans des maisons sur lesquelles M. de Mérainville prétendoit avoir droit de l'exercer ; qu'il devoit le justiffier par titres, et particulièrement par les aveux de sa chastelnie. A quoy il ne fut pas satisfait ; et cependant, les dits Veluot et Nau, procureurs, produisirent pour témoins six anciens habitans de la dite paroisse d'Angerville, qui dirent unanimement que les maisons désignées et cottées au dit procès-verbal, estoient en effet en la censive des fiefs de Brijolet, de Lestourville, des Murs et d'Ouestreville ; que c'estoit tout ce qu'ils pouvoient dire sur ce dont il estoit question, fors qu'ils n'avoient jamais veu, les officiers de la justice de Mérainville, venir exercer la justice au bourg d'Angerville, comme le dit Veluot l'avait mis et fait au dit procès-verbal. Ce qu'il y a de certain, c'est que les officiers de Saint-Denis ont continué l'exercice de leur justice, tant en matière civile que criminelle, sur le bourg et territoire d'Angerville, à l'exception des maisons mentionnées en la sentence des requestes du palais de l'année 1600, et aux arrest des années 1604 et 1624, sur lesquelles le bailly de Mérainville a exercé la justice au lieu ordinaire de sa juridiction, au bourg de Mérainville. L'on peut dire que c'est, en effet, une atteinte aux droits de la justice de Saint-Denis, par deux raisons principalles :

« La première, c'est que Pierre de Reilhac, seigneur de Mérainville, qui devoit d'autant mieux connoistre ce qui pouvoit lui appartenir au bourg et territoire d'Angerville, qu'il estoit aussi le seigneur du fief des Murs, n'employa pas ce droit de haute justice dans son aveu de l'année 1482. Il se contenta d'y mettre la tierce partie par indivis des champarts du dit fief, et les deux parties aussi par indivis du gros cens d'Angerville, dont les autres parties apartiennent à l'abbaye, sous la haute justice de laquelle sont les maisons et terres sujettes aux dits droits, comme il est écrit cy dessus ;

« La seconde, c'est que François de Reilhac, chevalier, qui assista au procès-verbal de la coustume d'Estampes de l'année

1556, n'y prit point d'autre qualité que celle de sieur vicomte de Mérainville, et ne s'opposa point à celle que M. l'abbé de Saint-Denis y prist de seigneur chastelain de Guillerval, Monerville et Angerville en partie : d'où l'on peut conclure, assez naturellement, que ces anciens seigneurs de Mérainville n'y avoient aucun droit de seigneurie ny de justice. Aussy le dit sieur Demontiers n'a-t-il rapporté aucun titre au procès dont il vient d'estre parlé, et la sentence des requestes du palais n'a esté rendue que sur un long exposé des droits de la chastelnie de Mérainville, qu'il a estendus sur le bourg d'Angerville sans autre preuve que celle qu'il pouvoit tirer de l'exercice du dit droit de justice sur les maisons y mentionnées ; ce qui ne procédoit, comme M. l'abbé de Saint-Denis l'a mis en fait au dit procès, que de la mauvaise volonté de quelques-uns des anciens officiers de la dite abbaye, qui, l'estant aussi des seigneurs de Mérainville, la rendirent en leur nom, pour les favoriser au préjudice des droits du dit sieur abbé.

« M. Delpech n'est pas content aujourd'huy de l'avénement de ce procès ny de la diminution que les droits de l'abbaye en souffrent actuellement. Il prétend ne laisser à mesdames que la moyenne et basse justice sur les maisons et les terres de leur censive, et faire exercer en son nom la haute justice dans toute l'estendue du dit bourg et territoire d'Angerville. A l'effet de quoy il y a étably un procureur fiscal, un sergent voyer et un garde de ses chasses, ce que les précédens seigneurs de Mérainville ont si peu prétendu, que, procédant en la justice de Saint-Denis, il y est intervenu sentences les 3 et 22 avril 1682.

Officiers.

« M. Michel Peigné, avocat au baillage d'Orléans, assista au procès-verbal de rédaction de la coustume d'Estampes, en qualité de bailly de la chastelnie de Guillerval, Angerville et Monerville. M. Michel Larsonneau, commissaire du domaine d'Estampes, exerçoit la dite charge en l'année 1616. M. Louis Pelletier en estoit pourveu en l'année 1621. M. Macé l'exerçoit en l'année 1644. En l'année 1648, elle estoit exercée par M. Jean Ruzé, et après par M. Michel Ruzé, son fils. Il y avoit anciennement, proche l'église, une maison où les officiers de l'abbaye rendoient la justice. Le pays est rempli de contracts et d'actes passés au tabellionnage de Saint-Denis, à Angerville. Les fourches patibulaires estoient au territoire de Guillerval, sur une pièce de terre que l'on appelle encore la Justice, près le chemin pavé d'Orléans à Paris, qui fut baillée à titre de cens il y a environ soixante ans.

Droits honorifiques.

« La maison seigneurialle d'Angerville, estant contiguë au cimetière et à l'église, les seigneurs de ce fief ont prétendu qu'ils estoient sur leur fond, et, conséquemment, qu'ils en estoient les fondateurs. Et pour cette raison, Marc de la Rue et messire Louis de Reviers, escuier, seigneur de Mauny, ayant employé ce droit de fondateurs, dans leurs aveux des 20 juin 1547 et 26 octobre 1659, le premier ne fut reçu qu'en ce qui estoit contenu dans celuy de damoiselle Gilette Dupont de l'année 1374, où il n'est point compris ; et cette article fut blâmé dans le dernier, attendu que l'avouant n'en avoit point de preuve. Aussi mesdames sont-elles mises seulles aux prières publiques de la dite église, comme MM. les abbés de Saint-Denis y ont esté mis avant elles, sinon comme fondateurs de l'église dans laquelle il y a une lettre aux armes de l'un deux, au moins comme seigneurs hauts justiciers d'Angerville ; et le seigneur des Murs n'y a aucune marque de seigneurie que son banc qui est dans le cœur, près le sanctuaire, au costé de l'évangile : ce que M. Delpech ne se propose pas de laisser en cet estat, car :

« *Premièrement*. — Il prétend oster le banc du seigneur des Murs, et en sa place y en faire mettre un à ses armes ;

« *Deuxièmement*. — Ayant la haute justice et la faisant exercer en son nom, comme il le prétend, il aura les prières nominalles de plain droit, à l'exclusion de mesdames.

SEIGNEURIE DE SAINTE-CROIX D'ESTAMPES.

« La seigneurie de Sainte-Croix d'Estampes conciste en 10 livres de censives, sur plusieurs maisons du bourg d'Angerville et sur environ cinq muids de terre, en plusieurs pièces et divers champtiers du dit territoire, à raison de 20 deniers pour mines. »

Tels sont les seuls renseignements que donne le mémoire sur cette seigneurie. Une note nous apprend que le sieur Retté, alors notaire à Angerville, avait promis les titres en copie, qu'ensuite il les a refusés. Un autre mémoire nous dit que les vénérables chanoines et chapitre de l'église collégiale de Sainte-Croix d'Étampes avaient droit de lever une censive sur vingt-trois maisons du bourg d'Angerville, et sur quatre-vingt-dix-huit arpents de terre, égaux à dix muids cinq mines, en divers champtiers et réages, à raison de 15 sols pour muid, suivant les mémoires et les plans dudit bourg et territoire.

Ces mémoires sont assez conformes à l'égard des maisons, ainsi que l'on trouve dans un papier de perception de ladite censive de l'année 1587 ; mais il y a une différence considérable à l'égard des terres, dont ce cueilloir ne comprend que soixante-dix-sept arpents sept boisseaux, c'est-à-dire vingt arpents trois boisseaux moins que les plans. Il eût été nécessaire que MM. de Sainte-Croix eussent communiqué leurs terriers, pour y rechercher la cause de cette différence.

MM. de Sainte-Croix prétendaient que cette censive leur avait été donnée, en aumône, sans aucune charge et indépendante de toute autre seigneurie, par les fondateurs de leur église. Il serait encore nécessaire d'en avoir les titres pour en certifier les possessions.

SEIGNEURIE DE BRIJOLET.

« La seigneurie de Brijolet concistoit, anciennement, en une mestairie de mesme nom, sciuée proche le bourg d'Angerville, sur le chemin de Villeneuve-le-Bœuf ; de laquelle il dépendoit une censive sur plusieurs maisons du dit bourg et sur la quantité de douze muids de terre, à raison de 25 deniers pour arpent. Ces terres estoient chargées du droit de champart, rendu à la grange champarteresse, à raison de la douziesme gerbe. Cette ancienne maison est entièrement démolie, mais les censives et champarts existent; ils appartiennent sçavoir : les deux tiers à mesdemoiselles de Gervilliers, et l'autre tiers à M. Daumont, procureur en la cour, et au sieur de l'Espinay d'Estampes, au lieu de la damoiselle Patin (1), qui les tiennent en plain fief de M. Dorsonville, à cause de sa seigneurie d'Ouestreville, et en arrière-fief de M. Ursin de Fontenelle, à cause du Petit-Arbouville. M. de Mérainville n'y a aucun droit de seigneurie directe ny indirecte, ainsy que Florentin Nau, procureur de M. l'abbé de Saint-Denis, le mist en fait au procès-verbal de l'année 1631. C'est néantmoins de ce fief que dépendent les maisons énoncées en la sentence des requestes du palais de l'année 1600, et aux arrest des années 1604 et 1624, dont les officiers de Mérainville exercent la justice. »

Un autre mémoire dit que d'après un aveu du 19 mars 1683, la seigneurie de Brijolet consiste entre autres choses : en 15 livres 3 sols 10 deniers de cens, à prendre sur trente-huit maisons et sur cent douze arpents soixante-six boisseaux de terre, égaux à treize muids et environ trois quarts, à raison de 15 sols le muid, et au droit de champart des mêmes terres, livrées à raison de la douzième gerbe rendue à la grange champarteresse.

Le fermier de Brijolet levait à cette époque les champarts sur cent cinq arpents sept boisseaux de terre, c'est-à-dire sur treize arpents un boisseau plus qu'il n'en a été employé audit aveu. On fait observer que la bonne mesure peut produire une bonne partie de cet excès. Le surplus peut y avoir été omis.

(1) Fille de messire Philis Patin, docteur en médecine de la ville de Chartres.

SEIGNEURIE D'OUESTREVILLE.

« La seigneurie d'Ouestreville, ainsy apellée à cause qu'elle dépend ou plutôt fait partie de celle du mesme nom, qui a un territoire particulier dont il a esté parlé au commencement de cet estat, conciste en une censive sur quelques maisons du dit bourg et sur environ cinq muids de terre, en diverses pièces et champtiers du dit territoire, à raison de 15 deniers pour setier. Suivant l'avis que l'on en a eu, le fermier de mesdames les croit néantmoins en fief. Elle apartient au dit sieur d'Orsonville, qui la tient en fief du dit sieur Ursin de Fontenelle.

« L'on ne voit pas que M. Delpech ait aucun droit de seigneurie sur les dits fiefs. Il se qualifie néantmoins seigneur de Brijolet. C'est peut-être à cause de la justice qu'il fait exercer sur sept maisons qui en dépendent. Il prétend s'ajouter le surplus et ce qui dépend des seigneuries de Sainte-Croix d'Estampes et d'Ouestreville, dont les officiers de mesdames ont exercé la justice jusqu'à présent. »

Nous trouvons ailleurs que cette seigneurie d'Ouestreville appartenait ci-devant à damoiselle Suzanne de Villeneuve, fille majeure, et à dame Marie-Élisabeth de Cambis, veuve de messire François-Théodore de Chambon, qui en ont donné leur aveu et dénombrement au sieur de Fontenelle, passé pardevant Pierre Laurent, notaire à Andonville, le 19 mars 1683.

Il y avait 40 sols 9 deniers de cens, à prendre et percevoir chacun an sur onze maisons du bourg d'Angerville et plusieurs vassaux qui tenaient en plein fief et arrière-fief dudit sieur de Fontenelle, deux autres maisons et la quantité de soixante-six arpents neuf boisseaux de terre et plusieurs réages et champtiers du territoire d'Angerville. On croit que ces maisons sont en effet de la mouvance et seigneurie directe d'Ouestreville, parce qu'il n'a encore rien paru qui en puisse faire douter. Et il y a apparence que la mouvance des terres était plus étendue qu'il ne paraît audit aveu, comme le prétendait le seigneur d'Ouestreville, parce que cette quantité de soixante six arpents neuf boisseaux est prise en plusieurs réages qui étaient vraisemblablement de même seigneurie, et contiennent ensemble quatre-vingt-quatorze arpents cinq boisseaux, c'est à-dire vingt-sept arpents six boisseaux de plus que l'aveu. On pourrait en juger autrement, à cause que ces terres inféodées sont franches des champarts ; et on pense que les propriétaires des terres voisines chargées de ce droit, spécialement à cause de la proximité, auraient pris occasion d'en servir le seigneur d'Ouestreville, pour les en affranchir.

SEIGNEURIE DE MÉRAINVILLE.

« Il résulte de ce que l'on vient de dire :

« *Premièrement*. — Que, aux termes de l'aveu donné au comte d'Estampes par Pierre de Reilhac, seigneur de Mérainville, en l'année 1482, le tiers indivis des champarts du fief des Murs, qui sont sous la haute justice de Saint-Denis, relève en plain fief du seigneur de Mérainville et en arrière-fief du comte d'Estampes : ce qui est presque conforme aux aveux du fief des Murs des années 1374 et 1400 ;

« *Deuxièmement*. — Que, suivant le dit aveu de l'année 1482 et ceux fournis à l'abbaye les années 1377, 1547, 1599 et 1659, les deux tiers aussi indivis de la censive de Lestourville, qui se lève sur plusieurs maisons d'Angerville et sur les quarante-huit muids de terres sujettes au champart des Murs, sous la haute justice de Saint-Denis, relevant de la dite seigneurie de Mérainville en plain fief, et en arrière-fief d'Estampes.

« C'est tout ce qui paroist apartenir à M. Delpech, à qui messieurs abandonneront, s'ils le jugent à propos, le droit de justice qu'il fait exercer sur les sept maisons dépendantes du fief de Brijolet, mentionnées en la sentence des requestes du palais de l'année 1600 et aux arrests des années 1604 et 1624.

PARALLÈLE DES DROITS DE MESDAMES DE SAINT-CYR, ET DES PRÉTENTIONS DE M. DELPECH.

Droits de Mesdames.	*Prétentions de M. Delpech.*
« Il a esté prouvé par la charte de Robert, roy de France, de l'année 998, et par le procès-verbal de la rédaction de la coustume d'Estampes de l'année 1556, que le bourg et territoire d'Angerville font partie de la chastelnie de Guillerval.	« M. Delpech prétend qu'ils sont sous sa chastelnie de Mérainville, et par cette raison, il se qualifie seigneur d'Angerville.
« Le fief des Murs, et toutes ses dépendances, relève de mesdames, à l'exception d'un quart de la dixme, suivant les aveux du dit fief des années 1374 et 1400, ou tout au plus d'un tiers du champart qui relève de Mérainville, suivant l'aveu de Pierre de Reilhac de l'année 1482.	« M. Delpech prétend que les trois quarts du dit droit de champart soient en sa mouvance, à cause qu'ils sont employés dans l'aveu que le seigneur de Mérainville a donné au roy en l'année 1639.
« Le tiers du fief de Lestourville, consistant en 40 livres de mesme cens, à prendre sur plusieurs maisons du bourg et sur les quarante-huit muids de terre et champart du fief des Murs qui sont sous la haute justice de Guillerval, relève de mesdames, suivant les aveux des années 1373, 1547, 1599 et 1659. Et les deux autres tiers, du seigneur de Mérainville, suivant l'aveu de la dite année 1482.	« M. Delpech prétend que tout ce fief relève de luy, en vertu du dit aveu de l'année 1639, et pour cette raison, il s'en dit le seigneur haut justicier.
« Mesdames ont droit de haute justice au bourg et territoire d'Angerville, suivant la sentence du bailly d'Orléans et du prévost d'Yenville des années 1295 et 1301, le procès-verbal de la coustume d'Estampes de l'année 1556, et les anciens fiefs des Murs des années 1357, 1374, 1400, 1599 et 1659.	« M. Delpech prétend que mesdames n'ont que moyenne et basse justice sur les maisons et terres de leurs censives seulement.

« Il a esté prouvé, par les dites sentences des années 1295 et 1301, par le procès-verbal de la coustume d'Estampes de l'année 1556, et par l'aveu de 1482, que les anciens seigneurs de Mérainville n'avoient aucun droit de justice au dit bourg et territoire, et qu'ils ne peuvent la faire exercer à présent, en vertu de la sentence et des arrests des années 1600, 1604 et 1624, que sur sept maisons.

« M. Delpech prétend avoir droit de haute justice sur toute l'estendue du dit bourg et territoire d'Angerville.

« Les précédens seigneurs de Mérainville reconnoissoient la haute justice de Saint-Denis, comme il paroist par sentence des 3 et 22 avril 1682.

« M. Delpech prétend qu'on ne doit reconnoistre que la sienne.

« L'on appelle tous les ans, aux assises du baillage d'Estampes, le bailly de Guillerval Monerville et Angerville, pour mesdames de Saint-Cyr, comme il l'estoit cy-devant pour M. l'abbé de Saint-Denis.

« Le bailly de Mérainville a répondu aux dernières assises pour la haute justice d'Angerville, qu'il a dit apartenir à M. de Mérainville.

« M. l'abbé de Saint-Denis avoit anciennement un poteau à ses armes au bourg d'Angerville, comme il paroist par la sentence des requestes du palais de l'année 1600.

« M. Delpech prétend avoir seul ce droit.

« Le seigneur de Mérainville n'avoit à Angerville qu'un notaire tabellion, en vertu de la sentence et des arrests des années 1600, 1604 et 1624.

« M. Delpech y a adjouté un procureur fiscal et un sergent voyer.

« Le bailly de Mérainville exerçoit cy-devant, au bourg de Mérainville, la justice des sept maisons esnoncées aux dits sentences et arrests.

« M. Delpech la fait exercer au bourg d'Angerville.

« Mesdames sont mises seules aux prières nominalles, comme MM. les abbés y ont esté mis, sinon comme fondateurs, au moins comme hauts justiciers.

« M. Delpech faisant exercer, comme il le prétend, la haute justice sur tout le bourg et territoire, il aura les prières nominalles de plain droit, à l'exclusion de mesdames.

« Le seigneur des Murs a un banc dans le coin de l'église, près le sanctuaire, au costé droit de l'évangile.

« Mesdames ont droit de chasse au territoire d'Angerville, à cause de leur haute justice.

« Mesdames ont droit de courtage et de minage sur les vins et sur les grains, ainsy qu'il a esté prouvé.

« Deux habitans ayant depuis fait édifier quelques bastimens aux endroits du bourg qui sont en la censive de mesdames, en vertu des baux à titres de cens que le bailly de Guillerval leur en a faits.

« M. Delpech ayant fait bail à titre de cens, pendant son économat, au nommé Fritau, d'une petite place sur laquelle il a fait bastir une maison près la porte d'Angerville, du costé de Paris, moyennant 100 sols par an.

« Mesdames ont fait réunir à leur domaine plusieurs pièces de terre, abandonnées au territoire d'Angerville par sentence de leur bailly de Guillerval.

« Le seigneur de Mérainville n'avoit point de poteau à Angerville, quand cette terre a esté vendue à M. Delpech. »

« M. Delpech prétend l'en faire oster et y en faire mettre un à ses armes.

« M. Delpech prétend y avoir pareil droit, et y a establi un garde de chasse qui porte sa bandouillère.

« M. Delpech a fait deffendre au fermier de mesdames de les percevoir.

« M. Delpech prétend que cela excède le pouvoir du bailly de Guillerval, et que ces baux sont nuls.

« Le fermier de mesdames se plaint que le redevable de cette redevance luy en refuse le payement, à cause, dit-il, que M. Delpech prétend qu'elle luy apartient.

« L'on aprend que M. Delpech prétend que cette sentence tourne à son profit, et que les dites terres demeurent réunies à son domaine.

« M. Delpech y en a fait mettre un à ses armes, près la porte de Paris, dans un lieu où il est dit que l'on trouve en terre le tronc d'un ancien poteau de Mérainville. Il a aussi fait mettre, près la dite porte, une plaque à ses armes, contenant la pancarte des droits de péage qu'il prétend luy être dubs à Angerville. Sur quoy l'on observe que la sentence des requestes du palais de l'année 1600 n'a pas été confirmée, si ce n'est par l'arrest de l'année 1604. » (1)

(1) Archives de Versailles. — Liasse sur Angerville, cote 3.

GUILLERVAL.

« Mesdames de Saint-Cyr sont dames chastelaines de la partie de Guillerval, où elles ont droit de haute justice, non-seulement sur leurs terres, fonds, mais encore sur les autres fonds mouvans de qui que ce soit, ainsy qu'il a esté jugé par arrest du Parlement de Paris 1288, contre le bailly d'Orléans.

« Il y a, dans la dite paroisse de Guillerval, une maison et un territoire circonscript en dépendant, contenant cent soixante-six arpens, nommés Trapeau, qui apartient à messire Claude de Benard, chevalier, en l'année 1556, lors de la rédaction de la coustume d'Estampes. Il relèva en plain fief de MM. de Boissy et de Bonne Vail, à cause de celuy qu'ils ont dans la part de Saclas, et en arrière-fief des célestins de Marcoussy, à cause de leur seigneurie de Saclas.

« Le seigneur de Trapeau a droit de mairie ou de moyenne et basse justice, et est appelé, en cette qualité, aux assises du baillage d'Estampes.

« Le bailly de Guillerval a toujours exercé sa haute justice sur la dite maison et ses dépendences à Guillerval, qu'il a vendues par décret sur le nommé Germain Sédilot, le 13 may 1699, à Pierre Lausmonier, receveur du Mesnil-Girault, qui les a depuis vendues à M. Delpech. (1)

« M. Delpech prétend avoir droit de haute, moyenne et basse justice sur le dit lieu de Trapeau. Il a porté au roy la foy et hommage du dit droit, et il se propose d'y faire mettre un poteau à ses armes. »

---

(1) *Inventaire de Saint-Cyr.* — Angerville, cote 1re.

Le soin apporté dans le mémoire des dames de Saint-Cyr nous prouve combien elles étaient attachées à leurs possessions d'Angerville, combien aussi elles étaient peu disposées à céder leurs droits à M. Delpech, qui se plaignait du peu de sincérité qu'elles mettaient dans la production de leurs titres. Une lettre de M. Regnoust, rédacteur du mémoire, fait mention des accusations du seigneur de Méréville :

« Je croy devoir écrire icy que M. Delpech m'impute deux « fautes : l'une, que je ne luy ai pas communiqué les titres de « mesdames ; et l'autre, que j'ai manqué de sincérité en plu- « sieurs endroits de cet état. Sur la première de ces accusa- « tions, il est vray qu'estant l'hiver à Paris, j'ay dit à M. Ma- « net, son secrétaire, que j'avais peu de titres ; et en effet, le « cahier où sont les principaux ne m'a esté fourny que le 1er « de may, et je n'y ai recouvré la plus grande partie des autres « depuis ; et pendant ces cinq ou six mois, personne de sa part « ne m'a demandé à les voir. La lecture seulle de ce mémoire « me justiffiera, à mon avis, de la seconde accusation, par le « soin que j'ai eu d'énoncer les titres dont j'ay tiré ce que j'ay « dit, et de marquer ceux de qui je tiens ceux que je n'ay pu « justiffier par titres.

« Guillerval, 12 novembre 1699.

« *Signé*, Regnoust. »

CHAPITRE XI.

Mémoire de M. Delpech. — Réponse des dames de St-Cyr. — Délibération du grand Conseil.

En présence d'un tel mémoire, M. Delpech prépara toutes ses armes. Il fit faire un compulsoire de tous ses titres. On rechercha tous les aveux rendus aux seigneurs de Méréville, soit pour leur seigneurie, soit pour leur justice à Angerville, et, lorsque toutes ces pièces, dont on trouvera les dates et le résumé plus loin, furent recueillies, apparut un mémoire en réponse à celui des dames de Saint-Cyr, et qui commençait par accuser les abbés de Saint-Denis des différends survenus entre elles et M. Delpech.

« Il ne resteroit, disait-il, aujourd'huy, aucune contestation, si les officiers de MM. les abbés de Saint-Denis, se prévalant du mauvais estat de la terre de Mérinville par les minoritez et les saisies réelles, n'eussent empêché l'exécution des arrests qui ont entièrement réglez les droits que l'on dispute aujourd'huy au sieur de Mérinville.

« Pour estre convaincu de cette vérité, on peut lire le *veu* de la sentence des requestes du palais de l'année 1600, dans lequel on a raporté au long tous les moyens que les parties alléguoient de part et d'autre. Cette sentence a esté confirmée par un arrest de 1604, dans tous ses chefs, à l'exception de la question de sçavoir dans quel endroit le sieur de Mérinville percevroit le péage qu'il a le droit de percevoir dans tous les endroits de sa baronnie : sur lequel la cour interlogue, et cependant ordonne par prévision qu'il continuera de les percevoir à Angerville, ce qu'il a toujours fait jusqu'à présent. Ainsy, l'arrest est aujourd'huy deffinitif pour le tout.

« M. l'abbé de Saint-Denis, condamné par cet arrest, tascha d'en esluder l'exécution par des voyes indirectes. Il fit obtenir aux habitans d'Angerville, au mois d'avril 1609, des lettres patentes pour l'establissement d'un marché public à Angerville, et ses officiers firent assigner devant eux quelques habitans d'Angerville.

« Il est de règle, que les vassaux ou sujets ne peuvent establir un marché public ny une foire sans le consentement de leur seigneur. Le baron de Mérinville, sans la participation duquel on avait obtenu ces lettres, forma une opposition à l'enregistrement. Il interjetta appel en mesme temps d'une sentence du 28 aoust 1609 ; un néant ordonne que la cause dont le juge de Guillerval a retenu la connoissance sera renvoyée par devant le juge de Mérinville : « a maintenu et gardé,
« maintient et garde le dit Desmontiers, à cause de sa chas-
« telnie de Mérinville, en possession et saisine des droits de
« justice au dit Angerville, spécialement es maisons es lieux
« où pend pour enseigne : *l'Image Saint-Jacques, le Renard,*
« *la Scelle, le Plat d'Estain, l'Escu, le Lyon* et *les Roys.*
« Deffenses au dit abbé de Saint-Denis, ses officiers et tous
« autres de l'y troubler, sous peine d'amende arbitraire, et à
« iceluy abbé de Saint-Denis et habitans d'Angerville con-
« damnés aux dépens. »

« On peut dire qu'il n'y a pas de meilleur titre pour establir une justice, qu'un arrest qui a maintenu un seigneur dans son ancienne possession, particulièrement quand l'arrest se trouve contradictoire et avec les justiciables qui tâchoient de se soustraire à la jurisdiction, et avec les voisins qui tâchoient de l'usurper. La résistance des uns et l'entreprise des autres ne servent qu'à rendre le titre plus autentique. Une possession paisible qui n'a jamais esté attaquée n'est pas si forte que celle qui s'est maintenue contre des ennemis aussi puissans.

« Le sieur de Mérinville ne croit pas devoir répondre à une petite équivoque qu'on pourroit faire sur les termes de cet arrest. Le sieur Desmontiers est maintenu et gardé dans la possession et saisine de la justice d'Angerville, et spéciallement sur sept maisons qui sont desnommées dans l'arrest.

« Il ne faut pas dire que sa justice est limitée à sept maisons; le mot « spéciallement » n'est pas mis dans l'arrest pour détruire la première prononciation, au contraire il assure encore plus fortement le droit du sieur Desmontiers sur ces sept maisons. L'argument que ce terme peut produire se retorque contre l'abbé de Saint-Denis. Les officiers de Guillerval vouloient assujettir ces maisons à leur juridiction, l'arrest condamne leur entreprise.

« On maintient le sieur Desmontiers en général dans toute la justice d'Angerville et spéciallement sur sept maisons qui faisoient le sujet de la contestation. Ce n'est pas une dérogation au droit universel du dit sieur Desmontiers, autrement ce seroit une absurdité insuportable dans l'arrest. On donneroit toute la justice au dit sieur Desmontiers, et, dans le mesme temps, on la luy osteroit en la restreignant sur sept maisons. Ce qui n'est adjousté que pour affermir son droit sur les maisons contentieuses, serviroit à le détruire sur celles qu'on ne luy contestoit pas. Le bon sens ne souffre pas une interprétation qui en est si éloignée.

« La mesme chose se rencontre dans la sentence du palais du 28 avril 1600, et dans l'arrest confirmatif du 18ᵉ décembre 1604. On a toujours maintenu le sieur Desmontiers dans la justice d'Angerville, sans aucune restriction, et spéciallement sur les lieux où les officiers de Guillerval avaient fait quelque entreprise.

« Pour monstrer plus particulièrement et par l'arrest mesme que la cour n'a pas prétendu restreindre la justice du sieur de Mérinville sur sept maisons, il faut remarquer qu'elle prononce

en ces termes : « Ayant égard à la requeste du 20 février 1612,
« il paroist par ces termes que la cour a eu intention d'accorder
« au sieur Desmontiers tout ce qu'il lui demandoit par sa dite
« requeste; autrement elle auroit prononcé, ayant aucunement
« égard à la dite requeste. » Il faut donc voir ce que le sieur
Desmontiers demande par cette requeste. En voicy les termes :

« Que deffenses fussent faites au dit sieur abbé et ses officiers
de plus troubler le dit sieur de Mérinville en ses droits, ny
prendre connoissance des causes des personnes, maisons,
terres et héritages y mentionnés, et entr'autres de Lubin Laumosnier, demeurant à *l'Image Saint-Pierre,* et des demeurans
aux logis des *Roys,* de *la Scelle,* du *Renard,* à peine de
2,000 francs d'amende, ny de prendre connoissance d'aucun
cas, crimes et délits, chemins, rues et voyes publics du dit
Angerville et paroisse du dit lieu, en la chastelnie du dit Mérinville, à peine de nullité et de tous dépens, dommages et
intérêts. »

« Il se voit évidemment que la cour accordant au sieur
Desmontiers ce qui est porté dans cette requeste, comme on
n'en peut pas douter, elle ne restreint point sa justice sur sept
maisons. Mais ce qui prouve démonstrativement que M. l'abbé
de Saint-Denis n'a jamais prétendu cette restriction, c'est
qu'après avoir pris requeste civile contre cet arrest, en ce que
l'on donne au sieur Desmontiers la qualité de seigneur d'Angerville, il demande que le sieur de Mérinville soit tenu d'indiquer les lieux sur lesquels il prétend avoir justice, à cause
des fiefs dans Angerville qui relèvent de luy, ce qui auroit
esté inutile si cette justice eust esté restrainte à sept maisons,
qui sont bien désignées dans un arrest rendu cinq ou six ans
auparavant en plaine connoissance de cause. La cour a si bien
connu cette vérité, qu'elle a ordonné, par son arrest de 1631,
que le sieur de Mérinville indiquera les tenans et aboutissans
des maisons sizes au dit Angerville, prétendues par le dit Desmontiers estre en sa justice. Et sa justice et seigneurie, à cause

des fiefs relevant de la dite chastelnie et vicomté de Mérinville, et qu'à cette fin, exhibition des aveux, etc.

« Si la justice du sieur de Mérinville eust été réduite à sept maisons, il estoit inutile d'ordonner l'exhibition de l'arrest de 1624, contre lequel il n'y a point de requeste civile au moins en ce net.

« Cet arrest de 1631 estant très-important pour la conservation des droits du sieur de Mérinville, il ne sera pas hors de propos d'y faire quelques observations :

« *Premièrement.* — Il paroist que M. l'abbé de Saint-Denis avoit obtenu requeste civile contre l'arrest de 1624, seulement en ce que cet arrest donnoit au sieur de Mérinville la qualité de seigneur d'Angerville. Ainsy, M. l'abbé de Saint-Denis aprouvoit et exécutoit le reste de l'arrest. L'arrest de 1631 ne prononce rien sur cette contestation, il ne porte qu'un interlocutoire. Il ordonne qu'avant de faire droit, le raporteur fera une descente à Angerville, et que les parties conviendront de six anciens habitans pour enseigner les tenans et aboutissans des maisons que le sieur Desmontiers prétendoit estre de sa justice et seigneurie, à cause des fiefs relevans de la chastelnie et vicomté de Mérinville.

« *Secondement.* — L'arrest a précisément jugé que le sieur de Mérinville a droit de justice sur tous les fiefs dans Angerville relevans de Mérinville. Il n'y a qu'à lire les termes de l'arrest pour estre persuadé de cette vérité. Il est certain d'ailleurs que les deux tiers de la censive de Lestourville relevans de Mérinville, ces deux tiers sont divisés et réglés, comme il paroist, par plusieurs aveux rendus par les seigneurs de cette censive. Ainsy, l'on ne peut disconvenir que le sieur de Mérinville n'ayt droit de faire exercer sa justice sur ces deux tiers, puisque l'arrest juge, comme il a esté dit, que la justice du sieur de Mérinville s'estend sur tout ce qui relève de Mérinville. Il s'agissoit donc uniquement, lors de la descente ordonnée par cet arrest, de sçavoir où estoient les fiefs relevans de Mérinville. Il faut donc commencer par accorder au sieur de Mérinville la justice sur les maisons sujettes aux 22 livres 10 sols, qui sont les deux tiers de la censive de Lestourville. Tout ce qui est allégué cy-dessus est prouvé par la sentence du 28 avril 1600, l'arrest confirmatif du 18 décembre 1604, l'arrest du 8 juin 1624 et celuy du 25 janvier 1631 ; lesquelles pièces sont cottées A.

« Pour monstrer que le sieur de Mérinville est en possession immémorialle et continuée de faire exercer sa justice non-seulement sur la censive de Lestourville, mais mesme sur la censive de Brijeolet et d'Oyestreville, il a fait compulser les registres du greffe de Mérinville, et, par les extraits qu'il en rapporte, il paroist qu'il exerce sa justice depuis plus de cent ans, jusques à présent, non-seulement sur les maisons de ces trois censives désignées par l'arrest de 1624, mais mesme sur plusieurs autres. On ne peut donc point alléguer aujourd'huy, au sieur de Mérinville, qu'on a acquis une suffisante prescription contre luy.

« 1º Dans le fait, il a toujours esté en possession, mesme pendant la minorité des sieurs de Mérinville, qui a duré depuis 1680 jusqu'au jour de l'adjudication faite au sieur Delpech ;

« 2º Dans le droit, MM. les abbez de Saint-Denis n'ont pu acquérir une prescription contre la disposition des arrest cy-dessus, puisqu'on les doit regarder comme leurs titres. Ce ne sont point, à la vérité, des titres positifs, mais ce sont des titres négatifs ; lesquels on ne peut jamais prescrire parce que, dit M. Charles Dumoulin, *perpetus obstat titulus*. Ce titre, quoique négatif, a toujours constitué MM. les abbez de Saint-Denis dans la mauvaise foy et, par conséquent, les a mis dans une perpétuelle impossibilité d'acquérir une prescription, supposé que les sieurs de Mérinville n'eussent pas esté en possession de leurs droits, comme il paroist par les pièces cottées B.

« La possession immémorialle et continuée dans laquelle se trouve le sieur de Mérinville de faire exercer sa justice sur la censive de Lestourville, soutenue de titres aussy incontestables que ceux raportez cy-dessus, par lesquels il est évidemment prouvé que ce qui relève de Mérinville est de sa justice, il reste à prouver que les deux tiers de cette censive de Lestourville ne sont plus aujourd'huy indivisés : ce qui paroist par les aveux que l'on raporte, dans lesquels il est fait une exacte énumération des maisons et héritages sujets aux 22 livres 10 sols, qui sont les deux tiers de cette censive de Lestourville que l'on convient estre de la seigneurie de Mérinville. Une quantité d'aveux aussi bien suivis que ceux que l'on raporte, dans lesquels on spéciffie la part et portion qui apartient au seigneur de Mérinville, prouve qu'il y a eu autrefois un partage, qu'il seroit mesme inutile de raporter si on l'avoit, puisqu'il n'estoit pas fait. Il seroit à propos de le régler de la mesme manière qu'il se trouve dans les dits aveux, lesquelles d'ailleurs auroient acquis une prescription suffisante, depuis près de deux cens ans que l'on continue à énoncer les maisons sur lesquelles on perçoit les portions de censives relevans de Mérinville. Il résulte de tout ce que dessus, que l'arrest de 1631 ayant jugé que ce qui relève de Mérinville est en sa justice, que par les aveux raportés, les deux tiers de la censive de Lestourville relevans de Mérinville, les maisons sujettes à ces deux tiers de censive estant désignées, il ne reste plus aucune difficulté de dire que le sieur de Mérinville a droit d'exercer la justice sur les maisons sujettes aux 22 livres 10 sols de la censive de Lestourville. Le raisonnement cy-dessus trouve son aplication pour la part et portion des dixmes et champarts des Murs d'Angerville, que l'on convient qui relèvent du sieur de Mérinville.

« Pour prouver ce que dessus, produit deux aveux des deux tiers de la censive de Lestourville, avec un dénombrement des maisons sujettes aux 22 livres 10 sols, qui estoient autrefois les deux tiers de la censive de Lestourville, dans le temps qu'elle estoit indivise; pièces cottées C.

« Il ne luy reste donc qu'à prouver la possession et le droit qu'il a de faire exercer sa justice sur toutes les censives de Brigeollet et d'Oyestreville.

« C'est une maxime de droit, que la justice estant naturellement bornée par leurs territoires, celuy qui a justice sur un particulier du territoire est présumé l'avoir sur tous en général, s'il n'y a titre spécial et authentique ou contraire. Cela supposé, le sieur de Mérinville a droit de faire exercer sa justice sur toutes les censives de Brigeollet et d'Oyestreville, puisque, dans le nombre des sept maisons que l'on convient estre de la justice de Mérinville, il y en a cinq de la censive de Brigeollet, sçavoir : *l'Image Saint-Jacques*, *le Regnard*, *la Scelle*, *l'Escu* et *les Roys*; il y en a une de la censive de Lestourville, sçavoir : *le Plat d'Estain* ; et enfin, il y en a une de la censive de Restreville, sçavoir : *le Lyon*. Quelle seroit donc la raison pour laquelle on auroit jugé ces sept maisons, qui sont de trois différentes censives, estre de la justice de Mérinville plutost que le surplus des maisons de ces mesmes censives ? Et pourquoy le surplus des maisons de ces trois censives ne sera-t-il pas aussy bien de la justice de Mérinville que les sept maisons que l'on ne dispute pas, d'autant plus que dans le temps du procès et lors de la descente à Angerville par M. Leclerc de Courcelles, l'on argumentait ainsy : Cette maison est de la censive de Lestourville ; celle-cy est de la censive de Brigeollet ; celle-là est de la censive d'Oyestreville. Donc elles sont de la justice de Mérinville. Il n'y a qu'à lire le procès-verbal de descente, qu'à désigner les endroits sujets aux trois censives de Lestourville, Brigeollet et d'Oyestreville, parce qu'on supposoit, comme il est vray, qu'il suffisoit qu'une maison fust dans une de ces trois censives pour estre de la justice de Mérinville. Cela paroist encore par une sentence rendue le 5 may 1496, par laquelle il paroist que deux particuliers prétendans l'un estre de la justice de Saint-Denis, l'autre de celle de Mérinville, l'on ordonne, avant faire droit, que descente sera faite sur les lieux, pour sçavoir si la cave en question est de la justice de Mérinville, c'est-à-dire si elle est de la censive de Brigeollet. Par conséquent, celuy qui revendiquoit la justice de Saint-Denis convenoit que si la cave en question estoit scituée dans la censive de Brigeollet, elle estoit de la justice de Mérinville.

« Pour monstrer que cy-dessus, le sieur de Mérinville produit la dite sentence en original, en parchemin, et une copie en papier avec le procès-verbal de descente ; cottés D.

« Pour monstrer que les seigneurs d'Oyestreville, de qui relève la censive de Brigeollet, ont reconnu que cette censive estoit de la jurisdiction de Mérinville, on raporte une copie d'aveu, dans lequel il est dit que cette censive estoit de la jurisdiction de Mérinville. Cette pièce est cottée E.

« Pour monstrer que le sieur de Mérinville est en possession immémorialle d'exercer la justice sur cette censive, le sieur de Mérinville a fait mettre, à costé des expéditions, des sentences compulsées dans son greffe de Mérinville, non-seulement les noms de ceux qui possèdent aujourd'huy les maisons sur lesquelles le juge de Mérinville a exercé sa justice, mais mesme il a fait mettre à costé la censive à laquelle chaque maison est sujette. L'on connoistra aisément que le sieur de Mérinville a fait exercer sa justice, depuis un longtemps immémorial jusqu'à présent, non-seulement sur les sept maisons qu'on luy accorde aujourd'huy, mais mesme sur plusieurs autres des trois censives, sur lesquelles trois censives le sieur de Mérinville a seul droit de justice. Toutes ces expéditions de sentences sont raportées cy-devant sous la cotte B.

« Pour monstrer que le sieur de Mérinville a exercé sa justice sur plusieurs particuliers autres que les sept qu'on luy accorde, produit trois sentences par lesquelles le juge de Mérinville enjoint à dix particuliers, habitants d'Angerville, de venir faire estallonner leurs mesures aux armes de Mérinville ; les dites pièces cottées H.

« Pour monstrer que le sieur de Mérinville a fait exercer sa justice dans Angerville par des officiers résidens sur ce lieu, qu'il y a droit de voyerie, droit d'y avoir un lieutenant, un notaire, un sergent et un receveur des amendes, produit douze pièces cottées G.

« Pour monstrer que le sieur de Mérinville a toujours eu un poteau à ses armes dans Angerville, à l'endroit où il se trouve aujourd'huy, produit deux procès-verbaux, l'un du 16 décembre 1616 et l'autre du 13 novembre 1649, lesquels ont esté faist lorsqu'on a planté les dits poteaux ; les dites pièces cotées H.

« L'on ne disconviendra pas que la plus grande partie des terres qui sont au-dehors du bourg d'Angerville ne soient de la seigneurie de Mérinville, c'est-à-dire de sa mouvance et de sa justice ; par exemple, Villeneuve-le-Bœuf, La Selle, Restreville, Guestreville et autres, en sorte qu'Angerville est scitué au milieu de son territoire, et l'on ne peut appliquer ici avec succès l'argument que les seigneurs tirent du droit d'enclave, pour establir leur seigneurie sur un lieu contesté.

« Tout ce qui a esté dit cy-dessus ne déroge point à la prétention du sieur de Mérinville pour sa qualité de seigneur universel d'Angerville, d'autant plus qu'il y a des moyens invincibles pour prouver que l'abbaye de Saint-Denis n'a jamais rien eu, dans Angerville, que quelques mouvances de peu de valleur. Cela se prouve :

« 1° Par la charte mesme par laquelle le roy Dagobert a donné à l'abbaye de Saint-Denis toutes les terres qu'elle possède aujourd'huy en Beauce, dans laquelle il n'est point parlé d'Angerville ;

« 2° Par la Vie de l'abbé Suger, raportée dans le deuxième tome des *Historiens des François* de Duchesne, dans laquelle il paroist que l'abbé Suger a esté en Beauce mettre ordre à toutes les terres dépendantes de l'abbaye de Saint-Denis. Il parle de Guillerval, de Monnerville, de Toury et de toutes les autres, mais il ne parle point d'Angerville : la raison que l'abbé n'y avoit rien ;

« 3° Par le procès-verbal de réformation de la coustume d'Estampes. Le procureur du roi remonstra (voicy ses termes) qu'à l'égard d'Angerville, l'abbé de Saint-Denis, sous ombre d'une jurisdiction foncière, usurpoit jurisdiction ordinaire sur quelque partie des habitants d'Angerville.

« Ces termes montrent évidemment que l'abbé de Saint-Denis commençoit à prétendre quelque portion de justice, et aujourd'huy il voudroit l'avoir universelle. Pour monstrer encore qu'il ne prétendoit point, dans ce temps-là, la justice universelle qu'il demande aujourd'huy, c'est qu'il ne se qualifioit que seigneur d'Angerville en partie, ce qui est aujourd'huy une fin de non recevoir invincible contre le titre de seigneur universel qu'il demande.

« Il est vray que, dans le procès-verbal de réformation de la coustume d'Estampes de 1556, le seigneur de Mérinville ne paroist point apelé que pour raison de cette terre sans qu'on y adjouste ses dépendences. On s'est contenté de le désigner par le chef-lieu de sa seigneurie, soit pour éviter la prolixité, ou parce qu'en matière de fief il n'est pas nécessaire d'expliquer des dépendences : ce sont des accessoires qui suivent le principal. En effet, il est certain que le sieur de Mérinville estoit seigneur, dans ce temps-là, des bourgs d'Autruy et de Saint-Père, qui sont des bourgs fermés et des dépendences de la baronnie de Mérinville, aussi bien que la paroisse d'Estouches, sur lesquels on ne luy conteste point la haute justice. Et, cependant, il n'a point esté apelé, lors du procès-verbal de réformation de la coustume, et ne l'est pas même encore aujourd'huy, aux assises, en qualité de seigneur de ces bourgs et villages. Il faut donc avouer que l'on se contente de désigner le chef-lieu de la seigneurie pour éviter la prolixité.

« Après tant de bons moyens qui establissent le droit de justice dans Angerville, peut-on trouver à redire si le sieur de Mérinville se qualifie seigneur d'Angerville ?

« Si le sieur de Mérinville demande que son bailly de Mérinville réponde aux assises d'Estampes pour sa haute justice dans Angerville. Ne doit-on pas convenir que le sieur de Mérinville a droit d'avoir un poteau dans Angerville à ses armes, et d'y faire attacher la pancarte de ses droits de péage ?

« Qu'il a droit d'y establir un procureur fiscal, un sergent voyer et autres officiers de justice, et d'y faire exercer sa justice, le tout pour la commodité de ses justiciables ?

« Peut-on luy refuser les droits honorifiques dans l'église, en qualité de seigneur haut justicier, préférablement à ceux qui ont moins d'estendue de haute justice et à ceux qui n'en ont qu'une moyenne ou basse, telle qu'est le seigneur des Murs, qui n'a jamais prétendu aucune haute justice et qui n'est point patron? Ainsy, quand bien mesme l'abbaye de Saint-Denis auroit une plus grande portion de haute justice, ce qui ne peut pas arriver, on ne pourroit point refuser au sieur de Mérinville de certains honneurs dans l'église, tels que sont : un banc dans la première place, la cinture funèbre et autres droits, lesquels ne peuvent convenir à une communauté non plus qu'à un seigneur ecclésiastique qui, suivant les canons, ne peut jouir de ces sortes de droits honorifiques par sa qualité.

« Peut-on dire que le sieur de Mérinville n'ayt pas droit d'establir un garde-chasse dans le bourg d'Angerville, dans le temps que l'on convient que la campagne qui environne ce bourg est de sa seigneurie et justice ?

« A l'égard du droit de courtage et de minage, que le fermier des dames perçoit dans Angerville, ce droit n'estant estably qu'en conséquence des lettres patentes portant establissement d'un marché à Angerville, et ces lettres patentes estant annulées par l'arrest de 1624, le sieur de Mérinville a aujourd'huy le mesme intérêt que ce droit, dont le fondement a esté annulé, ne se lève point, qu'il l'avoit d'empescher l'establissement du marché.

« Pour ce qui est des maisons que le bailly de Guillerval a donné à nouveaux cens, et des terres abandonnées dont il a ordonné la réunion, cela dépendra de la question de sçavoir dans quelle justice ces maisons et héritages se trouvent scitués.

« Il ne reste donc plus que de sçavoir à qui apartient la haute justice sur un fief apellé Trapeau, apartenant au sieur de Mérinville. Il déclare à cet égard qu'il n'y a que moyenne et basse justice, et que la haute justice apartient au roy, à cause de son duché d'Estampes, dont M. le duc de Vendosme est engagiste. Cela paroist, évidemment, parce que la mairie de

Trapeau a esté apellée, de temps immémorial, aux assises du baillage d'Estampes. Le sieur de Mérinville a intérest de soutenir que la justice apartient au roy, parce qu'il est plus honorable d'apartenir à son souverain maistre qu'à aucuns sujets, de quelque qualité qu'ils soyent. (1) »

OBSERVATIONS SUR LE MÉMOIRE DE M. DELPECH.

« La sentence de 1301 est non-seulement contradictoire, mais rendue du consentement du seigneur de Mérinville.

« Puisqu'elle est confirmée par l'arrest de 1604, cet arrest juge donc, ainsy que la sentence, que l'abbé de Saint-Denis a l'universalité de la justice dans Angerville.

« L'arrest de 1624 n'a débouté les habitans d'Angerville de l'enthériment des lettres de 1609, que parce qu'il y a des foires et marché à Mérinville et qu'Angerville n'en est qu'à une lieue de distance.

« L'arrest de 1624 ne subsiste plus, au moins de ce que l'arrest de 1631 a ordonné une descente que le seigneur de Mérinville indiqueroit et justifieroit de titres.

« De plus, cet arrest juge seulement que le seigneur de Mérinville a droit de justice sur quelques maisons d'Angerville ; et quand l'énumération des sept maisons ne seroit pas limitative, on ne pourroit en induire autre chose, sinon que le seigneur de Mérinville a esté conservé dans le droit de se faire maintenir dans le droit de justice sur d'autres maisons en justifiant de titres, ce qu'il ne peut faire.

« La requeste du 20 febvrier 1612 ne faisoit vraysemblablement mention que de quelques maisons.

« Par cette requeste, le seigneur de Mérinville, après avoir parlé en général du bourg d'Angerville et paroisse du dit lieu, adjoutoit ces mots limitatifs : en la chastelnie du dit Mérinville.

« Si l'abbé de Saint-Denis, après sa requeste civile obtenue contre l'arrest de 1624, a demandé que le seigneur de Mérin-

(1) *Inventaire de Saint-Cyr.* — Angerville, cote 3.

ville fût tenu d'indiquer les lieux sur lesquels il prétend avoir justice, à cause des fiefs dans Angerville qui relèvent de luy, c'est parce que le seigneur de Mérinville, par ces mots *et autres* dont il s'estoit servi dans ses requestes, avoit marqué ne se pas renfermer aux sept maisons, et il falloit une fois fixer la justice par luy prétendue dans Angerville.

« En 1631, en matière de requestes civilles, on jugeoit souvent le rescindant avec le rescisoir.

« Et l'arrest de 1631 en est une preuve, puisqu'il contient un interlocutoire, ce qui ne se pratique plus depuis l'ordonnance de 1667 : il s'agissoit de biens d'église toujours réputés mineurs, et par cette raison, c'est sur le mérite du fond que l'on a interloqué. Cet interlocutoire estoit un préjugé contre les arrest de 1604 et 1624.

« Le seigneur de Mérinville aiant exécuté cet arrest et contesté dans le procès-verbal lors de la descente, c'est avoir abandonné les arrest de 1604 et 1624 et s'estre soumis à ne prétendre la justice que sur les maisons qui se trouvoient sur son fief et pour lesquelles il avoit des titres.

« Ce nest pas assez que le seigneur de Mérinville ait dans Angerville les deux tiers du fief de Lestourville, il faudroit encore que, par des titres, il justifiât sur quelles maisons dépendantes de ce fief il a la justice.

« Il ne raporte que deux aveux, l'un de 1618, l'autre de 1640, à luy rendus des dépendances de ce fief, et ces aveux ne font nulle mention de justice.

« Les fiefs de Brigcollet et d'Oestreville (1) ne relèvent point de Mérinville. Il faut donc débouter le seigneur de Mérinville de la justice par luy prétendue sur les maisons basties sur ces fiefs, puisque l'arrest de 1661 ne l'admet à prétendre justice et à en justifier, que pour les maisons estant sur ces fiefs qui relèvent de luy ; et la possession immémorialle, par luy allé-

---

(1) Ouestreville s'est appelé successivement *Oyestreville, Oestreville, Outreville, Ouitreville.*

guée, de la justice, sur trois ou quatre maisons estant dans ces fiefs, n'est à compter pour rien aux termes de l'arrest de 1631.

« Il ne se trouve de minutes au greffe d'Angerville que depuis 1646 ; mais les anciens titres que les dames de Saint-Cyr ont raportés suppléent au défaut d'actes de possession antérieurs à 1646, sçavoir :

« La sentence de 1295, celle de 1301, contradictoires et rendues du consentement du seigneur de Mérinville.

« Les propres titres du seigneur de Mérinville font mesme sa condamnation, sçavoir :

« Son adveu de 1482, qui ne fait nulle mention de justice ;

« L'attestation mendiée en 1540, de quatre habitans de Mérinville, qui ne désignent qu'environ douze maisons sur lesquelles ce seigneur de Mérinville ait justice dans Angerville ;

« Et les adveux à luy fournis pour deux tiers par les propriétaires du fief de Lestourville, dont il a esté cy-dessus parlé.

« Il n'importe que les seigneurs de Mérinville ayent fait partage de leur mouvance sur Lestourville et qu'ils jouissent de leurs deux tiers divisément, puisqu'il n'a point de titres pour prétendre la justice sur aucune des maisons dépendantes de ce fief, et que les adveux qui luy ont esté fournis en 1618 et 1640 détruisent sa prétention.

« Les fiefs de Brigeollet et d'Oestreville ne relèvent point de Mérinville. C'est inutilement que le seigneur de Mérinville allègue qu'il a justice sur une partie du territoire ; l'arrest de 1631 l'en exclud formellement, puisqu'il ne l'admet à justifier que pour les maisons dépendantes de ces fiefs.

« D'ailleures quand les choses seroient entières et que la possession par luy alléguée sur cinq des maisons de ce fief de Brigeollet seroit de quelque considération, cela ne feroit nulle conséquence pour le surplus du territoire de ce fief, car l'abbé de Saint-Denis estant fondé en droit universel, il ne peut recevoir de diminution qu'autant que la possession contraire se trouve établye, et cela par la règle *tantum prescriptum quantùm possessum*.

« A l'égard du fief de Lestourville, la maison du *Plat d'Estain* n'en dépend point, mais bien du fief d'Oestreville.

« Si, lors du procès-verbal de descente, on a désigné des maisons situées dans les fiefs de Lestourville, Brigeollet et Oestreville, on n'en peut tirer nulle conséquence, par deux raisons :

« La première, que la désignation destituée de titres ne devoit de rien servir aux termes de l'arrest ;

« Et la seconde, que l'on y a aussy désigné des maisons dépendantes du fief des Murs, qui sont incontestablement de la justice de Saint-Denis.

« On ne voit pas, par la sentence de 1496, que la cave contentieuse fût située dans la censive du fief de Brigeollet, et ainsy il n'y a nulle conséquence à en tirer pour les maisons dépendantes de ce fief, joint que les officiers de l'abbé de Saint-Denis n'ont pas esté parties dans cette sentence.

« Au nombre des sentences tirées du greffe de Mérinville, que le seigneur de Mérinville produit, il y en a plusieurs qui concernent des maisons qui dépendent des fiefs de Saint-Denis et des Murs, sur lesquelles, néantmoins, le seigneur de Mérinville reconnoist qu'il ne peut pas prétendre droit de justice.

« Donc, si les autres sentences font mention de maisons situées sur les fiefs de Brigeollet et Oestreville, le seigneur de Mérinville n'en peut tirer aucune conséquence, et au contraire il en faut conclure qu'il y a eu également entreprise à dessein d'usurpation pour les uns et pour les autres.

« Les actes de possession du seigneur de Mérinville ne peuvent entrer en comparaison avec ceux que rapportent les dames : 1° parce qu'ils sont en bien plus grand nombre ; 2° parce qu'ils sont appuyés sur d'anciennes sentences rendues il y a trois ou quatre siècles. Or, selon Dumoulin, *in conflictu probationum,* lorsqu'il s'agist de possession *titulata vel antiquior vincit,* et le seigneur de Mérinville est bien loin d'estre fondé en titres, ceux qu'il rapporte et notamment ses aveux de 1482, 1618 et 1640 sont contre luy, puisqu'ils ne font nulle mention de la justice.

« Si quelquefois le seigneur de Mérinville a entrepris d'establir un lieutenant et un sergent à Angerville, c'est dans le temps qu'il poursuivoit avec plus de chaleur le procès contre l'abbé de Saint-Denis. De plus, il y a tout sujet de croire que ces prévisions et actes de réception à Mérinville n'ont point esté suivis d'exécution, car les officiers de l'abbé de Saint-Denis n'auroient pas manqué de s'y opposer.

« Et supposé même que le seigneur de Mérinville eût incontestablement la justice sur quelques maisons d'Angerville, il ne seroit pas pour cela en droit d'establir des officiers particuliers, Mérinville aiant esté de tout temps le siége de la justice, laquelle ne composant qu'un seul corps ne souffre ny démembrement ny multiplication.

« Le poteau ne regarde que le péage, duquel il n'est pas à présent question.

« Les fiefs que le seigneur de Mérinville a dans l'estendue de la paroisse d'Angerville sont contigus aux autres fiefs appartenant à l'abbé de Saint-Denis et aux autres seigneurs, mais ils ne font point d'enclave, et, bien loin de cela, la paroisse d'Angerville, du costé du midy et du septentrion, est bornée de la paroisse de Rouvray et de Monerville, qui sont de la seigneurie et haute justice des dames.

« Il est surprenant, après tous les titres cy-dessus raportez et l'arrest de 1631, que le seigneur de Mérinville ose se flatter d'être seigneur universel d'Angerville, et il ne faut qu'opposer le seigneur de Mérinville à luy-même pour le désabuser de cette fausse idée, puisque la sentence de 1301 maintint deffinitivement l'abbé de Saint-Denis dans la justice sur Angerville, du propre consentement du seigneur de Mérinville, et avoit esté précédé d'une sentence provisoire de 1295.

« Ce qui fait connoistre combien se trompoit le procureur du roy du baillage d'Estampes, lorsqu'en 1556, c'est-à-dire près de trois siècles après la première de ces sentences, il s'avisa de prétendre que l'abbé de Saint-Denis n'avoit qu'une jurisdiction foncière dans Angerville, et que sa possession d'y exercer la justice estoit une usurpation de la justice ordinaire.

« Avant la réformation de la coustume d'Estampes, faite en 1556, le seigneur de Mérinville s'estoit déjà préparé du moins pour entreprendre sur la haute justice d'Angerville, comme il se voit par l'attestation qu'il mendia de quatre de ses habitans en 1540, dont il a esté cy-dessus parlé ; mais lors de sa comparution en l'assemblée des Estats tenus à Estampes, il n'osa pas prendre la qualité de seigneur d'Angerville ny en tout ny en partie, bien persuadé qu'il estoit que l'entreprise estoit trop récente pour ne pas estre aussitôt réprimée.

« Et pour mieux donner à connoistre l'origine de cette usurpation, il est à propos d'observer que le fief des Murs, auquel apartient moienne et basse justice, a autrefois apartenu au seigneur de Mérinville.

« Une autre circonstance est que souvent le juge de l'abbé de Saint-Denis a aussy esté le juge du seigneur de Mérinville. Voilà ce qui a aidé les seigneurs de Mérinville a estendre leur justice de Mérinville sur quelques maisons d'Angerville. Un commencement si vitieux n'a pas pu attribuer de droit au préjudice des titres aussy antiens, aussy authentiques que sont ceux de l'abbé de Saint-Denis.

« La prétention des droits honorifiques s'évanouit d'elle-même, après tout ce qui vient d'être dit.

« La prétention d'establir un garde-chasse est chose nouvelle, et qui ne peut non plus estre tolérée que celle d'avoir un procureur fiscal, un sergent et autres officiers.

« Pour l'establissement des droits de courtage et minage, les dames ont des baux, une sentence de 1648, une enqueste de 1651 dans laquelle, entre autres tesmoins, a esté entendu un antien du lieu, agé de soixante-quinze ans, qui a déposé qu'il avoit toujours vu lever ces droits en 1607 et 1608, et les avoit levé lui-même comme fermier.

« Le territoire de Trapau, dont est fait mention en cet endroit, fait partie de la paroisse de Guillerval, où l'abbaye a droit de haute justice non-seulement sur son fond, mais encore sur tous les autres fonds de la dite paroisse, mouvans de qui que ce soit, ainsy qu'il a esté jugé par arrest du Parlement de l'année 1288. »

Les débats arrivèrent au grand conseil du roi. L'embarras y fut grand. Comment condamner les dames de Saint-Louis, ces protégées du roi qui avaient reçu de lui la possession d'Angerville. D'un autre côté, M. Delpech, le vicomte de Méréville, le conseiller au Parlement, jouissait d'une grande considération, on ne voulait pas lui donner le dessous dans un procès où il disait que les droits qu'il avait sur Angerville lui venaient des rois, dont ses prédécesseurs s'étaient depuis longtemps reconnus vassaux. Du reste, la question était difficile à juger pour le grand conseil. Il eût fallu faire des recherches opposées à celles des dames de Saint-Cyr et du seigneur de Méréville, et leur prouver que dans le principe Angerville ne leur appartenait ni à l'un ni à l'autre. Ces recherches eussent été laborieuses et n'auraient sans doute donné satisfaction à aucun des adversaires. Le conseil crut sage de déterminer les parties à une transaction, et on prit à cet effet la délibération suivante :

DÉLIBÉRATION POUR RÉGLER LA JUSTICE A ANGERVILLE ET LA MOUVANCE DU FIEF DE LESTOURVILLE. (1)

(7 avril 1701.)

« Sur ce que l'intendant des dames a représenté que depuis un très-long temps il y a eu procès entre MM. les abbez de Saint-Denis en France, dont la manse est présentement unie à la maison des dites dames, et les propriétaires de la terre de Mérinville, scituée en Beauce, pour raison de la justice par eux prétendue sur quelques maisons du bourg d'Angerville ; et qu'encore que ce procès ayt été jugé, en faveur des abbez

---

(1) Extrait du registre des délibérations du conseil estably par le roy, pour l'administration du temporel de la royalle maison de Saint-Louis, à Saint-Cyr. — *Inventaire de Saint Cyr.* — Angerville, cotte 3.

de Saint-Denis, par deux sentences dont il n'y a point eu d'appel : la première, du mardy d'après Noël, l'an 1296, contre M. de Lignières, pour lors seigneur du dit Mérinville, rendue par le prévost d'Orléans ; et la seconde, par le prévost d'Yenville, le vendredy d'après la Notre-Dame 1301, du consentement du dit seigneur de Mérinville. Néantmoins, les contestations pour le mesme fait auroient esté renouvellées, à la fin du mesme siècle, par les seigneur du dit Mérinville, et n'auroient pû estre terminées, quoy qu'il soit intervenu plusieurs sentences et arrest du Parlement des 28 aoust 1600, 18 décembre 1604, 8 juin 1624 et 25 janvier 1631, par le dernier desquels arrests le Parlement, pour estre pleinement instruit de l'étendue de la justice que le seigneur de Mérinville pouvoit prétendre dans le bourg d'Angerville, auroit ordonné que dessente seroit faite au dit bourg par le conseiller raporteur, devant lequel les partys conviendroient de six anciens du lieu. Simon G[1] en seroit pris et nommé d'office, pour monstrer et enseigner les tenans et aboutissans des maisons sises au dit bourg d'Angerville, prétendues par le seigneur de Mérinville estre de sa justice, à cause des fiefs relevant de sa chastelnie, et qu'à cette fin exhibition seroit faite des aveux et autres titres concernant les dites prétendues justice et seigneurie : duquel arrest il résulte clairement que la justice apartenoit, à titre universel, à l'abbaye de Saint-Denis, dans Angerville, le propriétaire de Mérinville ayant esté réduit à indiquer en particulier les maisons sur lesquelles il prétendoit que sa justice s'estendoit. En exécution duquel arrest, indication ayant esté faite devant le commissaire de la cour, par le procureur du seigneur de Mérinville, d'environ cinquante maisons, les dites indications auroient esté contestées par le procureur de l'abbaye de Saint-Denis, qui auroit soutenu qu'entre les maisons indiquées, il y en avoit plusieurs scituées dans la censive des fief de Brijolet, Outreville et du fief des Murs qui ne pouvoient, aux termes de l'arrest, estre prétendues dans la justice de Mérinville, parce que ces fiefs n'estoient point de sa mouvance. Et quant aux maisons scituées dans la censive du fief de Lestourville, qu'encore que les deux tiers de ce fief fussent dans la mouvance du dit seigneur de Mérinville, il n'estoit pas fondé à prétendre la justice de ces deux tiers, parce que fief et justice n'ont rien de commun, et qu'aux termes de cet arrest, il falloit raporter des titres pour establir cette prétention de justice. Lequel procès-verbal de dessente ayant esté reçu par arrest du 22 février 1633, et les partyes appointées sur leurs demandes, les officiers de l'abbaye de Saint-Denis auroient continué, depuis ce temps jusqu'à présent, d'exercer la justice sur toutes les maisons du bourg d'Angerville, et auroient esté reconnus pour officiers de la justice ordinaire du lieu, par l'appel qui s'en est fait deux fois tous les ans aux assises du baillage d'Estampes, au préjudice de laquelle possession M. Delpech, nouvel adjudicataire de Mérinville, auroit troublé les officiers des dites dames dans l'exercice de cette justice par différentes entreprises, ayant estably depuis peu dans Angerville des officiers particuliers, pour y exercer sa prétendue justice contre ce qui s'observoit auparavant.

« A quoy auroit esté répondu par le dit sieur Delpech que, des deux anciennes sentences sur lesquelles les dames prétendent establir leur droit de justice dans le bourg d'Angerville, celle dattée du mardy d'après Noël 1295 est par deffaut et sans signification ; l'autre, dattée du vendredy d'après la Notre-Dame de mars de l'année 1301, est seulement énoncée dans la sentence de 1600 et n'a jamais esté raportée ; et que de tout temps les seigneurs de Mérinville ont prétendu avoir tout droit de justice dans le bourg d'Angerville ; et qu'ils y ont esté maintenus contradictoirement par les arrests de 1604 et 1624 ; et qu'encore celuy de 1624 luy adjuge la justice spécialement sur sept maisons qui y sont nommément exprimées ; néantmoins il n'exclud pas de l'avoir sur plusieurs autres, les dites maisons n'estant spéciallement mentionnées au dit arrest que parce qu'elles faisoient la matière d'un procès, et qu'il paroist mesme par le procès-verbal, fait en exécution de l'arrest de 1631, que le procureur du seigneur de Mérinville y a indiqué grand nombre d'autres maisons sujettes à la justice de la dite chastelnie; que son droit de justice n'a jamais été renfermé sur les maisons scituées dans la censive des fiefs mouvans de sa dite chastelnie, mais s'estendoit aussy sur les maisons scituées dans la censive des fiefs de Brijollet et Outerville, dont quelques-unes luy estoient mesme adjugez par l'arrest de 1624, sur toutes lesquelles maisons ses auteurs ont suffisamment conservé la possession de l'exercice de la justice dans Angerville. Il n'a fait qu'user du droit qui luy apartient, et qui n'avoit esté négligé depuis quelques années que parce que la terre de Mérinville estoit saisie réellement et les seigneurs en minorité; par toutes lesquelles raisons le dit sieur Delpech soutenoit devoir estre maintenu dans l'exercice de la justice sur les deux tiers des maisons de la censive de Lestourville, sur celles de la censive de Brijolet et d'Outreville suivant les titres, pour l'exercice de laquelle justice il auroit ses officiers dans Angerville, même un poteau avec ses armes et un carquan pour marque de sa justice.

« Le conseil, après avoir vu les pièces cy-dessus énoncées et dattées et plusieurs sentences et autres actes judiciaires qui marquent les exercices de justice dans Angerville avec les remarques et mémoires du sieur Regnoust, commis à la confection du papier terrier des seigneuries que les dames possèdent dans la Beauce, est d'avis qu'elles passent transaction avec le dit sieur Delpech, par laquelle les dites dames consentiront qu'il ayt la justice sur le canton des maisons scitués dans la partie du bourg d'Angerville qui est vers la porte qui va à Toury; lesquelles maisons, estant dans un mesme tenant, sont bornées du costé du couchant par la grande rue du chemin d'Orléans à Paris, du costé du levant par la rue du Derrière, d'un bout au nord par la rue du Coulon, et d'autre au midy par la rue du Tour-de-Ville, exclusivement et sans que le dit sieur Delpech puisse prétendre aucun droit de justice sur les dites rues et sur le surplus du dit bourg, laquelle justice il fera exercer par le bailly de la chastelnie de Mérinville sur les maisons cy-dessus cantonnées, pourra néantmoins avoir un notaire dans Angerville pour recevoir les actes entre ses justiciables, comme aussi pour marque et exercice de sa justice, pourra, si bon luy semble, avoir un poteau avec ses armes et un carquan proche et joignant les dites maisons. Et d'autant que dans le nombre de ces maisons cy-dessus, dont la justice est délaissée au dit sieur Delpech, il y en a quelques-unes dans la censive des dames, le dit conseil est d'avis que les censitaires, propriétaires des dites maisons cy-dessus, soient assignés, pour raison des dits droits de censive et autres droits seigneuriaux, pardevant le juge des dites dames, la justice à elles réservée sur les dites maisons cy-dessus cantonnées pour ce regard seulement. Et pour le surplus des maisons du dit bourg d'Angerville, Grande-Rue en son entier et toutes les autres rues, les dames y demeureront maintenues en tout droit de justice, qu'elles feront exercer par leurs officiers en la manière accoutumée; renonçant, pour cet effet, le dit sieur Delpech, à tout et tel droit de justice qu'il auroit prétendu sur aucunes des dites maisons, en conséquence des arrests cy-dessus mentionnés, ou autrement en quelque sorte et manière que ce puisse estre, et ce au moyen du délaissement qui luy est fait de toute la justice sur les maisons cy-dessus désignées. Les habitans desquelles maisons auront, dans toutes les assemblées qui se feront dans la paroisse pour les affaires de la communauté, leurs voix et suffrages ainsy que les autres habitans, et seront obligez de se conformer aux règlemens qui seront faits par le juge des dites dames, concernant seulement les affaires générales et communes du dit lieu. Et où il seroit nécessaire de faire faire des exécutions et se transporter dans les dites maisons, ces exécutions seront faites par les officiers de la justice de Mérinville. Et quant à la contestation qui estoit entre les partyes, pour régler ce que chacune d'elles peut prétendre de mouvance sur le champart apartenant au seigneur du fief des Murs, sur plusieurs terres et héritages sis au terroir d'Angerville, le conseil est encore d'avis que, par le traité qui sera fait entre les partyes, il soit dit que les dames auront la jouissance des trois quarts, et la mouvance du quart apartiendra au dit sieur Delpech ; et qu'il continue de jouir de son droit de péage en la manière accoutumée ; et qu'au moyen de ce que dessus, tous procès et différends demeurent éteints et assoupis.

« Extrait et collationné par moy, intendant des affaires de la dite maison de Saint-Louis, à ce commis par arrest du conseil d'Estat du roy.

« MAUDUYT. »

TRANSACTION ENTRE LES DAMES DE SAINT-CYR ET M. DELPECH, POUR LE DROIT DE JUSTICE AU BOURG D'ANGERVILLE.

(12 avril 1701.) (1)

« Par devant les conseillers du roy, notaires au chatelet de Paris, soussignez, furent présentes : dames Catherine du Pérou, supérieure ; Gabrielle de Jas, assistante et conseillère ; Anne-Françoise Gauthier de Fontaine, maîtresse générale des classes et conseillère ; Catherine de Berval, dépositaire et conseillère ; et Marie-Anne Hallé, maîtresse des novices et conseillère ; toutes les religieuses professes composant le conseil du monastère royal de Saint-Louis étably à Saint-Cyr, assemblées au son de la cloche, en la manière accoutumée, en leur parloir du despot, lieu ordinaire pour traiter et délibérer de leurs affaires, auquel est unie la manse abbatiale de Saint-Denis en France, d'une part ; et messire Jean Delpech, chevalier, baron, vicomte et haut chastelain de Mérinville, conseiller du roy en sa cour de Parlement, demeurant à Paris, rue Saint-Martin, paroisse Saint-Nicolas-des-Champs, d'autre part ; considérant, etc., arrêté et conclu : « C'est à sçavoir qu'au lieu des maisons et autres lieux situés à Angerville, sur

(1) *Inventaire de Saint Cyr.* — Documents sur Angerville, cote 3.

lesquels le dit sieur Delpech avoit et pouvoit avoir droit de prétendre justice, suivant les dits arrets de 1604 et 1624, rendus contradictoirement entre l'abbé de Saint-Denis et Jean Desmontiers, il aura et lui appartiendra à l'avenir toute la justice sur le canton des dites maisons situées dans la partie du dit bourg d'Angerville qui est vers la porte qui va à Thoury, lesquelles maisons, estant toutes dans un mesme tenant, sont bornées du costé du couchant par la grande rue du chemin d'Orléans à Paris, du costé du levant par la rue du Derrière, d'un bout au nord par la rue du Coulon, et d'autre bout au midy par la rue du Tour-de-Ville, exclusivement et sans que le sieur Delpech puisse prétendre aucun droit de justice sur les dites rues et sur le surplus du dit bourg, laquelle justice sur les maisons ci-dessus cantonnées, le sieur Delpech fera exercer par le bailly de sa chastellenie de Mérinville. Pourra néantmoins continuer, le dit seigneur, d'avoir un notaire dans Angerville, pour recevoir les actes entre ses justiciables ; comme aussi pour marque et exercice de sa dite justice, pourra, si bon lui semble, faire mettre un poteau avec ses armes et un carcan proche et joignant les dites maisons. Et d'autant que dans le nombre des maisons ci-dessus, dont la justice est délaissée au dit sieur Delpech, il y en a quelques-unes qui sont dans la censive des dites dames de Saint-Louis, il a esté expressément reconnu et convenu que les propriétaires des dites maisons et redevables de cens ou autres droits seigneuriaux envers les dites dames, seront assignés pour raison de ces droits par devant les juges des dites dames, la justice à elles réservée pour ce regard seulement.

« Et pour tout le surplus des maisons du dit bourg d'Angerville, Grande-Rue en son entier et toutes autres rues, les dames de Saint-Louis demeureront maintenues en tout droit de justice, qu'elles feront exercer par leurs officiers en la manière accoutumée, renonçant à cet effet, le dit sieur Delpech, à tout et tel droit de justice qu'il auroit pu prétendre sur aucune des dites maisons, en vertu des arrets cy-dessus mentionnés, ou autrement en quelque sorte et manière que ce puisse estre, et ce au moyen qui lui est fait de toute la justice sur les maisons situées dans le canton ci-dessus désigné dont il se contente, et desquelles maisons les habitans auront, dans toutes les assemblées qui se feront en la paroisse pour les affaires de la communauté, leurs voix et suffrages, ainsi que les autres habitans de la paroisse, et seront obligez de se conformer aux règlemens qui seront faits par le juge des dites dames, concernant seulement les affaires générales et communes du dit lieu ; et où il seroit nécessaire de faire faire des exécutions et se transporter dans les dites maisons, les dites exécutions seront faites par les officiers de la dite justice de Mérinville. »

Telle fut la transaction moyennant laquelle tout débat, toute contestation devait cesser entre les dames de Saint-Cyr et M. Delpech ; mais il n'en fut pas ainsi. Le seigneur de Méréville, conseiller, secrétaire du roi, receveur général des finances en la généralité de Riom en Auvergne, avait été nommé, par Sa Majesté, économe de la manse abbatiale de Saint-Denis, ce qui lui avait permis de connaître toutes les possessions attachées à la manse de l'abbé et la validité de ces possessions. Il savait parfaitement que les abbés de Saint-Denis n'avaient pas de titres sérieux pour prouver leurs droits à la seigneurie d'Angerville. A peine si la transaction était signée, qu'il en profita pour chercher une nouvelle querelle à ces pauvres dames de Saint-Cyr. Non content de s'être fait adjuger un canton bien limité de maisons dans Angerville, d'y avoir accru sa justice et son influence, il persuada à ses justiciables de ne pas payer, au fermier des revenus des dames de Saint-Cyr, le droit de minage qu'il prétendait injuste et qui n'avait, disait-il, été levé qu'en conséquence des lettres patentes de marché, obtenues à l'instigation du cardinal de Lorraine; mais que, les seigneurs de Méréville s'étant opposés à l'établissement de ce marché, il n'y avait pas de raison pour lever un droit de marché là où le marché n'existait pas et n'avait jamais existé.

Et, sur ce, le procès recommença avec plus de vigueur que jamais. Une chose assez curieuse, c'est que pendant ces mêmes débats, une jeune descendante de François de Reilhac et de Jean Desmontiers était élevée pauvre, au couvent de Saint-Cyr, et qu'il y avait, de par le monde, dans les armées françaises ou sur les vaisseaux du roi, de jeunes officiers dénués de fortune qui portaient encore (le dictionnaire de la noblesse en fait foi) le titre de vicomte de Méréville, et ne se doutaient peut-être pas de l'existence de M. le conseiller Delpech, adjudicataire du domaine de leurs ancêtres.

Quant à nos aïeux, ils n'assistèrent pas, spectateurs inertes et indifférents, au débat qui s'agitait entre la maison de Saint-Cyr et la seigneurie de Méréville. Les termes mêmes de la transaction qu'on vient de lire prouvent qu'ils avaient, dans toutes les affaires de la commune, droit de délibération et de décision, et que, même dans les assemblées paroissiales, les habitants soumis à la justice de Méréville n'étaient pas distingués de ceux qui dépendaient des religieuses de Saint-Cyr.

Quelques-uns de leurs anciens priviléges avaient donc été conservés par l'usage, à travers tous les changements que la localité avait subis. Et, sous la diversité féodale, il existait encore, comme nous n'avons cessé de le dire dans tout le cours de cette histoire, une sorte d'unité administrative, d'embryon de municipalité.

CHAPITRE XII.

Droit de minage. — Qualité de seigneur d'Angerville.

Les dames de Saint-Louis, en voyant leur droit de minage attaqué par un adversaire aussi puissant, aussi tenace que M. Delpech, firent, dès le 15 février 1702, une requête contre ses prétentions, laissant à leur fermier le soin d'en présenter une de son côté le 18 du même mois. Mais ces requêtes ne suffirent pas pour amener M. Delpech à traiter pacifiquement avec les dames de Saint-Cyr. Elles furent, au contraire, mises en demeure de contester les prétentions de leur adversaire et de prouver leurs droits. Aussi, trois ans après leur requête, le 12 septembre 1705, elles adressent au grand conseil du roi, devant lequel elles avaient obtenu de porter leurs causes, une défense contre M. Delpech intervenant en l'instance portée devant le bailli de Guillerval, à la requête de leur fermier, Pierre-Louis Rabourdin, contre Hierosme Tevenot, Jacques David, Jacques Pommereau, François Bourdeau et Antoine Puis, habitants d'Angerville, qui avaient, d'après le conseil de M. Delpech, refusé de payer le droit de minage.

Dans ce contredit, les dames de Saint-Cyr se plaignent, à juste titre, de ce qu'au mépris de la transaction passée le 12 avril 1701, M. Delpech, après avoir parfaitement reconnu les droits des religieuses de Saint-Cyr, après les avoir conservées dans leur justice et seigneurie d'Angerville, vienne dire que cette transaction fait tort à ses droits, et qu'il n'a pu s'en plaindre par des respects humains : chose assez étrange, puisqu'en comparant ses propres titres avec cette transaction, il est prouvé que les dames de Saint-Louis, dans un esprit de paix dont elles tenaient à ne pas s'écarter par des considérations particulières que l'économe de la manse abbatiale ne devait pas ignorer, elles avaient délaissé à sa justice de Méréville un plus grand nombre de maisons dans le bourg d'Angerville et un territoire plus étendu que celui adjugé à tous ses prédécesseurs par les sentences et arrêts qu'il a lui-même produits en l'instance.

Que, de plus, outre l'extension de sa justice, elles lui avaient encore accordé un autre avantage en consentant, par cette transaction, à ce qu'il continuât de jouir, suivant son habitude, de son droit de péage dans Angerville, quoique ce droit eût été contesté à ses prédécesseurs par l'abbé de Saint-Denis.

Aussi, quel devait être leur étonnement, en voyant M. Delpech tirer de ce péage des inductions contre elles, pour s'attribuer à leur préjudice la justice et la seigneurie du territoire, d'autant mieux qu'elles prétendaient que ce droit de péage était tout à fait indépendant de la seigneurie du lieu. En effet, à l'exception de quelques coutumes particulières comme celles de Touraine, d'Anjou, dans toutes les autres, comme aussi dans celle d'Étampes où il n'en est pas question, on tenait pour maxime que, le droit de péage emportant une levée de deniers publics, « nul péage ne pouvait être permis ni imposé que par le roi. » De là venait la disposition des anciennes et nouvelles ordonnances (1) qui abolissaient les droits de péage, s'ils n'étaient fondés en titres ou possession de cent années non interrompues : ce qui marque bien qu'on ne regardait pas ce droit comme une suite et une dépendance de la seigneurie des lieux où il est établi. Il est certain que le roi était

(1) Ordonnances de Blois, art. 282. — Ordonnances des Eaux et Forêts en 1669, des droits de péage. — Déclaration de 1663 pour l'usage des péages.

le maître d'en faire la concession à qui bon lui semblait, indépendamment d'aucune seigneurie ; et il n'y a jamais eu aucune ordonnance, ni ancienne ni nouvelle, qui déclare le droit de péage attributif ou dépendant de la justice ou seigneurie d'Angerville.

Il est vrai qu'à une époque le seigneur de Méréville, Desmontiers, avait hasardé des conclusions expresses, par différentes requêtes, sous prétexte de son droit de péage, pour qu'on fît défense, à l'abbé de Saint-Denis et à ses officiers, de prendre connaissance d'aucun cas, crimes et délits ès-chemins, vües et voies publiques dudit Angerville, sous peine de nullité.

On alla même jusqu'à arracher et ôter le poteau planté aux armes de l'abbé dans le bourg d'Angerville; mais le Parlement ne jugea pas à propos de prononcer en faveur des demandes du seigneur de Méréville, et laissa l'abbé de Saint-Denis dans la possession où il était à cet égard.

Un fait qui prouve le peu de bonne foi que le seigneur de Méréville avait mis dans sa transaction avec les dames de Saint-Cyr, c'est que, dans son inventaire, il dit qu'après cette transaction, il avait lieu d'espérer que les choses demeureraient tranquilles entre lui et les dames de Saint-Louis, comme s'il eût voulu par ces termes leur faire un reproche de ce que cette paix était troublée par la contestation présente. Il est certain, au contraire, que le trouble venait de sa part et par son propre fait, en ce que, depuis la transaction, il avait ordonné à ses officiers de faire défense aux habitants d'Angerville de payer aux dames de Saint-Louis le droit de minage en question, dont elles jouissaient avant et après cette transaction, et dont il n'est point dit un seul mot dans cet acte. On serait tenté de croire que M. Delpech n'avait engagé le procès et obtenu cette transaction que pour mieux faire valoir ensuite ses prétentions.

Ainsi, c'est seulement cinq mois après cet acte de conciliation, que les nommés Puis et Tevenot, ayant reçu une sommation qui leur signifiait, le 16 septembre 1701, de déclarer la quantité de grains qu'ils avaient fait entrer chez eux et d'en payer le droit de minage, répondirent que, le jour précédent, le bailli de Méréville leur avait défendu de payer aucun droit de minage. Et M. Delpech poussait si loin son zèle contre l'intérêt des dames de Saint-Louis que, non content d'intervenir pour faire décharger du paiement de ce droit ses justiciables, il prit des conclusions expresses pour en exempter les autres habitants qui ne s'en plaignaient pas. Voilà ce qui força les dames de Saint-Louis de rendre compte au grand conseil de leur seigneurie, de leur droit de minage, et de se défendre contre les envahissements progressifs des seigneurs de Méréville. Aussi, le 14 mai 1706, elles produisirent un nouveau contredit en réponse à celui de M. Delpech du 2 mars 1706. Cette pièce ainsi que celles du seigneur de Méréville présentent des documents trop intéressants sur les droits féodaux, sur la confusion qui existait encore à cette époque dans l'administration de la justice, pour ne pas donner au lecteur le droit de pénétrer avec nous dans ces curieux monuments du passé.

Mais une chose remarquable, c'est que, malgré tout le talent, toute l'habileté avec laquelle chacun des adversaires cherche à prouver ses droits sur Angerville, il y a de part et d'autre une égale impuissance à produire des titres ; et si M. Delpech accuse les dames de Saint-Louis d'avoir usurpé le droit de minage, il est incapable lui-même de leur fournir ses titres au droit de péage, si bien qu'on est amené à se poser ce dilemme :

Ou l'on a accordé aux dames de Saint-Cyr, aux seigneurs de Méréville, les droits qu'ils ont sur Angerville, ou on ne les leur a pas accordés. Si on ne les leur a pas accordés, ils sont donc usurpateurs. La seigneurie d'Angerville ne leur appartenait donc pas ; ils n'étaient donc pas seigneurs d'Angerville.

Si, au contraire, comme le prétend M. Delpech, ces droits viennent du roi, Angerville appartenait donc au roi. Le roi était donc, dans le principe, seigneur d'Angerville. Angerville est donc bien l'*Angere regis* de Louis-le-Gros, ce qui sera confirmé par la suite du procès. Mais, d'abord, prenons connaissance des contredits produits par les deux parties.

MÉMOIRE DE M. DELPECH.

(2 mars 1706.)

« La qualité de seigneur d'Angerville appartient à M. Delpech par tant de titres, et ces titres sont confirmés par une possession si paisible, si constante et si immémoriale, qu'il y a lieu de s'étonner que les dames de Saint-Cyr ayent entrepris de luy faire un pareil trouble et qu'elles ayent osé réclamer, contre une possession paisible et soutenue par des titres, dans le même temps qu'elles en prétendent tirer un si grand avantage pour leur propre deffense, d'une possession sans titres et contestée dans tous les temps.

« Il faut donc convenir qu'il est bien avantageux à M. Delpech qu'on ayt formé une pareille demande contre luy, puisque cela donne lieu de pouvoir comparer ces deux différentes demandes une à une.

« D'un côté, le conseil verra que les dames de Saint-Louis veulent se maintenir dans la possession de percevoir un droit de minage sur tous les habitans d'Angerville, sans avoir aucun titre et sans possession paisible et constante ; et d'un autre côté, elles forment un trouble et contestent à M. Delpech une qualité qui luy est acquise par titres et par possession.

« Voilà l'idée la plus juste qu'on puisse se former de tout le procès, qui se réduit à deux questions : l'une qui concerne la qualité de seigneur d'Angerville, l'autre concerne le droit de minage.

« On traitera d'abord la question qui regarde la qualité de seigneur d'Angerville, parce qu'on espère en tirer des inductions et des moyens contre la prétention du droit de minage.

« On ne peut disconvenir que le seul titre en vertu duquel l'abbaye de Saint-Denis possède les domaines et terres qui luy appartiennent aujourd'huy dans la Beausse, ne soit la charte du roy Dagobert.

« On voit par les termes de cette charte deux faits très-importans :

« Le premier est que Guillerval, énoncé sous le nom de *Vasconisualis*, n'est point qualifiée chastelnie ; qu'au contraire il est compris sous la dénomination générale de *villa*, lequel terme, dans ce temps, n'a jamais signifié autre chose qu'une métairie, un domaine, ou une simple maison de campagne, ou du moins une terre sans aucun titre. Par quelle raison veut-on donc aujourd'huy qualifier Guillerval du nom de chastelnie ? Est-il survenu quelque titre, depuis cette charte, qui luy ait donné droit de prendre ce titre de chastelnie ? Si cela est, il n'y a qu'à le produire. Si on n'en a point, et cela est, pourquoy ne pas se contenter de la véritable qualité de Guillerval, sans luy en attribuer une qui ne luy a jamais appartenu ?

« Le second fait prouvé par cette charte, est qu'il n'y est parlé en aucune façon d'Angerville. Cependant on ne voit pas qu'on produise aucun titre postérieur à cette charte pour établir et prouver que l'abbaye ayt acquis quelques droits sur Angerville.

« Il est donc visible que ce n'est que par usurpation et par une possession sans titre que les droits des abbés ont esté étendus sur ce bourg.

« C'est vray que cette usurpation a eu ses degrés. En 1556, les religieux et abbé de Saint-Denis se contentèrent de s'attribuer la qualité de seigneur en partie du bourg d'Angerville. La preuve en est escrite dans le procès-verbal de la reformation de la coutume d'Estampes. Ils reconnoissoient pour lors qu'ils n'avoient aucun droit d'être appelés seigneurs indéfiniment d'Angerville, et par là même ils reconnoissoient qu'ils n'estoient pas en droit de la contester au seigneur de Mérinville, qui en estoit et avoit toujours été en paisible possession.

« Il est donc reconnu expressément et très-formellement en 1624, car ayant trouvé à propos de faire quelques entreprises sur les seigneurs de Mérinville par raport au bourg d'Angerville.

« Dans l'arrest du Parlement qui intervint sur les contestations respectives, le seigneur de Mérinville fut qualiffié seigneur indéfiniment d'Angerville, et les abbés de Saint-Denis ne furent point étonnés pour lors que cette qualité luy eût esté donnée. Et ce ne fut qu'en 1630 que, par un esprit de vengence et par une entreprise nouvelle, on s'avisa de vouloir contester cette qualité au seigneur de Mérinville, et, sy on l'oze dire, que par un excès de chicane on prit requeste civile contre cet arrest, en ce seulement qui regardoit la qualité de seigneur d'Angerville.

« On ne peut disconvenir que, quelque désire qu'on eût pour lors de taquiner le seigneur de Mérinville, ces religieux et abbés de Saint-Denis ne crurent que le meilleur party et le plus sûr estoit de laisser tomber cette qualité en prescription, contens non pas d'avoir donné atteinte à cette qualité, mais d'avoir pu transmettre à leurs successeurs une procédure qui faisoit voir qu'ils avoient cru avoir quelque droit de le pouvoir contester. Mais, quelques motifs qu'ils ayent pu avoir, il est toujours certain que s'ils n'ont pas poursuivy sur cette requeste civile, il n'y a personne qui ne juge aisément qu'on doit l'imputer au défaut de moyens légitimes soit pour la faire *entériné*, soit pour détruire la qualité de seigneur qui en estoit le motif. En effet, quel changement estoit-il arrivé, par raport à Angerville, depuis 1556 jusqu'en 1624 ? Par quelle raison et sous quel prétexte pouvoient-ils se plaindre, en 1630, que les dits seigneurs de Mérinville prenoient la qualité de seigneurs indéfiniment d'Angerville, eux qui n'avoient aucun droit de la prétendre et qui, dans un procès-verbal de coutume qui est regardé comme l'acte le plus authentique et le plus solennel de tous les actes publics d'une province, avoient cru beaucoup faire que d'avoir fait passer la qualité qu'ils avoient prise de seigneurs d'Angerville en partye.

« Cet arrest de 1624 subsiste donc aujourd'huy dans toutes ses partyes, et il a toujours esté exécuté par les seigneurs de Mérinville, en ce qui leur donne la qualité de seigneurs indéfiniment d'Angerville.

« L'acte de foy et hommage fait en 1671, celuy de M. Delpech du 3 septembre 1698, qualifient M. Delpech de seigneur d'Angerville. Son adveu fait au Parlement luy a adjugé le fief, terre et seigneurie d'Angerville. Les dames de Saint-Louis n'en ont point fait d'opposition.

« Mais cette énonciation de la qualité de seigneur d'Angerville n'est pas une suite de l'arrest de 1624, comme le prétendent les dames de Saint-Louis.

« Ce n'est qu'une continuation de possession de cette même qualité, qui se trouve dans les anciens aveux donnés à la chambre des comptes, et dans les actes de foy et hommage que les seigneurs de Mérinville ont porté au roy. L'acte de foy et hommage du 26 novembre 1616, celuy de 1599, celuy de 1539 et une infinité d'autres plus anciens, qu'on pourrait raporter, donnent tous la qualité de seigneur d'Angerville.

« Voilà donc, en faveur de M. Delpech, une possession bien constante et sans interruption de la qualité de seigneur indéfiniment d'Angerville, dans laquelle les seigneurs de Mérinville n'ont jamais ravie et à laquelle ils n'ont jamais dévoyé.

« C'est sur le fondement de cette possession, soutenue par des aveux et des actes de foy et hommage faits dans tous les temps, que M. Delpech a continué de prendre la qualité de seigneur d'Angerville.

« On oppose à M. Delpech deux moyens : l'un, qu'il a esté jugé avec les seigneurs de Mérinville, prédécesseurs de M. Delpech, qu'ils n'ont point la seigneurie du bourg d'Angerville, l'autre, que luy-même l'a reconnu par la transaction du mois de juin 1701.

« On répond au premier moyen qu'on ne trouvera point d'arrests qui ayent jugé que les seigneurs de Mérinville n'avoient point la seigneurie du bourg d'Angerville.

« L'arrest de 1624, qu'on prétend avoir jugé cette question en faveur des abbés de Saint-Denis, prouve tout le contraire, puisque dans le même arrest, le seigneur de Mérinville est qualifié seigneur d'Angerville et que les abbez de Saint-Denis ont été obligés de prendre requête civile contre cet arrest.

« Mais cet arrest, dit-on, juge que les seigneurs de Mérinville n'ont leur justice dans Angerville que par intention sur quelques maisons. La disposition n'est point limitative ni taxative. Cet arrest donne au seigneur de Mérinville la justice universelle d'Angerville, voyes, rues, et grands chemins du dit bourg, et si l'on a mis « et spécialement sur telles maisons, » ce n'a esté que parce que les particuliers ayant voulu se soustraire à la justice de Mérinville, ils estoient en cause, de sorte que ce n'a esté que par raport à la condamnation de ces gens qu'ils se trouvent énoncés dans cet arrest. Si tous les habitans et propriétaires des maisons d'Angerville avoient contesté, ils auroient esté tous compris, ce qui fait voir que la désignation qui a esté faite n'a point eu pour objet de restreindre la justice de Mérinville, mais seulement de punir ceux qui avoient voulu entreprendre de se soustraire à sa haute justice.

« Les dames de Saint-Louis prétendent qu'avant l'arrest de 1624, les seigneurs de Mérinville n'avoient jamais pris la qualité de seigneurs d'Angerville et que, depuis cet arrest, ils n'ont point continué de le prendre.

« Si les dames de Saint-Louis avoient vu les actes de foy et hommage faits en 1599, en 1671 et 1693, elles n'auroient pas avancé une pareille proposition, car elles auroient vu que dans les actes où il est important d'énoncer chaque membre en particulier de la baronnie et haute chastelnie de Mérinville, on a toujours compris la seigneurie d'Angerville indéfiniment.

« Mais elles ne trouveront pas que dans aucun acte les seigneurs de Mérinville ayent pris la qualité de seigneurs d'Angerville en partie, ainsy que les abbés de Saint-Denis ont fait en 1556. On conviendra avec elles que les seigneurs de Mérinville ont omis quelquefois d'énoncer la qualité de seigneurs d'Angerville ; mais si de pareilles omissions pouvoient former des moyens pour contester la qualité de seigneurs qui peut apartenir à des terres titrées sur les autres terres qui en sont des membres et des dépendances, il n'y a point de seigneur dans le royaume qu'on ne peut dépouiller du droit de seigneurie dans la plus grande partie de leur terre principalle. Mais jusqu'à présent, de pareilles omissions n'ont esté d'aucune considération. On sçayt que sous le titre principal sont censés comprises les autres qui n'en sont que les membres. Aussi, sous le titre de seigneur de Mérinville, la seigneurie d'Angerville qui est un membre de la haute chastelnie de Mérinville y est censé comprise. En un mot, il n'y a jamais d'omission quand le titre principal est énoncé, ce qui suffit dans les actes ordinaires. Ainsy, il est vray de dire qu'il n'y a point d'objection plus faible que celle qu'on veut former d'une pareille omission, surtout quand on voit que les mesmes seigneurs, dans les actes importans tels que sont les aveux et les actes de foy et hommage, se sont toujours conservés dans la pocession de se dire seigneurs d'Angerville sans aucune restriction.

« A l'égard du moyen que l'on veut tirer de la transaction du 12 juin 1704, il est encore plus facile de refuter que le premier moyen que l'on vient de détruire.

« Les dames de Saint-Louis prétendent que par cette transaction M. Delpech a reconnu qu'il n'avoit aucun droit sur la seigneurie et bourg d'Angerville, et la preuve de cette proposition, on la tire de ce que M. Delpech n'a point pris dans cette transaction la qualité de seigneur d'Angerville.

« On peut dire sans prévention que ce raisonnement est tout a fait des plus extraordinaires, et on pouroit commencer par le retorquer contre les dames de Saint-Louis, car elles sont dans le même cas, n'ayant pas pris elles-mêmes la qualité de dames d'Angerville.

« Secondement, la transaction de 1704 n'est pas le titre en vertu duquel M. Delpech prétend que la seigneurie d'Angerville lui appartient.

« Il reconnoistra toujours que cette transaction né lui donne rien sur Angerville ; mais il soutiendra qu'il n'y a pas une seule clause dans cette transaction qui puisse marquer que l'intention des partyes ayt esté de transiger sur la qualité de seigneur d'Angerville.

« Ce droit, cette qualité appartenoit incontestablement à M. Delpech avant la transaction, et il ne faisoit point la matière du différend sur lequel on a transigé, ainsy nul prétexte d'apliquer les clauses de cette transaction au droit de seigneur sur Angerville dont il ne s'agissoit point.

« L'objet de la transaction n'étoit que de finir les différends au sujet de différentes prétentions des partyes pour la justice.

« M. Delpech prétendoit que la justice lui appartenoit en entier sur le bourg d'Angerville et qu'il devoit lui estre permis de la faire exercer par ses officiers.

« Les dames de Saint-Louis prétendoient, au contraire, qu'une partie du bourg d'Angerville estoit du ressort et de la justice de Guillerval.

« Pour terminer cette contestation, on proposa à M. Delpech la voye de la transaction, et on luy marqua ensuite les conditions sous lesquelles on vouloit transiger. M. Delpech, par respect pour les personnes qui protégent la maison de Saint-Cyr, accepta les conditions qui lui furent proposées, et il partagea avec les dames de Saint-Cyr la justice sur le bourg d'Angerville, qui jusque-là avoit apartenu en entier aux seigneurs de Mérinville, ses prédécesseurs ; et pour prévenir de nouvelles contestations dans la suite, on désigna les bornes et les limites de la justice, qu'au lieu de faire un pareil détail pour régler les limites de la justice des dames de Saint-Louis, on se contenta de dire qu'elles avoient la justice sur le surplus.

« Voilà de quelle manière les choses se sont passées, non pas à l'avantage de M. Delpech, comme le conseiller des dames de Saint-Louis a voulu le faire entendre dans les contredits ; mais ce qui est certain, c'est que l'intention des partyes, lors de la transaction, n'a esté que le partage de la haute justice sur Angerville, c'est-à-dire que de la part de M. Delpech, il a sacrifié à son repos une partie de la haute justice sur Angerville, et que les dames de Saint-Louis, d'autre part, ont commencé à se former, par cette transaction, un titre sur cette même justice qui avoit esté l'objet, dans le commencement du dernier siècle, des différentes entreprises des abbez de Saint-Denis auxquels elles ont succédé.

« Il n'y a donc nulle raison de vouloir prétendre que par cette transaction M. Delpech ayt renoncé, en faveur des dames de Saint-Louis, à prendre la qualité de seigneur d'Angerville indéfiniment, puisqu'il n'y a aucune clause qui puisse marquer que telle ayt esté l'intention des partyes, que cette qualité de seigneur n'estoit point l'objet de la transaction.

« D'où il suit qu'il faut remonter à ce qui a précédé la transaction, et en cela on connoistra que les seigneurs de Mérinville ont esté de tous temps en pocession de la qualité indéfinie de seigneur d'Angerville ; que cette pocession a esté confirmée par l'arrest de 1624 et par le décret sur la terre de Mérinville, fait au Parlement, auquel n'y ayant eu aucun profit de la part des dames de Saint-Louis, en ce qu'il adjugeoit à M. Delpech le fief, terre et seigneurie d'Angerville indéfiniment. Le décret confirme cette qualité d'une manière irrévocable et pouvoit seul, indépendamment des autres titres et actes de pocession, suffire pour faire maintenir M. Delpech en pocession de cette qualité et faire déclarer les dames de Saint-Louis non recevables dans leur demande.

« Il faut présentement faire voir que les dames de Saint-Louis sont mal fondées à prétendre un droit de minage dans Angerville.

« Pour établir cette proposition, on commencera par expliquer au conseil l'origine de ce droit de minage, et de quelle manière les fermiers des abbez de Saint-Denis ont commencé à introduire la levée de cet impôt dans Angerville ; on fera voir que ce droit est un droit de marché qui ne peut s'acquérir sans un titre vallable, et enfin on prouvera que, quand même la pocession pouroit suffire pour acquérir ce droit, celle des dames de Saint-Louis seroit trop défectueuse et trop imparfaite pour pouvoir jamais suppléer au titre ou pour faire présumer que la concession auroit pu leur en estre faite.

« Le conseil est supplié d'observer qu'en l'année 1609, on vouloit establir un marché dans le bourg d'Angerville.

« Le seigneur de Mérinville s'oposa à la ratification et publication des lettres patentes accordées pour l'établissement de ce marché d'Angerville ; cela donna lieu à une contestation qui ne fut terminée que par l'arrest qui intervint le 8 juin de l'année 1624, qui déclara l'oposition bonne et vallable et debouta les demandeurs de l'enthérinement de leurs lettres.

« Pendant le cours du procès, les fermiers des religieux et abbez de Saint-Denis prirent occasion de ces lettres d'établissement de marché pour percevoir tous les droits de marché, tels que les droits de minage, aulnage, courtage et plaçage ; ils accoutumèrent quelques-uns des habitans, insensiblement, à leur payer ces sortes de droits, et on ne voit point que depuis l'année 1609 jusqu'en 1624 ils ayent esté troublés dans la perception de ces droits, ni qu'ils les ayent perçus sur tous les habitans.

« Mais, en l'année 1625, Pierre Fauvet ayant voulu continuer de percevoir le droit de minage seulement, le sieur Desmontiers, seigneur de Mérinville, qui avoit obtenu l'arrest du 8 juin 1624, qui avoit cassé les lettres patentes d'établissement du marché, s'oposa à l'entreprise de Pierre Fauvet ; il obtint une commission de la chancellerie le 8 juillet 1625, à l'effet de faire assigner Pierre Fauvet au Parlement, pour lui voir faire deffense de percevoir les droits de minage sur les grains portés et conduits au bourg d'Angerville. Par exécution de cette commission, l'assignation fut donnée le 15 septembre de la même année et, les parties ayant esté apointées, il y eut un amortissement fourni par le seigneur de Mérinville au Parlement de l'année 1625 : ce qui fait voir au conseil qu'on regardoit pour lors la perception de ce droit de minage comme contravention à l'arrest du 8 juin 1624, et par conséquent comme un droit qui n'avoit esté introduit qu'à l'occasion du marché qu'on avoit voulu establir à Angerville ; car, sans cela, on n'auroit pas procédé recta au Parlement contre Fauvet, pour faire cesser en 1625 la perception de ce droit de minage, ne pouvant pas y avoir d'autre raison quand on y a porté cette demande.

« Tant que la contestation dura au Parlement contre Pierre Fauvet, on ne trouve point que le droit de minage ayt esté perçu, ny les autres droits qu'on s'estoit pareillement attribuez, tels que ceux d'aulnage, plaçage. Il y est vray que le sieur Desmontiers, seigneur de Mérinville, qui estoit gouverneur de Narbonne et qui avoit le commandement d'un corps d'armée dans la Guyenne, ayant esté obligé de se rendre dans son gouvernement et de se mettre à la teste des troupes qui pour lors estoient employées contre les protestans, distrait par ses grandes occupations, il abandonna le soin de ses affaires domestiques, et la poursuite du procès commencé contre Fauvet fut entièrement interrompue.

« On profita de l'absence du sieur Desmontiers, et, après une interruption de plusieurs années, on crut que l'occasion estoit favorable pour se remettre de nouveau en pocession de lever ce droit ; on commença par l'insérer, dans un bail du 21 octobre 1633, avec les droits de courtage, aulnage et plaçage. Quelques années après, la terre de Mérinville fut saisie réellement ; elle a esté en saisie réelle jusqu'en 1698 qu'elle a esté adjugée à M. Delpech.

« Pendant le cours de cette saisie réelle, on a continué la perception de ce droit, avec cette différence qui est fort considérable, sçavoir : que dans les derniers baux on a affecté de ne plus parler du droit de plaçage avec le droit de minage ; on a supprimé ce droit de plaçage, par la raison que ce dernier droit ne pouvant jamais se percevoir que dans un marché pour raison de la place qu'on y occupe ; on craignit que si l'on continuoit à lever ce droit ou à l'insérer dans les baux, cela ne fît ouvrir les yeux et ne fît connoistre que le droit de minage et le droit de plaçage n'estoient tous deux que des droits de marché, et que n'ayant point esté establys, on ne pût leur objecter qu'ils n'estoient plus en droit de lever ces sortes de droits, qui n'avoient esté introduits qu'à l'occasion du marché dont les lettres d'establissement, qui avoient esté obtenues en 1609, avoient esté cassées en 1624.

« De sorte qu'il est arrivé que de tous ces différents droits qui estoient énoncés dans le bail de l'année 1633, les religieux et abbez de Saint-Denis ne s'estant conservé que dans la pocession de percevoir le droit de minage sur les bleds qui se vendent dans les maisons d'Angerville, ils y ont assujettis de temps en temps quelques particuliers : d'autres, plus opiniâtres et plus clairvoyans, ont refusé de payer ce droit, et ce qui a donné lieu à des poursuittes de la part des fermiers contre les particuliers, sur lesquelles il y a eu des sentences ; mais jamais on a osé mettre ces sentences à exécution, et c'est ce qui fait qu'elles n'ont jamais esté levées ni signiffiées, comme il paroist par celles qui ont esté produites au procès, lesquelles sont expédiées sur du papier timbré qui n'a eu lieu que beaucoup d'années après l'obtention de ces sentences.

« Les dames de Saint-Louis, ayant succédé aux droits des abbez de Saint-Denis, ignorent de quelle manière ce droit de minage avoit esté introduit, et, ne trouvant au lieu de titres que des actes qui marquent qu'une pocession très-équivoque et très-récente, n'ont pas laissé que de vouloir continuer la perception de ce droit, qui consiste à 6 deniers par mines, sur tous les bleds qui se vendent par les particuliers, dans leurs maisons, au bourg d'Angerville.

« M. Delpech ayant examiné sur quoy pouvoit estre fondé ce droit de minage, ayant découvert l'origine et n'ayant point trouvé qu'il eut de fondement légitime, alors qu'il estoit obligé de s'oposer à la perception de ce droit et de libérer les habitans d'Angerville, du nombre desquels une grande partie sont ses justiciables, d'un droit aussy insolite et aussy mal establi que le pouvoit estre ce droit de minage. Il a mesme regardé que la perception de ce droit estoit une infraction à la transaction du mois de juin 1701, par laquelle les dames de Saint-Louis avoient consenti que l'arrest du 8 juin 1624 subsisteroit dans toutes ces dispositions, parce que cet arrest ayant cassé les lettres d'establissement du marché, il avoit aboli tacitement tous les droits de minage, aulnage et plaçage qui n'en estoient que des accessoires : en sorte que M. Delpech, après avoir accordé un premier avantage aux dames de Saint-Louis en partageant avec elles sa justice, demande d'exécutter ponctuellement la transaction en ce qui concerne l'exécution de l'arrest du 8 juin 1624, et qu'elles voudroient bien se désister de lever un droit si onéreux aux habitans d'Angerville et pour l'establissement duquel elles n'avoient ny titres ny pocession. Contre l'attente de M. Delpech, elles ont néantmoins persévéré à vouloir se maintenir dans la perception de ce droit, et par là elles ont forcé M. Delpech à entrer malgré luy en procès, pour contester ce droit de minage qui l'intéresse à titres différents :

« Le premier, parce qu'étant fondé dans la perception du péage sur tout ce qui passe et repasse par Angerville, il y a justice qu'il n'y ayt point de nouveaux droits establys ;

« Le deuxième, parce qu'une partie des habitans d'Angerville estant dans la haute justice de M. Delpech, il a intérêt que les dames de Saint-Louis ne perçoivent pas des droits sur ses propres justiciables.

« Ainsy, le conseil voit que l'intérêt de M. Delpech est très-légitime et très-sensible, ce qui suffit pour répondre à la fin de non recevoir qu'on luy oppose.

« Il faut présentement entrer dans les moyens du fond ; mais avant de le faire, le conseil permettra de résumer un peu et paroller les faits qui doivent demeurer constans au procès, et dont M. Delpech tire ses moyens et ses réponses à ceux qui sont employés en faveur des dames de Saint-Louis :

« Un premier fait constant est que les dames de Saint-Louis ne rapportent aucun titre qui justiffie la concession du droit de minage ;

« Le deuxième fait constant est qu'elles ont esté troublées à la pocession de ce droit dès l'année 1625, immédiatement après l'arrest de 1624 ;

« Le troisième fait constant est que les dames de Saint-

Louis ne peuvent raporter des titres de leur pocession avant
1609, qui est le temps de l'obtention des lettres pour l'establissement du marché d'Angerville ;

« Le quatrième fait constant est qu'il n'y a aucun marché à Angerville, de sorte qu'on prétend estre en droit de lever ce droit de minage sur les bleds qui se vendent dans l'intérieur des maisons d'Angerville.

« Ces quatre faits estant exposés, il faut establir deux supositions :

« La première, que le droit de minage ne peut s'acquérir sans titre ;

« La seconde, que les dames de Saint-Louis ne sont point dans le cas de se prévaloir des édits donnez en faveur du clergé, n'ayant point une pocession paisible, constante et capable de faire présumer la concession du droit dont est question.

« On ne peut disconvenir que le droit de minage ne soit un droit purement royal et domainal, qui ne tient rien du tout de la nature et de l'essence des fiefs, qui n'est attaché ny naturellement annexé à la voirie, haute justice et féodalité comme un droit commun et ordinaire.

« Tel est le sentiment de Bacquet en son *Traité des Droits de Justice,* chapitre XXVII, et Loyseau en son *Traité des Seigneuries.* Billon, commentateur de *la Cour d'Auxerre,* article 4, Livre I, tient ce même principe, et on raportera icy les conséquences que ce dernier auteur en a tiré d'une manière fort claire et fort solide. On sait que son autorité est d'un grand poids dans cette matière, d'autant qu'il est connu pour estre proprement le seul commentateur qui se soit donné la peine de traiter à fond les questions du droit de minage.

« De ce que ce droit n'est point attaché ni à la haute justice, ni à la féodalité, ni à la voirie, cet autheur en tire trois déductions principalles :

« La première est qu'il ne suffit pas au seigneur haut justicier d'avoir une pocession immémorialle de ce droit pour s'en dire seigneur incontestable, il faut qu'il y ait titre exprès ou tacite, ou bien une reconnoissance de bonne forme des redevables. Il dit un titre exprès, c'est-à-dire des lettres patentes de concession du roy, registrées en la chambre des comptes.

« Un titre tacite qui n'est autre chose qu'un aveu et dénombrement de tel droit reçu en la chambre des comptes, sans réserve ni protestation contraire de la part de M. le procureur général de la dite chambre ;

« Le second principe que le mesme commentateur propose sur cette matière, est que le droit de minage doit estre considéré comme une pure servitude dont la liberté, comme d'une chose odieuse, se peut prescrire par trente ans et ne peut s'acquérir sans titre, non plus que les droits de banalité, de moulin, four, pressoirs et droits de corvées ;

« Le troisième est que ce droit ne se doit lever qu'aux lieux où il y a establissement de foires et marchés, et qu'il ne se doit exiger qu'aux lieux où ils se tiennent et non chez les particuliers, parce que c'est, à proprement parler, un droit qui se paye aux seigneurs en reconnoissance d'un tel establissement pour le droit de plaçage.

« La coustume de Normandie, qui est toujours aussi sage qu'exacte dans ses dispositions, dans l'article 24 n'attribue mesme la connoissance des poids et mesures qu'à ceux qui ont droit de foire ou de marché, connoissance néantmoins qui par elle-même est attachée au droit de justice, mais qui néantmoins ne reçoit plus d'application quand le justicier n'a ny foire ny marché.

« Et, en effet, il n'y a aucune coustume qui attribue le droit de minage aux seigneurs hauts, moyens et bas justiciers en plein droit en conséquence de leur justice ; car rien de plus différent en soy que le droit de police sur les mesures et le droit de minage, rien de plus différent que le droit d'estalonner les mesures d'avec le droit de lever une certaine somme de deniers sur les grains qui se vendent.

« Le droit de police sur les mesures et la punition et correction de ceux qui usent de fausses mesures apartient aux justiciers ; mais cette police n'est qu'un acte de justice qui est gratuit de la part du seigneur qui l'exerce.

« Le droit d'estalonnage est un droit qui se perçoit en raison des mesures qui sont estalonnées et non sur les marchandises qui se vendent, et ce droit d'estalonnage se peut lever dans les maisons une fois tous les ans seulement en faisant la visite des mesures ; mais ce droit ne se multiplie pas à proportion des marchandises qui se vendent, par la raison qu'il n'y a que dans les marchés où l'on puisse avoir droit de lever quelque droit sur les grains par manière de droit de plaçage. Et on ne trouvera point d'exemple dans le royaume qu'aucun seigneur, ny laïc, ny ecclésiastique, soit en pocession de se faire payer dans les maisons des particuliers d'un droit sur les grains qui se vendent par les particuliers.

« On ne trouvera ny texte, ny coustume, ny arrest des cours souveraines, ny lettres patentes qui ayent jamais accordé à des seigneurs le droit de minage sur les bleds qui se vendent hors des marchés, par la raison que les bleds qui se vendent hors des marchés ne se peuvent vendre que par des ventes secrètes, clandestines et abusives qui ne doivent pas estre autorisées par quelque personne que puisse estre, et au contraire, chaque seigneur, dans l'estendue de sa justice, doit veiller à empescher ces sortes de ventes, pour en prévenir les abus et les grands inconvéniens qui en arrivent, et pour tenir la main à ce que les ordonnances qui deffendent à tous particuliers de vendre leurs bleds hors des marchés, soient exécutées dans toute leur estendue.

« Car, sera-ce en vain que nos roys auront prohibé par leurs ordonnances à toutes personnes de ne point achepter les bleds hors des marchés publics, et auront prononcé des peines, des confiscations, des amendes et mesme des peines et punitions corporelles contre les achepteurs ?

« Dans l'année 1482, Louis le onzième a fait la deffence en

ces termes : « Aucuns marchands ne soient si osés ny si hardis « d'achepter bleds si ce n'est en plain marché, et ce sur peine « de confiscation, d'amende arbitraire et d'estre punis à l'or- « donnance de justice. »

« En 1531, François Ier estant à Compiègne renouvella ces deffenses, etc.

« Comment donc peut-on aujourd'huy concilier la disposition des ordonnances avec le droit de minage prétendu par les dames de Saint-Louis.

« Les ordonnances deffendent, sous des peines très-sévères, de vendre les bleds hors des marchés publics.

« Les dames de Saint-Louis, d'un autre costé, prétendent se maintenir en la pocession de percevoir 6 deniers par mine, sur les bleds qui se vendent hors des marchés, puisqu'il n'y en a point à Angerville et qu'elles ne le prétendent que sur les grains qui se vendent dans les maisons des particuliers.

« Les ordonnances enjoignent à tous les juges de punir sévèrement ceux qui vendront leurs bleds hors des marchés publics

« Comment donc peut-on espérer aujourd'hui qu'on autorisera, par un jugement, la perception d'un droit de 6 deniers par mine sur les bleds qui se vendent hors du marché, dans les maisons des particuliers ? Ne seroit-ce pas indirectement autoriser la vente des grains qui se feroit hors des marchés, que d'autoriser un pareil droit ?

« Ainsy, le conseil voit que le droit prétendu par les dames de Saint-Cyr est un droit purement abusif et qui a esté introduit, au mépris des plus sages dispositions de nos ordonnances, au sujet de la vente des bleds, et que, bien loin qu'on puisse présumer que la concession leur en ayt esté faite, on ne peut regarder la pocession prétendue que comme une usurpation ou comme une entreprise qui n'a jamais paru que clandestinement devant les juges de la justice des abbez de Saint-Denis, qui estoient dévoués à leurs intérêts, et que, si les sentences de ces juges avoient paru par voye de l'apel dans des tribunaux supérieurs, on ne peut révoquer en doute qu'elles n'eussent esté infirmées et qu'on eust prononcé des deffenses de percevoir un pareil droit, en prononçant des deffenses de vendre les bleds ailleurs qu'aux marchés publics et non dans les maisons particulières.

« Ainsy, voilà un premier point qui doit demeurer pour constant au procès : que le droit de minage est un droit de marché qui ne peut se lever que sur les bleds qui se vendent dans les marchés publics, et que, par conséquent, nul n'a droit de percevoir ce droit qu'en conséquence du droit de marché.

« Secondement, quand on pouroit suposer que les dames de Saint-Louis auroient un marché dans Angerville, elles n'en seroient pas mieux fondées à prétendre un droit de minage sur les bleds qui se vendroient dans ce marché. Il faudroit qu'elles puissent raporter des titres en vertu desquels elles prétendroient estre en droit de pouvoir percevoir ce droit, parce que ce droit, comme il a esté dit cy-dessus, n'estant point ataché ni à la féodalité, ni à la justice, ni à la voirie, ni mesme à la concession et establissement d'un marché, nul ne le peut prétendre sans en raporter un titre vallable de droit ou aveux aux particuliers sur qui il se lève ; et d'autant plus deffavorable par lui-même, qu'il est imposé sur les bleds, est regardé comme une servitude que nul ne peut acquérir sans titre, semblable en cela aux droits de banalité de fours, moulins et pressoirs, aux droits de corvées, de guet, de garde, lesquels droits ne peuvent s'acquérir sans titre ou acte équivallant aux titres, tels que le sont les aveux et dénombremens.

« Dans le fait, les dames de Saint-Louis ne raportent aucun titre ni aucun acte équivallant au titre.

« Elles prétendent, à la vérité, que les édits donnés en faveur du clergé les dispensent de raporter des titres, et que la pocession dans laquelle elles sont de percevoir ce droit est plus que suffisante pour les faire maintenir dans la jouissance de ce mesme droit et faire deffense à quelque personne que ce puisse estre de les y troubler.

« Il ne sera pas difficile de faire voir qu'elles ne sont point dans le cas de se prévaloir de la disposition des édits donnez en faveur du clergé ; on raportera plusieurs raisons qui sont également solides et décisives.

« La première observation qu'on peut faire sur ces édits est que leur disposition n'est fondée que sur la présomption que, pendant les troubles arrivez dans l'estat au sujet des guerres de religion, les dépôts des titres publics des églises ont pu estre brulez, de sorte qu'il ne seroit pas juste que l'Esglise ou le clergé souffrist des pertes considérables par de pareils cas fortuits et causés par une force majeure.

« Mais, quand la présomption cesse, la disposition de la loi doit cesser pareillement, de sorte qu'on ne prétendroit pas aujourd'huy que les communautez establies depuis les troubles cessés pussent jouir de la dispence qui est accordée au clergé de représenter les titres, par la raison qu'on ne peut pas présumer à leur égard qu'elles ayent perdu leurs titres pendant les troubles, n'y en ayant eu aucun depuis leur establissement.

« Or, on ne peut jamais présumer que l'abbaye de Saint-Denis ayt perdu ses titres au sujet du droit de minage. Il est de notoriété publique et tous les historiens de leur abbaye nous apprenent que leurs chartes n'ont jamais été brulées, et qu'ils ont eu le bonheur de conserver leurs titres dans toute leur intégrité. Sans cela, comment pouroient-ils avoir conservé jusqu'à nos jours la charte du roi Dagobert, qui est leur titre de propriété de tous les domaines qu'ils ont dans la Beausse.

« Il n'y a donc nulle raison de dispenser l'abbaye de Saint-Denis ou ceux qui la représentent de raporter leurs titres ; et quand ils ne les représentent pas, on ne doit présumer autre chose, si ce n'est qu'ils n'ont jamais eu le titre qu'on leur demande et qu'il n'a jamais existé.

« La seconde observation est qu'encore les édits donnez en faveur du clergé dispencent les communautez de représenter leurs titres ; néantmoins, l'esprit de ces édits n'est point qu'ils puissent prescrire contre leurs propres titres, sous prétexte qu'ils ne sont point obligez de justiffier des titres des droits dont ils sont en pocession. Ainsy, quand le titre originaire est constant et que ce titre ne parle point des droits nouveaux qu'ils ont usurpés, leur titre prévaut sur leur pocession par un principe de droit qui a lieu à leur égard comme à l'égard des autres, sçavoir : que personne ne peut changer les titres de sa pocession.

« Or, le titre en vertu duquel l'abbaye de Saint-Denis possède des terres dans la Beausse est un titre très-constant, qui est raporté aujourd'huy et qui existe entre les autres chartes de l'abbaye. Ce titre n'accorde point le droit de minage à l'abbaye de Saint-Denis. Ainsy, la pocession de ce droit estant contraire au titre est destruite par le titre. Elle ne peut pas opérer le mesme effet qu'une pocession immémorialle qui ne se trouveroit combattue par aucun titre.

« La troisième observation est que les droits donnez en faveur du clergé ne les maintient en la pocession des droits dont ils jouissent qu'autant que les mesmes droits ne dégénèrent point en un abus et ne sont point contraires à l'intérest public ou aux ordonnances générales de nos roys. L'abus ne se conserve point, et on ne prescrit point contre les dispositions des ordonnances et principallement contre celles qui intéressent la police générale du royaume.

« Or, le droit de minage tel que le prétendent les dames de Saint-Louis, c'est-à-dire en le voulant percevoir sur les bleds qui se vendent chez les particuliers, est précisément et formellement contraire aux dispositions des ordonnances, et dégéneneroit en une aprobation tacite de la vente des bleds hors des marchez publics, ce qui, bien loin de pouvoir estre toléré, doit estre prohibé très-sévèrement. Et, par conséquent, la pocession d'un pareil droit ne pouroit pas servir de prétexte ny former un moyen légitime pour en continuer la perception.

« La quatrième observation est qu'aux termes de ces édits, on ne peut tirer avantage de la pocession qu'autant qu'il ne se trouve point d'incompatibilité entre la qualité de celui qui possède et le droit qu'il veut se conserver en vertu de sa pocession, par la raison que cette incompatibilité rend la pocession vitieuse dans son principe et qu'on ne peut jamais acquérir en vertu d'une pocession dont le principe est vitieux.

« On ne peut disconvenir, comme il a esté prouvé cy-dessus, que le droit de minage ne soit un véritable droit de marché, en sorte que quiconque n'a pas droit de marché, n'a pas droit de percevoir le droit de minage.

« Les dames de Saint-Cyr conviennent qu'elles n'ont point droit de marché dans Angerville, et par conséquent elles n'ont aucune aptitude à pouvoir prétendre ce droit. Leur pocession est donc vitieuse dans son principe, et elle leur devient par conséquent inutille pour se maintenir dans la jouissance d'un droit pour la perception duquel elles n'ont pas les qualitez nécessaires pour le percevoir, telle qu'est celle d'estre fondées en droit de marché, sans lequel le droit de minage ne peut subsister.

« La dernière observation est qu'aux termes des édits donnez en faveur du clergé, il faut que la pocession soit constante, immémorialle et sans trouble, pour pouvoir se prévaloir de la pocession quand elle n'est soutenue d'aucun titre. On en est convenu dans les escritures des dames de Saint-Louis. Ainzy, le droit est certain. Or, dans le fait, la pocession des dames de Saint-Louis n'a aucun de ces trois caractères : elle n'est ny constante, ny immémorialle, ny sans trouble.

« On a fait voir cy-dessus que les fermiers des abbez de Saint-Denis s'estoient ingérés de lever ce droit quelque temps après l'obtention de certaines lettres patentes d'establissement de marché, qui furent cassées par l'arrest du 8 juin 1624.

« On a fait voir qu'en mil six cent vingt-cinq, Piérre Fauvet ayant voulu lever ce droit de minage, il fut assigné au Parlement à l'effet de faire cesser la perception de ce droit de minage, et de le faire condamner par corps à restituer les deniers qu'il en avoit reçus.

« Les prétendus actes de pocession produits par les dames de Saint-Louis ne sont que de l'année 1633.

« Ils sont donc postérieurs au trouble qui a esté fait par les seigneurs de Mérinville ; ce trouble est donc plus ancien que la pocession, et par conséquent il influe sur tout le cours de cette pocession et la rend défectueuse dans son principe et son origine.

« En effet, comment présumer que le droit de minage ayt apartenu légitimement et en vertu de bon titre aux religieux et abbez de Saint-Denis et qu'ils en ayent joui paisiblement et de temps immémorial, quand on voit que ce prétendu droit a pris naissance seulement dans le temps qu'on avoit obtenu des lettres pour establir un marché à Angerville ? Car, peut-on raporter la moindre preuve que l'abbaye de Saint-Denis en ayt joui avant les lettres patentes données pour l'establissement du marché d'Angerville ? Au contraire on trouve qu'aussitôt que les fermiers de l'abbaye ont voulu entreprendre de lever ce droit publiquement, que les seigneurs de Mérinville se sont opposés à cette entreprise, et qu'en exécution de l'arrest de 1624, ils ont assigné au Parlement Pierre Fauvet, qui s'estoit immiscé dans la perception de ce prétendu droit. Et ce trouble fait en 1625 a produit son effet jusqu'en 1633, époque où commence la pocession des abbez de Saint-Denis, ou plutôt c'est le temps où les fermiers de l'abbaye, profitant de l'absence du seigneur de Mérinville et des saisies réelles qui furent faites de sa terre, ont commencé à exiger sur les habitans d'Angerville ce prétendu droit de minage.

« A l'égard des actes qu'on produit pour establir cette pocession, ce sont des actes équivoques et qui n'ont jamais esté commis au seigneur de Mérinville depuis l'intéruption qu'il a faite en 1625. Ces actes sont des baux. On sait qu'ils se font sans légitime contradicteur. Les sentences qu'on produit contre les particuliers refusant de payer prouvent le trouble dans la recepte et dans la perception, d'autant plus que ceux qui les ont obtenues n'ont jamais osé s'en servir contre ceux qui avoient contesté, par la raison que la pocession estant pour lors trop récente, on ne croyoit pas pouvoir s'en faire un moyen, et qu'on craignoit qu'on découvrist trop facilement l'origine de ce prétendu droit de minage. En sorte qu'on s'est contenté d'obtenir ces sentences ; mais jamais on ne les a signifiées à ceux qui estoient refusans de payer. On ne les a pas levées dans le temps qu'elles ont esté rendues. L'expédition de celles qui sont produites est en papier timbré, lequel, certainement, n'a eu lieu que bien longtemps après que ces sentences ont esté rendues.

« Il est donc de la dernière évidence que la pocession des dames de Saint-Louis n'est ny constante, ny immémorialle, ny sans trouble, ce qui auroit esté du moins nécessaire pour supléer aux titres, et principallement dans une matière de rigueur et aussi défavorable que celle où il s'agist d'introduire une espèce de taxe et d'impôt sur les bleds, préjudiciable à des habitants, et d'une très-dangereuse conséquence.

« Il ne reste plus qu'à traiter une question qui est en quelque façon superflue, car, dès le moment que les dames de Saint-Louis sont mal fondées à prétendre en général un droit de minage sur les bleds qui se vendent dans les maisons des particuliers du bourg d'Angerville, il sembleroit inutile de faire voir que les dames sont mal fondées à prétendre lever ce droit sur les justiciables de M. Delpech.

« Cependant, pour achever de faire connoistre au conseil que la prétention des dames de Saint-Louis ne peut se soutenir de quelque façon qu'on l'envisage, on va faire voir clairement que, quand même elles seroient bien fondées à percevoir ce droit sur les habitans domiciliés dans le ressort de leur justice, elles n'ont ny raison ny prétexte pour prétendre le lever sur les justiciables de M. Delpech.

« On n'a besoin que du propre raisonnement dont on s'est servi en faveur des dames de Saint-Louis, pour prouver en général que le droit de minage leur apartient.

« Le conseil des dames de Saint-Louis avance, dans ces contredits, que le droit de minage procède du droit qui apartient communément aux seigneurs ayant justice, d'avoir l'estalonnage, visitation et connoissance des mesures, où il a cité Ragneau et M. Pierre de Lhommeau, qui aporte pour maxime que les seigneurs ayant justice ont un droit de mesure à bled et à vin sur leurs sujets et rentiers.

« Or, si on le regarde comme un droit procédant du droit de justice, ce droit ne doit pas avoir plus d'estendue que la justice ; l'effet doit estre proportionné à la cause.

« Les dames de Saint-Louis ne peuvent pas exercer leur justice sur les justiciables de M. Delpech ; pourquoy donc voudroient-elles lever sur ces mêmes justiciables des droits qui ne sont qu'un accessoire de cette même justice à laquelle elles n'ont pas droit de les assujettir.

« L'exemple qu'on propose des banalités auxquelles on prétend que les vassaux d'un autre seigneur sont justiciables, formeroit un moyen considérable en faveur des dames de Saint-Louis, si on pouvoit establir cette compatibilité ; mais l'auteur même, qu'on cite pour apuy de cette proposition, décide le contraire. Brodeau, sur le même article 71, n° 20, raporte un arrest qui a jugé qu'encore que le seigneur haut justicier ne soit pas fondé en droit de bannalités de moulin, et par ce moyen ses hauts justiciables ayent la liberté d'en construire un dans leur fonds ou d'aller moudre en tel moulin que bon leur semble, néantmoins il ne leur est pas permis de l'asservir et assujettir sans son consentement à la bannalité du moulin d'un seigneur voisin, moyennant argent ou autre récompense et indemnité. Il dit que la question a esté jugée entre M° Laubespine, évesque d'Orléans, et le chapitre de l'esglise collégiale de Cléry.

« Il est vray que quand le seigneur a consenty, le consentement le rend non recevable de réclamer contre la convention faite avec luy et avec ses vassaux ; mais, jusqu'à ce que le consentement soit intervenu, nul seigneur n'a droit d'estendre sa bannalité sur les justiciables d'un autre seigneur, suivant ce qui est dit dans la loix : « *De servitutibus*..............
.... »

« Les arrests que raportent les dames de Saint-Louis ne jugent point la question qui se présente et ne décident point qu'un seigneur puisse assujettir les justiciables d'un seigneur à sa bannalité. Que ces arrest ayent jugé que, quand une fois la bannalité est establie par le consentement du seigneur sur ses propres justiciables, que ces justiciables soient tenus de procéder en la justice du seigneur qui a droit de bannalité, il ne s'en suit pas de cette décision qu'un seigneur puisse de plain droit exercer sa bannalité hors de l'estendue de sa propre justice, sur les justiciables d'un autre seigneur. Il ne s'en suit pas, comme le conseil des dames de Saint-Louis l'a inféré, de cet arrest, qu'un seigneur puisse exercer les droits seigneuriaux, même ceux que l'on regarde comme procédant de la justice, sur les justiciables d'un autre seigneur, d'autant plus que la bannalité dont il s'agist dans cet arrest n'est pas un droit procédant de la justice ; c'est ce que décide Brodeau qui a raporté cet arrest. Il dit en termes formels : « Régulièrement le droit de bannalité ne dépend point de la qualité du fief ou haute justice de voirie, mais du titre particulier. »

« En un mot, les justiciables de M. Delpech ne doivent point avoir d'autre mesure que celle de la haute justice. Tout seigneur haut justicier, par le droit commun du royaume, a la connoissance des poids et mesures dans l'estendue de sa haute justice, quand il a foire ou marché. M. Delpech a l'un et l'autre. A l'égard du droit de minage, M. Delpech ne le prétend pas sur ses justiciables ; il sayt que ce droit ne peut apartenir qu'à titre particulier, et il convient qu'il n'en a point ; mais il soutient qu'ayant un droit de péage sur toutes les marchandises passantes et repassantes par Angerville, ayant un droit de haute justice sur une partie de ce bourg, il a intérest de s'oposer à la perception d'un droit aussi extraordinaire que celuy dont il s'agist, droit qui n'est establi par aucun titre, qui n'a dû son origine qu'à des lettres patentes d'establissement de marché cassées par arrest de 1624, qui n'a jamais esté confirmé par une pocession paisible.

« Enfin, droit d'autant plus exhorbitant, que de sa nature il doit estre levé sur les bleds vendus au marché : celuy dont il s'agist se lève dans les maisons. Il ne devroit se percevoir que sur les forains, et on veut assujettir à celuy-ci tous les habitans du bourg. Ce droit ne doit apartenir qu'à ceux qui ont droit de marché. Les dames de Saint-Louis n'en peuvent prétendre. Il ne s'accorde qu'à ceux qui ont droit de justice, et pour estre levé dans les limites seulement de leur justice : et on veut estendre celuy-ci jusques sur les justiciables de M. Delpech. Voilà jusqu'où les dames de Saint-Louis, en profitant des usurpations commencées par les abbez de Saint-Denis, ont porté l'excès de leurs prétentions.

« Autrefois les abbez de Saint-Denis n'avoient point de droits sur Angerville : ils ont dans la suite pris celuy de seigneur en partie ; aujourd'huy les dames qui leur ont succédé veulent estre dames indéfiniment, et veulent que M. Delpech n'ait pas le droit de se qualifier seigneur indéfiniment d'Angerville. Autrefois les abbez de Saint-Denis n'avoient aucun droit de justice dans Angerville : ils ont insensiblement empiété sur cette justice, et les dames de Saint-Louis qui leur ont succédé sont enfin parvenues, en 1701, à se former un titre sur cette justice, par une transaction qui partage cette justice entre elles et M. Delpech. Non contentes de ce premier avantage que M. Delpech avoit bien voulu leur accorder par un respect aveugle pour les personnes qui protégeoient cette maison, elles ont, depuis la transaction, continué dans la prétention de lever ce droit de minage dont il s'agist, droit néantmoins auquel elles auroient tacitement renoncé, en consentant que l'arrest de 1624 subsisteroit, et que M. Delpech demeureroit conservé dans tous les droits qui lui estoient acquis par cet arrest qui avoit cassé les lettres d'establissement de marché, dont le droit de minage avoit toujours esté regardé comme un accessoire ou du moins comme le prétexte dont on s'estoit servi pour le lever. Elles ont cependant trouvé mauvais qu'on les ait troublées dans la pocession de ce droit, qui ne leur apartient par aucun titre. Elles prétendent qu'après les avantages qu'elles avoient accordés à M. Delpech par cette transaction, il y avoit lieu d'espérer qu'il voudroit bien vivre en paix avec elles. Mais l'idée qu'on veut donner des avantages qui reviennent à M. Delpech par cette transaction, se dicipe non-seulement par les offres que fait M. Delpech de se désister de cette transaction et d'estre remis au mesme estat qu'il estoit, mais encore par les conclusions qu'il a prises par une requeste du............, dans laquelle il a conclud à ce que les dames de Saint-Louis soient tenues de faire omologuer cette transaction, synon de la faute par elles d'en obtenir l'omologation, qu'elle sera déclarée nulle.

« Ainsy, le conseil voit que M. Delpech n'a rien à se reprocher du costé du procédé, mais qu'il est en droit de se plaindre de ce que l'on a voulu, depuis la transaction, lever un droit de minage qui n'est apuyé par aucun titre ny par aucune pocession, et qui est mesme contre le droit public du royaume. Il croit avoir prouvé cette proposition par des moyens solides : partant il persiste dans les conclusions par luy prises au procès avec dépens. » (1)

(1) *Inventaire de Saint-Cyr.* — Angerville, cote 1re.

CHAPITRE XIII.

Contredit des Dames de Saint-Cyr devant le Grand-Conseil ou réponse à M. Delpech.

(14 mars 1706.)

« Contredit de productions nouvelles servant aussi de salvations, que mettent devant vous Nos Seigneurs du grand conseil du Roy :

« Les dames supérieures et religieuses du monastère royal de Saint-Louis, estably à Saint-Cyr-lès-Versailles, aiant pris le fait et cause de Pierre Louis, fermier de la manse abbatiale de Saint-Denis, unie à leur monastère, évoquantes et demanderesses ;

« Contre M. Delpech, conseiller au Parlement de Paris, seigneur de Mérinville, intervenant en l'instance portée devant le bailly de Guillerval, à la requeste du dit Louis, pour raison du dit droit de minage par luy demandé à Hierosme Thevenot et à quatre autres particuliers habitans du bourg d'Angerville, demeurans dans la justice du dit seigneur de Mérinville, évoqué et deffendeur.

« A ce qu'il plaise au conseil, sans s'arrester à la demande formée par M. Delpech tant par la requeste du 9 septembre dernier que par ses salvations signifiées le 2 mars 1706 et requeste par luy presentée le 8ᵉ du dit mois dont il sera débouté, et sans avoir égard à la production nouvelle par luy faite le mesme mois, le déclarer non recevable dans les appellations par luy interjettées, et en conséquence adjuger aux dames supérieures et religieuses du monastère roial de Saint-Louis les conclusions par elles prises au procès avec dépens.

« Il y a deux questions à juger dont M. Delpech a trouvé à propos d'intervertir l'ordre dans ses salvations, et l'on veut bien le suivre dans l'ordre qu'il s'est proposé :

« La première est de savoir si M. Delpech est bien fondé à prendre nouvellement avec les dames de Saint-Louis la qualité de seigneur d'Angerville, sans que luy ny ses autheurs en aient ny titre ny pocession avec les abbez de Saint-Denis ;

« La seconde, de savoir si M. Delpech est recevable et bien fondé à vouloir dépouiller les dames de Saint-Louis du droit de minage qu'elles et les abbez de Saint-Denis, leurs autheurs, sont en pocession de percevoir de temps immémorial sur tous les grains qui se vendent dans le bourg d'Angerville, dont la communauté ne se plaint point et ne s'est jamais plaint.

« Sur la première question, les dames de Saint-Louis ne sauroient trop s'étonner de la confiance avec laquelle M. Delpech avance, dans ses salvations, qu'il a tant de titres et une pocession si constante et si paisible de prendre la qualité de seigneur d'Angerville. Il est surpris, dit-il, que les dames de Saint-Louis aient entrepris et ozé luy en faire un trouble.

« Mais comment accorder ces expressions libres avec ce qui est justifié au procès par la production respective des parties, où l'on voit que non-seulement les seigneurs de Mérinville n'ont aucun titre, mais mesme qu'ils n'ont jamais osé prendre la qualité de seigneur d'Angerville avec les abbez de Saint-Denis ; que l'aiant fait insérer une seule fois dans les qualités d'un arrest, l'abbé de Saint-Denis s'en plaignit, et que depuis ce temps le seigneur de Mérinville cessa de la prendre dans les procédures qui suivirent et dans le cours du mesme procès ; que M. Delpech, en conséquence, ne l'a point prise dans une transaction qui s'est passée entre les dames de Saint Louis et luy au sujet de l'estendue de justice qu'il pouvoit prétendre dans

Angerville ; et qu'enfin, dans les titres les plus solennels, les plus publics et les plus anciens qui soient employés de part et d'autre, les abbez de Saint-Denis se trouvent avoir pris cette qualité, sans que les seigneurs de Mérinville aient osé la prendre ny indéfiniment ny en partie.

« C'est une maxime constante en matière de féodalité, qu'un seigneur, dont le fief ou la justice s'étend sur une partie du territoire d'une seigneurie et paroisse voisine ou sur des fiefs particuliers sis au-dedans de la dite paroisse, mais distincts et séparés du fief et seigneurie de la dite paroisse, n'est point et ne se peut qualifier pour cela seigneur de la seigneurie et paroisse voisine, en laquelle il a seulement une extension de sa justice ou censive ; cette seigneurie voisine fait un corps distinct et séparé de celuy à cause duquel le dit seigneur y estend une portion de sa justice ou censive, et de là vient que cette extension ne luy donne pas mesme le droit de se dire seigneur en partie de la dite seigneurie voisine. Il en est comme de celuy qui auroit dans une paroisse un fief particulier à cause duquel il auroit justice ou censive sur portion du territoire de cette paroisse : il ne seroit pas néantmoins pour cela en droit de se qualifier seigneur en partie de la dite paroisse, et encore moins de se le dire indéfiniment. C'est ce que M. de Boissieu a parfaitement expliqué en son traité de l'*Usage des Fiefs,* part 2, chapitre XXVI, et dont il y a plusieurs arrests et rapports par M. Louët et son commentateur.

« Cette maxime a son application très-juste à l'espèce particulière. M. Delpech, à cause de sa seigneurie de Mérinville, estend la justice qui luy apartient à raison de cette terre, sur deux petits fiefs particuliers sis au-dedans du village et paroisse d'Angerville ; mais cette justice n'a rien de commun avec le fief et seigneurie de la paroisse d'Angerville ; cette justice que M. Delpech a droit d'exercer sur les censitaires des dits fiefs demeurans à Angerville, n'est point un corps de justice particulier, distinct et séparé de la justice de Mérinville, c'est la justice annexée à la seigneurie de Mérinville.

« De là vient qu'il ne peut avoir d'officiers à Angerville pour y exercer la justice par luy prétendue. Il ne peut l'exercer que par les officiers qu'il a au siége de Mérinville.

« Au contraire, l'abbaye de Saint-Denis a toujours eu l'auditoire de sa justice dans Angerville, et quoique la justice ne se rende pas depuis plusieurs années dans l'auditoire, à cause qu'il est tombé en ruine et qu'on a négligé de le faire réédifier, attendu le voisinage de Guillerval où les officiers de la justice apartenant à l'abbaye de Saint-Denis sont résidens et tiennent leur siége, la place de leur auditoire à Angerville est néantmoins toujours existante et connue sous le nom de l'Auditoire de Saint-Denis ; la justice universelle sur le bourg, fief et paroisse d'Angerville apartient toujours à la dite abbaye, et par une conséquence nécessaire la seigneurie du lieu et village d'Angerville.

« Il n'est pas mesme inutile d'observer en cet endroit que M. Delpech, qui ne néglige point d'occasion d'estendre les droits de sa terre, ou du moins de le tenter, estant informé que la seigneurie d'Angerville, que l'on avoit fait insérer dans son décret, ne luy apartenoit pas, mais estoit une dépendance de la manse abbatiale de Saint-Denis, et aiant d'abord parfaiment connu que pour fonder la qualité qu'il avoit dessein de prendre de seigneur d'Angerville, il falloit qu'il eust des officiers à Angerville pour y exercer la justice par luy prétendue sur quelques maisons du dit bourg, séparément de celle qu'il faisoit exercer à Mérinville, il entreprist, dès les commencements de son acquisition, ce que ses prédécesseurs, seigneurs de Mérinville n'avoient jamais pensé, d'establir des officiers de justice à Angerville.

« C'est de quoy les dames de Saint-Denis furent forcées de se plaindre ; c'est ce qui a principalement donné lieu à la transaction faite entre les parties le 12 avril 1701 ; et ce qui monstre qu'encore que la transaction ne soit pas expressément sur la question de la qualité de seigneur d'Angerville, néantmoins le sujet pour lequel elle a esté faite a un tel raport à cette question, qu'il en résulte des conséquences très-justes pour monstrer que M. Delpech luy-mesme a reconnu sans fondement la prétention sur laquelle il insiste aujourd'huy pour la qualité de seigneur d'Angerville.

« Par cette transaction, M. Delpech est obligé de reconnoistre qu'il n'est pas fondé d'avoir des officiers de justice à Angerville. Il est dit que la justice à luy apartenant sur les maisons cantonnées par la dite transaction, sera exercée par le bailly de Mérinville ; ce n'est donc certainement qu'une extension de sa justice de Mérinville. Il n'a ny le fief et seigneurie d'Angerville, qui apartient aux dames de Saint-Louis, ny corps de justice particulière à Angerville ; plus des trois quarts du bourg, et spécialement l'esglise paroissiale, sont dans le fief et justice des dames de Saint-Louis, comme il est justifié par le plan produit au procès et fait en temps non suspect.

« De là vient que, par la mesme transaction, il est porté que, pour les affaires de la communauté du dit bourg, ceux des habitants d'Angerville qui sont justiciables de la justice de Mérinville, seront obligés de se conformer aux règlements faits par les juges des dames de Saint-Louis, pour marquer que le corps du dit bourg et communauté sont reconnus estre dans le fief et justice de Saint-Denis. C'est aussi pour cela que, par la mesme transaction, toutes les rues du bourg d'Angerville, grandes et petites, mesme celles qui entourent les maisons délaissées à la justice de M. Delpech, sont déclarées estre de la justice des dames de Saint-Louis. M. Delpech aporte-t-il quelques titres antérieurs contraires ? Il n'en a point.

« Les dames de Saint-Louis ont fait voir dans leur contredit que tout ce qui est porté par cette transaction n'a rien qui ne soit conforme en ce qui résulte des sentences et arrests rendus entre l'abbé de Saint-Denis et le seigneur de Mérinville, depuis 1600 jusqu'en 1631 inclusivement, sinon que les dites dames ont accordé, par cette transaction, une plus grande estendue de justice à M. Delpech dans Angerville qu'il n'en a esté adjugé à ses prédécesseurs par les dites sentences et arrests. Les dites dames de Saint-Louis ne répèteront rien de ce qui est expliqué à cet égard par leurs contredits ; elles suplient seulement le conseil de vouloir bien en prendre lecture. Il en résulte que, suivant les titres mesme produits par M. Delpech, les seigneurs de Mérinville ne sont point seigneurs du territoire et paroisse d'Angerville, mais au contraire que la seigneurie en apartient à l'abbaye de Saint-Denis.

« C'est la raison pour laquelle M. Delpech se retranche seulement sur la prétendue pocession de prendre par luy et ses autheurs la qualité de seigneur d'Angerville ; mais il est facile de faire voir que la prétention de M. Delpech n'est pas plus avantageuse du costé de la pocession que par les titres, et qu'il est également mal fondé dans l'un et dans l'autre.

« Le conseil est très-humblement supplié d'observer d'abord que non-seulement M. Delpech ne raporte aucun titre par lequel il paroisse que ses prédécesseurs, seigneurs de Mérinville, aient acquis la terre et seigneurie d'Angerville à quelques titres que ce soient, mais encore que des actes de pocession qu'il produit pour monstrer que les seigneurs de Mérinville ont pris la qualité de seigneurs d'Angerville, il n'y en a aucun qui précède la rédaction des coustumes de Chartres, Orléans et Estampes. A cette rédaction ont esté apelés les seigneurs de Mérinville, qui n'y ont jamais pris la qualité de seigneurs d'Angerville indéfiniment ny en partie : en sorte qu'il doit demeurer pour constant qu'en la dite rédaction et lors d'icelle, les seigneurs de Mérinville n'avoient ny titre ny pocession de se qualifier seigneur d'Angerville ; au contraire, les abbez de Saint-Denis estoient dès-lors en pocession publique et paisible de prendre cette qualité, sans réclamation de la part des seigneurs de Mérinville ou Méréville.

« M. Delpech tasche de se faire un moien de ce que, dans le procès-verbal de la rédaction de la coustume d'Estampes, en 1556, les abbez religieux de Saint-Denis en France ne prennent la qualité de seigneurs d'Angerville qu'en partie. Et il est vray que telle est l'énonciation employée dans le procès-verbal par un procureur au baillage d'Orléans, qui comparoissoit pour les abbez et religieux de Saint-Denis ; mais cet argument reçoit deux réponses qui détruisent parfaitement les inductions que M. Delpech en veut tirer.

« La première réponse est que, pour que M. Delpech pust tirer quelqu'avantage de cette énonciation, il faudroit que le seigneur de Mérinville, qui est employé dans le mesme procès-verbal, y comparant par son bailly de Méréville, assisté d'un procureur du dit seigneur, y eust pris qualité de seigneur d'Angerville indéfiniment, comme le prétend M. Delpech.

« C'est néantmoins ce qui ne se trouve point. C'estoit alors François de Reilhac qui estoit seigneur de Mérinville ou Méréville, car M. Delpech ne sauroit dénier que Merville, ou Méréville, ou Mérinville soient la mesme chose, puisque dans les sentences et arrests qu'il produit luy-mesme, dattés du commencement du dernier siècle, sa terre n'y est point autrement dénommée que Merville ou Méréville, et il paroist, par les aveux mesme qu'il raporte postérieurement, qu'en effet c'estoit François de Reilhac qui possédoit alors la terre de Mérinville ou Méréville. Le seigneur de Méréville est apelé dans ce procès-verbal, et comparoist sous le nom de François de Reilhac, chevalier, sieur et vicomte de Méréville, par maistre Antoine Langlois et Barthélemy Martial, bailly et prévost du dit Méréville, et Levassor, procureur du dit de Reilhac.

« Voilà les qualitez dans lesquelles il est emploié ; et non-seulement il ne prend point celle de seigneur d'Angerville ny indéfiniment ny en partie, mais il ne proteste point contre les qualitez précédemment prises dans les mesmes actes par l'abbé de Saint-Denis.

« M. Delpech, qui n'ignore pas le contenu dans ce procès-verbal et qui a prévu l'avantage que les dames de Saint-Louis pouvoient tirer de ce que le seigneur de Méréville n'y a point pris la qualité de seigneur d'Angerville ny contesté celle prise par l'abbé de Saint-Denis, tasche de prévenir cette objection, en insinuant dans ses salvations que la qualité de vicomte de Méréville comprend toutes les seigneuries qui composent la dite vicomté et en font les dépendances.

« Mais ce qui monstre la faiblesse de cette réponse et la détruit mesme entièrement, c'est que la plupart des fiefs et seigneuries dont M. Delpech prétend aujourd'huy composer sa chastelnie de Méréville, comme Villeneuve-le-Bœuf, Trapeau, Ouestreville, Guestreville, Montereau, Villiers-le-Bois, sont mentionnés dans ce mesme procès-verbal comme apartenant à d'autres seigneurs qui en prennent expressément la qualité. Et à l'égard de la seigneurie d'Angerville, outre la qualité qui y est insérée pour l'abbé de Saint-Denis, on trouve dans le dit procès-verbal que le substitut de M. le procureur général au baillage d'Orléans, y a revendiqué les habitans des paroisses de Guillerval, Angerville et Monarville comme estant du ressort et baillage d'Orléans; qu'il a esté soutenu, au contraire, par le procureur de l'abbé de Saint-Denis et par le substitut de M. le procureur général au baillage d'Estampes, que les dits sujets et justiciers des dites chastelnies de Guillerval, Angerville et Monarville sont du ressort et baillage d'Estampes; mesme l'on y voit le dit substitut prétendre que tous les habitans d'Angerville sont de la jurisdiction ordinaire d'Estampes. Sur lesquelles contestations, les commissaires ont renvoié les parties au Parlement de Paris, par l'ordonnance mise au pied dudit procès-verbal, pour en estre ordonné par la cour, avec M. le procureur général, ce qu'elle verra estre à faire par raison. Et dans l'énoncé de ces contestations, il est expressément mentionné que les paroisses de Guillerval, Angerville et Monarville apartiennent aux abbez et religieux de Saint-Denis en France.

« S'il estoit vray que le seigneur de Mérinville eust alors prétendu non pas la seigneurie d'Angerville indéfiniment, comme la prétend aujourd'huy M. Delpech, mais seulement une portion de la seigneurie et une portion de la justice dans le dit bourg, les officiers de la justice du seigneur de Méréville, qui assistoient pour luy à ce procès-verbal, auroient-ils manqué de parler dans cette contestation et d'y expliquer les droits ou prétentions du dit seigneur qui y auroit eu un intérest sensible, s'il avoit prétendu droit de justice sur Angerville? Cependant, ils n'y prennent aucune part : preuve invincible que le seigneur de Méréville ne prétendoit lors ny seigneurie ny justice dans Angerville.

« La seconde réponse à l'énonciation emploiée au commencement du dit procès-verbal où le procureur de l'abbé de Saint-Denis le qualifie seulement seigneur d'Angerville en partie, c'est qu'en remontant à des temps plus reculez et cherchant toujours la preuve de cette qualité dans des titres publics et incontestables, on trouve que, près de vingt ans avant la rédaction de la coustume d'Estampes, et lors de la première rédaction de celle d'Orléans, en 1509, les religieux et couvent de Saint-Denis en France y ont comparu et sont emploiés en qualité de seigneurs de Guillerval et d'Angerville en Beausse indéfiniment ; et l'on voit qu'à peu près dans le mesme temps et peu auparavant, la coustume de Chartres aiant esté rédigée, Jean de Reilhac, seigneur de Marville, y a comparu en la seule qualité d'escuier, seigneur de Marville, qui est ce qu'on a apelé depuis Merville, puis Mérinville, sans prendre qualité de vicomte, ny de chastelain, ny de seigneur d'Angerville ny indéfiniment ny en partie, pendant que les abbez et religieux de Saint-Denis la prenoient indéfiniment et en estoient en pocession paisible.

« Il n'est donc pas vray, ce que dit M. Delpech, que les abbez et religieux de Saint-Denis aient commencé par se qualifier seigneurs en partie d'Angerville.

« Il paroist, au contraire, par le plus ancien acte de pocession qui soit raporté, et qui est un tiltre public, qu'ils y ont pris qualité de seigneurs d'Angerville indéfiniment.

« Mais ce qui est certain par ces tiltres publics, c'est que les seigneurs de Méréville ne se qualifioient point alors seigneurs d'Angerville, comme fait aujourd'huy M. Delpech, et que les abbez et religieux de Saint-Denis en prenoient la qualité quatre-vingt-dix ans auparavant qu'il paroisse aucun acte où les seigneurs de Mérinville aient entrepris de se qualifier seigneurs d'Angerville.

« M. Delpech, pour establir à cet égard la prétendue pocession de ses autheurs, raporte plusieurs pièces, dont les unes portent elles-mêmes leur contredit, les autres se détruisent par les pièces mesme de la première production de M. Delpech.

« Sous la cotte A de sa production nouvelle sont quatre pièces, dont la première, du 16 novembre 1698, est une copie collationnée par extrait du prononcé de l'arrest du Parlement de Paris, portant adjudication de la terre et chastelnie de Mérinville à M. Évestiennot, procureur audit Parlement, qui en a fait ensuite la déclaration au profit de M. Delpech ; par l'extrait duquel prononcé il paroist que, dans le nombre des fiefs y dénommez comme faisant la consistance et dépendance de la terre de Mérinville, l'on a compris le fief, terre et seigneurie d'Angerville-la-Gaste.

« La seconde pièce, du 3 septembre 1698, est un acte de foy et hommage rendu au chasteau d'Estampes par M. Delpech, à cause de la terre de Mérinville ; lequel acte de foy et hommage contient aussi un aveu et dénombrement des fiefs et droits que M. Delpech énonce comme dépendans de la dite terre de Mérinville. Et dans les qualitez de cet acte, M. Delpech employe dix-sept ou dix-huit noms de fiefs ou seigneuries différents, entre lesquels est le lieu d'Angerville-la-Gaste.

« La troisième pièce, du 15 juillet 1699, est une commission du petit *seau?* adressée à messieurs de la chambre des comptes, portant que M. Delpech y a esté reçu en foy et hommage, à cause de l'acquisition par luy faite de la chastelnie de Mérinville et ses dépendances ; dans les qualitez de laquelle commission M. Delpech a encore fait insérer, au nombre de ses seigneuries, le lieu d'Angerville-la-Gaste, comme aussi l'a compris au nombre des lieux pour lesquels il a fait la foy et hommage.

« Et la quatrième pièce, du 20 juillet 1699, est l'attache?

des auditteurs de la chambre des comptes, adressée aux officiers du baillage d'Estampes, portant, en conséquence, mandement de faire main levée des dits fiefs s'ils avoient esté saisis ; dans lequel acte sont copiées les précédentes lettres et emploiées les mesmes dépendances de la terre de Mérinville : desquelles pièces M. Delpech prétend inférer qu'il est en droit et pocession de se qualifier seigneur d'Angerville.

« Cette induction est facile à détruire ; et pour cela, il suffit d'observer d'abord que la première des dites pièces est tout à fait informe et ne peut faire aucune foy en l'estat qu'elle est produite. Ce n'est ny l'original, ny la copie du décret de la terre de Mérinville, c'est un extrait du prononcé, lequel extrait n'est ny compulsé, ny collationné avec partie, mais est délivré par copie, signé d'un secrétaire du roy sans réquisition de personne, sans datte, et sans dire où il a pris cette pièce ny à qui il l'a rendue. Ce n'est point en cette forme qu'on produit un arrest dont on se veut servir en justice réglée.

« Quand il plaira à M. Delpech de produire un décret en forme, les dames de Saint-Louis luy feront voir que ce n'est pas un tiltre légitime contre elles pour les dépouiller de la seigneurie d'Angerville dont elles sont en pocession avant, lors et depuis le dit décret, pocession mesme reconnue par M. Delpech dans la transaction qu'il a passée depuis avec les dites dames, le 12 avril 1701.

« A l'égard de l'acte de foy et hommage et lettres de la chambre des comptes, dans lesquels M. Delpech a compris le lieu d'Angerville-la-Gaste au nombre des dépendances de la seigneurie de Mérinville, il paroist que cette énonciation par luy faite n'est qu'une suitte de celle dont ses prédécesseurs ont commencé d'insérer dans les actes de foy et hommage et dénombremens qu'ils ont rendus de la dite terre et seigneurie de Mérinville, ès années 1599, 1616 et 1671, qui sont raportez par M. Delpech sous la cotte BB, et ne peuvent certainement préjudicier aux droits des dames de Saint-Louis, par les raisons qui seront observées cy-après en contredisant les pièces de la dite cotte BB, dont le contredit servira à la deuxième, troisième et quatrième pièces de la cotte AA. Sous cette cotte sont quatre pièces.

« La première, du 2 septembre 1599, est un acte de foy et hommage en parchemin, contenant aussi aveu et dénombrement des droits dépendans de la dite terre, rendu au chasteau d'Estampes par Jean Desmontiers, lors seigneur de Mérinville, tant pour lui que pour ses frères et sœurs, en qualité de fils aisné et principal héritier de Françoise de Reilhac, sa mère; lequel Jean Desmontiers y prend qualité de haut chastelain, baron et vicomte de Mérinville, le bourg Saint-Père du dit Angerville-la-Gaste et Autruy, puis emploie encore, dans le corps du dit acte, le lieu d'Angerville-la-Gaste au nombre de ceux sur lesquels s'estend sa seigneurie et justice de Méréville.

« La deuxième, du 26 novembre 1616, est un autre acte de foy et hommage en papier, contenant pareil aveu et dénombrement des droits de ladite terre, aussi rendu à Estampes par le mesme Jean Desmontiers, en exécution des publications qu'avait fait faire M. le duc de Vendosme, nouvellement en pocession du duché d'Estampes, lequel acte contient les mesmes qualitez et énonciations que celuy cy-dessus.

« La troisième, du 30 mars 1671, est un autre acte de foy et hommage en parchemin, avec pareil aveu et dénombrement, rendu à Estampes par Charles Desmontiers, comprenant aussi le lieu d'Angerville dans les mesmes qualitez et énonciations que les précédens.

« La quatrième et dernière pièce, du 7 novembre 1689, est un acte de souffrance requis à Estampes par le tuteur des enfants mineurs de deffunt Charles Desmontiers, à cause de la dite terre de Merville, dont les dits mineurs avoient acquis une moitié par décret et l'autre moitié leur apartenoit à tiltre de substitution ; lequel acte en papier met aussi le lieu d'Angerville-la-Gaste comme faisant partie des seigneuries pour lesquelles on demande souffrance.

« Desquelles pièces M. Delpech infère que luy et ses prédéceseurs sont en bonne et ancienne pocession de prendre qualité de seigneurs d'Angerville-la-Gaste.

« La première observation que le conseil est très-humblement supplié de faire sur toutes ces pièces, est que le premier et plus ancien de tous les dits actes a manifestement servi de modèle à tous les autres pour les qualitez et énonciations dont M. Delpech prétend tirer avantage, et le premier acte est du 2 septembre 1599 : ce qui fournit une première réponse résultant de ce que cet acte est fait par Jean Desmontiers, seigneur de Méréville, durant le procès qu'il avoit contre l'abbé de Saint-Denis pour régler l'estendue de justice que le dit Desmontiers pouvoit prétendre dans le bourg d'Angerville. Il paroist, par le veu de la sentence rendue entre les parties le 28 avril 1600 et qui est produite par M. Delpech, que, dès le 12 décembre 1597, le mesme Jean Desmontiers avoit présenté au bailly d'Estampes une requeste en trouble contre l'abbé de Saint-Denis et ses officiers; qu'entre les droits qu'il prétendoit luy apartenir comme seigneur de Mérinville, estoit celuy de comprendre le bourg et paroisse d'Angerville dans les fins de sa haute chastelnie et de s'en dire seigneur ; et que, sur cette contestation portée aux requestes du palais du Parlement de Paris par l'abbé de Saint-Denis, les parties auroient esté apointées par sentence du 20 juillet 1598. C'est donc dans la chaleur de la poursuite de ce procès que l'aveu de 1599 a esté fourny par le dit Jean Desmontiers et qu'il y a inséré pour la première fois, à l'insu de l'abbé de Saint-Denis, la qualité de seigneur d'Angerville qu'il n'avoit encore osé prendre dans les procédures. Il en est de mesme de l'acte de foy et hommage et aveu de 1616, rendu par le mesme Jean Desmontiers. Le procès qu'il avoit avec l'abbé de Saint-Denis subsistoit encore, et la chaleur des parties ne faisoit qu'augmenter par le temps. Il y avoit eu une requeste du dit sieur Desmontiers, en 1612, à ce que deffenses fussent faites, aux officiers de l'abbé de Saint-Denis, de plus prendre connoissance des causes des personnes et maisons y mentionnées.

« Ce qui marque bien que le dit Desmontiers ne prétendoit la justice que sur certaines personnes et maisons dans Angerville, comme il a esté jugé par l'arrest de 1604, et non pas une justice uuiverselle. Il estoit apellant de sentences rendues par les officiers d'Angerville, qui avoient connu des causes des dites personnnes et maisons. Sur ces apellations et demandes, les parties avoient esté apointées par arrest des 30 janvier 1613 et 12 aoust 1614 : c'est ce qui paroist par le veu de l'arrest de 1624.

« C'est donc aussi dans la vivacité de cette mesme poursuite entre les mesmes parties qu'a esté rendu le dit acte de foy et hommage et aveu de 1616, avec la qualité, clandestinement affectée, de seigneur d'Angerville, pour se former un commencement de pocession qui pust servir dans la suitte. Par conséquent, ce sont des actes faits en temps très-suspect, et c'est sur ces deux premiers actes que tous les postérieurs ont esté copiés : ce qui fait voir combien la source de cette prétendue pocession est vitieuse.

« La deuxième réponse est que de ce qui est énoncé dans tous ces actes de foy et hommage et aveux portés à Estampes, le seigneur de Méréville ne peut jamais faire de preuves ny argumens contre les dames de Saint-Louis, parce que cela n'est point fait avec elles ny avec les abbez de Saint-Denis, leurs autheurs ; ce sont des actes clandestins à leur égard, et dans lesquels les seigneurs de Méréville pouvoient insérer tels droits et qualitez que bon leur sembloit, sans craindre qu'on les leur contestast, parce que le seigneur à qui ces aveux estoient présentés et avec qui seul ces actes ont esté faits, n'avoit pas intérêt de les contredire en ce point, mais au contraire trouvoit son avantage dans tout ce qui grossissoit le fief de son vassal. M. Delpech n'ignore pas, sans doute, le principe constant dans nostre jurisprudence françoise : que tous les actes de foy et hommage, aveux et dénombrement sont bons pour faire foy entre les seigneurs à qui ils sont rendus et le vassal qui les luy rend, mais ne peuvent jamais préjudicier à un tiers. C'est l'une des maximes du droit françois establi dans les *Institutes* de Loisel, Livre IV, *Traité des Fiefs,* maxime XLVII. Ainsy, la prétendue pocession résultant de ce qui a esté énoncé dans tous ces actes, ne fait point une pocession contre les abbez de Saint-Denis, parce qu'elle n'est point avec eux ; et cette réponse est d'autant plus invincible que les dits aveux n'ont mesme jamais esté ny publiez ny vérifiez.

« La troisième réponse est que cette pocession clandestine ne commence qu'en 1599, et les abbez de Saint-Denis en avoient une publique de prendre la qualité de seigneur d'Angerville indéfiniment, quatre-vingt-dix ans auparavant, comme il est prouvé par le titre public de la rédaction de la coustume d'Orléans, en 1509, avant qu'il y eust une coustume d'Estampes rédigée ; et l'on trouve, dans les pièces mesme produites par M. Delpech, des titres beaucoup plus anciens pour fonder une pocession des abbez de Saint-Denis, puisque, dans les moyens de l'abbé de Saint-Denis, référés en la sentence du 28 avril 1600, il est fait mention expresse d'une sentence contradictoire du juge d'Yenville, du vendredy avant la Nostre-Dame de mars 1304, qui avoit maintenu l'abbé de Saint-Denis en tout droit de justice sur le bourg d'Angerville, ses apartenances et dépendances entièrement.

« La quatrième réponse se tire de ce qui s'est passé contradictoirement entre l'abbé de Saint-Denis et les seigneurs de Méréville, depuis les dits actes clandestins : d'où il résulte que les seigneurs de Méréville ont eux-mesmes reconnu qu'ils n'estoient point seigneurs d'Angerville et n'avoient point de droit d'en prendre la qualité. Le conseil a remarqué cy-dessus que, pendant que le dit Jean Desmontiers affectoit de prendre cette qualité, à l'insu de l'abbé de Saint-Denis, dans ses aveux de 1599 et 1616, il n'osoit la prendre dans ses procédures de l'instance, qui estoient en mesme temps pendantes entre luy et l'abbé de Saint-Denis pour la justice que le dit Desmontiers prétendoit luy apartenir sur quelques maisons du dit bourg. En effet, il paroist, par les pièces mesme produites par

M. Delpech, que le seigneur de Mérinville n'a point pris qualité de seigneur d'Angerville ny dans la sentence de 1600 ny dans l'arrest de 1604.

« La première fois qu'il a inséré ouvertement cette usurpation, ç'a esté en la faisant insérer dans les qualités de l'arrest de 1624. Après qu'il eust esté rendu, et dans cette première tentative, l'abbé de Saint-Denis ne manque point de réclamer, former complaintes, pour raison de trouble à luy fait en sa pocession de se dire et qualifier seigneur haut justicier d'Angerville, prist requeste civile contre le dit arrest, en ce que par luy qualité de seigneur d'Angerville avoit esté donné au sieur Desmontiers, et demanda que deffenses luy fussent faites de plus prendre à l'avenir cette qualité.

« Les parties furent apointées sur cette demande par arrest du 7 juillet 1629. Et, comme il ne pouvoit régulièrement estre statué sur différentes apellations interjettées comme de déni, renvoy des sentences rendues par le juge de Saint-Denis à Angerville entre des particuliers que le seigneur de Mérinville y prétendoit estre de sa justice, sans estre précisément instruit des maisons que le seigneur de Mérinville prétendoit estre de sa justice dans Angerville, il intervint arrest contradictoire (1634), qui ordonna qu'avant procéder au jugement des apellations et instances, descente seroit faite au bourg d'Angerville pour monstrer et enseigner les tenans et aboutissans des maisons scituées à Angerville, prétendues par le dit Desmontiers estre en sa justice et seigneurie à cause des fiefs relevant de Méréville.

« Peut-on rien voir de plus formel que le dispositif de cet arrest, pour establir que le seigneur de Mérinville ne prétendoit qu'une extension de sa justice sur certaines maisons dans Angerville, et non pas la justice ny seigneurie universelle du dit bourg, puisqu'on l'oblige d'enseigner les maisons qu'il prétend estre de sa justice comme situées au-dedans des fiefs particuliers mouvans de sa chastelnie. Et ce qui est important à observer, c'est que, dans cet arrest, le seigneur de Mérinville déférant à la réclamation de l'abbé de Saint-Denis contre la qualité de seigneur d'Angerville prise par M. Desmontiers dans l'arrest précédent, il cesse de la prendre dans celuy-ci, et l'on ne trouvera depuis ce temps aucun acte ny procédure où le seigneur de Mérinville ait pris avec l'abbé de Saint-Denis la mesme qualité qu'il avoit hazardée de prendre pour la première fois dans l'arrest de 1624. Il n'est donc pas vray, comme le dit M. Delpech, que l'arrest de 1624 ait esté exécuté en ce point; au contraire, celuy mesme qui y avoit pris cette qualité y a dérogé et a cessé de la prendre dans un autre arrest immédiatement suivant.

« Le premier acte qui paroisse au procès contradictoirement fait entre les parties depuis cette ancienne procédure, est la transaction faite entre les dames de Saint-Louis et M. Delpech (12 avril 1701), dans laquelle non-seulement il n'a point pris la qualité de seigneur d'Angerville, mais il a reconnu qu'à la réserve des maisons renfermées dans le petit canton qu'il a souhaité luy estre assigné, la justice entière sur le bourg et sur toutes les rues qui en dépendent, grandes et petites, mesme celles qui enferment le dit canton, apartenoit aux dames de Saint-Louis, et qu'en conséquence, ceux qui habiteroient les maisons du canton à luy réservé, seroient tenus de se conformer aux règlemens faits par les officiers de la justice des dites dames, pour ce qui concernoit les affaires communes au bourg d'Angerville. Rien ne peut, assurément, marquer davantage que la justice universelle leur en apartient et que M. Delpéch l'a reconnu.

« M. Delpech dit qu'il n'y a rien dans cette transaction qui marque que l'intention des parties ait esté de transiger sur la qualité de seigneur d'Angerville; mais qu'y a-t-il qui ait plus de raport à la qualité de seigneur d'Angerville que de sçavoir à qui apartient la haute justice sur le bourg d'Angerville ? n'est-ce pas la justice qui détermine principalement la qualité de seigneur? M. Delpech est trop instruit des maximes féodales pour dénier ce principe.

« Il affecte d'insérer dans ses salvations qu'on luy a marqué de la part des dites dames les conditions sous lesquelles on vouloit transiger, qu'il les a acceptées par respect pour les personnes qui protégent cette maison. Mais, M. Delpech ne doit pas espérer que ces énonciations étudiées changent la vérité des choses. Il ne fera pas croire que les personnes qui protégent la maison de Saint-Louis soient capables de luy arracher son bien pour en enrichir cette maison. C'est trop entreprendre de sa part que de vouloir tout à la fois faire passer ceux qui ont bien voulu prendre connoissance des intérests des parties dans cette transaction, pour des usurpateurs du bien de M. Delpech, et luy pour négligeant et relasché sur ses droits. Toutes les pièces du procès concourent à justifier que M. Delpech a plus eu, par cette transaction, qu'il ne pouvoit jamais prétendre en vertu des sentences et arrests que luy-mesme produit, et il ne devroit pas oublier les ménagemens et les égards qu'il sait que ces personnes ont eu pour luy par des considérations particulières.

« Les dames de Saint-Louis ne répéteront point les sujets qu'elles avoient de se plaindre du procédé de M. Delpech. Elles ont esté forcées, contre leur gré, de s'en expliquer dans leur contredit. Elles se contenteront d'observer en cet endroit que le respect que M. Delpech dit avoir eu pour les personnes qui protégent leur maison, ne l'a pas empesché de leur susciter deux procès, dont luy-mesme a desjà reconnu par cette transaction que le premier estoit injuste, et elles espèrent que le conseil aura la bonté de porter le mesme jugement de celuy dont il s'agit.

« M. Delpech, continuant toujours de s'énoncer sur l'histoire de cette transaction d'une manière qui n'est pas tout à fait conforme aux faits qui sont de sa connoissance, dit en ses salvations que, sur ce qu'il prétendoit la justice en entier dans Angerville et que les dames en prétendoient une partie, il a consenti de partager avec les dites dames cette justice qui jusque-là avoit apartenu à ses prédécesseurs, seigneurs de Mérinville :

comme si, jusqu'à cette transaction, les dames de Saint-Louis et, avant elles, les abbez de Saint-Denis n'avoient point eu la justice sur Angerville et que M. Delpech leur accordast par bienveillance de partager la sienne.

« Seroit-il possible que M. Delpech eust oublié que luy-mesme ne produit pas une seule pièce en sa première production, qui ne servist à justifier le droit de justice apartenant à l'abbé de Saint-Denis sur le bourg d'Angerville, et dont l'abbaye de Saint-Denis estoit en pocession publique et immémoriale avant la dite transaction.

« Comment peut-il accorder cette énonciation avec l'arrest contradictoire de 1631, par lequel, avant de statuer sur les apelations que le seigneur de Mérinville avoit interjettées de plusieurs sentences rendues par le juge de l'abbé de Saint-Denis à Angerville, on oblige le dit seigneur de Mérinville de cotter et enseigner, par tenans et aboutissans, les maisons d'Angerville qu'il prétend estre de sa justice de Mérinville ? Comment l'accorder avec la pocession constante des abbez de Saint-Denis pour l'exercice de leur justice dans Angerville avant et depuis cet arrest ?

« Ne diroit-on pas encore, à voir l'expression dont se sert M. Delpech, que cette transaction partage la justice d'Angerville par moitié entre les dames et luy ? et c'est peut-être ce qu'il a principalement voulu faire croire. Il n'ignore pas, néantmoins, que le canton qui luy a esté assigné ne compose pas la cinquiesme partie du dit bourg. Les dames ont la justice sur les quatre autres cinquiesmes du dit bourg, sur l'esglise, sur toutes les rues. Les bornes du canton assigné à M. Delpech sont justifiées par le plan d'Angerville que produisent les dames de Saint-Louis, et qui est peut-estre suspect, puisqu'il est copié sur celuy qu'elles ont fait lever longtemps avant le procès, pour servir à la confection du terrier que les dites dames ont fait faire en vertu de lettres patentes du roy, du 3 mars 1693.

« M. Delpech, après s'être instruit sur les lieux tant qu'il a voulu et pris bon conseil, a luy-mesme souhaité qu'on luy abandonnast la justice sur les maisons ramassées dans ce petit canton, au lieu de celle qu'il avoit auparavant sur quelques maisons dispersées dans le bourg. On a suivi son choix. Il produit luy-mesme cette transaction comme son titre.

« Il est donc constant, par ses propres pièces, que la portion de justice qu'il a dans Angerville n'est point comparable à celle qui apartient aux dites dames ; que cette portion de justice ne fait pas un corps de justice particulière et séparé, mais n'est qu'une extension de sa justice de Mérinville : au lieu que celle des dames est la véritable justice du bourg d'Angerville attachée à la seigneurie du dit bourg, et ne comprend pas seulement l'esglise, les rues et plus des trois quarts du dit bourg, mais s'estend au dehors sur tout le territoire.

« Il n'est pas surprenant que, dans ces circonstances, M. Delpech n'ait pas pris la qualité de seigneur d'Angerville dans cette transaction ; mais il est surprenant qu'il la veuille prendre aujourd'huy, mesme indéfiniment, sans avoir aucun titre ny pocession avec les abbez de Saint-Denis.

« M. Delpech, qui sait bien que cette transaction fixe et arrête le droit de chacune des parties sur le bourg d'Angerville, d'une manière qui n'est pas avantageuse à sa prétention, dit qu'il faut remonter au temps qui a précédé la dite transaction; mais il n'y trouvera pas plus d'avantage, et pour le faire connoistre en un mot, les dames de Saint-Louis observeront que tous les actes qui ont précédé cette transaction se peuvent diviser en trois temps, sçavoir :

« Le temps qui précède le procès qu'il y a eu entre le sieur Desmontiers et l'abbé de Saint-Denis ; le temps qui a couru depuis le procès commencé en 1597 jusqu'en 1631 inclusivement ; et le temps qui a suivi depuis 1631 jusqu'à présent.

« Avant ce procès, commencé en 1597, il ne paroist pas un seul acte où le seigneur de Mérinville ait pris qualité de seigneur d'Angerville ; au contraire, de la part de l'abbaie de Saint-Denis, il y a preuve publique, par des titres incontestables, que les abbez de Saint-Denis estoient en pocession de prendre cette qualité quatre-vingt-dix ans auparavant le dit procès.

« Durant ce procès, le seigneur de Mérinville a commencé de la prendre par des actes clandestins ; mais, dès la première fois qu'il a hazardé de l'insérer dans une pièce commune, sçavoir, dans les qualitez de l'arrest de 1624, l'abbé de Saint-Denis s'en est plaint, a demandé que deffenses fussent faites au seigneur de Mérinville de plus, à l'advenir, prendre qualité de seigneur d'Angerville : et, en conséquence, le seigneur de Mérinville a cessé de prendre cette qualité dans l'arrest de 1631.

« Depuis cet arrest, l'on ne voit aucun acte fait entre les abbez de Saint-Denis et les seigneurs de Mérinville, que la transaction de 1701, où M. Delpech n'a point la qualité de seigneur d'Angerville. M. Delpech emploie, comme une preuve de pocession en sa faveur depuis ce temps, un acte de foy et hommage et aveu rendu par Charles Desmontiers en 1674, un acte de souffrances demandé par ses enfans en 1689, et l'aveu que M. Delpech luy-mesme a rendu depuis son acquisition de Mérinville en 1699 ; mais ce sont des actes dans lesquels on a copié les qualitez emploiées par affectation dans les aveux que Jean Desmontiers avoit rendus durant le procès qu'il avoit avec l'abbé de Saint-Denis, et qui ne font point de preuves de pocession contre l'abbé de Saint-Denis, parce qu'ils ne sont point faits avec luy. Les dames de Saint-Louis pourroient, avec plus de raison, emploier, pour preuve de pocession de leur part, les qualitez insérées dans toutes les sentences rendues, depuis ce temps comme auparavant, par le juge de l'abbé de Saint-Denis à Angerville, dans lesquelles il se qualifie juge de Guillerval, Monerville et Angerville-la-Gaste, pour l'abbé de Saint-Denis, « seul seigneur des dits lieux. » Ce qui est justifié par les sentences produites au procès portant condamnation, contre quelques particuliers, de paier la somme à laquelle montoit le droit de minage des grains par eux vendus ; aux qualitez desquelles sentences sont conformes toutes celles rendues par le dit juge entre tous les habitans des dits lieux : ce qui fait une preuve de pocession publique qui ne peut avoir esté ignorée des seigneurs de Mérinville voisins des dits lieux, et qui est bien différente de celle qui résulte des qualitez des aveux par eux rendus à un autre seigneur, qui ne sont mesme ny vérifiés ny publiés.

« M. Delpech, connoissant combien sa prétention est défectueuse et ne trouvant pas de moien pour l'establir, se réduit à vouloir rechercher le titre originaire du droit que ses prédécesseurs et luy ont reconnu apartenir à l'abbé de Saint-Denis dans Angerville. Il prétend que tous les domaines possédez en Beausse par l'abbaie de Saint-Denis luy ont esté donnez par le roy Dagobert; que la charte de ce prince, raportée par Doublet en son *Histoire de Saint-Denis,* ne parle point du lieu d'Angerville; mesme que Guillerval n'y est point employé sous le titre de chastelnie qu'on luy donne aujourd'huy, mais seulement apelé *villa,* qui ne signifie qu'une métairie : d'où il infère que le titre de chastelnie de Guillerval et la seigneurie d'Angerville ont esté usurpez par l'abbé de Saint-Denis.

« La première réflexion que pouvoit faire M. Delpech est qu'il ne sçauroit tirer aucun avantage de ses inductions, puisque cette usurpation prétendue, si elle estoit véritable, ne donneroit pas à M. Delpech une justice et seigneurie pour laquelle il n'a, de sa part, ny titre ny pocession. Mais, que devient cette objection d'usurpation prétendue, quand il paroist, par les pièces mesme qu'il a produites, que, dès l'année 1301, l'abbaie de Saint-Denis estoit en pocession de tout droit de justice sur le bourg d'Angerville et y avoit esté maintenue par sentence? ce seroit donc une usurpation authorisée par jugement, il y a plus de quatre cens ans, et suivi de pocession publique depuis ce temps.

« Que sert-il d'observer que la charte du roy Dagobert portant donation des terres de Guillerval et Monarville à l'abbaie de Saint-Denis en 640, ne parle point d'Angerville? cette terre ne peut-elle pas avoir esté donnée ou acquise depuis ce temps?

Peut-on arguer le deffaut de représentation de titres originaires contre une pocession de plusieurs siècles, et n'est-il pas notoire que, quelque soin qu'on ait pris des archives de l'abbaie de Saint-Denis, elle a néantmoins perdu les titres primitifs de donation ou acquisition d'une grande partie des biens dont elle jouit?

« M. Delpech n'est pas bien informé de la signification du mot *villa,* quand il dit qu'il ne signifie qu'une métairie. Il trouvera, dans le *Glossaire* du sieur Ducange, que *villa,* dans la latinité de ce temps, signifie ville, et personne n'ignore que dans la pluspart des anciens titres, tout ce que nous apelons aujourd'huy bourgs ou villages, est appelé ville en français, et en latin *villa.*

« Ce n'est pas une objection plus pertinente de dire que, dans la charte du roy Dagobert, la terre de Guillerval n'est pas qualifiée de chastelnie. M. Delpech n'ignore pas, sans doute, que le mot chastelain et chastelnie ne signifioit pas alors un titre de seigneur comme à présent, mais estoit seulement, et a esté longtemps depuis, la dénomination de l'office de celuy que le seigneur establissoit pour juge dans sa seigneurie, comme font encore aujourd'huy la pluspart des villes du Perche et Normandie et les viguiers en Languedoc. Ces chastelains, mesme anciennement, n'exerçoient, pour la pluspart, que la basse justice. Aujourd'huy, le mot de chastelnie est le titre des seigneuries qui ont leur rang immédiatement au-dessus des hauts justiciers ordinaires. Il signifie mesme souvent l'enclave et détroit de justice apartenant au seigneur chastelain; comme les mots de prévosté et viguerie. Cette dénomination de chastelain a esté prise du mot chastel ou chastelet, c'est-à-dire le chasteau où est le siége principal de la seigneurie. Et depuis que la chastelnie est regardée comme titre de dignité entre les seigneuries, les dames de Saint-Louis ont l'avantage que la seigneurie de Guillerval, Monerville et Angerville est qualifiée du titre de chastelnie dans un titre public et incontestable, qui est le procès-verbal de la rédaction des coustumes d'Estampes, fait il y a cent cinquante ans.

« Ainsy, M. Delpech est également destitué de moiens, soit pour establir sa prétention, soit pour contester le droit qui apartient aux dames de Saint-Louis.

« Si l'on examine le titre qui doit fonder la qualité de seigneur, il est justifié au procès que la justice sur plus des trois quarts du bourg d'Angerville, l'esglise et toutes les rues, apartient aux dames de Saint-Louis seules, à l'exclusion de M. Delpech, et spécialement qu'il n'y a que le juge des dites dames qui puisse connoistre des affaires de la communauté du dit bourg. Si l'on examine la pocession, l'on trouve un ancien estat certain pour les abbez de Saint-Denis. La tentation que les seigneurs de Mérinville ont voulu faire dans la suite pour usurper la qualité de seigneur d'Angerville, et qui a esté contestée, desquelles à part se trouve parfaitement détruite tant par l'ancien que par le dernier estat contraire et incontestable. Il doit donc demeurer pour constant que M. Delpech n'a ny titre ny pocession valable pour s'arroger avec elles cette qualité.

« Sur la deuxième question, concernant le droit de minage qui se paie par tous les habitans d'Angerville, M. Delpech, sentant d'abord la force de la fin de non recevoir, qui résulte contre luy de ce qu'il conteste pour la communauté des habitans d'Angerville un droit que la communauté ne conteste point, et de ce que, sans estre luy-même sujet à ce droit, il s'érige en libérateur de ceux qui y sont sujets, mais qui ne se plaignent pas, mesme ceux qui ne sont ny dans sa justice ny dans sa censive, tasche d'excuser ce procédé extraordinaire par deux raisons : l'une tirée du droit de péage qu'il lève sur les marchandises passantes et repassantes par le bourg d'Angerville, ce qui fait, dit-il, qu'il a intérêt qu'il ne soit pas levé d'autres droits sur les habitans ; l'autre tirée de ce qu'une partie des dits habitans estant justiciables de sa chastelnie de Mérinville, il a titre suffisant pour les deffendre.

« Cette dernière raison, qui est la plus spécieuse, mais qui n'opère pas un moyen au fond, comme les dames de Saint-Louis l'ont fait voir dans leurs contredits, ne pouvait rendre l'action de M. Delpech recevable que pour ce qu'il y a d'habitans justiciables de M. Delpech dans Angerville, qui ne font au plus qu'un cinquiesme du dit bourg, et non pour ce qui regarde la communauté des dits habitans qui sont dans la seigneurie des dames de Saint-Louis. Cependant, M. Delpech a conclu, par son inventaire de production et par une requeste expresse du 9 septembre 1705, à ce qu'il fust fait deffense aux dites dames de Saint-Louis de lever le droit de minage tant sur les habitans d'Angerville, sujets et justiciables de la chastelnie de Mérinville, que sur les autres habitans du dit lieu d'Angerville. Il conclut donc aussi pour la descharge de ceux qui ne sont point de sa justice. La communauté des dits habitans est dans la seigneurie et justice des dames et ne se plaint point : par conséquent, la fin de non recevoir reste à cet égard entière contre M. Delpech.

« A l'égard de la raison tirée du péage que lève M. Delpech sur les marchandises qui passent dans Angerville, elle ne peut jamais luy servir de prétexte pour contester le droit de minage apartenant aux dames de Saint-Louis, parce que ce droit de minage n'a rien de commun avec le droit de péage, qui n'émane ny de la seigneurie ny de la justice sur le lieu, mais doit émaner d'une concession expresse du roy et se lever principalement sur les marchands forains qui vont ou viennent de Paris à Orléans.

« La fin de non recevoir estant ainsy restablie en son entier contre M. Delpech, il faut examiner les moiens qu'il propose au fond pour dépouiller les dames du droit de minage.

« Les dames de Saint-Louis ont justifié au procès la pocession constante et immémorialle en laquelle elles sont de la perception de ce droit sans aucun trouble de la part des habitans d'Angerville, et elles ont fait voir dans leurs contredits que, suivant la disposition des ordonnances du roiaume et des arrests du conseil, cette pocession est suffisante pour les y maintenir sans qu'elles soient obligées de raporter le titre constitutif du dit droit.

« M. Delpech ne pouvant pas dénier le fait de cette pocession, tasche d'en attribuer l'origine aux lettres obtenues en 1609, par les habitans d'Angerville, pour l'establissement d'un marché dans le dit bourg, et en infère que les dits habitans aiant esté déboutés de l'effet et entérinement des dites lettres par arrest du Parlement de Paris du 8 juin 1624, les abbez de Saint-Denis n'ont pu continuer, au préjudice de cet arrest, la perception du droit de minage qu'ils n'avoient establi qu'à l'occasion du dit marché; qu'en effet les dames de Saint-Louis ne sçauroient aporter d'actes de pocession de ce droit avant l'année 1609; et que le nommé Pierre Fauvet, fermier de l'abbaie de Saint-Denis à Angerville, lors du dit arrest de 1624, ayant voulu, peu après cet arrest, continuer la perception de ce droit de minage dans Angerville, nonobstant qu'il n'y eust point de marché, le seigneur de Mérinville prit une commission du Parlement, en vertu de laquelle il fit assigner le dit Fauvet le 15 septembre 1625, pour se voir faire deffenses de percevoir les droits de minage sur les grains portés et conduits au bourg d'Angerville : ce qui fait voir, dit-on, que l'on regardoit l'usurpation du droit de minage comme une contravention à l'arrest de 1624. Enfin, M. Delpech fortifie cette présomption en posant pour principe que le droit de minage ne peut estre levé qu'aux lieux où il y a establissement de foires et marché sur les grains qui se vendent seulement dans les marchés, et qu'il n'y a ny loi, ny arrest, ny exemple qui authorise la perception de ce droit sur les grains qui se vendent par les particuliers hors les marchés et dans leurs maisons.

« Si le conseil de M. Delpech avoit bien voulu examiner les documens et les arrests sur la mesure et la perception du droit de minage, il auroit trouvé qu'il y a des ordonnances, des arrests et par conséquent des exemples qui authorisent la levée de ce droit sur les grains qui se vendent par les particuliers hors le marché, dans leurs maisons et greniers, et se seroit sans doute abstenu d'avancer avec confiance une proposition contraire.

« Les dames de Saint-Louis pouvoient se contenter de répondre qu'il n'y a ny loi, ny texte de coutume, ny ordonnance, ny arrest qui establisse qu'un droit de minage ne puisse estre levé que sur les grains qui se vendent dans les marchés, et qui fasse deffenses de le percevoir sur les grains qui se vendent par les habitans hors le marché et dans leurs maisons; qu'ainsy, pour maintenir les dites dames dans leur pocession, il suffit qu'elle ne soit condamnée par aucune loi.

« Mais leur deffense n'est pas réduite à cette proposition négative ; il est facile de monstrer, par plusieurs authorités et exemples, qu'un droit de minage peut estre levé sur les grains qui se vendent hors les marchés et dans les maisons des particuliers.

« Si M. Delpech veut se donner la peine de lire les ordonnance faites par M. le duc de Bouillon pour la seigneurie de Sedan et ses dépendances, en 1568, il y trouvera une disposition expresse portant que le droit de minage est dubs au dit seigneur par toutes les personnes vendant grains, soit en la halle soit ailleurs, en la ville et faubourgs de Sedan, et tant à jours de marché qu'autres jours ; laquelle disposition est d'autant plus remarquable que, pour la rédaction de ces ordonnances, M. le duc de Bouillon prit le temps que quelques-uns des plus célèbres avocats du Parlement de Paris et des notables personnages en l'estude des loix de ce roiaume, entre autres l'illustre Pithou, s'estoient réfugiez à Sedan pour y continuer leurs ouvrages à l'abry des troubles et tumultes que les religionnaires commençoient d'exciter dans le roiaume. De là vient que ces ordonnances ont esté rédigées, pour la pluspart, en conformité de nos usages. On les a mesme imprimées avec la signature de quatorze personnes que M. de Bouillon avoit à cet effet apelé en son conseil, entre lesquelles est celle du sieur Pithou.

« Mais il n'est pas besoin d'aller chercher, dans les usages de Sedan sous les ducs de Bouillon, l'exemple d'un droit de minage sur les grains pris et vendus hors les marchés : on trouve, dans le recueil de M. Barnabé, un arrest célèbre du 9 aoust 1572, qui a confirmé les saisies faites à la requeste des abbesses et religieuses de Maubuisson, pour un droit de minage à elles apartenant sur les grains qui se vendent dans toute la ville et faubourg de Pontoise, et a condamné les manans et habitans de la dite ville et faubourg à paier ce droit sur les grains par eux vendus et mesurés soit au marché de la dite ville, soit dans les maisons et greniers.

« Il n'est donc pas vray qu'il ne puisse y avoir de droit de minage perçu ailleurs que dans un marché ; et l'authorité du sieur Billon, advocat, que l'on dit estre de ce sentiment dans le commentaire qu'il a donné sur la coustume d'Auxerre en 1693, n'est point assurément comparable à l'authorité d'un arrest, ny mesme à l'opinion des sieurs Pithou, Duham, Delalouëtt et autres, qui, travaillant à la rédaction des ordonnances de Sedan, ont cru que le droit de minage apartenant au seigneur de Sedan pouvoit estre levé dans tous les endroits de la ville et faubourgs de Sedan, c'est-à-dire chez tous les particuliers où il se vendoit des grains, et les jours qui ne sont pas des marchés.

« C'est une illusion de dire, comme l'on a fait de la part de M. Delpech, qu'il n'est pas possible d'authoriser la perception d'un droit de minage sur les grains qui se vendent dans les maisons, par ce, dit-on, que les ordonnances de Louis XI, en 1482, et de François Ier, en 1531, ne permettent la vente des grains qu'en plain marché, et regardent comme abusives celles qui se font dans les maisons ou greniers, hors les marchés publics.

« M. Delpech n'ignore pas, sans doute, que ces ordonnances, qui ne regardent que la vente des bleds, n'ont esté faites que dans des temps de stérilité et rareté de grains ; et qu'afin que personne n'en pust faire aplication à un autre cas, le mesme roy François Ier en prist la précaution de s'en expliquer par une disposition expresse dans son ordonnance du 3 mars 1535, dont le préambule est conçu en ces termes : « Comme cy-de-

« vant, après avoir esté averti de la grande stérilité et faute de
« bleds qui estoit en celuy nostre roiaume ; craignant que nos
« sujets ne tombassent en nécessité, nous eussions, pour obvier
« aux transports d'iceux et pour le bien et soulagement du
« pauvre peuple, ordonné qu'ils fussent doresnavent vendus et
« distribuez aux marchez et lieux publics destinez à vendre
« bled, et non ailleurs, et, sur ce, fait faire certaines prohi-
« bitions et deffenses : et soit ainsy que, graces à Nostre Sei-
« gneur, en nostre roiaume il en aist de présent telles quantité
« et abondance, qu'il n'est à craindre que nos sujets en puissent
« avoir disette, désirant les relever de la perte, dépens et la-
« beurs qu'ils ont de porter leurs bleds ès dits marchez, etc. »
En conséquence, le dispositif porte : « Leur avons permis et
« permettons que, jusqu'à ce qu'autrement il en soit ordonné,
« ils puissent vendre leurs grains et où bon leur semblera,
« tout ainsi qu'ils faisoient auparavant les dites deffenses. »
Et l'ordonnance du 20 juin 1539, qui répète la mesme permission à tous les sujets du roy, « de vendre et revendre leurs
« grains tout ainsi que bon leur semblera, » ajoute : « en
« paiant les droits pour ce deus et accoutumez, aux lieux et
« aux personnes auxquels ils sont deus d'ancienneté. »

« C'est ce que l'on trouve encore répété dans l'article 12 de
l'ordonnance faite en 1567 par le roy Charles IX, et de celle
faite en 1577 par le roy Henri III, pour la police générale du
roiaume et de la police pour les grains ; lequel article porte
que, « en temps de cherté ou doute d'icelles, les officiers de
« la police feront deffenses, à tous les habitans des villes, de
« ne vendre grains en greniers, ains seulement ès halles,
« marchez et places publiques, aux jours et heures accoutu-
« mez. » Et le mesme article adjouste que, « hors ces temps,
« ne sera loisible vendre grains aux dits greniers, sinon au
« prix du dernier marché. »

« Il est donc loisible d'en vendre dans les maisons et greniers particuliers hors le temps de la cherté, pourveu qu'on
les vende au prix du dernier marché. Et c'est la raison pour

laquelle l'arrest de 1572, en confirmant aux religieuses de Maubuisson leur droit de minage, n'a pas fait difficulté de condamner les habitans de la ville et faubourgs de Pontoise, à paier ce droit sur les grains vendus dans leurs maisons et greniers comme sur ceux vendus au marché. Il y a mesme actuellement dans le roiaume un usage si notoire sur cette liberté, qu'il n'y a ny raison ny convenance de la contester.

« Aussi M. François Ragneau, dans son indice expliquant la signification du droit de minage, se contente de remarquer que « c'est le droit que le seigneur prend sur la mine de grain « pour le mesurage, » et n'adjouste point que ce droit ne puisse se lever que dans le marché, le jour qu'il se tient. La mesme définition se trouve raportée dans M. Jean Bacquet, *Traité des droits de justice,* chapitre XXVII, sans dire que ce droit ne puisse estre perçu que dans les marchez. Et bien loin que M. Jean Bacquet, en cet endroit, soit d'avis que le droit de minage est purement royal, domanial, comme M. Delpech l'insère dans ses salvations, il est d'avis, au contraire, que le droit de poids et mesures, d'où émane celuy de mesurage ou minage, peut apartenir aux seigneurs hauts et moiens justiciers dans leurs terres. On trouvera bien que, raportant en ce chapitre une cause agitée entre la dame de Fondeville, qui prétendoit un droit de mesurage dans un village près d'Honfleur, où elle avoit justice, et M. de Montpensier, qui revendiquoit ce droit comme seigneur supérieur à cause de la vicomté d'Ange, et subrogé aux droits du roy qui luy avoit cédé ce domaine en eschange de plusieurs seigneuries assises en Flandre, M. Jean Baquet observe que M. le procureur général soutint, en cette cause, que le droit de poids et mesures et conséquemment celuy de mesurage, apartenant au roy comme domanial, n'avoit pu estre compris dans le transport fait à M. de Montpensier ; mais la dite dame s'estant deffendue de cette proposition, et remonstré que non-seulement grand nombre de seigneurs particuliers estoient en pocession des droits de poids, mesures et minage dans leurs terres, mais qu'il y avoit plusieurs dispositions expresses de coustumes, dans le roiaume, qui attribuent le droit de poids et mesures mesme au moien justicier, il intervint arrest, le 21 juin 1554, qui apointa les partyes et adjugea par provision le droit de mesurage à la dame de Fondeville, pour le regard des victuailles : après tous lesquels moiens amplement déduits, M. Jean Bacquet conclut que le droit de poids et mesures peut apartenir aux seigneurs hauts ou moiens justiciers dans leurs terres.

« Il est certain que le droit de mesurage ou minage procède de celuy de connoistre des poids et mesures dont les vassaux et justiciables du seigneur usent pour le commerce de leurs grains et victuailles dans l'estendue de sa seigneurie. Il faut donc convenir que les seigneurs particuliers qui ont titre ou sont en pocession de jouir de ce droit dans leurs terres, sont bien fondez à s'y maintenir sans que ce droit puisse estre réputé roial et domanial, si ce n'est dans les terres ou domaines du roy où il a coustume de se lever.

« Il est vray que ce droit n'est pas une dépendance nécessaire de la justice et féodalité, c'est-à-dire que tous les seigneurs aiant justice ne sont pas en droit d'en jouir, mais seulement quand ils ont titre ou pocession à cet effet.

« M. Delpech prétend que la pocession ne suffit pas et qu'il faut un titre pour assurer la perception de ce droit, parce qu'on le considère comme une pure servitude qui ne peut s'acquérir sans titre, ce doit estre un titre exprès qui est une concession du roy par lettres patentes registrées ou un titre tacite, qui est un aveu et dénombrement reçu en la chambre des comptes sans réserve ny protestation contraires de la part de M. le procureur général de la chambre, ou enfin une reconnoissance des habitans, ou autre titre valable passé entr'eux et le seigneur.

« Pour establir cette proposition, M. Delpech ne raporte point d'autre authorité que l'avis de M. Billon en son commentaire sur l'article 4 de la coustume d'Auxerre, et il auroit pu observer que l'unique raison sur laquelle cet autheur fonde cette opinion est, dit-il, que Bacquet, au *Traité des droits de justice*, chapitre XXVII, numéro 6, tient que le droit de mesurage ou minage est purement roial et domanial : « ainsi, adjouste cet autheur, on peut dire qu'il ne suffit pas à un seigneur d'avoir une pocession. » Dans le fait, il n'est pas véritable que Bacquet tienne le droit de mesurage ou minage estre purement roial et domanial, comme il a esté expliqué cy-dessus et comme on le peut voir à l'endroit cité. Ainsi, cet autheur s'estant trompé dans le fait qu'il emploie pour tout fondement de son avis, il s'ensuit que l'induction qu'il en a tirée est fausse et sans fondement ; aussy ne l'apuye-t-il par aucune authorité de loy, ny préjugé, ny sentiment de docteur tel que ce puisse estre.

« Les dames de Saint-Louis ont establi, dans leurs contredits, la différence qu'il faut faire entre un droit seigneurial comme celuy dont il s'agit et les véritables servitudes pour lesquelles il a esté inséré dans plusieurs coustumes une disposition portant que nulle servitude ne peut s'acquérir sans titre. Elles ont fait voir, par les termes, par l'ordre des titres des coustumes et par les arrests mesme du conseil, que c'est aller contre l'esprit et la disposition expresse des coustumes d'apliquer cette maxime aux droits seigneuriaux, comme sont ceux de minage ou bannalitif. C'est ce que le conseil a nettement jugé en faveur des dames de Saint-Louis, contre les habitans de Nogent-sur-Seine, par arrest solennel du 30 mars 1701, ce qu'elles ont establi dans leurs contredits d'une manière si démonstrative que M. Delpech n'a pas jugé à propos d'y répondre dans ses salvations. C'est pourquoy les dames n'en répèteront rien icy ; elles se contenteront de suplier très-humblement le conseil de vouloir bien en prendre lecture.

« Elles ont adjousté la disposition des ordonnances du roiaume, qui veulent que les communautez ecclésiastiques soient maintenues dans la jouissance de tous les biens et droits, quand mesme elles ne raporteroient que des actes et preuves de leur pocession, par exhibition d'anciens baux et autres documens.

« M. Delpech prétend que les dames de Saint-Louis ne sont pas dans le cas de profiter de cette disposition d'ordonnance, parce qu'elle est fondée sur la présomption que, pendant les troubles de la religion dans le roiaume, les titres des esglises ont esté bruslez, mais que les chartes de l'abbaie de Saint-Denis n'ont jamais esté bruslez, puisqu'on y a conservé jusqu'à présent celle du roy Dagobert, et qu'ainsi, le motif de la loy cessant, sa disposition doit aussy cesser.

« La réponse est que le motif des troubles causés dans le roiaume par les guerres de religion, n'est escrit dans aucune des ordonnances qui dispensent les ecclésiastiques de représenter les titres constitutifs des droits apartenant à leurs esglises et bénéfices pour s'en conserver la pocession ; l'on y trouve seulement énoncé la remonstrance que les ecclésiastiques ont faite de la perte de leurs titres advenue par l'injure des temps, ce qui ne s'aplique pas seulement aux incendies causés par les guerres de religion, mais à tout autre accident par lequel d'anciens titres peuvent estre perdus ou déchirez aux archives durant un long espace de temps.

« Quoique les chartes de l'abbaie de Saint-Denis n'ayent pas esté bruslez, il est néantmoins certain que cette abbaie a perdu un grand nombre de ses titres, soit par la négligence d'aucuns officiers, soit par l'avarice d'autres qui s'en sont emparez à mauvaise intention, ou par une infinité d'autres afflictions qui arrivent dans le cours de plusieurs siècles. Ainsi, la dite abbaie est d'autant plus dans le cas de profiter de cette disposition d'ordonnance, qu'elle est une des plus anciennes du roiaume. C'est aussy ce que le conseil a récemment jugé au profit des dames de Saint-Louis, par le dit arrest qui les a maintenues en pocession de la bannalité de four de Nogent-sur-Seine, quoiqu'elles n'en raportassent point le titre constitutif ny mesme aucun aveu et dénombrement, mais seulement des baux et sentences qui en justifioient la pocession.

« M. Delpech adjouste qu'en tout cas, ces ordonnances n'ont pas l'effet d'authoriser les ecclésiastiques à prescrire contre leurs titres; mais cette objection ne peut avoir d'aplication au procès, puisqu'on ne voit point le titre en vertu duquel l'abbaie de Saint-Denis possède la seigneurie d'Angerville.

« Il faut dire la mesme chose de l'objection que fait M. Delpech, que les ecclésiastiques ne sont confirmés dans leur pocession par les ordonnances, qu'autant qu'elle ne dégénère point en abus et n'est point contraire au droit public. Ce principe est vray, mais n'a aucune aplication au procès, puisque les dames de Saint-Louis ont fait voir que la vente des grains par les particuliers, dans leurs maisons et greniers, est expressément permise par les ordonnances, et qu'en conséquence la pocession du droit de minage sur les grains qui se vendent dans les maisons et greniers, bien loin d'estre contraire au droit public, est expressément authorisée par les arrests.

« L'argument que M. Delpech prétend tirer en sa faveur, de ce qu'il n'y a point de marché establi dans Angerville, est pareillement inutile, puisque le droit de minage peut estre perçu sur les grains qui se vendent hors les marchez publics, qu'il y en a plusieurs exemples, et qu'il n'y a aucune loy qui dise le contraire.

« Pour ce qui est de la nature de la pocession des dames de Saint-Louis dans la perception de ce droit, laquelle pocession M. Delpech prétend n'estre pas constante, immémorialle et sans trouble, les dames de Saint-Louis soutiennent le contraire avec grande raison, et en effet leur pocession est si constante, que M. Delpech ne sçauroit le dénier. C'est un fait notoire et public dans le lieu d'Angerville. Elle est immémorialle, puisqu'on n'en voit l'origine; et c'est sans raison qu'on la veut attribuer aux lettres patentes obtenues en 1609 par les habitans d'Angerville pour l'establissement d'un marché dans le dit bourg, puisqu'il ne paroist aucunement que ces lettres patentes, référées dans le veu de l'arrest de 1624, fissent mention de droit de minage, et qu'il n'y a pas mesme d'aparence que les dits habitans, au nom desquels elles sont obtenues, y eussent demandé l'imposition d'un nouveau droit sur une mesure.

« M. Delpech, pour attribuer l'origine du droit de minage aux dites lettres patentes de 1609, produit trois pièces sous la cotte DD des productions nouvelles.

« La première, en datte du 8 juillet 1625, est une commission prise au Parlement de Paris par le sieur Desmontiers, à deux fins, l'une pour y faire assigner les officiers de la justice de l'abbaie de Saint-Denis à Angerville, sur l'apel interjetté par le dit sieur Desmontiers d'une sentence par eux rendue le 27 juin précédent, qui avoit débouté le procureur fiscal de Mérinville du renvoy par luy requis d'une demande en retrait lignager, portée devant les dits officiers de la justice de Saint-Denis à Angerville par un particulier que le seigneur de Mérinville prétendoit estre de sa justice ; et l'autre pour faire assigner le nommé Pierre Fauvet, l'un des habitans d'Angerville, « pour se voir faire deffenses de plus lever et prendre le « droit de minage qu'il s'efforçoit chacun jour de prendre et « lever, sur les grains portez et conduits chaque jour au dit « Angerville, qui s'y vendent pour la commodité publique, et « estre condamné, par emprisonnement de sa personne, à en « rendre les fruits et levées au demandeur, à raison de 400 li-« vres par an depuis qu'il a levé le dit droit. »

« La seconde pièce, en datte du 14 septembre 1625, est l'assignation donnée au dit Fauvet en conséquence de la commission.

« Et la troisième, sans datte, est un projet ou copie d'avertissement à fournir et produire et faire, par ledit seigneur de Mérinville contre ledit Fauvet, pour raison de cette demande. Desquelles pièces M. Delpech prétend inférer que le droit de minage apartenant aux dames de Saint-Louis dans Angerville n'a esté introduit qu'à l'occasion du marché qu'on avoit tenté d'y establir, puisque depuis l'arrest de 1624, qui avoit débouté les habitans d'Angerville de l'effet et enthérinement des lettres patentes par eux obtenues pour l'establissement d'un marché dans le bourg d'Angerville, le seigneur de Mérinville a fait assigner, en contravention du dit arrest, le nommé Fauvet, qui continuoit de lever le droit de minage dans Angerville, comme s'il eust encore esté deu.

« Trois observations détruisent entièrement l'induction que l'on veut tirer des pièces contre les dames de Saint-Louis :

« La première est, que dans toute cette procédure, on ne voit point que le seigneur de Mérinville ayt soutenu, comme fait M. Delpech, que les habitans d'Angerville ne deussent pas paier le droit de minage; mais il paroist que sa prétention estoit que la levée de ce droit dans Angerville devoit tourner à son profit. C'est ce qui résulte clairement des termes dans lesquels la demande est conçue, et dont le demandeur s'expliquoit dans le projet d'avertissement. Le sieur Desmontiers conclut, par son exploit, à ce que Fauvet, qui avoit levé ce droit, fust condamné, par emprisonnement de sa personne, à luy en rendre les fruits, à raison de 400 livres par an depuis qu'il a pris et levé le dit droit, et en ses dommages et intérests. Et dans le projet d'avertissement, le dit sieur Desmontiers explique, pour moien de sa demande, qu'en sa chastelnie de Mérinville, qu'il dit avoir son estendue dans Angerville, il a entre autres droits le droit de minage et mesurage des grains qui se vendent en sa dite chastelnie, aux foires et marchez et autres jours.

« Ce n'est pas dire, comme fait M. Delpech, qu'il ne doit point estre levé de droit de minage dans Angerville; c'est seulement vouloir que la levée s'en fasse au profit des seigneurs de Mérinville. Il paroist mesme que le seigneur de Mérinville pensoit alors fort différemment de ce que M. Delpech avance dans ses salvations, que les grains ne peuvent estre vendus ny le droit de minage perçu que dans les marchez, puisque le dit sieur Desmontiers énonçoit en termes exprès, dans le dit avertissement, qu'il avoit droit de lever ce droit de minage sur les grains qui se vendoient, dans l'estendue de sa chastelnie, aux foires et marchez et autres jours.

« Aujourd'huy M. Delpech veut bien reconnoistre qu'il ne prétend pas ce droit.

« La seconde observation est que cette procédure n'a point esté faite avec l'abbé de Saint-Denis, à qui seul apartenoit la perception du droit de minage dans Angerville. Il n'est point dénommé dans cette demande ny assigné sur icelles : ainsy ce ne pouvoit estre qu'une procédure collusoire.

« Et la troisième observation est que cette procédure n'a esté suivie d'aucun jugement, quoiqu'il y ait eu, depuis ce temps, un arrest rendu contradictoirement entre le seigneur de Mérinville et l'abbé de Saint-Denis, sur les apellations interjettées par le dit seigneur de Mérinville, des sentences rendues, par le juge de l'abbé de Saint-Denis, entre des habitans d'Angerville ; la première desquelles apellations estoit relevée par la mesme commission qui contient à la fin cette demande particulière contre le nommé Fauvet, concernant le droit de minage.

« Cet arrest est celuy du 25 janvier 1631, qui ordonne qu'avant procéder au jugement des apellations, il sera fait une descente au bourg d'Angerville, pour monstrer et enseigner les tenans et aboutissans des maisons sises audit Angerville, prétendues par le dit Desmontiers estre en sa justice à cause des fiefs relevant de sa chastelnie de Mérinville. L'on trouve énoncé entre autres, dans le veu de cet arrest, le dit relief d'apel du 8 juillet 1625 ; mais Fauvet ne se trouve point dans les qualitez du dit arrest ; et dans le veu ny dans le dispositif de cet arrest, il n'est pas dit un mot du droit de minage ny de la demande formée contre le dit Fauvet, soit afin de deffenses de percevoir le minage, soit afin de restitution de ce qui en avoit esté perçu. On peut observer mesme qu'encore que M. Delpech se trouve avoir exactement entre les mains toute cette procédure, jusqu'à un brouillon d'avertissement plein de ratures et d'interlignes, écrite de différentes mains et en différens temps, il ne fait pas néantmoins aparoir des deffenses qui doivent avoir esté fournies par le dit Fauvet sur cette demande, en sorte que l'unique fait certain qui résulte des dites pièces est que, lors et depuis l'arrest de 1624, le droit de minage se levoit dans Angerville.

Il est justifié au procès que, depuis ce temps, l'abbé de Saint-Denis a continué de lever le dit droit comme auparavant. Ainsy, ce prétendu trouble que le sieur Desmontiers n'a osé poursuivre et qui n'a point empesché la continuation de la jouissance dudit droit, ne sert qu'à prouver et confirmer davantage la pocession de l'abbé de Saint-Denis dans la perception du droit de minage à Angerville.

« Les dames de Saint-Louis tirent encore un second avantage des dites pièces, ce qui est important à observer, c'est qu'il paroist, par les termes dans lesquels le sieur Desmontiers s'explique, soit dans l'exposé, soit dans les fins de sa commission, qu'il ne prétendoit point et n'a jamais prétendu la justice universelle dans Angerville, mais seulement une extension de sa justice de Mérinville sur quelques habitans du dit Angerville demeurant dans des maisons qui sont de la censive des fiefs particuliers relevant de Mérinville.

« Le seigneur de Mérinville expose luy-mesme, dans cette commission, « que les droits de justice qu'il a au dit An-
« gerville s'estendent sur les tenanciers et censitaires de la
« censive dite de Lestourville, relevant en foy de l'exposant, » et l'on a divisé en interlignes d'une autre encre, et en temps différens, « les censitaires de Brigeolet relevant du sieur
« d'Ouestreville. » Puis il conclut, par la mesme commission, à ce que deffenses soient faites, aux officiers de la justice de l'abbaie de Saint-Denis, de plus le troubler dans ses droits de justice à Angerville, « ny prendre connoissance des causes de
« ses justiciables, qui sont les dits censitaires de Brigeolet,
« Lestourville et autres mentionnés au procès; et deffenses aux
« justiciables et censitaires susdits, de plus, par intelligence
« ou autrement, procéder par devant les officiers de l'abbé de
« Saint-Denis, ny les reconnoistre. »

« Il est certain que ce langage n'est point celuy d'un seigneur qui prétendroit la seigneurie et justice universelle du bourg d'Angerville, mais, au contraire, ce sont des expressions qui limitent et renferment la prétention du seigneur de Mérinville à prétendre la justice du dit Mérinville seulement sur certains habitants d'Angerville, qui sont censitaires des fiefs particuliers de Brigeolet et Lestourville relevant de la chastelnie de Mérinville. C'est la raison pour laquelle, par l'arrest contradictoire qui intervint ensuite entre les parties en 1631, la cour désirant connoistre précisément quelle estendue de justice le seigneur de Mérinville pouvoit prétendre dans Angerville, ordonne que par devant six anciens du lieu convenus entre les parties ou nommés d'office par les commissaires de la dite cour, le seigneur de Mérinville montrera et enseignera les tenans et aboutissans des maisons sises au dit Angerville, par luy prétendues estre en sa justice à cause des fiefs relevant de la dite chastelnie de Mérinville. C'est donc une justice limitée à l'estendue de quelques fiefs particuliers dans Angerville, mais qui ne comprend point les fiefs et seigneuries du bourg d'Angerville, suivant la reconnoissance mesme des prédécesseurs de M. Delpech, par la manière dont ils se sont expliqués dans les livres de cette procédure nouvellement produite.

« Ainsy, les dames de Saint-Louis suplient très-humblement le conseil d'observer que non-seulement ces pièces ne peuvent servir une induction que M. Delpech en prétendoit tirer, mais encore que les dames sont en estat de s'en servir avec avantage contre M. Delpech, pour monstrer que suivant ses propres titres, il est mal fondé à prendre la qualité de seigneur d'Angerville.

« Enfin, la pocession de l'abbé de Saint-Denis, pour la perception du droit de minage dans Angerville, est paisible et sans trouble, puisque la communauté des habitans d'Angerville n'a jamais contesté le droit et ne le conteste point encore. S'il y a des sentences rendues par le juge de l'abbé de Saint-Denis, c'est contre des particuliers seulement, et sur des contestations qui estoient aparemment sur le plus ou le moins de grain qui avoit esté vendu par le particulier en fraude du droit de minage, ce qui ne sert qu'à prouver la paisibilité de la pocession du dit droit : et l'on peut ajouter que, quand mesme le droit auroit esté contesté par des particuliers, les sentences contradictoirement rendues contre eux, et qui ont passé depuis en force de chose jugée, ne feroient que confirmer d'autant plus la dite pocession, bien loin de luy donner atteinte suivant la disposition de la loy, *34 ff de Legibus. Senatus consul de longe consuetudine.*

« N'est-ce pas une véritable illusion que l'apel que M. Delpech interjette aujourd'huy de ces sentences, qui sont des années 1648, 1656 et 1666, qui ne regardent ny luy ny ses autheurs, et qui ont passé depuis ce temps en force de chose jugée et dont l'effet est consommé par une pleine et entière exécution ? Si les particuliers mesme contre lesquels elles ont esté rendues ne seroient point aujourd'huy recevables en un apel, à plus forte raison M. Delpech ne peut-il pas estre receu. Il est sans intérest et sans moien pour les attaquer.

« Reste la dernière question, en laquelle M. Delpech soutient qu'en tout cas les dames de Saint-Louis ne sont pas bien fondées à exercer ce droit sur les habitans d'Angerville, justiciables de M. Delpech à cause de la justice de Mérinville qui s'estend dans un petit canton du bourg d'Angerville.

« Pour establir cette proposition, il emploie ce que les dames de Saint-Louis ont dit dans leurs contredits, que le droit de minage procède communément du droit qui apartient aux seigneurs aiant justice, d'avoir l'estalonnage, visite et connoissance des mesures dont leurs vassaux et justiciables sont obligez d'user dans le commerce des grains et victuailles, pour le mesurage desquels plusieurs seigneurs sont en pocession de percevoir une certaine redevance en grains ou en argent par chacune mesure : d'où M. Delpech infère que si ce droit procède de la justice, il ne doit pas avoir plus d'estendue que la justice du seigneur qui en jouit, et qu'ainsy, vouloir de la part des dames de Saint-Louis estendre la perception de ce droit sur les habitans qui sont justiciables du seigneur de Mérinville, c'est porter leurs prétentions jusqu'à l'excès et vouloir profiter des usurpations commencées par les abbez de Saint-Denis, qui n'avoient autrefois aucun droit sur Angerville, puis s'en sont qualifiez seulement seigneurs en partie, et aujourd'huy les dames de Saint-Louis veulent estre dames indéfiniment, et que M. Delpech n'ait pas le droit de s'en qualifier seigneur.

« Il faut effacer d'abord cette idée d'usurpation, prétendue faite graduellement par les abbez de Saint-Denis sur Angerville, puisqu'outre la sentence rendue il y a plus de quatre cens ans, qui a maintenu les abbez et religieux de Saint-Denis en son droit de justice sur Angerville, et qui est énoncée dans la sentence de 1600 produite par M. Delpech, il est prouvé au procès que les abbez et religieux de Saint-Denis estoient en pocession publique de se qualifier seigneurs d'Angerville indéfiniment, cent ans auparavant que les seigneurs de Mérinville eussent pensé à usurper cette qualité, et que M. Delpech se trompe dans la gradation qu'il imagine quand il dit que les abbez de Saint-Denis ont commencé par se dire seigneurs d'Angerville en partie, puisque, cinquante ans auparavant l'acte où ils ont esté ainsy qualifiez par erreur, on trouve qu'ils estoient en pocession publique de prendre la qualité de seigneurs d'Angerville indéfiniment.

« Il est vray que les dames de Saint-Louis, expliquant dans leurs contredits d'où peut procéder le droit de minage, ont dit qu'il dérive principalement du droit de mesure apartenant aux seigneurs hauts justiciers ; mais elles ont estably en mesme temps que le seigneur qui avoit ce droit dans un territoire, pouvoit l'exercer sur la totalité des habitans du dit territoire, quand mesme il s'en trouveroit qui seroient censitaires et justiciables d'un autre seigneur voisin, parce que la perception de ce droit doit estre une dans un mesme territoire, comme la perception des droits de bannalité de four, pressoir ou moulin. C'est ce que les dames de Saint-Louis ont apuyé de plusieurs exemples authorisez par la jurisprudence des arrests du conseil et du Parlement, entre autres de celuy rendu au conseil au profit des dites dames, pour la bannalité des fours de Nogent, le 30 mars 1701. Elles ne répèteront point icy ce qu'elles ont expliqué à cet égard dans leurs contredits ; elles espèrent que le conseil aura la bonté d'en prendre lecture.

« M. Delpech n'a pu trouver d'autre réponse à cet arrest, sinon que M. Julien Bordeau, qui en raporte deux notables sur M. Loüet, lett. M...., somm. 19, num. 10, et sur l'article 71 de la coustume de Paris, 120, 26, semble dire le contraire sur le mesme article 71, num. 20.

« M. Delpech veut bien se tromper, car M. Julien Brodeau, en ce nombre 20, dit bien que les justiciables d'un seigneur haut justicier, qui n'a pas droit de bannalité dans sa seigneurie, ne peuvent, de leur pure volonté et sans son consentement, s'assujettir à la bannalité d'un seigneur voisin moiennant argent ou indemnité; mais il ne dit pas qu'un seigneur ne puisse avoir droit de bannalité sur les justiciables d'un autre seigneur, au contraire, ce qu'il dit comporte que les justiciables d'un seigneur peuvent au moins, de son consentement, estre assujettis à la bannalité d'un autre seigneur voisin.

« Il ne faut pas s'imaginer pour cela que celuy qui jouit d'un droit de bannalité sur les justiciables d'un autre seigneur soit obligé de raporter le consentement du dit seigneur, car, outre que le deffaut de représenter ce consentement n'est pas un moien pertinent quand le droit se trouve estably par une pocession immémorialle, puisqu'en ces cas les coustumes ne requièrent point la représentation du titre constitutif de la bannalité et se contentent des actes énonciatifs de la pocession comme sont les aveux, il faut ajouter que souvent celuy à qui apartient la justice sur quelque portion du territoire où s'estend la bannalité d'un autre seigneur, peut n'avoir acquis cette justice, par concession du roy, que longtemps depuis la bannalité de l'autre seigneur establye dans le territoire : auquel cas, il seroit absurde de vouloir que le seigneur à qui apartient la bannalité, raportast le consentement de celuy qui auroit postérieurement acquis la justice sur quelque partie des habitans sujets à la dite bannalité. Et si l'on a jugé, par le dit arrest contradictoire du conseil du 30 mai 1701, que des habitans d'un territoire dont la justice apartient au roy, peuvent estre sujets à la bannalité d'un autre seigneur, qui ne raportoit néantmoins pas de consentement du roy, mais seulement des preuves de la pocession de ce droit de bannalité, sans en avoir mesme rendu aucun aveu ny denombrement, à plus forte raison doit-on juger la mesme chose pour le droit de minage dont il s'agit sur la portion des habitans d'Angerville qui sont justiciables de M. Delpech, sans que les dames de Saint-Louis puissent estre obligées de raporter le consentement des autheurs de M. Delpech.

« Les dames de Saint-Louis observeront encore qu'entre l'espèce jugée à leur profit par le dit arrest du 30 mars 1701 et celle qui est présentement à juger, il se trouve deux différences qui leur sont infiniment avantageuses :

« La première est que le droit de minage en question est beaucoup moins considérable que celuy de bannalité de four ;

« Et la deuxième est qu'elles ont esté maintenues en pocession de cette bannalité de four dans la ville et faubourg de Nogent-sur-Seine, sans avoir aucune pocession de justice sur aucune portion du territoire où s'estend la dite bannalité : au lieu qu'elles n'ont pas simplement une portion de justice dans Angerville, mais elles ont la justice universelle sur la communauté du dit bourg. En sorte que les habitans des maisons délaissées à la justice de Mérinville sont obligez de se conformer aux règlements faits par le juge des dites dames, pour ce qui concerne les affaires communes du dit bourg. C'est le juge des dites dames qui y exerce la police, qui marque le temps de la coupe des grains, nomme des commissaires pour visiter et entretenir les puits publics, connoist des entreprises sur la voie publique, donne la permission de mettre auvens, enseignes, contrevents, et nul n'en peut avoir sans sa permission. C'est le juge des dites dames qui entend les comptes du syndic de la communauté des habitans d'Angerville, qui connoist la levée nécessaire au paiement des debtes communes. C'est devant luy qu'on assigne les marguilliers pour raison des debtes et autres affaires de l'esglise. Enfin les dites dames disposent de places vaines et vagues, et le juge les donne à cens à leur profit. Tout cela marque le droit de justice universelle sur le territoire, tel que les dames l'exerçoient dans Angerville avant la transaction du 12 avril 1701, et que M. Delpech luy-mesme l'a reconnu par la dite transaction.

« Il est certain qu'avant cette transaction, les dames de Saint-Louis estoient en pocession ancienne, paisible et uniforme de percevoir le droit de minage sur tous les habitans d'Angerville, sans distinction de ceux qui habitoient quelques maisons particulières et dispersées sur lesquelles le seigneur de Mérinville estendoit sa justice. La transaction du 12 avril n'a rien changé à cet égard et n'a pas donné aux habitans des maisons renfermées dans le petit canton délaissé à la justice de M. Delpech, plus de prérogatives qu'en avoient auparavant les habitans de ces maisons délaissées où s'estendoit la justice du seigneur de Mérinville. Ainsy, il n'est rien arrivé de nouveau qui puisse faire perdre aux dames de Saint-Louis l'avantage de leur pocession pour la perception de leur droit de minage dans toute l'estendue du dit bourg.

« M. Delpech finit ses observations en répétant que le respect pour les personnes qui protégent la maison de Saint-Louis lui a fait accorder plusieurs avantages aux dites dames par la transaction du 12 avril 1701 ; et comme il a bien senti que toutes les pièces du procès servent à justifier le contraire, il ajoute que si les dames de Saint-Louis prétendent que les avantages de cette transaction soient du costé de M. Delpech, cette idée doit cesser par les offres qu'il fait de s'en désister et estre remis au mesme estat qu'il estoit avant la dite transaction.

« A quoy les dames de Saint-Louis ne croient pas devoir répondre autre chose, sinon que si elles n'acceptent pas ses offres, ce n'est pas pour aucune utilité qu'elles tirent de la transaction, mais pour ne pas tomber dans une involution de procès avec M. Delpech, qui, par la manière dont il s'est conduit pour susciter celuy-cy, leur a apris à n'en pas désirer d'autres avec luy.

« Partant, persistent les dites dames aux conclusions par elles cy-devant prises et demandent dépens.

« Religieux NOUET. »

Les affaires allaient s'envenimant de plus en plus. Pauvre Angerville! elle faisait couler non pas des flots de sang, rassurez-vous, mais des flots d'encre. Les mois ne se comptaient plus que par assignations, requêtes, contredits, et jamais on ne vit larrons disputer avec plus d'acharnement leur part de butin. Non contents des fameux mémoires que les parties avaient produits en mars et en mai 1706, au mois de juin de la même année, le haut châtelain de Méréville adressa à Nosseigneurs du grand conseil du roi une autre production non moins étendue que la précédente. Nous résumerons, le mieux qu'il nous sera possible, les longs débats, les suprêmes agitations et de monseigneur Delpech et de mesdames de Saint-Cyr. Ce faisant, nous croyons épargner au lecteur bien des redites qu'on reprocherait assurément à l'historien. Sans doute, il est nécessaire d'appuyer ces faits par des actes authentiques qui, en leur donnant plus de relief, plus de couleur, reportent mieux l'esprit sur la scène du passé. En entendant le langage d'une époque, on sent mieux la tournure de son esprit, et l'orthographe du temps offre elle-même un intérêt puissant. Mais, à côté de ces qualités archéologiques dont toute histoire sérieuse doit s'entourer, il en est d'autres non moins essentielles. L'historien ne doit pas être simplement un compilateur. Semblable aux chercheurs d'or séparant de la masse argileuse ou sablonneuse les paillettes brillantes qui, ensuite agrégées, devront produire un métal précieux, il doit, lui aussi, au milieu des documents qui l'entourent, savoir distraire les faits

---

(1) 14 may 1706. — *Inventaire de Saint-Cyr.* — Angerville, cote 1re.

marquants, les ramasser, les unir, pour former, s'il lui est possible, un tout homogène. Nous allons donc résumer les arguments avec lesquels M. Delpech réfute les assertions du défendeur que les dames de Saint-Cyr se sont choisi. Peut-être y trouverons-nous quelques documents nouveaux qui viendront démontrer une fois de plus que ce pauvre village, pour lequel les deux prétendus seigneurs se querellaient si opiniâtrément, n'appartenait ni à l'un ni à l'autre.

Après avoir, dans un exorde court mais habile, déclaré les faits avancés par l'adversaire entachés de mensonge, ses propositions pleines d'erreur, et rendu par cela même son argumentation suspecte aux juges, M. Delpech, dans son mémoire du 29 juin 1706, défendant sa qualité de seigneur d'Angerville, s'écrie : « Quoi! le suppliant et ses auteurs n'ont ni titre ni possession qui les autorisent à prendre, avec les abbés de Saint-Denis, la qualité de seigneur d'Angerville? — Mais, qu'est-ce donc que le décret émané du Parlement de Paris? Son droit d'ailleurs s'appuie sur bien d'autres titres que les dames de Saint-Cyr ne se sont pas donné la peine de lire. On prétend qu'il s'est avisé de prendre la qualité de seigneur d'Angerville pour la première fois lors de l'arrêt de 1624? Hé bien! il mettra sous les yeux des procédures et arrêts qui lui donnent, bien avant, cette qualité. Après cela, ne sera-t-il pas en droit de dire qu'on lui dénie à tort la qualité de seigneur d'Angerville? »

M. Delpech prend ensuite l'offensive et scrute la valeur des titres à la qualité de seigneur d'Angerville présentés par les dames de Saint-Cyr.

« Les abbés de Saint-Denis se disent seigneurs d'Angerville indéfiniment dans les procès-verbaux des coutumes de Chartres et d'Orléans. — D'abord le procès-verbal de la coutume de Chartres ne souffle mot à ce sujet. La coutume d'Orléans les désigne ainsi, en effet; mais cette coutume ne régit pas Angerville : si bien que les seigneurs de Mérinville n'y ont pas même fait acte de présence. Lorsqu'a eu lieu la rédaction de la coutume d'Etampes, dont ressort Angerville, on les a vus au contraire, et les abbés de Saint-Denis, si hardis à la coutume d'Orléans, se sont décerné le titre modeste de seigneurs d'Angerville en partie. — Mais, objecte-t-on, le seigneur de Mérinvile n'énonce pas le bourg d'Angerville dans cette rédaction. On sait très-bien que dans les terres titrées, comme celle de Mérinville, on se contente d'énoncer le chef-lieu. Ne faudra-t-il pas bientôt, en nommant un homme, articuler qu'il a des bras et une tête, sous peine de laisser présumer qu'il n'a ni bras ni tête ? »

Seconde proposition dans laquelle l'œil sagace de M. Delpech distingue deux parties : 1° les seigneurs de Mérinville n'ont osé prendre qu'une fois la qualité de seigneurs d'Angerville ; 2° ils se sont gardés de jamais la reprendre, les abbés de Saint-Denis s'étant plaint aussitôt.

A la première partie de la seconde proposition, il oppose nombre de procédures survenues entre les abbés de Saint-Denis et les seigneurs de Mérinville, où ces derniers sont nommés ostensiblement seigneurs d'Angerville.

A l'encontre de la seconde, il demande s'il est besoin de raisonner pour prouver aux demanderesses leur erreur. Ses productions nouvelles attestent que depuis et avant l'arrêt de 1624, dans lequel seul, d'après les dames de Saint-Louis, les seigneurs de Mérinville auraient pris le titre de seigneurs d'Angerville, que depuis et avant ils l'avaient toujours porté.

Il a d'ailleurs l'arrêt de 1624 qui lui adjuge cette qualité. Les abbés de Saint-Denis en ont bien appelé par voie de requête ; mais la requête est périmée, prescrite, sans avoir été jugée. La qualité de seigneur d'Angerville doit donc lui demeurer incontestablement.

Troisième proposition : Il n'a pas pris la qualité de seigneur d'Angerville dans la transaction passée entre elles et lui.

Manque-t-on de mémoire? est-on de mauvaise foi? Dans les conférences qui ont préparé la transaction, sur l'observation faite par le conseiller des dames de Saint-Louis que la baronnie et vicomté de Mérinville emportait la seigneurie d'Angerville, on convint de sous-entendre ce dernier titre ; afin que cela ne pût lui préjudicier, les dames de Saint-Louis s'abstinrent de le prendre également. Il dit vrai, la transaction en fait foi.

En matière féodale, disent les dames de Saint-Louis, il est de maxime constante qu'un seigneur dont le fief ou la justice s'étend sur partie du territoire d'une paroisse voisine, dans laquelle il a seulement une intention de justice ou censive, que ce seigneur n'est pas fondé à prendre la qualité même de seigneur en partie de cette seigneurie.

Cela est vrai, mais pour les seigneurs féodaux qui ne sont pas hauts justiciers. Au reste, hauts justiciers ou non, peu importe à la cause dont il s'agit. Le principe invoqué par les dames de Saint-Louis ne lui est nullement applicable.

Le bourg d'Angerville se compose de cinq ou six censives, qui sont comprises pour la plupart dans la seigneurie de Mérinville. Il n'y a pas de fief portant le nom de fief d'Angerville. Dès-lors, ou bien il n'y a pas de seigneur d'Angerville, ou bien c'est au seigneur haut justicier des censives que ce titre appartient.

Qu'entendent les dames de Saint-Louis par ces mots : intention de justice ? Les justiciables d'Angerville viennent plaider à Méréville, c'est vrai ; mais cette particularité marque la seigneurie de Méréville comme haute seigneurie. Quand des lettres de chancellerie autorisent un nouvel acquéreur à appeler ses justiciables dans l'ancien fief, le droit de l'acquéreur n'est que mieux constaté.

On dit que les fiefs dont se compose la châtellenie de Mérinville sont énoncés dans le procès-verbal des coutumes, Angerville n'est pas mentionnée ; — Villeneuve-le-Bœuf, Trapeau, Montereau ne sont pas mentionnés non plus. Le vicomte de Méréville n'avait pas alors la propriété de ces seigneuries ; il ne pouvait comparaître pour elles.

En résumé, M. Delpech base ses prétentions à la seigneurie

d'Angerville sur beaucoup plus de titres de propriété et de possession que ne le font les demanderesses. L'arrest de 1624 et son décret lui suffiraient, alors que les dames de Saint-Louis se jettent uniquement dans des déclamations et des raisonnements sur la transaction de 1701.

Passons à la question de minage.

Les demanderesses commencent par proposer une fin de non-recevoir résultant de la qualité de M. Delpech.— M. Delpech a bien le droit de s'opposer à la perception de ce droit, si ses prédécesseurs ont pu empêcher l'établissement du marché, le droit de minage n'ayant pas d'autre raison d'être que le marché ; ensuite M. Delpech n'est pas seul en cause, il y a les habitants d'Angerville qui réclament contre l'assignation à eux faite d'avoir à payer ce droit de minage. En voilà assez pour motiver le rejet de la fin de non-recevoir.

Le seigneur de Mérinville n'eût-il pas eu la moindre autorité sur le bourg d'Angerville, il pouvait encore faire obstacle à l'établissement du marché : Angerville est à peine distant de deux lieues de Méréville, et les ordonnances défendent la création d'un marché à moins de trois lieues d'un autre marché.

Le conseil ne se laissera pas prendre à la confusion que l'on cherche à faire du droit de minage avec le droit de poids et mesures. Ce dernier appartient aux moyens et bas justiciers ; il se perçoit jusque dans les moindres villages, alors même qu'il n'y a pas de marché.

Si les dames de Saint-Louis étaient d'accord avec elles-mêmes : elles présentent le droit de minage tantôt comme un droit seigneurial, tantôt comme un droit de marché.

Les ordonnances dispensent les seigneuries ecclésiastiques de produire les titres primordiaux, pourvu qu'ils aient une possession immémoriale non contestée. Ces ordonnances, il l'a prouvé, ne peuvent leur être d'un grand secours.

La procédure est engagée, oppose-t-on, avec le fermier et non avec les abbés de Saint-Denis. — Les abbés devaient prendre fait et cause pour leur fermier, ils ne l'ont pas osé.

Autre contredit : La procédure n'a pas été suivie de jugement. — A quoi bon ! le fermier se désistait.

Que les demanderesses rentrent dans la question et ne parlent pas de justice universelle, lorsqu'il s'agit du droit de minage.

Lorsqu'il interjette appel des sentences de 1648, 1656, 1666, il en a bien le droit. Ces sentences n'ont jamais été signifiées, et les sentences ne valent que du jour de la signification.

Puisque l'existence d'oppositions à la perception du droit de minage est constante, peut-on avancer qu'il y a eu consentement de la part des habitants et des auteurs du suppliant.

Il a prouvé que les demanderesses n'étaient pas en possession de ce droit lors de la transaction de 1701.

La raison derrière laquelle se retranchent les demanderesses pour refuser l'abrogation de la transaction de 1701, n'a pas la moindre vraisemblance.

Il n'y a plus de doute aujourd'hui pour M. Delpech, ce procès lui est intenté pour le chagriner et l'obliger à tout abandonner aux demanderesses, comme il l'a déjà fait par la transaction de 1701. (1)

REQUÊTE SERVANT DE CONTREDIT A LA PRODUCTION NOUVELLE
DE M. DELPECH.

(9 juillet 1706.)

Les dames de Saint-Cyr débutent dans leur réplique, comme M. Delpech en achevant son mémoire, par des doléances non moins piquantes. Si M. Delpech voit dans les dames de Saint-Louis des brouillons qui en veulent à son repos et ont juré sa ruine, celles-ci à leur tour accusent le seigneur de Méréville de chicane. Ses productions nouvelles du 28 juin n'ont qu'un but : rendre ce procès interminable, reculer le jugement le plus possible.

(1) Extrait de l'*Inventaire de Saint-Cyr*, cote 1re.

Elles opposent une fin de non-recevoir, parce que M. Delpech se mêle d'affaires qui ne le touchent pas. Il n'est pas redevable du droit de minage et les habitants ne portent aucune plainte. Quant à son dire qu'il a intérêt à ne pas vouloir la perception de ce droit, comme les seigneurs de Méréville avaient droit à empêcher l'établissement d'un marché, la comparaison n'est pas valable. Que lui importe le droit de minage que doivent payer les habitants d'Angerville.

Si les dames de Saint-Louis possèdent de longue date la perception du droit de minage, c'est en contrevenant, dit M. Delpech, aux lois qui défendent la vente des grains hors des marchés. Les lois autorisent cette vente et maintiennent des seigneurs dans la perception du droit de minage sur les grains vendus chez des particuliers. Vous ne vous arrêterez pas à l'objection qu'il y avait dans ce cas du droit de marché, les lois ne distinguant pas elles-mêmes.

La confusion dont il accuse les dames de Saint-Louis n'est que dans son esprit : elles ont toujours soutenu que le droit de minage était un droit seigneurial. Mais M. Delpech, dans la transaction de 1701, n'a-t-il pas affirmé qu'elles ont des droits seigneuriaux et féodaux sur les habitants délaissés à la justice de Mérinville? Voici les termes exprès : « Attendu que « dans le nombre des maisons délaissées à la justice de M. Del- « pech dans Angerville, il y en a quelques-unes qui sont en « la censive des dames de Saint-Louis, il a esté convenu que « les propriétaires des dites maisons, redevables de cens ou « autres droits seigneuriaux envers les dites dames, seront « assignez pour raison des dits droits par devant le juge des « dites dames, la justice à elles réservée par ce regard seule- « ment. » Le droit de minage réservé aux dames de Saint-Louis est là. C'est un droit seigneurial ; quel besoin avait-on d'en faire mention ?

QUALITÉ DE SEIGNEUR D'ANGERVILLE.

Les dames de Saint-Louis sont obligées de faire interdire à

M. Delpech le titre de seigneur d'Angerville qu'il s'arroge à tort. Cette qualité appartient surtout aux ayant-droits de justice universelle, et c'est le cas des abbés de Saint-Denis. La possession est constante. Depuis l'arrêt de 1624, dans lequel seul les seigneurs de Mérinville se sont dits seigneurs d'Angerville, la plainte portée à ce sujet par les abbés de Saint-Denis et le jugement de 1631, les seigneurs de Mérinville abandonnent ce titre, qui ne saurait être prescrit, puisqu'il n'y a pas eu de possession.

M. Delpech fonde sa prétendue possession en apportant les pièces sur lesquelles sont intervenus les arrêts de 1624 et 1631.

Que prouvent ces pièces de procédure? rien. Dans l'arrêt de 1624, le seigneur de Méréville est dit seigneur d'Angerville; il fallait nécessairement qu'il eût pris ce titre dans la procédure, les qualités d'un arrêt s'expédiant toujours sur les qualités de la procédure. Quant à l'arrêt de 1631, on ne peut pas le nier, il est là faisant défense formelle au seigneur de Mérinville de prendre cette qualité.

M. Delpech ne se lasse pas; il produit des procédures postérieures à l'arrêt de 1624, datées de 1625, 1626, 1627, et il entend en tirer avantage.

En voici l'explication bien naturelle : le sieur Desmontiers, se prévalant des termes de l'arrêt de 1624, a pris la qualité de seigneur d'Angerville dans les procédures de 1625, 1626, 1627, qu'il a jugé à propos de recommencer, et alors l'abbé de Saint-Denis s'est hâté d'adresser une requête civile contre l'arrêt de 1624, et la requête a abouti, vous savez à quoi? à une condamnation.

Après 1631, dans une requête du 29 décembre 1633, le sieur Desmontiers prend la qualité de seigneur d'Angerville. Qu'y pouvaient les abbés de Saint-Denis? Si vous nous montrez un contrat, un jugement contradictoire où le seigneur de Mérinville prenne, concurremment avec l'abbé de Saint-Denis, la qualité de seigneur d'Angerville, vous prouverez quelque chose ; mais une pièce dans laquelle M. Desmontiers est juge et partie, que dit-elle ?

Lors de la transaction de 1701, il a été convenu, c'est vrai, que les deux parties n'y prendraient pas la qualité de seigneur d'Angerville ; mais ce qui ne l'est pas, c'est que les dames de Saint-Louis aient reconnu que ce titre fût impliqué dans la dénomination de vicomte de Méréville. Oui, M. Delpech a proposé un projet de transaction dans lequel il prenait ce titre ; mais il a dû y renoncer après une discussion assez vive. Au reste, ce qui tranche le procès d'une manière définitive, c'est que la transaction reconnaît le droit de justice universelle aux dames de Saint-Louis sur Angerville, et que ce droit est le signe distinctif du seigneur.

M. Delpech n'a jamais vu, quoiqu'il le prétende, que l'arrêt de 1624 mette dans la justice de Méréville les rues et voies d'Angerville. Il l'a bien demandé, mais ses conclusions ont été rejetées.

Dès 1509, les abbés de Saint-Denis sont en possession de la qualité de seigneurs d'Angerville. La rédaction des coutumes d'Étampes, d'Orléans et de Chartres le prouve. M. Delpech a des aveux qui datent de 1482, mais rien qui lui adjuge la qualité de seigneur d'Angerville.

Plaisante chose ! d'après M. Delpech le titre de vicomte de Méréville, mentionné dans les coutumes d'Étampes, emporterait la qualité de seigneur d'Angerville. Mais voilà ce qui fait le procès. Angerville est-il dans la dépendance de Méréville ? nous le nions.

La paroisse et le territoire d'Angerville se divisent, comme le dit très-bien M. Delpech, en plusieurs fiefs particuliers. Le fief de Saint-Denis est le plus important, parce qu'il a dans sa mouvance le fief des Murs. Ce fief a un manoir avec colombier à part près de l'église. Rappelons ici que les sieurs de Reilhac, seigneurs de Méréville, ont longtemps eu le fief des Murs, où ils faisaient exercer par leurs officiers la basse et la moyenne justice. De cette possession dérivent évidemment ces contestations interminables qui divisent la seigneurie de Méréville et l'abbaye de Saint-Denis.

Dans la transaction, les dames de Saint-Louis ont laissé la justice à M. Delpech sur un canton qui forme à peine le cinquième du bourg, et M. Delpech, de son côté, a reconnu que la haute justice appartient aux dames de Saint-Louis sur le surplus et sur l'universalité du territoire d'Angerville. C'est au conseil à juger si cela ne fait rien pour la qualité de seigneur d'Angerville.

M. Delpech soutient qu'il peut avoir un notaire à Angerville. C'est un droit qui ne lui est pas contesté : mais à condition que ce notaire instrumente dans le ressort de la justice de Méréville seulement.

Les seigneurs de Méréville n'ont jamais prétendu qu'une extension de leur justice, et non la justice universelle sur Angerville; les productions nouvelles de M. Delpech le prouvent et se tournent contre lui-même, comme il arrive toujours, du reste, à ceux qui ne veulent qu'éloigner le jugement lorsque le procès est en état.

M. Delpech veut justifier sa qualité de seigneur d'Angerville par une sentence du baillage d'Étampes. — On peut voir par cette même pièce que les dames de Saint-Louis s'y sont opposées.

Sous la cote CCC, M. Delpech produit un plan du bourg d'Angerville. Il s'en sert afin de prouver que, si le canton laissé à sa justice n'est pas le plus étendu, il est le plus important, grâce aux hôtelleries qui s'y trouvent. — Qu'on examine ce plan, les dames de Saint-Louis ne demandent pas mieux. M. Delpech a soixante maisons dans sa justice, sur trois cent six maisons dont le bourg est composé. Pourra-t-on mettre en parallèle les quelques hôtelleries de M. Delpech avec tous les lieux publics, église, cimetière, places, rues grandes et petites des dames de Saint-Louis, et n'est-ce pas absurde de prétendre à la qualité de seigneur d'Angerville quand les choses sont ainsi ?

Quant aux termes injurieux dont M. Delpech use en plus d'un endroit, vraiment on a raison quand on ne croit pas de sa dignité d'y répondre.

Les dames de Saint-Louis terminent en demandant acte au conseil des contredits qu'elles viennent d'opposer aux productions nouvelles de M. Delpech, et en espérant que justice sera faite. (1)

SUPPLICATION DES HABITANTS D'ANGERVILLE AU GRAND CONSEIL DU ROI.

(5 août 1703.)

Les habitants d'Angerville, désireux d'être délivrés du droit de minage qu'ils avaient tous les ans à payer aux dames de Saint-Cyr, s'unirent à M. Delpech, leur protecteur intéressé, pour demander l'abolition de ce droit, et ils adressèrent eux-mêmes, à cet effet, une supplication au grand conseil du roi, dans laquelle on remarque qu'indépendamment des seigneuries qui divisaient Angerville, il y avait une municipalité, une communauté gouvernée par un maire perpétuel, ainsi que le prouve l'acte suivant :

« A Nosseigneurs du grand Conseil du roi.

« Suplie humblement la manse, manans et habitans du bourg d'Angerville, disans que les fermiers de la maison de Saint-Cyr, à laquelle est unie la manse abbatiale de l'abbaie de Saint-Denis, aiant voulu exiger sans aucun tiltre un prétendu droit de minage sur tous les grains du dit lieu, cela auroit donné lieu à une contestation renvoiée aux requestes du Palais par M. Delpech, seigneur de Mérinville, Angerville et autres lieux, et évoquée au conseil par les dames de Saint-Cyr.

« Les suplians aiant esté informez de ce procès, ils y sont

---

(1) Archives de Versailles. — *Inventaire de Saint-Cyr*, cote 1re.

intervenus affin d'empescher l'exaction de ce prétendu droit de minage à quoy on les veut assujettir. Les dames de Saint-Cyr ont contesté cette intervention; mais, par arrest du 2 du présent mois d'août, les suplians ont esté receus parties intervenantes; les règlemens ont esté déclarez communs avec eux, ordonné qu'ils y satisfairont et que, sur leur intervention, ces parties écriront et produiront dans le jour cy-joint à l'instance, et pour marquer que les suplians ne sont pas intervenus pour éloigner le jugement du procès, ils ont employé leur intervention pour écriture et production, mesme pour contredits.

« En cet estat, il est aisé de faire voir que leur intervention est incontestable. En effet, il est question au procès de sçavoir si le bourg d'Angerville est assujetti au prétendu droit de minage que les fermiers de Saint-Cyr veulent indûment exiger des dits habitans d'Angerville. Or, en premier lieu, les habitans sont les parties les plus nécessaires, puisqu'il s'agit d'une servitude que l'on veut imposer sur eux. Cela establit la nécessité de leur intervention; leur qualité les oblige d'autant plus d'intervenir qu'il s'agit de leur liberté.

« En second lieu, les dames de Saint-Cyr n'ont aucun tiltre pour exiger le prétendu droit de minage; elles n'en ont raporté aucun : c'est de quoy le conseil sera persuadé par la visite du procès. Néantmoins, un droit de cette qualité ne se peut exiger sans un tiltre positif.

« Ces quelques prétendus baux clandestins, qui n'ont eu aucune exécution, ne sont pas des tiltres, non plus que quelques sentences surprises par deffault contre des particuliers, lesquelles n'ont jamais esté signifiées; d'ailleurs, il y en a tant que de besoin apel : ainsy, il faut connoistre que les dames de Saint-Cyr n'ont aucun tiltre pour exiger le droit de minage dont est question.

« En troisiesme lieu, non-seulement elles n'ont pas de tiltres, mais elles n'ont pas droit de marché au bourg d'Angerville : le droit de minage est un droit de marché, quand il y a marché dans un lieu; les grains y doivent estre pour estre vendus, et l'on paye un droit, pour mesurer les grains, apelé droit de minage, c'est-à-dire pour mesurer chaque mine de grain ; mais ce droit n'est deu qu'à cause du marché. Il est vray que quand il y a marché dans le lieu, si les grains, au lieu d'y estre vendus, se vendoient dans des maisons particulières, celuy qui auroit droit de marché prétendroit exiger le droit de minage à cause des grains vendus hors le marché, présuposant que cela se feroit en fraude de son droit de marché ; mais se peut-il que l'on ait authorisé l'exaction d'un pareil droit où il n'y a point de marché ? car, quand il n'y a point de marché, les habitans ont la liberté de vendre ou de disposer autrement de leurs grains, soit dans leurs maisons ou ailleurs, sans estre assujettis au payement d'aucun droit, soit pour plaçage, mesurage ou minage : de sorte qu'il n'y a aucun prétexte raisonnable pour exiger des suplians un droit de cette qualité ; c'est une exaction que les fermiers de Saint-Cyr veullent faire à la faveur du nom des dites dames de Saint-Cyr ; ces dames ont trop de piété et de charité pour ne pas condamner elles-mesmes une telle prétention.

« Si elles estoient informées par elles-mesmes qu'elles n'ont ny tiltre, ny pocession, ny droit de marché au bourg d'Angerville ; elles n'ont pas seulement droit de mesure ; le gros du curé d'Angerville se paie à la mesure de Mérinville ; il n'y a point d'autre mesure en usage, au bourg d'Angerville, et à Monerville et à Guillerval, qui apartienne entièrement à l'abbaie de Saint-Denis ; les gros des curés se paient à la mesure de Mérinville, et on ne se sert point d'autre mesure ; or, si les dames de Saint-Cyr avoient droit de minage à Angerville, elles auroient une mesure particulière : d'où il suit que leur prétention n'a pas la moindre aparence.

« Aussy est-il certain que ce n'est qu'à l'occasion de l'establissement d'un marché qu'on a voulu s'arroger le droit de minage dont est question. Il y eut, en l'année 1600, des lettres patentes obtenues par l'authorité de l'abbaie de Saint-Denis pour l'establissement d'un marché au bourg d'Angerville ;

mais, le seigneur de Mérinville s'y estant oposé, il fut ordonné, par un arrest du Parlement de Paris de l'année 1624, que les lettres seroient raportées ; l'abbé de Saint-Denis et les habitans d'Angerville furent débouttez de l'enthérinement d'icelles : de sorte que l'abbé de Saint-Denis n'ayant pu parvenir à l'establissement d'un marché à Angerville, il ne pouvoit exiger ny droit de minage ny aucuns des autres droits apellez droits de marché. Le moyen qu'il avoit pris pour s'en attribuer aiant esté blasmé et condamné par l'arrest du Parlement de Paris, il faut donc qu'il demeure pour constant que l'abbaie de Saint-Denis est sans tiltre, sans droit et sans pocession légitime.

« Si, de temps en temps, les fermiers de l'abbaie de Saint-Denis ont voulu exiger ce droit de quelques particuliers, cela ne peut servir qu'à prouver leur avidité injuste par deux raisons : l'une, qu'ils ne se sont jamais adressez au corps des habitans, avec lesquels ils n'ont jamais eu ny jugement ny aucuns actes pocessoires; ainsy, les entreprises des fermiers ne peuvent passer que pour le dessein d'exiger, à la faveur de la faiblesse de quelques paysans, un droit qui ne leur estoit point deu.

« L'autre raison est que les jugemens surpris par deffault n'ont jamais eu d'exécution ; il ne s'en trouvera pas mesme qu'ils ayent esté signifiez : une sentence par deffault non signifiée est totalement inutile.

« Mais cette prétendue pocession est inutile ; elle est d'ailleurs inutile de soi-même, parce que, quand il s'agit de droit de minage et d'autres servitudes de cette nature, il faut raporter des titres positifs. La pocession ne sert de rien ; mais, dans ce fait grave, il y a des preuves que ce prétendu droit a esté contesté toutes les fois qu'on a voulu l'exiger, et qu'il n'a jamais esté payé.

« Ce n'est pas la première fois que les fermiers de Saint-Denis ont intenté action pour l'exaction de ce prétendu droit. Le nommé Rabourdin, en 1681, fit assigner deux particuliers, nommez Mathurin Sergent et Antoine Puis, habitans d'Angerville, pour déclarer les grains qu'ils avoient vendus et achetez et payer le prétendu droit de minage.

« Ce fermier fit évoquer l'instance au conseil au nom de mons (1) Pélisson, économe de l'abbaie de Saint-Denis; mais mons Pélisson ne la voulut point soutenir, il en abandonna la poursuitte. Rabourdin la voulut entreprendre à ses risques ; il reprit l'instance, au lieu de mons Pélisson, au mois de janvier 1688 ; il surprit un arrest de rétention par deffault, le 13 février au dit an, contre Sergent.

« Sergent aiant donné avis de cette poursuitte à la communauté des habitans d'Angerville, ils firent un acte d'assemblée le 9 mars 1688, par lequel : 1° ils constituèrent Sergent pour leur procureur ;

« 2° Ils donnèrent pouvoir de constituer procureur, au nom des dits habitans, pour deffendre à la prétention du dit Rabourdin à prendre le fait et cause des dits Sergent et Puis ;

« 3° Ils expliquèrent les moiens de leur deffense, consistant à dire que Rabourdin, de son authorité privée, ne les pouvoit assujettir au droit de minage, parce que l'abbaie de Saint-Denis n'avoit aucun droit de marché au dit bourg d'Angerville ; qu'à la vérité, la dite abbaie avait droit de seigneurie au dit bourg d'Angerville, mais qu'il y avoit plusieurs autres seigneurs : en sorte que ce qui estoit fait par Rabourdin n'estoit que pour troubler le repos des dits habitans. Cet acte d'assemblée sera produit par les suplians, avec les procédures antérieures. Rabourdin n'a osé faire juger l'instance ; elle a esté abandonnée parce que c'estoit une entreprise injuste : ce qui prouve d'une manière évidente deux choses, l'une que ce prétendu droit en question a toujours esté contesté lorsqu'on a voulu l'exiger.

« L'autre, que l'abbaie de Saint-Denis n'a eu ny pu avoir de pocession paisible, puisqu'il y a toujours eu des actions et

---

(1) Pour monsieur.

des procédures. L'instance commencée par Rabourdin subsiste encore, de sorte qu'on ne peut entrer dans le prétendu fait de pocession soit à cause qu'il n'est pas admissible cette fois sur cette face qu'il faudroit une pocession publique et paisible ; or il ne peut y avoir de pocession paisible et publique au moment qu'il n'y a aucun acte pocessoire avec le corps des habitans ; et qu'il y a des contestations et des instances encore indécises. Il faudroit suposer la pocession paisible pendant un laps de temps suffisant auparavant les instances et les contestations ; mais encore la pocession ne sert de rien, si elle n'est accompagnée de titres précis et positifs : de sorte qu'il n'y a aucune difficulté, ayant égard à l'intervention des supliants, de débouter les dames de Saint-Cyr de leurs prétentions et demande concernant le prétendu droit de minage dont est question.

« Aussy, leurs fermiers et leurs agens reconnaissent-ils qu'ils ne pouvoient réussir que par des voyes odieuses, que les dames de Saint-Cyr seroient les premières à blasmer. En effet, ces supliants aiant donné leur requeste d'intervention, elle a esté contestée sous le nom des dames de Saint-Cyr ; elle a néantmoins esté receue par arrest contradictoire du 2 du présent mois.

« Entre la requeste d'intervention et l'arrest, les fermiers des dames de Saint-Cyr et leurs agens ont voulu faire désavouer la dite intervention ; ils se sont pour cela adressez, le dimanche 1er août, à quelques particuliers habitans qui sont dans leurs dépendances ; ils ont contraint les particuliers, soit par prières, soit par menaces ou autrement, à signer un prétendu acte contracté à la délibération en forme de procuration précédente.

« Mais cela ne peut servir qu'à faire voir la violence exercée par les agens et les fermiers de la maison de Saint-Cyr, puisque : 1° cela est contraire à l'intérest commun en particulier des dits habitans ;

« 2° Les habitans se sont toujours oposés à l'exaction de ce prétendu droit; l'acte d'assemblée du 9 may 1688 en fait foy;

« 3° L'acte exigé de surprise le 1ᵉʳ août est nul, soit à cause qu'il n'a point esté précédé d'une convocation par le maire perpétuel, suivant les édits et déclarations du roy, soit à cause qu'il n'a esté signé que par quelques particuliers engagez par crainte ou par menace ou d'autres moiens illicites;

« 4° Aussy, la communauté ayant esté assemblée par le maire perpétuel, au son de la cloche, en la manière accoutumée, à l'issue des vespres, le mesme jour 1ᵉʳ aoust 1706, il a esté passé un acte d'assemblée, par lequel les dits habitans ont confirmé la procuration qu'ils avoient passée pour intervenir dans l'instance, et ils ont révoqué en tant que de besoin l'acte passé le mesme jour par quelques particuliers habitans de la dite paroisse; ils ont donné de nouveau pouvoir de soutenir qu'ils ne doivent aucun droit de minage et demander d'en estre dechargez. Ce procédé, de la part des agens et fermiers de Saint-Cyr, est très-condamnable, car, d'un costé, si l'abbaie de Saint-Denis a des tiltres pour exiger le droit de minage dont est question, ils ne doivent pas craindre l'événement de l'intervention des habitans d'Angerville; et, d'un autre costé, si ce droit n'est pas deu, comme on ne peut en douter, pourquoy surprendre par de mauvais moiens quelques paysans de leurs dépendances, pour les assujettir à une servitude dont ils ne sont pas tenus? Cela est aussy viollent qu'injuste, et si les dames de Saint-Cyr estoient instruites d'un tel procédé, il ne faut pas douter qu'elles seroient les premières à blasmer la conduitte de leurs agens et de leurs fermiers, aussy bien que leur injuste entreprise : de sorte qu'il y a lieu d'espérer que les suplians seront dechargez de la prétention des dites dames de Saint-Cyr, et avec dommages-intérests et dépens. Les dépens, dommages et intérests ne cousteront rien aux dames de Saint-Cyr; elles ont sans doute des indemnités des fermiers qui les engagent à faire un mauvais procès.

« Reste à produire les pièces suivantes :

« La première, du 12 juillet 1681, est un exploit d'assignation donnée, à la requeste de Claude Rabourdin, receveur d'Angerville, à Mathurin Sergent, à comparoir par devant le bailly de Monerville, entre autres choses pour estre condamné à faire sa déclaration des sons, des bleds et avoines qu'il a vendus et achetés au dit bourg d'Angerville depuis certain temps ;

« La deuxiesme, du 20 octobre 1684, est par employ d'une assignation au conseil, donnée au dit Sergent, à la requeste de M. Pélisson ;

« La troisiesme, du 29 janvier 1688, est aussy par employ d'un acte en reprise, fait par le dit Rabourdin au lieu de M. Pélisson ;

« La quatriesme, du 13 février 1688, est un arrest de rétention obtenu par deffault par le dit Rabourdin contre le nommé Sergent, au bas duquel est l'exploit d'assignation du 29 mars au dit an, et ensuite un pouvoir du dit Sergent du 5 mars au dit an ;

« La cinquiesme, du 9 may 1688, est un acte d'assemblée des dits habitans d'Angerville ;

« La sixiesme, du 25 juillet 1706, est par employ de l'acte d'assemblée des dits habitans, par lequel ils ont donné pouvoir à leur procureur d'intervenir en l'instance en question ;

« La septiesme, du 28 du dit mois de juillet, est la requeste d'intervention des dits habitans, aux fins y convenues, signé Briffaut ;

« La huitiesme, du 1ᵉʳ aoust 1706, est un acte d'assemblée des habitans, par lequel ils ont confirmé la procuration produitte du 25 juillet ;

« La neuviesme, du 2 aoust 1706, est par employ de l'arrest du conseil qui reçoit les dits habitans partyes intervenantes, déclare les règlemens communs, ordonne qu'ils y satisfairont, que, sur leur intervention, les partyes écriront, produiront ce que bon leur semblera à la requeste des dites dames de Saint-Cyr jointe au procès et acte de cet employ.

« Donner acte aux suplians de ce que, pour plus amples

moiens d'intervention, escriture et production, en exécution du dit arrest du conseil du 2 aoust 1706, les suplians employent le contenu en la présente requeste ; recevoir les piéces y mentionnées ; promettre aux suplians de les produire aux fins et indications cy-dessus. »

Cette supplication des habitants d'Angerville nous paraît avoir été bien plutôt rédigée par M. Delpech que par les manants du bourg, et il est probable que tous n'y ont pas pris part. Les justiciables du seigneur de Méréville ont dû être les premiers à s'insurger contre la perception du droit de minage. Tous n'auraient pas mieux demandé, sans doute, que d'en être affranchis. Mais comme ce droit était perçu depuis déjà longtemps par les dames de Saint-Cyr, que les gens de l'époque ne l'avaient jamais vu contesté, qu'ils ignoraient les droits des dames de Saint-Cyr à ce sujet, que ces dames, du reste, ainsi que les abbés de Saint-Denis, n'avaient jamais été pour le pays des seigneurs exigeants, qu'il y avait même un certain intérêt à relever d'une maison aussi puissante, il dut paraître injuste ou du moins peu adroit, à un certain nombre d'entre eux, de se mettre en opposition si avouée avec elles et de les accuser de recevoir, suivant les termes de l'acte, des indemnités des fermiers qui les engageaient à faire un mauvais procès, tandis qu'au contraire c'était M. Delpech qui l'avait provoqué, bien moins avec l'intention de décharger les habitants d'Angerville que dans l'idée de faire prévaloir ses droits sur les dames de Saint-Cyr et de pouvoir un jour se dire hautement seigneur d'Angerville, dont il caressait adroitement les habitants. Mais les dames de Saint-Louis intervinrent bien vite auprès des gens du pays et firent si bien qu'elles les déterminèrent à contredire la violente supplication qu'ils avaient adressées au grand conseil, à s'en désister, à renoncer à toutes poursuites et à consentir d'une voix unanime que les dames obtiennent un arrêt pour les maintenir en la perception dudit droit sur tous les habitants et sur toute l'étendue du bourg d'Angerville. Aussi voyons-nous que, « un dimanche de l'an-

née mil sept cent dix, avant midy, issue de la grande messe paroissiale, dite, chantée et célébrée en l'esglise Saint-Pierre d'Angerville, en l'assemblée générale convoquée par le maire du dit bourg, au son de la cloche, en la manière accoutumée, pour délibérer des affaires de la communauté, sont comparus, par devant Pierre Retté, notaire roial, commis au dit Angerville sous le principal tabellion d'Estampes, présents, les témoins souscrits, les manans et habitans du dit bourg et paroisse d'Angerville en personne. . . . .
. . . .
. . . .

« Le dit sieur maire a représenté que, le vingt-huit juillet mil sept cent six, il avoit esté présenté requeste à nosseigneurs du grand conseil, au nom des dits habitans, pour intervenir dans l'instance qui y est encore pendante entre les dames du monastère roial de Saint-Louis estably à Saint-Cyr, dames du dit Angerville, d'une part, et M. Delpech, conseiller au Parlement de Paris, seigneur de Mérinville, d'autre part : dans laquelle requeste il a esté conclu à ce que les dites dames fussent déboutées de leur demande pour raison du droit de minage qu'elles perçoivent dans la dite paroisse ; que cette intervention n'ayant pas esté formée par le vœu commun de tous les habitans, dans un acte d'assemblée générale ; mesme aiant esté désavoüé par plusieurs qui en craignoient l'entérinement, par acte du premier aoust suivant de la mesme année mil sept cent six ; attendu la pocession publique et ancienne de la perception de ce droit, il auroit cru estre de son debvoir de prendre connoissance plus exacte du dit procès, dont aiant eu communication : et, après avoir sur ce pris conseil, il estime estre du bien de la communauté de se désister de la dite requeste, pour ne pas s'exposer à une condamnation de despens, si les dites dames veulent bien l'agréer et leur en faire la remise.

« Sur quoy, les dits habitans aiant intervenu, délibéré entre eux, et tous aiant parfaite connoissance de la pocession du dit droit, il a esté arresté d'une voix unanime que la communauté se désistera de la dite requeste présentée en son nom, renoncera à faire aucune poursuitte. En conséquence de la dite requeste, il consentira que les dites dames obtiennent arrest de se maintenir en la perception du dit droit, ainsy qu'il est accoutumé, sur tous les particuliers habitant dans toute l'estendue du dit bourg d'Angerville, à l'effet de quoy les dits comparans, par ces présentes, constituent leur procureur général et spécial auquel ils donnent pouvoir de, pour et en leur nom, faire signiffier le dit désistement et consentement, et en passer aux susdites dames tel acte que le procureur jugera à propos, et obtenir des dites dames la remise des despens dont elles pourroient prétendre la condamnation : dont et de quoy ils ont requis acte qui leur a esté accordé pour servir ce que de raison.

« Fait et arresté au devant de la principalle porte et entrée de la dite esglise paroissiale, les jour et an que dessus. » (1)

Après cet acte où la communauté d'Angerville assemblée consentait à ce que le droit de minage fût perçu comme d'habitude par les dames de Saint-Cyr, le grand conseil, qui devait être fatigué de la longueur de ce procès, prononça, en 1710, l'arrest suivant :

« Entre les dames de Saint-Cyr, aiant pris fait et cause pour Pierre-Louis Rabourdin, fermier des revenus de la manse abbatiale de Saint-Denis, unie à la dite maison de Saint-Cyr, d'une part, et Jérosme Téveneau, Jacques David, Jacques Pommereau, François Bourdeau et Antoine Puys, hosteliers, demeurant au bourg d'Angerville, M. Jean Delpech, haut chastelain de Mérinville et Angerville, intervenant, afin d'estre reçu apelant de trois sentences du bailly de Guillerval, des 13 may 1648, 29 mars 1656, 13 febvrier 1700, par raison du droit de minage que les maires, manans et habitans du dit bourg d'Angerville sont tenus de payer de tous les grains qu'ils

(1) *Inventaire de Saint-Cyr.* — Archives de Versailles, cote 1re.

font entrer dans leurs maisons, à raison de 6 deniers pour mine, d'autre part ;

« Connues les productions des partyes et ouïes les conclusions du procureur général ; vues, entre autres choses, les trois sentences dont est apel, la première, du 13 may 1648, rendue par le bailly de la chastelnie de Guillerval, Monerville et Angerville, entre Lucas Rabourdin, receveur d'Angerville, et Martin Menault, marchand, demeurant au dit bourg, qui condamne le dit Menault à payer au dit Rabourdin le dit droit de minage et aux dépens ; la deuxiesme, du 29 mars 1656, rendue par le mesme juge, qui condamne Elys Puys et Perrine Dessaux, sa femme, à payer pareillement au dit Rabourdin le droit de minage, en 4 livres d'amende et aux dépens ; la troisiesme sentence, du 17 febvrier 1700, rendue par le mesme baillage, sentence par laquelle Nicolas Gigout est condamné à payer au dit Rabourdin les droits de minage. Iceluy grand conseil faisant droit sur le tout, sur les apellations interjetées des dites sentences et ordonnances, a mis les dites apellations au néant, ordonne que ce dont est apel sortira son effet, et, sans s'arrêter aux requestes et demandes du dit sieur Delpech, intervention et demandes des maires, manans et habitans du dit bourg d'Angerville dont il les déboutte, maintient et garde les dames de Saint-Louis ou de Saint-Cyr en la pocession et jouissance de percevoir le droit de minage sur les grains qui se vendent dans l'estendue du dit bourg d'Angerville. — Deffenses aux dits Delpech, manans et habitans d'Angerville de les y troubler, et les condamne aux dépens.

« Et avant faire droit sur le chef de la requeste des dites religieuses et communauté de Saint-Louis, tendant à ce que deffenses fussent faites au dit Delpech de prendre la qualité de seigneur d'Angerville, et sur celle du dit Delpech, afin d'être maintenu au droit et pocession de prendre la dite qualité, sauf aux dites religieuses à prendre la qualité de dames en partie d'Angerville, ordonne que les partyes contesteront plus amplement. Dépens réservés à cet égard. 19 mars 1710. »

On le voit, cet arrêt distingue parfaitement la seigneurie féodale, autrement appelée directe, de la justice ou seigneurie publique. Il donne gain de cause aux dames de Saint-Cyr pour tout ce qui concerne ce droit de minage ; mais, quand il est question de leur droit à la véritable seigneurie, à la seigneurie universelle, exclusive, absolue, c'est une autre affaire. Il n'admet pas davantage la demande de M. Delpech, quelque modérée qu'elle soit, et bien que ce dernier consente à ce que les dames de Saint-Cyr puissent s'intituler dames d'Angerville, pourvu qu'il puisse, de son côté, s'en dire un peu, si peu que rien, seigneur. Non, l'arrêt déclare que la religion du conseil n'est pas suffisamment éclairée à cet égard, et que, les parties n'ayant encore rien prouvé sur ce point, force est bien de surseoir jusqu'à plus ample informé.

Or, le procès avait duré cent ans. Cent ans les deux parties, Méréville et Saint-Denis, avaient disputé sur le titre de seigneur d'Angerville, avaient lutté pour établir leur droit à ce titre, et voilà que le grand conseil déclarait qu'il n'y avait encore rien d'établi à cet égard. Ce mot dit tout : Un jour, le loup et le renard plaidèrent par devant le singe. Le procès allait se compliquant de plus en plus, quand l'intègre et judicieux quadrumane, après avoir bien sué en son lit de justice, prit le parti, si l'on en croit La Fontaine, de renvoyer les parties dos à dos et dépens compensés, car, se dit-il :

> Toi, loup *(Méréville)*, tu te plains quoiqu'on ne t'ait rien pris,
> Et toi, renard *(Saint-Denis)*, as pris ce que l'on te demande.

Tel fut l'arrêt du grand conseil. Le procès fut suspendu. Les dames de Saint-Cyr crurent avoir gagné, et M. Delpech ne crut pas avoir perdu. Il épia l'occasion de faire revivre son prétendu titre de seigneur d'Angerville. Cette occasion lui fut offerte. En 1716, il fut question de baptiser une cloche à Angerville. M. Delpech brigua l'honneur d'en être le parrain, l'obtint et voulut que sa fille portât l'inscription suivante :

L'an MDCCXVI, *jé esté bénite par Georges Mineau, prestre,* curé d'Angerville, assisté de M. Philippe Mineau, son vicaire ; jé esté nommée Jeanne Magdeleine par M. Jean Delpech, marquis et seigneur de Mérinville, Angerville et autres lieux, conseiller du roy en la cour du Parlement, et madame Magdeleine de Mouchy, épouse de M. Paul Delpech, seigneur de Chaumot, conseiller du roy, receveur général des finances. Estoient présens : Pierre Courtois, conseiller du roy, maire perpétuel du dit lieu, Jean Richaut, receveur de Villeneuve, Mathieu Benoist, marchands hosteliers tous.

Une cloche ainsi baptisée devait mal sonner aux oreilles des dames de Saint-Cyr. Elles recommencèrent leurs plaintes et doléances, et M. Delpech, pour les calmer, fut obligé de faire (21 septembre 1716), par devant Me Jourdain, notaire à Paris, une déclaration portant que la qualité de seigneur d'Angerville apposée en inscription sur la cloche nouvellement baptisée en l'église d'Angerville, ne pouvait lui acquérir un nouveau droit ni préjudicier à celui qui appartenait réellement aux dames sur les terres, justice et seigneurie dudit Angerville, dans lequel droit le sieur Delpech n'a point entendu troubler lesdites dames directement ni indirectement. On eut donc encore la paix pour un moment. Mais, l'année suivante, une nouvelle occasion se présenta de faire revivre ses titres, et le seigneur de Méréville ne devait pas manquer d'en profiter. L'année précédente, c'était la grosse cloche qui avait mis en émoi ces pauvres dames de Saint-Cyr, et, malgré les troubles occasionnés de part et d'autres, M. Delpech profitait de l'arrivée d'une petite cloche à Angerville pour insinuer encore ses titres dans l'acte de baptême, ainsi que nous le voyons dans les archives de la mairie :

VI *mars* MDCCXVII. *La petite cloche de cette paroisse a esté bénite, avec les cérémonies accoutumées, par moy, prestre et curé de cette paroisse, soussigné ; laquelle cloche a esté nommée Jeanne Magdeleine par maistre Jean-Jacques Manet, conseiller du roy, maire perpétuel de la ville d'Estampes et bailly du marquisat de Mérinville ; par Marie-Théraize*

Pommereau, fille de Louis Pommereau, receveur des Murs d'Angerville, au nom et comme fondé de procuration passée devant Dutartre, son beau-frère, notaire au Chastelet de Paris, le troisiesme des présens mois et an; de messire Jean Delpech, seigneur de Mérinville et de cette paroisse, conseiller au Parlement; et de dame Magdeleine de Mouchy, épouse de maistre Paul Delpech, seigneur de Chaumot, conseiller du roy, receveur général des finances d'Auvergne. En présence de sieur Robert Blot, curé de Mérouville, de Philippe Mineau, vicaire, et Paul Cassegrain, diacre de cette paroisse, Pierre Courtois, maire, Jean Richaut, Mathieu Benoist, marguilliers en charge, soussignez.

Voyant la ténacité avec laquelle M. Delpech persistait à se faire reconnaître seigneur d'Angerville, les dames de Saint-Cyr se firent rendre, en 1702, un aveu et dénombrement, à cause de leur châtellenie de Toury, par dame Françoise Lebesgue de Moyainville, veuve de M. Claude de Reviers (1), au nom et comme tutrice, au lieu de sondit mari, de damoiselle Charlotte-Françoise Le Maréchal de Gervilliers, fille et unique héritière de M. César-Laurent Le Maréchal et de dame Angélique de Reviers, ses père et mère, et pour la représentation

---

(1) Ce Claude de Reviers était fils de Louis de Reviers, qui, mort en 1670, a laissé six enfants :

    1° Simon-Henri de Reviers, chevalier, seigneur de Mauny, âgé de   20 ans
    2° Damoiselle Marie-Anne de Reviers,   16
    3° Angélique   «   «   13
    4° Claude de Reviers, écuyer,   10
    5° François de Reviers, écuyer,   8
    6° Louis-Charles de Reviers,   6

Tous enfants et héritiers de Louis de Reviers et de dame Angélique de Crassort.

Simon-Henri avait eu le total du lieu et manoir seigneurial et la moitié des terres labourables ; l'autre moitié était échue aux autres enfants. Cet aîné mourut à Dunkerque le 4 mai 1672. M. le comte de Reviers de Mauny, propriétaire du château de Douys, près de Châteaudun, est un descendant de cette famille.

de ladite dame, sa mère, et du sieur Louis de Reviers, son aïeul paternel, du fief, terre et seigneurie des Murs d'Angerville, mouvant de ladite châtellenie de Toury en plein fief, foi et hommage, rachat, quint, denier, marc d'argent, cheval de service ; consistant ledit fief en un manoir nommé les Murs-Neufs d'Angerville, composé d'une maison où il y a deux chambres basses, deux chambres hautes, cave dessous, grenier dessus, grange à côté, petite écurie, petite cour devant close, devant la grange champart aussi, à côté petite cour close ; grande cour derrière et plusieurs autres bâtiments, jardin derrière et à côté de ladite grande cour, dans lequel il y a un colombier à pied, le tout clos de murs et contenant un arpent. Tenant par devant voir l'ancien carrefour du Puits-de-Sainte-Barbe et à la rue par laquelle on allait autrefois à Dommerville ; vers l'occident et le septentrion, aux rues du tour de ville et au jardin et place de l'ancien presbytère ; et vers le midi, au cimetière et à une petite ruelle conduisant à l'église.

Item. La quantité de deux cent quatre-ving-dix-neuf mines trois boisseaux de terres labourables, en dix-sept pièces sises au terroir d'Angerville :

La première, contenant quatre mines (au *réage* de six livres), sur le champtier de Saint-Lubin ; tenant d'un long, vers l'orient, à Jean Delafoy au lieu de Nicolas Chaudé qui était au lieu de Boisseaux ; d'occident à Lucas Hordessaux au lieu de Nicolas Dorge ; du septentrion et du midi à plusieurs terres et champarts, un sentier entre deux du côté du midi ;

La seconde, contenant neuf mines et demie, au champtier des Glaizoires à Louis Pommereau et autres ; d'orient au vieux chemin de Pithiviers, et d'occident au champtier de Saint-Lubin ;

La troisième, contenant douze mines et un boisseau, proche la butte de Rigaudenne, tenant au vieux chemin de Pithiviers ;

La quatrième, contenant cinq boisseaux, faisait partie d'un réage dont le surplus est un fief de ladite damoiselle, au champtier de la Grosse-Borne ;

La cinquième, contenant trois mines, proche le moulin et murs d'Ouestreville, au champtier de l'Orme-Brûlé ;

La sixième, contenant quatre mines, au champtier de Poulainville ou la Vieille-Voie ;

La septième, contenant vingt-huit mines, derrière le lieu seigneurial dudit fief des Murs, sur le chemin de Dommerville ;

La huitième, contenant trente-deux mines, audit lieu, sur le chemin d'Étampes ;

La neuvième, contenant un muid, nommée le Petit-Muid-des-Murs, sur le sentier allant à La Celle ;

La dixième, contenant vingt-huit mines, au champtier du Croc-à-la-Mardelle, proche le Petit-Muid ;

La onzième, contenant trois minots, au champtier du Chevreau ;

La douzième, contenant trente-quatre mines, faisant partie des cinquante mines, le surplus étant joint à la pièce suivante, audit champtier, près les deux buttes du chemin de Méréville ;

La treizième, contenant trente-neuf mines, dont seize mines font partie desdites cinquante mines, audit lieu ;

La quatorzième, contenant vingt-neuf mines, au champtier des Multeaux ;

La quinzième, contenant quarante mines, au champtier du Champ-Breteau (au bail du mois de Saint-Lubin) ;

La seizième, contenant un minot et deux tiers, faisant le tiers d'un septier, au champtier du Noyer-Saint-Lubin, près les quarante mines ci-dessus ;

La dix-septième, contenant neuf mines, audit Noyer-Saint-Lubin.

Item. Les censives, les maisons, terres et héritages énoncés audit aveu, dîmes et champarts à raison de douze gerbes sur quarante-deux muids ou environ de terre, au terroir d'Angerville, en plusieurs pièces ci-détaillées, avec moyenne et basse justice, par devant Haillard, notaire à Toury. 25 octobre 1702 (1).

(1) Archives de Versailles. — *Inventaire de Saint-Cyr*.

Non contentes de cet aveu, les dames de Saint-Cyr, pour défendre leurs intérêts, créèrent à Angerville un procureur fiscal. On sait que ces sortes de magistrats, établis près des justices seigneuriales, y remplissaient les fonctions qu'exerçaient les procureurs du roi dans les justices royales.

De son côté, le conseiller opiniâtre devait faire, à quelques années de là, un acte de seigneur à Angerville beaucoup plus important, comme nous le verrons plus loin, que l'inscription et le baptême d'une cloche. Mais alors Mme de Maintenon n'était plus là.

Il ne faut pas s'étonner de la ténacité avec laquelle les deux parties se disputaient la seigneurie d'Angerville. Ce bourg avait pris au XVIIe siècle une certaine importance. On y rencontre aussi à la même époque la présence d'un bailli. De cette rivalité de pouvoir devait résulter certains avantages pour Angerville. Chacun de ces seigneurs avait intérêt à se conserver les bonnes grâces des habitants. Aussi, l'un et l'autre leur faisaient à bon compte des concessions de terrain, ainsi que le prouvent des adjudications de 1710, 1714, 1721, qui nous attestent également l'organisation de la justice locale, la présence du procureur fiscal et celle du bailli.

Malgré tous leurs efforts, ces pauvres dames de Saint-Cyr ne jouissaient cependant pas encore d'une possession seigneuriale constamment tranquille et paisible. En 1724, elles eurent encore un assaut à soutenir dans leur justice d'Angerville de la part des officiers royaux d'Étampes, *tantæ molis erat!* Mais elles repoussèrent vaillamment leurs agresseurs et triomphèrent encore devant le grand conseil (1) :

« Arrêt du grand conseil, rendu entre les supérieures et religieuses de la maison de Saint-Louis à Saint-Cyr, dames des châtellenies d'Angerville, Monnerville et Guillerval, appelantes comme de juges incompétents de l'apposition des scellés faite, par le lieutenant général d'Étampes, en la maison de

(1) *Inventaire de Saint-Cyr.*

feu sieur Sergent, curé dudit Guillerval, et Guy Vian de Cottainville, exécuteur testamentaire dudit sieur Sergent, et Louis Marin-Leroy, lieutenant général, et les autres officiers dudit bailliage d'Étampes, par lequel, sur productions respectives et conclusions du procureur général, ce dont est appel a été mis au néant, émondant et corrigeant. — Lesdites dames de Saint-Louis sont gardées et maintenues au droit et possession de, par leurs officiers, desdites châtellenies d'Angerville, Monnerville et Guillerval, exercer la haute, moyenne et basse justice sur toutes sortes de personnes ecclésiastiques et gentilshommes demeurant dans l'étendue desdites châtellenies ; fait défenses aux officiers du bailliage d'Étampes ou à tous autres de les y troubler ; ce faisant, ordonne que lesdits officiers d'Étampes seront tenus de rendre et restituer incessamment, à ceux de la justice de Guillerval, les droits, vacations et émoluments qu'ils ont perçus pour la reconnaissance et levée des scellés par eux faits en la maison et après le décès dudit sieur curé de Guillerval, comme aussi de restituer, au greffe de ladite châtellenie de Guillerval, les grosses, expéditions, procès-verbaux et autres actes par eux faits à cette occasion, et sur le surplus, les parties ont été mises hors de cours et de procès, lesdits Vian de Cottainville et officiers du bailliage d'Étampes condamnés à tous les dépens. 16 septembre 1724. (1) »

Il est bon de remarquer que cet arrêt concerne plus particulièrement Guillerval qu'Angerville ; mais il montre avec quels soins les dames de Saint-Cyr cherchaient à assimiler en tout Angerville à leurs possessions incontestables et incontestées de Monnerville et de Guillerval. Dans leurs qualités, le titre de dames d'Angerville n'est point séparé de celui de dames de Monnerville et de Guillerval, et on voit avec quelle sollicitude elles veillent non-seulement à la conserver, mais encore à la posséder tout entière. Enfin, Angerville est élevée au rang de

---

(1) *Inventaire de Saint-Cyr.* — Archives de Versailles. — *Inventaire de Saint-Denis*, tome XIV, page 437.

châtellenie. Cette petite ville avait donc fait de grands progrès. Moins ancienne que Monnerville, elle l'effaçait déjà à cette époque, et de cette rivalité de beauté naquit le dicton populaire :

> Monnerville la belle fille !
> Angerville la Gâte.

Ou encore cette variante :

> Angerville la Gâte,
> Pussay le Copet,
> Monnerville entre deux,
> Guillerval le Pouilleux.

Beaucoup de gens croient encore que l'épithète la Gâte provient de ce dicton. Mais il est facile de voir que c'est l'épithète la Gâte qui a donné lieu au jeu de mots, et non pas le jeu de mots à l'épithète. Il est encore une autre opinion traditionnelle aussi peu fondée, c'est celle qui fait dériver le nom d'Angerville d'*Angelorum villa*, à cause d'un ancien couvent de religieuses que leur piété aurait, dit-on, fait comparer à des anges. *O sancta simplicitas !*

CHAPITRE XIV.

Dernière transaction. — Fin du procès. — M. Delpech reste seul seigneur d'Angerville.

La manse abbatiale de Saint-Denis, unie à la maison de Saint-Cyr possédait partout des terres sur lesquelles elle avait tous droits de justice haute, moyenne et basse, domaines, rivières, péages, bois, fiefs, arrière-fiefs, foi et hommages, cens, rentes, terrage, champarts, dîmes et autres droits et devoirs seigneuriaux qui lui étaient dus par des personnes de tout rang et dont elle devait jouir. Mais la plupart des anciens terriers ayant été perdus ou détournés par la mauvaise foi ou la négligence des administrateurs, plusieurs de ces droits furent usurpés et méconnus. M. Delpech, conseiller, secrétaire du roi, économe de l'administration des biens, droits et revenus temporels de la maison de Saint-Cyr, voulut, dans l'intérêt de cette maison, mettre ordre à un tel état de choses, et il adressa à cet effet au grand conseil, le 3 mars 1693, une requête qui obtint un arrêt d'enregistrement le 16 avril suivant, ainsi que des lettres patentes du roi qui en ordonnait l'exécution, à savoir :

« Que tous les possesseurs de fiefs, terres et droits, nobles, tant laïques qu'ecclésiastiques, communautés, gens de main-morte et autres relevans immédiatement de la manse abbatiale de l'abbaye de Saint-Denis en France, à cause de ses domaines, qui n'ont pas fait les foy et hommages ny fourny leurs aveux et dénombremens, seront tenus, dans six semaines, de faire les dits foy et hommages, bailler leurs aveux et dénombremens, conformément aux coutumes des lieux, par devant les notaires qui seront nommez sur les dits lieux par le commissaire député, et iceux faire recevoir; lesquels aveux contiendront une déclaration de la consistance de leurs dits fiefs, terres et seigneuries et des arrières-fiefs qui en relèvent, les droits de justice, voiries, censives, champarts, dixmes inféodées et autres droits, privilèges et dépendances qui y sont annexés, maisons et héritages qui leur doivent cens, lods, ventes, saisines et amendes ou autres droits seigneuriaux; seront tenus, les dits possesseurs, vassaux et censitaires, de déclarer les titres en vertu desquels ils possèdent les dits fiefs, terres et seigneuries, soit par succession, donation, eschange, acquisition ou autrement, à quels devoirs et services ils sont obligez envers la dite manse abbatiale ; exprimeront dans les dits aveux les confins et limites des dits fiefs, par tenans et aboutissans présens, en reprenant les anciens ; déclareront aussi les aliénations et dénombremens qui en ont esté faits, si aucuns y a, et au profit de quelles personnes et à quel titre ; représenteront les quittances des droits seigneuriaux et féodaux qu'ils auront payez aux mutations ; communiqueront au procureur de la commission, estably par nous, les titres de leur possession, et quittances des droits seigneuriaux, pour, sur le veu des dites pièces, estre procédé à la réception ou blâme des dits aveux. Et à l'égard de ceux qui ont fait les dits foy et hommages, fourny et fait recevoir leurs aveux et dénombremens, et qui sont encore détenteurs des fiefs et héritages y mentionnez, ils seront seulement tenus de représenter les dits aveux et sentences de réception, avec la quittance des droits féodaux, et d'en bailler copies collationnées par les notaires commis, dont il leur sera donné acte sans frais par le greffier de la commission. Que tous les possesseurs des maisons, héritages, places et autres biens en rotures, tenus en censives des domaines de la dite manse abbatiale, passeront aussi, dans le mois, une déclaration contenant leurs noms, la consistance de leurs héritages, leurs tenans et aboutissans présens, reprenant les anciens, la censive et les redevances dont ils sont chargez ; déclareront quels sont les titres en vertu desquels ils en jouissent, si par succession, donation, eschange, acquisition ou autrement, et représenteront les quittances des droits seigneuriaux qu'ils en ont payé, et communiqueront les dites déclarations, titres de possession et quittances de droits seigneuriaux qu'ils en ont payé, pour, sur le veu des dites pièces, estre procédé à la réception ou blasme des dites déclarations. (1) »

La position qu'occupait M. Delpech nous rend facilement compte du procès survenu entre lui et les dames de Saint-Cyr. Les lettres patentes du roi, en ordonnant, en 1693, de procéder au papier terrier de Saint-Denis et aux revenus de la manse abbatiale, donnèrent une connaissance exacte de la valeur des titres. Or, comme Angerville faisait partie de la manse abbatiale, l'économe de Saint-Denis vit très-bien que cette possession était douteuse, équivoque, que l'inventaire de Saint-Denis n'avait point de titre sérieux pour prouver cette possession, que, de plus, elle avait été contestée par les seigneurs de Méréville. Aussi, quand le conseiller du roi, qui avait demandé et avait obtenu des lettres patentes, à la faveur des dames de Saint-Cyr, pour régler et augmenter leurs revenus, fut devenu, cinq ans plus tard, adjudicataire de la terre de Méréville, il se servit admirablement des connaissances qu'il avait acquises dans le relevé du terrier et des revenus de la manse abbatiale. Non-seulement il acquit à bon marché la terre de Méréville qui était tombée en saisie, mais bientôt il jeta des regards de convoitise sur celle d'Angerville ; il ambitionna le titre de seigneur de ce lieu, et celui qui naguère paraissait être le plus zélé défenseur des intérêts des dames de Saint-Cyr, devint leur ennemi le plus acharné,

(1) Extrait des registres du grand conseil du roi.

le plus opiniâtre. Nous avons vu avec quelle violence il les attaque dans leur possession d'Angerville, avec quelle argutie, quelle subtilité de langage, il sait faire retourner à son avantage les textes les moins explicites, les arrêts, les jugements ou les aveux rendus au roi par ses prédécesseurs. Mais, au surplus, il lui suffit d'être seigneur haut châtelain de Méréville et de savoir qu'un certain nombre d'habitants d'Angerville relèvent de cette châtellenie, qu'ils sont ses justiciables, pour qu'au moyen d'un sophisme assez vulgaire, mais très-bien déguisé, qui consiste à prendre la partie pour le tout, il prétende à rien moins qu'à la justice entière sur Angerville. Il conteste donc aux dames de Saint-Cyr leurs droits de justice sur Angerville. Puis de là un procès s'engage, et il en résulte pour lui une délimitation précise de sa possession, réglée par la transaction de 1701. Après ce premier avantage, il en désire un autre. Il persuade aux habitants d'Angerville de ne plus payer le droit de minage que les abbés de Saint-Denis percevaient sur eux depuis longtemps, et enfin il ose disputer à ces pauvres dames de Saint-Cyr le titre de seigneur d'Angerville. Mais le grand conseil maintient, malgré la puissante argumentation de M. Delpech, les dames de Saint-Louis dans leur possession du droit de minage. Quant au droit à la seigneurie, il ne se trouva pas assez édifié sur les droits de chacune des parties. Cependant, les dames de Saint-Cyr répondaient facilement par un sophisme à celui de M. Delpech : « Ce n'est pas vous qui êtes le seigneur d'Angerville, donc c'est à nous qu'appartient la seigneurie. » Du reste, nul effort pour établir leur droit. Suivant elles, pour les communautés religieuses, la possession dispense de produire le titre. Elle traite la seigneurie comme en droit on traite les meubles. Ces communautés possédant en franche aumône, ne sont pas obligées de reconnaître la main qui a donné. Elles ne doivent d'aveux à personne, et la meilleure raison pour elles de posséder, c'est d'être déjà en possession. Aussi, loin de remonter à l'origine où elles seraient forcées de reconnaître qu'Angerville n'appartenait pas aux religieux de Saint-Denis, elles se contentent d'assurer que les abbés de Saint-Denis ont pris le titre de seigneurs d'Angerville cent ans avant le procès intenté contre eux par Jean Desmontiers, et dans quel acte? dans le procès-verbal de la rédaction de la coutume d'Orléans, démenti cinquante ans plus tard par les termes du procès-verbal de la coutume d'Étampes et par les contestations qui s'élevèrent alors entre les abbés de Saint-Denis et le substitut du procureur général du roi. Quant aux seigneurs de Méréville, qui avancent tenir Angerville du roi, ils ne citent pas le nom du roi qui, le premier, leur fit cette donation. Leurs aveux ne remontent pas plus loin que François Ier. D'où vient donc cette pauvreté de moyens, cette égale impuissance des deux côtés à rapporter des titres authentiques de droits réels à la seigneurie d'Angerville, quand, par sa position même entre les terres des châtelains de Méréville et les possessions de l'abbaye, Angerville semblait bien ne devoir être qu'à l'un ou à l'autre? Si donc, après plus d'un siècle de débats, de contestations, d'enquêtes et de plaidoiries, il reste établi qu'elle n'appartenait en principe ni à l'un ni à l'autre, que faudra-t-il en conclure, sinon qu'elle appartenait au roi et qu'elle était bien l'*Angere regis* de Louis-le-Gros? Du reste, il y a un fait qui prouve d'une façon péremptoire qu'Angerville appartenait bien au roi : ce sont les lettres patentes de l'établissement de foires et marché que les habitants d'Angerville demandent directement au roi et que Charles VIII, en 1489, accorde « à l'humble supplication de ses bien-amez les manans et habitans du bourg d'Angerville-la-Gaste. » Il est certain que si, à cette époque, il y avait eu un seigneur d'Angerville, c'eût été le seigneur qui aurait fait la demande. Et, chose remarquable, c'est que dans tout le procès au sujet de la seigneurie, il n'y a pas une seule pièce où le titre de seigneur d'Angerville soit énoncé, si ce n'est longtemps après ces lettres patentes; et, fait plus curieux encore, c'est que ni l'une ni l'autre des parties n'a fait mention de cette charte. En effet, ils n'avaient aucun intérêt à la produire, puisqu'elle était un argument contre eux, aussi bien que la charte d'*Angere regis* dont ils ne disent mot, et pour cause. Les seigneurs de Méréville et les abbés de Saint-Denis n'étaient cependant pas indifférents à ces sortes d'établissements, puisque, en 1600, le cardinal de Lorraine, abbé de Saint-Denis, demandant, comme seigneur du lieu, l'établissement d'un marché, le seigneur de Méréville intervint pour s'y opposer. Quant aux seigneurs de Méréville, ce n'est guère qu'à partir de François Ier qu'ils font des aveux au roi, dans lesquels ils reconnaissent tenir de lui la possession d'Angerville. Du reste, il faut croire que ces aveux leur ont été très-profitables, car, malgré les lois sur les marchés, Jean de Reilhac obtint, vingt-deux ans après celles d'Angerville, des lettres patentes de marché pour Méréville. Donc il était impossible dans le procès, aux abbés de Saint-Denis, aux dames de Saint-Cyr, de prouver leurs droits à la seigneurie d'Angerville qui ne leur avait jamais appartenu. Donc le procureur du roi, à la coutume d'Étampes, avait eu raison de les traiter d'usurpateurs. Donc le grand conseil était sage en ne prenant aucune décision, aucun arrêt à l'égard de cette seigneurie, et il est évident que s'il avait eu en possession la charte d'*Angere regis*, celle de l'établissement des foires et marché de 1489, il aurait condamné les prétentions des abbés de Saint-Denis et, par suite, les dames de Saint-Cyr. Il aurait demandé aux seigneurs de Méréville des titres plus authentiques, plus précis, attestant une donation faite par le roi et, par conséquent, leurs qualités à la seigneurie d'Angerville : et c'est l'inverse qu'ils produisent au procès, en disant par leurs aveux qu'ils tiennent Angerville du roi et en ne le prouvant pas.

L'arrêt du grand conseil fut plus favorable, au résumé, aux dames de Saint-Cyr qu'au seigneur de Méréville. Aussi, M. Delpech chercha-t-il à transiger avec ses adversaires. Il comprit que, pour tarir la source de toute contestation, de tout procès, il fallait faire cesser le mélange des mouvances, la confusion des droits, le partage de la justice dans un même bourg, dans une même paroisse, entre différents seigneurs, et réunir tous les droits sur un seul. Mais, comme la seigneurie d'Angerville flattait son amour-propre, que, d'un autre côté, le pays, le territoire est voisin de son domaine, il demande que ce soient les dames de Saint-Cyr qui lui cèdent ce qu'elles possèdent dans Angerville, leur offrant en échange la terre et seigneurie de Trapeau, qu'il disait être située dans la paroisse de Guillerval et consister en droits de haute, basse et moyenne justice, fiefs, censive et terres labourables, et être affermée la somme de 500 livres. M. Delpech ne pouvait, disait-il, démembrer de sa terre de Méréville les droits de seigneurie qu'il avait dans la paroisse d'Angerville sans porter atteinte au titre de sa baronnie, la première du duché d'Étampes, et que, suivant les ordonnances, les anciennes baronnies doivent être composées d'un certain nombre de paroisses; que, de plus, il a un droit de péage dans Angerville, qui est indivisible de celui qu'il a universellement sur tous ceux qui passent dans les fins et limites de sa terre de Méréville : en sorte qu'il ne perçoit le péage d'Angerville que par une conséquence de son droit universel. Or, de ce que le droit de péage est général et indivisible, il faut convenir que le péage d'Angerville ne peut pas être cédé. Les dames de Saint-Cyr n'étaient pas moins désireuses que M. Delpech de ne pas céder leur possession d'Angerville. Elles trouvaient que l'agresseur devait bien plutôt leur délaisser le peu qu'il avait, d'autant mieux que ces possessions étaient hors des limites du bourg et du territoire d'Angerville ; que, du reste, ses revenus sont beaucoup moins importants que les leurs ; qu'enfin, la maison de Trapeau et les terres qui en dépendent sont en parties situées au territoire de Guillerval, sur des côtes incultes et dépéries de valeur, et le surplus au territoire de Saclas, le tout mouvant en fief du territoire de Saclas et en arrière-fief des célestins de Marcoussy; que cette terre n'a droit que de basse et moyenne justice, la partie située dans la paroisse de Guillerval étant sous la justice des dames de Saint-Louis à cause de leur châtellenie de Guillerval, suivant arrêt du Parlement de 1288. Le bailly de Guillerval y a toujours exercé la haute justice, et, par décret et autorité de ladite justice, le 13 mai 1699, il a vendu ladite terre de Trapeau au sieur Pierre Lausmonier, qui l'a ensuite vendue à M. Delpech. La terre de Trapeau ne rapporte que 300 livres, et la seigneurie d'Angerville en vaut 600, sans y comprendre le droit de justice qui est très-honorable. Les dames de Saint-Cyr ne peuvent accepter un pareil échange. Elles ont si peu l'intention de démembrer une paroisse de la justice de Méréville, qu'elles lui donneront le consentement d'ériger selon son désir en paroisse sa terre de Villeneuve-le-Bœuf, s'il veut accepter, en échange de ses droits d'Angerville, ce qu'elles ont à Méréville et qui rapporte un tiers en plus : d'autant mieux qu'elles ont la haute justice d'Angerville et qu'elle est exercée en leur nom par les officiers de la châtellenie de Guillerval ; que, du reste, on lui abandonnera son droit de péage qui, pour éviter toute espèce de mélange, pourrait être, par des lettres patentes qu'on obtiendrait facilement du roi, transporté à son territoire de La Selle, qui est située sur le grand chemin d'Angerville à Méréville. Les difficultés de l'échange prouvent bien que l'amour-propre était singulièrement en jeu dans la question. On échangerait volontiers ce qu'on possède de territoire à Angerville ; mais ce qu'il coûte de céder, c'est le titre de seigneur d'Angerville, c'est ce droit de haute, basse et moyenne justice ; c'est qu'en cédant on semble encore avouer ses torts, et cela est difficile après avoir si longtemps, si opiniâtrément défendu ses droits. Enfin, après bien des débats, bien des tentatives de conciliation, M. Delpech proposa d'abandonner aux dames de Saint-Cyr une ferme importante située au territoire de Rouvray et qui, là encore, partageait les droits entre ces deux seigneurs. Les dames de Saint-Louis, fatiguées de tant de contestations et pressées par les instances de M. Delpech avec qui il leur importait de vivre en bonne intelligence, non-seulement parce que ce membre du grand conseil du roi était influent et savait défendre ses droits, mais aussi parce que ses nombreuses propriétés en Beauce, se trouvant presque partout intercalées, mêlées aux leurs, pouvaient, avec un peu de mauvaise volonté, être à chaque instant un sujet de querelles, une source intarissable de nouveaux procès, consentirent donc, le 15 mai 1730, à faire cet échange dont voici le contrat :

CONTRAT D'ÉCHANGE.
(15 mai 1730.)

« Par devant les conseillers du roi, notaires à Paris, soussignés, furent présents : dames Madeleine de Linemare, supérieure ; Anne-Françoise Gautier de Fontaines, assistante ; Catherine Duperray, maîtresse des novices ; Suzanne de Rocquemont ; Anne de Blasset ; Jacqueline de Veilhaut ; Catherine de Berval, dépositaire ; Marie-Suzanne de Radouay ; Marie-Gilberte de Faure ; Charlotte de Riancourt ; Françoise de Champigny ; Sélénie-Fébronie de Laigny ; Marie-Jeanne de la Rousière ; Élisabeth de Fouquenbergue ; Marie-Jeanne de Cuves ; Marie-Françoise de Beaulieu ; Marie-Joseph Vaudant ; Marie-Charlotte Dulonde ; Marie-Madeleine de Berval ; Jeanne de Boissauveur ; Jeanne-Françoise de Boufflées ; Marie-Anne Garnier ; Madeleine de Solure ; Marguerite de Vadaucourt ; Marie-Madeleine de Cateuil ; Marie-Anne Descoublaut ; Françoise de Croisilles ; Anne-Claire de Bosredon ; Marie-Gilberte de Greneteures, maîtresse générale des classes ; Marie-Anne de Tessières ; Françoise de Dragueville ; Gabrielle de Mornay de Montchevreuil ; Jeanne-Jules Daudechy ; Marie de Mouville ; Marguerite Duhan, et Angélique-Bonne de Mornay, toutes religieuses professes de la royale maison de Saint-Louis établie à Saint-Cyr-lès-Versailles, à laquelle sont unis les biens et revenus de la manse abbatiale de Saint-Denis en France ; lesdites dames faisant et composant toute la communauté de ladite maison, capitulairement assemblées, au son de la cloche, en la manière accoutumée, au grand parloir d'icelle maison, lieu ordinaire de traiter et de délibérer de leurs affaires temporelles, d'une part ;

« Et messire Jean Delpech, marquis de Méréville, conseiller du roi en sa cour de Parlement et grand'chambre d'icelle, demeurant à Paris, rue Vieille-du-Temple, paroisse Saint-Jean-en-Grève, d'autre part ;

« Lesquelles parties ont dit, savoir : de la part desdites dames, que, presque de tous les temps, il y a eu des contestations entre les abbés de Saint-Denis, même avec lesdites dames depuis l'union de ladite manse abbatiale, et les seigneurs de Méréville, pour raison et à cause des droits de justice haute, moyenne et basse, censive et directe seigneurie, que lesdites parties ont toujours respectivement soutenu leur appartenir, à l'exclusion l'une de l'autre, audit bourg d'Angerville-la-Gaste et sur tout le territoire dudit lieu d'Angerville, le tout contenant, suivant le mesurage que lesdites dames en ont fait faire en l'année 1700, douze cent un arpents six boisseaux.

« Que, l'an 1296, il y a eu une sentence rendue en la prévôté d'Orléans, qui a été suivie d'une autre rendue en la prévôté d'Yenville en 1301, et de plusieurs sentences et arrêts du Parlement des 28 août 1614 et 25 janvier 1631, entre l'abbaye de Saint-Denis et le seigneur de Méréville, pour raison des limites et autres droits desdits seigneurs audit bourg et territoire d'Angerville.

« Que, le 12 avril 1701, il a été passé transaction entre les dames et le seigneur de Méréville, par laquelle, au lieu des censives et droits de justice qui appartenaient audit seigneur de Méréville sur plusieurs maisons au bourg d'Angerville et en différents quartiers, il a été convenu qu'il aurait droit de justice et censive sur un seul canton y désigné ; que, peu de temps après, il se forma contestation pour le droit de mesurage et minage de grains audit bourg d'Angerville, au droit duquel minage et mesurage lesdites dames ont été maintenues, par arrêt contradictoire du grand conseil du 19 mars 1710.

« Que, en dernier lieu, il s'est renouvelé deux contestations, l'une au sujet d'un surplus de terre au terroir d'Angerville possédé par Antoine Puys, laquelle pièce lesdites dames prétendent leur appartenir comme censive de leur domaine d'Angerville par droit de déshérence ; la seconde au sujet d'une affiche mise audit bourg d'Angerville, concernant la chasse, de laquelle affiche lesdites dames ont intenté complainte comme d'un trouble à leur droit de haute justice audit bourg et territoire d'Angerville : sur lesquelles deux dernières contestations et autres circonstances et dépendances, les parties soient en instance appointée au grand conseil ; à quoi lesdites dames ajoutaient que tous lesdits droits de justice, censive, minage et mesurage peuvent d'autant moins être contestés aux dames qu'ils sont établis sur les anciens titres et sur les jugements et arrêts ci-dessus datés, confirmés par la possession actuelle et publique et par l'exercice de la justice sur le territoire prouvé, entre autres par la nomination, qui se fait tous les ans par devant les officiers, des messieurs qui sont commis à la garde des grains et fruits dans l'étendue dudit territoire.

« Et, de la part de M. Delpech, il a été dit que les abbés de Saint-Denis ont eu pour objet, dans tous les temps, de tâcher de porter atteinte aux droits des seigneurs de Méréville, auxquels la qualité de seigneur d'Angerville et la haute, moyenne et basse justice sur le bourg et sur tout le territoire d'Angerville ont toujours appartenu ; que, s'étant rendu adjudicataire de la terre de Méréville, lesdites dames, à la maison de laquelle la manse abbatiale de Saint-Denis a été unie, ont cherché à renouveler les mêmes contestations et à faire de nouvelles entreprises ; que, pour acheter la paix et par complaisance, il passa avec elles une transaction, le 12 avril 1701, par laquelle il leur abandonna une partie de la justice sur le bourg d'Angerville ; mais, quelques années après, les dames voulant percevoir dans le bourg d'Angerville un droit de minage qui ne leur appartenait point, il s'opposa à la perception de ce droit : ce qui confirma une contestation au grand conseil, dans laquelle lesdites dames entreprirent de lui contester la qualité de seigneur ; sur quoi il intervint un arrêt le 19 mars 1710, par lequel il fut ordonné que les parties contesteraient plus amplement au sujet de la qualité de seigneur d'Angerville, sans que les dites dames aient fait aucune poursuite pour parvenir au jugement de cet interlocutoire.

« Que, les choses en cette situation, lesdites dames ont entrepris, depuis quelque temps, de lui contester le droit de chasse dans l'étendue du territoire d'Angerville, ce qui a donné lieu à une nouvelle contestation portée au grand conseil, dans laquelle il a demandé d'être maintenu dans le droit de chasse sur tout le territoire d'Angerville, comme appartenant à lui seul ; et que, ayant appris aussi que les dames avaient traduit au grand conseil Antoine Puys, laboureur à Angerville, pour voir confirmer une sentence qui l'a condamné à se désister d'un septier de terre situé au terroir d'Angerville, comme prétendant l'avoir fait réunir à leur domaine avec d'autres terres sises au même terroir, par droit de déshérence, par une sentence de 1729, rendue clandestinement et à l'insu des seigneurs de Méréville dans un temps où cette terre était en saisie réelle, il s'est trouvé obligé d'intervenir dans cette contestation, parce qu'étant seul seigneur haut justicier sur tout le territoire d'Angerville, supposé qu'il y a eu lieu à la déshérence, ce ne pourrait être qu'à son profit : et, sur ce fondement, aurait conclu à être maintenu dans sa qualité de seigneur haut justicier.

« Que, pour soutenir les différentes contestations que lesdites dames de Saint-Louis avaient intentées, elles ne pouvaient tirer aucun avantage des deux prétendues sentences des années 1295 et 1301, parce qu'à l'égard de la première, elle n'est que par défaut et non signifiée, et la seconde n'a jamais été rapportée ; que lesdites dames ne pouvaient non plus fonder leurs prétentions sur la sentence du 28 avril 1600 et sur l'arrêt du 18 décembre 1604, puisqu'ils ont précisément maintenu le seigneur de Méréville dans le droit de justice sur le bourg d'Angerville, et que celui du 18 juin 1684 a précisément jugé, en faveur du seigneur de Méréville, la qualité de seigneur et haut châtelain d'Angerville ; que, pour celui de 1631, ne prononçant qu'un interlocutoire, elles ne pourraient en tirer aucun avantage ; qu'ainsi, indépendamment d'une infinité d'autres titres qu'il a en sa faveur, il était vrai de dire que ces sentences et arrêts, loin de pouvoir appuyer les nouvelles prétentions desdites dames de Saint-Louis, étaient beaucoup plus que suffisants pour établir que la qualité de seigneur d'Angerville et la haute et moyenne justice sur le bourg et sur tout le territoire d'Angerville lui appartiennent ; qu'à la vérité, par la transaction de 1701, il aurait eu la complaisance de partager avec lesdites dames la justice sur les maisons et le bourg d'Angerville, mais que les nouvelles contestations qu'on lui suscitait l'autorisaient à réclamer contre cette transaction ; que, par conséquent, lesdites dames ne pouvaient espérer de réussir dans aucune de leurs prétentions ; qu'en effet, à l'égard de la contestation interloquée par l'arrêt de 1710 au sujet de la qualité de seigneur d'Angerville, cette qualité ne pouvait lui être contestée, puisqu'elle a été précisément jugée en faveur des seigneurs de Méréville par lesdits arrêts et notamment par celui de 1684 ; que le droit de chasse, qui était une suite de cette qualité de seigneur d'Angerville, avait toujours appartenu aux seigneurs de Méréville et ne leur avait jamais été contesté ni prétendu par les abbés de Saint-Denis ; et qu'enfin, le droit de déshérence que lesdites dames prétendaient s'arroger sur le territoire d'Angerville, appartenait à lui seul comme seigneur haut justicier sur tout le territoire d'Angerville ; que, dans toutes ces circonstances, malgré l'abandon qu'il avait fait auxdites dames d'une partie de ses droits pour se procurer la tranquillité, se trouvant de nouveau obligé de soutenir avec elles différents procès sur leurs nouvelles prétentions, il était résolu d'attaquer la transaction de 1701 par lettres de rescision, contre laquelle il lui serait facile de se faire restituer, comme y étant entièrement lésé, et d'attaquer l'arrêt de 1710 au chef, par lequel les dames avaient été maintenues dans leur prétendu droit de minage sur les grains qui se vendent dans l'étendue du bourg d'Angerville, qui se trouvait directement contraire à celui de 1684 qui avait été précisément jugé ; que l'abbé de Saint-Denis, que les dames représentent, n'avait aucun droit de marché sur le bourg d'Angerville.

« Et d'autant que ce qui s'est passé fait connaître qu'il est difficile de parvenir à fixer au juste ce qui appartient à chacune desdites parties audit bourg et territoire d'Angerville ; que la possession des droits de justice par les deux différentes seigneuries, dans le même lieu, causera toujours des contestations qu'il n'est pas facile de prévoir ; que même celles qui sont à régler causeraient des frais considérables et qui absorberaient la valeur du fonds des droits qui y donnent lieu, il a été proposé, par le seigneur de Méréville, d'échanger les droits de justice, mouvances et censives qui appartiennent auxdites dames dans ledit bourg et territoire d'Angerville, pour et avec d'autres fonds d'héritages à la bienséance desdites dames et qui leur rapporteront un revenu plus clair et plus considérable que ce qu'elles ont audit bourg et territoire d'Angerville-la-Gaste ; que, pour marquer auxdites dames, par ledit seigneur de Méréville, la déférence qu'il conservera toujours pour leur maison, et leur faire connaître qu'il cherche à leur procurer ces avantages, il veut bien traiter, par forme d'échange, des droits qui peuvent appartenir auxdites dames audit bourg et territoire d'Angerville, et leur céder un fief, ferme et métairie qui lui appartient au bourg et paroisse de Rouvray-Saint-Denis.

« Que l'avantage que lesdites dames retireront de ce traité sera d'autant plus considérable, que ce qui leur appartient au bourg d'Angerville n'est pas affermé 300 livres par an, et ne consiste principalement qu'au droit de mesurage, qui est, comme on dit, sujet à contestation, au lieu que la ferme et métairie qui lui appartient audit lieu de Rouvray est actuellement affermée 775 livres, un sac de blé-froment et deux sacs d'avoine par an, et sera dans la suite louée au moins 1,000 livres ; qu'elle consiste en dix-sept muids, dix mines, deux boisseaux et demi de terre, et en plusieurs bâtiments très-commodes pour un fermier, desquels bâtiments lesdites dames pourront, tant pour ladite ferme que pour loger les grains des terres de leurs domaines et des dîmes qui leur appartiennent audit lieu de Rouvray où elles n'ont aucun bâtiment.

« Toutes lesquelles propositions ayant été examinées par lesdites dames en leur chapitre et communauté, et par le conseil établi par le roi pour l'administration du temporel de leur maison, pour terminer tous les procès et différends nés et à naître, ont, lesdites parties, sur le tout, transigé et fait les échanges en permutation ci-après : c'est à savoir que lesdites dames, sous le bon plaisir du roi, et suivant l'avis du conseil établi par Sa Majesté pour l'administration du temporel de leur maison, du 20 du présent mois de mai 1730, dont une expédition, signé Mauduyt, est demeurée jointe à la minute des présentes, ont baillé, cédé, quitté et délaissé par ces présentes, à titre de pur, vrai et perpétuel échange, et promettent garantir de tous troubles le seigneur marquis de Méréville, ce acceptant, pour lui et ses successeurs seigneurs dudit marquisat de Méréville, tous droits de justice haute, moyenne et basse, greffes et tabellionnages, amendes et autres droits, dépendant de la haute justice, rentes et redevances, mouvances tant en fiefs que roture, terres labourables, champarts, droits de minage, censive et directe seigneurie qui leur appartiennent audit bourg et territoire d'Angerville, lesdits droits consistant en droit de haute, moyenne et basse justice audit bourg d'Angerville, et droits en dépendant conformément à la transaction dudit jour 10 avril 1731, plus un droit de justice qui appartient auxdites dames sur le territoire dudit Angerville, plus vingt mines de terres labourables qui ont été réunies par déshérence au domaine desdites dames par sentence du bailli de Méréville et Angerville du 2 septembre 1689, plus un droit de mesurage à raison de 6 deniers pour mine de grains qui se vendent dans le bourg d'Angerville, et droit de courtage à raison de 1 sol pour poinçon de vin qui se vend en détail dans le bourg d'Angerville, plus 33 sols 2 deniers de cens sur vingt-six maisons et autres héritages dans le bourg qui contiennent ensemble environ quatre arpents, plus 42 sols 9 deniers de cens sur vingt-un arpents et demi de terre en différents champtiers, plus 13 livres 16 sols 8 deniers de cens sur cent soixante-treize arpents trois boisseaux et demi de terre en autres différents champtiers, et environ 10 livres par an de redevances, à cause des concessions faites par lesdites dames de quelques places dans les fossés du bourg d'Angerville ; tous les cens portant lods et rentes, plus droits de champart des grains à raison de la douzième gerbe sur lesdits cent soixante-treize arpents trois boisseaux et demi de terre, plus quelques autres censives et redevances de Méréville et Angerville au sujet desquelles il peut y avoir quelques contestations, plus la mouvance des trois quarts du fief des Murs-Neufs d'Angerville, situés au bourg et territoire d'Angerville, tenu et mouvant desdites dames à cause de leur châtellenie de Toury, lequel fief consiste en bâtiments près l'église d'Angerville, cent vingt-un arpents sept boisseaux de terre, la mouvance sur douze maisons et héritages dans le bourg qui contiennent un arpent trois quartiers et sur cent six arpents de terre labourable, et au droit de champart à la douzième gerbe sur quatre cent cinq arpents de terre, plus la mouvance des deux tiers du fief ou censive de Lestourville, tenu desdites dames à cause de leur châtellenie de Guillerval et Monnerville, qui consiste en 33 livres 10 sols de cens sur quatre-vingt-huit maisons du bourg d'Angerville, et un arpent et demi de terre en la censine de quatre cent cinq arpents de terre sujets au champart dudit fief des Murs.

« Et, généralement, lesdites dames cèdent, transportent et délaissent audit seigneur de Méréville, au titre d'échange, tous les domaines, droit de justice, mouvances, champarts, censive et directe seigneurie, rentes et redevances et toutes autres choses généralement quelconques qui peuvent leur appartenir au bourg et terre d'Angerville à quel titre que ce puisse être, ainsi qu'elles en ont joui ou dû jouir, sans aucune exception ni réserve quelconque et de quelque manière que ce soit.

« De laquelle haute, moyenne et basse justice, greffe, notariat, mouvances en fief et en roture, censives, champarts, rentes et redevances, mesdames remettront audit seigneur de Méréville tous les titres de propriété, papiers terriers, papiers de perception, carte, arpentage, acte de foi, aveu et dénombrement, tant anciens que nouveaux, même les arrêts qui leur en assurent la possession, pour, par lesdits seigneurs de Méréville, se faire reconnaître au lieu et place desdites dames.

« Lesdits droits de justice, domaine, censive et seigneurie, rentes et redevances, tenus et mouvant du roi en franc alleu, franche aumône, sans aucune charge ni redevance envers Sa Majesté et autres.

« Appartenant lesdits biens et droits auxdites dames, comme faisant partie des biens et revenus de la manse abbatiale de l'abbaye de Saint-Denis unie à leur maison.

« Et, en contr'échange, ledit seigneur marquis de Méréville cède, quitte et délaisse, audit titre de vrai, pur et perpétuel échange, et promet garantir de tous troubles, dont : douaires, évictions, substitutions, hypothèques et autres empêchements généralement quelconques, auxdites dames de Saint-Louis, ce acceptant, une ferme et métairie située au bourg et paroisse de Rouvray-Saint-Denis ès environs, appelée la Chabotterie, consistant en bâtiment et logement de demeure pour un fermier, granges, bergeries, écuries, étables et autres lieux, cour et jardin clos de murs, avec la quantité de dix-sept muids dix mines deux boisseaux et demi de terres labourables en plusieurs réages et champtiers, y compris trente-une mines et demie un demi-boisseau que ledit seigneur de Méréville a acquis de Claude Peigné et qui sont joints à ladite ferme et métairie, ainsi que le tout s'étend, poursuit et comporte et qu'il est expliqué par détail dans les contrats d'acquisition et dans des baux ; sera fait procès-verbal détaillé de l'état et du nombre des bâtiments qui composent les choses cédées par ledit seigneur de Méréville, lequel sera annexé à la minute des présentes.

« Et généralement tout ce qui dépend de ladite ferme et métairie et desdites trente-une mines et demie un demi-boisseau de terre, sans aucune chose en excepter ni réserver; ledit seigneur de Méréville délivrera contrats d'acquisition, titres, papiers et autres enseignements auxdites dames, desquels titres, ensemble de ceux qui seront remis par lesdites dames, il sera fait un inventaire sommaire qui sera annexé à la minute des présentes.

« Mais, attendu qu'il appartient au seigneur de Méréville, dans ledit bourg et paroisse de Rouvray-Saint-Denis, une autre petite métairie affermée présentement à Denis Fleury, ledit seigneur de Méréville déclare expressément que ladite métairie n'est point comprise dans la présente cession, et qu'au contraire, elle est nommément exceptée et réservée audit seigneur de Méréville.

« N'est pareillement point comprise au présent échange la rente de 12 livres par an, au principal de 600 livres, due audit seigneur de Méréville par ledit Claude Peigné, pour pareille somme qu'il avait payée pour lui au-delà du prix des biens qu'il avait acquis dudit Peigné ; laquelle rente, en principal et arrérages échus et à échoir, ledit seigneur de Méréville réserve et excepte dudit échange.

« Étant, lesdites fermes, métairies et terres, pour la plus grande partie, en la haute, moyenne et basse justice, censive et directe seigneurie des dames de Saint-Louis, à cause de leur terre et châtellenie de Toury et de Rouvray en dépendant, et chargées envers lesdites dames des cens et redevances ordinaires que les parties n'ont pu déclarer présentant par le menu quitte des arrérages desdits cens et redevances jusqu'au dernier décembre 1729 ; le surplus étant en censive de quelques seigneuries voisines, ainsi qu'il paraît par les ensaisinements étant en marge du contrat de l'acquisition faite par ledit seigneur de Méréville.

« Appartenant audit seigneur de Méréville au moyen de l'acquisition qu'il en a faite, savoir : de ladite ferme de la Chabotterie, par contrat passé par devant Jean Geoffroy, notaire et principal tabellion dudit marquisat de Méréville, présentement, le 16 octobre 1719, de Nicolas Gautron et autres, auxquels ladite ferme et métairie appartenait, ayant été acquise par ledit Nicolas Gautron, pendant sa communauté avec Catherine Barry, sa femme, de Claude Ursin sieur de Fontenelle, par contrat passé par devant Jacques Canet, notaire à Orléans , le 10 mars 1694 ; lesquels Gautron et sa femme en avaient fait faire sur eux un décret volontaire, expédié au bailliage d'Orléans le 25 avril 1695 ; et les trente-une mines et demie un demi-boisseau de terre, pareillement acquis par ledit seigneur de Méréville par deux contrats passés par devant ledit Geoffroy, les 2 juillet et 6 octobre 1720, de Claude Peigné, bourgeois d'Orléans, auquel Peigné lesdites terres appartenaient, soit de son chef , comme héritier de Charles Peigné, son père, suivant ce partage passé par devant Denis Gallard, notaire royal à   , le 13 juin 1702, qui comme ayant acquis partie desdites terres de la veuve Renée Pavart, par le contrat passé par devant ledit Gallard, le   ;
pour, desdites choses échangées, fonds, tréfonds, fruits, profits, revenus et émoluments d'icelles, jouir respectivement par chacune desdites parties, et en faire et disposer comme des choses à elles appartenant en toute propriété.

« *Jouissance.* — A commencer la jouissance au jour et fête de Saint-Martin prochaine 1730, et, à l'égard de ladite ferme et métairie, à commencer à lever les guérets au jour de Pâques 1730 ; semer au mois d'octobre, et faire la première récolte au mois d'août 1731.

« Et si lesdites parties dépossèdent les fermiers jouissant alors, elles seront tenues de les indemniser s'il y échet.

« Le présent échange fait à la charge des cens, redevances et droits de fiefs, dont ledit fief et métairie est tenu envers lesdites dames de Saint-Louis ou autres seigneurs ; en outre, ledit échange est fait but à but et sans soulte ni retour faire par l'une des parties à l'autre.

« Et, au moyen dudit présent échange, se sont lesdites parties dessaisies, en faveur l'une de l'autre, des choses échangées et de tous droits qu'elles avaient et pouvaient avoir sur et à cause d'icelles, procureur le porteur en donnant pouvoir.

« Déclare, ledit seigneur de Méréville, qu'il entend unir et unissons les domaines et droits à lui cédés par lesdites dames, à sadite terre et marquisat de Méréville, pour, avec ledit marquisat, ne composer qu'un seul et unique fief, mouvant et relevant du roi à cause de sa grosse tour d'Étampes.

« Et, de la part desdites dames, a été aussi déclaré ledit échange pour que ladite ferme et métairie soit et demeure unie, et appartienne à ladite manse abbatiale de Saint-Denis, et qu'elle soit unie et incorporée à ladite châtellenie de Toury et Rouvray en dépendant, et tienne lieu des biens et droits par elles cédés audit seigneur de Méréville, lequel n'entend, par l'acceptation qu'il fait de la cession des droits, à accorder ni convenir qu'ils appartinssent en entier ni en partie et sans contestation auxdites dames ; lesquelles ne pourront aussi inquiéter de la part dudit seigneur de Méréville pour la garantie en total des droits, sinon de leurs faits et promesses qui sont qu'elles n'en ont vendu ni aliéné aucun, et attendu qu'elles ne cèdent audit seigneur de Méréville que tout ce qui peut leur appartenir audit lieu, bourg et territoire d'Angerville.

« Et, pour distinguer le territoire d'Angerville, dans lequel lesdites dames n'entendent rien retenir ni réserver, des territoires voisins, dans lesquels il leur appartient droit de justice haute, moyenne et basse, censive, seigneurie directe, douairière, dîmes, champarts et autres droits, et qui ne sont point compris dans le présent échange, a été convenu entre les parties qu'il serait planté des bornes aux extrémités du territoire d'Angerville où le territoire d'Angerville se trouve limitrophe d'autres territoires appartenant aux dames et non compris au présent échange, et que le procès-verbal de bornage sera annexé à la minute des présentes.

« Le présent échange sera annexé et confirmé par monseigneur l'évêque de Chartres, comme aussi il sera ratifié et approuvé par les religieux de ladite abbaye de Saint-Denis en leur chapitre, et sera obtenu, par lesdites dames, lettres patentes du roi de confirmation du présent échange, lesquelles seront enregistrées au Parlement et partout où besoin sera, le tout dans six mois de ce jour ; a été, de plus, spécialement convenu que tous les frais et déboursés du présent acte et de tout ce qui doit être fait en conséquence, seront à la charge de mesdames, de sans que, pour raison de ce, ledit seigneur de Méréville puisse être tenu de débourser aucune somme.

« Sera permis aux parties de faire décret à leurs frais les biens à elles ci-dessus cédés ; sauf s'il arrivait des oppositions auxdits décrets, mains-levées en seraient rapportées aux frais et dépens de celle du chef de laquelle les oppositions auraient été formées.

« Et, au moyen des présentes, tous procès, causes et instances mûs et à mouvoir, tant au sujet de la qualité de seigneur indéfiniment d'Angerville, desdits droits de chasse, de déshérence et tous autres pendants, tant au grand conseil qu'ailleurs, si aucuns y a entre les parties, demeurent nuls, terminés, éteints et assoupis, sans aucun dépens de part ni d'autre.

« Et d'autant que, du prix de la ferme de la Chabotterie, il est resté entre les mains du seigneur de Méréville la somme de 887 livres 14 sols 10 deniers, pour être payée sans intérêt aux enfants de Nicolas Gautron lorsqu'ils auraient atteint l'âge de majorité, icelui seigneur de Méréville a cédé et délaissé auxdites dames acceptantes, l'année qui échéera aux jours de Noël 1730 et Pentecôte 1731, du prix du bail ès-dits biens par lui présentement cédés en échange, qui sera dû par Philippe Forteau, lequel, en payant ès-mains desdites dames, en sera et demeurera déchargé, reconnaissant lesdites dames que le seigneur de Méréville leur a présentement payé le surplus jusqu'à concurrence desdites 887 livres 11 sols 10 deniers, au moyen de quoi lesdites dames s'obligent de payer après la majorité des enfants de Nicolas Gautron et sans intérêts, comme dit est, et d'en acquitter ledit seigneur de Méréville.

« Le tout ayant été ainsi convenu et accordé entre les parties; lesquelles, pour l'exécution des présentes, ont élu leur domicile irrévocable, savoir : lesdites dames, en l'hôtel de la Charité-de-Saint-Denis, à elles appartenant, sis à Paris, rue des Charités-Saint-Denis, dite des Grands-Augustins, paroisse Saint-André-des-Arts ; et ledit sieur Delpech, en sa demeure ci-devant désignée auxquels lieux : promettant, obligeant, chacun en droit soit renonçant. Fait et passé, à l'égard desdites dames de Saint-Cyr, en leur dit parloir, et à l'égard dudit sieur Delpech, en sa demeure, l'an mil sept cent trente, le quinzième jour de mai, après midi, scellé ledit jour, et ont signé la minute des présentes audit Jourdain, notaire,

« ANCOTY, de l'insinuation, JOURDAIN, LANGLAIS. »

CONFIRMATION.
(5 novembre 1731.)

« Louis, par la grâce de Dieu, roi de France et de Navarre, à tous présents et à venir, salut.

« Nos chères et bien-aimées les supérieures, religieuses et communauté de notre maison de Saint-Louis, fondée à Saint-Cyr, nous ont fait représenter que pour prévenir et arrêter le cours des contestations qui duraient depuis plusieurs siècles, et qui avaient été renouvelées à l'occasion des droits de haute, moyenne et basse justice, censive et directe seigneurie sur le bourg, paroisse et territoire d'Angerville-la-Gaste, lesquels droits étaient respectivement prétendus par notre ami et féal le sieur Delpech, marquis de Méréville, notre conseiller en la grand'chambre de notre cour de Parlement à Paris, comme avaient fait ses prédécesseurs seigneurs de ladite terre de Méréville, et par les exposantes après les abbés de l'abbaye de Saint-Denis, aux droits desquels lesdites exposantes sont subrogées à cause de l'union de la manse abbatiale de ladite abbaye à la maison des exposantes : il a été passé, entre lesdites exposantes et ledit sieur Delpech, le 15 mai de l'année dernière, une transaction en forme d'échange, par laquelle, sous notre bon plaisir et suivant l'avis du conseil par nous établi pour l'administration temporelle de la maison des exposantes, elles ont cédé et transporté audit sieur Delpech, à titre d'échange, tous les droits de justice, greffe et tabellionnage, amendes et autres droits dépendant de la haute justice, rentes, redevances, mouvances tant en fief qu'en roture, terres labourables, champarts, droits de minage, censive et directe seigneurie, et généralement tous les droits qui pouvaient leur appartenir audit bourg et territoire d'Angerville, à quel titre que ce puisse être : lesquels droits de justice, domaines et autres droits, tenus de nous en franc aleu et franche aumône, ledit sieur Delpech a déclaré vouloir incorporer à sadite terre et marquisat de Méréville, pour, avec ledit marquisat, ne composer qu'un seul et unique fief, mouvant et relevant de nous à cause de notre château ou grosse tour d'Étampes. Et, en contr'échange, ledit sieur Delpech a cédé aux exposantes, audit titre d'échange, une ferme et métairie située au bourg et paroisse de Rouvray-Saint-Denis et ès-environs, appelée la Chabotterie, consistant en maison de demeure pour un fermier, granges, bergeries, écuries, étables et autre lieux, avec la quantité de dix-sept muids dix mines deux boisseaux et demi de terres labourables, et généralement de ladite ferme et métairie : lequel échange lesdites dames ont pareillement déclaré faire, pour, ladite ferme et métairie de la Chabotterie, appartenir dorénavant à ladite manse abbatiale de Saint-Denis et demeurer unie et incorporée à la châtellenie de Toury et Rouvray en dépendant, mouvant et relevant de nous, comme dit est, et tenir lieu des biens et droits par elles cédés audit sieur Delpech, au moyen de quoi tous procès, causes et instances mûs et à mouvoir, tant au sujet de la qualification de seigneur d'Angerville que des droits de chasse et tous autres, demeurent nuls, terminés, éteints et assoupis. Nous ont pareillement, lesdites exposantes, fait représenter que, sous notre bon plaisir et suivant l'avis dudit conseil par nous établi pour l'administration de leur temporel et pour les causes y énoncées, elles ont, par contrat des 21 mars et 15 mai derniers, donné, à titre de bail emphytéotique, pour quatre-vingt-dix-neuf ans, à Étienne Gallois et Marie Challas, sa femme, une ferme située au village du Perray, et une autre ferme, appelée le Roseau, près ledit lieu du Perray, avec 22 livres 10 sols de rente constituée, due par Toussaint Guillemain, demeurant en la paroisse du Perray ; lesdits biens acquis au profit desdites exposantes par contrat du 6 mai 1694 ; ledit bail emphytéotique fait à la charge par lesdits preneurs de faire faire à leurs frais et dépens les réparations nécessaires aux bâtiments desdites fermes, suivant le procès-verbal énoncé audit contrat, ou ce qui reste desdites réparations à faire ; comme aussi à la charge de par eux, leurs hoirs, successeurs et ayant cause d'entretenir lesdits bâtiments, et iceux bâtiments rendre, à la fin des quatre-vingt-dix-neuf ans, en bon état de toutes réparations, cultiver les terres et les rendre en bonne nature de culture à l'expiration dudit bail et autres conditions, et outre moyennant et à raison de trois muids de blé-froment du meilleur du crû desdites fermes, mesure de Rambouillet, rendu, conduit au marché dudit lieu ou autre pareille distance. Lesquels transaction, échange et bail empyhtéotique, les exposantes nous ont très-humblement fait supplier d'agréer et confirmer pour être exécutés. A ces causes, de l'avis de notre conseil, qui a vu ladite transaction contenant échange, passé entre lesdites exposantes et ledit sieur Delpech, et le contrat de bail emphytéotique fait par lesdites exposantes auxdits Gallois et sa femme ; ensemble les avis du conseil par nous établi pour l'administration du temporel des exposantes, le tout ci-attaché sous le contre-scel de notre chancellerie : nous avons approuvé, confirmé et autorisé, et, par ces présentes signées de notre main, approuvons, confirmons et autorisons la transaction passée entre ledit sieur Delpech de Méréville le 15 mai de l'année dernière; voulons et nous plaît qu'elle soit exécutée selon sa forme et teneur. Ce faisant, que les droits de seigneurie, justice, censive, droits et domaines qui appartenaient aux exposantes dans ledit bourg, paroisse et territoire d'Angerville, soient et demeurent désunis, desjoints et séparés, comme nous les désunissons, desjoignons et séparons de la justice et domaine qui appartient aux exposantes, pour être, à l'avenir, joints, unis et incorporés, comme nous les joignons, unissons et incorporons au domaine et à la justice du marquisat de Méréville, pour ne faire, à l'avenir, qu'une seule et même justice, laquelle sera exercée sur tous les hommes, vassaux et habitants desdits lieux, par les officiers de la justice de Méréville appartenant audit sieur Delpech, sans toutefois aucun changement ni transaction de ressort, et sans que, pour raison de ces présentes, lesdits vassaux et habitants soient tenus à autres et plus grands droits et devoirs que ceux dont ils sont actuellement chargés ; pour jouir desdits droits, par ledit sieur Delpech et ses successeurs, propriétaires de ladite terre et marquisat de Méréville, à perpétuité, conformément à ladite transaction. Voulons, en outre, que lesdites exposantes jouissent aussi, à perpétuité, de ladite métairie et ferme de la Chabotterie à elles cédée par ledit sieur Delpech de Méréville, et que ladite ferme et métairie, qui était ci-devant en la justice et censive des exposantes à cause de la terre et châtellenie de Toury et Rouvray, soit et demeure unie et incorporée, comme par ces présentes nous l'unissons et incorporons au domaine de ladite châtellenie de Toury et Rouvray, pour être tenue et mouvant de nous, ainsi que le surplus de ladite châtellenie. Nous avons, en outre, approuvé, confirmé et autorisé, approuvons, confirmons et autorisons le bail emphytéotique fait par les exposantes auxdits Gallois et sa femme les 21 mars et 15 mai de l'année dernière, lesdites fermes du Perray et du Roseau, et de la susdite rente de 22 livres 10 sols ; voulons et nous plaît qu'il soit exécuté selon sa forme et teneur : ce faisant, que lesdits Gallois et sa femme, leurs héritiers, successeurs ou ayant-cause, jouissent des héritages et rentes y mentionnés pendant le temps et espace de quatre-vingt-dix-neuf années, aux charges toutefois de redevances, clauses et conditions y portées. Si donnons en mandement à nos amés et féaux conseillers, les gens tenant notre cour de Parlement à Paris, que ces présentes ils aient à faire enregistrer, et de leur contenu jouir et user, les exposantes, le sieur Delpech de Méréville, leurs successeurs et ayant-cause et les autres parties y dénommées, pleinement, paisiblement et perpétuellement, cessant et faisant cesser tous troubles et empêchements, et nonobstant toutes choses à ce contraires, auxquelles nous avons dérogé et dérogeons à cet égard seulement et sans tirer à conséquence, car tel est notre bon plaisir : et afin que ce soit chose ferme et stable à toujours, nous avons fait mettre notre scel à cesdites présentes.

« Donné à Marly au mois de novembre l'an de grâce mil sept cent trente-un et de notre règne le dix-septième.

« *Signé*, LOUIS.

« Et sur le replis : par le roi, Phelypeau. Et scellé du grand sceau de cire verte en lacs de soie rouge et verte ; *visa* Chauvelin, pour homologation de transaction. »

Après une requête de commodo et incommodo, en date du 4 juin 1732, au sujet de l'échange à faire entre M. Delpech et les dames de Saint-Cyr, on demanda le consentement des habitants d'Angerville, ainsi que le témoigne l'acte suivant :

ACTE D'ASSEMBLÉE DES HABITANTS D'ANGERVILLE,
CONTENANT LEUR CONSENTEMENT A L'ENREGISTREMENT DES LETTRES
DE CONFIRMATION DE L'ÉCHANGE.

(28 décembre 1732.)

« Aujourd'hui, dimanche vingt-huitième jour du mois de

décembre mil sept cent trente-deux, en la présence et par devant les notaires royaux du bailliage d'Étampes, soussignés, requis à l'effet ci-après, en l'assemblée des vassaux justiciables et habitants du bourg, paroisse, terre et seigneurie d'Angerville-la-Gaste, convoqués à son de cloche en la manière accoutumée, et tenue au-devant de la porte et principale entrée de l'église paroissiale de Saint-Pierre d'Angerville, lieu ordinaire de tenir les assemblées publiques sur les affaires communes dudit bourg et paroisse d'Angerville, issue des vêpres, cejourd'hui chantées en ladite église, le peuple sortant en grand nombre ; à laquelle assemblée étaient présents Mathieu Benoist, marchand hôtelier et à présent syndic de ladite paroisse en charge, monsieur Georges Mineau, prêtre et curé dudit lieu, monsieur Jean-Baptiste Goupy, vicaire de ladite paroisse, sieurs Claude Dessaut, Etienne Dauvilliers, marguillers, Jean Fortu, chirurgien et procureur fiscal, Jean Laigneau, serrurier, Jacques Boivin, sellier, sieur Gérôme Menault, marchand hôtelier, sieur Pierre Thomas, aussi marchand hôtelier, sieur François Touchard, receveur et marchand, Jean Opé, marchand charcutier, sieur Jean Rousseau, maître de poste d'Angerville, André Langlois, hôtelier, Antoine Hardy, huissier royal, François Opé, charcutier, Louis Biffaut, receveur du péage dudit Angerville, François Ballot, maître de pension, Toussaint Pavy, marchand, maître Louis Genty, notaire royal au bailliage d'Orléans, et tous habitants dudit bourg d'Angerville, y demeurant et à ce présents ;

« Ledit Benoist a représenté que, par arrêt de la cour du Parlement du 15 février 1732, intervenu sur la requête des dames supérieures et religieuses de Saint-Louis, à Saint-Cyr, afin d'enregistrement des lettres patentes de confirmation de la transaction du 15 mai 1730, par laquelle lesdites dames ont cédé à titre d'échange, à M. Jean Delpech, chevalier, seigneur marquis de Méréville, conseiller de grand'chambre, les domaines, droits de justice, mouvances, censives, minage, mesurage et autres qui appartenaient auxdites dames au bourg et territoire d'Angerville ; il a été ordonné que lesdites lettres patentes et transaction seront communiquées aux vassaux justiciables et habitants de cedit bourg, paroisse, terre et seigneurie d'Angerville, convoqués et assemblés en la manière accoutumée ;

« Sur quoi, lesdits habitants sus-nommés et assemblés comme dit est, après avoir délibéré entr'eux et lecture faite, tant des lettres patentes du roi, données à Marly au mois d'octobre 1731, que de la transaction contenant l'échange dudit jour 15 mai 1730, lesdites lettres et transaction communiquées conformément audit arrêt ; iceux habitants ayant considéré et observé que l'échange fait entre lesdites dames de Saint-Louis et ledit seigneur de Méréville, ledit jour 15 mai 1730, ne peut leur faire préjudice ni aux vassaux censitaires et justiciables de ladite seigneurie, paroisse et territoire d'Angerville, qu'au contraire il leur sera avantageux en ce qu'il fera cesser les contestations qui arrivaient souvent, causées par les prétentions respectives desdites dames et dudit seigneur d'Angerville, ce qui empêchait souvent les affaires d'être terminées, tant pour les droits de censives, justice et seigneurie d'Angerville, ce qui causait des frais et des longueurs de procès à la charge desdits habitants ; que d'ailleurs il est plus convenable à la communauté desdits habitants de n'avoir qu'un seul seigneur que d'en avoir plusieurs ; enfin, que l'échange du droit de justice n'apportera aucun changement à l'exercice d'icelle ni au ressort des appellations ; il a été arrêté d'une voix unanime que lesdits habitants consentiraient, comme ils consentent par ces présentes, que lesdites lettres soient enregistrées, pour, icelles lettres, ensemble ledit contrat d'échange, être exécutés selon leur forme et teneur, et, pour réitérer ledit consentement partout et autant de fois qu'il sera nécessaire, lesdits habitants ont constitué leur procureur ledit Benoist, à présent syndic, ou celui qui sera lors en charge, auquel ils donnent pouvoir même de présenter, si besoin est, requête à Nosseigneurs du Parlement, à l'effet de consentir audit enregistrement, plaider et opposer et appeler, constituer procureur et généralement dont et de quoi a été fait et dressé le présent acte par lesdits notaires soussignés, les jour et an que dessus, au-devant de ladite porte principale et entrée de ladite église paroissiale de Saint-Pierre d'Angerville ; lesdits habitants ont, avec lesdits notaires, signé sur la minute des présentes, qui est contrôlée à Méréville le deux janvier mil sept cent trente-trois, par Boreau, commis, qui a reçu 12 sols ; la minute restée à Fresne, l'un desdits notaires soussignés.

« BOREAU. »   « FRESNE. »

Le consentement à l'enregistrement des lettres de confirmation de l'échange étant donné par les habitants d'Angerville, elles furent enregistrées par le conseil de l'administration de Saint-Cyr le 5 février 1733, ratifiées par les religieux de Saint-Denis le 15 mai 1733, et enfin la transaction se passa le 12 mars 1738.

TRANSACTION AVEC M. DELPECH SUR L'EXÉCUTION DE L'ÉCHANGE D'ANGERVILLE ET DE LA FERME DE LA CHABOTTERIE.
REMISE RESPECTIVE DES TITRES.

(12 mars 1738.)

Malgré la transaction du 15 mai 1730, d'après laquelle toute contestation devait être terminée, de nouvelles chicanes étaient survenues au sujet de la perception des loyers des propriétés respectivement concédées et des indemnités qu'on devait donner aux fermiers. Ces discussions avaient ajourné la remise des titres. Il devenait d'autant plus urgent de terminer cette affaire, que le marquis de Méréville, messire Jean Delpech, n'était plus. Il y eut donc à cet effet, le 12 mars 1738, une réunion entre les descendants de M. Delpech et des dames de la maison de Saint-Louis ; on rappela la transaction passée le 15 mai 1730 par devant Jourdain, l'un des notaires soussignés, et les parties reconnurent qu'elles s'étaient remises tous les titres concernant les biens respectivement cédés en échange par ladite transaction. Ils se promirent, en outre, s'ils en trouvaient d'autres, de se les remettre de bonne foi, et se déchargèrent réciproquement de leurs prétentions, pour terminer le procès et rendre complète l'exécution du contrat de 1730. (1)

Ce procès survenu au sujet d'Angerville non-seulement nous a fourni des détails historiques sur l'administration du village et sur les lieux circonvoisins, mais de plus, et c'est ce qui nous a décidé à en donner une communication complète, il donne la peinture la plus exacte de la confusion, des tiraillements qui existaient encore au xviiie siècle dans les questions de droit. Il nous a montré aussi quelle importance la propriété féodale avait encore conservée malgré les conquêtes de la royauté. Néanmoins, beaucoup de petites seigneuries avaient disparu.

Déjà, autour d'Angerville, celles d'Ouestreville et de Villeneuve ne relevaient plus de seigneurs immédiats. Villeneuve, qui avait pour seigneur particulier, à la rédaction de la coutume d'Étampes, Jean Sabrevoys, était passée dans le domaine de Méréville qui y faisait exercer la justice par un bailli. Nous savons fort peu de chose sur cette seigneurie. Les registres de la mairie d'Angerville nous indiquent seulement qu'en 1641, Charles de Sarville était receveur de la terre et seigneurie de Villeneuve; en 1643, c'était Antoine Dubois, et en 1687, Toussaint Ruzé.

Il y a peu de temps, on voyait encore au-dessus de la porte de la ferme située en face de la chapelle une tête de bœuf qui était peut-être l'écusson du seigneur. Dans cette ferme, au fond, à droite, dans des bâtiments qui servent actuellement d'étables, on peut reconnaître l'ancienne résidence du seigneur. Il y a même une partie voûtée avec arcatures qui semble indiquer une ancienne chapelle.

Ouestreville, qui avait si longtemps conservé son seigneur particulier, relevait à cette époque de l'hôpital d'Orléans, à

---

(1) Original. — Aux archives de Versailles. — Liasse sur Rouvray.

cause de la seigneurie du Petit-Arbouville. Quant à Guestréville, il consistait alors en une ferme et plusieurs terres labourables possédées par les chartreux d'Orléans.

Bassonville, surnommée aujourd'hui *la Jambe-en-l'Air*, était aussi une seigneurie dépendante des chanoines réguliers de Saint-Euverte d'Orléans, ainsi que l'atteste le reçu suivant que nous devons à l'obligeance de M. Babault, docteur-médecin à Angerville :

« Je, soussigné, fermier de messieurs les vénérables cha-
« noines réguliers de Saint-Euverte d'Orléans, seigneurs de la
« seigneurie de Bassonville, en la paroisse d'Angerville, re-
« connois avoir reçu du sieur Quinton, marchand à Angerville,
« la somme de quatre livres dix sols, à la quelle je me suis
« restraint pour les proffits de quint d'un boisseau et demi de
« terre qu'il a acquis des héritiers de la veuve Dargère, situé
« à Bassonville, près d'Angerville, sans préjudice d'autres
« droits et de l'aveu à fournir. A Orléans, ce six octobre mil
« sept cent quatre-vingt-six.
                              « DELANOË. »

Les hameaux n'avaient pas perdu à cette sorte de centralisation. Il était préférable pour eux d'être assujettis à un seigneur plus puissant. Ils y trouvaient à cette époque plus de protection. Il y eut aussi, pendant la minorité de Louis XV, une sorte de renaissance pour les campagnes. Le régent exempta de six années de tailles tous les soldats libérés qui mettraient en valeur les terres sans culture et les maisons abandonnées. Puis, en abolissant toutes les lettres de noblesse accordées à la bourgeoisie depuis 1689, il augmenta le nombre des contribuables et diminua quelque peu le fardeau qui écrasait la classe agricole. De plus, il ordonna aux intendants de province « de tenir la main à ce que les collecteurs, procédant par voie d'exécution contre les taillables, n'enlevassent point leurs chevaux et bœufs servant au labourage, ni leurs lits, habits, ustensiles et outils avec lesquels les ouvriers et artisans gagnent leur vie. »

Angerville surtout devait ressentir les bienfaits de ces réformes. Déjà une ordonnance du 16 août 1720 établissait la grande route d'Étampes à Orléans. Cette route améliorée devait nécessairement agrandir ses debouchés, multiplier ses arrivages, augmenter son commerce. Mais ce qui devait leur valoir la plus grande somme de bien-être et de prospérité, c'était l'établissement de foires et marchés qui devaient être le plus puissant aliment de son commerce.

On a vu dans le procès qu'Angerville avait anciennement possédé une foire qui se tenait le jour de Saint-Eutrope. Cette foire, qui n'était autre que celle accordée avec les marchés par Charles VIII, dans les lettres patentes qui n'ont pas encore été relatées au procès parce qu'aucune des parties n'avait intérêt à les mettre au jour, fut abolie par la jalouse concurrence de Méréville. Un peu plus tard, les habitants d'Angerville avaient obtenu des lettres patentes de Henri IV pour l'établissement d'un autre marché, lorsque Jean Desmontiers, seigneur de Méréville, s'opposa à leur enregistrement, comme préjudiciable aux droits acquis et aux intérêts existants de Méréville.

Mais M. Delpech, resté seul maître d'Angerville, comprit que, par sa position, cette petite ville pouvait devenir un centre commercial intermédiaire à celui de Janville et d'Étampes, et utile aux petits fermiers qui n'auraient plus besoin de se transporter aussi loin. La réussite d'un marché, qui devait augmenter ses ressources, ne faisait pas le moindre doute, ainsi que nous l'avons vu par les ventes de grains qui avaient lieu chez les particuliers. Car, pour qu'on jugeât bon de prélever un droit sur cette vente et qu'on ne craignît pas de s'engager dans un procès à ce sujet, il fallait bien que les transactions atteignissent un chiffre assez important.

Mais qu'était-ce donc que M. Delpech? un homme de robe appartenant à une famille de robe. Un des membres occupait le fauteuil de la présidence à la cour des aides, un autre remplissait les fonctions d'avocat-général. Famille partie des rangs du tiers-états, ils avaient sans doute gagné leurs titres de noblesse par des services dans la magistrature dont le souvenir est perdu. Ils avaient leur blason, et voici les armoiries authentiques du conseiller au Parlement, seigneur de Méréville : « d'azur, au chevron brisé d'or, accompagné en chef de deux rayons mouvans des angles de l'écu et en pointe d'un pelican, dans son aire, le tout d'or, posé sur un mont d'argent, et d'une bordure de gueules. » C'est M. Delpech qui, après avoir longuement argumenté contre le droit de minage de l'intérêt qu'il avait, comme son prédécesseur, à ce qu'il ne s'établît pas de marché à Angerville, obtint de Louis XV des lettres patentes qui donnent des foires et marché à notre pays. Les intérêts avaient changé ; il était tout-puissant dans la ville, les revenus devaient entrer dans sa caisse. Dans cet état de choses, l'honnête seigneur crut pouvoir reporter l'un des deux marchés de Méréville à Angerville, et, ce faisant, il calculait bien pour lui-même et mieux encore pour Angerville.

C'est dans les termes suivants que Louis XV accordait ces lettres patentes :

« Louis, par la grâce de Dieu roy de France et de Navarre, à tous présents et à venir, salut :

Notre amé et féal le sieur Jean Delpech, marquis de Méréville, notre conseiller en la grand'chambre de notre cour de Parlement de Paris, nous a fait exposer que, comme propriétaire du marquisat, terre, seigneurie et justice de Méréville et dépendances, il a, entre autres choses, droit d'y faire tenir quatre foires par an et deux marchés par semaine, l'un le mardy et l'autre le vendredy ; que, n'y ayant ni foire ni marché au bourg d'Angerville dépendant dudit marquisat de Méréville, situé sur la grande route de Paris à Orléans et le passage des troupes, il est fort onéreux et incommode aux habitants dudit bourg et des lieux circonvoisins d'être obligés de porter leurs denrées et marchandises à plus de quatre lieues à la ronde ; que, pour améliorer le dit bourg d'Angerville et procurer des vivres plus abondamment aux troupes et aux passagers, le dit sieur exposant désirerait pouvoir y établir deux foires pour chacune année, la première le 20 juillet et la seconde le jour et feste de Saint-Hubert, et y transférer le marché qui se tient le vendredy à Méréville, pour y être tenu le même jour de vendredy de chaque semaine; sur quoi il nous a très-humblement fait supplier de luy accorder nos lettres sur ce nécessaires. A ces causes, voulant favorablement traiter le dit sieur exposant et lui donner des marques de la satisfaction que nous avons de ses services, nous lui avons, de notre grâce spéciale, pleine puissance et autorité royale, permis et accordé et, par ces présentes signées de notre main, permettons et accordons de faire tenir au dit lieu d'Angerville deux foires par chacun an, la première le 20 juillet et la seconde le jour et feste de Saint-Hubert, et d'y transférer le marché qui se tenait au dit lieu de Méréville le vendredy de chaque semaine, lesquels foires et marché nous avons, des mesures, grâces, pouvoir et autorité que dessus, créés, établis et autorisés et par ces présentes créons, établissons et autorisons, pour en jouir, par le dit sieur exposant et ses successeurs, aux mêmes droits, avantages et prérogatives, et par les marchands et habitants du dit lieu et des endroits circonvoisins, marchands forains et tous autres, des mêmes franchises, exemptions, priviléges et liberté dont jouissent les marchands et habitants des autres lieux d'établissement de foires et marchés, sans préjudice des quatre foires et du second marché qui se tenaient cy-devant et qui continueront de se tenir à l'avenir au dit lieu de Méréville. Voulons et nous plaît que le dit sieur exposant et ses successeurs fassent bâtir et construire les halles, estaux, boutiques, échoppes nécessaires, s'ils ne sont déjà construits; qu'ils perçoivent et fassent percevoir les droits qui seront dûs suivant les us et coutumes, et que tous marchands puissent aller, venir, séjourner, vendre, débiter, troquer et échanger toutes sortes de marchandises licites et permises, ainsi qu'il est accoutumé, pourvu toutefois qu'à quatre lieues à la ronde du dit lieu d'Angerville, il n'y ait pas au dit jour autres foires et marchés auxquels ces présentes puissent préjudicier ; que les dites foires et marchés n'échoient aux jours de dimanches et festes solennelles, auquel cas ils seront remis au lendemain et sans qu'on puisse prétendre aucune exemption ni franchise de nos droits. Si, donnons en mandement à nos amés et féaux conseillers les gens tenant notre chambre des comptes à Paris que, ès présent, ils ayent à faire registrer livre public partout où besoin sera, et du contenu faire jouir, user, le dit sieur exposant, marquis de Méréville, et ses successeurs, propriétaires des dites terres et marquisat du dit Méréville, pleinement, paisiblement et perpétuellement, ensemble les marchands et habitants du dit lieu d'Angerville et lieux circonvoisins, marchands forains et tous autres qui iront et viendront aux foires et marchés, cessant et faisant cesser tous troubles et empêchements à ce contraires : car tel est notre bon plaisir. Et, afin que ce soit chose ferme et stable à toujours, nous avons fait mettre notre scel à ces présentes, données à Versailles le quatorzième jour de novembre, l'an de grâce mil sept cent trente-cinq, et de notre règne le vingtième ; signé sous le reply, LOUIS. Et sur le reply : par le roi, Phelippeaux. — Scellés en lacs de soie et cire verte ; et sur le reply est écrit : Registrés en la chambre des comptes, ouï le procureur général du roy pour jouir, par l'impétrant et ses successeurs, propriétaires du marquisat de Méréville, de l'effet et contenu en icelles, et être exécutés selon leur forme, teneur y suivant, et aux charges portées par l'arrêt sur ce, fait le trois février mil sept cent trente-six, signé Ducorme, et à côté visa Chaumelin. »

Ces lettres furent en effet enregistrées le 3 février 1736, par arrêt de la chambre des comptes, rendu sur enquête faite au bailliage de Dourdan, ce qui prouve qu'Angerville faisait alors partie de l'élection de Dourdan. Si le lecteur est curieux de connaître les droits et profits que tirait le marquis de Méréville de cet établissement, en voici l'énumération :

Pour le roulage de chaque queue de vin...... 5 deniers p.
Pour chaque bête chargée de lard, chandelle, huile, savon et autres marchandises de même espèce........ 15 den. p.
Pour chaque bête chargée de bled, pain, farine, viande................................... 5 den.
Tous messagers roïaux........................ 15 den.
Pour deux tonneaux enfoncés ou à gueule bée, chargés sur un cheval, mulet ou bête asine................... 5 den.
Pour deux tonneaux chargés sur une charrette ou autre harnois................................... 5 den.
Chaque bête chargée de gibier, volaille.......... 17 den.
Pour la couple de toute bête.................... 3 den.
Pour une meule de moulin non percée chargée sur une charrette............................... 3 sols 9 den.
Pour une meule percée................... 6 sols 9 den.
Pour cheval, jument, mulet dans foire et marché 15 den. p.
Pour chaque corne de mouton.................. 20 den.
Pour chaque millier de harengs saurs............. 2 den.
Pour chaque millier saurs........... 3 mailles.
Pour chaque bête chargée de meubles de fer........ 1 m.
Pour chaque bête chargée de poêle, poêlon de cuivre.. 1 m.
Pour chaque homme porteur de vivre à col........................... 1 vivre pour l'année.
Pour chaque homme porteur de faïence. 1 pot pour l'année.
Chaque marchand de saumon.. 1 queue et 1 tête p. l'année.
Chaque marchand de lamproie..... 1 lamproie p. l'année.
Chaque millier de cire..................... 2 sols p.
Une douzaine de faux....................... 8 den. p.
Pour un cent de faucilles................... 4 faucilles.

« Et généralement sur toutes sortes de marchandises passantes, traversantes, sortantes et dégarnissant notre dite haute châtellenie, suivant l'usage qui s'observe en la ville d'Étampes, conformément à la pancarte d'icelle ville. »

Mais, soyons justes, ces petits profits de M. Delpech ne doivent pas nous empêcher de reconnaître qu'il a bien mérité d'Angerville, puisqu'il est le fondateur de ses foires et de son marché. Déjà bien des années s'étaient écoulées depuis leur établissement, et la Saint-Hubert ramenait annuellement sa foire du 3 novembre, lorsqu'un beau jour de cette même foire on vit tout à coup la foule des allants et venants, des vendeurs et acheteurs, étrangers ou habitants du bourg, s'amonceler devant une pauvre boutique de serrurier, comme attirée là par quelque spectacle bien étrange ou du moins tout nouveau. Les éclats de rire, les trépignements de joie, les battements de mains des premiers arrivés faisaient un irrésistible appel aux retardataires, et la foule devenait de moment en moment plus compacte aux abords de la noire boutique qu'elle menaçait d'envahir et d'encombrer. Quelle curiosité si puissante pouvait donc ainsi troubler la foire, distraire les préoccupations de l'intérêt et tenir là, bouche béante, muets d'étonnement ou saisis d'une naïve admiration, paysans et bourgeois, villageois et citadins, hommes ou femmes, jeunes ou vieux ?

Ce que c'était ? Eh bien ! Angerville qui parmi ses enfants comptait déjà Blanchet, savant philologue et de plus l'un de ces esprits délicats et fins, l'une de ces âmes enchaînées au passé par le respect, poussées vers l'avenir par l'intelligence, et qui servirent, comme Fénélon lui-même, de transition entre le XVII° et le XVIII° siècle, Angerville venait de trouver son Vaucanson.

Pierre-Eutrope Montigny, le serrurier devant la boutique duquel la foule s'était amassée, était un de ces hommes de génie sans instruction, comme on en rencontre tant dans l'histoire des inventions, et dont le nombre serait bien plus considérable encore si une foule de ces génies malheureux n'avaient été souvent forcés par le besoin de s'ensevelir dans l'oubli. Il était né à Angerville le 16 mai 1735 ; son père, serrurier lui-même, l'avait élevé dans sa profession. Dès sa jeunesse, l'adresse avec laquelle il exécutait ses travaux, l'originalité de son caractère décelaient en lui un esprit peu ordinaire. Sa première œuvre fut un tourne-broche destiné à sa mère, sur lequel il avait gravé : « C'est Montigny qui m'a fait sans forge ni soufflet. » Poussé par son instinct inventif, il avait déjà produit une foule de petits mécanismes industrieux, lorsqu'en 1780, il commença à mettre à exécution une idée qui le tourmentait depuis déjà bien des années. Il établit, au-dessus de sa boutique qui était justement sur la place du marché, dans la maison de M. Baraillon-Molard, une horloge à automates. Telle était la merveille qui avait, le jour dont nous parlons, si bien captivé la foule. Cette horloge, dont le mécanisme était aussi simple qu'ingénieux, marchait à l'aide de moufles et de poids et ressemblait, dit-on, à une espèce de tourne-broche ; mais qu'importe la ressemblance ? Toujours est-il que cette horloge marquait les jours, les heures, les minutes et les quarts qui étaient sonnés par des timbres différents et annoncés par de petites marionnettes en bois dont le nombre augmentait avec celui des heures.

Aussi, depuis le moment où elle fit sa première apparition en public, chaque jour, à l'heure de midi, y avait-il foule devant la porte du père Montigny pour voir défiler tous les personnages de l'horloge. A peine l'aiguille avait-elle indiqué l'heure que trois pèlerins s'avançaient pour sonner les quarts ; après eux venait un Jacquemard qui frappait les douze coups. Puis on voyait successivement : une quêteuse suivie d'un bedeau avec un personnage qui la saluait en passant ; un chien courant après un lièvre ; un remouleur ayant le mouvement du corps, des bras et de la tête ; un homme faisant danser un ours ; deux personnages dansant un menuet ; un autre sonnant de la trompette ; un joueur de vielle ; un singe faisant la cabriole en arrière ; une grosse tête tirant la langue et clignant les yeux ; un soldat imitant un factionnaire allant et venant sans cesse. De plus, on remarquait au-dessus du timbre des heures un chapeau chinois surmonté d'un pégase en girouette. Tous ces personnages étaient, dit-on, sortis des mains du père Montigny.

Bientôt l'horloge à automates eut conquis de la renommée,

de la célébrité. Les visiteurs qu'elle attira ne furent plus seulement des curieux indigènes, des flaneurs de l'endroit ou des enfants musards. Plus d'un voyageur descendit à la hâte de la diligence ou de la patache d'illustre mémoire, pour courir à l'horloge d'Angerville. Historiens, géographes, voyageurs, tout le monde en parlait, tout le monde demandait à en connaître l'auteur. Ce n'était pas chose facile : Eutrope était souvent dans les communes environnantes à raccommoder ou remonter les horloges paroissiales, et, ces jours-là, retenu par les curés qui aimaient sa conversation originale et admiraient ses aptitudes gastronomiques, il rentrait tard au logis. Un soir donc, dit la chronique, arrêté à souper chez un de ces bons curés où il y avait société, Montigny rit, boit et mange comme quatre. On était au dessert ; l'heure s'avançait, et notre gastronome, croyant le repas fini, avait fermé et mis son couteau à la poche, quand la vieille servante du presbytère apparut avec un énorme gâteau, en disant d'une voix tremblottante : « Il est bon, Montigny ; il est bon. » Montigny, qui ne reculait jamais devant un bon morceau, se frottait déjà les mains, mais survient un embarras : M. le curé a prié le mécanicien de faire les parts. Comment, à l'insu des convives, ouvrir le couteau qu'on a imprudemment fermé ? « Messieurs, dit l'adjoint d'Angerville (car Montigny fut adjoint), permettez-moi, avant d'entamer ce gâteau, de vous raconter comment on ne doit jamais rentrer trop tard au logis. — Raconte, Montigny, raconte, dit le curé. — Eh bien ! messieurs, dernièrement, m'étant attardé chez un de vos confrères, je gagnais tranquillement Angerville, quand un voleur m'arrête en me demandant la bourse ou la vie. A ce mot, je tire vivement mon couteau de la poche et, à l'aspect de sa grande lame que vous voyez et que je brandissais hardiment, le voleur s'enfuit à toutes jambes. — Quoique Montigny n'ait pas eu peur, vous remarquez, messieurs, qu'il est imprudent de le retenir trop longtemps. » Ceci dit, les armes à la main, notre gastronome attaque vigoureusement le gâteau et s'attarde volontiers. Mais ce bonhomme, si plein de verve, si communicatif chez les autres, ne donnait guère d'entrée chez lui. On avait beau le prier, lui offrir de l'argent, il ne voulut jamais montrer le mécanisme qui faisait marcher ses automates. Il était, pour son invention, comme un avare pour son trésor. Aussi la pauvre horloge sonna sa dernière heure avec celle de l'inventeur. Après la mort de Montigny, qui arriva le 10 mai 1828, personne ne sachant comment faire marcher la vielle, le bedeau, la quêteuse et le remouleur, on fut obligé de tout abandonner, et, triste destinée des inventions humaines! l'horloge démontée, brouettée, alla vivre ignorée dans la ferraille d'un chaudronnier du pays, surnommé Jean la Brouette. Le père Jean était très-industrieux; il chercha à rendre le mouvement à l'horloge et la vie aux marionnettes; il en tourna, retourna cent fois les débris, mais vains efforts! la grosse tête avait fermé les yeux pour ne plus les rouvrir, elle ne tirait plus la langue; les danseurs de menuet étaient paralytiques, et le factionnaire s'était endormi.

Quelques-uns de ces personnages échappèrent aux mains du père Jean. Le remouleur se réfugia dans le jardin de M. Valette, horloger du pays, pour servir de girouette à faire peur aux oiseaux.

Le Pégase, ayant pris la fuite, fut arrêté sur une maison voisine du sauvage. Le pauvre cheval ailé de Neptune, transformé également en girouette, paraît obéir à regret aux vents, et ses grincements trahissent sa mauvaise humeur.

Un seul de tous ces personnages eut une destinée plus heureuse : le danseur d'ours fut emmené, avec les pénates de l'inventeur, par une nièce qui avait conservé pour son oncle un culte digne d'éloges, et nous devons à la générosité de son fils, M. Lesage, de Gommerville, la faveur de posséder cet illustre personnage. Mais, hâtons-nous de reprendre notre marche, car le temps, cette autre grande horloge à automates, vient de sonner l'heure de la Révolution.

CHAPITRE XV.

Révolution. — Bande d'Orgères. — Passage de la duchesse d'Angoulême. — Grand conseil de guerre. — Établissement de foires.

On a pu juger, par la suite de toute notre histoire, qu'à part les vicomtes de Mérinville qui furent véritablement de grands seigneurs, et les abbés de Saint-Denis dont l'influence s'exerçait de loin et de haut, la noblesse du pays ne s'élevait guère au-dessus du niveau de la haute bourgeoisie. Les petits nobles d'Angerville, devenus pour la plupart feudataires des abbés de Saint-Denis, puis ensuite des dames de Saint-Louis, n'étaient pas de ceux dont les têtes, suivant la comparaison du poète latin, s'élèvent au-dessus des autres. Le proverbe disait des nobles de notre contrée :

> C'est un gentilhomme de Beauce,
> Qui se tient au lit quand on refait ses chausses.

Aussi, quand la Révolution éclata, elle les trouva si bien confondus avec la bourgeoisie qu'elle ne les en distingua pas. Angerville n'eut donc pas à subir le spectacle de ces déplorables émigrations ni des spoliations non moins déplorables qui en furent la conséquence.

Par suite de la suppression des ordres religieux, en février 1790, les feudataires de l'ancienne abbaye de Saint-Denis, les vassaux des dames de Saint-Cyr devinrent des contribuables de l'État, voilà tout. L'assemblée nationale, en abolissant les droits féodaux et censuels, sans indemnité, avait cependant admis une exception en faveur de ceux dont le titre primitif fournirait qu'ils étaient le prix de la concession du fonds. La Convention crut voir, dans cette distinction, une tolérance qui pouvait ramener la féodalité, et supprima le tout. Ces petits adjudicataires de terrain à Angerville, dont nous avons parlé dans l'un des précédents chapitres, durent alors se réjouir ; la petite propriété était décidément créée. Assurément, si quelque penseur eût alors arrêté ses regards sur le passé de notre modeste cité, il eût facilement compris tous les avantages qui ressortaient pour elle de la position que ses priviléges et les circonstances lui avaient faite. Elle n'avait pas eu à suivre les destinées orageuses de ces longues et fières dynasties de comtes et barons qu'on rencontre ailleurs. Jamais le caprice d'un maître violent n'avait prodigué le sang de ses habitants en de funestes guerres. Bien que vivant de sa vie propre et individuelle, bien que jalouse de ses priviléges locaux, elle avait toujours gravité vers le centre commun, toujours convergé vers l'intérêt général. A côté du principe féodal, ses usages y avaient depuis logtemps naturalisé, entretenu et conservé le droit de délibération municipale ; elle se trouvait donc presque de plein-pied avec l'esprit administratif que le nouveau régime allait y introduire. Que pouvait-elle donc, comme ville et comme centre de population, gagner à la Révolution ? d'être élevée au rang des cantons dans la nouvelle distribution de territoire ? Elle le fut, en effet, par le décret du 22 décembre 1789 ; mais cette même ville, qui possédait avant la Révolution une justice locale, un bailli, un procureur fiscal, un syndic et un membre à l'assemblée provinciale de l'Orléanais, perdit jusqu'à cet humble rang de canton, par la décision du conseil d'État du 3 brumaire an x, dans lequel les cinquante-quatre cantons du département de Seine-et-Oise étaient réduits à trente-six. Voilà ce que le génie et le besoin de la centralisation lui valaient. Voilà comment beaucoup de petites localités ont été arrêtées dans leur essor, après avoir grandi dans l'atmosphère orageuse du moyen-âge.

Mais, au surplus, les bienfaits de la Révolution sont si grands, si incontestables, qu'il serait puéril de regretter un seul instant les avantages du passé. Elle apportait avec elle, pour tout le monde, même justice, même poids, même mesure, même admissibilité aux emplois. Elle consacrait et l'égalité civile, et la liberté de l'industrie, et la petite propriété qui stimule les facultés de l'homme. Elle devait, disent certaines gens, amener bien d'autres résultats. Mais l'idéal est quelque chose de si haut placé, de si difficile à atteindre, que, pour en approcher, il faudra sans doute bien longtemps encore emprunter les ailes de la charité évangélique. 93 croyait y atteindre d'une autre manière, et, comme les plus belles illusions engendrent les déceptions les plus cruelles, cette vive conviction, cet espoir ardent furent changés en sombres fureurs, en passions sauvages par les obstacles même qu'ils rencontrèrent. La terreur vint frapper aux portes de nos villages. On vit des bandes de gens armés de piques, de fusils, de sabres et de poignards, dicter, au nom du peuple, le prix des grains dans nos marchés. A Étampes, le maire Simonneau, ayant voulu s'opposer à ce désordre, fut tué et mis en pièces. Angerville, Dieu merci, n'eut pas de tels forfaits à déplorer, mais les scènes de désordres n'y manquèrent pas, et, le vendredi 8 mars 1792, il y eut au marché des troubles assez sérieux pour y amener, le vendredi suivant, les commissaires d'Étampes qui dressèrent le procès-verbal ci-après :

« Nous, commissaires du directoire du département de Seine-et-Oise, chargés, par sa délibération du 7 mars, présent mois, de rétablir l'ordre et la liberté du commerce des subsistances dans plusieurs districts du département, nous sommes transportés cejourd'hui à Angerville, jour où se tient le marché audit lieu ; d'après l'avis qui nous a été donné par le directoire au district d'Étampes, en nous faisant passer copie de la lettre à lui adressée, le 10 du présent mois, par MM. les maires et officiers municipaux dudit lieu, qui lui faisaient part de la violence qu'ils ont éprouvée le dernier jour de marché pour la taxe des grains ; pourquoi ils lui demandaient du secours, à l'effet de parer au désordre dans le marché prochain ; et, nous étant rendus dans la maison commune, après avoir conféré avec M. le commandant des détachements de la garde nationale volontaire de Paris, des troupes de ligne et de la gendarmerie, nous avons trouvé MM. les maires et officiers municipaux, qui nous ont déclaré qu'il y avait eu assez de blé sur le marché dernier, eu égard à ce qui s'y apporte ordinairement ; mais que s'étant trouvé un plus grand nombre de prétendus acheteurs armés, et eux étant sans force, la garde nationale dudit lieu n'étant pas encore organisée, ils avaient été réduits, pour sauver la ville, de taxer leurs grains au prix de leur dite lettre du 10 mars ; que tous les grains qui avaient été exposés sur le marché ayant été vendus, il s'est présenté huit personnes, ayant un particulier à leur tête et dont ils paraissaient suivre l'impulsion, qui se sont adressées à eux dans la salle de la maison commune, pour savoir où ils pourraient avoir du blé dont ils avaient grand besoin ; sur quoi les dits officiers municipaux, entraînés par eux, les ont conduits chez le sieur Bouilly, où étaient des grains en serre appartenant à M. Boivin, laboureur à Richardville ; qu'il s'y en est trouvé, et a offert d'en délivrer, autant qu'il en aurait, au prix de 24 livres, comme il avait été taxé par la municipalité, quoique ce blé eût été vendu par lui antérieurement à un prix plus haut à un marchand ; sur ce que, plusieurs de ceux qui s'étaient présentés ont observé qu'ils ne désiraient pas acheter du blé de première qualité, mais bien mêlé d'orge ; qu'ainsi, il fallait que MM. les officiers municipaux leur en procurassent, sinon qu'ils allaient voir !! lesdits officiers municipaux en ayant trouvé chez le sieur Paillot, lequel s'est offert à leur en fournir à 12 fr., ils se sont alors refusés d'en prendre, excepté trois qui en ont acheté, et payé au prix ci-dessus, chacun un sac. Quant aux autres, au lieu de se retirer, ils sont restés jusqu'au lendemain matin ; après avoir passé la nuit dans les cabarets et être venus à plusieurs reprises frapper à la maison commune en insultant le corps municipal, et avoir frappé de même à la porte des sieurs Gatineau, et Paillot, aussi marchands de blé, en leur disant avec emportement de sortir et qu'ils les mettraient à la lanterne, et même, en se retirant le matin, ont crié au feu à la sortie du bourg.

« Pourquoi, nous, commissaires, considérant qu'une pareille conduite ne peut être que l'effet d'un complot combiné, nous avons invité nosdits sieurs officiers municipaux de nous déclarer s'ils connaissaient ces particuliers ; M. le procureur de la commune nous a déclaré que les conducteurs de cette troupe s'appelaient Raguin, apprêteur de bas, demeurant à Pussay, près Angerville, et le nommé Gautron, manouvrier, garçon majeur, demeurant chez sa mère audit Pussay ; mais que les autres leur étaient inconnus. Pourquoi nous avons cru qu'il était de l'intérêt public de dénoncer, comme nous dénonçons par ces présentes, en vertu des pouvoirs à nous donnés par la délibération du directoire sus-datée, à M. Tessier, juge de paix d'Angerville, demeurant audit lieu, les nommés Raguin et Gautron, sus-désignés, comme les principaux auteurs des violences qui ont été faites à nos dits sieurs les officiers municipaux dudit lieu, sur le marché, le vendredi 9 du présent mois. Dénonçons pareillement les fauteurs, complices et promoteurs des rassemblements à main armée, qui ont eu lieu dans les environs. Requérons mondit sieur juge de paix de recevoir toutes déclarations, décerner les mandats d'amener et même d'arrêt qu'il jugera nécessaire ; l'invitons à donner connaissance au directoire du département, par la voie de celui du district, du progrès de son instruction.

« Fait à Angerville, le 16 mars 1792.

« *Signé,* HUET, ROUSEAU, CHOVOS.

« Scellé au sceau du département. »

(Extrait des archives de Versailles.)

La terreur fit son apparition à Angerville sous les traits et dans la personne du représentant Jean Couturier, qui signala son passage par la destitution du conseil général de la commune, de la juridiction de paix et du comité de surveillance. Son délégué, Jean Sibillon, gratifia à son tour Angerville d'un maire de sa façon, le nommé François Dollon. Sous cette double dictature de village, l'église fut souillée, dévastée, convertie en club, en salle de danse ou de banquet. Ornements, boiseries, tout fut enlevé à vil prix. Les vases sacrés servirent à des usages immondes. L'aigle du chœur, acheté 6 francs 10 sous, alla s'abattre dans la basse-cour d'une auberge, où il servit de perchoir aux dindons. Quelques individus s'étant emparés des chappes de la sacristie, en firent des mascarades. Le clocher fut coiffé d'un bonnet phrygien, et la cloche envoyée à la fonderie. Qu'aurait dit son parrain, le seigneur Delpech, si quelque magicien, surgissant tout à coup pendant la cérémonie, l'eût apostrophé en ces termes : « Eh ! eh ! marquis, tu baptises aujourd'hui les gros-sous de la future république française ! »

La fermeture des églises est peut-être le fait le plus saillant de la Révolution dans les campagnes, ainsi que la destruction des titres de noblesse, des papiers terriers et de tout ce qui pouvait contenir des traces des droits féodaux. Nous devons aux nombreuses recherches de M. Roullier, de Chartres, l'acte suivant, tiré des archives de Dommerville, qui nous donne une idée de ces sortes de désastres :

« Le sixième jour de la première décade du deuxième mois de l'an II (27 octobre 1793),

« Les titres censuels et féodaux, minutes, expéditions et grosses, anciens et modernes, relevés de plans, et ces plans tant au net qu'en brouillons, et une grande quantité de renseignements sur les droits féodaux et censuels, ensemble les nouveaux et anciens terriers, cueillerets et autres des cy-devant seigneuries de Boinville, Dommerville, Ouestreville, Grand et

Petit-Châtillon (1); les minutes, grosses, expéditions du nouveau terrier des cy-devant seigneuries de Louville-la-Chenard, Villeneuve-le-Bœuf et annexes, ensemble les cueilloirs, relevés de plans, les plans et autres renseignements sur les droits féodaux et censuels dudit Louville ; un paquet de grosses de plusieurs terriers de la cy-devant seigneurie de Reclainville ; nouveau terrier de la cy-devant seigneurie de Dangeau, ensemble titres, plans et renseignements ; un paquet de grosses, d'aveux, foy et hommage, grosses, expéditions et minutes du cy-devant fief du Petit-Arbouville ; un paquet de minutes, d'actes de foy, aveux et dénombremens des notaires Tessier, Moulin, Benoist, Savouré, Retté, Jubart, Genty et autres ; Jouvain, curé de Dommerville, a déposé à la mairie vingt pièces de foy et hommage dépendant de la cure, et Penot un cueilloir des cens et champarts de la seigneurie de Boullonville,

« Ont été portés dans une charrette, sur une pièce de terre en face du cy-devant château de cette commune, aux cris de vive la République ! Soient proscrits éternellement les despotes ! Lesquels ont été jetés dans un grand feu de bois et paille par lesdits maires et officiers municipaux, et les cendres jetées au vent, le tout consumé,

« En présence des maire et officiers municipaux, procureurs de la commune, et des habitans.

« *Signé* : GATINEAU, maire ; LEFRANC, officier ; Jean TOUCHARD, officier ; Pierre BROSSET, Augustin QUINTON, notables ; SOMMAIRE, BROSSET, ECHER, procureurs de la commune ; VALLÉ, secrétaire. »

Aux troubles de la Révolution, notre Beauce, qui avait été la proie des gens d'église, puis la proie des gens d'armes,

(1) Les seigneuries de Boinville, du Grand et du Petit-Châtillon, situées près de Dommerville, n'existent plus aujourd'hui.

puis celle des gens de justice, devait encore se voir en butte aux entreprises effrontées des voleurs de grands chemins.

Ces derniers, qui ne sont bien connus que sous le nom de Brigands d'Orgères, et qui ont donné lieu à un procès célèbre dans les Annales de Chartres, paraissent remonter, pour l'origine, à ces troupes vagabondes de Bohémiens du moyen-âge, dont ils avaient conservé quelques usages et quelques traditions. Comme eux, ils enlevaient des enfants, les élevaient dans leurs mœurs, sondaient de bonne heure leurs dispositions naturelles et les dressaient sous mille formes diverses au brigandage qu'ils réduisaient autant que possible en système social, n'y séjournant pas seulement quelques années, mais s'y cantonnant pour la vie, s'y établissant sans esprit de retour, parodiant de leur mieux les mœurs de la famille ou de la commune, contractant mariage, vieillissant et y mourant quelquefois. Ces honnêtes gens avaient, en 1780, établi leurs lares et pénates au sein de la forêt de Dourdan. Chassés de leur paisible retraite, mais non découragés, ils demandent abri et refuge au plus épais des bois de Montargis. Là, de nouveaux revers viennent les assaillir. Le chef de la bande et soixante-dix des siens périssent sur la roue en 1783 ; mais, quelques années plus tard, à la faveur des troubles qui présidèrent à la Révolution, Fleur-d'Épine, successeur du trop fameux Poulailler, entreprit de restaurer les affaires de la Société. Il n'y réussit que trop, et, prenant pour centre d'opérations notre pays, il imita la nouvelle division nationale. Le chef-lieu des départements d'Eure-et-Loir et du Loiret fut, pour lui le bois de la Muette. Les bois de Pussin, de Sainte-Escobille, de Chambeaudoin, de Cottainville, de la Porte, etc., furent transformés en districts et en cantons ayant chacun son lieutenant. Servis par des brigands du pays, tels que le Dragon de Rouvray, le Rouge d'Auneau, les Deux-Francs de Boisseau, ils semèrent la terreur dans la Beauce, qui leur offrait beaucoup de ressources par sa population dispersée, ses fermes isolées, par ses grands bois et ses riches plaines.

Il nous répugne d'entrer dans les détails de meurtres aussi épouvantables, de crimes, de tortures, d'assassinats, de massacres, de viols si honteux, si abominables. En face de telles atrocités, on se demande ce que devient l'âme de l'homme, car ces malheureux n'étaient plus des hommes ni même des animaux, c'étaient des monstres.

Angerville, grâce à la fréquentation de sa route et à ses auberges où l'on veillait toute la nuit, n'eut pas à subir le triste sort des communes environnantes. Ce n'était pas un refuge assuré. Élie Berthet rapporte qu'un soir ils osèrent néanmoins s'y introduire :

« Le soleil se couchait, quand on atteignit Angerville. Si vigoureux que fussent les chevaux au départ, ils commençaient à donner des signes de lassitude ; mais leur tâche était finie pour ce jour-là. Les voyageurs devaient, en raison de la difficulté des lieux, poursuivre leur route à pied. Évitant la grande rue où ils auraient pu être remarqués, ils s'engagèrent dans une ruelle déserte située sur les derrières du bourg, et ils s'arrêtèrent devant une grange qui semblait dépendre d'une ferme importante. Là, ils mirent pied à terre et le Beau-François siffla doucement. Après deux ou trois minutes d'attente, la porte s'entr'ouvrit et une personne, qui se tenait dans l'ombre, prononça une espèce de mot de ralliement ; le Beau-François y répondit, puis cavaliers et montures furent introduits dans l'habitation. Toutefois, les voyageurs ne s'y arrêtèrent pas longtemps ; moins d'un quart d'heure après, ils ressortaient par la même porte et avec de grandes précautions. Maintenant ils étaient à pied, leurs éperons avaient disparu, ils tenaient à la main des bâtons normands dont la poignée était en forme de crosse. Après s'être assurés qu'il ne se trouvait personne dans la ruelle, ils partirent en silence et la porte se ferma derrière eux. En peu d'instants ils eurent gagné la campagne, et, à la lueur du crépuscule, ils s'enfoncèrent dans un pays accidenté qui leur était familier, dans les bois de la Muette, et portèrent leurs ravages à Autruy, à Erceville, etc. Mais qui a ouvert, qui a fermé la porte de la grange? Est-ce un habitant d'Angerville? Nous ne voulons pas le supposer; mais l'histoire ne saurait reculer devant les plus tristes vérités, et nous devons dire que dans l'histoire des *Drames judiciaires* d'Armand Fouquier, on lit dans l'article Bande d'Orgères, qu'après l'affreux pillage de Millouard,

« Le Petit-Normand fut chargé d'aller vendre les effets de corps à l'auberge de la *Cuisse-en-l'Air,* près d'Angerville. L'aubergiste, sa femme et jusqu'aux domestiques de la maison étaient tous *Francs*........ » (1)

Les désastres de 1814 et de 1815 ne furent pas moins féconds en enseignements pour Angerville que la Révolution. Après l'abdication de Napoléon à Fontainebleau, le 4 avril 1814, le corps d'armée qu'il commandait fut dirigé sur la Normandie et passa à Angerville. Soixante généraux, leur état-major et la troupe, arrivant inopinément dans une petite ville de quinze cents habitants, sans provisions, sans fourrage, sans avis préalable et en l'absence de tous préparatifs pour les recevoir, jetèrent tout le pays en émoi. M. Armand Rousseau, maire d'Angerville, déploya, en cette occasion, toute la prudence et toute la présence d'esprit nécessaires pour calmer des soldats mécontents, affamés et réclamant en vain des vivres que ne pouvaient leur fournir les paisibles demeures qu'ils envahissaient et encombraient. Plusieurs généraux se décidèrent alors à continuer leur route vers Chartres ou se répandirent dans les villages voisins. Il ne resta de gens que ceux que l'on pouvait raisonnablement nourrir et loger. Notre petite ville ne fut pas quitte à si bon marché quand il fallut héberger l'étranger.

Après le rappel des Bourbons, le 10 avril 1814, Marie-Louise, partie de Blois pour se rendre à Rambouillet avec le jeune roi de Rome, traversa notre petite ville sous la conduite

---

(1) *Drames judiciaires*. — *Les Chauffeurs*. — *Bande d'Orgères*. — Armand Fouquier, page 19.

du général russe Schowaloff. On rapporte que, promenant ses regards empreints de mélancolie sur l'escorte étrangère qui écartait loin de lui la foule avide de le voir, et les reportant sur le visage attristé de Marie-Louise, l'enfant dit ces mots : « Ce ne sont pas les soldats de papa. »

A quelques mois de là, le 13 août 1814, c'était le tour de Mme la duchesse d'Angoulême. Cette princesse avait eu pour nourrice une dame d'Angerville, de la famille même du maire. On concevra donc sans peine que, sous cette influence, le sentiment public ait revêtu pour un moment toute la vivacité, tout le coloris d'un sentiment particulier. Chez Mme la duchesse d'Angoulême, l'infortune avait été si grande qu'elle ne laissait guère de place à l'ovation ; mais il y eut quelque chose de simple et de vraiment pastoral dans celle qu'on lui avait préparée à Angerville, à en juger par le procès-verbal dressé et inscrit sur les registres de la commune pour en *perpétuer* le souvenir :

« L'arc de triomphe, composé de trois portiques dont le principal était de douze mètres de hauteur, décoré de drapeaux et orné de guirlandes, portait les inscriptions suivantes : Vive Louis XVIII ! *Manibus date lilia plenis !* Louis paraît ! Bonheur renaît ! Vive la duchesse d'Angoulême ! »

Puis suivaient des vers ou inscriptions rimées, que nous reproduisons fidèlement :

> La terre est consolée et les cieux applaudissent.
> Dieu seul n'ignore pas tout le bien qu'elle a fait....
>   C'est maintenant que les nuages,
>   Dont nos jours étaient obscurcis,
>   Devant vous seront éclaircis
>   Et n'enfanteront plus d'orages.....
>
>   Le Ciel de tous ses dons l'avait ornée.
> Jamais tant de vertu fut-elle couronnée.....
> L'abondance partout ramènera les jeux ;
> Les regrets, les soucis s'enfuiront devant eux !

L'arrivée de M. le sous-préfet et des maires du canton fut le signal de l'allégresse. M. le maire, accompagné de M. l'adjoint, les membres du conseil municipal, tous les fonctionnaires et les habitants l'ont entourée et se sont précipités sur ses pas pour aller recevoir Son Altesse royale.

Les dames et les demoiselles, vêtues de blanc et ayant chacune un bouquet à la main, l'ont accompagnée. Des salves de mousqueterie *(sic)* et le son des cloches ont annoncé l'approche de Sa Majesté royale Mme la duchesse d'Angoulême.

Parvenu auprès de Son Altesse royale, M. le sous-préfet l'a complimentée et lui a adressé le discours suivant :

« Madame,

« Les habitants de l'arrondissement d'Étampes, dont je me glorifie d'être en ce moment l'organe, vous offrent l'hommage de leur amour, de leur respect et de leur fidélité. Le bonheur qu'ils éprouvent de voir au milieu d'eux une princesse qu'environnent de si touchants souvenirs, est pour eux d'autant plus ineffable qu'ils font partie de la population de Versailles, votre berceau, et que ce fut parmi eux que fut choisi le sein qui allaita Votre Altesse royale.

« Pleins de ces souvenirs, pleins de l'admiration de vos vertus et pénétrés de respect en contemplant aujourd'hui l'auguste fille de nos rois, ces bons habitants ne cesseront leurs acclamations que pour lever les mains au ciel, en bénissant le jour solennel qui vous rendit à leurs vœux. Jouissez, Madame, de l'allégresse et de la vive émotion que votre présence répand dans leur cœur. Comme eux, j'éprouve le besoin de mêler aux applaudissements universels le témoignage de ma joie, et de répéter ce noble cri, chéri de tous les bons Français : Vive Louis XVIII ! vive Mme la duchesse d'Angoulême ! vivent à jamais les Bourbons ! »

M. le maire a eu aussi le bonheur de lui adresser les paroles suivantes :

« Madame,

« Ils sont donc enfin arrivés ces heureux jours après lesquels nous soupirions depuis longtemps ! Béni soit le Seigneur, de la grâce insigne qu'il nous fait d'avoir l'honneur de posséder au milieu de nous une princesse aussi vertueuse ! Ce jour, Madame, où Votre Altesse veut bien nous faire l'honneur de demeurer quelques instants dans notre cité, sera à jamais mémorable dans les fastes *(sic)* d'Angerville. Oui, Madame, chacun de nous dira qu'il a eu le bonheur de voir une princesse accomplie, un digne rejeton de Saint-Louis.

« Quel avantage pour nous d'avoir recouvré une famille si chère à nos cœurs ! Que mille actions de grâces en soient rendues à Dieu ! Nous possédons un roi dont toute l'ambition consiste à faire le bonheur de ses sujets. Il nous reste maintenant la tâche de nous rendre dignes d'un si bon souverain.

« Ces paroles, Madame, que j'ai l'honneur d'adresser à Votre Altesse royale, sont l'expression de mes sentiments et de ceux des habitants d'Angerville dont je suis l'organe. »

Ensuite, une jeune demoiselle, à la tête de ses compagnes, lui a présenté un bouquet que Son Altesse royale a daigné accepter. Elle lui a adressé le discours suivant :

« Madame,

« Votre absence avait rempli de deuil la France entière. Vous nous êtes rendue, notre bonheur commence. C'est le plus vif des sentiments qui anime la commune d'Angerville. »

Enfin, M. le curé, respectable par sa piété et ses vertus, a aussi prononcé le discours suivant :

« Madame,

« Enfin, il est arrivé ce jour après lequel nous soupirions depuis si longtemps ! Quel bonheur pour nous de voir Votre Altesse royale, digne rejeton de Saint-Louis, dont vous imitez les vertus.

« Je prie l'auteur de toutes grâces de vous soutenir dans le chemin qui conduit au ciel. Trop longtemps, hélas ! nous avons été privé de votre présence. Quelle est la cause de nos malheurs et des maux dont nous avons été accablés de toutes parts? nos péchés.

« Nous ne pouvons rien faire de plus agréable à Dieu et de plus intéressant pour nous-mêmes, que de le servir dignement et de le conjurer de nous conserver une vie qui nous est si précieuse. Nous devons prier le Seigneur d'accorder de longs jours à un roi qui donne à ses sujets l'exemple de toutes les vertus. Nous faisons les mêmes vœux pour son auguste famille. »

Après le départ de Son Altesse royale, tout le cortége qui avait été au-devant d'elle s'est retiré à un banquet de quatre-vingts couverts qui était préparé, et qui a été suivi d'un bal ouvert par M. le sous-préfet.

Pour perpétuer le souvenir de cette journée, procès-verbal a été dressé et inscrit sur les registres de la commune, où il a été signé des maires, adjoint, curé et membres du conseil municipal.

Vers la fin de 1815, Mme la duchesse d'Angoulême, accompagnée cette fois de M. le duc d'Angoulême, traversait encore Angerville en allant visiter Bordeaux et les villes du Midi. Mais à peine avait-elle posé le pied sur le territoire bordelais, qu'elle recevait la nouvelle du débarquement de l'Empereur, de retour de l'île d'Elbe. On sait comment la terre trembla encore une fois sous les pieds du géant, et comment il tomba à Waterloo le 18 juin 1815. Quinze jours après, la convention militaire livrait Paris à l'étranger ; l'armée française avait ordre de se retirer au-delà de la Loire, et on lisait dans le *Moniteur* du 6 juillet 1815 :

« Le ministre de la guerre, sur le rapport qu'il lui a été fait qu'un grand nombre de généraux et d'officiers de toute classe, qui n'ont point de lettres de service pour les quartiers-généraux ou corps d'armée réunis à Paris, demandent une décision qui fixe leur sort, a arrêté les dispositions suivantes :

« Les généraux de toutes armes, qui ont reçu des ordres de

prendre des commandements de corps de troupe d'arrondissement ou de place, et qui n'ont pu se rendre à leur destination par suite des événements ;

« Les officiers supérieurs et autres dans les mêmes cas, les officiers généraux et autres de toutes armes, que la nouvelle organisation de l'armée laisse sans commandement et sans destination ;

« Ceux qui sollicitent des destinations sans en avoir obtenu ; devront suivre le grand quartier-général de l'armée, qui partira demain 6 juillet, pour aller le même jour à Longjumeau ; le 7 à Étampes ; le 8 à Angerville ; le 9 à Artenay ; et le 10 à Orléans, lieu de sa destination.

« Le ministre de la guerre, commandant en chef de l'armée,
   « *Signé*, Maréchal prince d'ECKMUHL.

« Le lieutenant-général, chef de l'état-major et général,
   « *Signé*, Comte GUILLEMINOT. »

Le prince d'Eckmuhl quitta Paris le même jour, en y laissant trois commissaires chargés de servir d'intermédiaires entre l'armée et le gouvernement. La convention militaire avait laissé espérer que la France aurait au moins le choix de son gouvernement ; il n'en fut rien. Le 8 juillet, pendant que l'armée en retraite arrivait à Angerville, Louis XVIII faisait sa rentrée dans Paris, à la suite de l'étranger. Les premières communications des commissaires trouvèrent Davoust au château de Dommerville. Il se hâta de rejoindre son état-major à Angerville. Un grand conseil de guerre fut alors tenu sur la place de l'Hôtel de la mairie, et là, malgré les protestations de quelques chefs plus dévoués ou moins crédules, une proclamation fut élaborée, qui invitait l'armée à faire sa soumission au roi. Quoique cette proclamation n'ait été datée que d'Orléans, c'est bien à Angerville, et après les premières communications des commissaires, que l'essai en fut fait sur les troupes. Non seulement on y promettait de conserver l'armée, de garder intact son honneur, mais on y parlait encore, qui le croirait? d'en faire un centre de ralliement, en cas de danger, de menace ou d'exigence trop forte de la part des étrangers.

Tout ce qui se passa à Angerville n'était que la conséquence de la capitulation de Paris. Le lendemain, Davoust demandait le changement de drapeau. « C'est l'intérêt de la patrie qui l'exige, disait-il aux soldats... Conservez-lui une nombreuse et brave armée... » Or, quelques jours après, les alliés demandaient impunément au roi, non-seulement la dissolution de cette même armée, mais encore la mise en accusation de ses plus illustres chefs. N'était-ce pas là la réalisation complète de cette parole de Napoléon aux signataires de la convention de Paris : « Les alliés se moqueront de vous... Vous pleurerez des larmes de sang... »

En effet, on avait livré Paris en s'honorant de sauver l'armée. Sous prétexte d'éviter la guerre civile, on avait demandé à cette armée de faire sa soumission et de changer son drapeau ; puis, tous ces sacrifices accomplis, l'armée était dissoute et frappée dans ses principaux chefs. Ce résultat avait été, comme on le voit, amené par degrés ; mais il fut donné à Angerville de voir la première tomber le masque et d'inscrire son nom à côté de l'un de nos plus affligeants souvenirs. Triste faveur du sort ! Ses vieux militaires pleurèrent longtemps leurs aigles abattues et leur drapeau déchiré, jetés dans les fossés.

La foire annuelle qu'Angerville obtint du roi, en 1818, témoigne de la prospérité croissante de notre pays, nous ne croyons pas pouvoir nous dispenser de rapporter l'ordonnance royale qui la créa :

« Louis, par la grâce de Dieu, roi de France et de Navarre, sur le rapport de notre ministre secrétaire d'État au département de l'intérieur, notre conseil d'État entendu, nous avons ordonné et ordonnons ce qui suit :

« Article premier. — Une foire annuelle est accordée à la commune d'Angerville, arrondissement d'Étampes, département de Seine-et-Oise. Elle se tiendra le 25 avril. Sa durée sera d'un jour.

« Art. 2. — Notre ministre secrétaire d'État de l'intérieur est chargé de l'exécution de la présente ordonnance, qui sera insérée au bulletin des lois.

« Donnée en notre château des Tuileries, le 11 mars l'an de grâces 1818, et de notre règne le vingt-troisième.

« *Signé*, LOUIS.

« Par le roi : le ministre secrétaire d'État au département de l'intérieur, « *Signé*, LAISNÉ. » (1)

Six ans avant cette nouvelle foire, celle de Saint-Hubert, qui se tenait autrefois le 3 novembre, fut remise au 4 du même mois par un arrêté du préfet en date du 22 janvier 1812. Ce changement devenait nécessaire pour laisser un jour d'intervalle entre celle d'Auneau qui se tient le 2 novembre, et donner ainsi le temps aux marchands et aux acheteurs de venir à celle d'Angerville qu'on appelle aujourd'hui Foire de la Toussaint.

Un autre marché aux volailles, beurre et œufs fut établi sur le carrefour du Puits-du-Bœuf, par arrêté municipal du 1ᵉʳ juin 1833.

(1) Extrait du Ministère de l'Intérieur.

CHAPITRE XVI.

Destinée du village royal. — Conclusion.

Jusqu'au xii° siècle, le village royal n'existe pour ainsi dire pas, et le paysan n'est guère connu que sous le nom de colon. Avant cette époque, la population fut livrée à toutes les chances des événements, à tous les abus de la violence et de la guerre. Au moment de la conquête, presque tous les habitants étaient ou colons ou esclaves. La condition du colon différait de celle de l'esclave en ce qu'il était libre envers tout autre que le propriétaire de la terre et pouvait contracter un véritable mariage, ce qui était refusé à l'esclave. Mais il était tenu de cultiver la terre et de payer au propriétaire une redevance. Il était soumis, comme l'esclave, à un châtiment corporel s'il manquait aux obligations qui lui étaient imposées. Enfin, il était enchaîné aux travaux de la glèbe et rien ne pouvait l'en affranchir, pas même le service militaire auquel cependant il était assujetti. Après la chute de l'Empire romain, le lien qui attachait les colons à la terre ne fut plus aussi fort; leur condition devint moins rigoureuse. Il y en eut qui ne durent que trois jours la semaine et qui, pour cette raison, furent appelés *triduanni*. C'est ce colonat qui, originaire de la Germanie, où il n'y avait pas d'esclaves, subsista essentiellement et se développa surtout en Beauce. Mais cette histoire se rattachant principalement au village seigneurial, nous n'avons pas à en parler ici. Sachons seulement que, comme cultivateurs, ces colons étaient politiquement et civilement dans la dépendance du propriétaire, dont le pouvoir remplaçait celui de l'Empereur en fait de juridiction et de législation. C'est alors qu'on vit la souveraineté se confondre avec la propriété, et les colons, outre leur redevance au propriétaire, donner l'impôt qu'ils payaient autrefois à l'Empereur comme souverain. Ils étaient taillables et corvéables à merci et miséricorde. Mais, poussé par cette loi naturelle à l'esprit humain qui tend toujours à augmenter sa somme de liberté, l'homme de la campagne, accablé de corvées, de prestations, de droits de toute sorte, à l'exemple des cités italiennes qui s'affranchirent au xie siècle, entrèrent en révolte, et de là cette grande révolution du xiie, que Augustin Thierry caractérise essentiellement par l'établissement de la commune jurée au nord, du municipe au midi.

Pour nous, habitant du centre, nous espérons ajouter, au magnifique travail de cet illustre historien, quelques vues qui n'ont pas encore été émises sur cette révolution et qui, sans doute, n'ont pu lui échapper ; mais le temps ou sa mauvaise santé ne lui a peut-être point permis de faire une étude spéciale à ce sujet.

Nous trouvons qu'il y a, dans cette révolution, un élément négligé dont nous ferons voir toute l'importance : c'est la création du village royal. Avant Louis-le-Gros déjà, les rois avaient accordé aux villages des priviléges tendant à affaiblir l'inégalité. La royauté n'était point, en effet, intéressée à restreindre les libertés civiles, et, en favorisant le travail, le commerce, elle faisait à elle-même sa force, sa richesse, elle diminuait et l'égalité des personnes et l'inégalité des biens. Mais les successeurs de Charlemagne, en transformant les bénéfices à vie en fiefs héréditaires, et la même hérédité étant concédée dans les pouvoirs publics, dans les offices, donnèrent naissance aux seigneuries indépendantes. Ces concessions, dont profitèrent surtout les seigneurs ecclésiastiques, à qui ces faibles monarques donnaient la terre pour gagner le ciel, furent contraires à la royauté. Elles accrurent tellement la puissance des seigneurs féodaux, que l'un d'eux finit par s'emparer de la couronne de France. Le paysan y avait bien gagné quelque chose par l'établissement de la sous-division de la propriété territoriale, d'où résulta la chaîne hiérarchique des vassalités. La terre lui étant concédée à la charge de payer des redevances, en reconnaissance du domaine direct réservé au seigneur, il entrait, par ce bail à cens ou censive, dans la hiérarchie féodale. Ces concessions, émanées du seigneur soit laïque, soit ecclésiastique, groupèrent la population des campagnes sur les territoires qu'ils étaient appelés à cultiver, et donnèrent ainsi naissance à des villages seigneuriaux ou monacaux dont les coutumes variaient à l'infini, dont la législation se résumait dans la main-morte qui avait essentiellement pour but de maintenir les serfs sur la terre au service de laquelle ils étaient attachés. Un serf ne pouvait céder son tènement à d'autres serfs étrangers. Il ne pouvait avoir pour héritiers que ceux qui continuaient à faire partie de la communauté rurale, et, si cette communauté venait à se dissoudre, le seigneur en recueillait l'héritage. La législation avait elle-même si bien favorisé ces communes rurales, ces villages seigneuriaux, qu'à la fin de la deuxième race, tous les laboureurs de notre contrée étaient serfs ; les terres libres avaient complètement disparu. La juridiction royale avait subi le même morcellement que la terre. Charles-le-Chauve avait concédé à l'abbé de Saint-Denis tous les droits de juridiction, sur une étendue de neuf lieues autour de la Seine, et c'est ce qu'on appelait alors la Cour-de-Saint-Denis.

Il était résulté de ces concessions une anarchie complète. Toute puissance fut exclusivement attachée à la possession territoriale, et l'idée d'une force sociale s'élevant au-dessus de tous, gouvernant dans l'intérêt de tous, s'effaça peu à peu. La tradition de l'unité romaine, vainement soutenue par le clergé fut complètement abandonnée ; la tendance à la souveraineté individuelle, à l'isolement de la vie barbare, au développement des passions brutales, se manifesta de plus en plus. Nous avons vu quelles violences existaient dans notre Beauce au temps des seigneurs de Méréville et du Puyset. Cet esprit d'indépendance avait puissamment contribué à arrêter les ressources de l'agriculture ainsi que celles du travail, qui ne peuvent s'accroître que par une organisation forte et bien réglée. Incapable d'habitudes pacifiques, dépourvu des connaissances qu'exigent une bonne administration et une sage économie financière, le seigneur ne savait guère retirer de ses domaines que les produits dont la nature fait à elle seule tous les frais. De là une immense disproportion entre les nécessités de la vie féodale et les ressources dont elle pouvait disposer ; de là ces violences, ces exigences sans nombre, ces droits multipliés à l'infini sur la terre du seigneur ; de là ruine, négligence, découragement ; de là, enfin, cette initiative révolutionnaire qui, dans notre contrée du centre, part essentiellement de l'Eglise et de la royauté. Suger et Louis-le-Gros sont, en effet, les deux grands réformateurs de l'époque. A leur appel, plus de quarante mille Beaucerons se rassemblent sous l'oriflamme de Saint-Denis, sous la bannière du roi, et, leur curé en tête, ils vont combattre les seigneurs féodaux de la contrée. Hugues du Puyset, Hugues de Méréville ne résistent point à leurs coups. La paix est rendue à Toury, à Monnerville, à tous les lieux circonvoisins; mais cela ne suffit pas, il faut encore y ramener l'ordre et le travail. Des instruments de labour sont donnés aux colons, les chemins sont plus sûrs, plus commodes ; l'espoir de la propriété, une justice mieux exercée relèvent le moral des paysans. Les maires retrouvent leurs droits, leurs prérogatives, enlevés par l'avouerie féodale qui avait anéanti la fortune du paysan par des tailles ruineuses, par la juridiction ordinaire dont ils s'étaient emparés, de sorte qu'il n'y avait aucun ordre et aucune proportion dans la perception des droits : l'avoué exigeait d'abord, le maire réclamait à son tour, et enfin le maître du terrain prenait tout ce qu'il pouvait ; il n'y avait dans la vie du paysan qu'une certitude, celle d'être pressuré. A ce point de vue, l'abbé Suger, le ministre de Louis-le-Gros, mérite de fixer notre attention, car c'est lui qui est réellement le rénovateur de l'agriculture, le réorganisateur de l'ordre public. Le premier il a su attirer sur les terres désertes le colon découragé, en ne lui imposant toujours que des conditions inférieures à celles qu'il aurait pu exiger; car, comme il le dit lui-même, il avait horreur de la rapine et de l'avarice. Il examine donc d'abord la valeur de la terre, en calcule le rapport moyen et proportionne sagement la taille au revenu. Le paysan alors peut mesurer son courage à ses charges. Et cette réforme, il l'opère à Toury. Là se montre déjà une administration un peu régulière. Une charte de l'époque nous fait voir le maire redevenant dans toute sa force un véritable magistrat, pouvant rendre comme autrefois la justice en l'absence du prévôt, qui lui délègue ses pouvoirs et lui assure des honoraires proportionnés à ses services. Mais il faut que ce maire présente, pour le ministère qu'il doit remplir, des garanties de probité et d'intelligence; il faut qu'il soit soumis et dévoué à l'autorité supérieure dont il est le représentant. Le maire sera donc élu par l'abbé ou par le prévôt, et ceux-ci auront le droit de le révoquer s'il manque à ses devoirs, s'il refuse l'obéissance. Le doyen, l'officier subordonné au maire, les échevins, ses assesseurs dans les jugements sont de même assujettis à leurs devoirs respectifs, aussi bien qu'à une subordination rigoureuse qui garantit l'ordre public. Non content de rétablir l'ordre dans les villages déjà existants, d'y amener le commerce par l'établissement des marchés auxquels sont attachés des priviléges importants, Suger eut l'heureuse idée de fonder des villages nouveaux et d'appeler sur les terrains incultes la population des campagnes qu'il rendait libre de toutes tailles. C'est à Vaucresson qu'il fit ce premier appel; c'est là qu'il établit cette première ville neuve, colonie agricole où les franchises accordées par le roi, exercées par son prévôt, furent le modèle des villes neuves ou villages royaux. Louis VI, en effet, était trop intéressé à se ménager l'appui des gens de la campagne pour ne pas, lui aussi, à l'aide de quelques concessions, s'assurer l'appui du paysan et augmenter ses revenus. Son génie en cela n'eut pas beaucoup à s'évertuer. Imiter ce qu'avait fait Suger, c'était suivre ses intérêts. Il eut donc l'idée de créer aussi dans le domaine royal des villes neuves, des villages qui, se développant à l'ombre de priviléges royaux, devaient être le germe de la centralisation monarchique, de l'administration judiciaire, de l'agriculture, des municipalités communales et enfin du tiers-état. Aussi nous permettrons-nous d'apporter quelques matériaux à l'*Histoire du Tiers-État,* créé par le génie d'Augustin Thierry. L'admiration que nous avons pour son talent, la conscience de nos recherches nous donnent le courage d'émettre ici une opinion qui, pour être nouvelle, n'en sera pas moins, nous l'espérons, accueillie favorablement par ceux qui s'occupent sérieusement de l'évolution historique. Non-seulement la révolution du XIIe siècle consiste pour nous dans l'établissement de la commune jurée au nord et du consulat au midi, nous croyons que le centre n'est pas étranger à ce mouvement réformateur ; il y a là, au contraire, un élément de révolution plus puissant qu'ailleurs : c'est la création du village royal. Augustin Thierry, parlant de l'état administratif de notre contrée, dit que les libertés civiles y sont assez mal définies, ou absolument seules ou jointes à une certaine somme de droits administratifs, mais sans garantie politique, sans juridiction, sans magistrature indépendante, sans cette demi-souveraineté qui fut le caractère primitif, l'objet idéal, sinon toujours atteint, du consulat et de la commune. Il prétend en outre que toutes les villes, grandes ou petites, anciennes ou nouvelles, ont échappé à l'action de la propagande du XIIe siècle. Nous avons vu, au contraire, que l'administration au centre avait été bien rétablie au XIIe siècle, et Toury nous a donné l'exemple d'une administration dont les charges étaient bien définies. L'auteur de l'*Histoire du Tiers-Etat* nous semble, dans la révolution communale, beaucoup plus occupé de la ville et du bourgeois que du village et du paysan. Pour lui, c'est la ville qui réagit sur la campagne, et cette réaction, il la pose pour un des plus grands faits sociaux du xiie et du xiiie siècle, et il nous fait voir la liberté municipale à tous ses degrés, découlant des villes sur les campagnes, soit par l'influence de l'exemple et la contagion des idées, soit par l'effet d'un patronage politique ou d'une agrégation territoriale.

« Non-seulement les bourgs populeux aspirèrent aux franchises des villes fermées, mais dans quelques lieux du Nord on vit la nouvelle constitution urbaine, la commune jurée s'appliquer, tant bien que mal, à de simples villages ou à des associations d'habitants de plusieurs villages. Les principes de droit naturel qui, joints aux souvenirs de l'ancienne liberté civile, avaient inspiré aux classes bourgeoises leur grande révolution, descendirent dans les classes agricoles et y redoublèrent, par le tourment d'esprit, les gênes du servage et l'aversion de la dépendance domaniale. N'ayant guère eu jusque-là d'autre perspective que celle d'être déchargés des services les plus onéreux, homme par homme, famille par famille, les paysans s'élevèrent à des idées et à des volontés d'un autre ordre : ils en vinrent à demander leur affranchissement par seigneurie et par territoire et à se liguer pour l'obtenir. Ce cri d'appel aux sentiment d'égalité originelle : « Nous sommes hommes comme eux ! » se fit entendre dans les hameaux et retentit à l'oreille des seigneurs qu'il éclairait en les menaçant. Des traits de fureur aveugle et de touchante modération signalèrent cette nouvelle crise dans l'état du peuple des campagnes. Une foule de serfs, désertant leur tenure, se livraient par bandes à la vie errante et au pillage. D'autres, calmes et résolus, négociaient leur liberté, offrant de donner pour elle, disent les chartes, le prix qu'on voudrait y mettre. La crainte des résistances périlleuses, l'esprit de justice et l'intérêt amenèrent les maîtres du sol à transiger, par des traités d'argent, sur leurs droits de tous genres et leur pouvoir immémorial. » (1)

(1) *Histoire du Tiers-Etat.*

Nous admettons volontiers que les révoltes ont commencé dans les villes, pour s'irradier ensuite dans les villages. C'est presque toujours ainsi que se font les révolutions. Mais il nous semble qu'il y a eu ensuite une réaction manifeste du village sur la ville. En Beauce, le paysan n'a pas besoin de s'établir en commune jurée. Il trouve dans les abbés de Saint-Denis et dans le roi, des protecteurs intéressés contre les seigneurs féodaux. Ils obtiennent même des priviléges remarquables de l'abbaye et de la royauté qui ne pouvait d'abord faire reconnaître son autorité aux communes jurées du Nord ou aux villes municipales du Midi. Il était bien plus naturel de s'adresser aux habitants de la campagne, ou même de fonder des villages où les cultivateurs deviendraient hommes du roi. De là la formation de ces villes neuves royales ou colonies agricoles, dans lesquelles le roi faisait appel aux cultivateurs laborieux, aux serfs vagabonds, et où les franchises, données et reçues pacifiquement et exercées sous l'autorité d'un prévôt royal, tournèrent au profit des habitants, à l'avantage de la terre et à celui de l'État. Les hommes laborieux ne tardèrent point à convoiter ces franchises royales, et ils allèrent se ranger d'eux-mêmes sous l'autorité du roi. C'est ainsi que les premiers habitants d'Angerville obtinrent leur liberté municipale et le droit de ne relever que de la justice du roi et de n'avoir à fournir, aux préposés et aux maires royaux, ni tailles, ni impôts, ni subsides d'aucune espèce ; et cette justice royale s'administrait d'après les mêmes principes que ceux établis par Suger dans les villages de son abbaye. C'étaient donc un maire, des échevins relevant du roi qui administraient le village. Ce premier essai de colonisation et de municipalité royale se développa rapidement. Lorris, en Gâtinais, est la preuve la plus convaincante des franchises accordées aux villages et, par suite, de l'action de ces villages sur les villes. Cette influence est si manifeste, que l'auteur de l'*Histoire du Tiers-Etat* non-seulement ne peut dissimuler l'importance de ce village devenu si célèbre par sa charte de coutumes, mais que, de plus, il prouve lui-même notre thèse, en disant que la situation qui lui était faite dès les premières années du XIIe siècle, anticipait en quelque sorte sur la plupart des conditions essentielles de la société moderne. Largement dotée de franchises pour les personnes et pour les biens, elle ne formait point un corps, elle n'avait aucun degré de police qui lui fût propre. Néanmoins, et c'est ce que prouve tout le rôle du village à cette époque, sa charte fut l'objet de l'ambition d'une foule de villes qui la sollicitèrent et qui l'obtinrent soit des rois, soit des seigneurs. Sa popularité ne fit que grandir et s'étendre dans les siècles où déclinèrent graduellement les municipalités à priviléges politiques; si bien que M. Augustin Thierry affirme lui-même qu'à l'époque où Louis XIII (1631) réforma ces coutumes, elles étaient alors communes à près de trois cents villes, bourgs ou villages du Gâtinais, de l'Orléanais, du pays Chartrain, du Blésois, du Berry, de la Touraine, du Nivernais, de la Champagne et de la Bourgogne : preuve d'autant plus péremptoire de l'influence du village, qu'elle nous est fournie par Thierry lui-même. Cette coutume déclare, en premier lieu, que tout habitant de Lorris ne paiera, pour sa maison et pour son arpent de terre, que six deniers, qui est le même cens accordé aux habitants d'Angerville. Mais, de plus, les habitants de Lorris n'ont pas, comme ceux d'Angerville, à payer la dîme ou le champart ; ils ont une entière jouissance des fruits de leurs travaux. Nul, dit la charte, ne paiera les droits pour les provisions qui doivent servir à sa nourriture ; nul ne donnera de taille sur la récolte qu'il aura obtenue par son travail ; nul ne sera tenu aux droits de forage pour les vins qu'il aura retirés de ses vignes ; l'habitant de la paroisse de Lorris ne sera point appelé hors de la banlieue pour répondre devant la justice du prévôt ; quiconque sera requis pour le service militaire du roi, pourra retourner le soir du même jour dans sa demeure ; nul ne sera retenu captif, s'il peut donner caution à la justice ; l'amende qui était de 60 sous ne sera plus que de 5, et celle de 5 ne sera plus que de 12 deniers ; les parties qui voudront s'accorder avant les débats de justice ne paieront aucune indemnité au prévôt ; ceux qui auront témérairement réclamé le gage de bataille et qui s'en repentiront ensuite, pourront encore traiter pacifiquement, mais ils rachèteront leur imprudence par une amende de 2 sous et demi chacun ; si les parties persévèrent dans leur première résolution et que le combat ait lieu, les ôtages du vaincu paieront 112 sous d'amende. Ce qui prouve bien l'intention manifeste de rendre aussi rare que possible le recours à l'épreuve de la bataille. Libertés personnelles, libertés dans ses biens, protection, justice accordée à chacun, tout dans la coutume de Lorris était populaire, et nous ne devons pas nous étonner de l'extension de ses priviléges. Sa nature exclusivement civile la rendant propre à passer de l'état de loi urbaine à celui de coutume territoriale, elle prit ce rôle dans la jurisprudence, elle amena une transformation administrative qui eut généralement pour résultat de soumettre la justice civile et criminelle à la puissance du roi, par l'intermédiaire d'un bailli ou d'un prévôt ; et ainsi, à l'aide de ces concessions que Louis-le-Gros accordait dans son intérêt et dans l'intérêt de ses terres, comme il l'avoue lui-même, il jetait les premières assises de l'édifice monarchique et semait le germe de cette centralisation qui, en France, a porté la royauté à l'apogée de la puissance.

Aux coutumes diverses, aux usages d'origine multiple, aux lois mal définies, au découragement du paysan, à l'habitude de vivre de brigandages, la charte accordée au village royal fit succéder l'ordre, la justice, le travail, l'assurance de posséder et le sentiment élevé de la famille. Ainsi s'opérait dans le village une révolution toute pacifique qui, par cela même, devait porter des fruits bien plus durables. C'est, en effet, de ces pauvres et laborieuses bourgades que partit le développement de l'agriculture, qui a jeté quelque bien-être sur le sort de l'existence du paysan ; et la royauté, dirigée dans ses franchises par un but intéressé, en recueillait elle-même les plus grands fruits, car l'homme de la campagne, comme son terrain, a toujours rendu au centuple ce qu'on lui a donné.

Ces priviléges accordés par les rois attirèrent la population des campagnes dans les villes neuves. Bientôt les villages seigneuriaux furent abandonnés : c'était le résultat convoité par les ordonnances royales. En effet, Louis VI avait préparé cette désertion par une ordonnance au sujet d'un village situé près d'Étampes, dans laquelle il stipulait que les serfs de l'abbaye de Morigny, s'ils épousaient une femme de condition servile appartenant au roi ou inversement, recevraient la moitié des fruits de l'Église, c'est-à-dire des terres qu'ils étaient chargés de cultiver. C'était la seule condition, c'était la condition essentielle grâce à laquelle Louis VI consentait à prendre l'abbaye sous son patronage. Le paysan trouvait donc dans le village royal ou monacal des conditions d'existence qu'il ne rencontrait pas dans le village seigneurial. Aussi nous voyons, sous le successeur de Louis-le-Gros, tous les progrès que l'agriculture avait faits dans les villages royaux, ils n'étaient plus exposés à la disette qui surprenait les autres villages. Une lettre de Saint-Bernard peut nous convaincre de ce fait :

« Nos frères de la maison Dieu-de-Bourges (écrit-il à Suger)
« manquent de pain, et nous avons ouï dire que, dans le même
« pays, la récolte du roi est abondante et qu'elle est à bas prix.
« C'est pourquoi nous vous prions d'ordonner que les dits
« frères reçoivent une part de cette récolte, suivant la mesure
« qu'il plaira à votre sagesse. »

Une autre lettre témoigne encore de l'abondance des terres royales, alors que les autres sont restées stériles : preuve bien convaincante de toute l'importance de la restauration apportée par le ministre de Louis-le-Gros dans l'agriculture. Mais, de plus, indépendamment de ces fondations nouvelles, de ces villes neuves dans lesquelles la royauté développait les premiers germes de son administration, elle trouvait dans d'autres villages reconstitués municipalement, à Toury par exemple, ce que le citoyen donne à l'État, ce que le baronnage ne voulait pas ou ne pouvait donner, la sujétion effective de subsides réguliers, de milices capables de discipline. C'est par ce secours qu'avant la fin du XIIe siècle, la royauté fit de sa suprême seigneurie un pouvoir actif et militant, pour la défense des faibles et le maintien de la paix publique. Aussi voyons-nous son successeur, fidèle à ses principes, considérant qu'il est de son devoir d'engager les pauvres à venir se placer sous sa puissante protection, parce qu'ils y trouveront sécurité, faire savoir qu'il donne à habiter, comme autrefois son père à Angerville, la terre appelée Varennes, près d'Étampes, à la condition que chacun des hôtes payât chaque année 5 sols : moyennant quoi l'habitant sera libre de toute exaction, réquisition, taille, impôt, ost et chevauchée. Mais il semble déjà que Louis VII, qui au fond n'avait d'autre but que d'attirer sur cette terre les serfs des villages seigneuriaux pour augmenter le nombre de ses sujets, ne voulut pas accorder les mêmes franchises aux serfs de son domaine, dans la crainte de les voir abandonner les villages où les franchises étaient moins étendues. « Si quelqu'un de nos serfs, dit-il, se réfugie sur cette terre, il ne pourra pas revendiquer sa liberté contre nous ; là, nous pourrons disposer de lui selon notre bon plaisir. »

C'est guidé par le même intérêt, que ce même Louis VII déclara libres tous les hommes de poest de la ville d'Orléans, dans un rayon de cinq lieues. En suivant son exemple, les successeurs de Louis-le-Gros ouvraient, aux hommes persécutés par leurs seigneurs, de nouveaux refuges sur leurs domaines auxquels ils attachèrent le droit de bourgeoisie, qui ne put d'abord s'acquérir qu'à la charge de fixer son domicile dans le village royal et d'y demeurer au moins pendant un an et un jour. Plus tard on put se faire homme du roi par simple aveu ou déclaration de volonté.

Déjà, dans les villages seigneuriaux, suivant le principe de droit féodal, les seigneurs ne reconnaissaient à leurs justiciables la faculté de recourir à la justice du roi, comme suzerain, que dans deux cas où ils n'avaient pu se faire justice :

les cas de deffaut et de jugement faussé. Cependant, l'exemple donné par le roi, qui soumettait à l'appel les décisions de ses officiers et même de ses grands baillis, aidés par une mesure habile qui assujettit les parties succombant dans leur appel à une amende envers le seigneur, finit par vaincre toutes les résistances, et les livres des établissements constatent qu'à la fin du XIIIe siècle, la cour du roi recevait sans contestation les appels des jugements rendus par les juridictions seigneuriales dans les villages royaux. Louis VII et Philippe-Auguste profitèrent de l'usage qui autorisait le suzerain à transporter sa cour de justice dans les états de son vassal, pour accoutumer les paysans à la suprématie de la juridiction royale.

Ici l'homme de la campagne, qui avait rencontré dans la royauté l'attention qu'il méritait, ne tarda point à obtenir aussi des priviléges des seigneurs. Beaucoup d'entre eux, épuisés d'argent par les croisades, entrèrent en composition avec leurs serfs qui trouvèrent, dans le pécule formé du produit de leurs travaux agricoles, la rançon de leur servitude, et ces censitaires affranchis se livrèrent avec plus d'ardeur et de courage à des travaux dont ils recueillaient les fruits. Il y eut alors comme une sorte de rivalité entre les seigneurs et le roi pour la concession des priviléges, et c'est ainsi souvent que de la jalousie, de la rivalité des pouvoirs, sortit une certaine somme de liberté pour le peuple.

Louis VIII, continuant l'œuvre d'affranchissement de ses prédécesseurs, proclama la liberté de tous les serfs du fief d'Étampes. Blanche de Castille favorisa également l'émancipation des serfs, et l'on vit se propager à cette époque la coutume de l'abonnement; les habitants de tout un village se rachetaient de la servitude en payant à leurs seigneurs une redevance déterminée. Ils portaient le nom d'abonnés. Les serfs ainsi émancipés restaient soumis à l'impôt de la capitation. La tradition rapporte que le petit village de Chalou, surnommé Chalou-la-Reine, obtint des franchises de la mère de Saint-Louis. Aucun document n'est venu nous confirmer cette assertion. Ce que nous savons seulement, c'est que la reine Alix ou Adèle, femme de Louis VII, mère de Philippe-Auguste, donna aux religieux de Louis, près de Dourdan, où elle avait établi sa principale demeure, vingt muids de blé de rente à prendre sur la seigneurie de Chalou. Elle donna cette charge aux chevaliers de l'ordre de Saint-Jean-de-Jérusalem. Cette reine qui, d'après le texte de la charte citée ci-dessus, avait obtenu Chalou de son fils, peut, ce nous semble, donner l'explication de l'épithète qu'on ajoute à Chalou, en le nommant Chalou-la-Reine. Saint-Louis abolit le combat judiciaire confirmé par Louis-le-Gros, établit la quarantaine du roi, substitua aux épreuves barbares de la force le recours aux enquêtes, le pouvoir de prendre un asseurement à la justice royale, subordonna ainsi à la juridiction du roi toutes les autres juridictions, et ce droit d'appel devant la cour royale fut d'abord appliqué aux jugements émanés des juridictions des villages royaux. Enfin, le paysan obtint, sous Philippe-le-Bel, le droit de siéger au tiers-état, et, plus tard, nous voyons Louis X *le Hutin* employer, dans son ordonnance de l'affranchissement des serfs, ces paroles mémorables : « Dans le pays des francs, chacun doit être franc ; la chose doit s'accorder avec le nom. » Il est vrai qu'en ordonnant l'affranchissement des hommes de la glèbe, lui encore pensait essentiellement à ses intérêts, car cette liberté, il ne la donna pas, il ne fit que la vendre, il ordonna même qu'on l'achetât. Beaucoup de serfs résistèrent à ses offres et aimèrent mieux rester main-mortables. Mais la plupart, sentant le besoin de sortir de leur état de servitude pour acquérir la liberté, vendirent leur mobilier, seule propriété qu'ils avaient eu droit de posséder jusqu'alors. Ainsi s'accroissait le pouvoir et la juridiction royale, et, de ce principe qui rendait en quelque sorte illimité le droit d'appel à la cour du roi, il fut permis à tout homme, de quelque village qu'il fût, de se placer sous la sauvegarde du monarque. La cour du roi, à son tour, déduisit de ce principe le droit pour tous d'appel à sa juridiction.

Ces appels à la cour du roi amenèrent devant elle des causes régies par les diverses coutumes de chaque pays, et il devint nécessaire à cette cour de s'adjoindre des hommes versés dans la connaissance des différentes coutumes. Les seigneurs du temps auraient cru salir leur blason, déroger à leur dignité, en se livrant à l'étude. Ce fut donc, encore une fois, au tiers-état que la royauté demanda des esprits laborieux pour étudier l'inextricable législation de l'époque, qui n'était qu'un amas confus de coutumes variant à l'infini, et ces hommes, qui, dans le principe, n'étaient guère regardés que comme des répertoires vivants des droits de l'époque, devinrent non-seulement indispensables à la royauté dans l'administration de sa justice, mais aussi nécessaires aux seigneurs, qui avaient souvent recours à eux dans leurs nombreux procès. De là rapprochement entre les hommes du tiers-état et les seigneurs, rivalité entre la puissance de la science et la puissance des titres et de la richesse. L'intelligence se faisait aussi sa noblesse, et elle montait graduellement à la place qu'elle doit occuper, c'est-à-dire à la suprématie de toute dignité, à la direction des destinées sociales. C'est ainsi que nous avons vu M. Delpech, sorti des rangs du peuple, s'élever à la dignité de conseiller au Parlement et devenir un des seigneurs les plus puissants de son temps. L'instruction, en effet, a été pour le village la plus grande cause d'affranchissement; elle a donné à l'homme plus de liberté, plus d'indépendance que toutes les concessions antérieures, car celui-là seul est libre qui ne relève que de lui-même. Cette admission du paysan à une part des droits politiques avait marqué, par un signe frappant, le progrès accompli dans sa condition civile. Dès-lors, en effet, à chaque convocation d'états-généraux, il y eut des assemblées primaires composées des habitants de tous les villages, et concourant, par leurs délégués, à la formation des cahiers et à l'élection des députés du tiers-état. Cette innovation, qui date de l'assemblée de 1484, fit désormais un seul corps politique de toutes les classes du tiers-état. Les gens du plat pays se trou-

vèrent en possession de parler pour eux-mêmes, et c'est d'eux
que venaient directement les remontrances qui les concernent
dans les cahiers des années 1484, 1560, 1576, 1588. Cette
justice royale, confiée dans les villages aux maires et à laquelle
la royauté attachait justement, dans le principe, une grande
importance, avait été envahie progressivement par ces maires
qui substituaient leur puissance à celle de la royauté, moins
intéressée au village depuis que les villes s'étaient rendues
spontanément à elle. Nous savons, en effet, que, parmi tant
d'autres villes, Étampes avait demandé à échanger sa charte
de liberté communale, devenue trop anarchique, contre une
charte de priviléges royaux. Ces mairies héréditaires avaient
donné naissance à différents fiefs, et beaucoup de maires
devinrent ainsi seigneurs. Beaucoup de villages furent ainsi
envahis. Leurs priviléges royaux s'étaient confondus dans les
coutumes, et les rois qui, depuis l'établissement de la milice
permanente, avaient moins directement besoin du paysan,
négligèrent les villages ; ils les abandonnèrent volontiers aux
seigneurs voisins. Ici s'arrête l'évolution du village royal.
Dès-lors, un conflit de seigneurie et de justice apparut dans
son sein. Le paysan rentra dès ce moment dans un nouvel
état de servage. Après avoir joui d'une certaine somme de
liberté, il retomba à la discrétion du seigneur ; il lui fallut
réparer les murs du château, creuser les fossés, nourrir le
colombier, engraisser la garenne féodale et souvent payer à
tous les droits qu'il ne devait qu'à un seul. Le long procès
survenu au sujet d'Angerville nous a donné un tableau on ne
peut plus curieux de l'état du village au xviiie siècle. Nous y
avons vu combien encore était misérable la condition du
paysan, et cependant il était resté dans ce village quelques
éléments de municipalité ; les seigneurs qui se le disputaient
étaient certainement les moins exigeants de l'époque, mais la
plupart étaient convaincus que la dureté est une condition du
gouvernement, et ils la formulaient ainsi :

> Oignez vilain, il vous poindra.
> Poignez vilain, il vous oindra.

Il ne fallut rien moins que la Révolution pour effacer les dernières traces de la servitude du paysan. Depuis lors, une renaissance s'est manifestée au village. La création de la petite propriété a élevé beaucoup d'artisans laborieux au rang de la bourgeoisie. L'instruction, devenue plus facile pour leurs enfants, leur a ouvert les carrières libérales, et c'est à cette grande crise sociale que nous, simple enfant du village, vilain d'origine, nous devons notre affranchissement et la place que nous avons eue au banquet de l'instruction.

Puissions-nous en avoir assez profité, pour bien mériter de notre pays et amener le lecteur à cette conclusion :

Angerville-la-Gâte, petite ville de Beauce, est une véritable fille du xiiᵉ siècle. Suger et Louis-le-Gros, voilà ses parrains. Une main plus heureuse qu'habile a découvert son acte de naissance perdu. Elle date d'un temps où la royauté, faible encore, s'occupait à peupler son domaine, à y fonder des villages, en attendant qu'elle eût la force de renverser et de saccager des villes. On accordait certains priviléges, certaines garanties de sûreté et de protection, à quiconque viendrait bâtir, cultiver ou planter en un certain endroit, sur un certain territoire. A cet appel, quelques cabanes s'élevaient, se groupaient autour d'une modeste chapelle et devenaient le noyau d'une petite cité qu'une foule de causes pouvaient anéantir dans son germe, que d'autres causes pouvaient seconder et développer.

Angerville fut du nombre de ces *villæ novæ,* de ces villes neuves, car tel était le nom commun par lequel on désignait ces sortes d'établissements, quand des circonstances particulières ne venaient pas ajouter quelque attribut spécial à la terminaison *villa*. A ce titre seul, Angerville méritait de fixer l'attention; à ce titre seul, elle avait droit aux honneurs de la monographie. Et qu'on ne pense pas qu'il y ait eu chez nous un parti pris d'avance, un dessein conçu sans raison, sans examen, de retrouver dans Angerville l'ancien *Angere regis* des lettres de Louis-le-Gros. Bien loin de là, nous avons attendu que nous y fussions absolument contraints par des preuves nombreuses et incontestables ou, pour mieux dire, par la suite entière de son histoire.

1° Nous avions supposé tout naturellement, en considérant sa position, qu'elle n'avait pu appartenir qu'aux abbés de Saint-Denis, seigneurs de Toury, Rouvray et Monnerville, ou aux châtelains de Méréville, déclarant la tenir du roi, mais leurs aveux ne remontant qu'à François Ier, les abbés et religieux de Saint-Denis restaient nos seuls contradicteurs.

Or, il est prouvé que ceux-ci ne s'y sont établis qu'insensiblement, par degrés, à dater seulement du XIIIe siècle. Avant le XIIe, il n'est nulle part question d'Angerville. Si elle eût existé, les religieux de Saint-Denis n'eussent pas manqué de la convoiter à cause de son voisinage avec leurs autres possessions, et encore moins d'en parler si elle leur eût appartenu.

Comme ils redoutèrent toujours la concurrence des seigneurs de Méréville, il leur importait que les priviléges de cette localité fussent confirmés, parce que si d'un côté ces priviléges s'opposaient aux envahissements de l'abbaye, de l'autre ils avaient l'avantage de laisser le terrain neutre entre elle et le château de Méréville.

Aussi les priviléges d'Angerville furent-ils confirmés ; on ne vit oncques de château à Angerville, et nul comte, ou vicomte, ou baron ne prit le titre de seigneur d'Angerville avant le XVIe siècle, et même à cette époque, si les habitants ont quelques demandes à former, comme celle relative à des murs d'enceinte ou celle relative à l'établissement d'un marché, on ne les voit point recourir à des intermédiaires : ils s'adressent directement au roi, seul suzerain qu'ils reconnaissent. Ils étaient donc dans une position privilégiée, et d'où leur était venu cette position, sinon des lettres de Louis-le-Gros confirmées par Charles VI.

Enfin, quand plus tard les abbés de Saint-Denis crurent y avoir bien solidement établi leur seigneurie, on vit un officier royal leur reprocher d'y usurper une justice qui ne leur appartenait pas; et dom Basile Fleureau dit de même que, dans l'origine, tous les habitants d'Angerville, sans exception, appartenaient à la juridiction royale. Angerville était donc au roi, et au roi seul dans le principe. C'est justement ce qu'indique fort bien la dénomination d'*Angere regis*.

2° Il ne suffirait pas, sans doute, d'avoir prouvé qu'Angerville appartenait au roi, pour être en droit d'en conclure qu'elle était bien la même chose qu'*Angere regis*. D'abord, on ne peut confondre Angerville-la-Gâte avec Augerville-la-Rivière qui est située dans le Gâtinais, qui existait au xii⁰ siècle sous le nom d'*Augeri villa*, tandis qu'*Angere regis*, d'après le texte de la charte, était bien, comme Angerville-la-Gâte, situé dans l'Orléanais, situé dans le domaine du roi : c'est donc là seulement qu'il faut en chercher la place.

Angere regis n'était pas, à proprement parler, un bourg, une *villa* déjà existante, mais une certaine portion de territoire qui devait se peupler par suite de priviléges accordés à ceux qui viendraient la cultiver, l'habiter. Ce lieu était donc inculte et désert. Le surnom d'Angerville rappelle aussi cet état : *gasta*, terre inculte. C'est au xii⁰ siècle que ce territoire commence à être cultivé, et nous avons vu qu'il est aussi moralement impossible qu'Angerville eût existé avant cette époque, qu'il est physiquement certain qu'elle existait déjà au xiii⁰ siècle.

Angere regis devint le siége de l'établissement d'une ville neuve (*villa nova*). Angerville en a aussi tous les caractères et priviléges. Il existe encore aujourd'hui à ses portes un petit village qui porte le nom de Villeneuve. De plus, la charte accordée par le successeur de Louis VI, à Villeneuve, près d'Étampes, renfermant les mêmes exemptions d'ost et de chevauchée et les mêmes priviléges, tout concourt à prouver qu'Angerville est bien une ville neuve du xii⁰ siècle.

Enfin, si l'on nous demande pourquoi, dans l'hypothèse de cette identité, nous n'avons pas expliqué la manière dont ce changement de nom s'opéra, nous répondrons : Par une excellente raison, c'est qu'il n'y a pas eu le moindre changement de nom ; *Angere villa* s'est traduit et devait se traduire par Angerville.

3° *Angere regis,* d'après les lettres de Louis VI, était situé non loin d'une source bouillonnante, si l'on peut traduire ainsi le mot *ebulitio.* C'était peut-être une source d'eaux minérales. Angerville a été placée, par un ancien géographe, non loin de la source de la Chalouette et de l'étang de Chalou que son bouillon a formé, sans doute, par suite de l'affaissement du terrain. Cette petite rivière et cet étang ont été certainement remarquables et par l'abondance et par les propriétés de leurs eaux qui, comme celles du Loiret, ne gèlent jamais. Mais nous sommes si éloignés de prétendre tirer avantage de l'erreur légère du géographe Jaillot, que nous sommes le premier à convenir qu'on ne voit plus d'eaux aujourd'hui à Angerville, et qu'elle est distante d'environ huit kilomètres de la source de la Chalouette. Combien de lieux, en Beauce et ailleurs, ont autrefois possédé des sources, aujourd'hui desséchées soit par suite du déboisement presque absolu du territoire, soit par d'autres causes ! Nous ne citerons que Valpuiseaux et Puyselet près de Villeneuve, etc., dont les noms indiquent encore le voisinage d'eaux qu'on y chercherait vainement aujourd'hui.

Si l'on trouve encore que cette preuve n'est pas convaincante, nous pouvons avancer qu'il y avait autrefois une fontaine près d'Angerville.

Ainsi, en 1693, nous voyons, d'après les archives du Loiret (1), qu'un seigneur d'Ormeville demeurait à la Fontaine en Beauce, près d'Angerville-la-Gâte; que, de plus, enfin, il existe encore aujourd'hui, aux portes d'Angerville, un chantier connu sous le nom de chantier de la Fontaine.

Si, malgré cela, l'on s'obstine à soutenir que le mot *ebulitio*

---

(1) Document de M. Vincent, membre de la Société archéologique d'Orléans.

ne peut s'appliquer qu'à la source du Loiret, à cause du phénomène bien connu qu'elle présente, qu'on nous montre donc auprès de cette source un lieu jadis appelé *Angere regis*. Ce lieu n'était pas connu du temps de Secousse. A-t-il été découvert depuis? nullement, et cependant Secousse avait fait un appel très-direct à cet égard aux savants et antiquaires d'Orléans. Que faut-il en conclure, sinon que ce lieu était situé ailleurs qu'à la source du Loiret? Et quelle apparence, en vérité, qu'aux portes d'Orléans, dont les environs ont été cent et cent fois explorés, un tel lieu n'eût pas été découvert, s'il eût jamais existé, quand tant d'autres localités obscures, gratifiées autrefois de priviléges royaux, comme *Angere regis* et dans les mêmes circonstances, sont aujourd'hui parfaitement connues, quoique leur situation n'ait pas été mieux désignée que celle d'*Angere regis,* tels que *Locus de Allodiis* (les Alluets-le-Roi, près Poissy), dont la situation n'est indiquée que par ces mots *ad molarias,* et Villeneuve, près Étampes, qui ne porte aucun nom dans les lettres de Louis-le-Jeune et dont la topographie n'est désignée que par ces mots *apud Varennas,* sans que l'on sache si c'est au nord, au sud, à l'est ou à l'ouest de ce point que la ville neuve devait être établie?

Il est à remarquer, en effet, que les désignations de lieux, qui furent le berceau de la plupart des villes neuves dans le domaine royal, sont généralement très-vagues et empruntées le plus souvent à des circonstances extrêmement passagères. Ces priviléges n'étaient pas faits, on le voit assez, pour durer longtemps. Ils allèrent : 1° se fondre et former des priviléges plus importants encore, connus sous le nom de coutumes. C'est ainsi qu'Angerville vit les siens se mêler à la coutume de Lorris dont elle a eu ensuite tous les avantages. Cette coutume, comme on sait, s'est divisée en deux branches : Lorris Montargis et Lorris Orléans. Les arguments de La Thomassières, pour prouver la fusion des priviléges locaux en coutume, sont péremptoires, et on voit clairement comment Angerville, qui est citée dans son ouvrage ainsi que dans celui de Lhôte et Lepage, a perdu ses priviléges locaux. En second lieu, ces priviléges, besoin de l'époque, devaient certainement s'effacer et disparaître avec les circonstances qui les avaient fait naître, surtout lorsqu'un usurpateur quelconque avait intérêt à les tenir dans l'ombre et dans l'oubli. Or, c'est justement ce qui est arrivé à Angerville.

Il faut remarquer, en outre, que ce n'est pas seulement à la cause générale du développement de l'agriculture, mais encore à certaines causes particulières et purement locales, que sont dues ces franchises rurales, ces lettres de noblesse du XIIe siècle. Angerville en offre un exemple, car, indépendamment de l'intérêt général de l'agriculture et de la population des campagnes, l'existence d'Angerville devenait en quelque sorte une nécessité toute particulière, lorsque l'ancienne route romaine fut, au XIIe siècle, abandonnée pour une route plus directe de Paris à Orléans par la Beauce. Sa position correspondait, en effet, à l'un des points de division par étapes et relais de cette nouvelle direction, et le nom d'*Angere*, dans la basse latinité, semble précisément indiquer, d'une manière spéciale, des services de poste, de transport et de relais. *Angere regis*, relais du roi, indique bien Angerville où plusieurs rois se sont arrêtés, et qui a toujours été un relai de poste.

5° Par toutes ces considérations, nous nous sommes cru en droit d'affirmer qu'Angerville était bien l'*Angere regis* des lettres de Louis-le-Gros ; mais si quelqu'un pense que nous nous sommes trop pressé d'aborder à cette conclusion, qu'il veuille bien se donner la peine de prendre ici le contre-pied et de supposer pour un moment qu'Angerville n'est pas *Angere regis*, qu'elle n'appartenait pas au roi, qu'elle existait avant le XIIe siècle, qu'elle était bien au couvent de Saint-Denis ou au château de Méréville, et qu'elle n'a jamais joui des priviléges d'une ville neuve du temps de Louis-le-Gros ou de son fils Louis-le-Jeune. A peine cette hypothèse est-elle formée que tout devient inexplicable dans l'histoire de cette petite ville.

On n'expliquera ni les achats ou autres modes d'acquisition graduelle de Saint-Denis à Angerville, ni le reproche d'usurpation de justice qui lui est adressé en occasion solennelle par un officier du roi, ni le silence gardé, dans la même occasion, par le seigneur de Méréville, ni les demandes directement adressées au roi pour avoir des murs d'enceinte ou des marchés, ni l'absence d'un seigneur particulier reconnu et légitime, ni l'existence de ce droit de mairie dont parlent les aveux, ni l'indépendance de son église, ni ces délibérations municipales sous le porche de cette église, ni ces tiraillements continuels entre trois juridictions rivales, celle du roi, celle de Saint-Denis et celle de Méréville, entre deux coutumes, celle d'Étampes et celle d'Orléans, entre deux élections, celle de Pithiviers et celle de Dourdan, ni le procès enfin qui a duré si longtemps à son sujet.

Dans cette hypothèse, la monographie d'Angerville est un tissu d'absurdes contradictions. Or, lorsqu'une supposition est absurde ou conduit à des absurdités, son contraire est la vérité. Donc Angerville est bien l'*Angere Regis* de Louis-le-Gros.

Établir cette vérité, ce n'est pas seulement restituer l'acte de naissance d'Angerville, c'est aussi combler une lacune dans l'histoire de la Beauce et de l'Orléanais, en rendant enfin compte de cet *Angere* dont les traces semblaient perdues, pendant qu'il était là, bien vivant, sous nos yeux, comme pour prouver cette vérité qu'il n'y a pas de difficulté plus insoluble que celle qui n'existe pas.

C'est apporter notre humble pierre à l'édifice de l'histoire provinciale, c'est attirer l'attention de la critique historique sur l'une des parties les plus importantes de l'administration de Suger soit comme abbé de Saint-Denis, soit comme ministre, c'est ajouter une notion de plus aux notions déjà acquises sur ce point, et mettre dans tout son jour cette même notion, en l'éclairant de toutes les lumières qu'il nous est donné d'emprunter à la haute histoire.

***

C'est enfin suivre, depuis le xii⁰ siècle jusqu'à nos jours, à travers tous les changements, toutes les révolutions, l'existence de l'une de ces villes neuves, pauvres, mais laborieuses filles d'un âge de renaissance. Et si l'on suit avec tant d'intérêt les destinées d'un monument de cet âge, si l'on s'enquiert des modifications qu'il a subies, si l'on se préoccupe des dégradations qu'il a souffertes, pourquoi ne pas s'attacher à une petite ville, centre de nos affections, monument animé où, depuis six cents ans, le mouvement, la vie, le travail et l'intelligence de l'homme préparent à ceux qui viendront après lui une somme toujours croissante de vie, de mouvement, d'intelligence et de travail.

Parmi les causes qui contribuent au développement des villes, il en est de permanentes et de durables ; il en est aussi d'occasionnelles, de fugitives et d'éphémères. L'intérêt particulier les distingue aisément, tout en profitant des unes et des autres. Ainsi, nous avons vu qu'Angerville devait en grande partie son origine aux besoins de l'agriculture ; elle lui dut aussi ses premiers développements. De bonne heure, son heureuse position y créa des routes, y féconda le commerce et l'industrie ; elle mit, il est vrai, longtemps à grandir, mais en traversant les guerres anglaises, les guerres de religion et les autres guerres civiles qui ont si cruellement réagi sur la Beauce, c'était beaucoup pour elle de ne pas périr.

La statistique générale établit que, du xiii⁰ au xvi⁰ siècle, de Philippe-Auguste à François Ier, la population de la France est restée stationnaire, si même elle n'a subi une légère diminution dans la proportion de trente-deux à trente habitants par kilomètre carré. Faut-il s'étonner après cela du temps qu'une pauvre bourgade a mis à s'accroître? Mais, quand la centralisation monarchique eut, au xvii⁰ siècle, fait de Paris et de la cour un centre d'attraction universelle, cette même bourgade, jetée tout près du centre, sur l'un des principaux rayons qui y aboutissent, s'accrut avec rapidité ; toutefois, une telle cause de prospérité n'avait rien en soi que d'occasionnel et de transitoire. Ce qu'une certaine somme de centralisation avait valu à Angerville, une plus forte somme ne pouvait-elle le lui ravir? Des moyens plus prompts de communication, un mode plus savant et plus rapide de locomotion ne pouvaient-ils lui enlever en grande partie le bénéfice et les avantages attachés à sa position et à la création des routes qui la traversent? sans nul doute. Mais, dans un tel système, ce que les grands centres enlèvent aux petits, ils le leur rendent avec usure, quand ces derniers savent user des ressources durables et permanentes dont la nature, le travail ou l'art les ont pourvus.

Comme l'Antée de la fable, Angerville, fille de la terre, ranimera ses forces au contact de la terre. Elle se souviendra qu'elle a été déjà le théâtre d'un comice agricole du département de Seine-et-Oise. Son commerce cherchera désormais sa base dans l'étendue de son marché, et son marché lui-même ne saurait trouver que dans l'agriculture une large et féconde alimentation. C'est donc aux soins qu'elle exige, aux procédés nouveaux et plus savants qu'elle emploie, qu'Angerville doit aujourd'hui donner la plus grande part de son attention.

Plusieurs de ses enfants se sont déjà occupés sérieusement des questions agricoles.

M. Louis Rousseau, né à Angerville le 28 avril 1784, qui eut pour parrain le duc de Penthièvre, et pour marraine la princesse de Lamballe, a publié, en 1822, un mémoire in-octavo intitulé : *Commerce des grains dans le système général d'économie industrielle.* Ce fut un rapport présenté au nom de la commission spéciale à la Société d'agriculture de l'arrondissement d'Étampes, à propos de l'ouvrage de M. Laboulinière, sous-préfet de cet arrondissement, ayant pour titre : *De la Disette et de la Surabondance* (1). A côté de ce

---

(1) M. Louis Rousseau est aussi auteur d'un autre ouvrage intitulé : *La Croisade au XIX*e *siècle, ou Appel à la piété catholique à l'effet de reconstituer la science morale sur une base chrétienne, suivie de l'Exposition critique des Théories phalanstériennes.*

mémoire, nous avons encore à enregistrer les importants travaux sur les maladies des céréales et des bestiaux de la Beauce, par Tessier, doyen de l'Institut de France, à qui notre modeste cité, fière de son noble enfant, a l'intention d'élever un monument.

Déjà le conseil municipal a voté, à cet effet, une somme de mille francs comme premiers fonds à prendre sur les ressources libres de la commune ; et, pour mener ce projet à bonne fin, il a été nommée une commission locale, composée de MM. Rousseau, maire, Fougeu, Delafoy, Guenée, membres du Conseil municipal ; Lecomte, membre du Conseil général ; Marcille, du Conseil d'arrondissement ; De Saint-Roman, maire de Méréville ; Brinon, maire de Dommerville ; Bertrand, secrétaire de la Mairie ; Marot, receveur municipal, et Ernest Menault.

Une autre commission s'est également formée à Paris ; voici le nom des membres qui, jusqu'alors, ont donné leur adhésion : MM. Dumas, Geoffroy-Saint-Hilaire, Duméril, Serres, membres de l'Académie des Sciences ; Darblay aîné, Huzard, Bourgeois, Barral, de la Société d'Agriculture ; Magne, professeur d'hygiène à Alfort ; Doriez, directeur de Rambouillet ; Boussingault, Yvart, Davin, membres de la Société d'Acclimatation, Genreau, président du Comice agricole de Chartres ; Darblay jeune, député de Seine-et-Oise, et Richard du Cantal, vice-président de la Société d'Acclimatation.

Puissent nos compatriotes ne pas accueillir trop défavorablement les idées simples et naturelles qu'un désir bien légitime de voir prospérer notre pays nous a conduit à émettre. Puissent-ils voir, à défaut de talent, dans cette œuvre d'un jeune homme, un sincère amour du sol natal.

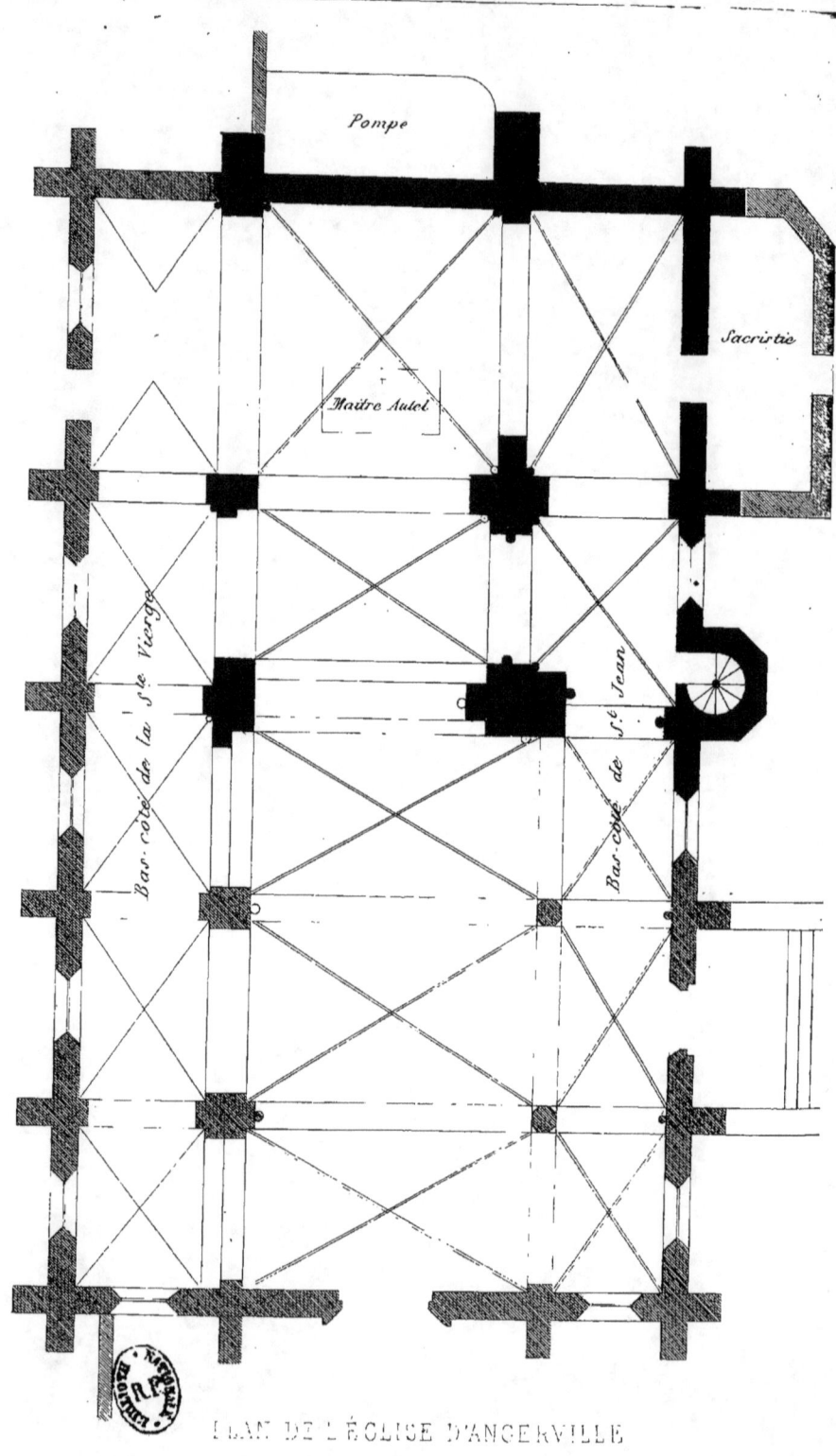

PLAN DE L'ÉGLISE D'ANGERVILLE
à 5 milli. p.' m.'

ÉGLISE.

Si l'on ne doit toucher qu'avec une extrême réserve aux monuments du passé, même pour les restaurer, si les constructions antiques ont toutes leur enseignement et leur poésie, l'humble église du village a droit aussi à notre respect, à notre attention. En effet, c'est le seul endroit qui ait conservé un peu de peinture, de sculpture et d'histoire. Quand l'art lui manque, elle y supplée par un sentiment plus touchant, par des souvenirs plus intimes, et, pour ainsi dire, par un lien de parenté avec nous. D'abord humble chapelle, elle a fait comme le hameau son frère, elle a grandi, mais le temps a tout changé, tout remué, tout renouvelé autour d'elle. Où sont les traces des premières demeures? Elle seule est restée là, debout, immobile, croissant comme par alluvion, recevant l'empreinte plus ou moins pure de tous les siècles qu'elle a comptés, et cependant conservant toujours sur quelques pierres noircies par le temps, la date de leur commune origine. Cette œuvre a grandi comme la fortune du village, chaque génération lui a apporté sa pierre. C'est elle qui d'une agglomération de chaumières a fait un centre moral de population, un foyer social.

Au moyen-âge, l'église était à la fois pour les habitants de la campagne un point de ralliement, un centre de relations, quand il n'y avait pas encore de marché établi, une maison de ville où s'enregistraient sous la main du prêtre les naissances, mariages et décès, un refuge dans le danger, une école publique où chacun venait puiser sa part d'enseignement, un asile où les pauvres, les malades demandaient soulagement et guérison, un lieu sacré où le laboureur offrait les premières gerbes de sa moisson, et le vigneron la première grappe mûrie à sa treille.

C'était le seul champ de la publicité, le seul foyer des sentiments sociaux et religieux ; c'était une scène enfin, une scène ouverte à toutes les émotions qui firent battre le cœur de nos pères.

L'importance de l'Eglise révèle assez l'influence du clergé séculier. Cette influence remontait aux derniers jours de l'empire romain, à cette désastreuse époque où le corps municipal appelé *curie*, rendu dans chaque cité solidaire des impôts établis, obligé de peser à son tour de tout le poids de la tyrannie sur ses administrés, se trouva brisée entre cette pression et cette résistance. Tout le pouvoir municipal tomba dès-lors aux mains des évêques et des curés dont le nom rappelle encore celui de curie. Les évêques commencèrent d'abord par être adjoints aux défenseurs dont la mission primitive était de défendre le peuple et surtout les pauvres contre l'oppression et les injustices des officiers impériaux et de leurs employés. Bientôt leurs attributions surpassèrent celles des magistrats impériaux, et, sous Justinien, ils devinrent réellement gouverneurs de provinces. Comme le clergé possédait seul alors quelque crédit, ce fut dans ses mains que tomba presque partout cette institution et par conséquent tout ce qui subsistait encore du régime municipal. « C'était trop peu, dit M. Guizot, pour relever les municipes sous la domination de l'Empire ; c'était assez pour procurer au clergé une grande influence légale dans les villes, après l'établissement des Barbares, pour faire de l'évêque le chef naturel des habitants, le véritable maire. On voit donc comment entre l'ancien régime municipal des romains et le régime municipal des communes du moyen-âge, fut placé comme transition le régime municipal ecclésiastique. »

L'église d'Angerville, qui ne remonte qu'au xiie siècle, n'eut, comme les autres campagnes dont l'origine est plus reculée, ni de chorévêques, ou évêques, qui remplissaient les fonctions épiscopales dans les bourgs et les villages, ni de vicaires-généraux, ni de prêtres chargés d'instruire le peuple. Mais on ne tarda pas à bâtir des oratoires. Tel fut le commencement des cures et des paroisses. Dans l'origine les prêtres qui en furent chargés, portaient le nom de cardinaux quand ils y étaient nommés définitivement. Ce nom de cardinaux (1), dit Fleury, marquait qu'ils étaient attachés à leur église comme une porte est engagée dans ses gonds. Ce fut seulement au xiie siècle qu'on commença à les nommer curés. C'étaient, ajoute Fleury, autant de petits évêques ; ils pouvaient dire des messes, prêcher et même baptiser aux jours solennels. Ces droits ne furent accordés qu'aux titres principaux ou églises archipresbytériales qu'on appelait à cette époque *plebes*. De ces églises principales dépendaient des cures inférieures ou oratoires, nommées plus tard succursales. Dans la suite les curés purent administrer tous les sacrements, à l'exception de l'ordre et de la confirmation. Le curé était primitivement secondé par des diacres et des diaconesses, chargés de distribuer aux hommes et aux femmes des secours temporels et spirituels.

Nous voyons, en 1650, des sages-femmes qui semblent remplacer les diaconesses. Elles ont le pouvoir de donner le sacrement du baptême, ainsi que le prouvent plusieurs actes extraits des archives d'Angerville :

« Le mercredi vingtième jour de novembre mil six cent cinquante-deux, Marguerite de Bourges, femme préposée pour assister les femmes en leur accouchement, demeurant en ce bourg d'Angerville, a presté entre mes mains le serment requis

---

(1) *Cardo gonds.*

en telle rencontre, après avoir esté trouvée capable d'administrer le sacrement de baptême en cas de nécessité, en tesmoins de quoy je prestre curé de la dite paroisse d'Angerville et bâchelier en théologie de la faculté de Paris, ay signé ce que dessus est véritable. « FÉLIBIEN,
« Curé d'Angerville. »

L'histoire de l'église d'Angerville offre les mêmes particularités que l'histoire du hameau. Comme lui elle fut convoitée par les mêmes personnages. Tantôt ce sont les seigneurs de Méréville, tantôt les abbés de Saint-Denis qui s'en prétendent seigneurs et fondateurs, et comme le village elle n'appartenait en réalité ni à l'un ni à l'autre. Une preuve qu'elle ne faisait pas partie du domaine de Saint-Denis, c'est que les églises de cette abbaye en Beauce ont eu saint Denis pour patron. Ainsi Toury-Saint-Denis, Rouvray-Saint-Denis, Monnerville-Saint-Denys (1), et, dans le principe, les églises de Toury et de Tivernon étaient à la collation de l'évêque d'Orléans. Elles ont été données en 1162 à Eudes, abbé de Saint-Denis, par Manassés, évêque d'Orléans. Rien ne révèle que l'église d'Angerville ait appartenu à l'abbaye de Saint-Denis. Dans l'inventaire, où toutes les possessions comme nous l'avons déjà répété sont scrupuleusement enregistrées, il n'est nullement question de l'église d'Angerville. On sait seulement qu'elle était à la collation de l'évêque de Chartres. Il est vrai qu'après la mort du cardinal de Retz, dernier abbé commandataire de Saint-Denis, les religieux y firent peindre une lettre chargée de l'écusson de ses armes, comme on l'a vu au procès, où il est dit encore que le cardinal de Retz s'en prétendait le fondateur. Mais déjà au XVe siècle, Jean de Reilhac, seigneur de Méréville, avait prétendu à ce même titre de fondateur, ainsi qu'il résulte de l'aveu de 1599. Enfin, dans un document trouvé dans les archives du château de Méréville et tiré du fief des Murs, il est dit que le lieu *presbitorial* était chargé envers la dame des

---

(1) Le patron de Monnerville n'est plus le même aujourd'hui.

Murs, comme fondatrice de l'église et du cimetière, de six livres tournois de sous pour rentes le jour de la Saint-Etienne (1). Nous savons que le fief des Murs était alors possédé par damoiselle Gilette Dupont. Or l'église d'Angerville datant positivement de cette époque, nous sommes en droit de conclure que c'est bien elle qui en fut réellement fondatrice. Nous verrons plus tard pourquoi tel ou tel personnage s'en est prétendu fondateur. Pour arriver à cette démonstration, il est nécessaire de faire l'historique de la construction de cette église.

L'église d'Angerville n'offre à l'extérieur rien qui puisse fixer un instant l'attention de l'artiste. Ce n'est plus la primitive chapelle dont la construction naïve rendait si bien la simplicité du sentiment de nos ancêtres. Ce vieux monument, accablé par les ans, tout décrépi, présente partout les sillons des révolutions qu'il a traversées, des dégradations qu'il a subies. C'est un amas confus de tous les styles. Qui pourra nous dire tout ce qu'il a souffert. Son corps couvert de cicatrices accuse partout de profondes blessures. A-t-il été victime de la foudre, de l'incendie, du pillage, des armées ennemies qui ont tant de fois ravagé le hameau? La chapelle, ornée de ses premières peintures, entourée de son cimetière aux modestes croix de bois, a disparu au milieu des réparations, des additions apportées successivement par les siècles et les besoins du village. Elle n'est plus comme jadis située au milieu du pays ; elle ne paraît plus être le centre de toutes les attractions, le commerce s'est fait une route à l'extrémité du hameau ; de nouvelles maisons s'y sont élevées. Les anciennes ont, pour ainsi dire, tourné le dos à l'église : ainsi s'est ajouté un village commercial à côté du village religieux. Des auberges se sont formées ; d'autres nécessités ont entraîné le paysan vers d'autres buts, si bien que l'église aujourd'hui semble reléguée dans un coin du pays. C'est à peine si son toit s'élève au-dessus des autres.

(1) Toutes ces pièces curieuses ont été mises à notre disposition avec une grande bienveillance, par M. le comte de Saint-Roman, propriétaire du château.

Sa tour qui ne manque pas de caractère et surtout de pittoresque s'était également engloutie dans le massif des maisons élevées à la place des chaumières, et l'enfant, revenant au village, n'allait plus l'apercevoir, si l'on n'avait eu l'heureuse idée de lui ajouter une flèche qui maintenant la signale au loin.

Située au nord-ouest du pays, entre le presbytère et l'ancien cimetière, l'église, orientée du couchant au levant, présente à considérer deux faces latérales et deux extrémités.

L'extrémité occidentale ou entrée principale est formée par un pignon muni de quatre contreforts de hauteur et de saillies inégales, dont le caractère révèle la fin du xve siècle. Vers sa partie centrale existe un portail dont la forme irrégulière semble rappeler l'architecture romane du xiie. Deux colonnes appartenant réellement à cette époque d'architecture, sembleraient confirmer cette assertion, si des faits péremptoires nous démontraient que cette construction est plus moderne. Ne savons-nous pas, du reste, combien les églises de village offrent de semblables anomalies. Le désir de conserver une ancienne pierre provenant soit de l'église primitive, soit d'une église voisine, a fait ainsi commettre dans les hameaux bien des singularités de construction. Au-dessus de cette porte se trouve un grand oculus plus moderne encore et d'un fort mauvais goût. A droite et à gauche, dans chacun des bas-côtés, s'ouvrent deux fenêtres ogivales d'inégale dimension, celle de droite est trilobée à sa partie supérieure et l'autre est sans ornementation.

Malgré toute cette irrégularité, cette porte n'en constitue pas moins la principale et véritable entrée de l'église. Mais sa situation incommode a forcé le public de faire son entrée habituelle par la façade latérale du sud qui présente, entre deux contreforts, une porte cintrée du xve siècle, revêtue d'une archivolte avec base à la partie inférieure des moulures. Un porche intéressant par ses souvenirs historiques, précédait encore cette porte, il y a vingt ans. Là, le dimanche, après les offices, c'est-à-dire quand ils étaient remplis de l'esprit de

Dieu, les habitants, avertis par un son spécial de la cloche, se réunissaient pour agiter les questions importantes de la commune ; là ils prenaient toutes leurs délibérations ; là, encore, entre l'église d'où l'on sortait de prier et le cimetière qui remplit le cœur d'émotion, les pauvres demandaient la charité. C'était la véritable scène dramatique du village.

Sur la droite de ce porche, dans l'intervalle des deux piliers suivants, vers l'extrémité antérieure, se dresse vigoureusement la tour dont la partie inférieure, de bonne et solide construction, est percée d'une fenêtre ogivale. Carrée par sa forme, comme les églises de campagne du xiie et xiiie siècles, elle se terminait, avant l'addition de la flèche, par un toit en batière. A l'angle droit de cette tour existe un escalier hexagonal faisant saillie et terminé par une calotte pyramidale qui se perd à la partie supérieure des contreforts.

A l'étage intermédiaire déjà moins solidement construit, se voit une baie de style ogival très-pur. Plus haut on remarque d'autres baies jumelles, de forme ogivale, avec menaux formés d'une colonne, munies d'abat-sons. Au-dessus de ces fenêtres existe un cordon sculpté de neuf petites arcades trilobées d'un fort bon goût, et qui donne à cette construction un cachet spécial peu commun aux clochers de la Beauce. L'ensemble de cette tour et de la flèche est d'une hauteur de trente-trois mètres trente centimètres.

En avant de cette tour, encore dans l'intervalle de piliers et en saillie sur l'édifice, est une petite sacristie sans le moindre intérêt.

Enfin l'église se termine par un chevet carré, suivant l'habitude assez générale de la contrée. Cette façade est formée par un pignon dont un des côtés descend plus bas que l'autre, et est soutenu par un énorme et massif contrefort remarquable par son mauvais état de conservation. Au centre existe une vaste baie ogivale surbaissée, divisée en trois parties très-irrégulières, très-déjetées, garnies de deux menaux. Cette base est actuellement murée et nous avons observé qu'il en était de même dans toutes les églises beauceronnes. Au tiers inférieur de cette baie commence un petit appentis, de construction moderne, servant à loger la pompe, et qui est du plus mauvais effet. C'est une manie déplorable, une maladie contagieuse qui tend à envahir chaque jour nos campagnes. On encombre les églises de bicoques qui masquent le peu d'élégance de ces pauvres monuments. En face de cette construction, on remarque un grand portail circulaire qui devait servir d'entrée soit au cimetière, soit à l'ancien presbytère. On rencontre en effet dans la Beauce beaucoup d'anciens presbytères ayant, à côté de la petite porte d'entrée qu'on reconnaît à son guichet et à son marteau, une autre grande porte cintrée analogue à celle dont nous venons de parler.

La face du nord, de construction plus récente et aussi la plus simple, est munie de six contreforts, tous d'égale saillie, de même moulure, ayant entre eux une fenêtre ogivale sans ornementation. Elle présente vers sa partie moyenne une porte murée avec un écusson de forme singulière à la clef, mais sans gravure et surmonté d'un oculus sans intérêt.

Si l'on pénètre dans l'intérieur de cette église, on est saisi d'un profond sentiment de tristesse, en voyant le mauvais goût qui a présidé à sa décoration ou à ses réparations. On ne peut s'empêcher de regretter que les hommes les plus intéressés à conserver l'art religieux, en soient précisément les démolisseurs. Que d'églises de campagne ont à reprocher à l'ignorance archéologique de leurs administrateurs, des destructions de monuments historiques, des sections sacrilèges de colonnes, de pierres tombales, où une date, un nom donnaient la clef du passé. Que de badigeonnages grossiers ont maculé des peintures curieuses, et enseveli des dates, des détails de sculpture intéressants! Que d'*ex-voto* ont été profanés, vendus ou échangés par des ventes ou des échanges illicites. Ici un lustre magnifique a été remplacé par quatre autres sans valeur. Une pierre tombale a été ensevelie, et dans le misérable but de créer quelques places, de grossir un peu le revenu de la fabrique, les colonnes du temple ont été sciées par un vandalisme incroyable. L'ignorance dans son action continue est souvent plus redoutable que les révolutions. Il est vraiment bien fâcheux qu'il n'y ait pas dans chaque diocèse un conseil d'administration pour la surveillance de toutes les réparations ou acquisitions des églises. Nous attendrons sans doute encore longtemps cette réforme. Mais poursuivons notre description.

La nef, ainsi que le prouve la date de 1521 gravée à la retombée d'un des arcs de voûte qui se trouvent sous les orgues, remonte au xvie siècle. Cependant d'après les constructions elle a dû être commencée à la fin du xve. Elle est composée de trois arcatures ogivales posant sur des piliers dissemblables et sans élégance. Néanmoins cette nef est parfaitement voûtée, chaque arête est munie d'une nervure prismatique, et les moulures de ces arêtes viennent se fondre dans les piliers. L'irrégularité de cette nef nous donne à penser qu'on a dû mettre de longues années à terminer cette construction : aucune ornementation remarquable ne la décore. C'est à peine si nous osons mentionner la chaire à prêcher qui est une œuvre moderne sans prix, et un petit orgue huché dans une sorte de boîte posée au-dessus de la grande porte d'entrée.

Si de la nef nous passons au chœur, nous y rencontrons tous les caractères de l'architecture du xiie siècle. Néanmoins, comme dans les petites localités on était toujours en retard sur le mouvement général, on pourra peut-être rapporter cette construction à la première moitié du xiiie : nous n'affirmons du reste rien à cet égard. Quatre piliers lourds, massifs et d'une irrégularité incroyable, supportent des voûtes assez bien conservées. Ces piliers sont munis à leur angle de colonnes tronquées dont les chapiteaux ont, les uns, conservé la forme cubique si usitée au xiie siècle, tandis que d'autres munis de crochets à leurs angles, accusent le xiiie. Mais la plupart sont composés de larges feuilles à peine saillantes. Ces chapiteaux couronnés d'un brutal tailloir, sont composés uniquement d'un listel et d'un cavet. A la rencontre des nervures des voûtes, on aperçoit des clefs en forme de roses assez petites et assez grossièrement sculptées. Tout, comme on le voit, dans l'architecture de l'église, est fait pour jeter le doute dans l'esprit de l'observateur et le perdre en conjectures sur la primitive église. (1)

L'énorme pilier droit de l'entrée du chœur est creusé, dans l'intérieur du clocher, de sillons produits par les injures du temps. Ces altérations peuvent faire supposer que dans le principe ce pilier était extérieur, et si l'on en croit la tradition, il devait être à l'entrée de la chapelle primitive qui, dit-on, était formée par la moitié antérieure du bas-côté Saint-Jean. Deux petits autels dédiés à sainte Anne et à saint Roch étaient adossés à ces piliers qui précèdent le chœur.

Le mur-plein de l'abside simplement décoré d'une boiserie du xviiie siècle ne mérite pas de fixer l'attention. Il contient dans son milieu un tableau de l'Annonciation non signé. C'est une médiocre copie qui nous paraît être de la même époque. Il y a deux ans à peine, le maître-autel s'appuyait contre cet abside. Aujourd'hui il est situé au milieu du chœur, déjà trop étroit, et que de nouvelles grilles en le circonscrivant font paraître encore plus restreint. Ce changement n'a eu qu'un avantage (triste avantage), celui de cacher au public la pierre tombale sur laquelle le lutrin est maintenant placé.

Le tabernacle, irrégulier, a une forme étrange. Le rétable est à jour et peu élevé. Une châsse moderne d'un mauvais style flamboyant, contient une relique de saint Pierre rapportée, il y a quelques années, de Rome par le curé Chalet.

Le lutrin placé derrière l'autel est le seul objet d'art qui arrête un peu l'attention. Il est en bois de chêne et fort riche. Sa base à face triangulaire est ornée, à ses angles, de chimères en volute. La tige en forme de balustre est ornée d'acanthe et couronnée par un chapiteau dont les volutes représentent des chérubins ailés. Un aigle, ailes déployées, vigoureusement sculpté, se cramponne à une sphère posée sur la plate-forme

(1) Fait constaté par un savant archéologue de Chartres, M. Ad. Lecoq.

du chapiteau. Cette œuvre dont les détails sont peut-être d'un goût contestable, acquiert cependant une véritable valeur par la richesse de son ensemble. Honneur en soit rendu aux marguilliers de l'époque, car on lit sur une des moulures que ce lutrin « a été fait faire en 1688 par Jean David, François Fri-« teau, et Jean Delafoy, marguilliers de la paroisse. »

Toute cette partie de l'église, depuis l'extrémité postérieure de la nef jusqu'à l'abside, compte vingt-neuf mètres vingt centimètres de longueur sur sept mètres vingt centimètres de largeur et huit mètres vingt de hauteur.

Un marbre trouvé dernièrement dans le grenier du presbytère devait, d'après la tradition, être scellé autrefois sur un des piliers du chœur. Il porte cette inscription :

« Messieurs les Marguilliers de leuvre et fabricque de l'esglise de St.-Pierre d'Angerville-la-Gaste et leurs successeurs seront tenus et obligés tous les dimanches, avec festes annuelles de faire catéchiser les enfants des habitans de ceste paroisse isve es vespre et po^r cest esfect y entretenir un homme d'esglise y habitué lequel célébrera la Messe à 8 hevres le 9e lo^r de chûn mois et en fin de lad. Messe ferra dire par les enfants y assistans oraisons, Pater noster et Avé Maria à l'intension de l'âme de feu noble hôme Iean de Mareav vivât secrétaire ordinaire de la chambre du Roy décédé le 9 août 1634, aprés avoir donné à ladite evvre le tout à perpétuité vne maison et teroir sise en ce bourg et teroir d'Angerville et ès environs appelée la maison de la belle ymage le tout passé Pdevant Plastrier et Contesse N^{res} au Ch°let de Paris le 11 Ivn 1640. le tout mis et aposté à la diligense d'hônorables hommes Frâçois Blanchet Lvbin Langlois Pierre Fauvet Jules Dvrât pour lors marguilliers de la dite paroisse

« Priez Dieu pour son âme. »

Latéralement à la nef se trouvent deux bas-côtés, l'un à gauche ou de la Sainte Vierge, l'autre à droite ou de Saint-Jean. La partie inférieure de ce dernier est, comme la nef, de la fin du xvie siècle. Les deux travées supérieures paraissent avoir été construites en même temps que le clocher. Mais ici les retombées des voûtes sont formées de consoles à têtes humaines d'un caractère singulièrement barbare. L'autel de Saint-Jean, en chêne et reconstruit dernièrement, est surmonté de deux colonnes et d'un fronton en style grec ; il vient de remplacer une boiserie dont le rétable contenait un tableau du baptême du Christ que sa valeur artistique aurait dû mieux faire respecter. Il eût été préférable de conserver l'autel primitif qui était plus en harmonie avec le style de l'église, et laissant le tableau à sa place de le faire restaurer par un peintre habile. Au-dessus de l'autel, les traces d'un cintre ancien accusées sur le mur, semblent indiquer la hauteur de la première chapelle et la date de 1582, inscrite à la clef de la voûte, est un témoignage de sa réédification. C'est bien là évidemment la partie la plus ancienne de l'église, tandis que la plus récente constitue tout le bas-côté de la Vierge qui a été construit en 1733. Un nouvel autel exactement semblable à celui de Saint-Jean, a également fait reléguer un tableau représentant deux saints martyrs qui, à leurs pieds, écrasent un dragon dont la gueule lance le feu tandis qu'à leur tête, une colombe d'un côté, un ange de l'autre, apportent à chacune une couronne. Ce tableau, ainsi que celui de l'autel Saint-Jean, sont peints sur bois et paraissent être des œuvres du xviie siècle. Ils constituent avec une descente de croix aussi peinte sur bois, d'après Rubens, et un Salomon qui nous paraît être de l'école de Largillière, toute la richesse des peintures de l'église.

Dans le clocher, nous n'apercevons encore partout que traces de désastre et de réédification. Toutes les charpentes ont été refaites ou remaniées au xve siècle, en même temps que celles de la nef. Elles n'offrent rien de particulier, sinon un bon état de conservation et de grandes garanties de solidité. La charpente du beffroi, composée de pièces de bois énormes, supporte deux cloches toutes modernes et de dimensions inégales. Le diamètre de la partie inférieure de l'une est d'un mètre; celui de l'autre compte quatre-vingt-huit centimètres. Aucune ornementation ne mérite d'être signalée. On y lit les inscriptions suivantes :

« L'an 1834 j'ai été bénite par M. Christophe Chalet, curé, et nommée Pierre-Gabrielle par M. Pierre-François Hureau, mon parrain, et Mme Cécile-Gabrielle de Sauvebœuf, comtesse de Ferrières, ma marraine, en présence de MM. Louis Thiercelin, maire, François Buisson, adjoint, Claude Jousset, président de la fabrique, Jean Delafoy, trésorier, Michel Verneuil, Paul Gidoin et Pierre Courtois, marguilliers. »

PETITE CLOCHE.

« L'an 1834, j'ai été bénite par M. Christophe Chalet, curé, et nommée Marie-Victoire par M. Antoine Fougeu, mon parrain, et Mme Victoire Moreau, veuve Armand Rousseau, ma marraine, en présence de... (comme à la précédente). »

Au résumé, nous trouvons dans l'église d'Angerville trois époques bien distinctes. Une première comprenant la moitié antérieure de l'aile de Saint-Jean et le chœur qui remonte à la fin du XIIe et au XIIIe siècle ; une seconde formée par la nef et la partie postérieure de l'aile Saint-Jean. La date 1522 parfaitement en harmonie avec le style des fenêtres, ne laisse aucun doute sur l'époque de cette construction faite par Jean de Reilhac qui s'était dès-lors prétendu fondateur de l'église. La troisième et dernière époque comprend toute l'aile de la Vierge. Cette construction paraît récente, et la date 1733 nous apprend que cette partie a été édifiée après le procès par suite duquel M. Delpech était resté seul seigneur d'Angerville. Nous ferons observer enfin, que la pierre qui dans cette partie de l'église porte la date 1532, a dû être transposée à l'époque de cette construction. (1)

---

(1) Voir pour l'intelligence du texte le plan fait par notre ami M. Claude Sauvageot, qui a mis généreusement à notre disposition l'habileté de son burin ainsi que ses lumières archéologiques.

JUSTICE ECCLÉSIASTIQUE. — MOEURS DES CLERCS ET CURÉS
D'ANGERVILLE AU XVe SIÈCLE.

Les tribunaux ecclésiastiques remontaient à Constantin qui avait permis à chaque évêque de juger ses clercs. Ne pouvant toujours présider son tribunal, l'évêque se fit remplacer par un juge que l'on nomma official. Ce juge devait être prêtre et docteur ou au moins licencié en théologie et en droit canon (1). Le promoteur remplissait près de ce tribunal les fonctions de ministère public et devait aussi être clerc. Les avocats y prenaient le nom de procureurs postulants, les greffiers celui de notaires apostoliques, et le tribunal ecclésiastique celui d'officialité. Sa compétence devait primitivement se restreindre aux clercs, mais peu à peu elle s'étendit.

Les tribunaux ecclésiastiques s'emparèrent de tous les procès qui ne dépendaient qu'indirectement du clergé, des usuriers, et de toutes les affaires concernant les testaments et les mariages. Ils s'efforcèrent de faire prévaloir la doctrine que toutes les personnes misérables, veuves, orphelins, pauvres appartenaient à la juridiction ecclésiastique. Enfin ils soutinrent que l'Eglise devant décider de tous les cas de conscience, était juge en définitive de tous les procès. Si cette opinion l'eût emporté, les tribunaux ecclésiastiques se seraient emparés entièrement de l'administration de la justice. Les ecclésiastiques n'exécutaient pas eux-mêmes leurs sentences ; ils avaient recours au bras séculier pour faire appliquer les punitions qu'ils avaient prononcées.

L'église d'Angerville relevant de celle de Chartres, il était intéressant de savoir si l'on avait conservé les registres de l'officialité de ce diocèse et si nous n'y trouverions pas quelques documents relatifs à notre pays. Un travail remarquable publié par M. Lucien Merlet, archiviste distingué d'Eure-et-Loir, nous apprit que les archives du département avaient sauvé

(1) Cheruel, *Dictionnaire*.

sept de ces registres qui se trouvèrent classés avec les registres de contrat du chapitre Notre-Dame de Chartres. Ces volumes, dit M. Merlet, comprennent la période de 1380 à 1415. Les renseignements qu'on y découvre sur l'administration de la justice à cette époque, sont du plus haut intérêt « les causes étaient fréquentes alors, les cas de délit bien plus multipliés qu'aujourd'hui; mais la justice ecclésiastique traitait les criminels avec une douceur que l'on ne rencontrait point toujours près des tribunaux laïques. Aussi chacun était fort curieux de se faire reconnaître pour clerc. » Dans l'espace de trente cinq ans que Merlet a parcouru, il n'a vu qu'un seul jugement au criminel. Dans tous les autres cas, même pour des vols considérables et des homicides, l'official trouve quelque raison de tourner la cause du criminel au civil et le coupable en est quitte pour une amende.

Le chapitre de Chartres savait bien qu'une de ses plus belles prérogatives était de juger en dernier ressort, sans appel à d'autre cour qu'au parlement. Aussi défend-il avec énergie sa justice, non-seulement contre les officiers royaux, mais aussi contre les autres officiaux qui veulent s'attribuer des causes que le chapitre prétend lui appartenir.

En parcourant ces registres de l'officialité nous avons pu confirmer tout ce que nous avait appris M. Merlet, sur la lenteur de la justice à cette époque. Nous avons, en outre, constaté que messieurs les curés d'Angerville ne se contentaient pas seulement alors de prêcher, de catéchiser les habitants. Ils enseignaient aussi l'évangile à coup de poings, à coup de bâtons, et même à coup de couteaux. Le plus redoutable dans ses violences (1), celui qui mit le plus souvent la paroisse en émoi, fut un nommé Martin Crouleboy. Toutes les semaines, Martin battait un paroissien. Toutes les semaines, le nom du curé

(1) *Dominus Martinus Crouleboy, presbyter rector de Angervillâ-Gastâ, citatus est pro injectione manuum temerè violentâ in Guillelmum Pellerin, ipsum ad terram prosternendo, et de quodam baculo per tibias et caput percussiendo usquè ad ictus nigros.*

d'Angerville retentissait devant le tribunal de Chartres. La première fois que nous l'entendons appeler devant l'officialité, c'est le 30 mai 1403. Maître Martin Crouleboy, prêtre recteur d'Angerville-la-Gâte est cité pour avoir porté violemment les mains sur Guillaume Pellerin, l'avoir jeté à terre et lui avoir donné des coups de bâton sur la tête et les tibias. à tel point qu'il en était noir. Véritable Martin-bâton, le curé d'Angerville n'y va pas de main-morte. Cependant le tribunal ne se croit pas suffisamment éclairé. Le 5 juin il renvoie le prononcé du jugement au vendredi après l'Assomption. On cherchait à étouffer la cause. On voulait éviter le scandale d'une peine encourue par un ecclésiastique.

Du reste, Martin Crouleboy est, comme on dit, coutumier du fait. Il sait à merveille varier ses moyens d'attaque ou de défense. Le 20 juillet il est appelé de nouveau devant l'official. Cette fois il a, à plusieurs reprises, asséné des coups de poing sur la tête et les épaules du clerc Buchet. (1)

Evidemment Martin Crouleboy avait quelque raison de croire que ses violences resteraient impunies. Sans cela, comment expliquer que dans la même année, le 16 septembre, il ait à répondre une troisième fois devant l'officialité de Chartres. Le laïque Guillaume le charron sort avec son chapeau du dimanche. On ne sait pourquoi. Le curé d'Angerville le lui arrache de la tête, lui donne un soufflet et lui porte à plusieurs reprises des coups sur la tête et sur les épaules, sans toutefois qu'il y eût effusion de sang. Ce *toutefois* est plaisant; il marque l'intention manifeste d'atténuer le délit. On remercierait presque monsieur le curé d'Angerville de n'être pas allé jusqu'à l'effusion du sang (2). Ce même jour Martin Crouleboy

(1) *Dominus Martinus Crouleboy citatus est pro injectione manuum temerè violentâ in Guillelmum Buchet, clericum, ipsum percutiendo de pugno super caput et spatulas pluries, in domo Guillelmi Cola, de dicto loco, presentibus dicto Guillelmo et Stephano Jeubert.*

(2) *Martinus Crouleboy gagiavit emendam pro injectione manuum temerè violentâ in Guillelmum* le charron, *laïcum, sibi amovendo quemdam*

avait encore à répondre pour de violents coups de poing portés à Jean le Mentaige. — Mais, hâtons-nous de le dire pour excuser un peu nos curés, les laïques, les habitants d'Angerville n'avaient guère, à cette époque, de façons plus courtoises ni plus douces à l'égard des prêtres. Ainsi nous voyons également appelé devant le juge de Chartres, Jean Dupuis, d'Angerville-la-Gâte, qui a porté aussi de violents coups de poing contre maître Pierre Rongart, prêtre recteur de Monnerville. (1)

Une autre année, c'est Robin Broutin, clerc d'Angerville-la-Gâte, qui est puni d'amende pour s'être porté à des voies de fait contre Pierre de Rivière et Jean Pied-noir. (2)

Nous n'achèverons pas ce tableau de mœurs plus ou moins barbares, d'autant mieux que nous n'avons aujourd'hui rien à craindre des poings, des bâtons, ni des couteaux de nos curés. Les habitants d'Angerville sont eux-mêmes devenus plus pacifiques depuis qu'ils peuvent sortir sans danger pour leurs tibias et leurs chapeaux du dimanche.

PROPRIÉTÉS DE L'ÉGLISE D'ANGERVILLE.

L'église d'Angerville, avec le cimetière qui l'entourait autrefois, avait une contenance de trente perches (15 ares 32 centiares), et, d'après la description des propriétés du bourg, données dans un plan de 1693, nous voyons que l'église possédait en outre :

capellum festivarum in capite ipsius exeuntem, et ipsum post modum de quodam soufleto pluries percutiendo sub caput et spatulas, citrà tamen sanguinis effusionem.

(1) *Johannes Dupuis, de Angervillá Gastá, citatus est pro injectione manuum temerè violentá in dominum Petrum Rongart, presbyterum rectorem de Monarvillá*, etc.

(2) *Robinus Broutin, clericus de Angervillá Gastá, gagiavit emendam pro injectione manuum temere violenta in Petrum de Riperia, clericum parrochiæ et in Johannem Pedis-Nigri.*

1° Une chambre et grenier au-dessus du portail commun de la canonnerie, contenant une perche;

2° Une petite maison rue du Bahut, contenant une perche et demie;

3° Un jardin de dix perches;

4° Une petite maison, rue des Lucas, près l'église et de l'Hôtel-Dieu, contenant une perche.

Angerville a donc eu un hôtel Dieu; c'est, en effet, ce que nous atteste le plan dont nous venons de parler. Il était situé sur la place, devant l'église, dans la maison où les sœurs tiennent actuellement l'école communale; il consistait en une chambre, grenier au-dessus, cour et jardin derrière, contenant sept perches.

Cette maison appartient aujourd'hui à la fabrique; et, sans doute, cette propriété aura été réunie à la précédente pour la construction des écoles.

Une transaction, passée le 15 juin 1781 par devant maître Tessier, notaire à Angerville, entre la supérieure de la communauté de Sainville et la fabrique d'Angerville, nous révèle que cette maison des sœurs d'Angerville avait été, dès le principe, occupée par une dame Poussepain, dont il sera question dans la biographie de Cassegrain. Cette dame y avait fait des constructions, et il avait été arrêté, par un acte de 1769, que ladite communauté serait tenue à l'entretenir à ses frais. Mais ces dames, ne pouvant subsister à Angerville, se retirèrent en 1781. C'est alors que mademoiselle Poussepain accepta mille francs de la fabrique d'Angerville pour renoncer à ses droits sur cette maison, qui appartient aujourd'hui exclusivement à la fabrique. Nous ne savons comment la commune a été dépossédée de cet Hôtel-Dieu, qui serait si utile pour les malades indigents.

De plus, on rencontre aux archives de l'hôtel de ville d'Orléans, années 1754 et 1773, une correspondance entre monsieur Tessier, notaire à Angerville-la-Gaste et monsieur Lefort, administrateur de l'hopital d'Orléans, laquelle nous apprend que le petit Arbouville relevait de l'Hôtel-Dieu d'Orléans et duquel Arbouville relevait l'auberge de l'*Image* à Angerville, avec cent cinquante ou cent soixante mines de terre en dépendant. Ces terres appartenaient auparavant à la fabrique de l'église d'Angerville, comme nous l'a indiqué du reste l'inscription de la pierre trouvée dans le presbytère.

A cette époque relevaient encore du petit Arbouville :

1° La terre et seigneurie d'Ouestreville, Dommerville et partie du château seigneurial de Lalung à monsieur et demoiselle de Hallot.

2° Cent trente à cent quarante mines de terre possédée par divers particuliers et dont il n'y avait pas d'aveu pour soixante à soixante-dix mines.

3° Moitié du lieu seigneurial de Jodainville, appartenant à M. le marquis d'Arbouville et relevant immédiatement de la braquerie.

4° La maison presbytériale de Dommerville, et un setier de terre appartenant à celle-ci ; le sieur Philippe-Antoine Mineau en était alors curé en remplacement de Nicolas Lebègue, ancien vicaire nommé par la fabrique de Dommerville ; et, de plus, l'emplacement de l'église de Dommerville et du cimetière, ensemble la place sur laquelle l'ancien presbytère était construit.

5° Enfin le terrain de l'église et presbytère d'Angerville.

Nous ne savons pas ce qu'il restait à l'époque de la révolution de terres appartenant à la fabrique. Les registes où sont inscrites les ventes des biens d'émigrés nous apprennent qu'en avril 1793, neuf mines de terre appartenant à la fabrique de l'église d'Angerville, furent vendues à différents habitants pour 2,425 fr.

ESSAIS HISTORIQUES

CURÉS ET VICAIRES.

1357. Étienne Chenu, *curé*.
1575. Bourdeaux, *curé*.

Vicaires : 1575, Letourneur. — 1590, Adenssot, chapellanus de Angervilla Gasta. — 1590, Béconchis, chapelain. — 1591, Nicolas Kosel, chapelain. — 1592, Guillaume Gombot. — 1593, Papillon.

1602. Baptiste Blanchet, *curé*.

Vicaires : 1603, Julienne. — 1604, Fontaine-Guillard. — 1605, Cellier. — 1608, Jacques Desloges. — 1609, Nicolas Pollin. — 1618, Croulebois. — 1622, Chevalier. — 1638, Thomas Lebreton. — 1647, Jousseaume.

1652. Félibien, *curé*.

Vicaires : 1652, Antoine Lemerle. — 1653, Jean Triquet.

1657. Alexandre Contet, *curé*.

Vicaires : 1657, Triquet ajoute à son titre de vicaire celui de desservant de la fondation de M. Moreau. — 1662, Gobet-Quentin. — 1662, Fr. Hébert. — 1673, Dubois. — 1674, Herbelin. — 1676, Paullion. — 1678, Lorient. — 1679, Martin Legrand.

1685. François-Nicolas Formentin, *curé*.

Vicaire : Martin Legrand.

1691. Cournet, *curé*.

Vicaire : 1693, Désayrau.

1694. Perthuis, *curé*.

Vicaires : 1696, Fougeu. — 1697, Blot. — 1699, Serron. — 1703, Etienne Leprince. — 1704, Nicolas Canton. — 1705, Denis Pomme. — 1708, Laroche. — 1709, Vigier.

1711. Georges Mineau, *curé*.

Vicaires : 1711, Philippe Mineau. — 1718, Louis Pommereau. — 1722, Coquentin. — 1728, Guilles. — 1730, Rabourdin. — 1731, Pradeau. — 1732, J. Goupy. — 1739, P. Goupy. — 1748, Hardy. — 1753, Pommereau. — 1757, Bourgeois. — 1759, I. F. Mineau. — 1762, Cornu. — 1763, Vaucoret. — 1765, Aulard. — 1767, Peschard. — 1776, Millochau.

1779. Perrier, *curé*.

Vicaires : 1783, Cons. — 1785, Dorange.

1786. Rousselet, *curé.*

Vicaires : 1790, Sevestre. — 1791, Potier. — 1792, Lenoble.

  1802. Collignon, *curé.*
  1803. Du Cluzel, *id.*
  1803. Clerc, *id.*
  1804. Laperruque, *id.*
  1811. De Camelin, *id.*
  1814. Bernier, *id.*
  1829. Cuissard, *id.*
  1829. Chevenement, *id.*
  1830. Chalet, *id.*
  1854. Hermant, *id.*

POPULATION.

Angerville compte aujourd'hui, y compris Villeneuve et Ouestreville, une population de 1,513 habitants, résultat du dernier recensement de 1856. Il est à remarquer que depuis 1806, époque où elle s'élevait à 1,590 âmes, cette population a toujours diminué. En 1807, elle était descendue au chiffre de 1,449; cet abaissement fut sans doute occasionné par les guerres de l'Empire.

Voici les diverses variations qu'elle a subies dans les années suivantes :

  Au 1er mai 1831, elle était de............ 1,528
  18 juin 1836, ... 1,526
  1er juin 1844, ... 1,531
  20 juin 1846, ... 1,544
  Avril 1851, ... 1,543
  1856, ... 1,513

TERRITOIRE D'ANGERVILLE.

PARTIES DU TERRITOIRE.	CLASSES.	HECTARES.	ARES.	CENTIARES.	REVENU PAR hectare.	ENSEMBLE		
						HECT.	ARES.	CENT.
					fr. c.			
Terres............	1re	293	52	35	14 00	1980	75	90
	2e	444	19	80	11 00			
	3e	502	07	85	8 00			
	4e	377	38	45	5 00			
	5e	368	57	45	2 00			
Bois............	1re	1	20	00	12 00	84	51	50
	2e	48	68	50	8 00			
	3e	31	82	80	4 00			
Jardins..........	1re	9	40	60	20 00	10	37	75
	2e	»	97	15	14 00			
Friches..........		3	47	60	0 50	3	47	60
Carrières........	5e	»	10	40	2 00	»	10	40
Pâtures..........		»	26	20	8 00	»	26	20
Sol des propriétés bâties........		11	29	65	14 00	11	29	65
TOTAL......						2087	79	00

Objets non imposables
- Eglises et cimetières....... 35 a. 35 c.
- Presbytères................ 6   60
- Chemins et places publiques 47 h. 51 30
- Mares et pâtures publiques. »   38 60
- Domaine de l'Etat.......... »   01 05

Ensemble........ 48 h. 32 a. 90 c.
qui, ajouté au chiffre 2087 79 00
donne pour total général 2136 h. 11 a. 90 c.

REVENU TOTAL.

En terres............... 33.037 fr. 88 c.
En propriétés bâties..... 12.657   00

Ensemble...... 45.694 fr. 88 c.

ADMINISTRATION MUNICIPALE D'ANGERVILLE.

1644. — Pierre FANON, procureur fiscal en la chastellenie de Guillerval, Monnerville et Angerville.

1650. — Gaspard DEPUSSAY, procureur fiscal à Angerville.

1659. — Jehan RUZÉ, bailly de la chastellenie de Guillerval, Monnerville et Angerville-la-Gaste.

1660. — Symon BLANCHET, procureur fiscal d'Angerville.

1660. — Thomas MOUSSET, procureur du baillage d'Angerville.

1676. — Hiérosme PALLUAU, lieutenant d'Angerville.

1677. — Jean POMMEREAU, receveur de la seigneurie des Murs.

1681. — Gaspard DEPUSSAY, procureur fiscal de la chastellenie de Guillerval, Angerville et Monnerville.

1681. — Hiérosme BLANCHET, procureur fiscal à Angerville.

1686 (6 avril). — Mort de Jean POMMEREAU, receveur de la recette dite des Murs.

1697-1716. — Pierre COURTOIS, conseiller du Roi, maire perpétuel.

1700. — Louis POMMEREAU, receveur des Murs.

1700. — Jean FLEURY, procureur fiscal.

1701. — Louis RABOURDIN, commissaire.

1713-1717. — Hugues LESUEUR, maire.

1735. — Claude POMMEREAU, receveur des Murs.

1789. — ROUSSEAU (Jean-Henry), syndic et membre de l'Assemblée provinciale de l'Orléanais en 1789. Élu maire le 9 décembre 1792, resta en fonction jusqu'au 24 mars 1793, fut président de l'administration municipale en 1797, et redevint maire à partir du 18 juin 1800 jusqu'au 30 avril 1809, époque de son décès.

1790. — Tessier, juge de paix du canton d'Angerville et en même temps maire de 1790 à 1791. Il devint agent municipal du 27 brumaire an iv (18 novembre 1799) au 27 germinal an viii (17 avril 1800), ensuite maire provisoire du 17 avril 1800 au 16 juin suivant, puis adjoint jusqu'en 1808.

1791. — Bertrand (Louis), élu maire le 9 janvier 1791, cesse ses fonctions au mois de novembre 1791.

1791. — Baudon (François), élu le 13 novembre, n'accepte pas.

1792. — Dubois (Jean-Pierre), élu le 22 janvier 1792, reste en fonction jusqu'au 20 mars de la même année.

1792. — Chartrain (Louis-George-Abdenago), premier officier municipal, fut appelé à remplir, du 20 mars au 9 décembre 1792, les fonctions de maire par intérim, et le devint en titre par élection, le 24 mars 1793, jusqu'au 2 brumaire (23 octobre 1795). A cette époque, destitution du conseil général de la commune, de la juridiction de paix et du comité de surveillance, par le représentant du peuple Pierre Couturier. Réorganisation et nomination à la charge de maire de Charles Léger, dont les fonctions furent de courte durée.

1793. — Dollon (François), nommé maire le 15 brumaire an ii (5 novembre 1793), par Jean-François Sibillon, délégué du représentant Couturier. Il resta en fonction jusqu'au 3 thermidor an ii (17 avril 1794).

1794. — Hardy (Etienne), fut nommé le même jour juge de paix du canton d'Angerville, et resta en fonction jusqu'en 1801, époque où le pays fut dépossédé de son canton.

1808. — Thiercelin (Louis), maire depuis le 16 février

1817 jusqu'au 13 novembre 1834, après avoir été adjoint du 18 avril 1808 jusqu'à sa nomination ; il remplit l'intérim du maire, sans adjoint, de 1809 à 1811.

1811. — Rousseau (Marie-Jean-Baptiste-Armand). 17 février 1811 — 24 juillet 1814.

1814. — Guillaumeron (Pierre-Jacques). 24 juillet 1814 — 19 janvier 1817.

1831. — Buisson (François), docteur en médecine, adjoint le 12 octobre 1831 ; maire le 13 novembre 1834, donne sa démission vers la fin de 1836.

1837. — Bourgeois (Louis-Gabriel), adjoint de M. Buisson, est nommé maire le 3 mai 1837, et reste jusqu'au 17 septembre.

1837. — Buisson (François), réélu le 17 septembre 1837, remplit ses fonctions de maire jusqu'en 1857.

1857. — Rousseau (Lucien), maire actuel.

LÉGENDE AU PLAN DU BOURG D'ANGERVILLE

(An 1715).

1. Hôtel de *la Croix-d'Or*.
2. Hôtel des *Trois-Empereurs*, ci-devant hôtel de *la Fontaine*.
3. Hôtel des *Trois-Maures*, du fief de Létourville.
4. Ruelle commune des Trois-Maures.
5. Hôtel des *Trois-Maillets*, fief de Létourville.
6. Hôtel des *Quatre fils Aymon*, contigu à l'hôtel de la Rose. Fief de Brijolet.
7. Hôtel de *la Rose*, autrefois les *Trois-Reines*, appartenant à Davoust.
8. Cour commune contiguë à l'hôtel de la Rose.

9. Auberge de *l'Ours*. — Cette auberge s'appelait autrefois les *Trois-Rois;* elle était tenue par François Friteau.
10. Cour commune de la Canonnerie.
11. Maison où est né Blanchet.
12. Rue du Coulon.
13. Puits supprimé aujourd'hui.
14. Hôtel du *Petit-Écu*, tenu par Friteau.
15. Hôtel de *la Fleur-de-Lys*, tenu par Jean Cochinard.
16. Hôtel du *Cheval-Bardé*, tenu par Pommereau.
17. Hôtel du *Petit-Cerf*, tenu par Antoine Quesnard.
18. Hôtel de *la Tête-Noire*, tenu par Jean Peschard.
19. Hôtel de *l'Étoile*, tenu par Pierre-François Rabourdin.
20. Ruelle de la Tête-Noire.
21. Hôtel *Sainte-Barbe*, tenu par Jean Chaudé.
22. *Image Saint-Jacques*, tenu par Gervais Blanchet.
23. *Image Sainte-Catherine*, tenu par Claude Durand.
24. L'*Écu-de-France*, tenu par Jacques Bergerat.
25. Hôtel des *Deux-Anges*, tenu par Antoine Touchard.
26. Hôtel du *Renard*, tenu par François Pillias.
27. Cour commune de la Corne-du-Cerf.
28. Hôtel du *Saint-Nom-de-Jésus*, tenu par Claude Desgranges, place du Martroy.
29. Grange champarteresse.
30. Ferme de la seigneurie des Murs-Neufs.
31. Hôtel du *Charriot-d'Or*, tenu par Jacques Pommereau, aujourd'hui le presbytère.
32. Auditoire de la justice d'Angerville, chargé d'une poule de cens, suivant le bail à cens fait par le seigneur de Méréville à François Hureau.
33. Maison de Montigny.
34. L'*Autruche*, tenu par Charles Blanchet.
35. La *Boule-Verte*, tenu par Jacques Lesueur.
36. Ancien presbytère.
37. Hôtel des *Trois-Marchands*, anciennement les *Trois-Croissants,* tenu par Valentin Durand.

38. Le *Lion-d'Or*, tenu par François Touchard.
39. Le *Croissant*, tenu par Antoine Puys.
40. La *Tête-Noire couronnée*, tenu par Eutrope Baillon.
41. L'*Épée-Royale*, tenu par Antoine Puys.
42. Le *Bœuf-Couronné*, tenu par Jean Palluau, et la *Croix-Blanche*, par Jubart.
43. Église.
44. Hôtel-Dieu.
45. Le *Chapeau-Rouge*, tenu par Pierre Courtois.
46. Cette maison, aujourd'hui occupée par M. Bouland, appartenait à la fabrique d'Angerville.
47. Ruelle du Mouton, aujourd'hui supprimée.
48. Le *Dauphin*, provenant de Claudine Langlois.
49. Hôtel du *Cygne*, tenu par Eutrope Hoppé.
50. La *Belle-Image*, autrefois les Trois-Marchands, et quelquefois la Billonnerie de Jeanne Dessaux.
51. *Image Notre-Dame*, tenu par Jeanne Dessaux, veuve Courtois.
52. *Image Saint-Martin*.
53. Cour commune de Saint-Martin.
54. *La Pucelle*, tenu par Joachim Menault.
55. Maison où est né Tessier.
56. Le *Cheval-Blanc*, tenu par Jacques Chartrin.
57. Enseigne des *Quatre-Fers*, tenu par Jacques Réchaut.
58. Le *Sauvage*, tenu par Louis Laigneau.

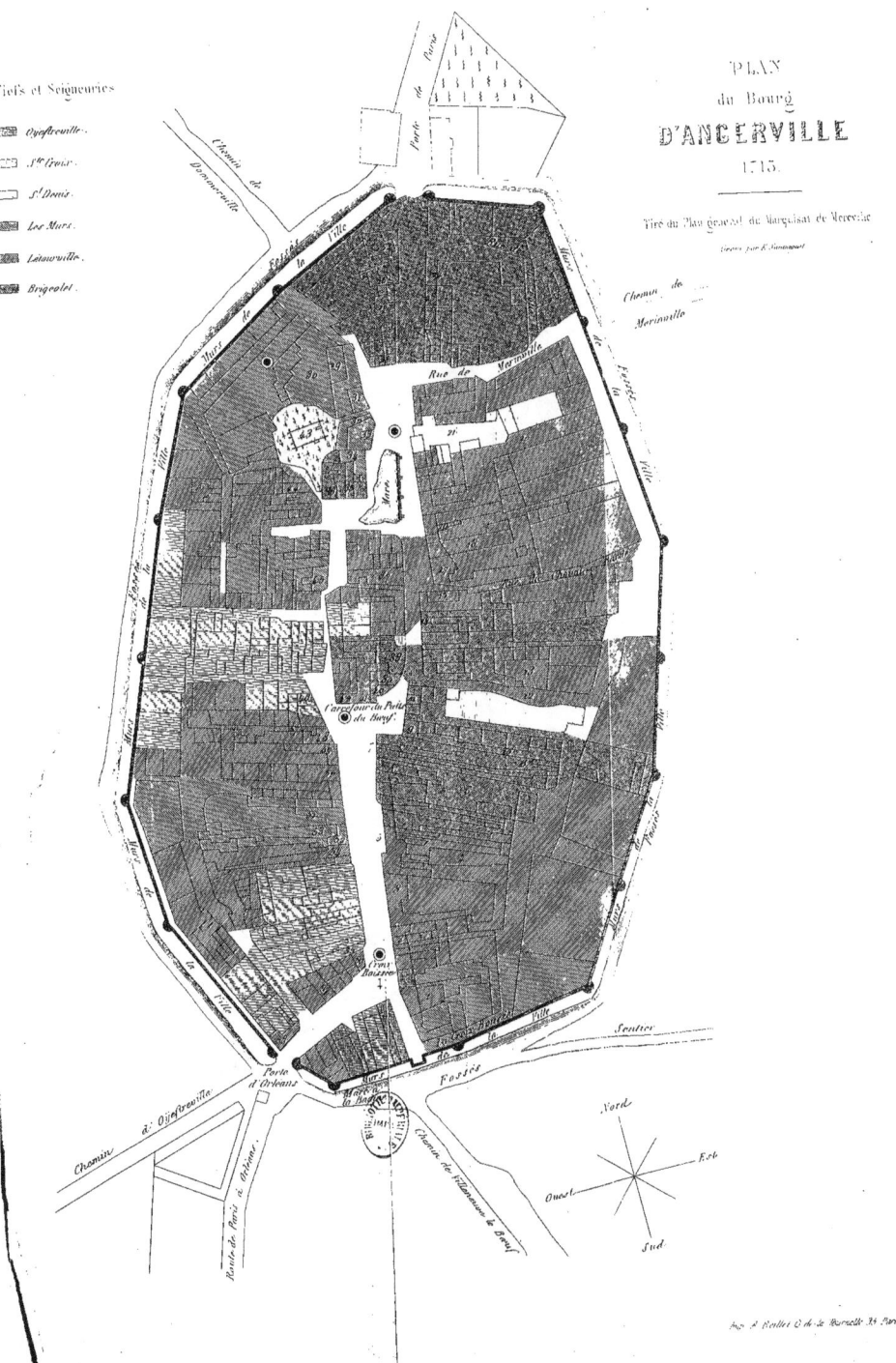

PIÈCES JUSTIFICATIVES.

PIÈCES JUSTIFICATIVES.

CHARTE

Par la quelle le roy Dagobert faict don aux religieux de Saint-Denys de la chastellenie de Thoury avec les villages de Tyvernon et Rouvray, au territoire d'Orléans, aussi des villages de Monarville et du Valuascois, au pays d'Estampes, avec toutes leurs appartenances et dépendances, ensemble leur justice, domaines et autres droicts mentionnez en icelle charte.

Dagobertus, rex Francorum, vir illuster. Obtabile esse oportet dum in hâc caducâ vitâ consistimus de transituris rebus pro mercede æternâ loca sanctorum sublevare ad alimoniam et sustentationem servorum Dei, quatinùs de caducis rebus mœrcemur æterna. Igitur nos hoc considerantes donamus villas juris nostri, id est, Tauriacum, Tybernionem, et Rubridum in pago Aurelianensi sitas : sed et Monarvillam et Vasconisuallem, in pago stampinse, fratribus monachis deservientibus ad basilicam domini Dyonisii peculiaris patroni nostri, ubi præesse videtur abba Aygulphus et nos sepeliri obtamus, in alimoniam specialiter eorum in perpetuum administrandam. Has prædictas villas cum omnibus justiciis et dominiis, terris, domibus, mancipiis, vineis, sylvis, pratis, pascuis, aquis, aquarum decursibus vel omnibus adjacentiis, prædicto sancto loco et monachis ibidem Deo servientibus nostrâ munificentiâ, speciali donatione in alimoniam concedimus, quatinùs ipsi de prædictis villis utentes pro nobis et prole nostrâ cotidianâ oratione deum exorent, ut ille suâ nos misericordiâ protegat, pro cujus amore hæc eis contulimus. Et ut hæc donatio nostræ auctoritatis per succedentia tempora inviolabilem obtineat firmitatem, manus nostræ subscribtione et anuli nostri impressione eam subter decrevimus roborare. Dagobertus rex suscripsit. ✝ Dado obtulit. Datum in mense octobri, anno octavo regni nostri, in dei nomine feliciter. Amen.

Scellé d'un sceau sain et entier, portant l'effigie du dit roy.

GUILLERVAL.

Prima villa beati Dyonisii quæ vocatur Guillelvalis propè Sarclidas in catalogo Dagoberti regis beato Dyonisio ab eodem rege tradita usquè adeò à multis retro temporibus aut semper ita incomposita exstiterat, ut nec domus ubi etiam abbas caput declinaret, nec granchia aliqua; nec quicquam dominicum in totâ villâ existeret. Viginti quinque modiolos tantum, qui non excedunt quatuor nostros modios pro censu terrarum, quas colebant, cum modico domorum suarum censu singulis annis persolvebant : ad hanc igitur adaptandam ob amorem dominorum nostrorum sanctorum martyrum accedentes, quamdam terram videlicèt trium carrucarum in eâdem villâ sitam pro quâ à XI annis et ultra guerra maxima agitabatur intra Joannem Stampensem filium pagani virum nobilem et strenuum et quemdam alium militem pigueren- sem, multo sumpto apud utrumque apposito, ecclesiæ com- paravimus, et quod uterque quærebat ut neuter haberet, nobis eum retinendo et guerræ eorum finem sic imponendo, favore parentum et amicorum videlicet Baldium de Corboilo, et multorum aliorum, cartâ nobis firmari fecimus (1).

(1) Dom Félibien, *Hist. de l'abbaye de Saint-Denys.*

MONERVILLE (1).

Succedit et alia propè illam beati Dyonisii villa, quæ dicitur Monarvilla, villa omnium facta miserrima, quæ sub jugo castri Merevillæ conculcata, non minùs quam Sarracenorum depressione, mendicabat : cùm ejusdem castri dominus quotiescunque vellet, in eâdem hospitium cum quibuscunque vellet raperet, rusticorum bona pleno ore devoraret, talliam et annonam tempore messis pro consuetudine adsportaret : lignaria sua bis aut ter in anno carrucarum villæ dispendio aggregaret; porcorum, agnorum, anserum, gallinarum, importabiles quasque molestias, pro consuetudine tolleret. Quæ cum tantâ oppressione per multa tempora in solitudinem ferè jam redigeretur, audacter resistere et molestias hujusmodi ab hæreditate sanctâ constanter exterminare elegimus. Cumque eum in causam traheremus et ipse sibi jure hæreditario patris et avi atque atavi consuetudines illas excusaret, ad hoc auxilio Dei, et hominum atque amicorum nostrorum consilio res processit, quod Hugo castri dominus, favore conjugis et filiorum, assensu domini regis Ludovici, à quo se habere dicitat, beato Dionysio in perpetuum omnes omnino consuetudines, injustitiam suam recognoscendo relaxavit, remisit, manu propriâ jurejurando abjuravit, sicut plenius in cartâ domini regis Ludovici invenitur. Nos autem ad ejus hominium ecclesiæ nostræ retinendum; duos stampenses modios annonæ, unum fromenti et alterum avenæ, in curiâ nostrâ per manum Monachi aut servantis nostri concessimus. Quo qui-

(1) On écrit aujourd'hui Monnerville. Le texte latin donne Monarvilla. Pourquoi ne pas conserver cette orthographe?

dem prædicta villa eruta tormento, cum prius vix nobis valeret decem ou quindecim libras, centum stampenses modios annonæ per singulos annos, qui sæpius centum libras valent secundum precium annonæ, per manus ministrorum reddere nobis consuevit (1).

(1) Dom Félibien.

ROUVRAY-VILAINE.

Possessionem nihilominus quæ dicitur Rubridum depressione angariarum castri puteoli omninò destitutam, emendare elaborantes, cum quâdam die Hugo dominus Puteoli post ruinam castri etiam nos super hoc convenisset, ut incultam terram depressione castri in solitudinem redactam, sub medietate lucri ego et ipse excoleremus : licet hoc quidem compendiosum approbarent, recusavimus, et quod cum eo noluimus, per nos efficere ad commodum ecclesiæ elaboravimus. Nec eum admittere socium in restitutione terræ sustinuimus, quem destructorem more antecessorum suorum gravissimè persenseramus. Easdem enim consuetudines, quas de Monarvilla enumeravimus, videlicet talliam et annonam porcorum, avium, agnorum, anserum, gallinarum, pullorum, lignorum, ab eâdem terrâ more antecessorum suorum abripuerat, et ex hoc ipso tàm nobis quàm sibi infructuosè jacentem omninò inutilem reddiderat. Nos igitur miseriæ terræ et damno ecclesiæ nostræ condescendentes, in eâdem sterili terrâ curtem ædificavimus, turrimque super portam ad repellendos raptores ereximus : tres carrucas ibidem posuimus, villam quæ Villana dicitur, restituimus ; incomposita terræ composuimus usque adeo eam meliorando, ut cùm vix consueverit viginti libras singulis annis, posteà centum libras, sæpiùs vero centum et viginti reddiderit. Nos verò sanctis Martyribus pro tantis beneficiis jure devoti, de eodem fructu laboris nostri ædificationi ecclesiæ eorum singulis annis quater viginti libras usque ad operis expletionem, cartâ et sigillo assignavimus. Removimus etiam ab eâdem terrâ quamdam consuetudinem malam vice-comitis Stampensis, quæ Palagium vocatur (1).

(1) Dom Félibien.

POINVILLE.

Similiter et Poionis Villam quam habebat Gaufredus Rufus à cognato suo Berardo de Essenvillâ, ut à nobis idem Berardus, tanquam homo noster in feodo haberet, conduximus (1).

(1) Dom Félibien.

TOURY.

CHARTE

Portant privilége donné par le roi Louis le Gros à l'abbaye de Saint-Denis, d'établir un marché tous les vendredis de chaque semaine en leur village et chastellenie de Toury : aussi l'octroi de tous les droits et profits qui en proviendront, sa majesté prenant sous sa protection et sauvegarde toutes personnes allant à ycelui et devenant d'yceluy.

Oste et supprime toutes mauvaises exactions et meschantes coustumes qui avaient esté introduictes sur les terres et possessions de l'abbaye de Saint-Denys en la Beauce, par les comtes de Puyset.

Veut et ordonne que les garnisons et forteresses du chasteau de Thoury demeurent pour s'en servir contre les ennemis du royaume.

Ludovicus Dei gratiâ rex Francorum omnibus archiepiscopis, episcopis, ducibus, comitibus, cunctisque regni sui optimatibus, nec non et proceris.

Quidquid de utilitate et honestate sanctæ Dei Ecclesiæ in presentiarium divinâ ordinamus inspiratione hoc ad nostram spectare certissimè confidimus salutem, et quidquid benè devoti conferimus fænore centuplicato in futuro nos recepturos speramus. Sicut ergo nostrum est ex regiâ majestate, malorum hominum infestantem reprimere et conterere insolentiam : ita nostrum est servorum Dei commendare et sustentare humilitatem : ad hoc enim nobis dictum est : non sine causâ gladium portatis. Nos ergo circà cultum ecclesiarum Dei bene devoti, quoniam antecessores nostros francorum reges revera accepimus ecclesiæ beatorum martyrum Dionysii, Rustici et Eleutherii, multùm contulisse, et multò plus ab eis tam ad salutem animæ quam ad regni administrationem recepisse, zelantes eorum bonam et elegantem devotionem, ipsius peculiaris patroni nostri ecclesiæ benefacere innitimur. Concedimus ergo ad præsens per hoc majestatis nostræ præceptum eidem ecclesiæ, in villâ quæ dicitur Tauriacus, in episcopatu Aurelianensi, mercatum, et plenariè omnes ejus consuetudines in seriâ sextâ ibidem ulteriùs omni tempore colligendos : nos autem omnes sub tuitione nostrâ et conductu omnes tàm euntes quàm redeuntes excipimus. Removemus etiam exactiones et consuetudines à totâ terrâ sancti Dyonisii de Belza, quas dominus de Puteolo exigebat, quas ego etiam Hugonem ejusdem castri dominum jam aliâ vice abjurare multis et multis obsidibus coegi : illas ergo omninò ipsis exactoribus prohibemus et eidem ecclesiæ pro salute animæ nostræ remittimus. De municipio autem quod in eâdem ad utilitatem nostram et regni nostri defensionem constituimus, qui in confinio hostium eis importunum, nobis autem aptum et opportunum erit, præcipimus et confirmamus ut deinceps firmum maneat, et sicut abbas ejusdem ecclesiæ illud firmum fecerit, ita stare et in nullo infirmari permittimus. Si quis autem hoc nostræ regiæ authoritatis præceptum violare præsumpserit, iram Dei incurret, nostramque majestatem offendisse se Dei ultione et nostrâ sentiet : quod ut ratum et inviolatum permaneat sigillo nostro illud corroborare jussimus atque subter signo manus nostræ notavimus. Actum calend. maii anno ab incarnatione Domini 1118 indicte 2 regnante glorioso rege Ludovico anno undecimo.

CHARTE DE ROBERT.

Le roy Robert ayant remarqué que tous les roys de France qui ont donné et faict des biens à l'abbaye de Saint-Denys, à l'honneur d'icelui sainct, ont prospéré et reçu de grandes faveurs et assistance du ciel, pour cette cause, il déclare qu'à l'exemple du roy Huë Capet, son père, et de la reine Adélaïde, sa mère, il désire remettre icelle abbaye en son ancienne splendeur et dévotion,

Confirme les dons de ses dits père et mère, et pour le salut de leurs âmes, de la sienne et de celle de son fils Hugues, il donne les droits de haute, moyenne et basse justice, avec la loy du duel, appelé vulgairement le champ, ensemble toute l'enceinte tant dedans que dehors la ville de Saint-Denys, pour en jouïr en la même sorte que les roys ses prédécesseurs ont donné le tout aux saincts martyrs.

Fait don du village de Gassonvalle, avec ses appartenances, ensemble de la forêt de Rouvray et droict d'icelle.

Il quitte plusieurs redevances qui lui appartenaient ès villages de Villepente, Rueil et Féricy : avec de grandes infractions contre les infracteurs de son authorité royale et de celle du saint Synode des prélats de France, lors assemblé à Chelles, palais royal; dont du tout que dessus, suit la charte en ces termes :

In nomine sanctæ et individuæ trinitatis.

Robertus divinâ ordinante clementiâ, rex Francorum semper augustus. Dum Deus omnipotens hanc Galliarum patriam à tenebris infidelitatis eruere disponeret, Sanctissimum-Dyonisium, divini videlicet verbi splendidissimam lampadem, eidem ad innotescendum veritatis suæ lumen dirigere dignatus est. Cujus prædicatione conversa, multa largiente Domino semper experta est beneficia. Idem autem preciosus martyr Christi, cum omnibus suum quærentibus auxilium, divinæ largitatis munificentiam prærogaverit, circa regum tamen Francorum excellentiam noscitur per cuncta benignus, atque in omnibus adjutor piissimus, præsertim cum ipsi toto nisu eorum memoriam solicitâ mente ac magnifico opere jugiter studuerint sublimare. Eos nempè, ut in eorum gestis legitur, ad obtinendum regni principatum, suis dignissimè ab ineunte ætate semper fovit auxiliis, hostium eripuit insidiis, æternisque, depositâ carnis sarcinâ, perfrui impetravit bonis; dicimus autem eos quos erga Dei cultum, suum quoque devotos cognovit obsequium. Deniquè, ut liquidè claret, quicunque summi Dei atque ipsius curam solliciti exhibere studuerunt obsequio, potestate regiâ nec-ne perhænni fæliciter sublimati sunt gloriâ. Qui autem Deo ipsique fanulari ut dignum erat contempserunt, vitam cum regno pariter amiserunt. Quoniam à tempore Caroli tertii imperatoris usque ad præsens in tantùm à multis eorum ejusdem beati martyris neglectus est locus, ut ordo sacræ religionis, monastici scilicet ordinis usquè ad secularem pompam devenisset, quocirca bona ilius loci undique depopulata, distracta atque dispersa, ab illo tempore multis modis videntur, idemque locus multis calamitatibus oppressus, qui libertatem ac dignitatem præ omnibus hujus regionis cœnobiis adeptus fuerat. Hujus igitur calamitatis genitor noster divæ memoriæ Hugo, atque genitrix nostra gloriosa Adelaïdes; nosque pariter compatientes, ordinem in eo monasticum reparare, immò consolidare, auxilio Dei et consilio procerum nostrorum studuimus, ac venerabilem virum dominum Vivianum jam superius fato sancto loco abbatem præfecimus. Qui, ut vir magnæ prudentiæ et industriæ atque sedulus investigator bonorum loci sibi commissi intùs ac foris, nostram adivit præsentiam petens ut sicut spiritualia sic etiam terrena augere incrementa Deo digno loco provideremus. Cujus petitioni assensum præbentes, cum dono priore patris nostri gloriosissimi regis ac præclarissimæ genitricis, pro salute et remedio animarum eorum ac nostræ immò pro salute animæ fidelis nostri Hugonis, damus Deo ac sancto Dyonisio quasdam juris nostri res, cum conjuge ac filiis nostris : hoc est, Bannum hominis vulnerati vel interfecti, et infracturam intrà vel extrà castellum ipsius Cænobii et legem duelli, quod vulgo dicitur Campus ac totam procinctam intrà vel extrà, sicut antiqui reges ei dederunt et nos hactenùs tenuimus : ac Vassonisvillam cum appendiciis suis et prata quæ ab eâdem villâ usquè ad murum pertingunt : ac Rubrydum Sylvam, cum legibus quæ ex eâ fiunt : et quod in villâ pictâ vel fisco Ruoïlo vel ferriciaco tenebamus : omnes videlicet consuetudines quas ibi habemus cum omni integritate. Undè hoc nostræ auctoritatis præceptum fieri jussimus; obsecrantes et per nomen domini nostri Ihesu Christi obtestantes ut nullus regum succedentium, aut principum hæc nostra conlata munera ullo modo infringere præsumat. Si quis autem, quod non credimus, temerario ausu infringere præsumpserit, auctoritate nostrâ et episcoporum nostrorum qui nobiscum hoc præceptum in sancto synodo quæ XVI kal. junii sedis nostræ palatio collecta resedit, firmaverunt, anathema sit. Ut enim pleniorem hoc præceptum obtineat vigorem, manu proprio cum episcopis sanctæ Synodi nostræ firmavimus, ac nomina episcoporum ejusdem Synodi subter adscribi jussimus, et annuli nostri impressione sigillari jussimus. Lothericus senonum, archiep. subsc. Hugo Turonorum archie. subsc. Fulcho Aurelianensium episc. subsc. Fulbertus Carnotensium episc. subsc. Adalbero Laudunensium episc. subsc. Rotgerirus-Belvacensium episc. subsc. Fulcho Ambianensium episcop. subsc. Giltebertus Meldensium episc. subsc. Uvido Catalaunensium episc. subsc. Robertus Silvanectensium episc. subsc. Balduinus Taravanensium episc. subsc. Franco Diaconus atque Cartigraphus relegit et sigillavit.

Avec l'effigie de relief d'icelui seigneur roy sur cire jaulne d'après le naturel.

PRÉS AU DESSUS DE GREZ.

Acquisition des dits prés, par les Templiers, de Nicolas d'Hauvillars et de Guillaume de Mocourt.

Ego Nicholaus de Atovillar miles, notum facio universis presentibus et futuris, quod ego, de voluntate et assensu Margarete uxoris mee, prata mea sita supra Gressum juxta prata de Barbeel, et juxta prata Domini regis secundum quod fossatum se comportat versus Moocort, et usque ad riperiam de Loing, que tenebam in feodo a Ludovico de Augerivilla milite, vendidi et concessi fratribus Militen. templi, pro centum et octodecim libris parisiensibus, mihi jam in numerata pecunia persolutis. Perpetuo habenda et tenenda libere et quiete ad centum duodecim denarios parisienses ab ipsis fratribus dicto Ludovico annuatim apud Gressum in festo Sancti Remigii Solvendas. Promittens quod, contra dictam venditionem per me vel per alium non veniam in futurum et quod dictos fratres super promissis garantizabo in perpetuum contra omnes. Et faciendum est quod Dominus Guillelmus de Moocourt, miles recognovit coram me tunc temporis baillivo Domini regis se vendidisse eisdem fratribus pro quatuor libris parisensibus jam ab eisdem fratribus receptis quandam petiam prati inclusam infra fossata supra dicta. Quam petiam habuit de quodam homine suo Guillelmus ante dictus. In cujus rei testimonium presentes litteras feci sigilli mei munimine roborari.

Actum anno Dominii. $\overset{o}{M}\overset{oo}{CC}$ quadragesimo mense februarii.

(1) Archives impériales, § 5164-5169. — C^{drie} de Beauvais en Gatinais, février 1240.

1243. — Avril.

Ratification par Philippe seig' de Nemours en qualité de 2ᵉ seigneur de fief tant de la vente faite aux frères de la chevalerie du Temple par Nicolas d'Hautvillars de ses prez au-dessus de Grez que de l'amortissement qui leur en avait été accordé par Louis d'Augerville comme premier seigneur de fief.

Ego Philipus de nemosio Domini regis cambellanus.

Notum facio universis presentibus et futuris quod cum Nicolaus de Atovillar miles vendidit fratribus Militen... templi prata sua sita super Gressum, juxta prata sua de Barbeel et juxta prata Domini regis, secundum quod fossatum se comportat versus Moocort et usque ad riperiam de Loing. Pro centum et octodecim libris parisiensibus in numerata pecunia sibi ut asserit persolutis. Et cum Ludovicus de Augerivilla miles a quo dictus Nicolaus dicta prata in feodo tenebat, dictam venditionem voluerit laudaverit et approbaverit cum esset dicti feodi primus dominus.

Ego dicti feodi secundus dominus, predictam ejusdem Nicholai venditionem et Lu lovici predicti approbationem, approbavi pariter et laudavi, renuntians omni juri quod habebam in predictis et promittens quod eosdem fratres nunquam super predictis per mē vel per alium per instantiam meam sive per proquisitionem meam in posterum molestabo. Et sciendum est quod Dominus Guillelmus de Moocort miles recognovit coram me se vendidisse eisdem fratribus persolutis quamdam petiam prati inclusam infra fossatum supra dictam quam petiam. Habuit de quodam homine suo Guillelmus ante dictus. In cujus rei testimonium et munimen presentes litteras feci sigilli mei munimine roborari.

Actum anno Domine M̊ C̊C̊ quadragesimo tertio mense aprili.

Sceau scellé en cire verte sur lac rouge.

CHARTE D'ANGERE REGIS.

Ego Ludovicus, Dei gracia Francorum rex, notum fieri volo cunctis fidelibus, tam præsentibus quam futuris quod cujusdam terræ nostræ homines, quam Angere Regis vocant, et quæ super Ebulitione est, quæ etiam ita deserta erat, ut pene in solitudinem devenisset, Majestatem nostram adierunt, postulantes ut eam ita liberam esse concederemus ut homines qui in ea hospitare et remanere vellent, ita libere permanerent, ut in justitia tantum nostra, scilicet in ejus justitia in cujus manu mitteremus, essent; neque ab eis Præpositi vel Majores nostri Talliatas, questus vel aliquam hujusmodi gravedinem exigerent; ut plenius dicamus, nichil penitus eis auferrant nec eos justiciare possent, neque ipsi in expeditionem vel in equitatum, nisi per communitatem; scilicet, si omnes communiter ire juberentur et irent. De arpentis vero in quibus mansiones suas facerent decem vel octo denarios redderent. Si vero aliquam de Terris circumstantibus plantare vellent et plantarent Denarios sex pro arpento in censu, in Festivitate Sanctæ Mariæ candelari exsolverent. Si vero eas ad messem colere vellent, vel ibi seminarent decimam vel campipartem inde darent. Nos vero nobis et terræ nostræ consulentes, prædictam petitionem eis, ut ipsi postulaverunt, concessimus, et scripto corroboravimus; et ne a posteris infringi posset, Sigilli nostri auctoritate firmavimus, quod scripto commendaveramus astantibus in Palatio nostro Guillelmo Dapifero, Stephano Cancellario, Gileberto buticulario. Huic etiam rei interfuerant Stephanus Præpositus, Gaudefridus de Portu, Radulphus filius Martini. Amodo Majoritatem Terra habeat Valdricus et ejus heres, cum mitis et navellis. Data per manum Stephani Cancellarii, anno incarnati verbi millesimo C^{mo} XVIIII^{mo}, Regni nostri XI° S. Ludovici Regis. S. Guillermi Dapiferi. S. Stephani Cancellarii. S. Gilberti buticularii (1).

(1) Secousse, Ordonnances.

PRIVILÉGES

ACCORDÉS

AUX HABITANTS DE VILLENEUVE PRÈS D'ÉTAMPES.

Karolus etc. Notum facimus universis tam presentibus quam futuris. Nos certas vidisse Litteras; formam que sequitur continentes.

In nomine Sancte et individue trinitatis amen.

Ego Ludovicus Dei gracia Francorum Rex. De Regie pietatis gracia debemus impensa beneficii pauperes misericorditer invitare, ut sub nostre defensionis tuicione venire possent securiores. Ea contemplacione, notum fieri volumus universis presentibus pariter et futuris, quod terram que dicitur Varenna apud Stampas, sub Monte-Falconis, dedimus ad hospitandum, sub eo tenore quod unusquisque hospitum annuatim quinque Solidos Nobis persolvet; et quicumque ibi fuerint hospitati, liberi erunt ab omni Exactione, Questa et Taillia et Touta et exercitu et equitatu. Ei forisfactum sexagenta Solidorum, Nobis emendabunt quinque Solidis : forisfactum autem quinque solidorum, emendabunt duodecim |Denariis. Quod si forisfactum fuerit plus quam sexaginta Solidorum, ad nostrum beneplacitum admensurabitur: alie consuetudines (2) nostre salve erunt. Quod si illi qui fuerint ibidem hospitati, sub Nobis habuerint alia tenementa

---

(1) Charles VI, à Paris, en octobre 1394.
(2) Redevances ordinaires.

facient nobis exinde quod debebunt (1) ; et si aliquis servorum nostrorum ibidem fuerit hospitatus, nullam inde libertatem adversus Nos habebit. Servientem ibi constituemus ad velle nostrum. Quod ut ratum sit in perpetuum, presentem Cartam Sigillo nostro et nominis nostri karactere fecimus consignari. Actum apud Stampas anno Incarnati verbi millesimo centesimo sexagesimo nono : astantibus in Palatio nostro quorum apposita sunt nomina et signa, signum Comitis Theobaldi Dapiferi nostri. S. Guidonis Buticularii. S. Mathei camerarii. S. Radulphi Constabularii. Data per manum hugonis cancellari.

Quas quidem Litteras supratranscriptas, ac omnia et singula in eisdem contenta, ratas habentes et gratas, eas et ea, quathenus prefati hospites usi sunt, volumus, laudamus, approbamus, et de nostra auctoritate Regia, specialique gracia, per presentes confirmamus. Et ut perpetue stabilitatis robur obtineant, nostrum Presentibus fecimus apponi Sigillum : nostro et alieno in omnibus jure salvo. Datum Parisius, mense octobris, anno Domini millesimo CCC^{mo} nonagesimo quarto et Regni nostri XV°.

Per Regem ad relationem Consilii R. Le Fevre (2).

(1) Ils satisferont aux charges auxquelles ces terres sont sujettes.
(2) Secousse, Ordonnances des rois de France, tom. VII, page 684.

CHARTE DE CONFIRMATION.

Karolus (1) De Dei gracia francorum rex. Notum facimus universis presentibus et futuris, Nos quasdam Litteras vidisse; formam que sequitur continentes.

In nomine sancte et individue Trinitatis.

Ego Ludovicus Dei (2) gracia Francorum rex. Notum fieri volo cunctis fidelibus, tam presentibus quam futuris quod (3) cujusdem Terre nostre homines, quam Angere Regis vocant, et que super Ebulitione est, que etiam ita deserta erat, ut pene (4) insolidum devenisset, Majestatem nostram adierunt, postulantes ut eam ita liberam esse concederemus, ut homines qui in ea hospitare et remanere vellent, ita liberi permanerent, ut in justitia tantum nostra (5), in ejus justitia in cujus manu mitteremus, essent; neque ab eis Prepositi vel Majores nostri Talliatas, questus vel aliquam gravedinem exigerent : ut plenius dicamus, nichil penitus eis auferrant nec eos justiciare possent, neque ipsi in expeditionem vel inequitatum nisi per communitatem; scilicet, si omnes communiter ire juberentur et irent. De arpentis vero in quibus mansiones suas facerent, decem vel octo Denarios tantum redderent. Si vero aliquam de Terris circumstantibus plantare vellent et plantarent, Denarios sex pro arpento in censu, in Festivitate (6) Sancte Marie Candelari exsolverent. Si vero eas ad messem colere vellent, vel ibi seminarent, decimam vel campipartem inde darent. Nos vero Nobis et terre nostre consulantes pre-

---

(1) Charles VI, à Orléans, le 4 novembre 1398.
(2) Louis VI, dit le Gros, en 1119.
(3) Cujusdam.
(4) In solitudinem.
(5) Scilicet.
(6) Chandeleur.

dictam petitionem eis, ut ipsi postulaverunt, concessimus, et scripto corroboravimus; et ne a posteris infringi posset, Sigilli nostri auctoritate firmavimus, quod scripto commandaveramus, astantibus in Palatio nostro Guillelmo Dapifero, Stephano Cancellario, Gileberto buticulario. Huic etiam rei interfuerant Stephanus Prepositus, Gaudefridus de Portu, Radulphus filius Martini. Amodo Majoritatem Terre habeat Valdricus (1), et ejus heres, cum milis et navellis. Data per manum Stephani Cancellarii, anno incarnati verbi millesimo C^{mo} XVIIII^{mo} ^{nc}; Regni nostri XI°. S. Ludovici Regis. S. Guillermi Dapiferi. S. Stephani Cancellarii, S. Gilberti Buticularii.

Quas quidem litteras suprascriptas, et omnia contenta in eisdem, ad humilem supplicationem habitantium et manantium prefate Terre Angere Regis, si et in quantum rite et juste usi fuerunt de premissis, laudavimus, approbavimus et confirmavimus, etiam per Presentes de speciali gracia, laudamus, approbamus et confirmamus, dantes tenore Presentium in mandatis, Baillivo nostro Aurelianensi, ceterisque Justiciariis, officiariis et subditis nostris, Presentibus et futuris, aut eorum Locatenentibus, quatenus dictos supplicantes, nostra presenti gracia, concessione et confirmatione uti et gaudere pacifice et quiete faciant et permittant absque impedimento quocumque; sed quidquid in contrarium factum, attemptatum vel innovatum fuerit, ad statum pristinum et debitum redducant aut reduci faciant indilate. Quod ut firmum et stabile remaneat in futurum, nostrum Sigillum presentibus duximus apponendum : salvo in aliis jure nostro, et in omnibus quolibet alieno. Datum aurelianen. Die quarta novembris, anno Domini millesimo, CCC° nonagesimo primo; et Regni nostri duodecimo. Per Regem, ad relationem consilii. P. Meanhac (2).

(1) Valdricus fut nommé maire par le roi, ses successeurs et lui devaient jouir d'une redevance sur les fruits de la terre, attachée à leur charge. Étienne était prévôt de ce lieu, lorsque ces lettres furent données.

(2) Ordonn. des rois de France. Secousse, t. VIII.

CHALOU.

In nomine sanctæ et individuæ Trinitatis, Amen. Frater Amio Magister Militiæ templi extra mare totumque eiusdem Militiæ capitulum, universis fidelibus ad quos literæ præsentes venerint salutem in Domino : Notum fieri volumus universis præsentibus pariter ac futuris, quod cum venerabilis Francorum regina Adella Ludovici piæ memoriæ chris tianissimi Francorum regis uxor, quamdam villam chaloium dictam, quam adquisierat assentiente concedente et laudante filio suo illustrissimo Francorum Rege Philippo, nobis in eleemosinam contulisset à nobis impetravit, quod singulis annis donavimus viginti modios frumenti Fratribus de Loya juxta Dordanum qui sunt de ordine Grandismontis, ab eisdem Fratribus in festo sancti Remigii in granchia chaloii recipiendos, ad modium Chaloii et decem libras parisienses ab eisdem annuatim apud Templum Parisius in crastino circoncisonis Domini recipiendas.

Actum publice apud Templum Parisius anno ab Incarnatione Domini millesimo centesimo octogesimo tertio (1).

(1) J. Lescornay, Mémoires sur Dourdan, p. 50,

SENTENCE

PAR LA QUELLE LE BAILLY D'ORLÉANS

ASSURE CERTAINS BIENS AUX ABBÉS DE ST DENYS A ANGERVILLE LA GATE.

An 1295, le mardy après la Nativité de Notre-Seigneur.

Pierre d'Aymians bailly d'Olliens au prevost d'Yenville salut : Comme de bas fut meu grand temps avant par devant notre devancier bailly d'Olliens entre le prevost moine de Beaune pour l'abbé et le couvent de Saint-Denys en France d'une part, et Monseigneur Guillaume de Linières chancelier père de Monseigneur Jean (1) qui ores est en saisine de la justice de certains lieux à Angerville la gaste et en ses parties qui montrées furent et dont veue fut fait entre eux si comme nous avons trouvé par les resons de bonnes gens et par l'arrest de nostre devancier et sur le plaid mu entre les dites parties. Le d' Monseigneur Guillaume de Linières père du d. Monseigneur Jean qui ores est, et fut mis en défaut après le jour de veue dessus-dit par plusieurs fois au temps de nostre devancier. Si comme il nous a été recordé et comme nous l'avons trouvé par le dit arrest de notre devancier et si

---

(1) Jean de Linières était seigneur de Méréville, d'après un document que nous avons trouvé aux Archives. — Littera pro Domino Johanne Domino Linirarium et Mervillæ qui modo terra sua hic descripta regi erat adjudicata redditur ei in 1318. Inv. gén. du Trésor des ch. 7, regist. 58.

tôt comme Monseigneur Jean, qui ores est, fut marié au temps de son père et fut ajourné avec son père et après la mort de son père aussi pour aller avant au debat meu entre les dites parties et ce fust le dit Monseigneur Jean, qui ores est deffailli, et mis en deffaut de apparoir par devant nostre devancier même et par devant nous à aller avant sus le dit debat. Pourquoi nous pour le dit défaut que le dit Monseigneur Guillaume, qui mort est, fit au temps de nostre devancier et pour plusieurs deffauts que le dit Monseigneur Jean, qui ores est, fit aussi en nostre temps. Sur ce le dit prévost moine toujours poursuivant et réquérant que droit lui fust fait fismes a scavoir au dit Monseigneur Jean de Linières, qui ores est, que pour poursuivre cette besogne par lui ou par autre par devant nous a nostre assise de Yenville qui fut le mercredy après Pasques flories en l'an 1293 et que vint ou ne vint pas à cette assise en ferait ce qui appartiendrait à faire contre lui par le dit prevost Moine, à laquelle assise le dit Monseigneur Jean ne vint ni envoya suffisamment et nous requit le dit prevost moine que nous, droit lui fissions sur le dit deffaut du dit Monseigneur Jean et pour ce, nous, selon les défauts temoignés à nous tant du dit Monseigneur Guillaume, qui mort est, comme de Monseigneur Jean, qui ores est, puisqu'il vint à sa terre, adjugeâmes au dit prévost moine, au nom de Saint-Denys, en nostre assise d'Yenville dessus dit la saisine des choses dont contenu était, sauf le droit de la propriété du dit Monseigneur Jean et d'autrui, dont nous vous mandons qu'en la forme et de la manière que le jugement fut fait et donné en la saisine, vous en fistes resaisir le dit prevost moine au nom de Saint-Denys, si comme dit est, sauf le droit et la propriété et si aucuns cas de Justice sont advenus aux leurs,

---

(1) Indiquée au tome 2e, 44, 1190 de l'inventaire de Saint-Denys, page 991 en original.
(2) Nous n'avons trouvé que cette copie, cotte 4, dont nous avons suivi exactement l'orthographe.

ou contrevenant, faites en ressaisir le dit prevost moine quant à la saisine et biens; voulant qu'à ce faire vous n'appeliez le dit Monseigneur Jean de Linières, ou sa gente, pour voir sa dite ressaisine faire se comme il appartiendra.

Ce fust donné le mardy après la nativité de nostre Seigneur l'an mil deux cents quatre vingts quinze.

RATIFICATION PAR GILLES.

Dimanche d'après la Saint-Étienne 1303.

A tous ceux qui ces présentes Lettres verront, Thibault Gralle, Prevost d'Yenville, salut, sçachent tous que par-devant nous vindrent en leurs propres personnes Noble homme, Monseigneur Gilles Poinville chevalier et noble Dame madame Ysabel sa femme bien conseillez, bien mesmement ladite Dame de l'autorité et de l'assentement dudit chevalier et de la bonne volonté de lad Dame non mie baretée ne decue ne par fraude ne par tricherie a ce point forcée ne amenée, se comme elle affirma, reconnurent et ne confesserent que ils se estoient amiablement accordez et assentis à la vente que Mr Jean du Chastiau chevalier sire de Nengis en Brie a faite, accordée a Religieux homme et honneste, au Grand Prieur de Saint Denis en France et au couvent dud lieu à l'usage de leurs charités, de tout ce que le dit Mre Jean avoit, pouvoit ou devoit avoir en la dite ville d'Angerville-la-gaste ou terroirs et appartenances de lad ville de Angerville en quelconques choses que ce soient ; c'est à sçavoir en terres labourables, en censives, en champart, corvées, forages, hostices quelconques, autres choses comment que elles soient nommées, lesquelles choses desusdittes toutes ensemble et chacune par soy estoient tenues en fié nu à nu sans moyen dud. Mre Gilles et le dit Mre Gille les tenoit nu à nu de l'Eglise de Saint Denis en France si comme led Monseigneur Gilles et ladite Dame Ysabel disaient, et laquelle vente dessus dite le dit Monseigneur Gilles et la dite Dame vodrent, loerent et attesierent et confirmerent bonnement pardevant nous et quitterent aud Religieux tout le droit et toute l'action qu'ils y avoient, et confesserent le devant dit M*e* Gilles et Ysabel sa femme que toutes les choses dessus dites à chacune d'icelles ils amortissoient et avoient amorties auxdits Religieux, et à leurs successeurs au nom d'aumones et de leurs charitez de St-Denis, et vodrent que lesdits Religieux et leurs successeurs les tinssent doresnavant a toujours mais perdurablement en mainmorte, sans contrainte de les mettre hors de leur main et pour cet accort, cette quittance et cest amortissement estre fait en la maniere dessusdite led M*re* Gile et la dame reconnurent Pardevant nous... avoir eu et receu desdits Religieux par la main du dit Monseigneur Jean du Chastiau deux cents livres de tornois, desquels deux cents livres de tornois led Monseigneur Gilles et lad madame Ysabel se tindrent à bien payez devant nous et renoncèrent à ce que ils ne puissent jamais dire que lad somme d'argent ne leur eut esté nombrée, baillée et livrée. Derechef comme les dits Religieux pour raison du dit achapt aient le quart du champart sur certaines terres assises a Angerville la gaste et aux appartenances et le dit M*re* Gilles, M*r* Jean de Arbouville chevallier et Adam du Bergeret escuier eussent les autres trois parts dud champ, tout receu en main commune et ledit M*re* Gile et lad Madame Ysabel ayent chevi aux dits Monseigneur Jean d'Arbouville et à Adam du Bergeret de leurs parties dudit champ, lesquelles tornoient par devers ledit M*gr* Gile et lad madame Ysabel, si que led Monseigneur Jean d'Arbouville et led Adam s'en tenoient a bien payez, si comme led M*r* Gile et Ysabel disoient le dit M*gr* Gile et madame Ysabel sa femme reconnurent et affirmèrent que de nouvelle partie et division avait esté faite dud champ entr' eux et les Religieux pour commun assentiment des deux parties en la forme et en la maniere qui s'ensuit. C'est a scavoir que les devants dits Religieux au nom de leurs charités pour leur quart dud champart auront, prendront et leveront et feront prendre et lever doresnavant pardurablement, franchement liberamment et quittement sans compagnie de nul autre tout le champart sur toutes leurs terres qu'ils tiennent en leur propre domaine et sur toutes les terres qui sont tenues desdits Religieux à cens ou autrement en la ville et aux appartenances d'Angerville la gaste, et pour ce que le champart devant dit assigné sur les terres ne suffisoit pas aux Religieux pour leur quart du champart qui leur afferoit led Mgr Gile et Ysabel sa femme confesserent et affirmerent par devant nous que en recompensation et restitution d'eux ils ont baillé, quitté et délaissé à toujours aux dits Religieux et à leurs successeurs toute la dixme qu'ils avoient et soloient avoir à prendre sur toutes les terres desdits Religieux devant dits et surtout sur toutes les terres qui l'en tient des Religieux en la ville de Angerville et les appartenances en cens et autres manières. Laquelle dixme pour la portion assignée aux Religieux dessusdits, ledit Mr Gile tenoit en fié nu à nu de l'Eglise de St Denis devant dite si comme ils disoient et laquelle dixme led Mr Giles et madame Ysabel sa femme ont baillé toute amortie aux dits Religieux jusqu'à la dite Eglise de St Denis de qui ils la tenoient, et vodrent lesdits Mgr Gile et Ysabel sa femme que lesdits Religieux et leurs successeurs la tinssent toute amortie perdurablement sans jamais mettre hors de leurs mains. Et vodrent et amiablement vendrerent ledit Mgr Gile et la dame Ysabel de leurs pures et liberaux volontés pardevant nous que les devants dits Religieux pussent acquérir et apcheter es fiefs ou és censines desdevant dits Giles et Ysabel que ils tiennent de la dite Eglise une maison ou une grange a Angerville ou place ou espace contenant environ un arpent pour mettre leurs champarts et les dixmes et que ils la tiennent et puissent tenir en mainmorte perdurablement sans mettre hors de leur mains. Promettant lesdits Mgr Giles et Ysabel sa femme que il jamais par eux ne par autres en contre cet accord cet amortissement, cette quittance, cet assignation et ces choses dessusdites ne vendront et n'assayeront avenir nulle qu'elle qu'elle soit. Ains promirent par devant nous en droit lesdits Mgr Gile et madame Ysabel sa femme, que il auxdits Religieux et à leurs successeurs ladite dixme et les choses qu'ils ont baillées, octroyées, quittées et délaissées auxdits Religieux, si comme dessus est dit, délivreront, garantiront et deffendront perdurablement en tant comme il leur appartient et peut appartenir vers tous et contre tous aux us et aux coutumes du pays, en jugement et hors de jugement, en tous lieux et par tous lieux et par tant de fois comme mestier en sera eux et chacun d'eux pour le tout et sans division et ce les devants dits Religieux ou leurs successeurs avoient ou soutenoient... mises depens dommages par défaut des dites choses de livrer et garantir en la maniere dessus dite ou pour raison de ce que led Gilles ou leurs hoirs ou autres pour ceux-ci en leur nom alassent mettre les choses dessus dites ou aucunes d'icelles lesdevants dits Giles et Ysabel les leur promirent à rendre et à restorer par eux et par leurs hoirs et accorderent que le porteur de ces lettres en fut cru par simple serment et sans autre preuve. Et quant aux choses dessus dites toutes ensemble et chacune pour soi tenir, garder, faire et accomplir perdurablement en la forme et en la manière qu'elles sont ci-dessus exposées et devisées et de non venir en contre les dits Mr Gile de Poinville et Madame Ysabel sa femme en obligerent chacun pour le tout aux Religieux et a leurs successeurs et soumirent à la juridiction de la prevosté d'Yenville eux, leurs hoirs successeurs, tous leurs biens et les biens de leurs hoirs, meubles non meubles présent et avenir, ou que ils soient, en quelque jurisdiction qu'ils puissent se trouver et spécialement ils obligèrent tous leurs héritages et les possessions qu'ils avoient, tenoient et possedoient a Angerville la gaste et au terroir de la ville. Et renonçant quant à moi à toutes grâces à ce, à toutes decevances, à toute erreur, a tout droit ecrit et non ecrit, a tous us et coutumes viez et aunaux de lieu et de pays, a toutes indulgences et statuts, graces et privileges de *apostolat!* de legat de roy, de Prince et de Baron octroyés öu a octroyer, au droit qui dit que générale renonciation ne vaut pas et mesmement la dite dame à la faveur des femmes et au benefice de la loy... en expose a tous privileges, exceptions, allégations et défenses de fait et de droit qui puissent être dites ou opposées contre ces lettres. En témoin de laquelle nous avons fait sceller ces lettres du scel de la Prevoste d'Yenville. Ce fut fait à Linières en l'an de grace mil trois cent et trois dimanche après la Saint-Étienne.

1639.

Copie non signée d'extrait de l'Aveu rendu au roi à cause de son duché d'Etampes par Messire Jean Desmontiers chatelain et vicomte de Mérinville, du Bourg St Père, et du dit lieu Angerville la gaste, et la dite dame de Reviers dame de Dorée, du fief terre et seigneurie de Moret, Moulin de Breguy, censine du dit lieu, en la paroisse de Mérinville et des champarts et dimes d'Angerville la gaste. Héritière comme dit est par benefice d'inventaire de défunt Marc de la rue, vivant seigneur des dits lieux tient encore de nous en plein fief, foi et hommage de notre chatellenie, Baronie et vicomté de Méreville et en arrière fief du roi.

C'est à scavoir tous et chacun les champarts, et dixmes appartenant à la dite demoiselle et qu'elle a droit de percevoir au terroir d'Angerville, mêmement sur les terres obligées et affectées au droit de cens annuel appelé le cens de Létourville et des Mariettes qui appartiennent à Mr Claude Hardy et auparavant à François de Halot et qui fut aussi anciennement appelé la censine de la porte... la quelle tient aussi de nous en plein fief, foi et hommage et que l'on disait valoir anciennement 22 livr. parisis ou environ des mêmes cens par an, le dit droit de champart à raison, les aucunes terres de six gerbes l'une, les autres de douze gerbes l'une et rendu en la manière accoutumée fors et reservé toutefois un autre droit de champart que la dite demoiselle de Reviers, dit tenir avec sa Seigneurie des murs assise au dit Angerville, en foi et hommage du sieur abbé de St Denis en France, à cause de la salle et hôtel de Guillerval,

lequel droit de champart aussi tenu en fief du dit abbé de
St Denis, elle prend et lève seulement sur leurs fruits croissant es' terres tenues à droit de cens infeodé et relevant d'icelui sieur abbé de St Denis à cause de ce qui est dessus dit,
sans distinction et différence des dits champarts les debiteurs
et redevables duquel droit de champart sont tenus à leurs
frais et dépens rendre et charier à la grange champartresse de
la dite demoiselle au dit Angerville auparavant que de rien
enlever par eux à peine de soixante sols parisis. Suivant la
coutume d'Etampes les quels champarts et dimes peuvent valoir par an compris aussi ce qui est tenu de sieur abbé de
St Denis la quantité de. . . . . . . qui est pour ce qui est
tenu de nous les 3 quarts. Les quatre faisant le tout, et la dite
4ᵉ partie pour y celui sieur abbé de St Denis quoique ce soit
pour plus particulièrement connaître et discerner les dits
champarts et ne les point confondre. Et si besoin est avoir recours aux avant dire choses respectivement tenus tant de
nous que du sieur abbé les quels la dite demoiselle à cet
effet pour plus particulier aveu et reconnaissance déduit.
Sur le tout à savoir ce qui est tenu de nous et du sieur de
St Denis les charges anciennes, qui sont les gros du curé du
dit Angerville à raison de 3 muids de grains moitié blé et
moitié avoine pour chacun an que la dite cure prend sur les
dits champarts et dimages de la dite paroisse d'Angerville que
la dite demoiselle Reviers prétend lui appartenir, à raison de
quoi elle se dit principale fondatrice de l'église du dit Angerville au lieu de nous ou de nos prédécesseurs quand les
dites dimes et champarts étaient en notre domaine dont ils
sont sortis par le moyen de l'acquisition fait par décret de
justice, fait par le dit feu Marc de la rue, Aieul de la dite demoiselle de Reviers notre predecesseur, seigneur de Mérinville
à la charge de foi et hommage de ce qui est tenu vers nous
et lesquels droits de champarts et dimes ainsi tenus de nous
de plein fief foi et hommage se prennent et se perçoivent,
comme dit est sur toutes et chacune les terres sujettes et re-

devables au dit droit de cens annuel appelé le cens de L'Estourville et des Mariettes. La situation, tenans et aboutissans sont de plein spécifiées dans l'aveu qui nous a été remis par les héritiers de Mʳ Claude Hardy seigneur de la dite censine.

Transcrit au présent notre aveu général sans protestation que le dit aveu ainsi à nous rendu n'étant entier et parfait pour le regard et la quantité des terres et héritage sujets au dit droit de cens qui est de 22 livr. parisis ne nous puisse préjudicier jusqu'à cette somme. (1639) (1).

(1) Invtre de Saint-Cyr. Arch. de Versailles.

CIMETIÈRE D'ANGERVILLE (1),

Sa création au mois de septembre 1764.

Le vieux cimetière, placé au cœur du bourg, inspirait des inquiétudes pour la santé publique; il n'était plus d'ailleurs en rapport avec le chiffre de la population. Le curé, les marguillés et les habitants font si bien, qu'ils obtiennent de Louis XV, au mois de septembre 1764, des lettres-patentes qui leur permettent l'achat, au prix de 300 livres, d'un terrain où ils pourront transférer le nouveau cimetière. Angerville prend ainsi l'initiative d'une mesure que les décrets de la Constituante rendront quelques années plus tard obligatoires dans toutes les villes de la France.

Mais il ne suffisait pas du bon plaisir royal. Les lettres-patentes, sans le visa du parlement, restaient lettre morte, et le Parlement n'enregistrait qu'avec connaissance de cause.

Sur l'ordre qui en est donné par la Cour, le lieutenant général au baillage d'Etampes informe de commodo et incommodo.

L'expert Cuissard atteste la valeur réelle du terrain. Le curé, les marguillés, le syndic et les habitants d'Angerville sont réunis, comme nous l'avons vu à d'autres époques, entendent la lecture des lettres-patentes et sont unanimes à voter leur enregistrement. Gabriel Victor de la Tour du Pin, seigneur, haut chatelain de Méréville, y consent volontiers. Tout le monde étant satisfait, la Cour ordonne que les lettres-patentes seront enregistrées.

Cet arrêt du Parlement est signé de Maupeou.

(1) Cette pièce nous ayant été communiquée trop tard, nous n'avons pu la placer à son ordre de date.

PARLEMENT DE PARIS.

(CONSEIL SECRET.)

Vu par la Cour les lettres-patentes du roi, données à Versailles au mois de septembre 1764, signées Louis, et plus bas par le roi Phelipeaux, visa Louis, et scellées du grand sceau de cire verte en lacs de soye rouge et verte, obtenues par les curé, marguillés et habitants du bourg d'Angerville la Gate, par lesquelles, pour les causes y contenues, le seigneur roy a permis aux impétrans d'acquérir des héritiers Durand, pour le prix de 300 livres, un terrain de la consistance de trois minots, clos de murs, sur lequel la fabrique perçoit déjà une rente de 40 sols, et dont la position est très convenable pour y établir un cimetière sans qu'il puisse en résulter aucune incommodité, et ce pour y transférer le cimetière de la dite paroisse, attendu le trop peu d'étendue de l'ancien, et à cet effet, le dit seigneur roi, autant que de besoin pour ce regard seulement et sans tirer à conséquence, à ce qu'il pourrait y avoir de contraire dans les dispositions de l'édit de 1749, ainsi qu'il est plus au long contenu es dites lettres-patentes à la Cour adressante.

Vu ensemble la requête présentée à la Cour par les dits impétrans afin d'enregistrement des dites lettres-patentes, l'arrêt rendu sur les conclusions du procureur général du roy le deux janvier 1765, par lequel la Cour, avant de procéder au dit enregistrement, aurait ordonné que d'office, à la requête du procureur général du roy, et par le lieutenant général au bailliage d'Etampes, poursuite et diligence du substitut du procureur général au dit siége ; il serait informé de la commodité ou incommodité que peut apporter la permission accordée aux impétrans d'acquérir des héritiers Durand le terrain énoncé es lettres-patentes du mois de septembre 1764, à l'effet d'y transférer le cimetière de la paroisse d'Angerville la Gaste ; comme aussi que, par expert qui serait nommé d'office par le dit lieutenant général, visite et estimation seraient faites du dit terrain dont le dit expert ferait son rapport qu'il affirmerait véritable devant le dit juge ; ordonne en outre que les dites lettres patentes seraient communiquées aux curé, marguilliers, syndic et habitans de la dite paroisse convoqués et assemblés en la manière accoutumée, aux héritiers Durand propriétaires du dit terrain et au seigneur dont le dit terrain peut relever immédiatement soit en fief ou en roture ou y ayant la justice pour donner tout leur consentement à l'enregistrement et exécution des dites lettres patentes ou y dire autrement ce qu'ils aviseraient pour le tout fait rapporté et communiqué au procureur général du roy, être par lui pris telles conclusions que de raison, et par la Cour ordonné ce qu'il appartiendrait ; l'information faite d'office à la requête du procureur général du roy en exécution du dit arrêt du 1er mars 1765, par le lieutenant général au bailliage d'Etampes poursuite et diligence du substitut du procureur général au dit siége composé de quatre témoins qui tous ont unanimement déposé que le cimetière actuel de la paroisse d'Angerville la Gâte est beaucoup trop petit pour le nombre des habitans de cette paroisse, que d'ailleurs placé au milieu du bourg, la situation peut être préjudiciable à la salubrité des paroissiens, qu'il ne peut être qu'avantageux de le transférer hors du bourg sur un terrain plus étendu, et que le terrain que les impétrans se proposent d'acquérir des héritiers Durand est très propre à cette translation, le rapport de visite et estimation faites du dit terrain à acquérir en exécution du dit arrêt de la Cour du 1er mars 1765, par Denis Cuissard expert nommé d'office par le dit lieutenant général par lequel appert que le dit terrein a été estimé de la valeur de 300 livres, le dit rapport affirmé véritable par le dit expert devant le dit juge suivant son procès verbal du lendemain 2 mars 1765 : un acte en forme de délibération pris devant Jean Moulin notaire au bailliage et chatellenie de Méréville résidant à Angerville et témoins le 17 mars 1765 par les curé, marguilliers, syndic et habitants dudit bourg et paroisse d'Angerville, convoqués et assemblés en la manière accoutumée, par lequel appert qu'après avoir en exécution du dit arrêt de la Cour, pris communication des dites lettres patentes, ont unanimement déclaré consentir à leur enregistrement et exécution : autre acte passé devant Sasset notaire royal au bailliage de Chartres, président à Auneau et témoins le 3 février 1765, par lequel appert que Claude-René Durand prêtre, Marie Luce Durand fille majeure, Michel Deshayes tant en son nom, que comme se portant fort pour Marie, Anne, Françoise Durand son épouse, les dits Durand enfans et héritiers de défunt Claude-René Durand et de Marie-Jeanne Cassegrain, leur père et mère, et en cette qualité propriétaires chacun pour un tiers du dit terrein à acquérir par les impétrans, après avoir en exécution du dit arrêt de la Cour pris communication des dites lettres patentes ou déclaré consentir à leur enregistrement et exécution : autre acte passé devant Mᵉ Savouré, notaire commis sous le principal tabellion royal du bailliage d'Etampes et témoins le 5 février 1765 par lequel Marie, Anne, Françoise Durand femme du dit Michel Deshayes, après avoir pris communication tant du dit acte de consentement donné le 3 du même mois par le dit Deshayes son mari et par les dits Durand ses frères et sœur, et des dites lettres patentes, a ratifié le dit consentement et déclaré consentir pareillement à l'enregistrement et exécution des dites lettres : outre acte passé devant Pierre Boreau notaire et principal tabellion au bailliage et chatellenie de Méréville, et témoins le 8 février 1765 par lequel appert que Philippe Autoine Gabriel Victor de la Tour du Pin, marquis de Méréville et seigneur haut chatelain du dit bourg d'Angerville la Gaste, après avoir, en exécution du dit arrêt de la Cour, pris communication des dites lettres patentes, a déclaré consentir à leur enregistrement et exécution.

Conclusion du procureur général du roi.

Ouy le rapport de M⁰ Claude Tuders conseiller, tout considéré La Cour ordonne que les dites lettres patentes seront registrées au greffe d'icelle, pour jouir par les impétrans de leur effet et contenu et être exécutées selon leur forme et teneur, à la charge par les impétrans de rapporter en la Cour le contrat d'acquisition du terrein dont il s'agit qui sera passé en vertu des dites lettres patentes, pour y être homologué si faire se doit.

Fait en Parlement le 2 avril 1765.

Signé TUDERS et DE MAUPEOU.

TABLE DES CHAPITRES.

CHAPITRE I. Prolégomènes historiques. — État de la Beauce. — Le seigneur du Puiset.

CHAPITRE II. Origine d'Angerville. — Étymologie de son nom.

CHAPITRE III. Influence de Suger sur l'agriculture en Beauce. Création des villes neuves. — Angerville, ville neuve royale.

CHAPITRE IV. Confirmation de la charte d'origine d'Angerville. — Guerres civiles. — Farines de la Beauce. — Guerres anglaises. — Bataille des Harengs.

CHAPITRE V. Anne de Bretagne à Angerville. — Établissement de foires et marchés. — Pollution et réconciliation de l'Église.

CHAPITRE VI. Protestantisme.

CHAPITRE VII. Angerville appelée aux coutumes d'Orléans et d'Étampes.

CHAPITRE VIII. Fortifications d'Angerville. — Guerres de religion.— Jean Desmontiers, seigneur de Méréville. — Charles IX. Henri III, à Angerville.

CHAPITRE IX. Erreurs historiques. — Lafontaine, Passerat. — Voiture à Angerville. — Abjuration du protestantisme.

CHAPITRE X. Fiefs et seigneuries d'Angerville. — Droits des dames de Saint-Cyr et de M. Delpech, seigneur de Méréville.

CHAPITRE XI. Différends survenus entre M. Delpech et les dames de Saint-Cyr. — Mémoires des parties. — Délibération du grand Conseil.

CHAPITRE XII. Droit de minage. — Qualité de seigneur d'Angerville.

CHAPITRE XIII. Contredit des dames de Saint-Cyr devant le grand Conseil, ou réponse à M. Delpech.

CHAPITRE XIV. Dernière transaction. — Fin du procès. — M. Delpech reste seul seigneur d'Angerville. — Établissement de marchés. — Horloge à automates.

CHAPITRE XV. — Révolution, bande d'Orgères, passage de la duchesse d'Angoulême. — Grand Conseil de guerre à Angerville. — Établissement de foires.

CHAPITRE XVI. Destinée du village royal. — Conclusion.

CHAPITRE XVII. Église. — Curés. — Administration municipale. — Pièces justificatives.

FIN DE LA TABLE DES CHAPITRES.

NOMS DES LIEUX

CITÉS DANS L'OUVRAGE.

Achères, 12.
Alençon, 68.
Allonville, 122.
Andonville, 84, 158.
Arbouville, 11, 397.
Artenay, 71, 350.
Augerville-la-Rivière, 23, 26, 371.
Auneau, 74, 90, 91, 343, 352.
Autruy, 84.
Barminville, 131.
Barville, 103, 191.
Bassonville, 12, 14, 326.
Barzoches-les-Garlandes, 12.
Beaudreville, 40, 51, 52.
Beaune-la Rolande, 42, 54, 102.
Berchère, 11.
Berneval, 23.
Bierville, 51.
Bissay, 83.
Blois, 70.
Boinville, 341.
Boisseau, 131, 343.
Boissy, 111.
Bouzy, 12.
Cepoy, 54.
Chalou-la-Reine, 78, 365, 366.
Chaudres, 122.
Chartres, 1, 77, 142, 227, 316, 345, 392.

Chastenay, 84.
Chateaudun, 81.
Chateau-Landon, 16.
Chatres, 12.
Chaumot, 289.
Chilleuse, 74.
Clery, 71.
Congerville, 84.
Corancez, 11.
Cottainville, 294.
Coudray (le), 11.
Courville, 90.
Cotignonville, 49.
Crotte, 122.
Dangeau, 342.
Dommerville, 10, 78, 84, 118, 131, 341, 342.
Dourdan, 95, 330, 343, 375.
Erceville, 344.
Étampes, 12, 27, 42, 44, 69, 90, 100, 132, 197, 227, 268, 293, 300, 301, 315, 318, 327, 338, 350, 363, 365, 368, 375.
Étréchy, 12.
Favières, 78.
Fleury, 12.
Francourville, 90.
Fraville, 52, 146.
Fresnay-l'Évêque, 41.
Gaudreville, 83, 84.
Gien, 56.
Gondreville, 131.
Gommerville, 51, 52, 84, 102, 325.
Guetreville, 10, 142, 170, 472, 274, 326.
Guillerval, 46, 63, 85, 86, 142, 145, 162, 166, 174, 197, 222, 225, 230, 242, 243, 278, 293, 274, 295, 230, 243, 302, 303.
Guilleville, 16.
Huis, 122.
Janville, 11, 17, 48, 57, 71, 134, 143, 236, 327.
Jargeaux, 100.
Jodainville, 118, 397.

NOMS DE LIEUX.

Janville, 143, 150, 305.
Lamothe de Gry, 64.
La Porte, 83, 144.
La Selle, 44, 52. 142, 174, 303.
Lestueing, 84.
Loigny, 11.
Lorris, 42, 80, 360, 361, 373.
Loudun, 75.
Louville-la-Chenard, 342.
Mauny, 118, 122.
Merinville ou Méréville, 49, 84, 131. 134, 174, etc.
Mondonville, 76.
Monnerville, 11, 21, 35, 45, 84, 85, 86, 142, 174, 181, 242, 243, 278, 283, 293, 311, 382, 395.
Montargis, 54, 80, 343.
Montereau, 229.
Montjoie (la), 11.
Montlhéry, 13, 14, 27.
Morets, 120.
Moulineufs, 84.
Moutiers, 44.
Muraux, 43.
Nangis, 143.
Neuvy, 16.
Nogent-sur-Seine, 253, 254, 264.
Omonville, 131.
Orgères, 343.
Ormeville, 24, 372.
Ouarville, 1.
Ouestreville, 10, 76, 77, 84, 118, 130, 142, 152, 229.
Oisonville, 84, 31.
Ourvilliers, 11.
Patay, 61.
Perray, 319.
Petites-Bordes (les), 11.
Pithiviers, 100.
Pontoise, 249, 251.
Puiset, 11, 14, 57, 356.

Pussay, 49, 74, 83, 84, 100, 131, 295, 340.
Retreville, 10, 118, 174.
Richardville, 339.
Rochefort, 23, 130.
Rocheguion, 74.
Rouvray, 11, 13, 21, 46, 57, 303, 309, 312, 313, 315, 318, 343, 382.
Saclas, 12, 163, 302.
Saint-Dié, 71.
Saint-Escobille, 89.
Saint-Laurent, 71.
Saint-Mesme, 89.
Saint-Père, 84.
Saint-Sulpice, 84.
Saint-Val, 83.
Sainville, 74, 396.
Seronville, 76, 63,
Sours, 122.
Souzy, 122.
Varennes, près d'Étampes, 364.
Vaucresson, 39, 357.
Villecouin, 122.
Vignay, 83.
Villemory, 94, 96.
Villeneuve, 44, 131, 142, 174, 229, 325, 371.
Villeneuve-le-Bœuf, 10, 24, 83, 118, 130, 229, 303, 342.
Villeneuve, près de Compiègne, 42.
Villeneuve, près d'Étampes, 42, 373.
Villeneuve-le-Roy, près d'Auxerre, 42.
Villiers-le-Bois, 220.
Voves, 11.
Thionville, 84.
Thivernon, 21.
Tigny, 131.
Tillay, 28.
Toury, 11, 14, 17, 21, 34, 35, 46, 47, 53, 57, 63, 118, 174, 290, 291, 311, 313, 315, 318, 358, 303, 382.
Trapeau, 176, 182, 229, 302, 303.

ERRATA.

Page 2, au lieu de 50 ans, *lisez* : 150.
Page 6, au lieu de payen, *lisez* : paysan.
Page 11, au lieu de Walkenaue, *lisez* : Walkenaër.
Page 13, au lieu de quatenus, *lisez* : hactenùs.
Page 16, au lieu de souffert, *lisez* : soufferts.
Page 23, au lieu de 611, *lisez* : 604.
Page 74, au lieu de 1466, *lisez* : 1546.
Page 77, au lieu de benedictioni, *lisez* : benedictionem.
Page 121, au lieu ile ses, *lisez* : ces.
Page 135, au lieu de campo, *lisez* : caupo.
Page 141, au lieu de ll, *lisez* : il.
Page 142 : au lieu de çavoir, *lisez* : sçavoir.
Page 145 : au lieu de Fanuet, *lisez* : Fauvet.
Page 296, au lieu de partout, *lisez* : quantité.
Page 358, au lieu de seules, *lisez* : nulles.

www.ingramcontent.com/pod-product-compliance
Lightning Source LLC
Chambersburg PA
CBHW060518230426
43665CB00013B/1566